OLDENBOURG GRUNDRISS DER GESCHICHTE

OLDENBOURG
GRUNDRISS DER
GESCHICHTE

HERAUSGEGEBEN
VON
LOTHAR GALL
KARL-JOACHIM HÖLKESKAMP
HERMANN JAKOBS

———————

BAND 38

OSTMITTELEUROPA IM 19. UND 20. JAHRHUNDERT

VON
JOACHIM VON PUTTKAMER

R. OLDENBOURG VERLAG
MÜNCHEN 2010

Bibliografische Information der Deutschen Nationalbibliothek

Die Deutsche Nationalbibliothek verzeichnet diese Publikation in der Deutschen Nationalbibliografie; detaillierte bibliografische Daten sind im Internet über <http://dnb.d-nb.de> abrufbar.

© 2010 Oldenbourg Wissenschaftsverlag GmbH, München
Rosenheimer Straße 145, D-81671 München
Internet: oldenbourg.de

Das Werk einschließlich aller Abbildungen ist urheberrechtlich geschützt. Jede Verwertung außerhalb der Grenzen des Urheberrechtsgesetzes ist ohne Zustimmung des Verlages unzulässig und strafbar. Dies gilt insbesondere für Vervielfältigungen, Übersetzungen, Mikroverfilmungen und die Einspeicherung und Bearbeitung in elektronischen Systemen.

Umschlaggestaltung: Dieter Vollendorf, München
Gedruckt auf säurefreiem, alterungsbeständigem Papier (chlorfrei gebleicht).

Satz: le-tex publishing services GmbH, Leipzig
Druck: Grafik+Druck, München
Bindung: Buchbinderei Kolibri, Schwabmünchen

ISBN 978-3-486-58169-0 brosch.
ISBN 978-3-486-58170-6 gb.

VORWORT DER HERAUSGEBER

Die Reihe verfolgt mehrere Ziele, unter ihnen auch solche, die von vergleichbaren Unternehmungen in Deutschland bislang nicht angestrebt wurden. Einmal will sie – und dies teilt sie mit anderen Reihen – eine gut lesbare Darstellung des historischen Geschehens liefern, die, von qualifizierten Fachgelehrten geschrieben, gleichzeitig eine Summe des heutigen Forschungsstandes bietet. Die Reihe umfasst die alte, mittlere und neuere Geschichte und behandelt durchgängig nicht nur die deutsche Geschichte, obwohl sie sinngemäß in manchem Band im Vordergrund steht, schließt vielmehr den europäischen und, in den späteren Bänden, den weltpolitischen Vergleich immer ein. In einer Reihe von Zusatzbänden wird die Geschichte einiger außereuropäischer Länder behandelt. Weitere Zusatzbände erweitern die Geschichte Europas und des Nahen Ostens um Byzanz und die Islamische Welt und die ältere Geschichte, die in der Grundreihe nur die griechisch-römische Zeit umfasst, um den Alten Orient und die Europäische Bronzezeit. Unsere Reihe hebt sich von anderen jedoch vor allem dadurch ab, dass sie in gesonderten Abschnitten, die in der Regel ein Drittel des Gesamtumfangs ausmachen, den Forschungsstand ausführlich bespricht. Die Herausgeber gingen davon aus, dass dem nacharbeitenden Historiker, insbesondere dem Studenten und Lehrer, ein Hilfsmittel fehlt, das ihn unmittelbar an die Forschungsprobleme heranführt. Diesem Mangel kann in einem zusammenfassenden Werk, das sich an einen breiten Leserkreis wendet, weder durch erläuternde Anmerkungen noch durch eine kommentierende Bibliographie abgeholfen werden, sondern nur durch eine Darstellung und Erörterung der Forschungslage. Es versteht sich, dass dabei – schon um der wünschenswerten Vertiefung willen – jeweils nur die wichtigsten Probleme vorgestellt werden können, weniger bedeutsame Fragen hintangestellt werden müssen. Schließlich erschien es den Herausgebern sinnvoll und erforderlich, dem Leser ein nicht zu knapp bemessenes Literaturverzeichnis an die Hand zu geben, durch das er, vom Forschungsteil geleitet, tiefer in die Materie eindringen kann.

Mit ihrem Ziel, sowohl Wissen zu vermitteln als auch zu selbständigen Studien und zu eigenen Arbeiten anzuleiten, wendet sich die Reihe in erster Linie an Studenten und Lehrer der Geschichte. Die Autoren der Bände haben sich darüber hinaus bemüht, ihre Darstellung so zu gestalten, dass auch der Nichtfachmann, etwa der Germanist, Jurist oder Wirtschaftswissenschaftler, sie mit Gewinn benutzen kann.

Die Herausgeber beabsichtigen, die Reihe stets auf dem laufenden Forschungsstand zu halten und so die Brauchbarkeit als Arbeitsinstrument über eine längere Zeit zu sichern. Deshalb sollen die einzelnen Bände von ihrem Autor oder einem anderen Fachgelehrten in gewissen Abständen überarbeitet werden. Der Zeitpunkt der Überarbeitung hängt davon ab, in welchem Ausmaß sich die allgemeine Situation der Forschung gewandelt hat.

Lothar Gall   Karl-Joachim Hölkeskamp   Hermann Jakobs

INHALT

Vorwort XI

I. Darstellung 1

   1. Einführung: Grundlagen Ostmitteleuropas 1

   2. Adelsgesellschaft und ständischer Liberalismus 6
      a) Ostmitteleuropa im 18. Jahrhundert 6
      b) Ständische Erneuerung und konstitutioneller Aufbruch . . . 11
      c) Staatsausbau und liberale Bewegung 21

   3. Verfassungsordnungen und Nationalgesellschaften bis 1918 . . . 29
      a) Revolutionen und Neoabsolutismus 31
      b) Konstellationen unvollendeter Nationalstaatlichkeit 39
      c) Aufbrüche in die Industriegesellschaft 48
      d) Die Krise der alten Ordnung 56
      e) Der Erste Weltkrieg 62

   4. Ostmitteleuropa zwischen den Kriegen 66
      a) Umrisse einer neuen Ordnung 66
      b) Nationalstaatliche Demokratien und ihre Gefährdungen . . 72
      c) Ostmitteleuropa in den Mächtebeziehungen
         der Zwischenkriegszeit 82
      d) Ostmitteleuropa 1938 – Eine Bilanz 85

   5. Der Zusammenbruch Ostmitteleuropas 89
      a) Die Zerstörung der ostmitteleuropäischen Staatenordnung . 92
      b) Umsiedlung, Ausbeutung, Vernichtung: deutsche und
         sowjetische Besatzungspolitik bis 1944 95
      c) Die Ermordung der Juden 100
      d) Politische Strukturbrüche 1943–1948 103

   6. Ostmitteleuropa im Sozialismus 114
      a) Spielarten des Stalinismus 116
      b) Entstalinisierung und Entstalinisierungskrisen 123
      c) Wirtschaftliche Strukturprobleme und
         gesellschaftlicher Wandel 130
      d) Außenpolitik unter sowjetischer Hegemonie 135
      e) Krise und Zerfall der Volksrepubliken 140

   7. Übergänge in die Demokratie 146

II. Grundprobleme und Tendenzen der Forschung 149

    1. Ostmitteleuropa im 19. und 20. Jahrhundert.
       Historische Region und historiographisches Konzept 149
    2. Ungleiche Chancen der Industrialisierung 156
    3. Die Auflösung der Adelsgesellschaften 171
    4. Ethnische Vielfalt zwischen Abschottung und Symbiose 183
    5. Nationalismen und Nationalitätenkonflikte 194
    6. Imperiale Ordnungen und nationale Staatlichkeit 205
       a) Staatsbildung in Reichsverbänden 205
       b) Ostmitteleuropa im Zeitalter der Weltkriege 220
       c) Die ostmitteleuropäischen Volksrepubliken 237
    7. Geschichtspolitik und Erinnerungskulturen 247

III. Quellen und Literatur 251

    1. Hilfsmittel 251
       a) Bibliographien und Nachschlagewerke 251
       b) Atlanten 252
       c) Datenbanken/Internetportale 253
    2. Überblicksdarstellungen und Handbücher 253
       a) Allgemeines 253
       b) Polen 254
       c) Preußen, Pommern, Schlesien 255
       d) Baltikum, Weißrussland, Ukraine 255
       e) Habsburgermonarchie 255
       f) Böhmische Länder/Slowakei 256
       g) Ungarn, Kroatien, Siebenbürgen 256
    3. Historiographie 257
    4. Ostmitteleuropa als historische Region 258
       a) Historischer Raum und geopolitischer Entwurf 258
       b) Die Mitteleuropa-Debatte 259
       c) Historiographische Konzepte 260
    5. Wirtschaftsgeschichte Ostmitteleuropas 261
       a) Allgemeines 261
       b) 19. Jahrhundert 262
       c) Zwischenkriegszeit 263
       d) Volksrepubliken, Transformation 265

6. Gesellschaft, Kultur, Ethnizität 266
   a) Allgemeines 266
   b) Adel 267
   c) Bürgertum, Bürgerlichkeit 268
   d) Bildungswesen und Intelligenzia 270
   e) Arbeiterschaft und Sozialpolitik 271
   f) Bauern 272
   g) Stadt und Urbanität 272
   h) Die ostmitteleuropäische Moderne 274
   i) Frauen- und Geschlechtergeschichte 274
   j) Ostjüdische Lebenswelten 275
   k) Jüdische Emanzipation und Assimilation 276
   l) Antisemitismus 278
   m) Kirche und Religion 279

7. Nationalismus und Politische Ideen 279
   a) Allgemeines 279
   b) Polen 281
   c) Ukrainer, Weißrussen 283
   d) Tschechen, Slowaken 283
   e) Ungarn 284
   f) Kroaten, Serben, Rumänen 285
   g) Deutsche 286
   h) Nationalismus und politische Symbolik
      in der Habsburgermonarchie 286
   i) Minderheitenpolitik und Minderheitenrecht 287

8. Staat und Politik im späten 18. und im 19. Jahrhundert 288
   a) Allgemeines 288
   b) Die polnische Reformära und die Teilungen Polens 290
   c) Staatsbildung und ständische Reformen
      in der Habsburgermonarchie 291
   d) Frühliberalismus und Vormärz 292
   e) Die Revolutionen von 1848 293
   f) Der österreichische Neoabsolutismus 294
   g) Staat, Politik und Parteienwesen 1860–1895 295
   h) Krisenphänomene um 1900 297
   i) Ostmitteleuropa in der europäischen Mächtepolitik 298

9. Staat und Politik im frühen 20. Jahrhundert 299
   a) Allgemeines 299
   b) Der Erste Weltkrieg 300
   c) Revolutionen und Staatsgründungen 301
   d) Ostmitteleuropa zwischen den Kriegen 301
   e) Parlamentarische Demokratie und autoritäre Regime 303

  f) Staatensystem und Außenpolitik 1918/20–1939 304
  g) Die deutsche Ostforschung 306

 10. Der Zweite Weltkrieg 307
  a) Allgemeines 307
  b) Deutsche und sowjetische Besatzungspolitik
    in Polen und Weißrussland 308
  c) Protektorat, Reichsgau Sudetenland, Slowakei 309
  d) Ungarn im Zweiten Weltkrieg 310
  e) Die Ermordung der ostmitteleuropäischen Juden 311
  f) Vertreibungen und Zwangsumsiedlungen 312

 11. Die ostmitteleuropäischen Volksrepubliken 314
  a) Allgemeines 314
  b) Koalitionsregierungen 1944–1948 316
  c) Stalinismus 317
  d) 1956 und Entstalinisierung 318
  e) Propaganda und Alltagskultur im Sozialismus 319
  f) Der „Prager Frühling" 319
  g) Dissidenz und Opposition 320
  h) Die Solidarność 322
  i) Außenpolitik im Kalten Krieg 323
  j) Aufbrüche in die Demokratie 324

 12. Geschichtspolitik und Erinnerungskulturen 325

Anhang 327

 Zeittafel 327

 Karten 333

Register 337

 1. Personenregister 337

 2. Autorenregister 340

 3. Orts- und Sachregister 347

VORWORT

Als mir vor mehr als zehn Jahren die Idee angetragen wurde, den vorliegenden Band für den OLDENBOURG GRUNDRISS DER GESCHICHTE zu verfassen, konnte ich nicht absehen, worauf ich mich mit diesem Buchprojekt einließ. Mitten in meinen Forschungen zur nationalen Dimension ungarischer Bildungspolitik im 19. Jahrhundert und ihrer Auswirkungen auf den Schulalltag von Slowaken, Rumänen und Siebenbürger Sachsen schien mir die Idee jedoch ausgesprochen reizvoll, anschließend eine Synthese der jüngeren Geschichte Ostmitteleuropas zu schreiben. Diese sollte nicht aus dem Nebeneinander herkömmlicher Nationalgeschichten, sondern aus der Zusammenschau unterschiedlicher Entwicklungen und gemeinsamer historischer Wurzeln der Region gebaut sein. Dabei hatte ich die ständischen Traditionen der ungarischen Geschichte und ihre langen Wirkungen bis weit ins 20. Jahrhundert vor Augen. Würde nicht gerade dieser spezifische Blick dabei helfen, der Geschichte Ostmitteleuropas im 19. und 20. Jahrhundert neue, ungewohnte Perspektiven abzugewinnen?

Ohne Gottfried Schramm, seine klare Sicht auf das frühneuzeitliche Ostmitteleuropa, seine stete Ermunterung zum historischen Vergleich und seinen frühen Rat in den mir zunächst noch so wenig vertrauten polnischen Verhältnissen hätte ich wohl kaum den Mut für ein solches Unterfangen aufgebracht. Gereizt hat mich auch, dass Joachim Bahlcke den frühneuzeitlichen Part übernahm, was bei unserem gemeinsamen Verständnis Ostmitteleuropas zwei Bände sozusagen aus einem Guss erwarten ließ. Zunächst musste jedoch die Habilitation abgeschlossen werden. Auch war Ende der 1990er Jahre kaum abzusehen, wie zeitraubend der Umbruch im deutschen Hochschulwesen werden würde. So lästig und unangenehm die lähmenden Verzögerungen auch schienen, eröffneten sie doch die Chance, den Beitritt der Kernländer Ostmitteleuropas zur EU im Mai 2004 als naheliegenden Abschluss des 20. Jahrhunderts und damit des hier behandelten Untersuchungszeitraums zu entwerfen.

Dass der Band nochmals fünf Jahre später endlich dem Leser vorgelegt werden kann, habe ich vielfacher Hilfe und Unterstützung zu verdanken. Włodzimierz Borodziej hat mich mit den Kernfragen der polnischen Zeitgeschichte vertraut gemacht und das Experiment gewagt, seine und meine Manuskripte noch im Rohbau mit Jenaer Studierenden auf ihre Lesertauglichkeit zu prüfen. Tatjana Tönsmeyer hat ebenfalls weite Teile des Manuskripts kritisch kommentiert und dafür gesorgt, dass zwischen Ungarn und Polen auch die tschechischen und slowakischen Belange nicht zu kurz kommen. Ihnen beiden sei ebenso herzlich gedankt wie der Deutschen Forschungsgemeinschaft, die den Abschluss des Manuskriptes durch ein großzügig gewährtes Forschungsfreisemester erst möglich gemacht hat. Den Herausgebern wie dem Verlag danke ich für die Geduld, mit der sie auf diesen Band gewartet haben, auch wenn ich ihnen immer neue Abgabetermine ankündigen musste. Die größte Zumutung aber hatte meine Familie zu ertragen, die ihren Ehemann und Vater in den letzten Jahren vor lauter „Grundriss" viel zu selten zu Gesicht bekam.

Jena im März 2009 Joachim von Puttkamer

I. Darstellung

1. EINFÜHRUNG: GRUNDLAGEN OSTMITTELEUROPAS

Mit dem Beitritt zur Europäischen Union hat das östliche Mitteleuropa wieder Anschluss an eine maßgeblich vom Westen geprägte Entwicklung gefunden. Die Besonderheiten der Region ergeben sich auf den ersten Blick aus der raschen Transformation ehemaliger Volksrepubliken in parlamentarische Demokratien und marktwirtschaftliche Ordnungen, einer Transformation, die nahezu alle Bereiche des öffentlichen, ja selbst des privaten Lebens erfasst hat. Junge, aufstiegsorientierte Eliten tragen die noch kaum gefestigten Mehrparteiensysteme, die aufgrund ihrer Herkunft aus ehemals oppositionellen Milieus und sozialdemokratisch gewendeten Postkommunisten hochgradig polarisiert sind. Undurchsichtige Privatisierungen in den rechtlichen Grauzonen der Übergangszeit und die enormen unternehmerischen Freiräume haben zunächst kleine Gruppen extrem erfolgreicher Aufsteiger entstehen lassen, die den Kern einer neuen, zukunftsorientierten Mittelschicht bilden. Niedrige Löhne bei rasch wachsender Arbeitsproduktivität und hohen ausländischen Investitionen sowie die radikale Neugestaltung der rechtlichen Rahmenbedingungen bieten die Grundlage für einen wirtschaftlichen Aufschwung, der seit dem Beitritt zur EU noch an Breite gewinnt und auch der großen Zahl an Transformationsverlierern in der Landwirtschaft wie im Staatsdienst und in den sozialen Sicherungssystemen eine Perspektive eröffnet.

In dieser Transformation unterscheidet sich Ostmitteleuropa von seinen östlichen und südlichen Nachbarn. Die Erinnerung an das Aufbegehren von 1956, 1968 und 1980/81 gegen die kommunistische Herrschaft und an die sanften Revolutionen von 1989 hat ein Gefühl der Zusammengehörigkeit und ein prekäres Bekenntnis zur Demokratie als gleichsam selbstverständlicher Staatsform begründet. Allein schon die Aussicht auf den Beitritt zur Europäischen Union hat der institutionellen Ausgestaltung von Marktwirtschaft und parlamentarischer Demokratie ein konkretes Ziel von hoher Anziehungskraft gesetzt. Nur so konnten die aufbrechenden Minderheitenkonflikte zwischen Ungarn und seinen Nachbarn zügig eingehegt werden. Auch dass sich die Tschechoslowakei derart friedlich auflösen würde, war nicht ohne Weiteres zu erwarten. Die anfängliche Begeisterung für die EU ist einer intensiven, mitunter fast schon bizarr anmutenden Behauptung nationaler Eigenheit gewichen, die auch historischen Opfererfahrungen Gehör verschaffen will. Solche Spannungen haben die Stabilität

— Gemeinsamkeiten Ostmitteleuropas

seit dem EU-Beitritt zwar erheblich untergraben, allerdings ohne das politische System bislang ernsthaft zu gefährden.

Diese Gemeinsamkeiten ruhen jedoch auf Voraussetzungen, die größtenteils erst durch die volksdemokratischen Diktaturen nach dem Zweiten Weltkrieg geschaffen worden sind. Sie können kaum verbergen, dass Ostmitteleuropa in den anderthalb Jahrhunderten zwischen 1790 und 1945 mitnichten das Bild einer einheitlichen, scharf abgrenzbaren historischen Region bot. Vielmehr schien sich die ältere, zu Beginn der Frühen Neuzeit entstandene Einheit Ostmitteleuropas als Region ausgeprägter Ständestaatlichkeit um 1800 weitgehend aufgelöst zu haben. In den böhmischen Ländern waren die Stände schon nach der Niederlage am Weißen Berg fast völlig aus der Landespolitik verdrängt worden. Auch in Kroatien und Siebenbürgen, den Nebenländern der ungarischen Stephanskrone, war der landesfürstliche Absolutismus weit vorgedrungen. Innerhalb der Habsburgermonarchie verkörperte um 1800 allenfalls noch das königliche Ungarn den Typus einer nur oberflächlich durch den bürokratischen Verwaltungsstaat überformten Ständegesellschaft. Der polnischen Adelsrepublik schließlich, die am Ende des 18. Jahrhunderts den Weg zur Entwicklung von Staat und Gesellschaft aus den Traditionen korporierter Selbstregulierung und ständischer Freiheit zu weisen schien, hatten die Teilungen ein radikales Ende gemacht.

Diese Brüche haben es den national gefärbten Historiographien innerhalb wie außerhalb der Region erheblich erleichtert, die Geschichte Ostmitteleuropas in die Geschichte seiner Länder und Nationen auseinanderzudividieren. Damit aber wurden und werden bis heute jene grundlegenden Gemeinsamkeiten verdeckt, die in der Herkunft der Kernländer Ostmitteleuropas aus den frühneuzeitlichen Adelsgesellschaften wurzeln. Eine Zusammenschau der Region aus dieser Warte, wie sie im vorliegenden Band versucht wird, erlaubt es, gemeinsame Entwicklungslinien wie spezifische Unterschiede deutlicher als bisher zu konturieren, ja zum Teil überhaupt erst sichtbar zu machen.

Adelsständische Grundlagen — Dies gilt vor allem für die Herkunft der politischen Ordnung Ostmitteleuropas aus den ständischen Reformbewegungen des ausgehenden 18. Jahrhunderts. In den böhmischen Ländern, in Ungarn und besonders eindrucksvoll in Polen formulierten aufgeklärte Reformer den Anspruch, ständisch verfasste Freiheit und landesfürstliche Obrigkeit miteinander zu verbinden und in neue Formen konstitutioneller Staatlichkeit zu überführen. In Polen wurde der ständische Aufbruch in den Nationalstaat zwar durch die Teilungen von 1793 und 1795 gebrochen, und auch in Böhmen und Ungarn schien zunächst der bürokratische Fürstenstaat zu obsiegen. Der Anspruch, aus ständischem Verfassungsdenken moderne Staatlichkeit zu schaffen, wirkte jedoch weiter. Er brachte einen spezifisch ostmitteleuropäischen Nationalismus hervor, der das Leitbild der auf den Konsens ihrer Eliten gegründeten Freiheit der Nation weitertrug. Damit erzeugte er eine eigentümliche Spannung zwischen politischem und sprachlichem Nationsverständnis, indem er das Gleichheitsideal der Adelsnation und deren Widerstands- und Freiheitstraditionen mit sprachlicher Emanzipation verband.

In der Revolution von 1848 sahen sich die adelsständischen Reformbewegungen Ostmitteleuropas erstmals dem Projekt eines neu zu gründenden deutschen Nationalstaats gegenüber. Nicht mehr der preußische und österreichische Beamtenstaat, sondern eine kraftvolle deutsche Nationalbewegung bildete fortan den zentralen Widerpart polnischer und tschechischer Emanzipation. Für Ungarn eröffnete die Aussicht auf einen deutschen Nationalstaat mit seinen Auswirkungen auf die Habsburgermonarchie völlig neue Perspektiven staatlicher Selbstständigkeit. Erst in dem knappen Jahrzehnt zwischen 1863 und 1871, einer Schlüsselphase der politischen Entwicklung Ostmitteleuropas, wurden dann jene machtpolitischen Verhältnisse dauerhaft fixiert, welche die ostmitteleuropäischen Nationalbewegungen nach der deutschen Reichsgründung von 1871 auf die Ausbildung nationalgesellschaftlicher Strukturen und Verhaltensweisen innerhalb stabiler Reichsverbände verwiesen. Trotz wachsender Spannungen entstanden dabei in der zweiten Hälfte des 19. Jahrhunderts erstaunlich fruchtbare und konstruktive Kompromisse, welche die politische Ordnung Ostmitteleuropas bis zum Ende des Ersten Weltkrieges trugen. Erst innerhalb dieses Rahmens wandelten sich die liberalen Nationsprojekte zu ethnonationalen Mobilisierungsideologien, die den Massengesellschaften ihr nationales Fundament gaben und schließlich auch die Nationalstaatsgründungen der Zwischenkriegszeit trugen. Damit unterlief der ostmitteleuropäische Nationalismus zugleich die lange eingespielte Vielfalt multiethnischer Milieus und mündete in scharfe, mitunter unheilbare nationale Polarisierungen. Dagegen überlebte das nationale Freiheitsdenken als Erbe der alten Adelsnationen selbst den Untergang Ostmitteleuropas in der Katastrophe der deutschen Besatzung und bot ein geistiges Reservoir, welches die vielfältigen Formen des Aufbegehrens gegen die kommunistischen Diktaturen bis hin zu den Revolutionen von 1989 möglich machte.

Die tiefen Prägungen der frühneuzeitlichen Adelsgesellschaften Ostmitteleuropas treten jedoch nicht nur in den politischen Ordnungsvorstellungen deutlich zutage, sondern fast noch stärker in den gesellschaftlichen Strukturen. Aus einem politisch wie sozial marginalisierten Kleinadel entstand in Polen wie in Ungarn eine radikale Intelligenzia, welche die Tradition einer primär gegen den grundbesitzenden Adel gerichteten Sozialkritik auch dann noch weitertrug, als sie sich von ihren sozialgeschichtlichen Wurzeln längst gelöst hatte. Während die korporativen Freiräume wie die rechtlichen Aufstiegsbarrieren ständisch verfasster Adelsgesellschaften eine sprachliche und konfessionelle Vielfalt konserviert hatten, in der auch die jüdische Bevölkerung ihren Platz besaß, erzeugte der Sog neu entstehender Mittelschichten eine enorme Spannung zwischen dynamischen Assimilationsprozessen und offensiver nationaler Selbstbehauptung bis hin zu ausgeprägten Formen des Antisemitismus. Die von Adelsgütern geprägte Wirtschaftsstruktur brachte eigene Formen der Industrialisierung hervor, konnte jedoch die rasch wachsende ländliche Bevölkerung nicht aufnehmen. Hier entstand das politische Reservoir der Bauernparteien, die das politische Leben Ostmitteleuropas in der Zwischenkriegszeit bis über den Zweiten Weltkrieg hinaus bestimmten.

Besonderheiten Ostmitteleuropas

Böhmische Länder

Gemeineuropäische Prozesse

Der Blick auf diese gemeinsamen Grundstrukturen in der jüngeren Geschichte Ostmitteleuropas erlaubt es, die jeweiligen Besonderheiten der einzelnen Länder neu zu konturieren. Dies gilt vor allem für die böhmischen Länder, die sich nicht bruchlos in das hier entwickelte und vorrangig aus der polnischen und ungarischen Entwicklung abgeleitete Muster einordnen lassen. Die konkurrierenden Nationalgesellschaften von Tschechen und Deutschen entstanden, anders als in Polen und Ungarn, nicht aus der Verschmelzung ausdifferenzierter und politisch unruhiger adeliger Eliten mit den sich neu formierenden Mittelschichten, sondern aus dem Aufstieg eines tschechischen Bürgertums, der erklärtermaßen als nationale Emanzipation formuliert wurde. Gerade das Fehlen eines freiheitlich national gesinnten Kleinadels und die eklatante politische Schwäche einer zwar extrem reichen, aber numerisch äußerst kleinen, landespatriotischen Adelselite begünstigten hier die Entstehung zweier sprachlich wie politisch schließlich scharf geschiedener Nationalgesellschaften mit einander diametral entgegengesetzten Konzeptionen für die Habsburgermonarchie wie für deren tschechoslowakischen Nachfolgestaat. Zudem brachte die frühe Industrialisierung der böhmischen Länder eine starke marxistische Linke hervor, die sich deutlich von einem vergleichsweise moderaten Agrarpopulismus absetzte. Sie verlieh auch dem kommunistischen Regime bis über den Prager Frühling hinaus jene relativ hohe Stabilität, welche die Tschechoslowakei der Nachkriegszeit von ihren ostmitteleuropäischen Nachbarn unterscheidet. Dennoch weist die Geschichte der böhmischen Länder auch im 19. und 20. Jahrhundert wichtige Parallelen zur polnischen und ungarischen Entwicklung auf, deren Wurzeln in der alten böhmischen Adelsgesellschaft zu suchen sind. Dies gilt für das Denken der tschechischen Nationalbewegung in staatsrechtlichen Kategorien nach dem scheinbar so erfolgreichen ungarischen Vorbild ebenso wie für die sozialen Probleme des späten 19. und frühen 20. Jahrhunderts und auch für die Parteienlandschaft der Zwischenkriegszeit.

Aber auch Polen und Ungarn wurden seit der Mitte des 19. Jahrhunderts von gemeineuropäischen Prozessen erfasst, die sich aus einer zwar lange Zeit auf wenige Kernbereiche konzentrierten, aber deshalb nicht minder dynamischen Industrialisierung speisten. Die rasche Veränderung städtischer Lebenswelten, die Entstehung urbaner Metropolen, das Aufkommen einer proletarisierten und zusehends organisierten Arbeiterschaft und der Ausbau technischer wie administrativer und sozialer Infrastrukturen, die auch das Gesicht Ostmitteleuropas prägen, lassen sich kaum aus der Transformation frühneuzeitlicher Adelsgesellschaften beschreiben. Weniger ständische Prägungen als ein spannungsreicher ökonomischer Aufholprozess gegenüber dem westlichen Europa, die auffällige ethnische Vielfalt und nicht zuletzt die Lösung aus den großen Reichsverbänden, verbunden mit der Behauptung zwischen Deutschland und (Sowjet-)Russland bis hin zur gemeinsamen Einbindung in das sowjetische Imperium nach 1945, sind deshalb in vergleichender Interpretation wiederholt als Strukturmerkmale Ostmitteleuropas benannt worden. Ihre spezifische Ausformung erhielten aber auch diese Merkmale erst aus der Einbettung in die Transformation frühneuzeitlicher Adelsgesellschaften.

Die Geschichte Ostmitteleuropas im 19. und 20. Jahrhundert wird im folgenden Band deshalb in einem konsequent vergleichenden Zugriff als Geschichte lang angelegter, paralleler Entwicklungen darzustellen sein, die von den frühneuzeitlichen Adelsgesellschaften ihren Ausgang nahmen. Deren Spuren lassen sich bis in die Gegenwart beobachten. Dabei sollte die Geschichte Ostmitteleuropas im 19. und 20. Jahrhundert nicht als Rückkehr zu einer geschichtsräumlichen Einheit missverstanden werden, die zwischenzeitlich verloren zu gehen drohte. Denn die genannten und zusehends überformten Strukturmerkmale bilden zugleich den Kontext neu entstandener Divergenzen, die aus unterschiedlichen Konstellationen in der Nationalitätenfrage, aus den jeweiligen Industrialisierungsverläufen, aus unterschiedlichen Kriegserfahrungen im 20. Jahrhundert oder aus den vielfältigen Formen des Aufbegehrens gegen kommunistische Herrschaft herrührten. Wenn sich das östliche Mitteleuropa der Gegenwart eingangs als abgrenzbare Region vorstellen ließ, so beruht dies ebenso sehr auf dem parallelen Neubeginn nach dem tiefen, aber nicht vollständigen Strukturbruch in der Mitte des 20. Jahrhunderts wie aus dem länger angelegten historischen Erbe.

Der hier gewählte, vergleichende Zugriff bringt es mit sich, dass gewohnte und etablierte Bereiche der Geschichte Ostmitteleuropas aus dem Blick geraten. Das Baltikum, die altpolnischen Gebiete Weißrusslands und der westlichen Ukraine, Kroatien und Slowenien, aber auch Preußen und Schlesien teilen zwar einige wichtige hier benannte Merkmale Ostmitteleuropas, können jedoch schon aus darstellerischen Gründen nicht gleichgewichtig und systematisch, sondern allenfalls durch kursorische Verweise mitbehandelt werden. Auch die jüdische Geschichte Ostmitteleuropas lässt sich in dem gewählten Format nicht konsequent in ihren überstaatlichen Zusammenhängen darstellen. Schließlich birgt die Auflösung gewohnter nationalgeschichtlicher Narrative die Gefahr, dass Leser, die nach rascher Orientierung suchen, nicht auf Anhieb fündig werden. Dem kann durch einen Blick in die Register hoffentlich Abhilfe geschaffen werden.

Regionale Abgrenzung

2. ADELSGESELLSCHAFT UND STÄNDISCHER LIBERALISMUS

a) Ostmitteleuropa im 18. Jahrhundert

Um die Mitte des 18. Jahrhunderts war das östliche Mitteleuropa noch von den altständischen Verhältnissen geprägt, die aus einer „Reinkultur von Ständestaatlichkeit" [SCHRAMM 8.a: 18] erwachsen waren, wie sie sich um 1500 entwickelt und über die gesamte Frühe Neuzeit hinweg die Region geprägt hatten. Auch wenn sich Polen, die böhmischen Länder und Ungarn mit seinen Nebenländern nicht nur politisch, sondern auch gesellschaftlich seit dem frühen 17. Jahrhundert wieder weit auseinanderentwickelt hatten, waren doch wesentliche Gemeinsamkeiten aus diesem Erbe erhalten geblieben.

Adelsnationen Tragende Säule der überkommenen Ordnung war der Adel mit seinem ausgeprägten politischen Bewusstsein. Dessen Kern bildete eine Kultur der „Libertas" [ZERNACK, Osteuropa 4.a: 71–72], ein egalitäres Freiheitsdenken, das jedem Adeligen prinzipiell gleiche Rechte und gleichen Anteil an der Nation zumaß. Der Adel vertrat das Land gegenüber dem König auf dem Landtag bzw. Reichstag. In dieser dualistischen Konzeption hatten sich früh abstrakte Vorstellungen von der jeweiligen Krone als überwölbender Rechtsperson jenseits monarchischer Verfügungsgewalt herausgebildet. Hierauf konnten Vorstellungen eines durch die *universitas nobilium*, durch die Gemeinschaft der Adeligen vertretenen politischen Gemeinwesens aufbauen, der polnischen Adelsrepublik, der *Rzeczpospolita*, ebenso wie der ungarischen *Nemzet*, der Nation.

Magnatisierung Waren die ostmitteleuropäischen Ständesysteme zunächst aus der Behauptung des Gemeinadels gegenüber den Herren entstanden, so hatte seit dem 17. Jahrhundert ein gegenläufiger Prozess der Magnatisierung die Oberhand gewonnen. Riesige Güterkomplexe bildeten in Böhmen, in weiten Teilen Polens sowie in Ungarn und seinen Nebenländern die Grundlage landwirtschaftlicher Modernisierung. Ihre Besitzer stellten die politische Elite des Landes, hier liefen, oft jenseits der Institutionen, wichtige Fäden politischer Kommunikation zusammen. Auch die Kultur Ostmitteleuropas war in weiten Teilen magnatisch geprägt, stellten doch die Landsitze vieler Magnaten die Schlösser souveräner deutscher Fürsten mühelos in den Schatten; sie wurden zum wichtigsten Einfallstor für die geistige und ästhetische Orientierung an den höfischen Zentren der Aufklärung. Besonderes ausgeprägt verlief diese Magnatisierung in Böhmen, wo der Gemeinadel nahezu vollständig verdrängt wurde. Dagegen bildete in Polen, Ungarn und Kroatien der in Klientelsystemen gebundene und im europäischen Vergleich äußerst zahlreiche ländliche Gemeinadel nach wie vor ein stabiles politisches Fundament der ständischen Ordnung. Ließen sich polnische Szlachta und ungarischer Komitatsadel noch im 18. Jahrhundert nur schwer für politische Änderungen gewinnen, so bildeten sie im 19. Jahrhundert ein umso dynamischeres Element nationalpolitischer Mobilisierung, das die entstehenden Nationalbewegungen wesentlich prägte.

Dagegen waren die Städte im ständischen Gefüge Ostmitteleuropas mit weni-   Städte
gen Ausnahmen nur schwach vertreten. Unter den großen Handelsstädten hatten
sich allein Danzig, Elbing und Thorn einen ausgeprägt stadtrepublikanischen
Charakter bewahren können. Warschau, Prag und Wien waren als Residenzstäd-
te zwar zu blühenden Metropolen herangewachsen. Dabei wurden sie jedoch
vom Hof und vom Adel mit seinen Stadtpalästen dominiert, sodass sich eine
selbstbewusste Stadtbürgerschaft kaum entfalten konnte. Daneben existierte eine Vielzahl von Städten unterschiedlicher Größe, die von alters her mit eigenem Stadtrecht ausgestattet und gegenüber ihrem Umland auch sprachlich wie
konfessionell deutlich gesondert waren. Während sich in Oberungarn und Siebenbürgen regelrechte Stadtlandschaften herausgebildet hatten, waren im Osten
und Südosten der Region viele Städte kaum mehr als agrarisch geprägte Sied-
lungszentren ohne ausgebildetes Stadtrecht.

Die große Mehrheit der ländlichen Bevölkerung hingegen war persönlich un-   Bauern
frei, an die Scholle gebunden und zu Abgaben und Frondiensten verpflichtet.
Als Vertreter der Obrigkeit trat den Bauern nahezu durchweg der Grundherr
gegenüber, sei es – wie in Böhmen – in der Wahrnehmung übertragener landesherrlicher Aufgaben, sei es – wie in Polen und Ungarn – aus eigenem Recht.
Größere Gruppen freier Bauern gab es nur in Siebenbürgen mit den Siebenbürger Sachsen sowie unter den Széklern.

Die altständische Ordnung hatte sich schließlich darin bewährt, die überkom-
mene, aber keineswegs statisch fixierte sprachliche und konfessionelle Vielfalt der
Region zu erhalten und zu ordnen. In der politischen Kultur des Adels boten der
Gleichheitsgedanke und die Orientierung an politischen Rechten eine wichtige
Klammer, mit der sprachliche Unterschiede eingeebnet und konfessionelle Differenzen überbrückt werden konnten. Die rechtliche Kluft gegenüber den Bauern
trug wiederum dazu bei, sprachliche Unterschiede zu erhalten. Auch von den
Städten ging in diesem gesellschaftlichen Gefüge vorerst kaum eine assimilieren-
de Wirkung aus.

Die sprachliche Vielfalt Ostmitteleuropas hatte unterschiedliche Wurzeln.   Sprachliche Vielfalt
Im Westen hatte sich im Zuge des mittelalterlichen Landesausbaus über
Jahrhunderte eine spezifische deutsch-slawische bzw. deutsch-magyarische
Überlappungszone herausgebildet, die sich in ihrer räumlichen Struktur und in
der gesellschaftlichen Schichtung weder an konfessionellen noch an politisch-
rechtlichen Kriterien orientierte. Anders geartete Verhältnisse bildeten sich am
östlichen und südöstlichen Rand heraus. Hier waren seit dem Spätmittelalter
durch gezielte Anwerbung und bewusste Privilegierung Personenverbände mit
verbrieften Rechten entstanden, welche ethnische und konfessionelle Unterschiede früh verfestigten und der Entstehung von Konfessionsnationen Vorschub
leisteten. Aus den Kirchenunionen in Polen, dem nordöstlichen Ungarn und
in Siebenbürgen entstanden die griechisch-katholischen Kirchen der Ruthenen und Rumänen, ohne die Orthodoxie vollständig verdrängen zu können.
In Zentral- und Südungarn ebenso wie in der österreichischen Militärgrenze
verfügten zugewanderte, orthodoxe Serben über verbriefte Rechte, die sie auch

politisch zu einem eigenständigen Faktor werden ließen. Siebenbürger Sachsen und magyarische Székler genossen bereits seit dem Mittelalter eine territorial verankerte ständische Selbstverwaltung. Nur wenig jünger war schließlich die ausformulierte politische Selbstverwaltung, welche die jüdische Bevölkerung in der polnisch-litauischen Adelsrepublik genoss. Die Freiräume für Juden im vergleichsweise spät erschlossenen Osten und Südosten Polens, noch mehr jedoch die existentielle Gefährdung während des Kosakenaufstandes von 1648 und das soziale Krisenempfinden des folgenden Jahrhunderts hatten dabei eine ostjüdische Kultur hervorgebracht, die für das ganz östliche Europa charakteristisch war.

Frühneuzeitliche Divergenzen

All diesen Gemeinsamkeiten zum Trotz hatten sich die ostmitteleuropäischen Ständesysteme im 18. Jahrhundert weit auseinanderentwickelt. Während Polen zum Inbegriff einer Adelsrepublik geworden war, galt Böhmen geradezu als Kernland des habsburgischen Absolutismus, dem sich auch die ungarischen Länder nur mühsam entziehen konnten. Diese Divergenz rührte zu wesentlichen Teilen aus Unterschieden in Verlauf und Charakter der Gegenreformation. Zwar hatte die Reformation im gesamten ostmitteleuropäischen Raum die Städte und weite Teile des Adels erfasst und auch rechtlich fixierte Formen konfessioneller Toleranz hervorgebracht. Dagegen waren die Landesherren mit Ausnahme Siebenbürgens katholisch geblieben. Hier bot sich ein Ausgangspunkt für die Gegenreformation, welche die politische Verfasstheit auf höchst unterschiedliche Weise bestimmte.

Rekatholisierung Polens

In Polen war die ständische Ordnung bereits vor der Reformation etabliert und durch das territoriale Ausgreifen nach Osten auch schon hinreichend mit konfessioneller Vielfalt vertraut, sodass aus der Reformation keine unmittelbare Gefährdung des politischen Gefüges erwuchs. Vielmehr wurden die bereits angelegte konfessionelle Toleranz ebenso wie die ständische Ordnung während des Interregnums von 1572/74 in der Toleranzakte der Warschauer Konföderation und in den *Articuli Henriciani* von 1573 nun auch rechtlich verbrieft. Spätere Ansätze, ständepolitische Gegensätze konfessionell zu unterfüttern, liefen in einer derart gesicherten Ordnung weitgehend ins Leere. Die nunmehr etablierten Strukturen erwiesen sich als stabil genug, auch die rasch anlaufende Rekatholisierung weiter Teile des Adels nahezu unbeschadet zu überstehen. Damit blieben auch die Impulse für den institutionellen Ausbau territorialer Obrigkeit, wie sie im Heiligen Römischen Reich aus der Konfessionalisierung erwuchsen, weitgehend auf die Städte beschränkt. Gerade der große Erfolg der Gegenreformation festigte wiederum die politische Ordnung der polnisch-litauischen *Rzeczpospolita szlachecka*, die sich jetzt kulturell so gleichförmig präsentierte wie nie zuvor. Mit der Brester Kirchenunion von 1596 war zudem ein Großteil der ehemals orthodoxen, ostslawischen Bevölkerung in die katholische Kirche eingegliedert worden. Erst als Russland und Preußen im 18. Jahrhundert die Glaubensfrage instrumentalisierten, wurde die schwindende Akzeptanz der politischen Gleichstellung orthodoxer und protestantischer Adeliger auch für das Verfassungsgefüge der Adelsrepublik zum Problem. Denn diese sogenannten Dissidenten boten den benachbarten Großmächten ein willkommenes Einfallstor, um die polnische Politik zu beeinflussen.

Dass die polnische Gegenreformation weitgehend gewaltlos verlief, war jedoch nur innerhalb eines ständischen Gefüges möglich gewesen, das seine Stabilität noch aus anderen Quellen als der konfessionellen Toleranz bezog. Dem fest in das ständische System eingebundenen Wahlkönigtum fehlten jegliche Ansatzpunkte, um die monarchische Herrschaft im Zeichen der Gegenreformation zu konsolidieren. Da die Personalunion zwischen Polen und Litauen im Jahr 1569 mit dem Akt von Lublin frühzeitig in eine Realunion überführt worden war, Lubliner Union entfiel auch die Möglichkeit, über die Macht des Monarchen in auch nur einem seiner Länder das gesamte politische Gefüge aus den Angeln zu heben. Die Wahl von Königen aus fremden Fürstenhäusern lieferte ebenfalls keine Machtbasis außerhalb Polens, von der aus die Kräfte innerhalb der Adelsrepublik zugunsten des Königs hätten verschoben werden können. Selbst aus militärischer Selbstbehauptung entstand kein systemsprengender Konflikt. Ein stehendes Heer, das in den westlichen Nachbarländern jeweils erhebliche Machtverschiebungen zugunsten des Landesherrn nach sich gezogen hatte, war in Polen erst 1717 unter dem Druck des bereits übermächtigen Russland eingeführt worden und stand bereits im Zeichen der anhaltenden Lähmung innenpolitischer Reform.

Stellte das Königreich Polen um 1760 somit geradezu das Idealbild einer ostmitteleuropäischen Adelsgesellschaft dar, so markierten die böhmischen Länder das andere Extrem. Hier hatte die Gegenreformation die Fähigkeit der politischen Eliten zum Konsens um die Wende zum 17. Jahrhundert in dramatischer Weise untergraben. Der 1618 offen ausgebrochene Konflikt endete mit der Niederlage des böhmischen Ständeheeres am Weißen Berg. Dieses in Schlacht am Weißen mehrfacher Hinsicht einschneidende Ereignis beendete auch die bisherige kon- Berg fessionelle Toleranz. Der Protestantismus wurde für anderthalb Jahrhunderte nahezu vollständig aus dem öffentlichen Leben verdrängt. Die im östlichen Europa schärfste Zuspitzung konfessioneller Gegensätze hatte somit das ständische Modell in den böhmischen Ländern zusammenbrechen lassen. Mit den Verneuerten Landesordnungen von 1627/28 wurden die Landtage Böhmens und Mährens politisch weitgehend entmachtet, auch wenn sie weiterhin ein Gravitationszentrum landständischen Selbstverständnisses blieben. Die faktische Abschaffung des Steuerbewilligungsrechts und der Ausbau integrierter Landesbehörden bis auf die regionale Ebene trieb die Übernahme des Modells eines katholisch grundierten, landesfürstlich zentrierten Staatsausbaus noch weiter voran. Die extreme Magnatisierung schließlich, welche die böhmischen Länder charakterisierte, war zwar nicht erst durch die Niederlage am Weißen Berg hervorgebracht worden, hatte dadurch aber doch einen erheblichen Schub erfahren. Dennoch bewahrte der böhmische Adel nicht nur sein ständisches Selbstbewusstsein, sondern behielt über die Kontrolle der Landesämter nach wie vor wesentlichen Einfluss auf die Politik in den böhmischen Ländern. Deren Fokus blieben auch über ihre weitgehende politische Entmachtung hinweg die Landtage und ihre ständigen Landesausschüsse.

Gegenreformation in Ungarn

In Ungarn konnte ein derart elementarer Zusammenstoß wie in Böhmen wiederholt vermieden werden. Zwar hatte die Gegenreformation auch hier erhebliche Erfolge verzeichnet. Das politische System zeigte sich jedoch trotz harter Konflikte hinreichend gefestigt, um widerstreitende Strömungen auch über konfessionelle Grenzen hinweg in der Abwehr gegen den Ausbau landesfürstlicher Macht zu einen und Freiräume konfessioneller Toleranz zu bewahren. Dazu trug während des gesamten 17. Jahrhundert hinweg auch der Rückhalt bei, den die protestantischen Stände Ungarns im Fürstentum Siebenbürgen mit seiner mehrheitlich calvinistischen, magyarischen Elite und nicht zuletzt im Bündnis mit den Osmanen hatten mobilisieren können. In Siebenbürgen selbst war der Katholizismus erst im 18. Jahrhundert, nach der Eingliederung des Fürstentums in die Habsburgermonarchie, wieder in eine zentrale Rolle eingesetzt worden, ohne darüber jedoch die verbriefte konfessionelle Toleranz auszuhebeln, an der neben Lutheranern und Calvinisten auch die antitrinitarischen Unitarier teilhatten. Rechtlich nicht abgesichert war hingegen die orthodoxe Kirche der Rumänen. Diese wurde nach polnischem Muster sowie nach dem Vorbild der bereits Mitte des 17. Jahrhunderts zur Union übergetretenen ruthenischen Kirche im Jahr 1699 unter erheblichem Druck ebenfalls zur Union mit Rom gedrängt und unterstellte sich dem Papst.

Unter den Nebenländern der Stephanskrone bildete Siebenbürgen auch in politischer Hinsicht einen Sonderfall innerhalb Ostmitteleuropas. Hier konnte sich der nunmehr habsburgische Landesherr in enger Zusammenarbeit mit dem regelmäßig einberufenen Landtag eine zentrale Stellung im politischen Gefüge der drei ständischen Nationen sichern. Erst als das kroatische Modell der Militärgrenze ab 1764 auch auf Siebenbürgen ausgeweitet wurde, kam es vorübergehend zu heftigen Zusammenstößen. In Zivilkroatien schließlich war die politische Entmachtung des Landtags weit vorangeschritten, wurde das Steuerbewilligungsrecht doch seit 1779 auch für Kroatien vom ungarischen Landtag wahrgenommen, während die Gesetzgebung in die Hände der ungarischen Statthalterei als landesfürstlicher Behörde übergegangen war.

Frühneuzeitliche Staatsbildung

Unterschiedlich hatte sich im östlichen Mitteleuropa vor diesem Hintergrund auch die herrschaftliche Durchdringung auf dem Land entwickelt. Kennzeichnend für die polnische Adelsrepublik war der nahezu vollständige Mangel landesfürstlicher Institutionen in der Fläche. Steuereintreibung, Rekrutenstellung und Rechtsprechung erfolgten entweder durch die Landtage (*sejmiki*) und ihre Wahlbeamten, durch die Städte oder durch Starosten, die zwar vom König ernannt wurden und in seinem Namen herrschaftliche Funktionen wahrnahmen, jedoch ebenfalls fest in lokale adelige Klientelsysteme eingebunden waren. Aus der Magnatisierung des grundbesitzenden Adels, die im Zuge nachholenden Landesausbaus im Südosten Polens ihren Anfang genommen hatte, konnte der König, anders als in der Habsburgermonarchie, bis in die Mitte des 18. Jahrhunderts keinen Machtzuwachs ziehen. Zwar vermochten die Herren den Gemeindadel über oligarchische Klientelsysteme teilweise einzubinden, politisch marginalisieren ließ sich dieser jedoch nicht. Bis über die Mitte des

18. Jahrhunderts hinaus bildete die Szlachta den Kern eines Konsensmilieus von ausgesprochen konservativer Prägung, das auch von dem ständisch grundierten Reformdenken der Aufklärung erst spät erfasst wurde.

Ähnliches gilt für den ungarischen und den kroatischen Landadel, insbesondere fern der Hauptstadt in den östlichen und nordöstlichen Regionen sowie in Siebenbürgen und Kroatien-Slawonien. Auch in den Ländern der ungarischen Krone hatte sich in Gestalt der Komitate eine klar ausformulierte regionale Selbstverwaltung des Adels erhalten, die sich landesherrlichem Zugriff weitgehend entzog und den wichtigsten Stützpfeiler des ständischen Systems bildete. Dagegen war der ritterliche Gemeinadel in den böhmischen Ländern, der in Zahl und politischer Stellung schon vor 1620 deutlich hinter dem übrigen Ostmitteleuropa zurückblieb, im Verlauf des 18. Jahrhunderts nahezu vollständig aus dem sozialen Gefüge verdrängt worden. Seine regionalen Institutionen, die Kreise, gingen schrittweise in ein landesfürstliches Behördenregiment über. Mit dem theresianischen Reformwerk von 1749 erreichte diese Entwicklung ihren vorläufigen Höhepunkt.

Innerhalb der ostmitteleuropäischen Adelsgesellschaften konnten die böhmischen Länder somit in der zweiten Hälfte des 18. Jahrhunderts als Musterbeispiel dafür gelten, wie sich eine altständische Adelsgesellschaft unter Preisgabe ihrer politischen Freiheiten in das Modell landesfürstlichen Staatsausbaus integrieren ließ. Das ungarische und kroatische Ständesystem hingegen hatte dieser Entwicklung weitgehend widerstanden. In Polen lässt sich geradezu das gegenteilige Extrem einer Integration des Königs in eine Adelsrepublik beobachten. Siebenbürgen schließlich, dessen institutionelle Entwicklung auf Komitatsboden der ungarischen glich, hatte ansonsten mit dem Übergang einer Grenzergesellschaft zu einem institutionalisierten Gefüge territorialer Sonderrechte eine eigenständige Entwicklung erlebt, die sich mit den Begriffen einer Adelsnation nur in Teilen fassen lässt.

Die Unterschiede zwischen den ostmitteleuropäischen Adelsgesellschaften prägten vor allem die soziale Struktur der Eliten und die institutionalisierten Formen herrschaftlicher Durchdringung auf höherer und mittlerer Ebene. Auf die lokale Herrschaftsordnung, weite Teile des Rechtswesens und nicht zuletzt das Selbstverständnis des Adels wirkten sie sich nur bedingt aus. Vielmehr bildete der Adel bis zum Ende des 18. Jahrhunderts im gesamten östlichen Mitteleuropa das Rückgrat ständisch geprägten Landesbewusstseins jenseits sprachlicher und ethnischer Unterschiede.

b) Ständische Erneuerung und konstitutioneller Aufbruch

Seit der Mitte des 18. Jahrhunderts begann die Rezeption der Aufklärung das politische Denken in den ostmitteleuropäischen Adelsgesellschaften nachhaltig zu verändern. Das auf Partizipation und Konsens beruhende ständische Modell wurde nunmehr neu begründet. Die starre Bewahrung partikularer Freiheiten

Ständisches Reformdenken

gegen die Zumutungen des Fürsten wurde allmählich von der Idee eines vernünftig geordneten, freien Gemeinwesens abgelöst, bei der historische Rechte durch naturrechtliche, vertragstheoretische Konzepte untermauert wurden. Aus der Abwehr monarchischer Ansprüche erwuchs so die Idee einer historisch gewachsenen Verfassung, die es zu bewahren und weiterzuentwickeln galt. Hier eröffneten sich Möglichkeiten, die Idee der Adelsnation in erweiterbare Partizipationsformen zu überführen und so die Ausweitung staatlicher Macht, die sich im zielstrebigen Ausbau von Infrastrukturen und in der Rechtskodifizierung ausdrückte, in ständischer Regie voranzutreiben, statt sie als Angriff auf tradierte Rechte zu begreifen. Damit wurden die Grundlagen für einen politischen Nationsbegriff gelegt, der ältere Traditionen adeligen Landesbewusstseins aufnahm und überformte. Zentrale Felder dieser Neuorientierung waren die Verstetigung ständischer Landtage zu regelmäßig tagenden Parlamenten, die Teilhabe von Stadtbürgern an den politischen Privilegien des Adels, die Ausformulierung der Rechtsstellung von Bauern und Juden sowie die Entwicklung einer überständischen politischen Öffentlichkeit. Mit der Ausrichtung auf konkrete Reformprojekte begann sich der gewachsene Nationsbegriff zugleich von der Idee einer adeligen Rechtsgemeinschaft hin zu breiteren, politisch aktiven Bevölkerungsschichten zu öffnen.

Monarchische Reformen

Die wichtigsten Impulse aufklärerischer Reformpolitik kamen jedoch von den Monarchen. Im Bildungswesen nutzten sowohl der polnische König Stanisław August Poniatowski als auch Maria Theresia die Chance, die ihnen die Auflösung des Jesuitenordens 1773 bot, indem sie das Bildungswesen weitgehend in staatliche Regie überführten, einheitlich verfassten und erheblich ausbauten. Die Schulreformen förderten nicht nur die Herausbildung neuer Eliten, die Alphabetisierung bäuerlicher Schichten und die Kodifizierung der verschiedenen Volkssprachen begünstigten auch die entstehenden Nationalbewegungen. Konnten Stanisław August, Maria Theresia und Joseph II. im Bildungswesen durchaus auf die Mitarbeit des ständischen Adels rechnen, so wurden andere landesfürstliche Reformen als direkter Angriff auf die Fundamente der ständischen Ordnung gesehen und mobilisierten vehemente Opposition: etwa eine von ständischer Bewilligung losgelöste Militärrekrutierung, der Aufbau eines zentralisierten Behördenapparats mit einer professionellen Beamtenschaft insbesondere in den Kernländern der Habsburgermonarchie und vor allem die Regulierung der Urbarialverhältnisse.

Spracherneuerung

Immanent war dem ständischen Aufbruch schließlich eine Rückbesinnung auf die Landessprachen, die rasch zum Signum historisch gewachsener Eigenständigkeit und Authentizität wurden. In den böhmischen Ländern und in Ungarn glich die Spracherneuerung bald einer dynamischen Emanzipationsbewegung gegen das Deutsche, das als sichtbarster Ausdruck landesfürstlicher Ansprüche verstanden wurde. Damit begann eine Ethnisierung bohemistischer und hungaristischer landespatriotischer Ideen, die nunmehr ihre ursprüngliche Indifferenz gegenüber sprachlicher Vielfalt zu verlieren begannen.

Die ständische Reformbewegung blieb zunächst bis in die 1780er Jahre eine Angelegenheit überschaubarer aufklärerischer Reformzirkel insbesondere im

Hochadel. Mit den aufkeimenden Formen politischer Publizistik fand sie jedoch allmählich durchaus breitere Resonanz. Ihren Durchbruch erlebte sie mit der Französischen Revolution. Den ersten Anstoß hatte allerdings schon das russisch-österreichische Kriegsbündnis gegen das Osmanische Reich gegeben. Erst mit der Perspektive, im Bündnis mit Preußen einen Konflikt mit Russland und Österreich wagen zu können, konnte in Polen der patriotisch gesinnte Adel schlagartig für tiefgreifende Reformen gewonnen werden, die in der Maiverfassung von 1791 gipfelten. In der Habsburgermonarchie formulierten die Landtage der Jahre 1790 und 1791 ähnlich weitreichende Reformvorstellungen, die darauf hinausliefen, die ständische Ordnung in ein integratives Staatsmodell auf konstitutioneller Grundlage zu überführen. Ebenso angelegt war in diesem Konzept bereits die Ausweitung politischer Partizipation auf steuerzahlende Städter. Jegliche Bemühungen, die Rechtsstellung der Bauern zu verbessern, stießen dagegen in der großen Mehrheit des ostmitteleuropäischen Adels auf heftigen Widerstand. In den böhmischen Ländern machten sich zudem das Übergewicht und die Integrationskraft des behördlichen Beamtenstaates ebenso bemerkbar wie das Fehlen eines zahlreichen Gemeinadels, der als Resonanzboden der Erneuerung hätte dienen können.

Zunächst scheiterte der ständische Aufbruch an den heftigen Reaktionen Kaiser Franz II. und der Zarin Katharina II. gegen jegliche Ausbreitung jakobinischen Gedankenguts. In Polen führte dies innerhalb weniger Jahre zur vollständigen Teilung der Adelsrepublik, in der Habsburgermonarchie in die Restauration eines abgemilderten josephinischen Absolutismus. Dennoch prägte der Aufbruch der Jahre 1790/91 über mehrere Generationen das politische Denken der Region. Neben die rechtliche Einhegung staatlicher Gewalt und die Neuordnung und Ausweitung politischer Partizipation trat der Abbau ständischer Schranken auf allen Ebenen, insbesondere die Emanzipation der Juden und der Bauern. Diese Ideen wurden zur Grundlage der liberalen und nationalen Bewegungen des 19. Jahrhunderts. Dagegen wurden die adelsständischen Wurzeln allmählich gekappt.

Die größte Reichweite erzielte der ständische Aufbruch in Polen. Während die Szlachta in dem Konflikt *inter maiestatem ac libertatem* die überkommene Ordnung zunächst auch um den Preis einer chronischen „Souveränitätskrise" [MÜLLER, Polen 8.b] gegen die vermeintliche Dominanz der Sachsenkönige verteidigte, öffneten sich die magnatischen Oberschichten seit der Mitte des 18. Jahrhunderts dem Denken der Aufklärung. Früher als bei ihren gemeinadeligen Standesgenossen in der Provinz wuchs unter gebildeten und weit gereisten Großgrundbesitzern die Einsicht, dass der Ausbau effizienter staatlicher Institutionen nicht zwingend als Angriff auf althergebrachte adelige Freiheiten gesehen werden müsse. In der ersten Hälfte des 18. Jahrhunderts kreisten die Debatten zunächst um die Perspektiven eines stehenden Heeres, das von der Steuerbewilligung des Reichstags abgekoppelt war. Mit den Schriften Stanisław Leszczyńskis, des älteren Stanisław Poniatowski und Stanisław Konarskis erfassten die Reformvorschläge seit den 1740er Jahren zusehends die Gesamtheit

Polnische Reformära

der politischen Ordnung. Auch die in den Stadtrepubliken des königlichen Preußens entwickelten Vorstellungen des Danzigers Gottfried Lengnich hatten daran ihren Anteil.

Stanisław August   Hieran konnte der 1764 zum König gewählte Stanisław August Poniatowski anknüpfen. Der gleichermaßen als Kandidat der Reformpartei der Czartoryski wie Zarin Katharinas II. gewählte König weckte die Erwartung, den Spielraum für eine Stärkung monarchischer Gewalt im Einklang mit der russischen Protektoratsmacht auszuloten. Schon der heftige preußische Protest gegen einen allgemeinen Zolltarif ließ jedoch erkennen, welch enge Grenzen die außenpolitische Lage jeglichen Reformen in Polen setzte. Als Stanisław August 1766 das *Liberum Veto* als Inbegriff der politischen Blockaden zur Disposition stellte, war die Bereitschaft Russlands, eine innere Reform Polens zu akzeptieren, schon überreizt.

Zum offenen Konflikt kam es jedoch erst über die von Russland geforderte Emanzipation der orthodoxen und protestantischen Dissidenten, war diese doch am stärksten geeignet, antirussische Ressentiments zu mobilisieren. Zunächst versuchte Katharina, die Reformgegner in der Konföderation von Radom zu sammeln und ihrer Position in der Dissidentenfrage durch den Einmarsch russischer Truppen Nachdruck zu verleihen. Nun wurde deutlich, dass der bislang praktizierten informellen Steuerung polnischer Politik die Basis wegzubrechen begann. Gegen den massiven russischen Druck, unter dem der Reichstag von 1767/68 agierte, formierte sich neuerlicher Protest. Die in der Konföderation *Konföderation von Bar* versammelte Opposition formulierte ihr Eintreten für „Glaube und Freiheit" mit einer vehement antirussischen Stoßrichtung. Bürgerkriegsähnliche Auseinandersetzungen der Konföderierten mit russischen Truppen im Osten des Landes mündeten 1768 unmittelbar in den russisch-osmanischen Krieg und, nach unerwartet großen russischen Erfolgen, in die erste Teilung von 1772. Polen musste große Teile des königlichen Preußens samt dem Ermland sowie den Netze-Distrikt an Preußen abtreten, die südlichen Gebiete Kleinpolens und der Westen Rotreußens fielen als neu gebildetes Königreich Galizien und Lodomerien an die Habsburgermonarchie, und das Zarenreich verleibte sich den Nordosten Litauens als Generalgouvernement Weißrussland ein. Damit verlor die polnisch-litauische Adelsrepublik gut ein Viertel ihrer Fläche und mehr als ein Drittel ihrer Einwohner.

Reformdebatten   Unter dem Eindruck der Teilung verlagerten sich die Reformdebatten auf vordergründig weniger problematische Bereiche. Als 1773 der Jesuitenorden aufgelöst wurde, nutzte Stanisław August die Gunst der Stunde und überführte das bisherige Ordensschulwesen unter der Leitung einer neu gebildeten „Nationalen Erziehungskommission" (*Komisja Edukacji Narodowej*) in staatliche Regie. Neben der ebenfalls neu gegründeten Königlichen Kanzlei schuf er sich so eine weitere Reformbürokratie unter seiner Kontrolle. Selbst der „Ständige Rat" (*Rada Neustająca*), der 1775 als mächtige Kontrollinstanz gegenüber dem König konzipiert wurde, geriet mit seinen Fachdepartements zum Fundament eines professionell bürokratischen Regierungsapparates. Mit der umfangreichen Reformpublizistik, aus der vor allem die Schriften von Hugo Kołłątaj und Stanisław Staszic herausragen, begann sich eine politische Öffentlichkeit zu entfalten. Deren Dynamik zeigte sich in der Debatte um die Rechtsstellung der Bauern, auch wenn diese zunächst ohne greifbare Ergebnisse blieb. Ähnliches gilt auch für eine Rechtskodifizierung, die sich an Prinzipien des Naturrechts orientierte, 1780 allerdings am Widerstand der Szlachta scheiterte.

Das Bemühen, diese Reformen im Einklang mit der übermächtigen russischen Politik zu halten, verweist darauf, dass die mächtepolitische Konstellation der späten 1760er Jahre auch nach der ersten Teilung Bestand hatte. Ihre Grenzen fand die im König, den Magnaten und den gebildeten Stadtbürgern verankerte Reformbewegung trotz wachsender Resonanz in der Breite zudem auch weiterhin in der Szlachta, die mehrheitlich noch in einem hartnäckigen republikanischen Konservatismus verharrte. Erst die scheinbar günstige außenpolitische Konstellation der Jahre 1787 bis 1792, als Russland und Österreich durch den gemeinsamen Krieg gegen das Osmanische Reich gebunden waren und Preußen durch das Bündnis mit Polen neue Perspektiven eröffnete, führte die russlandfeindlichen Patrioten mit den monarchischen Reformern zusammen. In überschwänglicher Herausforderung Russlands beschloss der 1788 zusammengetretene Vierjährige Sejm das stehende Heer mit einem Schlag zu vervierfachen. Die Überführung des Ständigen Rates in Ministerien sowie die Reform der Landtage und der Stadtverwaltungen wiesen darüber hinaus bereits deutlich den Weg zu einer Neubegründung des polnischen Staates. Diese wurde schließlich mit der Verfassung vom 3. Mai 1791 geradezu im Handstreich vollendet und Polen in eine Erbmonarchie umgewandelt. Inspiriert vom englischen Vorbild einer machtvollen konstitutionellen Monarchie wie dem jungen amerikanischen Beispiel strenger Gewaltenteilung war es gelungen, die tiefsitzenden Vorbehalte gegenüber einem starken Königtum zu überwinden und die herkömmlichen ständischen Freiheiten und Partizipationsrechte in ein höchst modern anmutendes Staatsmodell zu überführen. Mit der Bereitschaft des Adels, politische Teilhabe an den Besitz zu knüpfen, wurden die Grundlagen einer modernen polnischen Nationalgesellschaft gelegt. Maiverfassung 1791

Zu diesem Zeitpunkt waren die außenpolitischen Voraussetzungen einer durchgreifenden Reform der polnischen Adelsrepublik jedoch bereits weggebrochen. Denn die Französische Revolution hatte die europäische Mächtekonstellation schlagartig verändert. Im Schatten des preußisch-österreichischen Bündnisses gegen das revolutionäre Frankreich versammelte Russland 1792 die verbliebenen oppositionellen Kräfte in der Konföderation von Targowica, um zielstrebig gegen die polnische Maiverfassung vorzugehen. Die militärische Niederlage Polens leitete die zweite Teilung ein. Anfang 1793 verständigten sich Russland und Preußen darauf, dass Russland mit Litauen, Wolhynien und Podolien den gesamten Osten der alten Adelsrepublik, Preußen dagegen Danzig und Thorn, Großpolen mit Posen und Kalisch sowie den westlichen Teil Masowiens erhalten sollte. Zweite und dritte Teilung Polens

Die Niederlage des folgenden Nationalaufstandes unter Tadeusz Kościuszko führte 1795 schließlich zur dritten Teilung, bei der die verbliebenen Gebiete Polens restlos an Russland, Preußen und Österreich fielen. Indem er die gleichberechtigte Teilhabe der Bauern an der Nation verhieß, stiftete der Aufstand jedoch eine heroische Nationalidee und trug erheblich dazu bei, die Reformideen von 1791 auch über die Teilungen hinweg wirksam zu erhalten.

<small>Umgestaltung der Teilungsgebiete</small>

In den 1772 abgetretenen Teilungsgebieten hingegen war ständischem Reformdenken bereits zwei Jahrzehnte zuvor durch den landesfürstlichen Behördenstaat der politische Boden entzogen worden. Dies galt vor allem für das preußische Teilungsgebiet, wo der protestantische Adel innerhalb kurzer Zeit im preußischen Militär und in der Beamtenschaft aufzugehen begann, während seine katholischen Standesgenossen systematisch vom öffentlichen Leben ferngehalten wurden. Erst als 1787 ein westpreußischer Landtag eingerichtet wurde, entstand wieder ein Forum adeliger Politik. Nur wenig größer waren die verbliebenen Spielräume adelsständischer Reform in Galizien, das als Musterprovinz der josephinischen Reformen ausersehen war und eine durchstrukturierte Behördenverwaltung nach böhmischem Vorbild erhielt. Die durchgreifende Regulierung der Untertanenverhältnisse entlastete die Bauern erheblich und entzog dem polnischen Gutsadel einen Großteil seiner bisherigen Einkünfte. Die Mitwirkungsrechte des Adels beschränkten sich auf einen politisch weitgehend machtlosen Landtag, auf dem nunmehr auch Stadtbürger und Klerus vertreten waren. Auf lokaler Ebene blieb der neu etablierte Beamtenapparat angesichts seiner personellen Schwäche jedoch noch lange auf die Zusammenarbeit mit dem gutsbesitzenden Adel angewiesen. Auch das russische Generalgouvernement Weißrussland wurde zu einer Musterprovinz behördlicher Reform. Hier, wo sich das Fehlen einer gewachsenen Beamtenschaft am deutlichsten bemerkbar machte, kam es nach dem Tod Katharinas II. zu einer weitreichenden Restauration, die den polnischen Adel der Teilungsgebiete zumindest auf lokaler Ebene wieder in seine alten Rechte einsetzte.

Allen drei Teilungsgebieten gemeinsam war schließlich das Bestreben, die Übernahme der Szlachta in den jeweils eigenen Adel durch gezielte Aberkennung des adeligen Status auf ein Minimum zu reduzieren. Diese Politik wurde nach der zweiten und dritten Teilung auch in den übrigen Gebieten Polens weitergeführt. Der schon in der Adelsrepublik vorgezeichnete Niedergang der Szlachta, aus dem schließlich eine radikale, nationale Intelligenzia hervorging, wurde damit erheblich beschleunigt.

<small>Ständisches Reformdenken in der Habsburgermonarchie</small>

Auch in der Habsburgermonarchie brachte die Aufklärung adelsständische Reformkonzepte hervor. Stärker noch als in Polen reagierten diese auf den von Wien ausgehenden Ausbau des landesfürstlichen Behördenapparates, wie ihn Staatskanzler Friedrich Wilhelm von Haugwitz oder der Staatsrechtler Josef von Sonnenfels vertraten. Dennoch lässt sich die Entstehung einer adelsständischen Reformelite mitnichten auf die schiere Abwehr des Fürstenstaates absolutistischer Prägung reduzieren. Wenn ein ständisch gesinnter Adel danach bestrebt war, die Kenntnis der jeweiligen ökonomischen, geographischen, sprachlichen und ethnographischen Verhältnisse in den Kronländern auf solide Grundlagen zu stellen und damit neue Ressourcen zu erschließen, so stand dies durchaus im Einklang mit dem kameralistisch fundierten Staatsausbau theresianischer Prägung, zumal auch dieser sein ständisches Fundament nie völlig aus dem Blick verlor. Der vereinheitlichenden Tendenz der landesfürstlichen Reformen liefen die Konzepte einer von den Ständen ausgehenden und entschieden landespatriotischen Erneuerung letztlich jedoch zuwider, wie sich auch in den Freimaurerlogen beobachten lässt, die den neuen Reformeliten als Laboratorien dienten. Radikalisiert durch die offene Herausforderung ständischer Traditionen durch Joseph II. förderten die landespatriotischen Konzepte in den 1780er Jahren eine Neuformulierung böhmischen und ungarischen Verfassungsdenkens. In ihrer klaren Ausrichtung auf historisch gewachsene Einheiten waren sie weiterhin auf die Integration ethnischer Vielfalt angelegt. Durch die Verbindung von reformerischem Impetus mit dem Bewusstsein einer jeweils historisch gewachsenen Sonderstellung und, im ungarischen Fall, mit der aufkommenden Sprachenfrage, wurden sie zugleich zu Keimzellen der späteren Nationalbewegungen.

In den böhmischen Ländern waren derartige landespatriotische Bestrebungen stärker kulturell als politisch angelegt. Nicht nur waren hier die Stände politisch bereits weitgehend entmachtet, auch entfiel die Notwendigkeit, sich mit dem Beharrungsvermögen eines provinziellen Kleinadels auseinanderzusetzen. Vielmehr dominierten hier seit der Mitte des 18. Jahrhunderts für den Hochadel typische integrative Konzepte, welche die gewachsenen Rechtsverhältnisse im Konsens mit der Monarchin weiterzuentwickeln suchten. Ohne sich politisch exponieren zu müssen, wurden Magnaten wie Franz Graf Kinský oder die Grafen Nostitz und Sternberg zu Patronen einer intensiven und systematischen Beschäftigung mit der Geschichte, Geographie, Statistik und Sprache Böhmens, wie sie von den Historikern Gelasius Dobner und Franz Martin Pelzel (Pelcl), dem Statistiker Joseph Anton von Riegger oder dem Slawisten Josef Dobrovský betrieben wurde und die 1784 in die Gründung der „Böhmischen Gesellschaft der Wissenschaften" (*Česká společnost nauk*) mündete. Hieraus speiste sich ein öffentliches Bewusstsein für das geschichtliche Erbe und die Eigenart der böhmischen Länder innerhalb der Habsburgermonarchie, das allerdings der Entwicklung der administrativen Strukturen hin zu einem österreichisch-böhmischen Kernstaat diametral zuwiderlief. Böhmischer Landespatriotismus

In Ungarn verschafften die publizistischen Debatten, die schon im Umfeld des Landtags von 1764 um die Schriften Adam František Kollárs geführt wurden, einer systematischeren Begründung der ständischen Ordnung breitere Resonanz. Bereits zu Beginn des 18. Jahrhunderts hatte der Pietist Matthias (Matej) Bel die Geschichte Ungarns an den Freiheitsrechten der Stände ausgerichtet. In der 1746 entdeckten Chronik des Anonymen Notars fand diese Auslegung einen machtvollen Bezugspunkt. Bald genügte es jedoch nicht mehr, im Rückgriff auf tradierte mittelalterliche Rechtsbestände die Sonderstellung der ungarischen Länder zu betonen. Analog zu den böhmischen Ländern verknüpfte György Bessenyei die wiederentdeckte Geschichte mit dem Bekenntnis zur ungarischen Sprache, für die eine junge literarische Elite zeitgemäße europäische Formen Aufklärung in Ungarn suchte. Vor allem unter den ungarischen Protestanten entstand eine Reformelite, die anfänglich selbst den radikalen Angriff Josephs II. auf die ständischen Strukturen Ungarns mitzutragen bereit war. Anders als im übrigen Ostmitteleuropa erwuchs der ungarischen Reformbewegung allerdings schon am Ende des 18. Jahrhunderts in ähnlich gelagerten slowakischen und rumänischen Bestrebungen eine Konkurrenz, die einem übergreifenden Hungarus-Bewusstsein entgegenstand.

Theresianische Schulreformen

Unter den landesfürstlichen Maßnahmen riefen die Schulreformen den geringsten Protest hervor. Hier verliefen die Konfliktlinien zwischen der aufgeklärten Reformelite und den Kirchen. Mit der Allgemeinen Schulordnung von 1774, deren Grundzüge drei Jahre später in der „Ratio educationis" auf Ungarn und Kroatien übertragen wurden und die 1781 auch die siebenbürgische „Norma regia" prägte, wurde das Volksschulwesen in staatliche Regie übernommen und erhielt eine einheitlich gestufte Struktur. Der Anspruch auf ein flächendeckendes Schulwesen und die Ausrichtung der Unterrichtsinhalte am Leitbild des nützlichen Untertanen machten die Habsburgermonarchie zum Vorreiter eines modernen Bildungssystems in Europa. Ähnlich wie Polens König Stanisław August hatte Maria Theresia damit ein zentrales Reformfeld besetzt, um an den Ständen vorbei den Ausbau des Behördenstaats voranzutreiben. Die theresianische Schulreform schuf einheitliche Strukturen in den Kronländern, suchte das Deutsche als verbindende Sprache der Bildungseliten zu stärken und legte insbesondere auch in den böhmischen Ländern eine wichtige Grundlage für ein professionelles Beamtentum. Damit beförderte sie die Integration der Monarchie zu einem übergreifenden Staatswesen. Langfristig wurde diese Entwicklung allerdings durch die Impulse für die Landessprachen konterkariert. Erst recht brachte Joseph II. mit dem Versuch, der deutschen Sprache im Schulwesen seit 1784 per Dekret ein hohes Maß an Verbindlichkeit zu sichern, die Eliten der nichtdeutschen Kronländer gegen sich auf.

Joseph II.

Von ähnlicher Tragweite waren die Toleranzpatente Josephs II. In den böhmischen Ländern ermöglichten sie den verbliebenen Protestanten nach anderthalb Jahrhunderten wieder die öffentliche Religionsausübung und eröffneten ihnen den Zugang zu höherer Bildung und in politische Ämter. Auch in den ungarischen Ländern wurde die Rechtsstellung von Protestanten und Orthodoxen durchgreifend verbessert, in Siebenbürgen wurde die orthodoxe Kirche wieder legalisiert. Mehrere Judenpatente leiteten in den verschiedenen Ländern zudem die Emanzipation der Juden ein.

Diese Reformen konnten so lange auch auf Zustimmung im Adel rechnen, bis Joseph II. daran ging, die Verwaltungs- und Gerichtsbehörden neu zu ordnen. Da sich der Kaiser weigerte, sich in Böhmen oder Ungarn zum König krönen zu lassen, stellte er sich offen gegen die ständische Ordnung. Die wegweisende Kodifizierung des Strafrechts von 1787 stieß in den böhmischen Ländern wie in Ungarn auf erheblichen Widerstand, ging sie doch mit einer weitreichenden Neuordnung der bislang ständischen Gerichtsbarkeit einher. Den ungarischen Adel brachte Joseph II. in besonderer Weise gegen sich auf, als er die Zentralbehörden neu strukturierte, die Komitate aufhob und damit die ständische Ordnung Ungarns an ihrer Wurzel angriff.

Zum zentralen Konfliktfeld wurde jedoch die Neuordnung bäuerlicher Abhängigkeit. Bereits mit den Robotpatenten von 1771 für Schlesien sowie 1775 für Böhmen und Mähren waren die bäuerlichen Frondienste (*robot*) erheblich vermindert worden. Mit Beginn seiner Alleinherrschaft schränkte Joseph II. in allen Kronländern die Strafgewalt der Gutsherren ein und hob die persönliche Unfreiheit der Bauern weitgehend auf. Stießen schon diese Maßnahmen auf den massiven Widerstand sowohl der böhmischen wie der ungarischen Stände, so forderten die Arbeiten an einem umfassenden Kataster als erstem Schritt zur geplanten Grundsteuer ab 1786 den ungarischen Adel in seinem Privileg der Steuerfreiheit heraus und stellten damit auch diesen Kernbereich adeligen Selbstverständnisses in Frage. Mit diesem fundamentalen Angriff auf die ständische Ordnung brachte Joseph II. die ungarischen Länder an den Rand eines Aufstandes, sodass er 1790, kurz vor seinem Tod, hier nahezu alle seine Reformen widerrief. Auch in den Erblanden und Galizien überlebte das Urbarialpatent vom Februar 1789 seinen Urheber nur um wenige Monate.

Adelige Widerstände

Als Leopold II. in dieser Krise die Stände dazu aufforderte, ihre Gravamina vorzubringen, erwies sich das als geschickter Schachzug, um Zeit zu gewinnen und durch die Verständigung mit Preußen in der Konvention von Reichenbach die außenpolitische Situation zu bereinigen. Zugleich zeichnete sich damit für kurze Zeit die Möglichkeit ab, im Einklang mit dem Monarchen eine konstitutionelle Erneuerung der Habsburgermonarchie auf adelsständischer Grundlage einzuleiten, wie sie Leopold als Großherzog der Toskana bereits vorgezeichnet hatte. Die Landtage der Jahre 1790 und 1791 führten in nahezu allen Kronländern zur Formulierung weitreichender Reformprogramme. Diese nahmen wesentliche Elemente der josephinischen Politik mit Ausnahme der Bauernpolitik durchaus auf, führten sie nunmehr jedoch unter ständischem Vorzeichen weiter. Damit unterstrichen sie den Anspruch der Landtage, neben den landesfürstlichen Behörden als gleichberechtigte Gravitationszentren der Politik zu gelten. Im Mittelpunkt der böhmischen, ungarischen und kroatischen Desiderata wie der galizischen *Charta Leopoldiana* stand die Forderung, ständische Partizipationsansprüche mit dem Vokabular aufklärerischen Staatsdenkens neu zu begründen und im Sinne eines Gesellschaftsvertrages als unverbrüchliche Konstitution zu bekräftigen. Greifbare Ergebnisse erbrachte allerdings nur der ungarische Landtag. Mit dem schwach verklausulierten Bekenntnis zum Prinzip der Gewaltenteilung und der Verheißung, den Landtag regelmäßig einzuberufen, wurde auch hier erstmals der Weg zu einem modernen Parlament vorgezeichnet. Zugleich wurde Ungarn gesetzlich bestätigt, ein eigenständiges Königreich mit eigener Verfassung zu sein. Der kroatische Landtag begab sich bereits im Frühsommer 1790 in das Kielwasser ungarischer Selbstbehauptung, indem er das 1779 errichtete ungarisch-kroatische Kondominium billigte.

Leopold II.

Landtage 1790/91

Die eigentliche Dynamik der Reformdebatten zeigt sich jedoch an den nicht verwirklichten Projekten. Radikale Flugschriften und Traktate diskutierten in

Ungarn eine strikte Gewaltenteilung, die allgemeine Steuerpflicht oder die Einführung der Republik. Die kroatischen Komitate forderten offen, die ungarische Statthalterei als zentrale landesfürstliche Regierungsbehörde fortan unter die Kontrolle des Landtags zu stellen. Kaiser Leopold selbst lancierte die Frage einer Vertretung der Stadtbürger im ungarischen und böhmischen Landtag. Obgleich derartige Projekte noch kaum auf Bündnispartner im Adel rechnen konnten und deshalb meist als rein politisches Taktieren gesehen werden, steckten sie doch die neue Reichweite konstitutionellen Denkens ab. Als Reaktion auf die Sprachpolitik Josephs II. wurde in den böhmischen Ländern im landespatriotischen Sinne die Rückkehr zur Zweisprachigkeit und in Ungarn zum Lateinischen als Amtssprache vollzogen. Die Übernahme des Toleranzpatentes in die ungarische und siebenbürgische Gesetzgebung stellte schließlich die verbriefte Autonomie von Protestanten und Orthodoxen im Osten der Monarchie auf eine neue, stabile Grundlage. Die alte Duldsamkeit der adelsständischen Ordnung gegenüber Gruppenautonomien wurde nunmehr zum zentralen Element eines integrativen Staatskonzeptes. Nur der kroatische Landtag verweigerte sich auch weiterhin der Idee konfessioneller Toleranz gegenüber Protestanten.

Parallel zur polnischen Maiverfassung hatten somit auch im ungarischen, kroatischen, böhmischen und galizischen Adel die Verfechter einer neu formulierten ständischen Ordnung auf konstitutioneller Grundlage vorübergehend die Oberhand gewonnen. Im Umfeld des ungarischen Landtags forderte József Hajnóczy in seiner umfangreichen Publizistik, die adeligen Privilegien abzuschaffen. Damit gab er einen radikalen Zielpunkt der Reformen vor und personifizierte zugleich in Ungarn erstmals den Typus des Intellektuellen. Die neu konzipierte Idee der Nation und die umfassende politische Mobilisierung lieferten zudem wichtige Anstöße für konkurrierende Nationalbewegungen. Anton Bernolák und Juraj Papánek formulierten nunmehr die Idee einer eigenständigen slowakischen Sprache und Geschichte. In Siebenbürgen brachte eine kleine rumänische Elite mit dem *Supplex Libellus Valachorum* von 1791 ihren Anspruch auf eigenständige Teilhabe an der althergebrachten Ordnung vor und gab damit der entstehenden rumänischen Nationalbewegung eine programmatische Grundlage.

Jakobinerprozesse   Der Prozess gegen Ignác Martinovics setzte der offenen Artikulation konstitutionellen Gedankenguts in der Habsburgermonarchie im Jahr 1795 ein abruptes Ende und beraubte die ungarischen Reformer mit der Hinrichtung Hajnóczys und weiterer Jakobiner ihrer führenden Köpfe. Auch in den böhmischen Ländern ließ die Rückkehr Franz II. zu einem straffen Zentralismus den Reformimpetus zunächst versanden. Somit hatte sich der fürstliche Absolutismus auch in den habsburgischen Gebieten durchgesetzt. Indem er umfassende Reformprogramme formulierte, die auf die politische und gesellschaftliche Umgestaltung der Adelsgesellschaften Ostmitteleuropas entlang konstitutioneller Grundlagen zielten, hatte der ständische Aufbruch der zweiten Jahrhunderthälfte den entstehenden Nationalbewegungen dennoch wesentliche konzeptionelle Grundlagen und in den Reformeliten auch eine soziale Trägerschicht geschaffen.

c) Staatsausbau und liberale Bewegung

Die Rahmenbedingungen der Jahrzehnte nach 1795 ließen zunächst kaum Spielraum für tiefgreifende politische Reformen. Immerhin ließ sich nach dem militärischen Zusammenbruch Österreichs und Preußens 1805/6 mit dem Herzogtum Warschau in Zentralpolen eine konstitutionelle Ordnung unter dem Schutz Napoleons etablieren, die auch nach dem Wiener Kongress unter russischem Vorzeichen fortgeführt wurde, bis sie nach dem Novemberaufstand von 1830 zusammenbrach. Kennzeichnend für das gesamte östliche Mitteleuropa war hingegen die Konsolidierung behördenstaatlicher Strukturen, die ihrerseits zentrale Impulse der Aufklärung aufnahm. Mit dem Preußischen Allgemeinen Landrecht, dem *Code Civil* und dem österreichischen ABGB erhielten die polnischen und böhmischen Gebiete ein modernes Zivilrecht. Parallel dazu etablierte sich eine professionelle Beamtenschaft, welche mit der Ausnahme Ungarns die Verwaltung bis auf die unterste Ebene prägte und nicht zuletzt den Ausbau eines ausdifferenzierten Bildungswesens vorantrieb.

Grundzüge der Epoche

Die so entstehenden Formen durchgebildeter Staatlichkeit trugen sichtlich Züge des Unfertigen. Ausgehend von den imperialen Zentren standen sie quer zu den historischen Ländern, ohne jedoch deren gewachsene Besonderheiten völlig einebnen zu können und eine langfristig stabile Staatsintegration gegen die aufkeimenden Nationalbewegungen zu schaffen. Diese griffen ihrerseits auf die ständischen Reformentwürfe der 1790er Jahre zurück und erweiterten sie zu genuin liberalen Programmen, indem sie Steuergleichheit, den Abbau von Standesprivilegien und die Überführung der Landtage in Organe staatsbürgerlicher Volksvertretung forderten. Auch in dieser liberalen Form wurden die Nationalbewegungen weiterhin maßgeblich vom Adel getragen. Ihre soziale Basis verbreitete sich angesichts der Fortschritte im Bildungswesen und den wachsenden neuen Mittelschichten jedoch stetig. Mit der persönlichen Freiheit der Bauern traten deren wirtschaftliche Abhängigkeit und, auf dem Gebiet der Habsburgermonarchie, die bleibende Ausübung obrigkeitlicher Funktionen durch die Grundherren umso deutlicher hervor. Spracherneuerung und literarische Romantik öffneten die in adeligem Freiheitsdenken verankerte Idee der Nation für breitere soziale Schichten und rückten sie zusehends in den Mittelpunkt des politischen Denkens. Somit gerieten die Reformeliten Ostmitteleuropas in wachsende Spannung zu den etablierten Großreichen, denen sie die Idee einer konstitutionellen Ordnung entgegensetzten, die sich nunmehr unter nationalem Vorzeichen an den historischen Ländern ausrichtete.

Diese Entwicklung nahm in den Teilungsgebieten Polens wie in den habsburgischen Kronländern angesichts der auseinanderklaffenden politischen und gesellschaftlichen Voraussetzungen sehr unterschiedliche Züge an. Maßgeblich war dabei, inwieweit die vom Adel aus dem ständischen Aufbruch des späten 18. Jahrhunderts heraus entwickelten nationalpolitischen Konzepte dazu fähig waren, die entstehenden Mittelschichten dauerhaft an sich zu binden. Am wenigsten gelang dies in Böhmen. Zwar blieb die tschechische Nationalbewegung politisch durchaus in ständischen Vorstellungen verwurzelt, indem sie sich die Idee der Rückkehr zu einem, wenngleich konstitutionell zu erneuernden, historischen Staatsrecht zu eigen machte. Hier gab es jedoch keinen unruhigen Gemeinadel, in dem solche Ideen breitere Resonanz hätten finden können. Vielmehr gewann das Leitbild sprachlicher und kultureller „Wiedergeburt" rasch das Übergewicht. Die von tschechischen Gelehrten zunächst als Programm sittlicher Bildung und der Verbreitung nützlicher Kenntnisse propagierte Erneuerung wurde somit zu einem Emanzipationsprojekt, das als Alternative zum dominanten deutschen Kulturmilieu auf die entstehenden tschechischen bürgerlichen Schichten höchst anziehend wirken musste. Für die Deutschen in den böhmischen Ländern besaßen solche Vorstellungen hingegen wenig Reiz. Sie sahen sich seit dem Zusammenbruch des Alten Reiches vielmehr herausgefordert, ihre Haltung zur Eigenständigkeit der böhmischen Länder und zu den nunmehr kursierenden unterschiedlichen Entwürfen eines deutschen Nationalstaats zu überdenken. Damit war der Entwicklung des Landespatriotismus zu einer umfassenden böhmischen Staatsidee, die unterschiedliche sprachliche Herkunft zu überwölben vermocht hätte, langfristig der Weg verbaut und der nationale Konflikt zwischen Deutschen und Tschechen vorgezeichnet.

In Polen und Ungarn hingegen wurden die Szlachta und der Komitatsadel zu den wichtigsten Trägern der Nationalidee. Eine traditionelle ländliche Existenz bot dem Gemeinadel, der sich als Bewahrer nationaler Freiheiten verstand, kaum noch Aufstiegsmöglichkeiten und drängte ihn in militärische und administrative Karrieren oder in Bildungsberufe. In dieser prekären Lage eröffnete ein nationaler Konstitutionalismus die Möglichkeit, die verinnerlichte Opposition zur monarchischen Zentralgewalt als politisches Reformprojekt zu formulieren. Hier entstand eine Intelligenzia, deren radikalisiertes Leitbild der Nation seine ständische Herkunft rasch hinter sich ließ und die zur wichtigsten Trägerschicht der Erneuerung polnischer bzw. ungarischer Staatlichkeit wurde.

In Polen führte diese Entwicklung zu massiven politischen Verwerfungen. Die Szlachta, die sich ihrer politischen Privilegien beraubt und nicht selten auch in ihrer wirtschaftlichen Existenz bedroht sah, brachte eine kämpferische, wortgewaltige Schicht junger Militärs und Intellektueller hervor, deren republikanische Vorstellungen nationaler Wiedergeburt sich aus dem Kościuszko-Aufstand speisten und die über zwei Generationen hinweg das geteilte Polen in gärende Unruhe versetzten. Als dynamische Trägerschicht der Aufstände rissen sie schließlich auch viele der gemäßigten Magnaten mit sich, die unter der Führung Adam Jerzy Czartoryskis bis 1830 noch behutsam die Möglichkeiten maßvoller Reformen innerhalb des übermächtigen Zarenreichs auszuloten versucht hatten. Auch wenn die polnische Nationalbewegung die Grenzen sprachlicher Milieus nur bedingt überwölben konnte, erwuchs ihr bis zur Mitte des 19. Jahrhunderts weder unter Deutschen und Juden noch unter Ukrainern und Litauern ernsthafte Konkurrenz.

In Ungarn, wo sich seit der Mitte der 1830er Jahre ebenfalls die radikale Spielart durchsetzte, entstanden hingegen konkurrierende kroatische, slowakische, rumänische und serbische Nationalismen. Diese argumentierten zunächst historisch, setzten dem ungarischen Nationalismus jedoch bald ihre eigene sprachliche Erneuerung entgegen. Zudem spielten hier konfessionelle Trennlinien in der Konkurrenz um die Mittelschichten eine besondere Rolle.

Trotz unterschiedlicher Konstellationen bot die nationale Idee somit in ganz Ostmitteleuropa nach 1815 nicht mehr nur dem reformorientierten Adel, sondern jetzt auch den selbstbewusst auftretenden neuen Mittelschichten einen programmatischen Rahmen, um den bürokratischen Verwaltungsstaat herauszufordern und neue Partizipationsformen zu verlangen. Anders als am Ende des 18. Jahrhunderts ging es nicht mehr darum, die ständische Ordnung in Formen moderner Staatlichkeit zu überführen, sondern darum, den im Vormarsch begriffenen Behördenstaat in eigene Regie zu übernehmen. Aus ständischer Wurzel erwachsen überlagerte die nationale nicht nur die liberale Bewegung. Sie war mit dieser im Kern identisch.

Die militärischen Triumphe Napoleons konsolidierten den habsburgischen Länderverbund und brachten zugleich die Teilungsordnung in Zentralpolen vorübergehend zum Einsturz. Durch die Verluste in Oberitalien, die Verdrängung aus den rheinischen Besitzungen und den Zusammenbruch des Alten Reiches wurde die Habsburgermonarchie zwischen 1797 und 1806 auf ein unerwartet kompaktes Länderkonglomerat reduziert, dessen Schwerpunkt sich nunmehr nach Osten verlagerte. Schon die Proklamation des Kaisertums Österreichs im August 1804 zielte ausdrücklich auf die staatliche Konsolidierung dieses „vereinigten Österreichischen Staaten-Körpers". Unter dem Druck Napoleons wurde dieser Anspruch mit der Neuordnung der Zentralbehörden und der tiefgreifenden Reform des Rechtswesens in wichtigen Teilen eingelöst. Dennoch blieb die Habsburgermonarchie ein äußerst heterogenes Gebilde. Ihre Neugründung als österreichischer Kaiserstaat blieb vorerst eine vage Projektion, zumal sich die Vision einer nationalen Erneuerung Deutschlands von Österreich aus schnell erschöpfte. Allerdings verweigerten sich die böhmischen und ungarischen Stände einer Aufteilung der Monarchie, wie sie Napoleon während des fünften Koalitionskrieges 1809 kurzzeitig anstrebte. Napoleon

In Polen hingegen ließen die militärischen Erfolge Napoleons schon früh darauf hoffen, die Teilungsmächte offen herausfordern und einen nationalrevolutionären polnischen Staat errichten zu können. Im Gefolge der preußischen Niederlage bei Jena und Auerstedt ließ sich Napoleon 1807 für die Errichtung eines Staates gewinnen, der in allem außer dem Namen ein polnischer Staat war. Aus den Gebieten, die bei der zweiten und dritten Teilung an Preußen gefallen waren, wurde im Frieden von Tilsit das Herzogtum Warschau gebildet, das 1809 noch um das österreichische Westgalizien erweitert wurde. Herzogtum Warschau

Die Erwartungen polnischer Patrioten konnte das Herzogtum nur bedingt erfüllen, wurde es doch auf wirtschaftlich ruinöse Weise in den Dienst der französischen Kriegführung gestellt. Zudem knüpfte die napoleonische Verfassung zur Enttäuschung der Radikalen nicht an die Maiverfassung von 1791 an, sondern schuf vielmehr nach französischem Vorbild eine starke monarchische Exekutive. Während die Herzogswürde nominell dem eher passiven sächsischen König Friedrich August übertragen wurde, lag die exekutive Gewalt in den Händen der Regierung, die ihrerseits unter starkem französischem Einfluss stand. Die allgemeine Schulpflicht und eine bewusst überständisch konzipierte Volksschule, die Anfänge einer professionellen Bürokratie, einer eigenständigen polnischen Armee und insbesondere der *Code Napoléon* wirkten weit über das Ende des Herzogtums hinaus fort. Erst jetzt wurden dauerhafte Voraussetzungen einer Nationalgesellschaft gelegt, die ständische Grenzen hinter sich ließ. Indem der *Code Napoléon* das Eigentumsrecht von Grund auf neu ordnete, vollzog er de facto eine Bauernbefreiung, die von ökonomischen Überlegungen völlig losgelöst war. Er zeigte damit die Probleme einer unbedachten Reform, die sich mangels administrativen Unterbaus noch nicht sorgfältig austarieren ließ. Somit verblieb die Mehrzahl der Bauern in einer ökonomischen Abhängigkeit, die sich auch in der neuen Rechtsordnung von den überkommenen Verhältnissen kaum unterschied. Dennoch wirkten die eingeleiteten Umwälzungen auch über die Niederlage Frankreichs und die Auflösung des Herzogtums fort und prägten die Entwicklung Zentralpolens bis zum Ende des 19. Jahrhunderts.

Der Wiener Kongress stellte die imperiale Hegemonie der Teilungsmächte wieder her. Diese kamen den konstitutionellen Bestrebungen in Polen zwar entgegen, suchten sie jedoch einzuhegen und ihrer systemsprengenden Dynamik zu berauben. Im diplomatischen Zusammenspiel zwischen England und Russland wurden die Kerngebiete des Herzogtums Warschau beinahe nahtlos in ein eigenständiges Königreich Polen überführt, das in Personalunion mit Russland vereinigt wurde. Eine Verfassung erhielt auch die Stadt Krakau, die zur freien Republik unter Aufsicht der Teilungsmächte erhoben wurde. Uneingelöst blieben die konstitutionellen Zusagen an das neu gebildete Großherzogtum Posen, das innerhalb Preußens jedoch eine eng umgrenzte Autonomie erhielt.

Das Königreich Polen, das im Jargon der Zeit als „Kongresspolen" (*Kongresówka*) geschmäht wurde, kann als größter Erfolg der russophilen Konzeption im polnischen Adel gelten, wie sie der Alexander I. persönlich eng verbundene und in Wien als russischer Außenminister agierende Adam Jerzy Czartoryski schon seit 1805 verfolgt hatte. Die Verfassung des Königreichs, das der Zar als konstitutionelle Modellregion konzipierte, enthielt mit einem Katalog von Bürgerrechten sogar weiter gehende politische Freiheiten als ihre napoleonische Vorgängerin. Sejm und Regierung blieben eigenständige polnische Verfassungsorgane mit einer weiterhin starken monarchischen Exekutive, eigenständigen Verwaltungsbehörden und eigenem polnischem Heer. Dagegen wurde die Vorrangstellung des grundbesitzenden Adels in Regierung und Gesetzgebung wieder gestärkt. Die Erwartungen, alle russischen Teilungsgebiete der alten Adelsrepublik vereinigen zu können, wurden hingegen enttäuscht. Vielmehr zementierte das Königreich Polen die Abkopplung der nunmehr westrussischen Gebiete von der Entwicklung Zentralpolens.

Im Königreich Polen ermöglichten die politischen Freiräume zielstrebige Reformen, die den Wandel der polnischen Gesellschaft weiter vorantrieben.

Die merkantilistische Gewerbepolitik des Finanzministers Franciszek Ksawery Drucki-Lubecki nutzte zielstrebig die Chancen, welche die Zugehörigkeit Polens zum russischen Reichsverband bot. In der rasch expandierenden Lebensmittelindustrie, in den jungen Zentren der polnischen Textilverarbeitung und im Bergbau entstanden ein bürgerliches Unternehmertum und eine proletarisierte Arbeiterschaft. An der neu gegründeten Universität Warschau und an der Universität Wilna formierte sich eine nationalromantisch geprägte Bildungselite. Abgesehen von Wilna blieb die magnatisch geprägte Adelsgesellschaft in den ehemals polnisch-litauischen Westprovinzen ansonsten im Kern unangetastet.

Binnen weniger Jahre wurden die Widersprüche dieser Konstruktion sichtbar, die ein konstitutionelles Polen in Personalunion mit dem autokratischen Russland verband und die Verfassung Polens allein darauf gründete, dass der Zar im fernen Petersburg sie auch respektierte. Auf die nationalrevolutionäre Gärung an den polnischen Hochschulen in Wilna, Warschau, Kremenez und Krakau reagierte die russische Regierung mit Repressionen, welche die konstitutionelle Ordnung weiter aushöhlten. Konnten die studentischen Geheimbünde noch unterdrückt werden, gelang dies in der polnischen Armee, die letztlich aus den republikanischen Legionärsverbänden entstanden war, immer weniger.

Nach der Julirevolution in Frankreich brach dieses prekäre Gefüge im November 1830 zusammen. Als die russische Regierung begann, eine militärische Intervention in Frankreich und Belgien vorzubereiten, kam es zu einem überstürzten Putschversuch. Der zögerlich taktierende Großfürst Konstantin Pavlovič verschaffte den Aufständischen den nötigen Zeitgewinn, um die Kontrolle über die polnische Armee und die Entflechtung polnischer und russischer Einheiten zu erreichen und breiten gesellschaftlichen Rückhalt zu mobilisieren. Die Versuche General Józef Chłopickis, als provisorischer Diktator und Anführer des Aufstands eine Verhandlungslösung zu erreichen, scheiterten jedoch an der Unnachgiebigkeit Nikolaus I., sodass der Sejm den Zaren Ende Januar auch formal als polnischen König absetzte. Getragen wurde der Nationalaufstand von der Szlachta und der in der Patriotischen Gesellschaft (*Towarzystwo Patriotyczne*) organisierten Intelligenzia, die den eher konservativen Sejm und die Regierung Czartoryskis mitrissen. Auch die bäuerliche Bevölkerungsmehrheit trug den Aufstand trotz ausbleibender sozialer Reformen. Militärisch war er ohne die Hilfe der Westmächte jedoch aussichtslos, auch wenn er nach einigen polnischen Anfangserfolgen erst im September 1831 endgültig niedergeschlagen werden konnte.

Die Niederlage des Novemberaufstandes hatte weitreichende politische und soziale Folgen. Das bisherige Königreich Polen wurde zum integralen Bestandteil des Russischen Reiches erklärt und fortan von einem Militärgouverneur regiert. Immerhin behielt es mit dem Organischen Statut von 1832 eine gewisse Eigenständigkeit seiner Institutionen bei, auch wenn die administrativen Spitzenfunktionen nunmehr von russischen Beamten besetzt wurden und Polen unter Kriegsrecht stand. Die Basis einer russophil ausgerichteten polnischen Politik war ohnehin zusammengebrochen, nachdem sich die Konservativen zögerlich am Aufstand beteiligt hatten. Ein Großteil der politischen und kulturellen Elite

Novemberaufstand

Polens ging in die Emigration. Dort fand sie zwar große Sympathien, aber wenig konkrete Unterstützung für ihren Kampf für ein freies Polen. Aus den litauischen und ukrainischen Westgebieten des Zarenreiches, wo der Aufstand ebenfalls erhebliche Resonanz gefunden hatte, wurden etwa 54.000 überwiegend kleinadelige polnische Familien nach Sibirien und in den Kaukasus deportiert. Damit löste sich die alte polnische Adelsgesellschaft an ihren östlichen Rändern weiter auf.

Mit der starken Resonanz, die der Novemberaufstand im Großherzogtum Posen gefunden hatte, war auch die preußische Politik gescheitert, den polnischen Adel ihrerseits durch gezielt eröffnete Freiräume für den preußischen Staat zu gewinnen. Sie wich nunmehr dem Versuch, den polnischen Adel als nicht integrierbare gesellschaftliche Schicht politisch zu isolieren, gezielt aus seinem Landbesitz auszukaufen und eine Bildungselite heranzuziehen, die in der deutschen Kultur sozialisiert war. An die Stelle der altpolnischen Institutionen lokaler adeliger Selbstverwaltung trat die preußische Bürokratie. Mit einer Verzögerung von zwei Generationen folgte die preußische Politik somit auch in Posen der in Westpreußen vorgezeichneten Spur. Diese Provinz, deren polnischer Adel im Gefolge der Bauernbefreiung weiter an den Rand gedrängt worden war, begann ihr polnisches Gepräge allmählich zu verlieren, zumal sie 1824 administrativ mit Ostpreußen vereinigt wurde. Auch Danzig und Thorn konnten ihre städtischen Freiheiten nicht dauerhaft bewahren.

Preußische Teilungsgebiete

Mit der Niederlage des Novemberaufstandes war somit der konstitutionelle Rahmen zusammengebrochen, welche das Herzogtum Warschau dem Königreich Polen und dem Großherzogtum Posen vererbt hatte. Fortan mussten Freiräume nationalgesellschaftlicher Entfaltung in den polnischen Teilungsgebieten gegen die jeweilige Staatsgewalt behauptet werden. Gerade in seinem Scheitern hatte der Novemberaufstand hierfür eine wichtige Grundlage gelegt. Denn erst jetzt erreichte die nationalromantische, alle polnischen Gebiete umfassende revolutionäre Bewegung ihren Höhepunkt. Getragen wurde sie von Studenten, Intellektuellen, Beamten und Militärs vorwiegend kleinadeliger Herkunft, nach dem Novemberaufstand zudem auch von bislang russophilen Magnaten. Nachdem die Universitäten in Wilna und Warschau und das Kollegium in Kremenez geschlossen wurden, verlagerte sich die nationalrevolutionäre Agitation noch stärker in Geheimbünde, deren Fäden nunmehr in den Zentren der Emigration, in Paris und Brüssel, zusammenliefen. Durch die literarischen Werke von Adam Mickiewicz und Juliusz Słowacki erhielt diese Bewegung ihren nationalromantischen Charakter. Obwohl fest in den Traditionen der Szlachta verwurzelt, wies sie in ihrer harschen Kritik am Hochadel, ihrem nunmehr panslawisch grundierten Freiheitsideal und in der Forderung nach tiefgreifender sozialer Reform und moralischer Erneuerung als Voraussetzungen eines wiedererstehenden polnischen Staates weit über ihre ständischen Ursprünge hinaus und rückte ins Zentrum der revolutionär-liberalen Bewegungen des europäischen Vormärz.

Polnische Emigration

In der Habsburgermonarchie wurden konstitutionelle Formen, wie sie nach dem Wiener Kongress auf dem Gebiet des ehemaligen Herzogtums Warschau weitergeführt wurden, konsequent verweigert. Vielmehr knüpfte Staatskanzler Clemens von Metternich unter weitgehender Verdrängung der Stände an den Ausbau des absolutistischen Behördenstaates josephinischer Prägung an. Der Versuch, die administrative Integration der Habsburgermonarchie zu einem österreichischen Kaiserstaat durch eine einheitlichere Struktur der Spitzenbehörden weiterzutreiben, blieb jedoch stecken. Die Habsburgermonarchie blieb auch weiterhin ein ausgesprochen vielfältiges Gebilde, das sich um einen österreichisch-böhmischen Kernstaat gruppierte.

Metternich

In diesem Kernstaat entstand seit den 1830er Jahren eine liberale Bewegung. Sie vereinte neben dem ständischen Adel weite Teile der bürgerlichen Bildungsschichten – von Studenten und Freiberuflern über die Unternehmer bis weit in die Beamtenschaft hinein – hinter der Forderung repräsentativer Partizipation und konstitutioneller Begrenzung bürokratischer Macht. In ihrer zentralistischen Ausrichtung folgte sie dem Leitbild eines deutsch geprägten Österreichs und fand große Resonanz auch unter der deutschen Bevölkerung der böhmischen Länder. Damit stand der österreichische Liberalismus in deutlicher Spannung zu den sprachnational grundierten liberalen Bewegungen, die aus dem Landespatriotismus der einzelnen Kronländer hervorgegangen waren.

In den böhmischen Ländern wurde der Adel zum Schirmherrn kultureller Erneuerung. Getragen wurde sie vor allem vom 1818 gegründeten Böhmischen Nationalmuseum (*Český národní museum*). In einer Denkschrift von 1847, der sogenannten Deduktion, bündelte der böhmische Landtag erneut die Ideen einer ständischen Verfassung und legte die Grundlagen für eine politische Argumentation, die unter Bezug auf das historische Staatsrecht die konstitutionell abgesicherte Eigenstaatlichkeit der böhmischen Länder einforderte. Das landespatriotische Konzept eines übergreifenden, sprachlich indifferenten Bohemismus wurde durch die entstehende tschechische Nationalbewegung jedoch zusehends unterlaufen. Vor allem die nationalromantische Verklärung tschechischer Sprache und Kultur im Geiste slawischer Wechselseitigkeit, wie sie Josef Jungmann und Pavel Josef Šafařík vertraten, wurde gegen ein deutsches kulturelles Übergewicht zugespitzt. Als František Palacký seine „Geschichte von Böhmen" aus dem Gegensatz zwischen Tschechen und Deutschen entwickelte, trat der nationale Bruch auch im Geschichtsbild offen zutage. Die Vorstellung nationaler Konkurrenz ließ sich fortan allenfalls noch durch die Idee einer tschechisch-deutschen Synthese in den böhmischen Ländern auffangen. Die Rückkehr zu einer landespatriotisch verankerten ethnischen Indifferenz war hingegen dauerhaft versperrt.

Tschechische Nationalbewegung

Während die tschechische Nationalbewegung bis in die 1840er Jahre eine Angelegenheit überschaubarer Zirkel von Gebildeten blieb, entwickelte sich in Ungarn seit 1825 eine Reformbewegung von hoher politischer Brisanz, welche die verschütteten Anliegen des Reformlandtags von 1790/91 aufgriff und in ein kohärentes Programm überführte. Den Anstoß gaben die Angriffe István Széchenyis auf die adeligen Privilegien, die er für die mentale Abschottung des Adels verantwortlich machte und als zentrales Hindernis jeglicher Reform ansah. Die gewachsenen ständischen Verhältnisse galten nun nicht länger als

Reformära in Ungarn

Urgrund freiheitlicher Ordnung in Ungarn. Eine neue, tatkräftige Reformelite ließ die Beschränkung auf wirtschaftliche Neuerungen im Einklang mit den Wiener Zentralbehörden bald hinter sich. Gegründet auf das antizentralistische Freiheitsdenken des Komitatsadels prägte Lajos Kossuth in scharfer Polemik mit Széchenyi die entstehende politische Öffentlichkeit und überführte die Reformbewegung in eine liberale politische Emanzipationsbewegung mit entschieden nationaler Grundierung.

Zur treibenden Kraft der Erneuerung wurde die Durchsetzung der ungarischen Sprache in Verwaltung, Gesetzgebung und Schulwesen, die in Abkehr vom Lateinischen in mehreren Schritten bis 1844 vollzogen wurde. Damit stellten sich die ungarischen Reformer in scharfen Gegensatz zu den entstehenden Nationalbewegungen von Slowaken, Rumänen, Siebenbürger Sachsen, Kroaten und Serben. Diese nahmen ihrerseits den Impuls einer vor allem auf die Sprache gerichteten kulturellen Erneuerung auf, die bei den Slowaken von Ľudovít Štúr, bei den Rumänen von der „Siebenbürgischen Schule" und bei den Siebenbürger Sachsen von Stephan Ludwig Roth propagiert wurde. In den südslawischen Gebieten der Monarchie verband die illyrische Bewegung um Ljudevit Gaj ein übergreifendes sprachliches Programm mit dem Anliegen, die kroatischen Gebiete auf konstitutioneller Basis zu vereinigen. Gegen das Leitbild eines magyarisch geprägten ungarischen Verfassungsstaates entfalteten die Nationalbewegungen eine vielfältige Publizistik, um ihre jeweilige Idee nationaler Erneuerung zu propagieren und breitere Resonanz für eine Umgestaltung Ungarns auf der Grundlage unterschiedlicher sprachnationaler Einheiten zu gewinnen. Stärker noch als in den böhmischen Ländern war der Konflikt konkurrierender ethnonationaler Entwürfe einer liberalen, konstitutionellen Ordnung Ungarns somit bereits im Vormärz angelegt.

Hatte in den ersten Jahrzehnten des 19. Jahrhunderts noch die polnische Bewegung das Ringen um eine liberale und nationale Neuordnung Ostmitteleuropas beherrscht, schlossen die ungarische und auch die tschechische Nationalbewegung nunmehr erkennbar auf. Wie wenig die ostmitteleuropäischen Bewegungen jedoch dazu imstande waren, die bestehende Ordnung aus eigener Kraft ins Wanken zu bringen, zeigte sich in dem Fiasko der polnischen Erhebung von 1846. Während die polnische Bewegung in ganz Europa die Sympathien der Liberalen genoss, waren die von der Emigration aus gesteuerten Geheimgesellschaften dennoch chancenlos, solange die bestehende staatliche Ordnung nicht geschwächt war. Im Großherzogtum Posen, von dem aus der Aufstand seinen Ausgang hatte nehmen sollen, waren die Rädelsführer bereits im Vorfeld verhaftet worden. Während die Erhebung in Krakau von österreichischen Truppen umstandslos niedergeschlagen und die Stadt noch im selben Jahr von Österreich annektiert wurde, versank der Aufstand des galizischen Adels in einer blutigen, von den Behörden geduldeten Bauernerhebung. Damit hatte sich auch die Erwartung, die seit der Niederlage des Novemberaufstandes durch massive Truppenpräsenz befestigte russische Herrschaft im Königreich Polen von außen her erschüttern zu können, als illusorisch erwiesen.

<small>Polnischer Aufstand 1846</small>

3. VERFASSUNGSORDNUNGEN UND NATIONALGESELLSCHAFTEN BIS 1918

Bis zum Ersten Weltkrieg waren die territorialen Grenzen Ostmitteleuropas außerordentlich stabil. Innerhalb dieses Rahmens vollzog sich hingegen ein tiefgreifender Wandel von Staat und Gesellschaft, der eng mit der inneren Ordnung der ostmitteleuropäischen Großreiche verknüpft war. Vorangetrieben wurde er vom konfliktträchtigen Übergang der mitteleuropäischen Fürstenstaaten in konstitutionelle Monarchien. Da gesellschaftliche Selbstbehauptung auch in Ostmitteleuropa tief in den Vorstellungen historischer Staatlichkeit verwurzelt war und diese zusehends mit dem Kriterium der Sprache verband, ließ sich der Anspruch auf politische Partizipation kaum anders als auf nationaler Grundlage vorbringen. Bereits im Frühjahr 1848 wurde auf krisenhafte Weise deutlich, dass die derart national begründeten Entwürfe konstitutioneller Ordnungen miteinander unvereinbar waren.

Grundzüge der Epoche

Nach der Niederlage der Revolutionen von 1848 wurden konstitutionelle Ordnungen zunächst in Preußen und dann auch in der Habsburgermonarchie von der Spitze her durchgesetzt. In den russischen Teilungsgebieten ließen sich konstitutionelle Formen nach dem gescheiterten Januaraufstand von 1863 überhaupt erst mit der russischen Revolution von 1905 und damit ebenfalls vom imperialen Zentrum her etablieren. Allerdings waren die staatsintegrativen Elemente unterschiedlich stark konturiert. Während in Preußen wie in Russland nationale Kräfte die Politik dominierten und die polnische Nationalbewegung in die defensive Selbstbehauptung zwangen, setzte sich in Österreich die Idee nationaler Gleichberechtigung innerhalb der bestehenden staatlichen Strukturen durch. Ungarn, das im Zuge des Ausgleichs von 1867 in nahezu allen Bereichen von Politik und Verwaltung weitreichende Selbstständigkeit erhalten hatte, bildete seinerseits eine bereits weitgehend nationalstaatliche Ordnung aus. Auch unter konstitutionellen Vorzeichen blieb der grundsätzliche Unterschied bestehen, dass sich die polnische Nationalidee gegen die bestehende territoriale Ordnung richten musste, die tschechische und die ungarische Nationalidee hingegen innerhalb der Habsburgermonarchie im 19. Jahrhundert nach Verwirklichung strebten.

Konstitutionelle Ordnungen

Diese recht unterschiedlich verfassten politischen Ordnungen hatten nur bedingten Einfluss darauf, wie sich innerhalb größerer, mitnichten ethnisch homogener Bevölkerungen ausdifferenzierte Nationalgesellschaften herausbildeten. In den urbanen Metropolen entstanden neue Bildungseliten, die sich aus unterschiedlichen sozialen Schichten rekrutierten und die früher so markanten Unterschiede zwischen den Lebensstilen des Adels und der Stadtbürger verwischten. Vor allem in den böhmischen Ländern, aber auch in Polen, wurde der Adel als politisch dominanter Stand zusehends an den Rand gedrängt, auch wenn ihm in den Großgrundbesitzerkurien des böhmischen, mährischen und galizischen Landtages eine wichtige politische Plattform erhalten blieb. Vor

Nationalgesellschaften

allem aber verschwammen allmählich diejenigen sozialen Unterschiede zwischen den ostmitteleuropäischen Gesellschaften, die bis in das frühe 19. Jahrhunderts aus dem jeweiligen niederen Adel erwachsen waren.

Nationalismus   In der Ideenwelt des Nationalismus hingegen blieben diese Unterschiede weiterhin virulent. Vor allem der ungarische Nationalismus behielt über Jahrzehnte eine Grundstruktur bei, die von der Idealisierung des Adels als Träger einer auf Freiheit und Widerstand gegründeten Nationalidee geprägt war und Tugenden wie Heldentum und Opfermut propagierte, die als spezifisch adelig empfunden wurden. In den polnischen Teilungsgebieten erwuchs dem romantischen Nationalismus eine machtvolle Konkurrenz im Positivismus, der die vom Adel abgeleitete Idee freiheitlichen Aufbegehrens jedoch nicht dauerhaft verdrängen konnte. Die Wendung des politischen Nationsbegriffes nach innen führte in Ungarn wie in Polen in eine Ethnisierung nationaler Vorstellungen von hoher assimilatorischer Potenz, zugleich aber mit einer wachsenden Tendenz zur aggressiven Abgrenzung nach außen. Dagegen speiste sich die tschechische Nationalidee weiterhin aus dem Leitbild sozialer Emanzipation und wurzelte wie ihr slowakisches, ukrainisches, rumänisches oder serbisches Pendant in der Idee ursprünglicher und unveränderlicher Nationalität jedes Individuums. Ihrer gesellschaftlichen Reichweite waren damit von vornherein engere Grenzen gesetzt.

Nationales Gedankengut prägte auch die Politisierung unterbürgerlicher Schichten durch die aufkommenden Bauernparteien wie durch die junge Sozialdemokratie. Nationale und soziale Probleme überlagerten sich so in einer für Ostmitteleuropa spezifischen und ausgesprochen spannungsreichen Weise. Auch die gesellschaftliche Integration der Juden folgte nationalen Leitbildern, sei es in der Assimilation an die jeweilige Mehrheitsgesellschaft, im Zionismus als eigener Spielart der nationalen Idee, oder auch in einem Antisemitismus, der die bewusste Ausgrenzung der Juden aus der homogenen Nation propagierte. Aus der Konkurrenz unterschiedlicher Nationalideen entstand somit eine nationale Segmentierung von wachsender Brisanz. Nationalismus wurde zu einem Alltagsphänomen, das gewachsene multiethnische Milieus erodieren ließ, während in den urbanen Zentren zugleich neue Formen ethnischer Vielfalt entstanden, welche die sozialen Spannungen noch verstärkten.

Neue Formen der Massenpolitik verliehen diesem Wechselspiel sozialer und nationaler Probleme eine Dynamik, welche die politischen Systeme bereits vor 1914 an die Grenzen ihrer Belastbarkeit führte. Dennoch erwiesen sich die alten Regime auch nach der Jahrhundertwende noch durchaus als fähig, die nationalen und sozialen Spannungen durch erhebliche Reformleistungen aufzufangen. Erst unter den Belastungen des Ersten Weltkrieges und mit der revolutionären Mobilisierung breiter Bevölkerungsschichten brach die politische Ordnung Ostmitteleuropas zusammen.

a) Revolutionen und Neoabsolutismus

Die Revolutionen des Jahres 1848 eröffneten schlagartig die Perspektive einer freiheitlichen Ordnung im östlichen Mitteleuropa. Indem sie danach strebten, Polen wiederzuerrichten und die historischen Königreiche Böhmens, Ungarns und Kroatiens in nationalstaatliche Formen zu überführen, bewegten sie sich zunächst noch ganz in den Bahnen der Reformbewegungen von 1791, deren ständische Begrenzungen sie jedoch zugunsten eines liberalen Gesellschaftsentwurfs weitgehend abgestreift hatten. Damit traten aber auch die inneren Konfliktlinien einer auf nationale Entwürfe gegründeten Ordnung Ostmitteleuropas unvermittelt zutage. {Grundprobleme}

Von langfristiger Wirkung war die Verschärfung der Nationalitätenfrage. Erst durch die gesellschaftliche Mobilisierung vom Frühjahr 1848 entfalteten die ostmitteleuropäischen Nationalbewegungen jene Dynamik und Konfliktträchtigkeit, welche die Nationalitätenprobleme bis ins 20. Jahrhundert prägten. Aus den Erfahrungen des Jahres 1848 erwuchs eine dauerhafte und scharfe Polarisierung auf sprachlich-ethnischer Grundlage, die auch über die Niederlage der Revolution hinaus Bestand hatte und in das Reservoir nationaler Mythen einging.

Zugleich waren die ostmitteleuropäischen Revolutionen von 1848 auf ganz unerwartete Weise in die deutsche Revolution verwoben. Diese Konstellation stellte die Akteure vor Probleme, auf die sie nicht vorbereitet waren und die sich nicht ohne Weiteres lösen ließen. Die Aussicht auf einen deutschen Nationalstaat machte die Revolutionen in der Provinz Posen und in Böhmen zu einem slawisch-deutschen Konflikt. Sie rührte an die Existenz der Habsburgermonarchie und hielt die Frage, ob neben einer deutschen auch eine österreichische Reichsverfassung Bestand haben könne, monatelang in der Schwebe. Sie drängte die tschechische Nationalbewegung in ein unerwartet klares Bekenntnis zur Habsburgermonarchie und eröffnete zugleich die Perspektive einer Lösung Ungarns aus dem habsburgischen Reichsverband. Und schließlich beschleunigte sie jene Konsolidierung der alten Staatsgewalten, denen die Revolutionen von 1848 schließlich unterlagen. Erst die Lösung Ostmitteleuropas aus der deutschen Frage im Vorfeld der Reichsgründung schuf mehr als zwei Jahrzehnte später jene klaren Verhältnisse, welche den Rahmen für den konstitutionellen Umbau der Habsburgermonarchie setzten und im Verein mit Russland jede Aussicht auf eine Wiederherstellung Polens dauerhaft verbauten.

Aber auch die inneren Konfliktlinien einer auf nationale Entwürfe gegründeten freiheitlichen Ordnung in Ostmitteleuropa wurden mit der gesellschaftlichen Mobilisierung des Jahres 1848 schlagartig offenbar. In den polnischen Gebieten zerschellte die kurzlebige Hoffnung, die Revolutionen in Posen und Galizien zu einer gesamtpolnischen Erhebung vereinen und in einen Befreiungskrieg gegen das noch unerschütterte zarische Russland zu überführen, innerhalb weniger Wochen an der raschen Konsolidierung der preußischen und österreichischen Staatsgewalt. Mit der Zuspitzung des deutsch-polnischen Verhältnisses und dem Auftreten einer ruthenischen Nationalbewegung entstand auch auf dem Gebiet der alten Adelsrepublik ein sprachlich fundiertes Nationalitätenproblem. Zugleich beschleunigte die Revolution von 1848 die Auseinanderentwicklung der verschiedenen Teilungsgebiete. Einerseits wies sie den Weg in eine feste Integration auch des Großherzogtums Posen in den preußischen Staat, andererseits ließ sie erstmals die Umrisse einer polnischen Autonomie in Galizien aufscheinen.

Auch in der Habsburgermonarchie trat nunmehr die Nationalitätenfrage mit aller Macht zutage. Die rasche Konsolidierung der ungarischen Revolution verbaute den Weg zu sorgfältig austarierten Lösungen und mündete schließlich in den militärischen Konflikt. Dahinter traten die weitreichenden Erfolge zurück, die aus der Aufbruchstimmung des Frühjahrs 1848 im Konsens erzielt wurden. Bereits in den ersten Tagen der Revolution wurde von Prag aus der wegweisende Gedanke formuliert, die Nationalitätenfrage auf der Grundlage verbriefter Gleichberechtigung zu entschärfen. Umstandslos wurde die längst überfällige Grundentlastung verfügt und in durchdachte gesetzliche Formen gegossen, an die das neoabsolutistische Regime bald darauf nahtlos anknüpfen konnte. Der Verfassungsentwurf von Kremsier schließlich begründete auch über sein Scheitern hinweg die Hoffnung, auf dem Weg des Ausgleichs zu einer stabilen und freiheitlichen Ordnung in Ostmitteleuropa kommen zu können.

Ziele der Revolution   Am Anfang der ostmitteleuropäischen Revolutionen stand die Krise der monarchischen Gewalt in Wien und Berlin. Inspiriert von der Februarrevolution in Paris ging die Bevölkerung auch in den ostmitteleuropäischen Hauptstädten, angeführt von bürgerlichen Honoratioren, Literaten, Studenten und Arbeitern, auf die Straße. Der Sturz Metternichs am 13. März 1848 löste eine geradezu euphorische Radikalisierung konstitutioneller Forderungen aus. Die Petitionen, die in den folgenden Wochen in Wien, Prag, Pressburg und Pest, Posen, Lemberg, Krakau und Zagreb verfasst wurden, verfolgten durchweg dieselben Ziele. Gefordert wurden die Anerkennung der eigenen Nationalität, die Überführung ständischer Landtage in gewählte Parlamente mit umfassenden gesetzgeberischen und steuerlichen Befugnissen, verantwortliche Regierungen, Pressefreiheit, Rechtsgleichheit sowie in den habsburgischen Ländern eine vollständige Aufhebung der Untertänigkeitsverhältnisse. Konfliktträchtig in diesem Gleichklang der Bestrebungen, historische Länder in freiheitlich verfasste nationale Gemeinwesen zu überführen, waren schon in den Anfangstagen der Revolution die Ansprüche von polnischer und tschechischer, ungarischer und kroatischer und nicht zuletzt von deutscher Seite, die jeweiligen Territorien auf nationaler Grundlage zu vereinen.

Zunächst kamen die geschwächten Regierungen in Wien und Berlin nahezu allen konstitutionellen Forderungen weit entgegen. Aus den hochfliegenden Hoffnungen und Erwartungen entstand im März 1848 eine Gemengelage ineinander verschachtelter Probleme, die sich nicht innerhalb weniger Wochen lösen ließen. Der Großteil dieser Konflikte wurde in den folgenden Monaten mit Gewalt unterdrückt. Es waren jedoch die zwischenzeitlich erzielten Kompromisse, die den Weg zu langfristigen Lösungen wiesen.

Verfassungsfrage   Eines der drängenden Probleme war die Frage einer Verfassung für die österreichischen Länder. Bereits am 15. März hatte Kaiser Ferdinand I. unter dem Druck der Revolution in Wien eine Konstitution in Aussicht gestellt. Bewilligt wurde mit kaiserlichem Handschreiben vom 8. April, der sogenannten „Böhmischen Charte", auch die aus den Wenzelsbad-Versammlungen in Prag hervorgegangene und von dem Gubernialpräsidenten Graf Leo Thun unterstützte Forderung, den böhmischen Landtag in ein nach Kurien zu wählendes, gesetzgebendes und steuerbewilligendes Parlament umzuwandeln und ihm eine starke, politisch verantwortliche Zentralbehörde gegenüberzustellen. Hinhaltend, ja im Grunde ablehnend behandelte die Regierung dagegen die in Prag geforderte Vereinigung der Länder der böhmischen Krone. Auch die Forderung polnischer revolutionärer Ausschüsse in Lemberg und Krakau, einen starken Sejm zur Grundlage einer weitgehenden Autonomie Galiziens zu machen, verwies sie an den neu zu wählenden Reichstag und baute zugleich mit der Unterstützung der jungen ruthenischen Emanzipationsbewegung in Ostgalizien ein Gegengewicht auf. Die Petition, mit der slowenische Studenten eine Vereinigung der Kronländer mit slowenischer Bevölkerung verlangten, wurde von der Regierung gar nicht erst behandelt. Vielmehr setzte Innenminister Franz von Pillersdorf den tschechischen und polnischen Bestrebungen, die konstitutionelle Ordnung Österreichs von starken Kronländern her aufzubauen, den Verfassungsoktroi vom 25. April entgegen, der die Grundzüge einer föderalen Ordnung des österreichischen Kaiserstaates mit starken zentralistischen Zügen absteckte. Politisch scheiterte der Verfassungsoktroi daran, dass einem Senat aus Vertretern der alten Ordnung gegenüber dem Abgeordnetenhaus eine starke Stellung eingeräumt werden sollte, vor allem aber an den rigiden Einschränkungen des indirekten Wahlrechts, die scharf vom allgemeinen Männerwahlrecht zur Paulskirche abstachen. Erneut flammten in Wien revolutionäre Unruhen auf, die den Kaiser zur Flucht nach Innsbruck bewogen und ihm die Zusage zu einem verfassunggebenden Reichstag abrangen. Die Aussicht, dass sich der Konflikt zwischen föderalen und zentralistischen Tendenzen friedlich lösen ließe, wurde damit zunächst gestärkt.

Noch deutlicher zeichnete sich schon früh eine Lösung der Sprachenfrage ab. Hatte bereits die „Böhmische Charte" vom 8. April die Gleichberechtigung der tschechischen und deutschen Sprache in Schule und Verwaltung in Aussicht gestellt, so fand die Pillersdorf'sche Verfassung mit der allen Volksstämmen gewährleisteten „Unverletzlichkeit ihrer Nationalität und Sprache" eine Formulierung, die sich von nun an mit nur noch leichten Abwandlungen durch alle österreichischen Verfassungsdokumente ziehen sollte. Die stille Erwartung, das Nationalitätenproblem auf die Sprachenfrage reduzieren zu können und damit institutionellen Lösungen zugänglich zu machen, erwies sich als das wohl fruchtbarste Ergebnis der österreichischen Revolution, auch wenn sie der Sprengkraft des Nationalismus letztlich nur bedingt gerecht wurde.

Sprachenfrage

Stabilisierend wirkte schließlich der Durchbruch, der unter dem Eindruck der Revolution in der Bauernbefreiung erzielt wurde. Während sich die Regierung in Wien zunächst bedeckt hielt, verfügte der galizische Statthalter Rudolf Graf

Bauernbefreiung

Stadion bereits im April 1848 eine vollständige Abschaffung der Frondienste und sonstigen Lasten und entzog somit der polnischen Nationalbewegung weitgehend den Boden. In dieser Spur erarbeitete der verfassunggebende Reichstag innerhalb von nur sechs Wochen ein Gesetz zur umfassenden Grundentlastung, das die verbliebenen Reste des Untertänigkeitsverhältnisses aufhob, die Bauern in den vollen Besitz ihres Bodens einsetzte und die Grundlagen einer umsichtigen und maßvollen Entschädigung legte.

<small>Revolution in Ungarn</small>

In Ungarn waren Grundentlastung und Aufhebung der Patrimonialgerichtsbarkeit bereits mit den Aprilgesetzen verkündet worden. Dass die Revolution hier innerhalb weniger Wochen vollendete Tatsachen geschaffen hatte, war einer besonderen Konstellation geschuldet. In Pressburg tagte seit Dezember 1847 ein arbeitsfähiger Landtag, in dem die Opposition mit Lajos Kossuth zudem über einen profilierten und weithin anerkannten, charismatischen Kopf verfügte. Sie konnte an das umfassende Programm liberaler Forderungen anknüpfen, das aus den Debatten der Reformära hervorgegangen war und das Kossuth nunmehr unter dem Eindruck der Entwicklungen in Wien wie der revolutionären Demonstrationen vom 15. März in Pest in entscheidenden Punkten radikalisierte. Mit der Bildung eines verantwortlichen Ministeriums unter Lajos Graf Batthyány am 18. März entstand eine handlungsfähige ungarische Regierung. Innerhalb von nur einer Woche erarbeitete der Landtag ein weitreichendes Gesetzespaket, das den ständischen Landtag in ein nach Zensuswahlrecht zu wählendes Parlament überführte, Religions- und Pressefreiheit verkündete, die Vereinigung Ungarns mit Siebenbürgen einleitete und die sofortige Grundablöse erklärte. Das schwierige Problem, wie die adeligen Grundbesitzer zu entschädigen seien, wurde ausdrücklich der „öffentlichen Nationalehre" anheimgestellt und damit auf elegante Weise vertagt.

<small>Aprilgesetze</small>

Mit diesen sogenannten Aprilgesetzen war in Ungarn innerhalb eines Monats der Übergang in eine konstitutionelle Ordnung in wesentlichen Punkten vollzogen worden. Dem trug die Pillersdorf'sche Verfassung insofern Rechnung, als sie Ungarn und seine Nebenländer aus ihrem Geltungsbereich ausschied und den Weg in eine dualistische Struktur des habsburgischen Konstitutionalismus wies. Obwohl diese Entwicklung der gewachsenen Sonderstellung der ungarischen Länder im habsburgischen Reichsverband durchaus entsprach, gefährdete sie den Bestand der Monarchie. Ungeklärt blieb nicht nur die Frage, wie die österreichische und ungarische Verfassung miteinander verklammert werden könnten. Vor allem blockierte die rasche Entwicklung in Ungarn nahezu jede Möglichkeit, den aufziehenden Konflikt über die kroatischen, serbischen, slowakischen, siebenbürgisch-sächsischen und rumänischen Forderungen auf dem Verhandlungsweg beizulegen. Schon am 25. März hatte eine kroatische revolutionäre Nationalversammlung in Zagreb ihrerseits die Vereinigung Zivilkroatiens, Slawoniens, Dalmatiens und der Militärgrenze in einem kroatischen Nationalstaat verlangt. Einen Monat später erklärte der neu ernannte Banus Josip Jelačić alle Beziehungen zu Ungarn für unterbrochen. Eine slowakische Versammlung forderte am 10. Mai die Einrichtung sprachnationaler Sondergebiete mit eigenen

<small>Ungarischer Nationalitätenkonflikt</small>

Landtagen, also letztlich eine Föderalisierung Ungarns. In Siebenbürgen verlangte die Rumänenversammlung von Blasendorf die Anerkennung der Rumänen als gleichberechtigte ständische Nation und protestierte gegen die bevorstehende Union Siebenbürgens mit Ungarn. Auch die Vertreter der Siebenbürger Sachsen stimmten nur unter erheblichem Druck für die Union. Die Forderung, ein serbisches Kronland Vojvodina einzurichten, führte angesichts der verletzend unnachgiebigen Haltung Kossuths in der Nationalitätenfrage Anfang Juni zum bewaffneten Konflikt. Auch wenn dieser Waffengang militärisch beherrschbar blieb, offenbarte er das Gewaltpotential der ungarischen Nationalitätenfrage. Indem er den Anstoß zur Bildung der Honvéd als eigenständiger ungarischer Armee gab, wies er den Weg in die Eskalation des Konfliktes mit Kroatien und schließlich mit Wien.

Die Entwicklung in Ungarn rührte schließlich an das Kernproblem der ostmitteleuropäischen Revolutionen von 1848: die Perspektive eines deutschen Nationalstaates. Am klarsten trat die Brisanz dieser Frage im Großherzogtum Posen zutage. Hier hatte die Zusage „nationaler Reorganisation" scharfe Spannungen zwischen der deutschen und polnischen Bevölkerung hervorgerufen, die von der Erwartung eines nationalrevolutionären Befreiungskrieges gegen das Zarenreich noch geschürt wurden. Der anlaufende polnische Aufstand unter Führung von Ludwik Mierosławski wurde durch preußisches Militär jedoch bereits Anfang Mai im Keim erstickt. Die Aussicht auf einen deutschen Nationalstaat ließ die Sympathien, welche deutsche Liberale noch Anfang 1848 für die romantische Idee einer kämpferischen Wiederherstellung eines freiheitlichen polnischen Staates gehegt hatten, binnen kurzem in harte Konkurrenz umschlagen. Die Polendebatte, die Ende Juni in der Paulskirche geführt wurde, gab schlagartig die Abgründe eines nationalen Chauvinismus zu erkennen, der das deutsch-polnische Verhältnis fortan durchzog. Die mehrheitlich beschlossene Teilung des Großherzogtums entlang ethnischer Grenzen wurde jedoch durch den hinhaltenden Widerstand der preußischen Behörden unterlaufen, die in diesem Punkt die Unterstützung der preußischen verfassunggebenden Nationalversammlung einschließlich ihrer polnischen Mitglieder genoss. Der aufbrechende Konflikt zwischen polnischer und deutscher Nationalbewegung wurde somit früh im Sinne der konsolidierten preußischen Staatsgewalt entschieden.

Die polnische Frage

In Preußen stand mit dem Konflikt um Posen nicht der Staat auf dem Spiel, es ging vielmehr um ein klar umrissenes Teilproblem der deutschen Revolution. Für die Habsburgermonarchie hingegen wurde die Idee eines deutschen Nationalstaates zur Existenzfrage. Dass die österreichischen Erblande als Mitglied des deutschen Bundes in einem großen deutschen Nationalstaat aufgehen würden, wie es die deutschliberale Linke propagierte, war mit dem Fortbestand der Habsburgermonarchie als ostmitteleuropäischem Großreich nicht zu vereinbaren. Der Idee, der österreichische Kaiserstaat müsse vielmehr als Schutzmacht kleiner Völker erhalten werden, gab František Palacký in seinem Absagebrief an die Frankfurter Paulskirche beredt Ausdruck. Der bewusst als Gegenveranstaltung zur Paulskirche einberufene Prager Slawenkongress vom Juni 1848 spitzte

Die deutsche Frage

die klare Absage der habsburgischen Slawen an den deutschen Nationalstaat weiter zu.

Die Frankfurter Nationalversammlung war jedoch nicht nur eine Herausforderung an die slawische Bevölkerung der Habsburgermonarchie, die sich der Teilnahme an den Wahlen weitgehend verweigert hatte. Schon die Regierung in Wien hatte den Wahlen zur Frankfurter Paulskirche im März nur zögerlich zugestimmt. Aber auch die österreichischen Radikalen stellte die deutsche Frage vor einen unlösbaren Konflikt. Denn ein verfassunggebender Reichstages in Wien, auf dem mit Dalmatien, Galizien und der Bukowina gewichtige Länder außerhalb des Deutschen Bundes vertreten waren und der nur etwa vierzig Prozent Abgeordnete deutscher Muttersprache zählte, ließ sich mit der österreichischen Mitwirkung in der Paulskirche nur schwer vereinbaren. Zudem lief ein deutscher Nationalstaat geradezu zwingend auf eine dauerhafte Lösung der ungarischen Länder aus dem österreichischen Reichsverband und dessen Reduktion auf eine Personalunion zu, wie sie der Verfassungsausschuss der Frankfurter Nationalversammlung im Oktober auch tatsächlich vorschlug. Dass mit Erzherzog Johann ein Habsburger in Frankfurt zum Reichsverweser gewählt worden war und sich der Reichstag in Wien zunächst auf die Grundentlastung konzentrierte, konnte diesen Konflikt nur aufschieben.

Militärische Konsolidierung In der Habsburgermonarchie blieb die deutsche Frage somit anders als in Preußen bis zum Herbst 1848 vorerst in der Schwebe. Allerdings verschoben sich die Gewichte in dem Maße, in dem die Armeeführung unter dem Fürsten Alfred Windischgrätz auf ein militärisches Vorgehen gegen die Revolution zusteuerte. Schon Ende April hatten österreichische Truppen in Krakau einen drohenden Aufstand rückkehrender Emigranten ähnlich wie in Posen gewaltsam unterdrückt. Als in Prag noch während des Slawenkongresses der Pfingstaufstand losbrach, ließ Windischgrätz die Stadt eigenmächtig bombardieren und bereitete der böhmischen Revolution so ein jähes Ende. Mit den Siegen Ende Juli in Oberitalien gewann die österreichische Armee ihre Handlungsfähigkeit im Inneren endgültig zurück.

Der Bruch mit Ungarn Auch die Eskalation in Ungarn ließ die Situation nunmehr auf eine militärische Auseinandersetzung zutreiben. Den Anstoß gab der ungarisch-kroatische Konflikt über die Gültigkeit der Aprilgesetze für Kroatien. Mit Rückendeckung aus Wien rückten kroatische Grenzer Anfang September in Ungarn ein. Zum offenen Bruch zwischen Wien und Budapest kam es, als der Kaiser in dieser Krise einen neuen militärischen Oberbefehlshaber für Ungarn ernannte und dieser kurz darauf von einer aufgebrachten Volksmenge in Pest ermordet wurde. Nun setzten sich in Ungarn die Radikalen durch und bildeten einen Landesverteidigungsausschuss unter Vorsitz Kossuths. Die Aussicht, dass nunmehr österreichische Truppen die Revolution in Ungarn niederschlagen würden, führte in Wien zu einem Aufstand der Radikalen und zur erneuten Flucht des Kaisers, diesmal nach Olmütz. Erwartungen, ungarische Truppen könnten nach ihrem Sieg über die Kroaten auch das von kaiserlichen Truppen belagerte revolutionäre Wien entsetzen, erwiesen sich jedoch angesichts der ungleichen Kräfteverhältnisse als illusorisch. Als kaiserliche Truppen Ende Oktober Wien einnahmen, hatte sich die militärische Führung endgültig durchgesetzt. Die Ernennung des Fürsten Felix Schwarzenberg zum Ministerpräsidenten und die Abdankung Kaiser Ferdinands zugunsten seines Neffen Franz Joseph brachten die Konsolidierung der Staatsgewalt zum Abschluss.

Die Beratungen des nunmehr ins mährische Kremsier verlegten Reichstags ließen nochmals das Potential aufscheinen, eine konstitutionelle Neuordnung der Habsburgermonarchie über einen Kompromiss zwischen den nationalen Bestrebungen zu erreichen. Palackýs kühner Entwurf einer radikalen Neugestaltung der Monarchie entlang ethnischer Grenzen einerseits und der tschechisch-slowenische Vorschlag nationaler Kurien andererseits umrissen erstmals die beiden Pole, zwischen denen sich die Debatte über ein ausdifferenziertes Nationalitätenrecht fortan bewegte. Der Kompromiss, in den größeren Ländern Kreise nach sprachlichen Kriterien als mittlere Verwaltungsinstanz zu bilden und nationale Schiedsgerichte einzurichten, wies den Weg zu einem Ausgleich auf der Basis der Kronländer. Damit umriss der Kremsierer Verfassungsentwurf für die gesamte Monarchie ein austariertes Gleichgewicht zwischen föderalen und zentralistischen Konzepten. Von dem hier bekundeten Willen, trotz der aufgebrochenen nationalen Spannungen ein gemeinsames Staatswesen zu erhalten und neu zu begründen, konnte die Habsburgermonarchie noch für Jahrzehnte zehren. Noch bevor der Entwurf jedoch vom Reichstag verabschiedet werden konnte, kam ihr die Regierung Schwarzenberg im März 1849 mit einem eigenen Verfassungsoktroi zuvor. Dieser sollte allerdings nie mit Leben erfüllt werden.

<small>Kremsierer Verfassungsentwurf</small>

In ihrem Anspruch auf Geltung in allen Ländern des Kaisertums Österreich griff diese Märzverfassung der militärischen Entwicklung in Ungarn weit voraus. Zwar waren kaiserliche Truppen im Januar 1849 bis nach Pest vorgedrungen und hatten den Landtag zur Flucht nach Debrecen gezwungen. Allerdings besaß die ungarische Honvéd in Ostungarn und Siebenbürgen eine auch von rumänischen Aufständischen kaum gefährdete Basis, von der aus sie im Frühjahr 1849 nochmals fast ganz Ungarn einnehmen konnten. Erst jetzt kam es zur formellen Unabhängigkeitserklärung vom 14. April 1849. Die Hoffnung auf einen von Ungarn und Italien ausgehenden europäischen Revolutionskrieg war jedoch trotz des massiven Zustroms polnischer Freiwilliger illusorisch. Nach langem Zögern hatte Franz Joseph bereits um die Hilfe der russischen Armee ersucht, vor der die ungarischen Truppen schließlich am 12. August 1849 bei Világos kapitulierten. Das Nationalitätengesetz, welches der ungarische Landtag drei Wochen zuvor verabschiedet hatte, besaß somit nur noch symbolische Bedeutung.

<small>Unabhängigkeitserklärung Ungarns</small>

Die militärische Konsolidierung des österreichischen Kaiserstaates gab auch der deutschen Frage eine neue Wendung. Sie stand völlig konträr zu der just in den Tagen der Wiener Revolution formulierten Absage der Paulskirchenversammlung an jegliche staatliche Verbindung des entstehenden Deutschen Reiches mit nichtdeutschen Ländern, welche die schiere Existenz der Habsburgermonarchie erneut in Frage stellte. Allerdings war Schwarzenberg auch nicht bereit, sich mit der Perspektive eines kleindeutschen, preußisch dominierten Reiches abzufinden und setzte diesem die Idee einer wirtschaftlichen und politischen Neuordnung Mitteleuropas in einem österreichisch-deutschen Staatenbund entgegen. Die Konsolidierung der Staatsmacht konnte den preußisch-österreichischen Antagonismus über die zukünftige Gestalt Deutschlands nicht auflösen, und auch das ungelöste Problem einer freiheitlichen Neuordnung des östlichen Mitteleuropas wurde nur vertagt.

<small>Mitteleuropagedanke</small>

Als Antwort auf die polnische Revolution baute die preußische Regierung die verbliebenen Reste polnischer Selbstverwaltung in Posen vollends ab und überführte das bisherige Großherzogtum nunmehr auch formell in den Status einer preußischen Provinz. Zugleich nahm die Regierung auch die sprachnational unterfütterte Integrationspolitik wieder auf, die darauf zielte, die polnischen Eliten aus dem öffentlichen Leben zu verdrängen, und nunmehr auch in der liberalen Öffentlichkeit wortmächtig eingefordert wurde. Den polnischen Abgeordneten im preußischen Landtag blieb nur der öffentliche Protest. Damit aber verschärfte diese Politik die Polarisierung entlang ethnischer Grenzen, die nunmehr auch die polnische Bevölkerung der Provinz zu durchdringen begann. Hatten schon die polnischen Hilfsvereine der frühen 1840er Jahre den Weg gesellschaftlicher Selbstorganisation gewiesen, so offenbarte der enorme Erfolg der als Bildungsverein gegründeten Polnischen National-Liga (*Liga Narodowa Polska*) bis zu ihrem raschen Verbot das gesellschaftliche Potential nationaler Vereinsbewegungen und trieb die Ethnisierung der polnischen Nationalidee weiter voran. Ausgehend von Posen trat die Idee einer nationalen polnischen Gesellschaft in den Mittelpunkt nationaler Aktivitäten, nachdem die Wiederherstellung eines polnischen Staates in weite Ferne gerückt war.

<small>Neoabsolutismus</small>

Noch eindeutiger als im preußischen Posen wurde die Idee des bürokratischen Beamtenstaates in der Habsburgermonarchie durchexerziert. Die Märzverfassung wurde 1851 umstandslos beiseitegeschoben, auch in den Kronländern sistierte die Regierung alle konstitutionellen Formen. In Ungarn wurde nach dem Ende der zweijährigen militärischen Besatzung ein erneuter Anlauf unternommen, die Komitate durch eine straff zentralistische Beamtenverwaltung zu ersetzen. Vor allem aber nutzten die Architekten des österreichischen Neoabsolutismus ihren politischen Spielraum, die ständische Gesellschaftsordnung endgültig zu überwinden. Gestützt auf einen professionellen Verwaltungsapparat, der in den österreichischen Ländern bis hinunter auf die lokale Ebene reichte, konnte die Grundentlastung zügig durchgeführt werden, ohne dass politische Rücksichten auf den grundbesitzenden Adel genommen werden mussten. Die bisherige Patrimonialgerichtsbarkeit wurde durch eine straffe Gerichtsordnung abgelöst und der Geltungsbereich des österreichischen ABGB auf Ungarn ausgedehnt. Die überständische lokale Selbstverwaltung, die mit der Gemeindereform von 1859 etabliert wurde, schloss die Neuordnung der ländlichen Verhältnisse ab und schuf die Grundlagen für die Entfaltung lokaler Gesellschaften.

Als Programm weitsichtiger Krisenbewältigung setzte der österreichische Neoabsolutismus tiefgreifende Reformen durch. Als konsequent bürokratischer Staatsentwurf hingegen scheiterte er an seiner mangelnden gesellschaftlichen

Bindekraft, die auch Schwarzenbergs Vision eines mitteleuropäischen Siebzigmillionenreiches nicht ersetzen konnte. Schon das umstrittene Konkordat von 1855 unterstrich in seiner abrupten Abkehr vom Josephinismus eher den Mangel einer integrativen Staatsidee. Schwerer wog die Tatsache, dass es nicht gelang, die Staatsfinanzen zu sanieren und die harte Verweigerung der ungarischen Eliten gegenüber einem österreichischen Gesamtstaat aufzubrechen. Gegen Ungarn aber war der österreichische Kaiserstaat auch in seinem neoabsolutistischen Zuschnitt nicht zu regieren. Allerdings blieb auch der vom ungarischen Exil formulierte radikale Gegenentwurf einer Donaukonföderation ein intellektuelles Projekt, das keinerlei politisches Fundament besaß.

Am deutlichsten trat die Ambivalenz der neoabsolutistischen Ordnung an ihrer wohl bedeutendsten Reform, der Neuordnung der Mittelschulen, zutage. Mit dem „Organisationsentwurf" von 1849 erhielt die Habsburgermonarchie ein einheitlich strukturiertes Gymnasial- und Realschulwesen, welches das Leitbild humanistisch fundierter Menschenbildung mit den Anforderungen eines wissenschaftlich verankerten Fachunterrichts verband. Das Bekenntnis zum muttersprachlichen Unterricht sollte die loyal gebliebenen Nationalitäten Ungarns für den neoabsolutistischen Staatsentwurf gewinnen, auch wenn die Regierung eine slowakische oder rumänische nationale Gebietsautonomie weiterhin strikt verweigerte. Aber selbst ein neues Kronland wie die Vojvodina, mit der eine serbische Forderung verwirklicht wurde, war zum Scheitern verurteilt, solange keine politischen Partizipationsrechte gewährt wurden. In nationalitätenpolitischer Hinsicht leistete der Neoabsolutismus letztlich einer gesellschaftlichen Versäulung entlang sprachlicher Grenzen Vorschub, welche die Nationalbewegungen mit ihren widerstreitenden Vorstellungen für eine freiheitliche, konstitutionelle Ordnung sogar noch stärkte.

Bildungsreform und Nationalitätenfrage

Als politisches Ordnungskonzept hatte sich der österreichische Neoabsolutismus nach knapp einem Jahrzehnt erschöpft. Aber nicht nur die österreichische, sondern auch die preußische Regierung sah sich vor dem Hintergrund ihres ungelösten Antagonismus in Deutschland am Ende der 1850er Jahre dazu gedrängt, die Fundamente ihrer Großmachtstellung grundlegend zu erneuern.

b) Konstellationen unvollendeter Nationalstaatlichkeit

Die Niederlage der Revolutionen von 1848 hatte kurzfristig die Aussicht eröffnet, im östlichen Mitteleuropa könnten sich durchgängig bürokratische, machtstaatliche Herrschaftsstrukturen gegen die liberalen und nationalen Bewegungen etablieren. Dem lag eine europäische Mächtekonstellation zugrunde, die über die 1850er Jahre hinweg leidlich stabil blieb. Vergeblich hofften polnische wie ungarische Revolutionäre und Exilanten, der Krimkrieg und die italienische Einigung würden die ostmitteleuropäische Staatenordnung zum Einsturz bringen. Immerhin deckten diese Kriege in Russland wie in Österreich rücksichtslos die inneren Schwächen auf und erschütterten somit von den Rändern her das politische Ge-

Grundzüge der Epoche

füge Ostmitteleuropas. Der innenpolitische Kurswechsel, den erst das Zarenreich und dann die Habsburgermonarchie infolge der außenpolitischen Krisen vollzogen, hatte weitreichende Folgen. Nunmehr eröffnete sich eine Aussicht, zehn Jahre nach der Revolution doch noch zu einem Ausgleich zwischen Staat und Gesellschaft in Ostmitteleuropa zu kommen, ohne staatliche Grenzen in Frage zu stellen. Auch die Gründung des Deutschen Reiches bot insofern neue Chancen, als sie klare Verhältnisse schuf und damit die Möglichkeiten einer nationalstaatlichen Ordnung in Ostmitteleuropa absteckte. Dennoch traten die unterdrückten Konflikte von 1848 wieder zutage.

Gangbare Wege zeichneten sich aber nur in der Habsburgermonarchie ab, und auch hier kamen nur Teillösungen zustande. In einem mühsamen Prozess voller Wendungen und Rückschläge konnten hier tragfähige Kompromisse ausgelotet werden, deren Wegbereiter zumindest stark genug waren, die Verfechter eines radikalen nationalen Kurses politisch an den Rand zu drängen. Im Königreich Polen hingegen scheiterte die Öffnung hin zu einer vorsichtigen Autonomie daran, dass die Radikalen zum wiederholten Mal einen Ausgleich des russophilen Hochadels mit der Regierung in Petersburg torpedierten. In den preußischen Teilungsgebieten schließlich fehlten von vornherein alle Voraussetzungen für einen Versuch, die polnischen Eliten für das Deutsche Kaiserreich zu gewinnen. Dessen Gründung vollendete vielmehr die seit langem vorbereitete Abkehr von der Idee überethnischer preußischer Staatlichkeit. Mehr denn je wurde die polnische Bevölkerung zum Adressaten einer harten und repressiven Minderheitenpolitik, welche selbst die in der Reichsverfassung verankerte Rechtsförmigkeit staatlicher Politik arg strapazierte. Hier wie in den russischen Teilungsgebieten richtete sich die Selbstbehauptung der polnischen Gesellschaft fortan erklärtermaßen gegen den nationalstaatlichen Ausbau der bestehenden Herrschaftsordnung. Dagegen eröffnete die konstitutionelle Ordnung der Habsburgermonarchie enorme Freiräume für nationalgesellschaftliche Entwicklungen. Während diese in Österreich in den genuinen Versuch mündeten, nationale Vielfalt über einklagbare kollektive Rechte zu organisieren, vollzog sich der Ausbau des ungarischen Nationalstaats entschieden gegen konkurrierende Ansprüche der Nationalitäten. In der gegenseitigen Durchdringung von Staat und Gesellschaft erwiesen sich letztlich weder repressive noch liberale politische Ordnungen als imstande, der wirkmächtigen Modernisierungsideologie des Nationalismus gegenzusteuern und die Verhärtung ethnonationaler Konflikte dauerhaft einzudämmen.

Reformen in Polen   Im geteilten Polen weckte die vermeintliche Schwäche des Zarenreiches nahezu unweigerlich die erneute Hoffnung, eine Wiederherstellung polnischer Staatlichkeit erzwingen zu können. Anders als 1848 ging der Impuls diesmal vom russischen Teilungsgebiet aus. Nach dem Tod Nikolaus' I. im Februar 1855 zielte die russische Politik zunächst darauf, behutsam Spielräume gesellschaftlicher Artikulation zu öffnen und auch die polnischen Eliten an den Reformen im Zarenreich zu beteiligen. Trotz der klaren Signale, mit denen Alexander II. die Grenzen seiner Kompromissbereitschaft deutlich zu machen suchte, wurden die wiedereröffneten Einrichtungen höherer Bildung und insbesondere die

Landwirtschaftliche Gesellschaft im Königreich Polen zu Foren einer lebhaften Verfassungsbewegung. Unter der geschickten Führung von Alexander Wielopolski erreichten die überwiegend dem Hochadel entstammenden „Weißen" weitreichende Zusagen. Ein eigenständiges polnisches Bildungswesen mit der wiedereröffneten Warschauer Universität im Mittelpunkt und die Rückkehr zur städtischen Selbstverwaltung ließen Umrisse einer bescheidenen Autonomie erkennen. Für diese Aussicht bürgte auch der zum Generalgouverneur ernannte, reformorientierte Großfürst Konstantin Nikolaevič. Der Versuch, die polnischen Eliten für eine erweiterte administrative Sonderstellung Polens innerhalb des Zarenreiches zu gewinnen und zugleich die radikalen Strömungen auf militärischem Weg in Schach zu halten, stand jedoch von Anfang an auf schwachem Grund. Denn die Idee einer nationalrevolutionären Erneuerung Polens genoss im Verein mit der ungebrochenen Russophobie in der Studentenschaft und unter polnischen Offizieren großen Rückhalt. Der durchsichtige Versuch, polnische Rekruten massenhaft in die Armee einzuberufen und so den Aufstandsplänen radikaler Geheimgesellschaften den Boden zu entziehen, brachte die ohnehin äußerst labile Balance im Januar 1863 zum Kippen. Das Signal zur Erhebung verknüpften die Aufständischen mit dem Versprechen einer umfassenden Agrarreform und mobilisierten so einen Großteil der polnischen Bauern. Militärische Anfangserfolge und beträchtliche Leistungen im Aufbau einer illegalen Infrastruktur ließen für kurze Zeit die Umrisse eines zukünftigen polnischen Staates erkennen. Solange sich die internationale Konstellation nicht veränderte, blieb dessen militärische Schlagkraft jedoch darauf beschränkt, die russische Armee in einen langwierigen und letztlich aussichtslosen Kleinkrieg zu verwickeln. *Januaraufstand 1863/64*

Die russische Liberalisierungspolitik war jedoch nicht mehr zu retten und wich erneut harscher militärischer Repression. Geprägt von tiefem Misstrauen gegenüber der polnischen Gesellschaft setzte die russische Regierung fortan auf eine Politik administrativer Integration, die militärische Präsenz mit einem klaren russischen Übergewicht in Bildung und Verwaltung und einem entschiedenen Zugehen auf die Bauern zu Lasten des grundbesitzenden Adels verknüpfte. Indem das Königreich Polen derart von den Reformen des Zarenreiches abgekoppelt wurde, blieben allerdings auch die institutionellen Widerlager gegen eine bruchlose Integration in den russischen Reichsverband bestehen, wenngleich jegliche Hoffnungen auf ein darüber hinausgehendes Maß an Eigenstaatlichkeit innerhalb des Reichsverbandes auf Dauer zunichtegemacht wurden. Erneut wurden Tausende adeliger Güter beschlagnahmt und ihre Besitzer mitsamt ihren Familien nach Sibirien verbannt. In den Westgebieten des Zarenreiches vertieften harsche Eingriffe gegen die katholische Kirche und die Ansiedlung von mehreren zehntausend Deutschen in Wolhynien den fortschreitenden Verlust des altpolnischen Gepräges dieser Gebiete.

Massive Auswirkungen hatte der Januaraufstand auch auf die preußische Politik in der Provinz Posen. Hier hatte die „Neue Ära" seit dem Thronwechsel von 1858 zwar auch der polnischen Oberschicht größere Freiräume politischer *Preußische Polenpolitik*

Artikulation eröffnet, die den nationalen Konflikt aber nur umso deutlicher hervortreten ließ. Auf die Entwicklungen im benachbarten Königreich reagierte die preußische Regierung mit verschärfter polizeilicher Repression. Der preußische Ministerpräsident Bismarck tat mit der Alvensleben'schen Konvention vom März 1863 das seine, um Petersburg auf eine hart repressive Linie in Polen zu drängen. Unter diesen Umständen musste die polnische Öffentlichkeit in Posen und Westpreußen passiv zusehen, wie sich die Gründung des Deutschen Reiches anbahnte. Ihr blieb nur, zwar heftig, aber erfolglos dagegen zu protestieren, dass die Provinz Posen in den Norddeutschen Bund und schließlich in das Deutsche Reich eingegliedert wurde. Das Eigengewicht preußischer Staatlichkeit war groß genug, um mit dem vollen territorialen Bestand in einen deutschen Nationalstaat einzugehen und den Widerspruch, der sich aus dem Besitz polnischer Gebiete ergab, beiseite zu schieben. Fortan musste sich die polnische Politik in Posen nicht mehr primär mit dem monarchischen Preußen, sondern mit dem deutschen Nationalstaat auseinandersetzen.

Österreichische Verfassungsexperimente   Die nachhaltigsten Folgen für das politische Gefüge im östlichen Mitteleuropa hatte der Übergang der Habsburgermonarchie in eine konstitutionelle Ordnung. Nunmehr gelang in einem langwierigen Lernprozess, was 1848 katastrophal gescheitert war: die Integration der in den Aprilgesetzen festgeschriebenen ungarischen Verfassungspositionen in den Verband der habsburgischen Länder. Auch ein Ausgleich mit der tschechischen Nationalbewegung war zum Greifen nah und schlug dann doch fehl.

Den Anstoß zur Abkehr vom Neoabsolutismus gab die schwere militärische Niederlage Österreichs in Oberitalien. Sie führte Kaiser Franz Joseph zu der Erkenntnis, dass es einer stabileren Ordnung des habsburgischen Staatswesens bedurfte, sollte sich Österreich in Deutschland gegenüber Preußen behaupten können. Um dem Argument der liberalen Beamtenschaft auszuweichen, die Kreditwürdigkeit des Staates ließe sich nur durch ein starkes und mit Budgetrecht ausgestattetes Zentralparlament sichern, ging Franz Joseph zunächst auf den konservativen Adel zu. Als erster Schritt wurde der bislang ganz auf den Monarchen zugeschnittene Reichsrat im März 1860 um gewählte Vertreter der Kronländer erweitert und an den Beratungen über den Staatshaushalt beteiligt. Es lag bereits in der Logik dieser Hinwendung zu den Ländern, den Reichsrat zum schwachen Zentralparlament eines Föderalismus auf neuständischer Grundlage auszubauen.

Oktoberdiplom   In diese Richtung zielte das Oktoberdiplom vom selben Jahr. Indem es die ständischen Institutionen Ungarns wieder in ihre Rechte einsetzte und erstmals seit 1849 wieder einen ungarischen Landtag einberief, war das Oktoberdiplom zunächst auf einen Ausgleich mit den ungarischen Konservativen berechnet. Dieses Kalkül scheiterte an dem heftigen Widerstand der ungarischen Komitate, die auf der Rückkehr zu den Aprilgesetzen von 1848 beharrten und sich der neuen Ordnung rundheraus verweigerten.

In dieser verfahrenen Situation betraute Franz Joseph mit Anton von Schmerling im Dezember 1860 den ehemaligen Revolutionär und führenden Exponenten eines großösterreichisch gesinnten Liberalismus damit, die schon im Oktoberdiplom vorsichtig angelegte enge konstitutionelle Verbindung der nichtungarischen Länder voranzutreiben. Mit dem Februarpatent von 1861 überführte Schmerling den Reichsrat in ein Reichsparlament mit klar präzisierten Kompetenzen gegenüber den Landtagen, die ihrerseits in gleichzeitig erlassenen Landesordnungen zu leistungsfähigen Repräsentativkörperschaften ausgestaltet wurden. Damit wurde das Februarpatent zum Kernstück einer Verfassung der österreichischen Länder, der sich die ungarischen Länder nur anzuschließen brauchten. Februarpatent

Es konnte jedoch kaum überraschen, dass der ungarische Landtag auch dem Februarpatent eine klare Absage erteilte. Diese Verweigerung gegenüber jeglichem Zentralparlament glaubte Schmerling in der Erwartung aussitzen zu können, dass sich die ungarischen Liberalen einer konstitutionellen Ordnung, die in den übrigen Ländern der Monarchie bereits mit Leben erfüllt war, auf Dauer nicht entziehen würden. Schmerling hoffte so die Grundlage für eine führende Rolle Österreichs in Deutschland zu legen und doch noch das Leitbild eines großösterreichischen Mitteleuropas, nunmehr jedoch auf liberaler Grundlage, zu verwirklichen. Mit der Absage Preußens an den Frankfurter Fürstentag von 1863 brach diese Konzeption jedoch schnell in sich zusammen. Der Rückzug der tschechischen Abgeordneten aus dem Reichsrat besiegelte noch im selben Jahr das Scheitern Schmerlings auch in Österreich. Dass Siebenbürger Sachsen und Rumänen in den Reichsrat einzogen, nachdem ihnen auf dem Landtag von Hermannstadt gegen heftigen ungarischen Protest die volle Gleichberechtigung eingeräumt worden war, konnte Schmerlings kühnen Entwurf nicht mehr retten.

Das Scheitern des Frankfurter Fürstentags wies der Habsburgermonarchie den Weg zu einer Verfassung, die nicht mehr von politischen Ambitionen in Deutschland geprägt war. Erst als die Idee eines von Österreich geführten Deutschlands ad acta gelegt war, wurde es möglich, auf die ungarischen Liberalen zuzugehen, ohne den Bestand der Monarchie zu gefährden. Nachdem Ferenc Deák für die ungarischen Liberalen bereits im Frühjahr 1865 die Rechtsgrundlagen eines Ausgleichs zwischen Ungarn und der Krone öffentlich umrissen hatte, sistierte Franz Joseph das Februarpatent und berief erneut die Landtage Ungarns, Kroatiens und Siebenbürgens ein, um einen Ausgleich zu verhandeln. Auf das Ergebnis hatte die Niederlage Österreichs gegen Preußen bei Königgrätz im Juli 1866 nur insofern Einfluss, als sie die deutschen Liberalen wieder ins Spiel brachte. Nachdem Österreich endgültig aus dem Deutschen Bund ausgeschieden und der Ausgleich mit Ungarn bereits vorgefertigt war, ging es nur noch darum, zumindest in Cisleithanien der deutschliberalen Konzeption zum Durchbruch zu verhelfen. In diesem Sinne ernannte Franz Joseph den ehemaligen sächsischen Ministerpräsidenten Friedrich von Beust zum Außenminister. Mit der Dezemberverfassung von 1867 wurde der Ausgleich auch a0uf österreichischer Seite abgestützt. Der Weg zum Ausgleich

Das mit dem Ausgleich von 1867 geschaffene Verfassungsgefüge wurde auch deshalb möglich , weil es nahtlos an bereits 1848 eingefädelte Lösungen anknüpfte und diese nunmehr umfassend aufeinander abstimmte. Während Der österreichisch-ungarische Ausgleich die cisleithanischen Kronländer durch ein starkes Zentralparlament zu einem straff gegliederten, föderalen Staatswesen zusammengefasst wurden, entstand jenseits der Leitha auf der Grundlage der Aprilgesetze ein im Innern weitgehend selbstständiger, zentralistisch verfasster ungarischer Nationalstaat. Als gemeinsame Angelegenheiten der Monarchie blieben die Außenpolitik und das Heer samt den dazugehörigen Finanzen erhalten. Mit einem komplizierten Verfahren wurde das Kunststück vollbracht, deren parlamentarische Kontrolle sicherzustellen, ohne ein gemeinsames Parlament einzurichten, das von ungarischer Seite strikt abgelehnt wurde. Darüber hinausgehende wirtschaftliche Vereinbarungen waren alle zehn Jahre neu zu verhandeln. Diese Festlegung sollte die Flexibilität des Ausgleichswerks sicherstellen, barg jedoch erhebliche Gefahren für die innere Stabilität der Habsburgermonarchie. Während Siebenbürgen im Zuge des Ausgleichs mit Ungarn vereinigt wurde und neun Jahre später auch seine administrative Sonderstellung weitgehend einbüßte, erhielten Kroatien auf ungarischer und Galizien auf österreichischer Seite 1868 weitgehende Autonomiebefugnisse.

Der Ausgleich von 1867 war letztlich ein später Triumph ständischen Verfassungsdenkens. Auf eindrucksvolle Weise war es gelungen, eine „monarchische Union von Ständestaaten" [BRUNNER 8.a, 126] in eine parlamentarische Ordnung zu überführen, die unterschiedlich gewachsenen politischen Systemen gerecht zu werden versprach. Hingegen scheiterte der Versuch, auch für Böhmen einen entsprechenden Ausgleich zu erreichen. Die Teilnahme tschechischer Politiker am Moskauer Slawenkongress von 1867 und die enorme Resonanz der Tábor-Bewegung im folgenden Jahr hatte die tschechische Frage als wunden Punkt des soeben fixierten Dualismus sichtbar werden lassen. Den letzten Anstoß gab die Gründung des Deutschen Reiches. In den Fundamentalartikeln vom Oktober 1871 wurde die Perspektive entworfen, das Königreich Böhmen in Anerkennung seiner Eigenstaatlichkeit neu in die bereits festgezurrte Verfassungsordnung Österreichs einzupassen und die Landesregierung einem verantwortlichen böhmischen Hofkanzler zu übertragen. Es war schließlich nicht so sehr der Protest der ungarischen Regierung gegen diesen Eingriff in das Gefüge des Ausgleichswerkes, das die Fundamentalartikel zum Scheitern brachte, und auch nicht die distanzierte Haltung der Landtage Mährens und Schlesiens. Vielmehr konnte sich Franz Joseph nicht dazu durchringen, die Lösung der Habsburgermonarchie vom deutschen Nationalstaat derart konsequent zu Ende zu führen und eine wachsende Drift der deutschen Bevölkerung Böhmens und Österreichs hin zum Deutschen Reich zu riskieren, zumal sein Außenminister Beust bereits die außenpolitische Annäherung Österreichs an Deutschland vorbereitete. Umso stärker war die Enttäuschung auf tschechischer Seite. Sie sollte die Monarchie bis zu ihrem Ende schwer belasten.

Mit den Fundamentalartikeln war der Versuch vorerst gescheitert, das böhmische Staatsrecht gegen den bestehenden österreichischen Kernstaat der theresianischen Ära durchzusetzen. In Ungarn und Kroatien hingegen war die konstitutionelle Erneuerung Ostmitteleuropas auf der Grundlage der historischen Adelsnationen, wie sie um 1790 eingeleitet worden war, mit dem Ausgleichswerk von 1867/68 weitgehend verwirklicht. Anders als 1848 konnte diese Entwicklung zwei Jahrzehnte später nicht zuletzt deshalb gelingen, weil keine extremen Erwartungen geweckt worden waren. Sowohl der Ausgleich in Ungarn und Kroatien als auch die Autonomie Galiziens ruhten auf der Fähigkeit der politischen Eliten, radikale nationale Strömungen zu kanalisieren und in ihrer politischen Sprengkraft zu entschärfen. Der böhmische Adel hingegen hatte diese Fähigkeit längst eingebüßt.

Die nationalen Fragen der Revolution von 1848 waren mit der Konsolidierung der 1860er Jahre mitnichten gelöst. Im Gegenteil, die im Positivismus entwickelte Perspektive organischer gesellschaftlicher Entwicklung entlang liberaler Grundsätze warf unmittelbar das Problem sprachlicher Assimilierung auf. *Nationale Konflikte* Innerhalb des fixierten staatlichen Rahmens wurde nunmehr das Sprachenrecht zum zentralen Konfliktfeld nationaler Auseinandersetzungen. Über Verwaltung, Justiz und Schulwesen berührte der Staat die Lebensverhältnisse immer weiterer Bevölkerungsschichten und machte auf unterschiedliche Weise den Kirchen Konkurrenz. Hier wurde über soziale Aufstiegschancen entschieden. Vor allem aber wurde die Sprache zum zentralen Symbol des Nationalstaats. Dem entsprach die Idealisierung der Muttersprache als ursprüngliches und unveräußerliches Wesensmerkmal nationaler Individualität. Damit bekam der öffentliche Sprachgebrauch in Behörden und Schulen, der bis in die 1860er Jahre von einem hohen Maß an Pragmatismus geprägt gewesen war, einen enormen Stellenwert. Das östliche Mitteleuropa wurde zum Laboratorium moderner Nationalitätenkonflikte in allen ihren Schattierungen.

Den härtesten Konfliktkurs steuerte die Regierung in Preußen. Durch den *Deutsche Polenpolitik* Kulturkampf erhielt hier das Streben nach staatlicher Konsolidierung und nationaler Homogenität zusätzlichen Schub. Mit der vollständigen Übernahme der Schulen in staatliche Regie wurde das Deutsche binnen kurzem zur alleinigen Unterrichtssprache erhoben. Kurz darauf beendete das Geschäftssprachengesetz von 1876 auch die bislang pragmatisch gehandhabte Zweisprachigkeit im Behördenalltag der polnischen Provinzen. Die lang angelegte Verdrängung der polnischen Eliten aus dem öffentlichen Leben verdichtete sich nunmehr zu einer Politik kompromissloser Eindeutschung, von der die Regierung auch nach dem Ende des Kulturkampfes nicht mehr abging. Mit der gezielten Ausweisung russischer und österreichischer Staatsbürger polnischer Muttersprache und der Ansiedlungspolitik des Ostmarkenvereins stellte das Kaiserreich schließlich seine eigenen liberalen Rechtsgrundsätze in Frage.

Eine derart repressive Sprachpolitik verbot sich im Königreich Polen schon we- *Russische Polenpolitik* gen der demographischen Verhältnisse. Dennoch unterschied sich die russische Politik nur graduell von der preußischen. Nach 1863 wurde hier das Russische erneut zur alleinigen Sprache weiterführender Bildung und drang jetzt auch in den Volksschulen immer weiter vor. Auch die russische Regierung übte erheblichen Druck auf die katholische Kirche aus. In den westlichen Gouvernements unterdrückte sie durch Druckverbote die Ausbreitung der jungen litauischen, weißrussischen und ukrainischen Schriftsprachen. Dagegen beschränkte sie die Russifizierung der Behörden im Königreich Polen auf die innere Verwaltung und die staatlichen Gerichte und beließ der polnischen Sprache im öffentlichen Leben des Königreichs vergleichsweise breiten Raum.

Ungarisches Nationalitätengesetz   Auch das ungarische Nationalitätengesetz von 1868 betonte die über die Sprache vermittelte Einheit der politischen Nation und machte das Ungarische somit außerhalb Kroatiens zur faktisch einzigen Amtssprache. In der Schulpolitik setzte die ungarische Regierung hingegen in markantem Unterschied zu seinen ostmitteleuropäischen Nachbarn zunächst auf die Vielfalt kirchlicher Trägerschaft. Damit knüpfte sie an die historisch gewachsenen Kirchenautonomien von Protestanten und Orthodoxen an. Zudem fehlte dem ungarischen Kulturkampf, der in den 1890er Jahren über die Frage konfessioneller Mischehen entbrannt war, die nationalitätenpolitische Dimension. Die bereits 1879 gesetzlich verfügte Pflicht aller Volksschulen zum Ungarischunterricht drängte jedoch auch hier den muttersprachlichen Unterricht in die Defensive.

Gleichberechtigung in Österreich   Diese Sprachen- und Schulgesetze wirkten jeweils wie der festgemauerte Ausdruck bestehender staatlicher Verhältnisse und trotzten letztlich aller Kritik. In Österreich hingegen wurde die konstitutionelle Ordnung mit dem berühmten Artikel 19 der Dezemberverfassung von 1867 zur Garantin sprachlicher und nationaler Gleichberechtigung erhoben. Aus dem Anspruch, der Gleichberechtigung in der Praxis von Schule und Verwaltung Geltung zu verschaffen, erwuchs ein beständiges juristisches und politisches Ringen um Wesen und Selbstverständnis des habsburgischen Staates. Die Bilanz war zwiespältig. Neben den politischen Blockaden im tschechisch-deutschen Verhältnis, die seit der Badeni-Krise von 1897 die Funktionsfähigkeit der konstitutionellen Ordnung bedrohten und mitunter absurde Züge annahmen, standen schließlich ausgefeilte Teillösungen von erheblicher Stabilität und politischer Strahlkraft [siehe unten Kap. 3.d].

Die nationale Problematik in Ostmitteleuropa wurde jedoch nicht allein von Konflikten um die innere Ausgestaltung des Staates bestimmt. In dem Maße, in dem liberale Rechtsordnungen die Freiräume gesellschaftlicher Selbstorganisation umrissen, ermöglichten sie auch umfangreiche nationalpolitische Aktivitäten. Museen, Theater und Bildungsvereine, Zeitungen und Verlage, Gewerbevereine, Genossenschaften und Sparkassen bildeten seit der Mitte des 19. Jahrhunderts das Fundament der ostmitteleuropäischen Nationalbewegungen. Zudem waren diese nicht nur in den jeweiligen Organen lokaler Selbstverwaltung präsent. Polnische Abgeordnete saßen im deutschen Reichstag und im preußischen Landtag. Die Landtage der österreichischen Kronländer und der Reichsrat in Wien bildeten auch unter dem Kurienwahlrecht ein Abbild wenn schon nicht der sozialen Verhältnisse, so doch zumindest der ethnischen Vielfalt Cisleithaniens. Allein in Ungarn setzte das Zensuswahlrecht der politischen Teilhabe der Nationalitäten bis hinunter auf die lokale Ebene ausgesprochen enge Grenzen.

Mit den neuen Rahmenbedingungen veränderten sich auch die politischen Strategien der Nationalbewegungen. Die schiere Behauptung von Grundsatzpositionen gegenüber dem Staat wurde nunmehr um vielfältige gesellschaftliche

Aktivitäten erweitert, die sich zuvorderst an die jeweils eigene Bevölkerung richteten und breite Schichten für die nationale Ideenwelt zu gewinnen suchten. Besonders deutlich lässt sich diese Entwicklung an der polnischen Gesellschaft in den preußischen und russischen Teilungsgebieten beobachten. Hier hatte die Niederlage des Januaraufstands eine Debatte über die Strategien nationaler Behauptung angestoßen. Der von Aleksander Świętochowski und Bolesław Prus wortgewaltig verfochtene Positivismus formulierte eine machtvolle Herausforderung an die Romantik und ihr heroisches Freiheitsideal, indem er dem fruchtlosen Aufbegehren eine Politik der kleinen Schritte entgegenstellte. Ausgehend von den preußischen Teilungsgebieten setzte sich jetzt auch im Königreich Polen das Konzept der „Organischen Arbeit" (*praca organiczna*; *drobna praca*) durch. Nunmehr ging es darum, die polnische Gesellschaft in ihren alltäglichen Verhältnissen zu erneuern. Mit ihrem Pragmatismus gegenüber den Teilungsmächten lösten die Fürsprecher der „Organischen Arbeit" den russophilen Hochadel im konservativen Spektrum polnischer Politik ab. Stärker noch als auf der Linken bildeten sich hier die Grundlagen eines ausschließlich sprachlich fundierten polnischen Nationalismus heraus, an den eine Generation später die Nationaldemokratie anknüpfen konnte. Warschauer Positivismus

Eine ähnliche Wende lässt sich auch im tschechischen, ungarischen und kroatischen politischen Spektrum beobachten. Zwar hatte die tschechische Politik das Scheitern der Fundamentalartikel mit dem erneuten Rückzug aus dem Reichsrat wie dem böhmischen Landtag quittiert. Seit 1874 jedoch begann eine Gruppe sogenannter Jungtschechen zunächst im böhmischen Landtag die Spielräume aktiver tschechischer Nationalpolitik auszuloten. Den Durchbruch brachte fünf Jahre später die Rückkehr der tschechischen Abgeordneten aus Böhmen in den Reichsrat. Erstmals kam hier eine slawisch-konservative Mehrheit zustande, die gleichsam auf einen nachgeholten, stillen Ausgleich in kleinen Schritten zielte. Diese Politik wurde 1882 mit der nationalen Teilung der Prager Universität belohnt. Deren tschechischer Teil wurde binnen kurzem zum intellektuellen Zentrum der tschechischen Gesellschaft, das auch auf die übrigen Slawen der Monarchie ausstrahlte. Unter dem Ministerpräsidenten Eduard Taaffe erreichte Österreich so für mehr als ein Jahrzehnt ein hohes Maß an innenpolitischer Stabilität. Jungtschechen

Auf ungarischer Seite gelang es dem langjährigen Ministerpräsidenten Kálmán Tisza, den Widerstand der nationalen Linken gegen den Ausgleich von 1867 zu überwinden und die nationalen Energien in den inneren Ausbau des neu gewonnenen Nationalstaates zu lenken. Eine parallele Entwicklung war in Kroatien zuvor bereits von dem Banus Ivan Mažuranić eingeleitet worden. Diese Konstellation ließ die 1880er Jahre zum stabilsten Jahrzehnt der Habsburgermonarchie, zur „Ruheperiode" des dualistischen Zeitalters werden [TÓTH 2.g: 553]. Auch der Zusammenbruch der Deutschliberalen und die Formierung einer deutschnationalen Bewegung, die sich mit dem Linzer Programm von 1882 auf die Vision eines eng an das Deutsche Reich angelehnten und deutsch dominierten österreichischen Kernstaates zurückzog, konnte diese Stabilität vorerst nicht Deutschnationale gefährden. Wie tragfähig die konstitutionelle Ordnung von 1867 war, zeigte sich vielmehr gerade daran, dass sie den Kollaps derjenigen Parteiung unbeschadet überstand, die zwölf Jahre zuvor ihr wichtigster Geburtshelfer gewesen war. Erst in den Krisen der 1890er Jahren wurde deutlich, wie sehr die verschiedenen deutschnationalen Gruppierungen ihrerseits zur Verhärtung der nationalen Fronten beitrugen und das politische Fundament der Ausgleichsordnung von 1867 untergruben.

Die Freiräume einer liberalen Rechtsordnung wurden auch von den Nationalbewegungen der nichtdominanten „kleinen Völker" [HROCH 7.a] genutzt. Enttäuscht von der österreichischen Verfassungspolitik gewann in Galizien zunächst die russophile Kulturbewegung die Oberhand gegenüber den noch schwach organisierten Populisten (*narodovcy*) und verlegte sich auf die umfassende nationale Organisation der ruthenischen Bevölkerung. Gestützt auf ein emanzipatorisches Bildungsprogramm übernahm seit 1890 eine sozial engagierte, erklärtermaßen ukrainische, jungruthenische Richtung die Führung der ukrainischen Nationalbewegung. Auch in Ungarn verlegten sich die Nationalbewegungen von Slowaken, Rumänen und Serben mit dem Rückzug in politische Passivität auf umfassende, nationalkirchlich gestützte Bildungsbestrebungen. Diese wurden im slowakischen Fall allerdings massiv erschwert, als 1874 die Matica Slovenská und die slowakischen Gymnasien geschlossen wurden. Während die Verfassungsordnung der Habsburgermonarchie derartigen Emanzipationsbewegungen ansonsten breiten Raum bot, blieben die unter deutlich repressiveren Bedingungen agierende litauische und weißrussische Bewegung im westlichen Zarenreich bis zur Jahrhundertwende auf die literarischen Aktivitäten kleiner intellektueller Zirkel beschränkt.

Gemessen an dem Konfliktpotential, die der Durchbruch des nationalen Liberalismus in den Revolutionen von 1848 im östlichen Mitteleuropa aufgezeigt hatte, kristallisierte sich seit den 1860er Jahren eine politische Ordnung heraus, die bis in die 1890er Jahre ein erstaunliches Maß an Stabilität aufwies und den Rahmen für umfassende institutionelle Modernisierungen bot. Erst in den folgenden Jahrzehnten sollten neue politische Strömungen diese Ordnung untergraben.

c) Aufbrüche in die Industriegesellschaft

Urbanisierung In der zweiten Hälfte des 19. Jahrhunderts wurden die ostmitteleuropäischen Hauptstädte zu Zentren dynamischer wirtschaftlicher und sozialer Veränderungen. Warschau, Prag und Budapest, die bereits am Ende der 1860er Jahre jeweils gut eine Viertelmillion Einwohner gezählt hatten, waren an der Jahrhundertwende zu urbanen Metropolen herangewachsen. Budapest, am Vorabend des Ersten Weltkriegs hinter Wien die zweite Millionenstadt Ostmitteleuropas, war Sinnbild einer jungen, modernen und dynamischen Großstadt. Warschau mit seinen nahezu 800.000 und der Großraum Prag mit mehr als 600.000 Einwohnern standen dahinter kaum zurück. Mit mehr als 100.000 Einwohnern im Jahr 1910 waren auch Wilna, Lodz, Posen und Danzig, Lemberg, Krakau, Brünn, Szeged, Triest und Zagreb zu Großstädten aufgerückt. Am Vorabend des Ersten Weltkriegs lebten in den böhmischen Ländern etwa die Hälfte, im Königreich Polen etwa ein Drittel, in Ungarn und Kroatien ein Viertel und in Galizien etwa ein Fünftel der Bevölkerung in größeren oder kleineren Städten.

Das rasche Wachstum der Städte war der sichtbare Ausdruck eines industriellen Aufschwungs, der seit dem zweiten Drittel des 19. Jahrhunderts mit Macht auch das östliche Mitteleuropa erfasste und insbesondere in den polnischen Teilungsgebieten und in Ungarn alle Züge einer nachholenden Entwicklung trug. Denn während in den böhmischen Ländern ähnlich wie in Österreich bereits seit der Mitte des 18. Jahrhunderts ein gewerblicher Aufschwung mit protoindustriellen Zügen eingesetzt hatte, der seit etwa 1820 in eine kontinuierliche, von zyklischen Konjunkturbewegungen nicht mehr gefährdete Industrialisierung mündete, drohten die polnischen Teilungsgebiete und Ungarn mit ihrer am Getreideexport orientierten Wirtschaftsstruktur und ihren alten Bergbaugebieten zunächst auf die Rolle als Rohstofflieferanten des dynamischeren Westeuropas festgelegt zu werden.

Industrialisierung

Einen raschen Aufschwung nahm schon in der ersten Hälfte des 19. Jahrhunderts die Textilindustrie in den böhmischen Ländern und im Königreich Polen. Die alte mährische Hauptstadt Brünn und das junge, rasant wachsende Lodz erwarben sich den Ruf eines österreichischen bzw. polnischen Manchester. Während Böhmen innerhalb Ostmitteleuropas schon aufgrund seiner gewachsenen gewerblichen Strukturen, seiner städtischen Traditionen und seiner hochmodernen Gutswirtschaft einen frühen Entwicklungsvorsprung aufwies, beruhten die Anfänge der Industrialisierung im Königreich Polen auf den rechtlichen Reformen des Herzogtums Warschau und auf einer aktiven Zoll- und Gewerbepolitik. Dagegen konnte Ungarn zunächst nur von dem rasch wachsenden Lebensmittelbedarf der westeuropäischen Industriezentren profitieren, der den Getreideexport erheblich ansteigen ließ.

Mit den Reformen des Neoabsolutismus wurden in der Mitte des 19. Jahrhunderts in der gesamten Habsburgermonarchie die Rahmenbedingungen industriellen Wirtschaftens erheblich verbessert. Grundentlastung und Gewerbefreiheit, ein einheitliches Handelsrecht und die Abschaffung der Binnenzollgrenzen machten die Monarchie zu einem einheitlichen Wirtschaftsraum, der mit seinem Bildungswesen und seinen gut ausgebauten Verkehrswegen über eine Infrastruktur verfügte, die auch in den östlichen Ländern annähernd westeuropäischen Maßstäben genügte. Wie im übrigen Europa gab der staatlich forcierte Ausbau eines flächendeckenden Eisenbahnnetzes auch in Ostmitteleuropa erhebliche Impulse für die Entwicklung der Schwerindustrie wie des Finanzwesens. Zwar versetzte der Wiener Börsenkrach von 1873 dem zeitweilig geradezu hektisch anmutenden Aufschwung in der gesamten Monarchie einen Dämpfer und erschütterte das Vertrauen in eine liberale Wirtschaftspolitik, konnte die industrielle Entwicklung aber nicht dauerhaft beeinträchtigen.

Mit der Eisenbahn wurden zielstrebig die Vorteile großer, einheitlicher Wirtschaftsräume genutzt, die mit der Aufhebung verbliebener Binnenzollgrenzen um 1850 entstanden waren. So zog das Königreich Polen erheblichen Nutzen aus dem freien Zugang zum russischen Binnenmarkt. Neben der Textilindustrie entstand hier eines der Zentren von Montanindustrie und Maschinenbau des Zarenreiches, was Rosa Luxemburg 1898 zu der Prognose verleitete, Polen werde vollständig im russischen Markt aufgehen. Innerhalb der Habsburgermonarchie wurden das nordböhmische Braunkohlerevier sowie die nordmährische Region um Ostrau zu dynamischen Zentren der Montanindustrie. In den Gegenden um Pilsen und um Budapest entstand jeweils ein moderner Maschinenbau. Auch in der breit gefächerten Textil- und Konsumgüterindustrie blieben die böhmischen Länder innerhalb der Monarchie führend. Im böhmischen Becken und in Ungarn, in Posen und Westpreußen bildeten sich hochentwickelte Lebensmittelindustrien heraus, die im Anbau von Zuckerrüben und Getreide und in der Fleischproduktion die jeweiligen Vorteile eines großen Binnenmarktes nutzten und an die etablierten Strukturen gutswirtschaftlichen Großgrundbesitzes anknüpfen konnten. Während Ungarn durch den raschen, zu erheblichen Teilen von österreichischen Investitionen getragenen Ausbau seines Mühlenwesens seit den späten 1870er Jahren der Übergang in die industrielle Lebensmittelverarbeitung gelang, verharrten andere traditionelle Agrargebiete wie Galizien, die Marmarosch und Teile Siebenbürgens weiter im Schatten der Entwicklung. Erst um die Jahrhundertwende erreichte der gewerbliche Aufschwung von den Zentren her schließlich auch diese Regionen.

Dennoch blieb der wirtschaftliche Aufschwung in weiten Bereichen Ostmitteleuropas deutlich hinter der demographischen Entwicklung zurück. Nachdem die großen Choleraepidemien der Jahrhundertmitte abgeklungen waren, wuchs die Bevölkerung mit konstanter Geschwindigkeit. Nur in wenigen Regionen konnte die Produktivität der bäuerlichen Landwirtschaft mit dem Bevölkerungswachstum Schritt halten. Aber auch die modernen, mechanisierten Gutsbetriebe in Böhmen oder Westungarn boten nur einem Teil der rasch wachsenden landlosen und kleinbäuerlichen Bevölkerung ein Auskommen. Die Folge war eine massenhafte Binnenmigration in die industriellen Ballungsräume. Allein Wien zählte um 1910 eine halbe Million Einwohner, die aus den böhmischen Ländern gebürtig waren. Innerhalb Ungarns wanderten während der Ausgleichsepoche knapp anderthalb Millionen Menschen vom Dorf in die Stadt, vor allem nach Budapest. Von ähnlichen Ausmaßen war die Auswanderung nach Übersee, die in den Jahrzehnten zwischen 1870 und dem Ersten Weltkrieg ihren Höhepunkt erreichte. Es spiegelt die wirtschaftlichen Verhältnisse der Herkunftsregionen wider, dass aus den polnischen Teilungsgebieten in diesem Zeitraum etwa 1,1 Mio. Menschen und aus Ungarn und Kroatien sogar nahezu zwei Millionen ihr Glück in Amerika suchten, während die stärker industrialisierten böhmischen Länder nur etwa 300.000 Überseeauswanderer verzeichneten. Hinzu kam die Auswanderung von etwa 400.000 Polen und 150.000 Tschechen und Deutschen aus den böhmischen Ländern in die deutschen Industriegebiete, insbesondere das Ruhrgebiet.

Demographische Entwicklung

Ländliche Überbevölkerung blieb dennoch trotz massenhafter Wanderungsbewegungen bis in die kommunistische Epoche hinein ein wesentliches Merkmal der ostmitteleuropäischen Gesellschaften. Neben einer stabilen mittleren Bauernschaft, die zum Träger genossenschaftlicher Organisationen und bäuerlicher Politik wurde, entstand im Verlauf des 19. Jahrhunderts eine breite Schicht von Kleinbauern und Landarbeitern am Rande des Existenzminimums und ohne wirtschaftliche Perspektiven. Insbesondere in Ungarn mit seinen riesigen Latifundien verschlechterte sich die Lage des ländlichen Proletariats seit den 1890er Jahren dramatisch. So erfolgreich die grundbesitzenden Eliten Ostmitteleuropas wirtschafteten, so wenig konnten sie die ländliche Armut durch umfassende Bodenreformen auch nur teilweise lindern. *Bauern*

Umso dynamischer entwickelte sich die städtische Bevölkerung. Vornehmlich aus Zuwanderern vom Land entstand in den größeren Städten eine rasch wachsende Industriearbeiterschaft. Um die Jahrhundertwende wurden im Königreich Polen statistisch bereits über 300.000, in Posen und Westpreußen etwa 200.000, in den böhmischen Ländern etwa eine Million und in Ungarn weitere 300.000 Fabrikarbeiter erfasst. Diese Zahlen zeigen jedoch nur einen schmalen Ausschnitt der städtischen Unterschichten. Denn der proletarische Lebensalltag vereinte die Arbeiter großer Industriebetriebe ebenso wie die kleiner Werkstätten und Handelshäuser, aber auch die Masse der Dienstboten und Fuhrleute. Wie im westlichen Europa war er von erbärmlichen Wohnverhältnissen, einem Lohnniveau am Rande des Existenzminimums, von harter Arbeit an der Werkbank und im Laden sowie von Kneipen und Vereinen geprägt. In diesem Milieu wurden religiöse und konfessionelle, sprachliche und nationale Unterschiede zwischen Polen, Deutschen und Juden, Litauern, Weißrussen und Ukrainern, Tschechen und Deutschen, Magyaren, Slowaken und Rumänen nicht so sehr verwischt als überformt. Nationale und soziale Frage gingen um die Jahrhundertwende in weiten Teilen Ostmitteleuropas nahtlos ineinander über. Vor allem in der Habsburgermonarchie veränderte sich mit der Urbanisierung auch die sprachliche Gestalt. Erst jetzt wurden Prag und Brünn in ihrer Mehrheit tschechische, Budapest und Pressburg magyarische Städte. *Arbeiterschaft*

Ähnlich dynamisch entwickelten sich die städtischen Mittelschichten. Hier entfaltete der Nationalismus seine volle Wirkung als Integrationsideologie. Eine der Voraussetzungen lag in der Schwäche eines historisch gewachsenen, politisch mäßigenden städtischen Patriziats. Rechtliche Verfassung und politische Struktur der ostmitteleuropäischen Adelsgesellschaften hatten die städtischen Bürgerschaften bis in das frühe 19. Jahrhundert hinein an den Rand des nationalen Selbstverständnisses gestellt. Warschau wie Pest waren zudem ausgesprochen junge Metropolen, die sich erst im späten 18. Jahrhundert zu wirtschaftlichen und politischen Zentren entwickelt hatten. Prag, die älteste Hauptstadt der Region, wurde bis in das frühe 19. Jahrhundert hinein ebenso sehr von den adeligen Stadtpalais wie von Bürgerhäusern geprägt. Dies gilt in noch stärkerem Maße für Krakau, das sich unter österreichischer Herrschaft zum Sammelpunkt eines nationalkulturell aktiven Adels entwickelte, in seiner *Mittelschichten*

Stadtentwicklung hingegen durch die Funktion als Festungsstadt erheblich behindert wurde. Nur in wenigen Städten wie der alten Handelsmetropole Danzig oder auch im siebenbürgischen Hermannstadt war die alteingesessene Stadtbürgerschaft stark genug, sich im 19. Jahrhundert als kulturelles Zentrum rasch wachsender städtischer Mittelschichten zu behaupten. In der Mehrzahl der Städte hingegen ermöglichte die Idee nationaler Erneuerung den höchst heterogenen Schichten von Literaten und Bildungsbürgern, Unternehmern und Freiberuflern, Handwerkern, Beamten und Angestellten am städtischen Patriziat vorbei einen kulturellen Brückenschlag zum Adel. Die Verbindung eines emanzipatorischen Freiheitsideals und zukunftsorientierter Modernität rückte die städtischen Mittelschichten Ostmitteleuropas in den Mittelpunkt des jeweiligen nationalen Selbstbildes.

In den preußischen und russischen Teilungsgebieten Polens gab es allerdings kaum Berührungspunkte zwischen der aus der Szlachta erwachsenen Intelligenzia und den überwiegend deutschen und jüdischen Kaufleuten und Industriellen, die den Kern der Unternehmerschaft stellten und denen die Auflehnung gegen die Staatsmacht schon aus wirtschaftlichem Eigeninteresse fern lag. Aber auch den polnischen Kleinunternehmern, Handwerkern und Angestellten bot erst das Konzept der „Organischen Arbeit" eine Möglichkeit, sich einem von der Intelligenzia geprägten nationalen Leitbild zuzuwenden, das nicht mehr geradlinig auf die konspirative Vorbereitung von Aufständen zulief. In den preußischen Teilungsgebieten erwies sich gerade die ethnische Verengung dieses Konzeptes als Vorteil, weil sie klare Abgrenzungen gegenüber dem deutschen Widerpart förderte. Im Königreich Polen hingegen begünstigte die Ethnisierung der polnischen Nationsidee die anhaltende Fragmentierung bürgerlicher Schichten in polnische, deutsche und jüdische Milieus. Während sich der emanzipatorische Impetus hier wie dort gegen die jeweilige Staatsmacht richtete, wahrte das polnische Bürgertum in Galizien Distanz zum grundbesitzenden Adel, der seinen wirtschaftlichen und politischen Vorrang durch das konstitutionelle Arrangement mit dem habsburgischen Staat abzusichern versuchte.

In Ungarn bildeten Freiberufler und Intellektuelle, Unternehmer und Angestellte eine ausgesprochen heterogene städtische Mittelschicht, die sich politisch und kulturell am Adel orientierte. Spürbar größer als in den polnischen Gebieten war hier der Anteil an Juden, insbesondere in den freien akademischen Berufen, auch Deutsche und Slowaken waren prominent vertreten. Der wichtigste Unterschied aber lag in dem assimilatorischen Sog, der von den städtischen Mittelschichten ausging. Hatte die Volkszählung von 1880 noch einen magyarischen Bevölkerungsanteil von knapp 47% erbracht, so bekannten sich dreißig Jahre später bereits mehr als 54% der Bevölkerung Ungarns zur ungarischen Muttersprache. Anders als in Polen konnte der Nationalismus in Ungarn auch dann noch seine Offenheit für Personen unterschiedlicher ethnischer und religiöser Herkunft beibehalten, als er das Bekenntnis zur ungarischen Sprache zum zentralen Kennzeichen nationaler Zugehörigkeit erhob. Hier richtete sich die Erneuerung der Nation auf den Ausbau des eigenen Staates, womit integrative

Strömungen ein deutliches Übergewicht gegenüber ethnischer Ausgrenzung gewannen. Vor allem aber stand dem ungarischen Staat ein ausgebautes Schulwesen bis auf Universitätsebene zur Verfügung, über das soziale Aufsteiger in die ungarische Nation hineinsozialisiert wurden. Weder das in Auflösung befindliche deutsche Stadtbürgertum in Transdanubien oder der Zips noch das junge, auf die oberungarischen Kleinstädte beschränkte slowakische Bürgertum hatte diesem assimilatorischen Sog viel entgegenzusetzen. Eigene nationale Mittelschichten konnten hingegen Rumänen und Serben ausbilden, die sich jeweils auf orthodoxe Nationalkirchen mit ihren geistlichen Eliten und ihren Schulsystemen stützen konnten.

Deutlich anders verlief die Entwicklung in den böhmischen Ländern. Hier dominierten nicht heterogene Mittelschichten mit fließenden Übergängen zum Adel das Bild, sondern die Polarisierung in ein deutsches und ein tschechisches Bürgertum. Aus der Konkurrenz gegenüber der deutschen Gesellschaft hatte sich in der ersten Hälfte des 19. Jahrhunderts ein tschechisches Bürgertum aus Unternehmern und Freiberuflern, Handwerkern und Beamten herausgebildet, das den Kern einer ausdifferenzierten Nationalgesellschaft darstellte und dessen politisches Selbstbild von nationaltschechischen Intellektuellen geprägt war. Zwar ging die Zugehörigkeit zum Bürgertum auch in den böhmischen Ländern mit der Sozialisation in nationale Vorstellungen einher. Diese wurde in der Konkurrenz der tschechischen und deutschen Mittelschichten jedoch weit stärker als in Ungarn von der Muttersprache vorgegeben und vollzog sich mehr als emanzipatorischer denn als assimilatorischer Prozess.

Zentrale Orte der Sozialisation nationaler Mittelschichten waren zunächst die höheren Bildungseinrichtungen. Neben die traditionsreichen Universitäten, ergänzt um Neugründungen in Klausenburg und Czernowitz, Fachakademien und Gymnasien trat ein Netz von Einrichtungen höherer und mittlerer fachlicher Bildung. Angesichts der vielfältigen Herkunft ihrer Dozenten, vor allem aber der Studentenschaft wurden die Bildungsanstalten Ostmitteleuropas gleichermaßen zu multiethnischen Milieus wie zu Orten nationaler Emanzipation.

Eine besondere Rolle spielten die Vereine. Sie ermöglichten nationale Orga- *Vereinswesen* nisationsformen unabhängig von der jeweiligen Regierung und strukturierten gesellschaftliche Emanzipationsbestrebungen, sei es im Bildungsbereich, als berufsständische Organisationen oder in den ebenfalls national gefärbten Frauenbewegungen. Auch dem ukrainischen, slowakischen, rumänischen oder deutschen Bürgertum gaben die Vereine ein organisatorisches Gerüst und stabilisierten damit zugleich nationale Polarisierungen und ethnische Fragmentierungen.

Nationale Vorstellungen überformten schließlich auch das religiöse Leben. *Religion* Nördlich der Karpaten wurde die katholische Kirche zum Rückgrat einer alle Teilungsgebiete umfassenden Idee der polnischen Nation. Auch in den böhmischen und ungarischen Ländern wurden kirchliche Feste und Heiligenkulte in der zweiten Hälfte des 19. Jahrhunderts zu nationalen Manifestationen und boten ihrerseits Vorlagen, an denen sich nationale Feiern und Rituale orientierten.

Auf tschechischer Seite spielten die Verehrung von Jan Hus und der Wenzelskult weit über konfessionelle Grenzen hinweg eine zentrale Rolle in der nationalen Selbstvergewisserung. In Ungarn wetteiferten Katholiken und Protestanten um unterschiedliche Ausdeutungen nationaler Traditionen. Mit ihren etablierten Autonomierechten boten die griechisch-katholischen, die orthodoxen und die protestantischen Kirchen im Osten der Habsburgermonarchie stabile Organisationsformen sprachlicher und nationaler Vielfalt, welche die Gesellschaften Galiziens, der Bukowina, Ungarns und Kroatiens weit über die religiösen Aspekte hinaus prägten.

Emanzipation der Juden

Der Wandel städtischer Mittel- und Unterschichten veränderte auch die jüdische Gesellschaft. Den äußeren Rahmen gab die rechtliche Emanzipation vor, die sich in den verschiedenen Regionen Ostmitteleuropas über Jahrzehnte hinzog. Begonnen hatte der allmähliche Abbau jüdischer Sondergesetze in der Habsburgermonarchie mit den Toleranzpatenten Josephs II., welche die Rechtsstellung der Juden in den einzelnen Kronländern wesentlich verbesserten. Tiefsitzende Vorbehalte gegenüber der ostjüdischen Kultur und die Angst städtischer Mittelschichten vor wirtschaftlicher Konkurrenz behinderten jedoch lange eine umfassende Gleichstellung entlang liberaler Rechtsgrundsätze. Im Herzogtum Warschau blieben Juden von der zivilrechtlichen Gleichheit des *Code Napoléon* zunächst ausdrücklich ausgespart. Auch das preußische Emanzipationsedikt von 1812 wurde erst ab 1833, und auch dann zunächst sehr zögerlich und selektiv, auf die Juden im Großherzogtum Posen angewandt. Einen ersten Durchbruch zur staatsbürgerlichen Gleichstellung brachte hier wie in den habsburgischen Ländern die Revolution von 1848. Im Zuge der liberalen Ausgleichsordnung von 1867 wurde die Emanzipation der Juden in Österreich und nunmehr auch in Ungarn zu einem Abschluss gebracht. Die volle Gleichberechtigung als Religionsgemeinschaft erfolgte sogar erst in den 1890er Jahren. Im Königreich Polen eröffnete die rechtliche Gleichstellung, die Alexander Wielopolski im Januar 1862 verfügte, die Aussicht auf eine weitreichende Integration der Juden in die polnische Nation. Dagegen konnte sich die zarische Regierung bis zu ihrem Ende nicht dazu verstehen, auch die vielfältigen Siedlungsbeschränkungen für die Juden im 1804 gebildeten Ansiedlungsrayon aufzuheben.

Außerhalb des 1791 eingerichteten Ansiedlungsrayons öffnete die rechtliche Emanzipation somit auch den Juden Ostmitteleuropas den Weg in die entstehenden Nationalgesellschaften. Die jüdische Geschichte der Region geht jedoch mitnichten in einer Geschichte von Assimilation auf. Wie die Nationalbewegungen sahen sich auch die Juden vor die Frage gestellt, wie sich kulturelle Eigenheiten bewahren und dabei Wege in eine freiheitliche Moderne finden ließen. Für die Juden stellte sie sich jedoch mit besonderer Schärfe und provozierte vielfältige Antworten. Die Möglichkeiten der Assimilation wurden am häufigsten von Juden in bürgerlichen Berufen mit einem städtischen Bildungshintergrund aus der Tradition der jüdischen Aufklärung, der Haskalah, ergriffen. Neben der Assimilation in die deutsche, ungarische oder polnische Kultur entstand in den böhmischen Ländern nunmehr auch eine tschechische Judenheit. Jüdische Identität wurde aus dieser Warte zu einer Frage der Religionszugehörigkeit, die unter dem Dach der Nation gleichrangig neben den christlichen Konfessionen bestehen sollte. Aus dem josephinischen Kolonisationsprojekt in der Bukowina entstand schließlich eine besondere Form jüdischer Assimilation, die auf eine gleichberechtigte Akzeptanz als eigenständige jüdische Nationalität zulief, wie sie im Ausgleichsprojekt von 1910 entworfen wurde.

Die Perspektiven jüdischer Assimilation im östlichen Europa sind vor dem Hintergrund einer spezifisch ostjüdischen, chassidisch geprägten Kultur zu sehen. Der harte Konflikt zwischen der mystischen Erweckungsbewegung der Chassidim und einer an rabbinischer Autorität orientierten, traditionsbewussten Judenheit ließ wenig Raum für den Versuch, jüdische Identität im Geiste der Aufklärung neu zu formulieren. Wirtschaftliche Stagnation und die rechtlichen Beschränkungen im Ansiedlungsrayon konservierten zudem in den Westgebieten des Zarenreiches und in Galizien die Lebensformen des Shtetl und setzten die dortigen Juden einer massiven Proletarisierung aus. Die Vielfalt jüdischer Vereine bot hier einen flexiblen Rahmen für den Erhalt ostjüdischer Kultur in einem eigenständigen Milieu, jenseits der entstehenden Nationalgesellschaften. Neben den Zentren liberalen Judentums in Wien und Budapest, Riga und Lodz behaupteten sich Wilna, das „polnische Jerusalem", sowie Krakau und Pressburg mit ihren alten jüdischen Gemeinden als Horte rabbinischer Orthodoxie. In Ungarn sahen sich traditionsbewusste Rabbiner im Westen mit einer hohen Assimilationsbereitschaft und im Nordosten mit chassidischen Traditionen konfrontiert. Als ein landesweiter Kongress 1868 die jüdischen Gemeinden Ungarns in einer übergreifenden Organisation als Ansprechpartner des liberalen Staates zusammenzufassen suchte, kam es zur offenen Spaltung. Erstmals entstand so eine institutionell gesonderte jüdische Orthodoxie. Seit den 1880er Jahren entstanden zudem überall in Ostmitteleuropa erste zionistische Organisationen, die säkularisierte Entwürfe jüdischer Identität in nationalen und sozialistischen Spielarten propagierten.

Ostjüdische Kultur

Diese Formen eigenständiger jüdischer Kultur forderten das Selbstverständnis liberaler, assimilierter Juden beständig heraus. Hinzu kam ein ausgeprägter Antisemitismus, der nicht nur unter den Verlierern der Industrialisierung in den städtischen Unterschichten virulent wurde. Der vorübergehende Zusammenbruch öffentlicher Ordnung im Gefolge von Arbeiterstreiks und wiederholte Ritualmordvorwürfe führten seit den 1880er Jahren sowohl im Zarenreich als auch in der Habsburgermonarchie zu antisemitischen Pogromen. Zwar blieb die erklärtermaßen antisemitische Partei, die 1882 in Ungarn entstand, eine kurzlebige Erscheinung. Der politische Antisemitismus wurde jedoch zum Grundzug des politischen Katholizismus in der Habsburgermonarchie ebenso wie der polnischen Nationaldemokratie. In diesem neuen Antisemitismus zeigte sich die Kehrseite zukunftsgerichteter Nationalismen, deren emanzipatorische Verheißungen vorerst nur für Teile der Bevölkerung wirtschaftlich hatten eingelöst werden können.

Antisemitismus

Wien um 1900

In den ostmitteleuropäischen Metropolen, allen voran in Wien, verdichtete sich um die Jahrhundertwende das kulturelle Gespür für die Brüchigkeit der heraufziehenden Moderne. Der geschichtsbeladenen Selbstgewissheit des Historismus, die nicht nur in der Wiener Ringstraßenarchitektur steinernen Ausdruck gefunden hatte, setzte die Sezession um Gustav Klimt und Oskar Kokoschka, Otto Wagner und Adolf Loos eine Vision der Moderne entgegen, deren Ästhetik von der radikalen Absage an die Vergangenheit lebte. Arthur Schnitzler und Siegmund Freud ergänzten die Suche nach einer neuen Balance von Schönheit und Technik um den Verweis auf die Verlogenheit und die Verdrängungen einer Gesellschaft, die seit der Aufklärung selbstgewiss dem Leitbild menschlicher Vervollkommnung durch Bildung und Disziplin gehuldigt hatte. Diese längst selbst zum Mythos geronnene Kultur Wiens „um 1900" wurde in Kunst und Architektur schnell in die nationalen Ausdrucksformen urbaner Kultur der anderen Metropolen Ostmitteleuropas übernommen. Hier war die auf Vernunft gegründete Ordnung des Liberalismus offenkundig früher und radikaler als andernorts in Europa in die Krise geraten.

d) Die Krise der alten Ordnung

Fundamentalpolitisierung

Seit der Mitte der 1890er Jahre geriet die politische Ordnung Ostmitteleuropas in die Krise. Die Ursache lag in der einsetzenden Fundamentalpolitisierung. Sie äußerte sich zunächst in dem Aufkommen von Massenparteien, die unterschiedliche soziale Interessen mobilisierten und sich dabei fast durchweg auf die Nation beriefen. In den polnischen Teilungsgebieten traten Nationaldemokraten und Sozialisten in eine anhaltende Konkurrenz, ergänzt um die aufkommenden Bauernparteien. In den böhmischen und österreichischen Ländern gewann der deutsch-slawische Konflikt neuen Schwung, zugleich wurde das etablierte Gefüge verschiedener nationalliberaler Parteien durch die Sozialdemokratie und den politischen Katholizismus herausgefordert. Allein in Ungarn, wo das Wahlrecht und die staatsrechtliche Polarisierung das Aufkommen von Massenparteien erschwerte, vermochte sich der nationale Liberalismus, der die Ausgleichsordnung von 1867 trug, auch über schwere Krisen hinweg zu behaupten.

Die Massenparteien zementierten die nationalen Milieus in den Städten. Die Ausweitung von Partizipationsrechten, mit der die Habsburgermonarchie und im Gefolge der Revolution von 1905 auch das Zarenreich der Krise zu begegnen suchten, konnte in dieser Hinsicht kaum die erhoffte Entlastung bringen, war es doch gerade die fortschreitende Fundamentalpolitisierung, welche die staatliche Ordnung in Frage stellte. Dabei waren die Imperien Ostmitteleuropas durchaus dazu in der Lage, angemessene reformerische Lösungen im Bereich der Sozialpolitik wie des Nationalitätenrechts zu entwickeln. Die Erosion ihrer Trägerschichten führte die politische Ordnung des *Ancien Régime* in Ostmitteleuropa dennoch schon vor dem Ersten Weltkrieg an den Rand des Untergangs.

Ein Ausgangspunkt der Krise lag darin, dass diejenigen Parteien und Gruppierungen, die sich der in den 1860er entstandenen Ordnung zunächst verweigert hatten, nun in die politische Arena zurückkehrten. Am markantesten lässt sich diese Entwicklung in den verschiedenen Teilungsgebieten Polens beobachten. Schon seit der Mitte der 1880er Jahre artikulierten die Zeitschrift *Głos* (Die Stimme) und der polnische Jugendverband *Zet* ein deutliches Unbehagen mit der Politik der „Organischen Arbeit", dem die Feiern zur Hundertjahrfeier der Maiverfassung im Frühjahr 1891 massenhaften Ausdruck verliehen. Hieraus entstand 1896 der Zusammenschluss unterschiedlicher Vereine und Publikationsorgane zur Nationaldemokratie (*Narodowa Demokracja*). Damit war eine massenwirksame, alle Teilungsgebiete übergreifende polnische Nationalpartei entstanden, welche die Arbeit an der nationalen Erneuerung der polnischen Gesellschaft mit dem klaren Bekenntnis zur Wiedererrichtung eines polnischen Staates, aber auch mit einem aggressiven Antisemitismus verband und innerhalb weniger Jahre zu einer dominierenden politischen Kraft vor allem im Königreich Polen wurde. Polnische Nationaldemokratie

Auf tschechischer Seite kam es unter den konstitutionellen Bedingungen der Habsburgermonarchie zu einer ähnlichen Entwicklung. Der erdrutschartige Wahlsieg der Jungtschechen, die bislang in fundamentaler Opposition zur staatsrechtlichen Ordnung von 1867 verharrten, sprengte im März 1891 die Politik kleiner Kompromisse, die in den 1880er Jahren stabile Mehrheiten hervorgebracht hatte. Als radikaler Ableger der Jungtschechen entstanden nach der Einführung einer allgemeinen Wählerkurie die Nationalen Sozialisten (*Národné socialisty*), die mit kruden nationalen Parolen den Sozialdemokraten den Boden zu entziehen suchten. Der aufgeheizte deutsch-tschechische Konflikt überlagerte fortan jeglichen Ansatz einer parlamentarischen Mehrheit und destabilisierte so die politische Ordnung Cisleithaniens. Auch auf deutscher Seite war die Bereitschaft zum Kompromiss deutlich geschwunden. Hatten die Deutschböhmen noch bis weit in die 1880er Jahre hinein den Kern des nunmehr oppositionellen deutschen Liberalismus gestellt, so wandten sie sich seit der Mitte der 1890er Jahre vorrangig der Verteidigung nationaler Positionen zu. Vor diesem Hintergrund fand auch die Demagogie der deutschnationalen Bewegung Georg von Schönerers, die ihre liberalen Wurzeln längst hinter sich gelassen hatte, in den böhmischen Ländern allmählich ein Echo. Tschechische Parteien

Auch bei den ungarischen Liberalen gewann die Kritik am Ausgleichswerk von 1867 wieder zusehends an Gewicht. Nur mühsam ließen sich in der triumphalen Inszenierung der pompösen Millenniumsfeiern von 1896 die Spannungen zwischen Befürwortern und Gegnern des Dualismus überdecken. Allerdings schützten vielfältige Manipulationsmöglichkeiten des Zensuswahlrechts die regierende Liberale Partei bis 1905 vor dem Verlust ihrer Mehrheit an die oppositionelle Achtundvierziger- und Unabhängigkeitspartei (*48-os és Függetlenségi Párt*). Langfristig ebenso bedeutsam war die Rückkehr der slowakischen, rumänischen und serbischen Nationalparteien zu einer aktiven Politik, die sich bereits mit dem rumänischen Memorandum von 1892 ankündigte und in dem bewusst gegen die Ungarische Parteien

Millenniumsfeiern inszenierten Nationalitätenkongress von 1896 offenkundig wurde. Als selbst die kompromissbereite siebenbürgisch-sächsische Politik von den sogenannten Grünen herausgefordert wurde, begann sich auch eine ungarndeutsche Nationalbewegung zu formieren.

Die nationalen Konflikte beherrschten jedoch nicht allein die politische Szene. Daneben traten neue Parteien, die nach Antworten auf die soziale Frage suchten. In der Habsburgermonarchie waren dies zunächst die tschechischen, deutschen und ungarischen christsozialen Parteien, die sich auf der Basis der katholischen Soziallehre als Gegenbewegungen zum Liberalismus verstanden. In Cisleithanien gaben die deutschen Christsozialen mit ihrer antisemitischen Rhetorik vor allem den Industrialisierungsverlierern im Kleinbürgertum eine radikale politische Stimme. Im nördlichen Ungarn wurde der slowakische Ableger der ungarischen Volkspartei (*Néppárt/Ľudová strana*) unter der Führung des charismatischen Priesters Andrej Hlinka zur ersten politischen Massenbewegung.

Bauernparteien

Daneben entstanden seit den 1890er Jahren unterschiedliche Bauernparteien, welche die Vielfalt von agrarischen Verbänden und genossenschaftlichen Vereinigungen politisch bündelten und dadurch zu Fürsprechern umfassender Bodenreformen wurden. Am deutlichsten lässt sich diese Entwicklung an der 1899 gegründeten Tschechischen Agrarpartei (*Česká strana agrární*) ablesen, die aus der Loslösung agrarischer Interessenverbände von den Jungtschechen entstanden war und sich mit der Ausweitung des Wahlrechts seit der Jahrhundertwende zusehends als Anwältin des gesamten tschechischen Landvolkes verstand. In der Deutschen Agrarpartei fand sie einen nicht minder national gesinnten Widerpart. Noch deutlicher waren die national emanzipativen Züge bei der galizischen Polnischen Volkspartei (*Polskie Stronnictwo Ludowe*) ausgeprägt. Im Königreich Polen kam es erst nach 1905 zur Bildung einer parallelen, wenngleich sozial deutlich radikaleren polnischen Bauernpartei. Eine Sonderentwicklung wies wiederum Ungarn mit seinem eigentümlichen politischen System auf, das nach wie vor vom Komitatsadel dominiert wurde. Hier blieben die Bemühungen organisierter Bauernpolitik auch nach 1905 auf die Aktivität einzelner Führungsfiguren wie András Áchim, István Nagyatádi Szabó oder des Slowaken Milan Hodža beschränkt. Die virulente agrarsozialistische Bewegung wurde gewaltsam unterdrückt. In Kroatien hingegen gelang bereits vor dem Ersten Weltkrieg mit der von den Brüdern Antun und Stjepan Radić 1904 gegründeten Kroatischen Volks- und Bauernpartei (HPSS) eine stabile Parteibildung.

Am stärksten forderte jedoch die Sozialdemokratie die politische Ordnung Ostmitteleuropas heraus. Aus dem Geist radikaler Sozialkritik wurden politische Ordnungsentwürfe formuliert, die fundamental mit den überkommenen Adelsgesellschaften brachen. Ihr kämpferisches Eintreten gegen Fremdherrschaft und für politische Rechtsgleichheit jenseits nationaler Herkunft stellte die ostmitteleuropäischen Sozialdemokraten dennoch stärker in die Tradition adelsständischen nationalen Denkens, als es den meisten ihrer Anhänger selbst bewusst war.

Wie keine andere politische Kraft befanden sie sich in der Spannung zwischen einem internationalistischen Anspruch und einem vielfach national geprägten Lebensalltag. Hieraus entstanden Entwürfe übernationaler staatlicher Integration von hoher intellektueller Strahlkraft.

Die polnischen Sozialisten sahen sich vor der Herausforderung, den Kampf für soziale und nationale Befreiung miteinander zu verbinden. Die 1892 gegründete Polnische Sozialistische Partei (PPS) bekannte sich zum bewaffneten, nationalen Freiheitskampf als Teil eines großen europäischen Krieges. Damit stellte sie sich früh in schroffen Gegensatz zu den sozialdemokratischen Bruderparteien der Teilungsmächte. Demgegenüber verstanden sich die strikt internationalistische Sozialdemokratische Partei des Königreichs Polen und Litauens (SDKPiL), der Jüdische Arbeiterbund (Bund) und auch die weißrussische *Hromada* als Teile der Russischen Sozialdemokratie. Personifiziert wurde dieser Konflikt durch Józef Piłsudski aufseiten der PPS sowie Rosa Luxemburg und Feliks Dzierżyński aufseiten der SDKPiL. Die Frage nach dem Nationalstaat als Rahmen sozialer Revolution nahm somit bereits vor dem Ersten Weltkrieg die Spaltung in Sozialisten und Kommunisten vorweg. Dagegen formulierte der Jüdische Arbeiterbund Konzepte nationalkultureller Autonomie, die jüdische Lebensformen in einer künftigen sozialistischen Ordnung bewahren sollten.

<small>Polnische Sozialisten</small>

Am weitesten wurden solche Entwürfe in der 1889 gegründeten österreichischen Sozialdemokratie entwickelt. Nationale Konflikte, so die Einsicht führender Sozialdemokraten, ließen sich in der Habsburgermonarchie, anders als in Polen, nicht für den Kampf um die soziale Befreiung instrumentalisieren, da sie gesellschaftliche Konfliktlinien überdeckten. Aus dieser Krisenerfahrung verdichteten Karl Renner und Otto Bauer bereits kursierende Vorstellungen für ein System nationaler Kurien zu einem Entwurf von eindrucksvoller intellektueller Strahlkraft, der die Nation analog zu den Konfessionen als vom jeweiligen Territorium losgelöste Personenverbände begriff und diese zu Trägern nationaler Gleichberechtigung machte. Als konsequente Vordenker der politischen Organisation freiheitlich verfasster, multinationaler Gesellschaften wurden die österreichischen Sozialdemokraten trotz ihrer revolutionären Rhetorik gleichsam zu einer staatstragenden Partei, deren führende Exponenten bis in den Ersten Weltkrieg hinein an der Habsburgermonarchie als übernationalem Staatsverband festzuhalten versuchten. Zu diesem Zeitpunkt war allerdings auch die österreichische Sozialdemokratie bereits von der Wirkmächtigkeit des nationalen Gedankens eingeholt worden, hatte sie doch 1907 die schon lange angelegte organisatorische Spaltung in eine tschechische und eine deutsche Partei hinnehmen müssen.

<small>Österreichische Sozialdemokratie</small>

Auch die ungarische Sozialdemokratie sah sich vorübergehend mit der Abspaltung eines slowakischen Flügels konfrontiert. Vor allem aber konnte sie sich trotz erheblicher Erfolge in der gewerkschaftlichen Organisation der Arbeiterschaft im Gegensatz zu den übrigen Sozialdemokratien Ostmitteleuropas nicht zu einer starken politischen Kraft entwickeln. Die intellektuelle Herausforderung der ungarischen Gesellschaft, einschließlich scharfer Kritik an

<small>Ungarische Sozialdemokratie</small>

der ungarischen Nationalitätenpolitik, ging vielmehr von der kleinen Gruppe bürgerlicher Radikaler um Oszkár Jászi aus, die sich seit der Jahrhundertwende in der Soziologischen Gesellschaft (*Társadalomtudományi Társaság*) und um die Zeitschriften *Huszadik Század* (Zwanzigstes Jahrhundert) und *Nyugat* (Der Westen) sammelten. Trotz ihrer intellektuellen Ausstrahlung blieb diese Gruppe politisch bedeutungslos. Die Fähigkeit der politischen Eliten, diese neuen Kräfte zu marginalisieren, blockierte letztlich entscheidend die Entwicklung des ungarischen politischen Systems.

Die Verschiebungen im politischen Gefüge führten die Habsburgermonarchie seit den 1890er Jahren auf der parlamentarischen Ebene in eine nahezu permanente Krise. In deren Zentrum stand das zerrüttete deutsch-tschechische Verhältnis. Welche Sprengkraft dieser Konflikt seit den gescheiterten Fundamentalartikeln besaß, trat mit der Badeni-Krise vom April 1897 schlagartig zutage. Der massive Protest der deutschen Parteien gegen Badenis Sprachenverordnungen, die das Tschechische in Böhmen und Mähren auch im inneren Behördenverkehr mit dem Deutschen gleichstellten und damit die durchgängige Zweisprachigkeit aller Beamten verlangten, führte in eine scharfe Polarisierung, von der sich das parlamentarische Leben in Prag wie in Wien bis zum Ende der Monarchie nicht mehr erholte. Weder die geduldigen Versuche mehr oder weniger kurzlebiger Regierungen, einen Ausgleich durch modifizierte Sprachverordnungen oder durch die Teilung Böhmens in nationale Kreise zu erreichen, noch die Einführung des allgemeinen und gleichen Wahlrechts für Cisleithanien im Januar 1907 brachten eine Lösung. Die nationale Zuspitzung stellte die konstitutionelle Regierbarkeit der Habsburgermonarchie in Frage. Dass bei Kriegsbeginn auch der böhmische Landtag seit mehr als einem Jahr auf unabsehbare Zeit suspendiert war, ließ das deutsch-tschechische Problem als letztlich unlösbar erscheinen. Darüber traten auch die wegweisenden Teillösungen, die mit dem Mährischen Ausgleich von 1905 auf der Basis nationaler Kurien erreicht worden waren, ebenso wie die sorgfältig austarierten Ausgleichswerke in Budweis, in der Bukowina und in Galizien in den Hintergrund.

Indem sie die konstitutionelle Ordnung Österreichs außer Kraft setzte, gefährdete die Badeni-Krise zudem unmittelbar das ohnehin prekäre Verhältnis zu Ungarn. Die Tatsache, dass die 1897 fällige Verlängerung des wirtschaftlichen Regelwerks ohne einen handlungsfähigen Reichsrat in Wien nicht zu bewerkstelligen war, versuchte die ungarische Regierung mit administrativen Mitteln zu überspielen. Daraufhin kam es auch im ungarischen Abgeordnetenhaus zu tumultartigen Szenen der Obstruktion. Als eine Oppositionskoalition um die 48er- und Unabhängigkeitspartei, die noch dazu von dem Sohn Lajos Kossuths geführt wurde, bei den Wahlen im Frühjahr 1905 erstmals eine deutliche Mehrheit gewann und eine noch größere nationale Selbstständigkeit Ungarns forderte, schien der Ausgleich von 1867 am Ende zu sein. Eine vom Kaiser eingesetzte Beamtenregierung kündigte an, gegen die flächendeckende Obstruktion der Komitate das allgemeine, gleiche Wahlrecht einzuführen. Damit stellte sie die politische Statik

Ungarns radikal in Frage. Die Alternativen zur bestehenden Ordnung, nämlich größere nationale Eigenständigkeit Ungarns oder der erzwungene Einstieg in eine Demokratisierung, deren nationalitäten- und sozialpolitische Folgen gar nicht absehbar waren, lagen nunmehr offen auf dem Tisch.

Stattdessen kam es zu einem Kompromiss auf der Basis des *Status quo*. Die Koalition verzichtete auf einen Großteil ihrer nationalen Forderungen, die Einführung des allgemeinen Wahlrechts wurde in Ungarn vertagt und kam vorerst nur in Österreich zur Geltung. Dass sie zentrale Punkte ihres national übersteigerten Programms hatte preisgeben müssen, überspielte die Koalition, indem sie die längst anstehende Reform des Volksschulwesens in der *Lex Apponyi* von 1907 als Machtdemonstration gegenüber den Minderheiten inszenierte. Der Wahlsieg der reorganisierten Liberalen von 1910 machte deutlich, dass sich die etablierten Eliten der ungarischen Adelsgesellschaft auf erstaunliche Weise behauptet hatten.

Gerade die ungarische Entwicklung zeigt, dass die politische Ordnung der Habsburgermonarchie im Kern auch am Vorabend des Ersten Weltkrieges durchaus noch intakt war. Im politischen Aufbruch der 1890er Jahre war ihr neben starken Gegnern in den Sozialdemokraten auch eine neue Stütze erwachsen. Die Möglichkeiten, der Krise durch geduldige Ausgleichspolitik Herr zu werden, waren jedoch eng gesteckt. Gerade die autoritären Planspiele des Thronfolgers Franz Ferdinand zeigten, dass die Bereitschaft zu Kompromissen auf der Basis gewachsener staatsrechtlicher Verhältnisse im Schwinden begriffen war.

In den russischen Teilungsgebieten Polens wurde die zarische Macht in der Revolution von 1905 massiv erschüttert. Kaum irgendwo sonst im Zarenreich wurde die Überlappung sozialer und nationaler Revolution so deutlich sichtbar wie im Königreich Polen. Zugleich traten die inneren Konflikte der polnischen Gesellschaft klar zutage. Die Erwartung der polnischen Sozialisten, die blutigen Arbeiterunruhen in Warschau in einen übergreifenden Aufstand zu überführen, zerschlug sich ebenso wie die Hoffnung Piłsudskis, eine polnische Legion an der Seite Japans in den Krieg gegen Russland führen zu können. Aber auch die nationaldemokratische Hoffnung, im Bündnis mit den russischen Liberalen eine Autonomie für das Königreich Polen erreichen zu können, wurde schnell enttäuscht. Selbst die Rückkehr zu einer maßvollen lokalen Selbstverwaltung scheiterte in der Duma an nationalrussischen Kräften. Der Übergang Russlands in eine konstitutionelle Ordnung brachte die polnische Frage zwar mit Vehemenz auf die Tagesordnung. Umrisse einer stabilen Lösung zeichneten sich jedoch nicht ab. Vielmehr wurde die Zuspitzung nationaler Gegensätze für das junge russische Parlament selbst rasch zu einer Belastung.

Russische Revolution 1905

Auch in Preußen erreichte die nationale Auseinandersetzung nach der Jahrhundertwende eine neue Dimension. Das Verbot, selbst den Religionsunterricht in polnischer Sprache abzuhalten, führte 1906/07 zu massenhaften Schulstreiks, an denen sich mehrere zehntausend polnische Kinder beteiligten. Keine andere Nationalbewegung Ostmitteleuropas konnte ihre Klientel derart flächendeckend mobilisieren. Der Versuch, der polnischen Nationalbewegung durch repressive Maßnahmen den Boden zu entziehen, blieb weitgehend fruchtlos. In dieser

Polnische Schulstreiks

scharfen Polarisierung lag angesichts unerschütterter politischer Machtverhältnisse allerdings auch ein vergleichsweise großes Maß an Stabilität und Berechenbarkeit.

Ungeachtet massiver nationaler Konflikte ließ sich der Übergang in moderne Industriegesellschaften auch um die Jahrhundertwende noch durchaus aktiv gestalten. In Ungarn wurden zielstrebige Wirtschaftsförderung und der Ausbau der Verkehrswege geradezu als nationale Projekte gefeiert, während sie in Österreich Ansätze boten, nationale Blockaden teilweise aufzulösen. Jenseits politischer Verwerfungen wurden Arbeitersiedlungen in kommunaler Trägerschaft errichtet und die urbane Infrastruktur ausgebaut. Ein gesetzlicher Arbeiterschutz stand seit den frühen 1880er Jahren auch in den ostmitteleuropäischen Großreichen auf der Tagesordnung. Mit der Einrichtung des Arbeitsbeirats wurden in Österreich seit der Jahrhundertwende die Grundlagen einer korporativen Sozialverfassung gelegt. Ausgehend vom Deutschen Reich wurden seit Ende der 1880er Jahre auch in Österreich und Ungarn und ab 1912 schließlich auch im Zarenreich die bestehenden Arbeiterhilfskassen in gesetzliche Arbeiterversicherungen überführt. Im Gleichklang mit gesamteuropäischen Entwicklungen wurden somit auch in Ostmitteleuropa Lösungsansätze für die soziale Frage entwickelt. Ungelöst blieb bis zum Ersten Weltkrieg dagegen das spezifische Problem extrem ungleicher Besitzverhältnisse in der Agrarstruktur.

Die politische Ordnung Ostmitteleuropas, wie sie in den 1860er Jahren etabliert worden war, stand also trotz schwerer Krisen am Vorabend des Ersten Weltkriegs mitnichten vor dem Zusammenbruch. Liberale Rechtsordnungen und konstitutionelle Verhältnisse, in die 1906 schließlich auch das Zarenreich eintrat, hatten Raum für eine gesellschaftliche Ausdifferenzierung der ostmitteleuropäischen Nationalbewegungen geschaffen. Im Zuge einer Fundamentalpolitisierung unter nationalen Vorzeichen waren die Gegner der bestehenden Ordnung zwar sichtlich erstarkt und drohten, deren politische Funktionsfähigkeit zu untergraben, ohne sie allerdings bereits von innen heraus stürzen zu können. Erst recht waren sie ohne einen Impuls von außen nicht stark genug, den mächtepolitischen Rahmen dieser Ordnung in offener Herausforderung der Großmächte zum Einsturz zu bringen.

e) Der Erste Weltkrieg

Die Verdrängung der Habsburgermonarchie aus Deutschland hatte das östliche Mitteleuropa dauerhaft stabilisiert. Grundlage dieser neuen Stabilität war das Bündnis zwischen Österreich und Deutschland, das sich schon wenige Monate nach der Reichsgründung abzeichnete und schließlich im 1879 geschlossenen Zweibund seine feste Form fand. Panslawische Demonstrationen im Umfeld des Balkankrieges von 1877/78 hatten zwar deutlich werden lassen, wie sehr die slawische Bevölkerung der Habsburgermonarchie die enge Bindung an Deutschland ablehnte, ohne jedoch deren außenpolitische

Orientierung gestaltend verändern zu können. Vielmehr wurde die Rivalität zwischen Österreich und Russland auf dem Balkan zur Bruchstelle in der Mächteordnung Ostmitteleuropas. Das Deutsche Reich, das an einer Annäherung seiner beiden östlichen Nachbarn das größte Interesse hatte, konnte mit dem Drei-Kaiser-Abkommen von 1873 und nochmals mit dem Drei-Kaiser-Vertrag von 1881 die Spannungen zeitweilig entschärfen. Die Bulgarienkrise 1885/86 ließ jedoch deutlich werden, dass das gemeinsame Interesse an der Stabilität Ostmitteleuropas auf Dauer nicht ausreichte, die russisch-österreichische Rivalität auf dem Balkan aufzufangen. Und auch das deutsch-russische Verhältnis blieb nicht dauerhaft stabil. Nachdem Deutschland es abgelehnt hatte, zumindest den Rückversicherungsvertrag von 1887 zu verlängern, setzten sich seit Beginn der 1890er Jahre auch in Russland diejenigen Stimmen durch, die einem Bündnis mit Frankreich den Vorzug gaben.

Fortan verlief eine der Bruchlinien europäischer Blockbildung mitten durch das östliche Mitteleuropa. An die Stelle eines stabilen außenpolitischen Rahmens trat nun eine innere Spannung, die jedoch vorerst keine Perspektiven für eine territoriale Neuordnung der Region aufzeigte, da sich die Großmächte auch weiterhin am *Status quo* orientierten. Auch die nationalen Konflikte im Innern bedrohten die außenpolitische Ordnung kaum, setzte doch allein die PPS unter Piłsudski offen auf einen europäischen Krieg. Am südöstlichen Rand der Habsburgermonarchie, wo konnationale Nachbarstaaten beträchtlichen Sog auf die rumänische und serbische Nationalbewegung ausübten, gingen Nationalitätenfragen und außenpolitische Spannungen allerdings seit der Jahrhundertwende auf gefährliche Weise ineinander über. Während das ungarische Nationalitätenproblem die Anbindung Russlands an den Zweibund belastete, wurden im Gegenzug die späten Versuche eines ungarisch-rumänischen Ausgleichs aus dem Altreich unterlaufen. Vor allem aber ließ sich die politische und militärische Führung Österreichs seit dem Belgrader Putsch von 1903 angesichts der unruhigen Verhältnisse in Bosnien zu einer verhängnisvollen Fixierung auf die südslawische Frage verleiten, welche im Sommer 1914 schließlich die gesamte Ordnung des östlichen Europas zum Einsturz brachte.

Der Ausbruch des Ersten Weltkriegs brachte zunächst die polnische Frage unmittelbar auf die Tagesordnung. Die konkurrierenden deutschen, österreichischen und russischen Planungen für ein eigenständiges Polen unter jeweils eigener Oberhoheit konnten jedoch nicht verdecken, dass keine der kriegführenden Parteien über ein schlüssiges Konzept verfügte. Dies stand in krassem Missverhältnis zu den militärischen Erfolgen der Mittelmächte im Osten. Nachdem die russische Offensive in Ostpreußen gescheitert war und im Frühjahr 1915 auch Galizien hatte zurückerobert werden können, befanden sich die polnischen Gebiete des Zarenreiches nahezu vollständig unter deutscher und österreichischer Besatzung. Der polnische Staat, den die Mittelmächte im November 1916 in den besetzten Territorien gründeten, war jedoch ein Provisorium, dessen Status vorerst ungeklärt blieb. Weiter nordöstlich hingegen

Polnische Frage

wurde das vornehmlich auf litauisch-weißrussischem Territorium gelegene Besatzungsgebiet OberOst zur Projektionsfläche eines geradezu utopisch durchstrukturierten Militärstaates.

Erst der revolutionäre Zusammenbruch des Zarenreiches eröffnete weiter gehende Perspektiven einer nationalstaatlichen Neuordnung des gesamten östlichen Europas nördlich der Karpaten unter deutscher Hegemonie. Im Zuge des Friedens von Brest-Litowsk wurde die Unabhängigkeit des kurz zuvor errichteten litauischen Staates bestätigt, der wie die ebenfalls erst kurz zuvor selbstständig gewordene Ukraine zum Satellitenstaat der Mittelmächte wurde. Entsprechende Überlegungen für die besetzten baltischen Provinzen des Zarenreiches fanden bis zum November 1918 hingegen keine konkrete Ausformung mehr, wie überhaupt dieser Anlauf zu einer Neuordnung Ostmitteleuropas, der sich auf den erwarteten Sieg der Mittelmächte gründete, weniger langfristigen Konzeptionen als den kurzfristigen Bedürfnissen der deutschen und österreichischen Kriegführung folgte.

Brest-Litowsk

Die militärischen Erfolge konnten die innere Auszehrung der Mittelmächte jedoch nur kurzfristig überdecken. Der Feldzug gegen Serbien und die russische Offensive in Galizien stellten die Habsburgermonarchie schon in den ersten Kriegsmonaten vor schier unlösbare Probleme. Als einzelne tschechische Einheiten desertierten, kamen vorübergehende Zweifel an der Verlässlichkeit der k. u. k. Armee auf. Die Sistierung des parlamentarischen Lebens und erst recht die Hochverratsurteile gegen führende tschechische Politiker machten deutlich, welchen Stellenwert die österreichische Staatsführung den ungelösten Nationalitätenkonflikten beimaß. Obgleich der Zusammenhalt der multinationalen Armee schließlich selbst die schweren strategischen Fehler der österreichischen Armeeführung überstand, trieb die Habsburgermonarchie seit 1916 auf den inneren Kollaps zu. Massive Konflikte über die Lebensmittelversorgung stellten das politische System und damit den staatlichen Zusammenhalt der Monarchie in Frage. Die katastrophale Ernährungslage bildete den Hintergrund für die zunehmenden Streiks, die Anfang 1918 einen ersten Höhepunkt erreichten. Damit gewannen auch die Forderungen insbesondere tschechischer Politiker nach einem tiefgreifenden Umbau der Monarchie an Brisanz. Eine Auflösung der Habsburgermonarchie schien den meisten politischen Akteuren trotz der verbreiteten Kriegsmüdigkeit jedoch selbst im Frühjahr 1918 noch geradezu undenkbar.

Erosion Österreich-Ungarns

Maßgebliche Impulse für eine nationalstaatliche Ordnung der Nachkriegszeit kamen zunächst von den Westmächten. Nachdem sie das Polnische Nationalkomitee in Paris bereits 1917 als zukünftige Regierung Polens anerkannt hatten, wurde ein polnischer Staat mit den Vierzehn Punkten des amerikanischen Präsidenten Woodrow Wilson im Januar 1918 zum offen erklärten Bestandteil der Kriegsziele auch der Entente. Die Existenz eigener militärischer Formationen erleichterte die Diplomatie polnischer wie tschechischer Exilanten enorm. Indem die Westmächte nach dem Polnischen Nationalkomitee in mehreren Etappen auch den Tschechoslowakischen Nationalrat als zukünftige Regierung anerkannten, nahmen sie bereits im Spätsommer 1918 die Begründung tschechisch-slo-

Vierzehn Punkte

wakischer Eigenstaatlichkeit und damit die Auflösung der Habsburgermonarchie als integrativen ostmitteleuropäischen Staatsverbandes vorweg.

Erst diese Entwicklungen machten den Zusammenbruch der Habsburgermonarchie seit dem Frühjahr 1918 zu einer realen Option. Wesentlich vorangetrieben wurde er dadurch, dass sich die politischen Erwartungen innerhalb der Monarchie radikalisierten. Angesichts der Erfahrung massenhaften Elends und sozialer Entwurzelung im Gefolge des Krieges wuchs nach der Revolution in Russland erst in der Habsburgermonarchie und schließlich auch in Deutschland die Einsicht, dass das bestehende politische System dem wachsenden Druck nicht mehr standhalten konnte. Mit dem Zusammenbruch der Mittelmächte im Herbst 1918 schien die nationale Unabhängigkeit nunmehr auch in den böhmischen Ländern und in Ungarn möglich, ja sogar zwingend. Denn sie bot die einzige Gewähr, den nationalen Bestand zu sichern und zugleich durch tiefgreifende Reformen alle nationalen Kräfte zu bündeln und sozialen Erschütterungen entgegenzuwirken. Mit dem Sturz der alten Ordnung in Wien und Berlin wuchs dem polnischen Staatsrat unter der Führung Piłsudskis sowie den verschiedenen Nationalausschüssen, die auf dem Gebiet der Habsburgermonarchie als nationalpolitische einigende Gremien die Unabhängigkeit vorbereitet hatten, als einzigen unmittelbar handlungsfähigen politischen Kräften zentrale Gestaltungsmacht zu. In rascher Folge lösten diese seit Mitte Oktober 1918 die staatsrechtlichen Bande zwischen den einzelnen Kronländern und riefen die Republik aus. Mit dem Sturz der Monarchie erst in Russland und dann in Deutschland und Österreich war der Weg frei für eine Neuordnung Ostmitteleuropas auf nationalstaatlicher Grundlage.

4. OSTMITTELEUROPA ZWISCHEN DEN KRIEGEN

a) Umrisse einer neuen Ordnung

Als gegen Ende des Ersten Weltkrieges alle drei östlichen Großmächte nacheinander zusammenbrachen, eröffneten sich völlig neue Perspektiven. Die Verfechter einer nationalstaatlichen Ordnung konnten sich in Polen und in den böhmischen Ländern, aber auch in der Slowakei und in Ungarn darauf berufen, jetzt endlich seit langem erstrebte nationale Ziele zu verwirklichen. Mit der unverhofften Möglichkeit, überlieferte politische, sprachliche und konfessionelle Bedrückungen mit einem Schlag abzuwerfen, verknüpften breite Bevölkerungsschichten die Erwartung umfassender politischer und sozialer Demokratisierung. Die Verheißung erweiterter Bürgerrechte und Partizipationsmöglichkeiten sowie tiefgreifender sozialer Reformen trug diesen Erwartungen Rechnung und konnte, wenn schon nicht in Ungarn, so doch zumindest in Polen und in der Tschechoslowakei als Grundlage eines breiten, parteiübergreifenden Konsenses dienen. Dieser war umso wichtiger, als die neuen Autoritäten rasch provisorische Staatsorgane schaffen mussten, um das postulierte Staatsgebiet auch militärisch zu behaupten und die politische und soziale Ordnung zu gewährleisten.

Konsolidierung Polens
In Polen diente der Ausgleich, den der mit diktatorischen Vollmachten ausgestattete Piłsudski mit führenden Nationaldemokraten im Januar 1919 erzielte, als politisches Fundament des neuen Staates. Dessen parteipolitische Eliten konnten zwar nicht an eine gemeinsame Tradition parlamentarischer Arbeit anknüpfen, hatten aber in der Vergangenheit durchaus über die Grenzen der Teilungsgebiete hinweg zusammengearbeitet. Das schnell verhängte Verbot der schon im Dezember 1918 neu gegründeten Kommunistischen Arbeiterpartei Polens unterstrich die rasche politische Konsolidierung auf nationaler Basis. Da vorerst nur die Kerngebiete im ehemaligen Königreich Polen, in Westgalizien sowie in der aufständischen Provinz Posen tatsächlich unter polnischer Kontrolle standen, verständigte sich der neu gewählte konstituierende Sejm im Februar 1919 zunächst auf eine „Kleine Verfassung", die Piłsudski als Staatschef (*Naczelnik Państwa*) auf die Zusammenarbeit mit dem Sejm verpflichtete, ihm aber nach wie vor weitreichende Vollmachten beließ. Mit der Armee, die aus den polnischen Legionen hervorging, hatte Piłsudski zudem früh ein vergleichsweise schlagkräftiges militärisches Instrument zur Verfügung.

Damit war das institutionelle und militärische Fundament für weitreichende territoriale Ansprüche gelegt. Neben Großpolen mit Posen übergab die Friedenskonferenz in Versailles auch Westpreußen an Polen. Danzig erhielt als Freie Stadt einen neutralen Status. In Masuren und Oberschlesien, dessen polnische Bevölkerung bereits 1919 durch einen Aufstand vollendete Tatsachen zu schaffen versucht hatte, wurde der Grenzverlauf durch Volksabstimmungen festgelegt. Während erstere ein klares Ergebnis erbrachte, führte letztere zur Teilung Oberschlesiens, welche die nationalen Auseinandersetzungen weiter vertiefte.

Dagegen nutzte die polnische Regierung das Machtvakuum im Osten, um ganz auf die militärische Option zu setzen und die vom englischen Außenminister George Curzon vorgeschlagene Demarkationslinie offen zu missachten. Nachdem polnische Verbände bereits im November 1918 Lemberg besetzt hatten, gelang es ihnen nach einem langwierigen Kleinkrieg, die ukrainischen Verbände im Frühsommer 1919 ganz aus Ostgalizien zu verdrängen. Im Bündnis mit der Ukrainischen Republik Symon Petljuras marschierte die polnische Armee im April und Mai 1920 bis nach Kiew. Die überraschend erfolgreiche Gegenoffensive der Roten Armee konnte erst Mitte August durch das rasch verklärte „Wunder an der Weichsel" aufgehalten werden. Der polnisch-sowjetische Krieg endete somit in einem Patt, das die Machtverhältnisse in der Region einfror und im März 1921 im Frieden von Riga auch völkerrechtlich festgeschrieben wurde. Diese mächtepolitische Stabilisierung entzog zugleich den prekären Anfängen ukrainischer Staatlichkeit vollends den Boden. Bereits im Oktober 1920 hatten polnische Verbände zudem Wilna im Handstreich genommen und damit die anderthalb Jahre später vollzogene Annexion des Gebietes durch Polen vorbereitet. Was immer an diffusen Plänen eines größeren, jagiellonischen Polens in föderaler Verbindung mit eigenstaatlichen litauischen, weißrussischen und ukrainischen Gebieten ventiliert worden war, wurde mit dieser militärischen Festigung polnischer Staatlichkeit auch im Osten vollends Makulatur.

<small>Polnisch-sowjetischer Krieg</small>

Mit den militärischen Konflikten korrespondierte in Polen ein umfassender reformerischer Aufbruch im Innern. Bereits im November 1918 wurde ein gesetzlicher Achtstundentag als Kernstück einer umfassenden Neuordnung der Lohnbeziehungen eingeführt. Drei Monate später wurde die in den russischen Teilungsgebieten bislang unbekannte allgemeine Schulpflicht verkündet. Auch die Grundsätze der heftig umstrittenen Bodenreform wurden im Juli 1920 verabschiedet. Den vorläufigen Abschluss eines durchaus gelungenen Konsolidierungsprozesses bildete die Verfassung von 1921. Sie räumte dem Parlament weitreichende Vollmachten ein und beschnitt die Kompetenzen des Staatspräsidenten erheblich. Damit trug sie der vorerst stabilisierten außenpolitischen Lage Rechnung und schuf ein neues Gleichgewicht zwischen den verschiedenen politischen Strömungen, setzte jedoch für die Zukunft in allzu optimistischer Weise auf die integrative Kraft der nationalen Idee als Grundlage einer demokratischen Ordnung.

<small>Märzverfassung 1921</small>

Auch in der Tschechoslowakei entstand zunächst ein konstitutionelles Provisorium. Die aus den ehemaligen tschechischen Reichsratsabgeordneten und eigens kooptierten slowakischen Vertretern gebildete Nationalversammlung diente als parlamentarisches Fundament des neuen Staates, der mit der bisherigen böhmischen Ländergruppe und dem slowakischen Oberungarn Gebiete vereinte, die politisch nie zusammengehört hatten und sich auch kulturell noch fremd waren. Politisch baute der neu gegründete Staat zunächst auf der Zusammenarbeit aller tschechischen Parteien auf, die in der Wahl des aus dem Exil zurückgekehrten Tomáš G. Masaryk zum Staatspräsidenten und der Ernennung seines nationaldemokratischen Rivalen Karel Kramář zum Ministerpräsidenten sicht-

<small>Konsolidierung der Tschechoslowakei</small>

baren Ausdruck fand. Deutlich brüchiger war der Konsens in der Slowakei, wo sich Sozialdemokraten und republikanische Agrarier, die eng mit den tschechischen Parteien zusammenarbeiteten, schnell einer breitenwirksamen Konkurrenz in der autonomistischen Slowakischen Volkspartei (SĽS) unter Andrej Hlinka gegenübersahen.

Unterstützt von den Westmächten bereitete die tschechoslowakische Regierung allen Bestrebungen, den deutschen Gebieten Autonomie zu gewähren und sie in das entstehende deutschösterreichische Staatswesen einzugliedern, ein ebenso rasches Ende wie dem Versuch der ungarischen Räterepublik, die Slowakei und die Karpatoukraine für Ungarn zu erhalten. Bereits im Frühsommer 1919 wurden die neuen Staatsgrenzen auch von den Pariser Friedenskonferenzen bestätigt und im folgenden Jahr mit den Friedensverträgen von St. Germain und Trianon in eine endgültige Form gegossen. Auch der im Januar 1919 kurzfristig militärisch eskalierte Konflikt um die Grenzen im schlesischen Teschen konnte durch alliierten Schiedsspruch schließlich beigelegt werden.

Innenpolitisch ließen harte Konflikte über die bevorstehende Bodenreform und der Wahlerfolg der linken Parteien bei den Kommunalwahlen eine deutliche Verschiebung der politischen Kräfteverhältnisse erkennen, der zunächst durch eine Regierungskoalition aus Sozialdemokraten und Agrariern entsprochen wurde. Die Partei der tschechischen und slowakischen Agrarier rückte damit für die kommenden zwei Jahrzehnte in eine unangefochtene Schlüsselstellung ein, zumal sich der junge Staat mit der im Februar 1920 verabschiedeten Verfassung allmählich konsolidierte. Weitreichende Sozialreformen begegneten der Unruhe in der Arbeiterschaft, die im Generalstreik von 1920 deutlich zutage trat. Allerdings gelang es nicht, die Spaltung von Sozialdemokraten und Kommunisten zu verhindern. Auf diese Gefährdung des staatstragenden Konsenses reagierten die tschechischen Parteien mit einem kartellartigen Koalitionsausschuss, der *Pětka* (Fünfergruppe), die sich bald als dauerhafte Institution erweisen sollte. Die allmähliche Beruhigung des politischen Lebens veränderte auch die Lage der deutschen und ungarischen Parteien. Waren diese von der Gründung des neuen Staates bewusst ferngehalten worden, um den vorerst unüberbrückbaren Konflikt nicht noch zu verschärfen, bestand nun zumindest grundsätzlich die Möglichkeit, dieses offenkundige Legitimationsdefizit in der demokratischen Praxis des politischen Alltags nachträglich zu heilen.

Asternrevolution in Ungarn

In Ungarn hingegen scheiterte der demokratische Anlauf von 1918 binnen weniger Monate an den enormen inneren wie äußeren Belastungen. Anders als in Polen oder der Tschechoslowakei verfügten Sozialdemokraten und Agrarier hier kaum über parlamentarische Erfahrung, auf welche die Regierung Károlyi hätte aufbauen können. Da weite Landesteile unter militärischer Besatzung standen, boten Neuwahlen keine Aussicht, die Legitimität der bürgerlich-demokratischen Regierung zu stärken. Auch konnten weder das Versprechen weitreichender Reformen sowie die Ankündigung einer Bodenreform, ja nicht einmal das späte polizeiliche Vorgehen gegen führende Kommunisten die Radikalisierung insbesondere der städtischen Unterschichten eindämmen. Der Politik Mihály Károlyis, durch Verhandlungen mit den Nationalitäten und durch eine kooperative Haltung gegenüber der Entente die absehbaren territorialen Verluste Ungarns zu begrenzen und Spielräume für ein demokratisches, föderales Ungarn zu eröffnen, brach somit binnen kurzem die innenpolitische Basis weg. Neue territoriale Zumutungen der Siegermächte ermöglichten es dem kommunistischen Parteiführer Béla Kun, noch aus dem Gefängnis heraus am 21. März eine sozialistischen Regierung zu bilden und am nächsten Tag die Räterepublik ausrufen zu lassen.

Außen- wie innenpolitisch suchte die Räterepublik ihr Heil in der Flucht nach vorn, in expansiver militärischer Selbstbehauptung wie im radikalen Umsturz der gesellschaftlichen Verhältnisse. Die mit rasch mobilisierten Industriearbeitern verstärkte Rote Armee konnte nach ersten Verlusten im Norden überraschende Erfolge vorweisen und weite Teile der östlichen Slowakei besetzen. Der Vormarsch der sowjetischen Roten Armee in der Ukraine ließ für kurze Zeit die Perspektive aufscheinen, das gesamte Donau-Karpatenbecken zu erobern. Gerade weil sich die Räterepublik in erheblichem Maße aus dem Kampf um die historischen Grenzen legitimierte, konnten sich die ungarischen Kommunisten, anders als die russischen Bolschewiki ein Jahr zuvor in Brest-Litowsk, jedoch nicht durch einen verlustreichen Friedensschluss vorübergehende militärische Entlastung verschaffen und den gesellschaftlichen Strukturzerfall für die eigene revolutionäre Stabilisierung nutzen. Während die Verstaatlichung der Industrie durchaus erfolgreich vonstatten ging, wurde die ländliche Bevölkerung durch die ausbleibende Umverteilung des radikal enteigneten Großgrundbesitzes rasch von der Räterepublik entfremdet. Bewaffneter Widerstand ließ sich durch massiven Terror nur punktuell ersticken. Den tschechoslowakischen Verbänden und vor allem der kampferprobten rumänischen Armee war die ungarische Rote Armee hoffnungslos unterlegen. Kurz vor dem Einmarsch rumänischer Truppen brach die Räterepublik Anfang August zusammen.

Das nunmehr entstandene politische Vakuum suchten rasch wechselnde Regierungen mittels einer Nationalversammlung zu füllen, die Anfang Januar 1920 erstmals nach allgemeinem Wahlrecht gewählt wurde. Angesichts des sozialdemokratischen Boykotts wurde sie von bäuerlichen und christlich-nationalen Gruppierungen dominiert. Zur bestimmenden politischen Kraft wurde jedoch Admiral Miklós Horthy, dessen rasch zusammengestellte Nationale Armee in den vergangenen Monaten von Szeged aus den Süden und Westen Ungarns mit einem eigenmächtigen, von überbordender antisemitischer Gewalt geprägten Feldzug gegen die Exponenten der Räterepublik überzogen hatte. Mit der Wahl Horthys zum Reichsverweser im März 1920 wurde die Vorkriegsordnung weitgehend wiederhergestellt.

Auch die neue Regierung konnte sich nach der traumatischen Erfahrung der Räterepublik und ihres gewaltsamen Endes nicht der Einsicht entziehen, die enormen Gebietsverluste vorerst hinnehmen zu müssen, wie sie durch den Vertrag von Trianon nunmehr im Juni 1920 verbindlich festgeschrieben wurden. Darin trat Ungarn mehr als zwei Drittel seines früheren Staatsgebietes und über 60% seiner Bevölkerung an die Nachbarstaaten ab: die Slowakei und die Kar-

Ungarische Räterepublik

Miklós Horthy

Frieden von Trianon

patoukraine an die Tschechoslowakei, Siebenbürgen, die Marmarosch und weite Teile des Banats an Rumänien, die Vojvodina und Kroatien an Jugoslawien sowie das Burgenland an Österreich. Indem zwei Rückkehrversuche König Karls im April und Oktober 1921 abgewehrt wurden, konnte schließlich auch das heikle Problem der Staatsform vorerst stillgestellt werden.

Gestützt auf das Zugeständnis einer maßvollen Bodenreform gelang den grundbesitzenden alten Eliten in den folgenden Monaten eine erstaunliche politische Konsolidierung. Mit dem Verbot der Kommunistischen Partei im April 1921 wurde die seit der Räterepublik ohnehin diskreditierte Linke weiter geschwächt. Die Sozialdemokratie erkaufte ihre Duldung durch ein geheimes Stillhalteabkommen, viele ihrer Mitglieder gingen ins Exil. An den demokratischen Aufbruch von 1918 erinnerten nur noch das auf Drängen der Westmächte im November 1919 verkündete allgemeine, gleiche und geheime Wahlrecht sowie die 1920 eingeleitete Bodenreform. Mit der Kleinwirtepartei (*Országos Kisgazda és Földmíves Párt*) unter István Nagyatádi Szabó hatte sich nunmehr auch in Ungarn eine Bauernpartei als stabilisierende politische Kraft etablieren können. Auch diese neuen Elemente im politischen Gefüge Ungarns sollten jedoch bald in die restaurative Ordnung eingebunden werden.

Politische Gemeinsamkeiten

Damit hatte sich bis 1921 im östlichen Mitteleuropa eine neue Ordnung herausgebildet, die trotz wesentlicher Unterschiede auch wichtige Gemeinsamkeiten aufwies. Im Machtvakuum des Kriegsendes waren nahezu durchweg maximale territoriale Entwürfe formuliert worden. Die aufbrechenden Konflikte konnten nur in wenigen Fällen durch ausgehandelte Kompromisse oder, wie in Ostpreußen, dem Burgenland oder in Kärnten, durch hinreichend eindeutige Volksabstimmungen beigelegt werden. Seine innere Ordnung bezog das Staatensystem vielmehr daraus, dass die neuen Grenzen, wie sie die Siegermächte des Ersten Weltkrieges in den Pariser Vorortverträgen festgeschrieben hatten, nicht verhandelbar waren. Mit dem Völkerbund entstand ein Instrument, das zwischenstaatliche Konflikte in geregelte Bahnen lenken sollte. Das System von Minderheitenschutzverträgen fixierte so auch formal die völkerrechtliche Dimension nationaler Konflikte. Diese institutionellen Regelungen boten jedoch kaum eine Grundlage, übersteigerte nationale Erwartungen zu dämpfen und die außenpolitischen Belastungen abzumildern, welche die enorme nationale Mobilisierung der ostmitteleuropäischen Gesellschaften hervorgebracht hatte.

Veteranen

Die Erfahrungen des Ersten Weltkriegs radikalisierten auch die politische Landschaft. Ethnische Gewalt, Volksabstimmungen und Optionsrechte, Grenzziehungen und Migration zwangen jetzt gleichsam jeden Einzelnen, sich einer nationalen Gemeinschaft zuzuordnen und trieben nationale Versäulungen so weiter voran. Zu einer erheblichen Belastung wurden auch die Veteranenverbände, deren fronterprobte Mitglieder sich als Vorkämpfer nationaler Interessen sahen, sich dem Ideal nationaler Erneuerung verschrieben und doch nur schwer in die Gesellschaft zurückfanden. In Polen wurden ehemalige Legionäre durch ihre starke Stellung in der Armee zur Basis für zukünftige Ambitionen Piłsudskis, Parlament und Regierung unter Druck zu setzen und so das politische Leben

Polens zu steuern. Die tschechoslowakischen Legionäre wurden dagegen durch die integrative Wirkung des Staatspräsidenten Masaryk politisch weitgehend neutralisiert. Nur in Ungarn wurde das Militär zum Kern einer völkisch orientierten, radikalen Rechten. Gestützt auf enttäuschte städtische Mittelschichten bildete diese bald breitenwirksame Vereine und fand in Gyula Gömbös einen charismatischen politischen Führer, sodass sie ein ständiges Gefahrenpotential für die mühsam erzielte Konsolidierung darstellte. Eine derart extreme Rechte formierte sich in Polen hingegen aus der Nationaldemokratie, die schon vor dem Krieg eine völkische Vorstellungswelt entwickelt hatte und nunmehr auch zusehends faschistisch anmutende Formen politischer Selbstdarstellung auszubilden begann. Dagegen blieb eine tschechische völkische Rechte auf zentraler Ebene ein randständiges Phänomen, obgleich nationaltschechische Vereine in den sudetendeutschen Grenzgebieten erhebliche Aktivitäten entfalteten. Auch innerhalb der Slowakischen Volkspartei Andrej Hlinkas entstanden rechte Gruppierungen.

Mit der Radikalisierung der Rechten korrespondierte die Spaltung der Linken in reformorientierte Sozialisten bzw. Sozialdemokraten und revolutionäre Kommunisten. Die polnischen Sozialisten, die tschechoslowakischen Sozialdemokraten und schließlich auch die deutsche Sozialdemokratie in der Tschechoslowakei wurden zu zentralen Trägern der politischen Ordnung. Dagegen manövrierten sich die ungarischen Sozialdemokraten durch ein Stillhalteabkommen mit der Regierung 1921 ins politische Abseits. Auch wenn die unmittelbare Gefahr eines revolutionären Umsturzes nach sowjetischem Vorbild Ende 1920 vorerst überall gebannt war, stellte die konsequente Abwehrhaltung gegenüber einem Rätesystem in ganz Ostmitteleuropa doch ein wichtiges politisches Bindemittel dar. So waren die polnischen Kommunisten durch ihre prosowjetische, internationalistische Position und die ungarischen Kommunisten durch die Räterepublik politisch weitgehend diskreditiert und wurden durch Parteiverbote und polizeiliche Verfolgung in ihren Aktionsmöglichkeiten massiv beschränkt. In der Tschechoslowakei hingegen wurde die bis 1938 legale KPČ auf politischem Weg ausgegrenzt und konnte so immerhin eine gefestigte Organisation ausbilden.

Kommunistische Parteien

Im Zentrum des politischen Spektrums hatten sich bis 1921 in ganz Ostmitteleuropa die Bauernparteien etabliert. Die Mobilisierung breiter Bevölkerungsschichten hatte sie in der Tschechoslowakei und in Ungarn bei Kriegsende zunächst deutlich nach links rücken lassen. Als treibende Kraft bei den Bodenreformen trugen sie wesentlich zur politischen Konsolidierung bei, in der Tschechoslowakei als Ausgangspunkt unterschiedlicher Koalitionen, in Ungarn als Basis einer breiten Regierungspartei, deren restaurative Mehrheit die sozialreformerischen Ursprünge allerdings bald erheblich dämpfte. Auch in Polen, wo sich das Bündnis rechter und linker Bauernparteien nicht dauerhaft stabilisieren ließ, waren diese als potentielle Koalitionspartner von Sozialisten wie bürgerlichen Parteien ein integratives Element des Parteiensystems. Nach 1945 wurden die verschiedenen Bauernparteien mit ihrem klaren Bekenntnis zur parlamentarischen Demokratie überall in Ostmitteleuropa für kurze Zeit

Bauernparteien

zu Kristallisationspunkten von Massendemokratien und antikommunistischen Reformerwartungen.

Demgegenüber trat der nationale Liberalismus in den Hintergrund. So verloren die tschechischen Nationaldemokraten im ausdifferenzierten tschechoslowakischen Parteiensystem erheblich an Gewicht. Auch die polnische Nationaldemokratie musste Verluste hinnehmen und büßte die überragende Stellung ein, die sie im Königreich Polen innegehabt hatte. Nur in Ungarn konnten sich die Nationalkonservativen, die das liberale Erbe der Ausgleichsepoche angetreten hatten, als zentrale staatstragende Kraft behaupten. Der Versuch, daneben eine bürgerlich-demokratische Oppositionspartei zu gründen, blieb bei dem schon 1922 wieder eingeschränkten Wahlrecht und einem außerhalb Budapests ohnehin nur sehr dünnen Wählerpotential erfolglos. In der Tschechoslowakei spielte schließlich auch der politische Katholizismus weiterhin eine gewichtige Rolle, zumal er slowakischen Autonomiebestrebungen im östlichen Landesteil eine Massenbasis bot.

Zwischen den neuen Extremen auf der Rechten wie der Linken lässt sich also in der Mitte des politischen Spektrums eine durchgängige, moderate Linksverschiebung beobachten, aus der sich in den zwanziger Jahren wesentliche Reformen speisten. Ihr stand eine weitgehende Kontinuität zur Vorkriegsepoche im Rechtssystem, in den bürokratischen Apparaten und in der sozioökonomischen Ordnung gegenüber, die ihrerseits dazu beitrug, dass sich die neuen Nationalstaaten rasch durchsetzen konnten. Mit den Pariser Vorortverträgen, die im Osten durch den polnisch-sowjetischen Friedensvertrag von Riga ergänzt wurden, und mit den Verfassungen der Jahre 1920/21 hatte sich binnen weniger Jahre ein politisches Gefüge auf nationalstaatlicher Basis herausgebildet, das seine Stabilität nach außen wie nach innen allerdings erst unter Beweis stellen musste.

b) Nationalstaatliche Demokratien und ihre Gefährdungen

Kennzeichnend für die frühen zwanziger Jahre war in der ganzen Region ein entschiedener Wille der staatstragenden Parteien, die neue Ordnung unabhängig vom politischen System auf der Grundlage nationalpolitischer Reformen zu konsolidieren. Dass dieser reformerische Schwung innerhalb weniger Jahre erlahmte, lässt sich nicht allein auf schwindende Gestaltungsspielräume im politischen Alltag zurückführen, sondern auch auf die schleichende Erosion der tragenden gesellschaftlichen Schichten. Aber auch wenn die tiefgreifenden Reformen der Gründungsjahre in der Folge nicht in gleicher Intensität fortgesetzt wurden, sollte dies nicht darüber hinwegtäuschen, dass einmal getroffene Richtungsentscheidungen fortwirkten und den gesellschaftlichen Wandel nachhaltig prägten.

Bürgerrechte Mit der Gründung der Nationalstaaten wurden Politik und Gesellschaft deutlich demokratischer. So enthielt die tschechoslowakische Verfassung ein eigens verbrieftes Koalitionsrecht, jegliche ständischen Geburtsrechte wurden abgeschafft, und das Sprachenrecht erhielt in Übernahme des Minderheitenschutzvertrages Verfassungsrang. In der polnischen Märzverfassung von 1921 wurden darüber hinaus auch soziale Rechte wie die Unterstützung bei Arbeitslosigkeit, Krankheit, Unfällen und im Alter, Grundsätze des Mutterschutzes und des Arbeiterschutzes sowie das Recht auf kostenlosen Schulunterricht im Katalog allgemeiner Bürgerrechte verbrieft. Auch die Verfassung von 1935 erhielt diese Rechte aufrecht, wenn auch in nur noch sehr allgemein gehaltener Form. In Ungarn hingegen wurde die 1918 eingeleitete Ausweitung der Bürgerrechte nach dem Zusammenbruch der Räterepublik weitgehend zurückgenommen. Mit der Rückkehr zu den Vorkriegsverhältnissen bestand in Ungarn jedoch auch in den zwanziger Jahren weitgehende Pressefreiheit, auch die Versammlungs- und Vereinsfreiheit wurden gegenüber dem Vorkriegsstand nur unwesentlich eingeschränkt. Als eklatanter Verstoß gegen die staatsbürgerliche Rechtsgleichheit muß dagegen das ungarische Numerus-Clausus-Gesetz von 1920 gelten, das den Hochschulzugang für Juden einschneidend begrenzte.

Zu den bleibenden Ergebnissen der ostmitteleuropäischen Revolutionen gehörte auch das Frauenwahlrecht. Dieses wurde selbst in Ungarn beibehalten, auch wenn es 1922 an eine deutlich höhere Altersqualifikation als für Männer gebunden wurde. Zugleich kehrte Ungarn zur öffentlichen Stimmabgabe zurück, führte einen Bildungszensus ein und entkleidete so das ungarische Wahlrecht eines wichtigen demokratischen Elements. Seit 1925 wurde zumindest in den Städten wieder geheim gewählt. Flächendeckend hingegen wurde die geheime Wahl erst 1938 wieder eingeführt. Hieran zumindest zeigte sich, dass auch ein restauratives Regime der Idee des allgemeinen, gleichen und geheimen Wahlrechts Rechnung tragen musste.

Frauenwahlrecht

Zwiespältig ist die Bilanz hinsichtlich rechtsstaatlicher Grundsätze. Die rechtliche Vereinigung der ehemaligen Teilungsgebiete und der Aufbau einer einheitlichen, effizienten Justiz innerhalb gut eines Jahrzehnts waren beachtliche Integrationsleistungen des jungen polnischen Staates. Auch in der Tschechoslowakei wurden zwei historisch sehr unterschiedliche Rechtsordnungen rasch aneinander angeglichen. In Ungarn bezog die Restauration der alten Ordnung ihre Stabilität aus dem historischen Staatsrecht, auch wenn hier die Unabhängigkeit der Justiz traditionell am schwächsten gewährleistet war. Dennoch lässt sich in allen drei Ländern ein hohes juristisches Standesethos beobachten, auch wenn in den dreißiger Jahren die Idee eines spezifisch nationalen Rechts um sich griff und in Polen und Ungarn der Ausgrenzung von Juden aus dem Rechtswesen Vorschub leistete.

Zudem konnten sich alle drei ostmitteleuropäischen Staaten auf eine zahlreiche und relativ gut ausgebildete Beamtenschaft stützen. Hier knüpften die jungen Nationalstaaten nahtlos an ihr habsburgisches Erbe an. Im ehemaligen Königreich Polen trug zudem der Umstand späte Früchte, dass der *Code Napoléon* ein eigenständiges Rechtssystem aufrechterhalten und einer administrativen Russifizierung Grenzen gesetzt hatte. Auf das polnische Verwaltungspersonal konnte nun der neue Staatsapparat zurückgreifen. Auch in den polnischen Ostgebieten

Verwaltung

wurde innerhalb weniger Jahre eine differenzierte und leistungsfähige Verwaltung aufgebaut. Einen wichtigen Beitrag hierzu leisteten die vielfältigen Formen regionaler und lokaler Selbstverwaltung, die in Polen, der Tschechoslowakei und Ungarn auf der Basis der jeweils nur zögerlich reformierten Vorkriegsgesetze arbeiteten.

Bildungswesen Selbstverwaltung und Beamtenschaft waren die Voraussetzung für den Ausbau von Infrastrukturen vor allem im Bildungs- und Gesundheitswesen. In Polen und der Tschechoslowakei wurde die allgemeine Schulpflicht auf sieben bzw. acht Jahre verlängert. Vor allem wurde sie nun auch in denjenigen Regionen durchgesetzt, wo sie bislang entweder nur auf dem Papier bestanden hatte oder, wie in den ehemals russischen Teilungsgebieten, überhaupt erst gesetzlich verankert werden musste. Der in ländlichen Regionen zu Beginn der 1920er Jahre noch weitverbreitete Analphabetismus konnte so in den folgenden anderthalb Jahrzehnten deutlich zurückgedrängt werden. In Polen wurden am Vorabend des Zweiten Weltkrieges noch 18,5% Analphabeten gezählt, in Ungarn 7% und in der Tschechoslowakei nur noch 3%. Hierzu trug in den ehemals deutschen und russischen Teilungsgebieten Polens sowie in der Slowakei auch der Umstand bei, dass ein muttersprachlicher Volksschulunterricht jetzt wieder flächendeckend möglich war. Auch die Binnendifferenzierung des Schulwesens machte mit der Einrichtung von Fachschulen und dem Ausbau des Realienunterrichts in den dreißiger Jahren erhebliche Fortschritte. In der Tschechoslowakei und Ungarn, die bereits um 1900 über ein umfassendes muttersprachliches Volksschulwesen verfügten, wurde das Verhältnis der Schüler pro Lehrer in den anderthalb Jahrzehnten zwischen 1921 und 1937 deutlich verbessert und die Zahl der Mittelschüler spürbar gesteigert. Nur in Polen konnte der innere Ausbau des Schulwesens nicht mit dem rasch wachsenden Schulbesuch mithalten.

In Posen und Lublin, Brünn und Pressburg wurden neue Universitäten gegründet, die hohen Schulen in Warschau und Wilna wurden als Universitäten wiedereröffnet. Die ungarischen Universitäten in Klausenburg und Pressburg wurden nach Szeged und Fünfkirchen verlagert. In Prag entstand mit der 1922 gegründeten ukrainischen Exil-Universität eine dritte ethnisch definierte Hochschule neben der deutschen und der tschechischen Universität. Das ostmitteleuropäische Hochschulwesen hielt nicht nur engen Anschluss an westeuropäische Entwicklungen, die Zahl der Absolventen überstieg in manchen Bereichen sogar den Bedarf. Auf einzelnen Feldern wie der Mathematik, Physik, Ethnologie und Linguistik erreichten polnische, tschechische und ungarische Wissenschaftler Weltruhm. Die multiethnische Atmosphäre vieler Bildungseinrichtungen der Vorkriegsepoche war hingegen endgültig dahin.

Gesundheitswesen Auch das Gesundheitswesen wurde weiter ausgebaut. Überall in Ostmitteleuropa verbesserte sich die Versorgung der Bevölkerung mit Krankenhäusern, am deutlichsten in der Tschechoslowakei. Diese Entwicklung lässt sich an der steigenden Zahl von Ärzten pro 1000 Einwohnern ebenso ablesen wie am spürbaren Rückgang der Säuglingssterblichkeit, auch wenn der Rückstand von etwa zwanzig Jahren gegenüber Deutschland nicht nennenswert verkürzt werden konnte. Auch die staatliche Förderung städtischen Wohnungsbaus trug dazu bei, die sanitären Verhältnisse allmählich zu verbessern. Allerdings setzten hohe Militärausgaben und die zögerliche wirtschaftliche Erholung dem Ausbau von Infrastrukturen enge Grenzen. Deutlich spürbar wurde dies in kapitalintensiven Bereichen wie dem Eisenbahnwesen, im Straßenbau und insbesondere in der jungen Telekommunikation, die das östliche Europa bis 1938 nur in Ansätzen erfasste.

Den Kernbereich staatlicher Gesellschaftspolitik bildeten die beiden großen Komplexe sozialer Reform: der Ausbau von Arbeiterschutz und Sozialgesetzgebung sowie die Parzellierung des ehemals adeligen Großgrundbesitzes. In beiden Bereichen gingen die Reformen unmittelbar auf die Umbrüche der Jahren 1918 bis 1920 zurück, und in beiden Bereichen trugen sie wesentlich zu der Konvergenz ostmitteleuropäischer Gesellschaftsstrukturen in ein allgemeineuropäisches Entwicklungsmodell bei. Unter dem Eindruck drohenden sozialen Umsturzes war sowohl in Polen als auch in der Tschechoslowakei bereits in den ersten Monaten nach der Staatsgründung der Achtstundentag gesetzlich verankert worden. Die polnische Regierung hatte als eine ihrer ersten Maßnahmen die 46-Stunden-Woche verkündet. In Ungarn hingegen wurden entsprechende Maßnahmen der Räterepublik zunächst rückgängig gemacht und ein gesetzlicher Achtstundentag erst 1937 beschlossen. Auch bezahlter Erholungsurlaub fand in Polen und Ungarn erstmals eine gesetzliche Grundlage. Die bereits seit den 1880er Jahren nach deutschem Vorbild eingerichteten Systeme gesetzlicher Arbeiterversicherung wurden in allen drei Ländern hinsichtlich des Leistungsumfangs wie der Zahl der Versicherten in den zwanziger Jahren ausgebaut und vereinheitlicht. Dass der Schutz der Arbeit in Polen Verfassungsrang erhielt, bildete die Grundlage für eine gesetzliche Arbeitslosenversicherung. In der Tschechoslowakei blieb die Arbeitslosenversicherung an die Gewerkschaften gebunden, sodass die hohe Arbeitslosigkeit im Gefolge der Weltwirtschaftskrise nur teilweise aufgefangen werden konnte. Auch wenn die gewerkschaftlich organisierte Arbeiterschaft am meisten von den neuen Versicherungen und Schutzmaßnahmen profitierte, trieben diese die soziale Integration aller lohnabhängigen Arbeiterinnen und Arbeiter in Industrie und Gewerbe bis in die Landwirtschaft hinein, aber auch der Angestellten, wesentlich voran und legten damit ein Fundament für die gesellschaftliche Stabilisierung der unmittelbaren Nachkriegsjahre.

Besonders nachhaltig wirkten die Bodenreformen auf das gesellschaftliche Gefüge Ostmitteleuropas. Angestoßen von der Überlegung, den heimkehrenden Soldaten eine gesicherte Existenzgrundlage in Aussicht stellen zu müssen, sollten nunmehr die umfangreichen Güterkomplexe unter kleine Bauernwirtschaften und landlose Bauern aufgeteilt werden. Dahinter stand das Leitbild einer kleinbäuerlichen Ökonomie vielfältig spezialisierter Einzelhöfe, welche die Gutsherrschaften mit ihren halbindustriellen Wirtschaftsformen ablösen sollten. Die Aufteilung des Gutsbesitzes, der in der Tschechoslowakei bei Kriegsende 38% und in Polen 43% des Ackerlandes umfasste, stellte somit die bisherige Wirtschafts- und Sozialstruktur Ostmitteleuropas grundsätzlich in Frage. Die

Sozialpolitik

Bodenreformen

wirtschaftliche Logik der Bodenreformen trat deshalb deutlich hinter die sozialpolitischen Ziele zurück. Hier bot sich die Möglichkeit, die revolutionäre Unruhe auf dem Land einzudämmen und zugleich den grundbesitzenden und nicht selten andersnationalen Eliten ihre wirtschaftliche Basis zu entziehen. So wurden die Bodenreformen in ganz Ostmitteleuropa schnell zum gesellschaftspolitischen Zentralprojekt der jungen Nationalstaaten, das die zwanziger Jahre hindurch die politische Szene beherrschte.

Besonders zielstrebig gingen die Tschechoslowakei, die baltischen Republiken und Rumänien vor. Innerhalb weniger Jahre wurden hier die Grundsatzbeschlüsse zur Bodenreform in konkrete Gesetze über Beschlagnahme, Parzellierung und Entschädigungszahlungen überführt. Entsprechend zügig konnten die Bodenreformen hier bis zum Ende der zwanziger Jahre abgeschlossen werden. In Polen wurde 1919 ebenfalls eine umfangreiche Bodenreform eingeleitet und unter dem Eindruck des sowjetischen Vormarschs im Juli 1920 im Grundsatz beschlossen. Die weitere Umsetzung drohte zunächst an der innenpolitischen Instabilität zu scheitern. Das 1925 schließlich verabschiedete Gesetzeswerk zeigte jedoch die politische Integrationskraft der Bodenreform und spricht für die Handlungsfähigkeit der parlamentarischen Demokratie in Zwischenkriegspolen. Auch in Ungarn wurde 1920 eine umfassende Bodenreform in Angriff genommen, die dem Staat weitreichende Möglichkeiten für den Ankauf und die Umverteilung landwirtschaftlichen Bodens einräumte, dabei jedoch von Anfang an ausgesprochen schonend mit dem agrarischen Großgrundbesitz umging. Besonderes Gewicht gewann hier die ursprüngliche Idee, heimkehrenden Soldaten eine eigene Hofstelle zukommen zu lassen.

Ökonomisch war das Ergebnis der Bodenreformen zwiespältig. Mit Ausnahme des Baltikums wurde die landwirtschaftliche Besitzstruktur nicht wesentlich verändert. Obwohl extreme Konzentrationen des Gutsbesitzes abgebaut wurden, führten wirtschaftliche und politische Erwägungen dazu, dass viele Güter nicht in dem gesetzlich vorgesehenen Maß enteignet wurden. Auch am Vorabend des Zweiten Weltkrieges bildete der Großgrundbesitz ein Kernelement ostmitteleuropäischer Agrarverhältnisse. Umso weniger war es gelungen, den hohen Anteil wirtschaftlich kaum lebensfähiger Klein- und Kleinstwirtschaften nennenswert zu senken. Ohne eine dynamische Industrialisierung ließen sich der rasch wachsenden ländlichen Bevölkerung kaum langfristige Perspektiven aufzeigen. Allerdings sollten auch die kleinen Verbesserungen, die einer Vielzahl von Bauern durch die Bodenreformen zuteil wurden, in ihrer sozialpolitischen Wirkung nicht unterschätzt werden, trugen sie doch erheblich zur politischen Konsolidierung der Nationalstaaten bei.

Der Versuch, die Bevölkerung durch weitreichende Reformen auf den neuen Staat zu verpflichten, wurde in der Tschechoslowakei zunächst auch von einigen deutschen Parteien als Chance erkannt. Das Potential der Reform, auch gegenüber den Minderheiten integrativ zu wirken, wurde jedoch früh durch die nationale Propaganda unterlaufen, mit der die tschechoslowakische und die polnische Regierung ihre Bodenreformen bewarben und sie zur späten Wiedergutmachung, ja geradezu zur Rache an deutschen und magyarischen Grundbesitzern erklärten. Somit konnten Minderheitenpolitiker die Bodenreformen als nationale Diskriminierung angreifen. Mehrere deutsche und ungarische Beschwerden vor dem Völkerbund blieben zwar ohne konkretes Ergebnis. Dennoch ist unbestritten, dass die gesellschaftspolitische Stabilisierung um den Preis einer weiteren Entfremdung vor allem der deutschen Minderheiten erkauft wurde. Dieser Zusammenhang verweist auf eine grundsätzliche Schwäche aller Konsolidierungsbemühungen der Zwischenkriegszeit. Wo jegliche Reform als nationales Projekt verstanden wurde, klagten die Minderheiten zwangsläufig über vermeintliche Diskriminierung. Der Integration sprachlicher Minderheiten waren in der nationalstaatlichen Ordnung Ostmitteleuropas enge Grenzen gesetzt.

Hieran konnte auch ein gesetzlicher Minderheitenschutz nur wenig ändern. Dieser umfasste gemäß den Minderheitenschutzverträgen vor allem individuelle Rechte wie ein allgemeines Verbot der Diskriminierung von Sprache, Rasse oder Religion, den Schutz der Rechtsgleichheit und des Anspruchs auf Staatsbürgerschaft, das Recht zum Gebrauch der Muttersprache im Umgang mit Behörden sowie die ausdrücklich betonte Vereinigungsfreiheit auch entlang sprachnationaler Kriterien. Dazu trat als kollektives Recht ein Quorum für den Bau von Minderheitenschulen. Nur das nach den Maßstäben der Zeit als mustergültig anerkannte estnische Nationalitätengesetz von 1925 ging jedoch so weit, die Angehörigen von Minderheiten in nationalen Registern zu erfassen und auf dieser Basis eigenständige kulturelle Korporationen zu ermöglichen. Dieser gesetzliche Rahmen, der sich an den besonderen Bedingungen von Streuminderheiten orientierte, wurde von den Deutschen und Juden Estlands durchaus angenommen. Auch die lettische Regierung richtete eigene deutsche Schulverwaltungen ein, ohne jedoch eine umfassende Kulturautonomie zuzulassen. Im übrigen Ostmitteleuropa fand dieser viel beachtete Versuch jedoch kaum Nachahmer. Territoriale Autonomien wurden formal im polnischen Oberschlesien und in Ostgalizien eingerichtet und der tschechoslowakischen Karpatoukraine verbindlich in Aussicht gestellt, aber nur in Oberschlesien wenigstens teilweise mit Leben erfüllt.

Von den staatstragenden Nationen wurden Minderheitenschutzgesetze ohnehin als Voraussetzung politischer Integration und langfristiger sprachlicher Assimilation betrachtet, wenn nicht sogar, wie in Teilen der polnischen Eliten, als von außen auferlegte, lästige Verpflichtung. Anders als in der Habsburgermonarchie wurde der Erwerb der Staatssprache durch entsprechende Schulgesetze wie die umstrittene polnische *Lex Grabski* von 1924 nunmehr durchweg obligatorisch. Demgegenüber verstanden die Betroffenen das Minderheitenrecht als Schutzwall gegenüber jeglicher politischer und gesellschaftlicher Assimilation. Derart widerstreitende Erwartungen polarisierten den öffentlichen Diskurs und trieben die wechselseitige nationale Entfremdung stärker voran als konkrete Konflikterfahrungen eines leidlich friedfertigen Lebensalltags.

Deutlich wird diese Logik nationalpolitischer Konflikte angesichts der Tschechoslowakei mit ihrem vergleichsweise hohen Maß an demokratischer Stabilität. Nach dem Wahlsieg der bürgerlichen Parteien gelang es 1926, eine Koalition unter Beteiligung des deutschen Bundes der Landwirte und der deutschen Christsozialen zu bilden, an der sich ab Januar 1927 für knapp drei Jahre auch die autonomistische Slowakische Volkspartei Andrej Hlinkas beteiligte. Eine dauerhafte Verpflichtung der deutschen und slowakischen Bevölkerung auf die tschechoslowakische Republik erwuchs aus diesem Sieg der Aktivisten jedoch nicht, konnte doch die Rhetorik nationaler Abgrenzung in Zeiten der Weltwirtschaftskrise auch durch eine Regierungsbeteiligung nicht entkräftet werden.

Deutscher Aktivismus

Im übrigen Ostmitteleuropa war eine aktive Beteiligung von Minderheitenparteien an der Regierung nahezu undenkbar. Wo jegliche Reformpolitik ohnehin unter dem Blickwinkel nationaler Diskriminierung betrachtet wurde, mussten aktive Sondermaßnahmen den Eindruck der Benachteiligung noch weiter verstärken. In Polen, dessen Schul- und Bodenreformpolitik schon in den zwanziger Jahren wenig Sensibilität gegenüber Deutschen, Weißrussen, Ukrainern und Juden gezeigt hatte, gewannen in den dreißiger Jahren repressive Tendenzen an Boden, die auch vor einer kaum noch verbrämten Polonisierung und offen praktiziertem Antisemitismus nicht mehr zurückscheuten. Vergleichsweise stabil blieb nur die Lage der deutschen Bevölkerung Polens. Allerdings verlor sie die internationale Garantie ihres Rechtsstatus, als die polnische Regierung im Gefolge des deutsch-polnischen Nichtangriffspaktes von 1934 den Minderheitenschutzvertrag kündigte. Unverkennbare Assimilierungsbestrebungen prägten auch die ungarische Minderheitenpolitik, nachdem ein kurzfristig eingerichtetes Minderheitenministerium bereits 1921 wieder aufgelöst worden war. Zwar sah eine Schulverordnung von 1923 ein ausdifferenziertes System von Minderheitenschulen vor, das den jeweiligen Bedingungen und den Wünschen der lokalen Bevölkerung auf dem Papier Rechnung zu tragen versprach. In der Praxis setzten sich jedoch schnell die einsprachigen Volksschulen durch.

Unter diesen Bedingungen gelang es den jeweiligen Minderheitenparteien und -vereinen, das öffentliche Leben der ethnischen Minderheiten national zu vereinnahmen und bis in den Alltag hinein dauerhaft zu strukturieren. Diese Organisationen bildeten auch den wichtigsten Hebel außenpolitischer Instrumentalisierung der Minderheitenfrage bis hin zu geheimer finanzieller Unterstützung, wie sie insbesondere von Deutschland aus, wenn auch in bescheidenem Umfang, geleistet wurde.

Das politische System konnte also jeweils nur durch die staatstragenden Parteien konsolidiert werden. Es zeigte sich jedoch bald, dass die Gründungskonstellationen der unmittelbaren Nachkriegsjahre zu zerfallen begannen. Besonders augenfällig verlief dieser Prozess in Polen. Hier bildete sich ein fragmentiertes Parteienwesen heraus, das nicht nur weltanschaulichen Kriterien folgte, sondern auch die unterschiedlichen Traditionen der Teilungsgebiete reproduzierte und angesichts der starken, von der persönlichen Feindschaft zwischen Józef Piłsudski und Roman Dmowski noch verschärften Rivalität von Sozialisten und Nationaldemokraten kein integratives Zentrum aufwies. Dass Piłsudski nicht für das mit der Verfassung von 1921 erheblich zurückgestutzte Amt des Präsidenten kandidierte, erwies sich als zusätzliche Belastung. Als sein Nachfolger Gabriel

Narutowicz, der nur mit den Stimmen der Minderheiten gewählt worden war, kurz darauf im Dezember 1922 von einem Nationaldemokraten erschossen wurde, offenbarte dies erst recht die Brüchigkeit des parlamentarischen Systems. Eine stabile Regierungsbildung war fortan nahezu unmöglich. Allein das überparteiliche Kabinett Grabski blieb in den Jahren 1924/25 politisch handlungsfähig.

Der Staatsstreich Piłsudskis vom Mai 1926, mit dem er sowohl den Staatspräsidenten wie den Ministerpräsidenten zum Rücktritt zwang, brachte das Land an den Rand eines Bürgerkriegs, der nur durch einen von den Sozialisten organisierten Generalstreik vermieden werden konnte. Gestützt auf die Armee, auf das stille Einverständnis konservativer Großgrundbesitzer und auf die Idee einer moralischen Gesundung Polens (*Sanacja*) dominierte Piłsudski fortan das politische Gefüge, ohne selbst ein wichtiges politisches Amt dauerhaft zu übernehmen. Das Leitbild einer gelenkten Demokratie, das dem Sejm formal durchaus noch eine zentrale Rolle in der Gesetzgebung zuwies, wurde mit den gewaltsamen Repressionen gegen die vereinigte Opposition aus Sozialisten und Bauernparteien im September 1930 ad absurdum geführt. Nunmehr nahm das Regime Piłsudskis offen diktatorische Züge an.

Staatsstreich Piłsudskis

Nach dem Tod des Staatsgründersim Mai 1935 flüchteten sich seine Nachfolger in einen ausfernden Personenkult, der die inneren Spannungen im Regierungslager und die drohende Sinnentleerung einer nur auf Größe und Selbstverteidigung der Nation orientierten Politik kaum verdecken konnte. Dennoch brachte die schleichende Rechtsdrift des Regimes eine bemerkenswerte Stabilisierung hervor. Mit dem Vierjahresplan von 1937 formulierte es einen Ausweg aus der wirtschaftlichen Krise, der sich weitgehend an deutschen Vorbildern orientierte. Die aufkommenden rechtsradikalen Gruppierungen der jungen Intelligenzia konnten durch den Umbau des Regierungsblocks zum „Lager der nationalen Vereinigung" (*Obóz Zjednoczenia Narodowego*) weitgehend aufgesogen werden. Die vier großen Oppositionsparteien wurden durch Wahlmanipulationen politisch marginalisiert. Wie die Arbeiterstreiks und die Bauernunruhen von 1937 zeigten, konnten sich die sozialistische PPS und die bäuerliche Volkspartei zwar auf ein erhebliches soziales Protestpotential stützen, die wachsende Bedrohung durch übermächtige Nachbarn ließen die Opposition jedoch davon Abstand nehmen, das Regime politisch herauszufordern. Diese Neuordnung der Parteienlandschaft prägte das politische Gefüge Polens auch über die militärische Niederlage von 1939 hinaus. Inwieweit die derart stabilisierte Diktatur allerdings die Fähigkeit aufbringen würde, die strukturellen Probleme Polens zu lösen, ließ sich auch Ende der dreißiger Jahre noch nicht absehen.

Auch in der Tschechoslowakei drohte ein potentiell übermächtiger Staatsgründer das parlamentarische Gefüge zu belasten. Anders als in Polen konnte dieses Problem jedoch durch die enge Zusammenarbeit der staatstragenden Parteien aufgefangen werden. Hinzu kam die persönliche Integrität Präsident Masaryks, der sich den Niederungen der Parteipolitik früh entzogen hatte und zur überparteilichen Integrationsfigur des jungen Staates geworden war. Gefährlich war vielmehr das zunehmende politische Gewicht informeller Gremien wie der *Pětka* und die rasch fortschreitende Proportionalisierung politischer Macht. Die hochgradig organisierte „Proporzdemokratie" [HEUMOS 9.e: 68] mündete auch in der Tschechoslowakei in eine programmatische Entleerung von Politik, deren Bezugspunkt sich ähnlich wie in Polen auf die Bewahrung der Nation verengte. Zwar hatten sich mit der Wahlniederlage der Linken und dem Regierungseintritt zweier deutscher aktivistischer Parteien 1926 Spielräume für eine flexiblere Mehrheitsbildung ergeben, mit dem Aufkommen der Sudetendeutschen Heimatfront Konrad Henleins geriet der deutsche Aktivismus seit 1933 jedoch zusehends unter Druck. Nachdem diese 1935 in einem erdrutschartigen Wahlsieg als Sudetendeutsche Partei zur stärksten Partei (aber nur zur zweitstärksten Parlamentsfraktion) im Staat geworden war, verengte sich die tschechoslowakische Innenpolitik zusehends auf die krisenhafte Auseinandersetzung mit der sogenannten Sudetenfrage. Die Zusage vom Februar 1937, die Deutschen noch stärker als bisher in eingespielte Strukturen tschechoslowakischer Parteienpolitik einzubeziehen, konnte die tiefe Entfremdung zwischen Tschechen und Deutschen nicht mehr überbrücken. Gegenüber dem zielstrebigen Willen Hitlers, die Tschechoslowakei zu zerschlagen, waren die tschechoslowakischen Parteien jedoch ohnehin machtlos.

Sudetendeutsche Partei

In Ungarn hatte die Restauration von 1920 eine stabile Mehrheit im Reichstag hervorgebracht. Daran hatte die politische Statur des langjährigen Ministerpräsidenten István Bethlen wesentlichen Anteil. Indem er sich der Kleinwirtepartei bemächtigte und ihre bäuerlichen Gründer politisch an den Rand drängte, gestaltete Bethlen sie zu einem verlässlichen Instrument parlamentarischer Absicherung seiner Regierung um. Die Niederlagen der Linken bei den Wahlen 1926 und 1931 führten zu vorerst ungefährdeten konservativen Mehrheiten, zumal die 1930 neu begründete, oppositionelle Unabhängige Kleinwirtepartei (*Független Kisgazda-, Földmunkás és Polgári Párt*) ihren Ruf nach Wiederaufnahme der steckengebliebenen Bodenreform schnell zurückstellte. Die 1937 in der „Märzfront" organisierten agrarsozialistischen Intellektuellen um den Schriftsteller Gyula Illyés erzielten zwar breitere öffentliche Resonanz, aber auch ihre Parteigründung, die 1939 gegründete Nationale Bauernpartei (NPP), blieb politisch vorerst marginalisiert.

István Bethlen

Wenn sich das politische Spektrum dennoch verschob, so lag dies an der Regierungspartei, innerhalb derer die radikale Rechte seit Beginn der dreißiger Jahre deutlich an Gewicht gewann. Diese erzielte 1932 mit der Ministerpräsidentschaft von Gyula Gömbös, der sich offen zu einem ungarischen Nationalsozialismus bekannte, einen Durchbruch. Der erklärte Versuch, Ungarn in einen Einparteienstaat nach dem Vorbild Italiens und Deutschlands umzuwandeln, scheiterte jedoch an der fehlenden Massenbasis, ohne die der hinhaltende Widerstand der Konservativen nicht zu brechen war, und an Gömbös' unerwartetem Tod im Oktober 1936. Da Gömbös eine große Zahl rechtsradikaler Gesinnungsgenossen in mittlere und höhere Staatsämter gehievt hatte, wurde die radikale Rechte in Ungarn dennoch nachhaltig gestärkt. Die Spannung zwischen Konservativen und Radikalen innerhalb des Regierungslagers prägte fortan die ungarische Po-

Gyula Gömbös

litik. Die Pfeilkreuzlerbewegung unter Ferenc Szálasi, die 1938 vorübergehend die Straße beherrschte, setzte die von Horthy verkörperte legalistische Ordnung weiter unter Druck. Allerdings gelang es den Pfeilkreuzlern bis 1944 nicht, eine Brücke zu den elitären Rechtsradikalen zu schlagen.

Die politische Erosion, die sich seit dem Ende der zwanziger Jahre im ganzen östlichen Mitteleuropa abzeichnete, rührte aus tiefer liegenden Gefährdungen. Hatte sich der demokratische Nationalstaat in den ersten Jahren nach Kriegsende als geeigneter Rahmen erwiesen, um radikale Erwartungen zu kanalisieren und die Konsolidierung der Nachkriegsgesellschaften auszugestalten, so zeigte er sich gegenüber der Weltwirtschaftskrise als weitgehend handlungsunfähig. Dabei war die wirtschaftliche Bilanz der zwanziger Jahre durchaus beachtlich. Die Stabilisierung des Finanzsystems, die in Polen und Ungarn durch die Hyperinflation der Jahre 1923/24 allerdings massiv gefährdet wurde, wurde zur Grundlage eines soliden Aufschwungs. Vor allem die böhmischen Länder konnten vergleichsweise nahtlos an die Vorkriegsentwicklung anknüpfen und ihre auf den Export in die südöstlichen Nachbarn ausgerichtete Industrieproduktion nochmals spürbar steigern. In Ungarn entwickelte sich die Textilindustrie zum Motor wirtschaftlichen Wachstums. Dagegen war die Wirtschaft Polens nach dem Wegfall bisheriger russischer, deutscher und habsburgischer Absatzmärkte besonders geschwächt, was sich auch bis zum Ende der zwanziger Jahre noch nicht überwinden ließ. *Wirtschaftliche Konsolidierungen*

Aufgrund ihrer hohen Exportabhängigkeit wurde die Tschechoslowakei von der Weltwirtschaftskrise besonders hart getroffen. Nahezu eine Million Arbeitslose brachten die sozialen Sicherungssysteme an den Rand des Zusammenbruchs und führten mit dem Aufkommen der Sudetendeutschen Partei zum Kollaps des deutschen Parteiensystems in der Tschechoslowakei. In Polen wirkten sich die schweren sozialen Verwerfungen ebenfalls auf das politische Gefüge aus. Während hier zunächst die oppositionelle Linke von den sozialen Unruhen in der Arbeiterschaft wie unter den Bauern profitierte, wandten sich Teile der intellektuellen Jugend rechtsradikalen Erneuerungsentwürfen zu. Aber auch in Ungarn, dessen agrarische Struktur die unmittelbaren Folgen der Weltwirtschaftskrise zunächst abschwächte, ließ die Massenarbeitslosigkeit das Vertrauen in das politische System schwinden und verhalf der radikalen Rechten mit ihren Verheißungen revolutionärer, völkischer Erneuerung zu weiterem Zulauf. Abgesehen von der tschechischen Gesellschaft gelang es der radikalen Rechten nunmehr in ganz Ostmitteleuropa, Milieugrenzen zu überschreiten und, wenn auch langsam, zu massenwirksamen Sammlungsbewegungen heranzuwachsen. *Weltwirtschaftskrise*

Die wirtschaftliche Krise gab schließlich auch antisemitischen Strömungen neuen Auftrieb. In Ungarn war der 1920 eingeführte Numerus Clausus für jüdische Studenten 1928 zwar erheblich abgemildert worden. Seine Wiedereinführung 1938 ging nunmehr jedoch mit einer von langer Hand vorbereiteten massiven Quotierung der freien Berufe einher. Weitere antijüdische Gesetze nach dem Vorbild der Nürnberger Gesetze führten bis 1941 dazu, dass Juden nach rassischen Kriterien weitgehend aus der ungarischen Gesellschaft ausge- *Antisemitische Gesetze* grenzt wurden. Auch in Polen kam es in den dreißiger Jahren zu erheblichen Diskriminierungen, begleitet von offen antisemitischer Propaganda vor allem der Nationaldemokraten. Die Ansätze einer Integration vielfältiger jüdischer Strömungen in die polnische Gesellschaft wurden dadurch massiv in Frage gestellt. Dagegen gab es in der Tschechoslowakei bis 1938 nur unter den deutschen und slowakischen Parteien einen offenen, politisch virulenten Antisemitismus.

Als Triebkraft emanzipatorischer Reformen hatte der Nationalstaat in Ostmitteleuropa in den zwei Jahrzehnten zwischen 1918 und 1938 erheblich an Mobilisierungskraft eingebüßt. Dennoch lässt sich die Krise der Nationalstaaten nicht allein aus den inneren Problemen der einzelnen Staaten ableiten. Entscheidend für den Zusammenbruch der nationalstaatlichen Ordnung Ostmitteleuropas waren vielmehr der Aufstieg und der Kriegswille des nationalsozialistischen Deutschlands.

c) Ostmitteleuropa in den Mächtebeziehungen der Zwischenkriegszeit

In den knapp zwei Jahrzehnten der Zwischenkriegszeit wurde das östliche Mitteleuropa zur Bruchzone des europäischen Mächtesystems. Es war nicht damit zu rechnen, dass sich Deutschland und die Sowjetunion dauerhaft mit ihrer schwachen Stellung zufrieden geben würden, die aus dem Kollaps der östlichen Großreiche entstanden war und die Entstehung der neuen Nationalstaaten überhaupt erst möglich gemacht hatte. Zudem stand jedes ostmitteleuropäische Land mit nahezu allen seinen Nachbarn im Konflikt. Neben dem deutschen und ungarischen Revisionismus erwies sich das Verhältnis Polens zu Litauen und zur Tschechoslowakei, das durch die Konflikte um Wilna und Teschen vergiftet war, als konstante Belastung, Eine stabile Ordnung war also davon abhängig, wie weit es gelang, diese Konflikte einzudämmen und die deutschen wie die sowjetischen Aspirationen in ein übergreifendes System europäischer Sicherheit einzubinden. Obgleich diese Aufgaben ungelöst blieben, bildete sich in den zwanziger Jahren doch eine prekäre Stabilität heraus, die erst durch das aggressive Auftreten des nationalsozialistischen Deutschlands zielstrebig zerstört wurde.

Diese Stabilität ruhte in den frühen zwanziger Jahre zunächst auf der Spannung zwischen Siegern und Besiegten. Um ungarischen Revisionsansprüchen gemeinsam Einhalt zu gebieten, gründeten die Tschechoslowakei, Jugoslawien und Rumänien ein militärpolitisches Bündnis, die zunächst spöttisch so genannte „Kleine Entente". In der Abwehr der beiden Rückkehrversuche König Karls nach Ungarn bestand sie 1921 ihre erste und wichtigste Bewährungsprobe. Aus der Fixierung auf Ungarn erwuchsen gleichermaßen Stabilität wie Beschränkung dieses seit 1933 um eine gemeinsame Militärorganisation erweiterten Bündnisses. An der Einbindung Polens scheiterte die Kleine Entente. Auch die Sicherheitsbedürfnisse Rumäniens und Jugoslawiens gegenüber der Sowjetunion und Bulgarien konnte sie nicht befriedigen. Den zweiten regionalen Eckpfeiler

Kleine Entente

außenpolitischer Stabilität bildete ein Defensivvertrag, den Polen und Rumänien im März 1921 mit Blick auf die Sowjetunion abschlossen. Die beabsichtigte Erweiterung um Estland und Lettland kam jedoch ebenfalls nicht zustande. Ihre mächtepolitische Rückbindung fanden diese regionalen Blockbildungen in der französischen Bündnispolitik. Allerdings war das von Frankreich im Sinne einer traditionellen *barrière de l'est* allmählich aufgebaute Geflecht bilateraler Militärbündnisse mit Polen (1921), der Tschechoslowakei (1924), Rumänien (1926) und Jugoslawien (1927) nicht darauf angelegt, Spannungen der jeweiligen Bündnispartner untereinander abzubauen. Von einem belastbar strukturierten System war die zögerliche französische Bündnispolitik weit entfernt. Dass sich weder England noch die USA in substantieller Weise daran beteiligten, die neue Ordnung dauerhaft abzusichern, stellte deren Stabilität zusätzlich in Frage.

Die wenig aussichtsreichen britischen Bemühungen, im April 1922 in Genua die Grundlagen eines umfassenden wirtschaftlichen Wiederaufbaus in Europa zu legen, wurden durch die wirtschaftliche Zusammenarbeit, welche Deutschland und die Sowjetunion im benachbarten Rapallo vereinbarten, auf spektakuläre Weise torpediert. Rapallo eröffnete erstmals die Aussicht auf eine enge deutsch-sowjetische Zusammenarbeit als logisch anmutendes Gegenstück zu dem sich abzeichnenden französischen Bündnissystem in Ostmitteleuropa und machte deutlich, wie prekär die geopolitische Lage des jungen polnischen Nationalstaats tatsächlich war. Ein ähnliches Abkommen zwischen der Sowjetunion und Ungarn scheiterte 1924 an unüberbrückbaren Gegensätzen. Zwar gelang es der ungarischen Regierung seit 1927 durch Freundschaftsverträge mit Italien, Polen und Österreich, die außenpolitische Isolation zu durchbrechen und ein Gegengewicht zur Kleinen Entente zu entwickeln. Einer Revision des Vertrags von Trianon kam die ungarische Regierung trotz einzelner internationaler Vorstöße jedoch nicht näher, zumal Deutschland sich gegenüber jeglichem Werben in diese Richtung vorerst bedeckt hielt.

Dieses System austarierter Gegensätze konnte ebenso wenig wie der Völkerbund mit seiner unzureichend abgesicherten Garantie territorialer Integrität verlässliche Perspektiven für eine dauerhafte Befriedung Europas bieten. Schon der Versuch eines umfassenden Interessenausgleichs brachte geradezu zwangsläufig Verwerfungen hervor. Vielmehr sorgte gerade der Vertrag von Locarno im östlichen Mitteleuropa für erhebliche Unruhe. Denn die offene Weigerung der Vertragspartner, die östlichen Grenzen Deutschlands in gleicher Weise wie die Westgrenze international zu garantieren, ließ trotz der Schiedsverträge mit Polen und der Tschechoslowakei eine Preisgabe dieser Länder an deutsche Revisionsbemühungen befürchten. Dahinter stand vor allem die polnische Sorge, ein Ausgleich Frankreichs mit Deutschland lasse das östliche Mitteleuropa fortan auf sich allein gestellt. Durch das deutsch-sowjetische Abkommen von Berlin sowie den Nichtangriffspakt zwischen der Sowjetunion und Litauen wurden diese Befürchtungen im Lauf des Jahres 1926 noch verstärkt.

Gerade weil Locarno für das westliche Europa eine Politik des Interessenausgleichs einzuleiten schien, trat das Fehlen eines solchen Vertragswerks im

Rapallo

Locarno

östlichen Europa umso deutlicher zutage. Vielfältige Bemühungen um ein „Ost-Locarno" zielten in den folgenden Jahren darauf, diesem Mangel abzuhelfen und das regionale Konfliktpotential einzuhegen. Ansätze einer Kooperation Polens mit seinen baltischen Nachbarn scheiterten jedoch ebenso wie das Bemühen um einen Ausgleich mit der Tschechoslowakei. Größeren Erfolg hatte die Sowjetunion mit einer Reihe aufeinander abgestimmter Nichtangriffspakte, die neben Litauen auch Lettland, Estland, Polen und Rumänien umfassten und auf der Grundlage des Ost-Paktes (Litvinov-Protokoll) von 1929 in den folgenden Jahren zu einem System gebündelt wurden. Damit gelang es der Sowjetunion, aus der internationalen Isolierung herauszutreten und sich als ein möglicher Garant außenpolitischer Stabilität im östlichen Mitteleuropa zu präsentieren.

Deutsch-polnischer Nichtangriffspakt Mit der nationalsozialistischen Machtübernahme veränderte sich das Mächtegefüge in Ostmitteleuropa von Grund auf. Der überraschende deutsch-polnische Nichtangriffspakt vom Januar 1934 machte Hitler den Rücken frei für eine fordernde Revisionspolitik gegenüber den Westmächten, die den Einstieg in eine zielstrebige Kriegsvorbereitung markierte und propagandistisch bereits auf die Sowjetunion zielte. Polen hingegen schien der Vertrag mit Deutschland endlich jene Garantie der Westgrenze zu geben, die ihm in Locarno vorenthalten worden war. Die neue Politik der Äquidistanz gegenüber Deutschland und der Sowjetunion, die das etablierte Bündnis mit Frankreich ergänzen sollte, verhieß Polen zwar einen Zuwachs an Sicherheit. Für den französischen Versuch, das bestehende sowjetisch-baltisch-polnische System von Nichtangriffspakten zu einem umfassenderen Ostpakt auszubauen, stand neben dem zunehmend selbstbewusst auftretenden Deutschland nun jedoch auch Polen nicht mehr zur Verfügung.

Der deutsch-polnischen Annäherung folgte somit eine Hinwendung der französischen Außenpolitik zur Sowjetunion. Diese sollte fortan Polen als Eckpfeiler einer Politik ablösen, welche eine deutsche Expansion einzuhegen suchte. Auf den Beitritt der Sowjetunion zum Völkerbund folgten 1935 Beistandspakte mit Frankreich und der Tschechoslowakei. Schon im Vorjahr war ein estnisch-lettisches Bündnis durch den Beitritt Litauens zur baltischen Entente ausgebaut worden, die ebenfalls auf die Eindämmung Deutschlands zielte. Das bisherige Bemühen um ein „Ost-Locarno" war nach dem deutsch-polnischen Nichtangriffspakt somit in ein Krisenmanagement übergegangen, das neue Blockbildungen hervorbrachte.

Das aggressiv auftretende nationalsozialistische Deutschland ließ sich durch diesen zaghaften Ausbau neuer Gegengewichte im Osten jedoch nicht bremsen. Nachdem England und Frankreich die Rückkehr Deutschlands zur Wehrpflicht wie die Besetzung des Rheinlands tatenlos hingenommen hatten, musste den ostmitteleuropäischen Regierungen klar werden, dass die Westmächte den Ansprüchen Deutschlands nicht entschieden entgegentreten würden. Äußerst prekär wurde die Lage der Tschechoslowakei mit dem Anschluss Österreichs im März 1938. Der unverhoffte Aufstieg der Sudetendeutschen Partei Konrad Henleins, der sich 1937 rückhaltlos in den Dienst deutscher Expansionspolitik stellte, bot der deutschen Außenpolitik besondere Möglichkeiten, die sie zielstrebig zu nutzen verstand. Obgleich die tschechoslowakische Regierung bis an den Rand der Selbstaufgabe auf die sudetendeutschen Autonomieforderungen einging, hatte die Tschechoslowakei angesichts der klaren Vorgaben an Henlein aus Berlin diplomatisch keine Chance. In der bis heute als „Appeasement" kritisierten Erwartung, einen europäischen Krieg durch ein weiteres großes Zugeständnis noch vermeiden zu können, gaben die Westalliierten im September 1938 die Tschechoslowakei preis. Das Münchner Abkommen erzwang die Angliederung der Sudetengebiete an das Deutsche Reich und bereitete die Abtretung der magyarischen Gebiete der südlichen Slowakei an Ungarn vor, die mit dem euphemistisch als (Erster) Wiener Schiedsspruch benannten Diktat vom November 1938 vollzogen wurde. Polen wurde mit dem Erwerb Teschens ebenfalls zum Komplizen gemacht. Unter dem Druck Deutschlands war somit die nationalstaatliche Ordnung Ostmitteleuropas, wie sie sich im Gefolge des Ersten Weltkrieges herausgebildet hatte und in den Pariser Vorortverträgen zementiert worden war, nach kaum zwei Jahrzehnten zusammengebrochen.

Münchner Abkommen

d) Ostmitteleuropa 1938 – Eine Bilanz

Als Rahmen für den Ausbau moderner Infrastrukturen hatte sich die nationalstaatliche Ordnung seit 1918 bewährt. Dennoch wurde die Zwischenkriegszeit in den ostmitteleuropäischen Gesellschaften weithin als krisenhafte Epoche ungefestigter Verhältnisse empfunden. Ursache dafür waren nicht allein die Weltwirtschaftskrise, die hartnäckigen Minderheitenkonflikte und die drohenden mächtepolitischen Entwicklungen der dreißiger Jahre. Auch der Verlust alter Gewissheiten wurde im östlichen Mitteleuropa nach dem Umbruch von 1918 und angesichts der unmittelbaren Nachbarschaft zur Sowjetunion noch tiefer empfunden als im übrigen Europa. Zudem war gegen Ende der dreißiger Jahre die Auflösung der alten gesellschaftlichen Ordnung auch im östlichen Mitteleuropa bereits weit fortgeschritten. Die adelsständische Herkunft der Gesellschaften Ostmitteleuropas war in den ländlichen Verhältnissen und ihrer Wirkung auf die Wirtschaftsstruktur, in alten wie neuen Eliten und in der spezifischen Kultur des Nationalen zwar immer noch unverkennbar, trat gegenüber der spät, aber umso machtvoller einbrechenden industriellen Moderne jedoch zusehends in den Hintergrund.

Auch im östlichen Mitteleuropa lässt sich in der Zwischenkriegszeit der Zerfall traditionaler sozialer und kultureller Milieus beobachten. Obwohl in allen Staaten der Region auch in den dreißiger Jahren noch die Mehrheit der Bevölkerung, in Polen sogar mehr als zwei Drittel, auf dem Land lebte, trog der Anschein überlieferter, stabiler Verhältnisse. Wirtschaftlich war das ostmitteleuropäische Dorf von dem anhaltend hohen Anteil an Zwergwirtschaften geprägt, sodass ein Großteil der ländlichen Bevölkerung trotz der Bodenreformen am Existenzminimum lebte, ohne greifbare Aussicht auf Besserung. Einzig die

Zerfall traditionaler Milieus

Abwanderung in die Stadt schien eine Perspektive zu bieten. Doch trotz der wachsenden ökonomischen Kluft zwischen Stadt und Land setzten sich neue wirtschaftliche und kulturelle Formen allmählich auch auf dem Dorf durch. Industriell produzierte Textilien, Lebensmittel und andere Alltagsgegenstände drängten die traditionelle Selbstversorgung des Dorfes weiter zurück. Zudem hatte die Aufteilung des adeligen Großgrundbesitzes der patriarchalischen Werteordnung einen schweren Stoß versetzt. Mit der Ausweitung des Wahlrechts hielten neue Formen politischer Öffentlichkeit auch auf dem Land Einzug. Speziell an die Bauern gerichtete Zeitungen und Zeitschriften gewannen seit 1918 ebenso weiter an Gewicht wie die politischen und konfessionellen Vereine, die den Bauernparteien, in der Tschechoslowakei auch den Christsozialen und der Slowakischen Volkspartei, als organisatorisches Fundament dienten. Auch wenn diese Form politischer Organisation die gesellschaftliche Fragmentierung voranzutreiben schien, leistete sie doch einen erheblichen Beitrag zur Einbindung des Dorfes in landesweite politische Strukturen. Unterfüttert wurde diese durch die fortschreitende Orientierung nationaler Identitätsentwürfe an den Bauern als Fundament und Kraftquell der Nation. Damit wurde zugleich eine Folklorisierung dörflicher Kultur eingeleitet, welche die schleichende kulturelle Auszehrung des Dorfes überdeckte.

Auch der ländliche Adel zog sich zusehends in elitäre Reminiszenzen an eine Vergangenheit zurück, in der er die Nation verkörpert hatte. Mit dem Untergang der Monarchien hatte seine kulturelle Leitfunktion gegenüber den aufstrebenden neuen Eliten erheblich gelitten. In der Tschechoslowakei war der Adel als Stand vollständig abgeschafft worden, die meisten ehemaligen Magnaten waren außer Landes gegangen. Auch seine prägende Rolle im Militär hatte der grundbesitzende Adel durch den Weltkrieg eingebüßt. In Polen wie in der Tschechoslowakei dominierten nunmehr die Legionäre, in Ungarn hingegen diejenigen Offiziere, die nach der Räterepublik von Szeged aus die Restauration eingeleitet hatten. Während im östlichen Mitteleuropa, anders als im deutschen Kaiserreich, ein Reserveoffiziersrang vor 1918 für Selbstverständnis und Selbstdarstellung sozialer Aufsteiger kaum eine Rolle gespielt hatte, machte sich nunmehr der Einfluss der Kriegsveteranen auf die neuen Eliten bemerkbar.

Neue Eliten Die Erfahrungen von Legionären und Kriegsgefangenen mit der russischen Revolution sowie die heimische revolutionäre Unruhe bei Kriegsende hatten dazu beigetragen, die jungen städtischen Eliten in ihrer selbstbewussten Zukunftsgewissheit zu erschüttern. Zwar boten die neu gewonnenen Nationalstaaten polnischen und tschechischen Bildungsaufsteigern zunächst ausgezeichnete Perspektiven in Verwaltung und Wirtschaft. Dagegen musste sich die überhaupt erst im Entstehen befindliche slowakische Bildungsschicht mit den ins Land strömenden Tschechen auseinandersetzen, ähnlich wie die deutschen Staatsbeamten der Tschechoslowakei, die sich in einem deutlich kleiner gewordenen Staatsverband der aggressiven Rhetorik der von Karel Kramář geforderten „Entdeutschung" (*odněmčování*) konfrontiert sahen. In Ungarn weitete sich ein extremes Überangebot von Akademikern, die nach Trianon aus der Slowakei und aus Siebenbürgen in die Hauptstadt strömten, für viele Angehörige der Bildungsschichten bald zur Existenzkrise aus.

Die fortschreitende Bildungsexpansion trug dazu bei, Milieugrenzen durch einen verbindlichen Bildungskanon zu verwischen. Ihren sichtbarsten Ausdruck fand die aufkommende Massenkultur des industriellen Zeitalters jedoch in neuen, stände- und schichtenübergreifenden Formen von Kleidung und Konsum, Tanz und Musik, Freizeitverhalten und Sport. Auch und gerade in den Städten trug die rasch wachsende Vielfalt an Vereinen dazu bei, die gesellschaftliche Teilhabe breiter Bevölkerungsschichten auf ein solides Fundament zu stellen. Am augenfälligsten wurde der Wandel in den neuen Medien von Film und Radio, die in den Metropolen Ostmitteleuropas eine frühe Blüte erlebten.

Die rasche Urbanisierung, die schon das ausgehende 19. Jahrhundert geprägt hatte, setzte sich auch in der Zwischenkriegszeit nahezu unvermindert fort. Sprachliche Assimilationsprozesse, die mit der städtischen Sozialisation einhergingen, führten angesichts der wirtschaftlichen und politischen Krisen nunmehr auch zu erheblicher Verunsicherung, war doch die gesellschaftliche Akzeptanz selbst durch extreme Anpassung nicht mehr gewährleistet. Wirtschaftliche Krisen wurden nun erst recht als nationale Positionsverluste empfunden. Auch hieraus speisten sich scharfe Nationalitätenkonflikte ebenso wie der allseits virulente Antisemitismus. Die durch Krieg und Weltwirtschaftskrise verursachte Proletarisierung unterbürgerlicher städtischer Schichten zerstörte das Vertrauen von Facharbeitern und Angestellten, über die Teilhabe an der wirtschaftlichen Entwicklung ihre Verhältnisse verbessern zu können. Diese Verunsicherung ließ sich auch durch den Ausbau sozialstaatlicher Sicherungen nicht auffangen.

<small>Urbanisierung</small>

Umso mächtiger wurde die Orientierung an der Nation. Denn diese bot in der Siegerpose triumphierender Staatsnationen ebenso wie in der trotzigen Selbstbehauptung von Verlierern und neuen Minderheiten vielfältige Anknüpfungspunkte politischer und kultureller Vergewisserung. Der Sturz der Monarchien hatte die Nation als höchsten Bezugspunkt politischer Orientierung konkurrenzlos werden lassen, wie sich an der Vielfalt massenwirksam zelebrierter Denkmäler ablesen lässt. Im starken Nationalstaat erblickte der konservative Liberalismus den einzigen Garant von Recht, Ordnung und wirtschaftlicher Entwicklung. Aus der Krisenerfahrung von Krieg, Inflation und drohendem sozialem Zusammenbruch wandelte sich die Idee der Nation für breite Schichten hingegen vom Verkünder von Fortschritt und Moderne zu einem Reservoir der Ablehnung gegenüber einer allzu individualistischen, kapitalistischen Moderne wie gegenüber den kollektivistischen Verheißungen des Kommunismus nach sowjetischem Vorbild. Der Staat wurde in dieser Vorstellungswelt zur moralischen Anstalt, der die Nation zur sittlichen Reife erziehen sollte. Hier sind die Grundlagen so unterschiedlicher Phänomene wie der *Sanacja* in Polen oder der breiten Rezeption des von Othmar Spann propagierten universalistischen, ganzheitlichen Ständestaates in der Tschechoslowakei und in Ungarn zu suchen. Die Gewalterfahrungen des Weltkrieges und der Revolutionen, aber auch der Repression von Streiks und Demonstrationen trugen dazu bei, politische Vorstellungen zu radikalisieren.

<small>Wandel des Nationalismus</small>

Wo eine national gefärbte Kapitalismuskritik wie in Ungarn und später in der Slowakei als Kritik an den städtischen und ländlichen Eliten vorgebracht wurde, rückten das bäuerliche Dorf und seine Bewahrung vor drohendem Zerfall in das Zentrum völkischer Erneuerungsentwürfe. Auch die vehement vorgebrachte Sozialkritik ungarischer populistischer Intellektueller orientierte sich in den dreißiger Jahren an bäuerlichen Leitbildern und erhob das ungarische Volk über die Grenzen von Trianon hinweg zum Kraftquell der Nation. Dagegen orientierte sich die Idee der Volksgemeinschaft, wie sie die polnische Nationaldemokratie artikulierte, an einem Volkskörper, der über alle sozialen Fragmentierungen und Partikularinteressen hinweg geeint und damit zu neuer Vitalität erweckt werden sollte. Diesem Leitbild folgte auch die Sudetendeutsche Partei, die sich in ihrer Ideologie wie in ihren Organisationsformen eng am deutschen Nationalsozialismus orientierte. In Jugendbewegungen und Jugendorganisationen, in Sport- und Heimwehrverbänden wirkten solche völkischen Vorstellungen weit über die engeren Kreise der politisch organisierten Rechten hinaus. Nur im Spektrum des tschechischen politischen Denkens waren sie bis 1938 ein randständiges Phänomen.

Übernationale Perspektiven Ohne nennenswertes Echo blieb die intellektuelle Suche nach Möglichkeiten, die nationale Problematik zu überwinden. Die wiederholt vorgebrachte Idee einer Donauföderation, wie sie der ehemalige tschechoslowakische Ministerpräsident Milan Hodža nach dem Münchner Abkommen aus dem Exil wortmächtig formulierte, mutete wie eine aus Verzweiflung geborene Utopie an. Eine stringent übernationale Position vertraten allein die kommunistischen Parteien. Das kreative Experimentieren der Jahrhundertwende mit Formen, wie sich ethnische Vielfalt institutionell verfassen ließe, war nunmehr der ernüchterten Mahnung vor der drohenden Katastrophe gewichen. Publizisten wie Emanuel Rádl, F. X. Šalda oder der ins amerikanische Exil gegangene Oszkár Jászi blieben einsame Stimmen.

Künstlerische Avantgarde Den wichtigsten Widerpart gegenüber einem ungebremsten Nationalismus bot die künstlerische Avantgarde. Hatte sie vor dem Ersten Weltkrieg gerade im östlichen Mitteleuropa wirkungsmächtig gegen die kulturellen Eindeutigkeiten eines nationalen Historismus aufbegehrt, bot sich ihr mit dem Sturz des Alten Régimes nun ein freies Feld vielfältigen Experimentierens, das zugleich den spezifischen Krisenerfahrungen Ausdruck verleihen sollte. Im Prager Kubismus, in den Kompositionen von Béla Bartók und Zoltán Kodály und vor allem im literarischen Werk von Julian Tuwim und Jarosław Iwaszkiewicz, Jaroslav Hašek und Franz Kafka, Attila József und Mihály Babits fand diese Suche Vertreter von internationalem Rang. Daneben trat in den dreißiger Jahren auch in Kunst und Literatur ein Realismus, der die sozialen Krisen zum Gegenstand machte. Karel Čapeks 1936 erschienener Roman *Valka s molkami* („Der Krieg mit den Molchen") ließ sich als kaum verschlüsselter Verweis auf die drohende Katastrophe verstehen. Das kulturelle Empfinden einer Nachkriegszeit, das noch die zwanziger Jahre geprägt hatte, war wieder der düsteren Ahnung einer Vorkriegszeit gewichen.

5. DER ZUSAMMENBRUCH OSTMITTELEUROPAS

Im Jahrzehnt zwischen 1938 und 1948 wurden die altständischen Prägungen Ostmitteleuropas nach langer Erosion schließlich gewaltsam zerstört. Wie tief die Katastrophe deutscher Besatzung und dann die Etappen kommunistischer Machtübernahme in das gesellschaftliche Gefüge des östlichen Mitteleuropas eingriffen, lässt sich erst aus der Zusammenschau erkennen. Zwar stellte das Kriegsende mit der Befreiung von deutscher Besatzung und der Wiederherstellung der Nationalstaaten eine deutliche Zäsur dar. Als tiefer Strukturbruch in der Geschichte Ostmitteleuropas bildet dieses Jahrzehnt jedoch eine Einheit.

Zentrales Kennzeichen war die grenzenlose Gewalt, mit der die deutschen und sowjetischen Besatzer das östliche Mitteleuropa überzogen. Aufgrund des technischen Fortschritts gingen schon die Zerstörungen infolge unmittelbarer Kriegshandlungen nochmals weit über das im Ersten Weltkrieg bereits erlebte Maß hinaus. Kriegsgefangenschaft und Lagerhaft unter unmenschlichen Bedingungen wurden von einer dramatisch erhöhten Sterblichkeit geprägt, umso mehr, als sich die deutschen Besatzer jeglicher völkerrechtlichen Bindung enthoben sahen. Dies gilt auch für die exzessive Bekämpfung von Partisanen, die sich auf deutscher Seite mit rassischem Vernichtungswillen verband. Ideologisch motivierte Unterwerfungsstrategien führten auf deutscher wie auf sowjetischer Seite zu Deportationen, Umsiedlungsaktionen und Zwangsarbeit in bislang unbekanntem Ausmaß und ließen ganze Gesellschaften zur scheinbar beliebigen Verfügungsmasse gewaltsamen staatlichen Zugriffs werden. Die kalt kalkulierende nationalsozialistische Rassenideologie lief in der fortschreitenden Ausgrenzung der Juden zielstrebig auf deren millionenfache Ermordung zu, getrieben von unbedingtem Vernichtungswillen. Flucht, Vertreibung und Zwangsumsiedlungen entwurzelten bei Kriegsende erneut Millionen Menschen, sofern sie nicht unterwegs erfroren, an Erschöpfung starben oder willkürlich ermordet wurden. Hunderttausende machten in diesem Jahrzehnt die Erfahrung von Haft und Illegalität, Besitzverhältnisse und Rechtsbewusstsein wurden massiv erschüttert.

<small>Entgrenzte Gewalt</small>

Allerdings waren die einzelnen Länder unterschiedlich stark betroffen. Während Polen, die Ukraine, Weißrussland und das Baltikum zum zentralen Schauplatz nationalsozialistischer Vernichtungspolitik und zusehends bürgerkriegsähnlicher Partisanenkriege wurden, lagen die schon zu Friedenszeiten besetzten böhmischen Länder, die Slowakei und Ungarn bis ins letzte Kriegsjahr abseits der zentralen Kriegsschauplätze. Allerdings erlebte Ungarn, das erst im März 1944 von verbündeten deutschen Truppen besetzt wurde, nach dem Sturz Horthys im Oktober 1944 ein halbes Jahr exzessiver Terrorherrschaft der Pfeilkreuzler, welche die alte gesellschaftliche Ordnung auch hier zum Einsturz brachte.

Ein wesentliches Element gesellschaftlicher Zerrüttung war der gewaltsame Untergang der alten Eliten. In Polen wurde unter nationalsozialistischer wie

<small>Untergang alter Eliten</small>

unter sowjetischer Besatzung ein großer Teil der staatstragenden Oberschichten verhaftet, ermordet oder deportiert. Die Niederlage des Warschauer Aufstandes 1944 leitete den Untergang der Heimatarmee ein, die im Widerstand die Kontinuität zum polnischen Staat der Zwischenkriegszeit bewahrt hatte und deren Reste in den folgenden Monaten von sowjetischen Truppen zerrieben wurden. Der Mord an den Juden schwächte die intellektuellen und unternehmerischen bürgerlichen Mittelschichten Polens, aber auch der anderen ostmitteleuropäischen Gesellschaften erheblich. In der noch zu Friedenszeiten zerschlagenen Tschechoslowakei war die Zäsur insofern weniger tief als in Polen, als die Enteignung und Entrechtung der tschechischen Eliten nicht von massenhaften Mordaktionen begleitet wurden und die Möglichkeiten von Passivität und Kollaboration dem nationalkonservativen Spektrum zumindest anfangs den Anschein gesellschaftlicher Stabilität versprachen. Der neu gegründete Slowakische Staat verhieß seinen jungen Eliten sogar erhebliche Perspektiven. Ähnlich wie in Ungarn, dessen grundbesitzender Adel bis 1944 seine Schlüsselpositionen behaupten konnte, waren sie durch das Bündnis mit Deutschland jedoch nachhaltig diskreditiert und sahen sich bei Kriegsende massiven Repressionen ausgesetzt. Aber auch im übrigen Ostmitteleuropa richteten sich die Repressionen der unmittelbaren Nachkriegsjahre von Anfang an massiv gegen die als potentiell antisowjetisch eingeschätzte besitzende Oberschicht, die zudem durch die Kriegszerstörungen, durch Enteignungen und eine radikalisierte Neuauflage der Bodenreformen ihre materielle Grundlage verlor. Erst der Untergang der alten Oberschichten eröffnete den Freiraum für den raschen Aufstieg einer kommunistischen Funktionselite. Gespeist aus einer vergleichsweise stabil gebliebenen Industriearbeiterschaft und aus den Zukunftserwartungen vor allem der Jugend wie der literarischen Avantgarde entwickelte diese nach Kriegsende enorme Sogkraft und konnte ab 1947 nahezu ungehindert in die Schaltstellen von Politik, Wirtschaft und Gesellschaft einrücken.

Ethnische Homogenisierung — Noch einschneidender als die Zerstörung der alten Eliten war eine ethnische Homogenisierung, die sich aus so unterschiedlichen Phänomenen wie gewaltsamen Grenzrevisionen und damit einhergehenden Zwangsumsiedlungen, aus der Ermordung der Juden und aus den Vertreibungen der unmittelbaren Nachkriegszeit ergab. Zwar wurde die von Hitler vorgenommene Neuordnung des Donauraums, die sich vorgeblich zumindest grob an ethnischen Grenzen orientierte, bei Kriegsende weitgehend rückgängig gemacht. Da Stalin jedoch die sowjetischen Gebietsgewinne im Baltikum und in Ostpolen behaupten konnte und seinem Reich auch noch die Karpatoukraine einverleibte, verloren Polen und die Tschechoslowakei einen erheblichen Teil ihrer bisherigen Minderheiten. Noch gravierender wirkte sich in ganz Ostmitteleuropa die Ermordung der Juden aus; die spezifisch ostjüdische Kultur war so für immer verloren. Auch jenseits gezielter Mordaktionen ließ die massenhafte Gewalterfahrung das ohnehin prekäre Gefüge der multiethnischen Gesellschaften Ostmitteleuropas vielerorts zusammenbrechen. Wo sich das Siedlungsgebiet von Deutschen und Polen sowie Deutschen und Tschechen über Jahrhunderte überlappt hatte, zerstörte die von den Besatzern erzwungene ethnische Segregation bis hin zur Deportation und Versklavung von Millionen von Menschen elementare Grundlagen des Zusammenlebens. Die Vertreibungen bei Kriegsende förderte die nationalstaatliche Homogenisierung unter nunmehr umgekehrten Vorzeichen. Nur Ungarn bildet hier insofern eine Ausnahme, als etwa die Hälfte der Ungarndeutschen in ihrer Heimat verbleiben konnte und auch der Zwangsaustausch magyarischer und slowakischer Bevölkerung nur teilweise verwirklicht wurde. Fortan stellten die magyarischen Bevölkerungsgruppen in der Südslowakei und in Siebenbürgen neben Ungarndeutschen, Siebenbürger Sachsen und Banater Schwaben die einzig verbliebenen Minderheiten Ostmitteleuropas dar, die hinreichend kompakt siedelten, um sich vorerst sprachlich und gesellschaftlich zu behaupten. Während diese aus der Grenzziehung von 1918/20 entstandene Minderheitensituation auch unter dem Druck sozialistischer Homogenisierung erhalten blieb, waren die vielschichtigen ethnischen Überlappungen, die im Westen wie im Osten über Jahrhunderte für die Gesellschaften Ostmitteleuropas charakteristisch gewesen waren, am Ende der vierziger Jahre weitgehend verschwunden.

Mit der deutschen Besatzung brachen schließlich auch die ostmitteleuropäischen Parteiensysteme zusammen. Zwar erlebten die Bauernparteien in Polen und Ungarn in der politischen Linksverschiebung zwischen 1945 und 1947 nochmals eine kurze Blüte als Sammelbecken antikommunistischer Kräfte. In der Slowakei trat die neu gegründete Demokratische Partei für kurze Zeit die Nachfolge der verbotenen Volkspartei an. Mit der Übernahme politischer Alleinherrschaft durch die jeweiligen Kommunisten wurden auch die Bauernparteien gewaltsam unterdrückt, während es den Kommunisten in den tschechischen Gebieten bereits bei Kriegsende offenbar gelang, die Wähler der zusammen mit den bürgerlichen Rechtsparteien verbotenen Agrarier an sich zu binden. Die übermächtigen Kommunisten legten zugleich die programmatischen Grundlagen einer forcierten Industrialisierung, bei der sie auf die spezifischen Verhältnisse Ostmitteleuropas keine Rücksicht mehr nehmen zu müssen glaubten. *Aufstieg der Kommunisten*

Nur im politischen Denken zeigen sich auch über den Umbruch der Kriegs- und Nachkriegsjahre hinweg auffallende Kontinuitäten. Mit der propagierten Neuschöpfung der Nation aus dem werktätigen Volk trat deren bisherige Begründung aus historischem Recht zwar vollends in den Hintergrund. Die Suche nach traditionsstiftenden progressiven Elementen in der jeweiligen Nationalgeschichte hielt dagegen die Erinnerung an unterschiedliche Formen radikaler Sozialkritik ebenso am Leben wie ein nationales Freiheitspathos, das im besetzten Polen bereits den Widerstand gegen die deutsche Besatzung gespeist hatte. Als Leitgröße politischer Orientierung hatte der Nationalstaat den Umbruch der Kriegsjahre überstanden und bot nunmehr unter veränderten Vorzeichen den institutionellen Rahmen für einen gesellschaftlichen Neuaufbau auf den Ruinen der alten Ordnung.

a) Die Zerstörung der ostmitteleuropäischen Staatenordnung

Die politische Ordnung Ostmitteleuropas wurde maßgeblich von außen her, durch das nationalsozialistische Deutschland, zerschlagen. Am Anfang stand das Münchner Abkommen vom September 1938. Aus gesamteuropäischer Perspektive stellte München den Höhepunkt einer verfehlten Politik des Appeasements dar. Durch ihre Nachgiebigkeit stärkten die Westmächte letztlich die Position Hitlers, von der aus dieser ein Jahr später den längst beschlossenen Krieg begann. Indem die Vertragspartner von München eine zentrale Säule der europäischen Staatenordnung einrissen, leiteten sie bereits im Herbst 1938 den Zusammenbruch Ostmitteleuropas ein.

Zunächst brachte der traumatische Verlust der Sudetengebiete die tschechoslowakische Demokratie zum Einsturz. Mit der Angliederung an das Reich wurden Politik und Gesellschaft im neu gebildeten Reichsgau Sudetenland gleichgeschaltet, der zum nationalsozialistischen „Mustergau" werden sollte. Die deutsch besiedelten Randgebiete in Südböhmen und Südmähren wurden den österreichischen Gauen zugeschlagen. In den verbliebenen tschechischen Landesteilen hinterließ das erzwungene Exil von Präsident Edvard Beneš ein politisches Vakuum. Gefüllt wurde es durch die Vereinigung der bürgerlichen Parteien zur Nationalen Einheitspartei (*Strana národní jednoty*), die offen ein Einparteiensystem auf völkischer Grundlage anstrebte. Ein Ermächtigungsgesetz vom 15. Dezember 1938 gab dem neu gewählten Präsidenten Emil Hácha und Ministerpräsident Rudolf Beran weite und kaum kontrollierte Vollmachten. Die Gewerkschaften wurden gleichgeschaltet, die lokale Selbstverwaltung aufgelöst. Auch wenn die Sozialdemokraten nach dem Verbot der Kommunistischen Partei alle oppositionellen Kräfte in einer Nationalen Arbeitspartei (*Strana národní práce*) bündeln konnten, war der Weg in die Diktatur damit vorgezeichnet. Diese Zäsur in der politischen Entwicklung der böhmischen Länder ließ sich 1945 nur noch teilweise revidieren. Insofern war der Zusammenbruch bürgerlicher Demokratie mehr als nur eine unter dem Schock von München verständliche politische Verirrung. Vielmehr wurde einer der zentralen Unterschiede eingeebnet, der die politische Entwicklung der böhmischen Länder vom übrigen östlichen Mitteleuropa abgehoben hatte.

Schneller und eindeutiger verlief der Weg zur autoritären Herrschaft in der Slowakei und der Karpatoukraine. Innerhalb einer Woche nach dem Münchner Abkommen erzwang die Slowakische Volkspartei im Einvernehmen mit ihren bürgerlichen Partnern eine weitreichende Autonomieregelung für die Slowakei. Die Kommunistische Partei wurde verboten, die Sozialdemokratie gemeinsam mit Gewerkschaften und anderen Vereinen aufgelöst. Ministerpräsident der neu gegründeten Autonomieregierung wurde der katholische Priester Jozef Tiso. Bei den Wahlen zum neuen Landtag erreichte seine allein zugelassene Volkspartei 97% der Stimmen. Auch die Karpatoukraine erklärte die schon lange in Aussicht gestellte Autonomie, und auch hier setzte sich innerhalb weniger Wochen ein Einparteiensystem durch.

Marginalie: Zweite Tschechoslowakische Republik

Die amputierte tschechoslowakische Republik bestand nunmehr aus drei eigenständigen autoritären Regimen. Noch bevor deren Gefüge neu austariert werden konnte, bot sich die slowakische Regierung in der Nachfolge der Sudetendeutschen Partei in Berlin als Hebel an, um die Tschechoslowakei vollständig zu zertrümmern. Die Garantien, die noch in München mit den Westmächten vereinbart worden waren, erwiesen sich in dem Moment als wertlos, als Hitler die Region unverhohlen zur deutschen Hegemonialsphäre erklärte. Als Tiso am 14. März 1939 mit deutscher Rückendeckung die Unabhängigkeit der Slowakei proklamierte, presste Hitler dem nach Berlin einbestellten Hácha die Zustimmung zum Einmarsch deutscher Truppen und zur Errichtung eines Protektorates Böhmen und Mähren ab. Während Hácha in seinem Amt als Staatspräsident belassen wurde, gingen wesentliche politische und polizeiliche Kompetenzen an die neu errichtete Protektoratsbehörde über. Damit war die Tschechoslowakei als eigenständiger Staat zerschlagen. Die ungarische Regierung nutzte die Gunst der Stunde und bemächtigte sich der Karpatoukraine.

Bei den Westmächten lösten diese Ereignisse eine hektische außenpolitische Neuorientierung aus. Schon das Münchner Abkommen hatte den Bruch mit einer Außenpolitik markiert, die seit dem deutsch-polnischen Nichtangriffspakt von 1934 auf die Tschechoslowakei und die Sowjetunion als Pfeiler einer Bündnispolitik gesetzt hatte, welche die deutschen Expansionsbestrebungen einhegen sollte. Erst der völlige Zusammenbruch der Tschechoslowakei zwang die Westmächte im März 1939 dazu, ihr Verhältnis zu Polen zu überdenken. Dieses sah sich selbst unmittelbar bedroht, seit Deutschland Anspruch auf Danzig erhob und ultimativ eine Verkehrsverbindung durch den Korridor und den Beitritt Polens zum Antikomintern-Pakt forderte. Parallel zur englischen Beistandsgarantie für Polen sondierten Großbritannien und Frankreich gegenüber der Sowjetunion die Möglichkeiten eines auch militärisch verbindlichen Dreierbündnisses. Als verlockender erwies sich für Stalin jedoch das kaum verhüllte Angebot Hitlers, Polen und das Baltikum durch eine geheime Absprache zu teilen. Denn damit bot sich nicht nur die Möglichkeit unverhoffter Gebietsgewinne. Die Sowjetunion konnte sich auch, so Stalins mutmaßliches Kalkül, aus dem absehbaren Krieg nach Belieben heraushalten, solange Deutschland im Westen gebunden war und Hitler folglich einen Zweifrontenkrieg nicht wagen würde. Der Hitler-Stalin-Pakt vom 23. August 1939 machte den späten Bemühungen, dem nationalsozialistischen Deutschland in Ostmitteleuropa Paroli zu bieten, ein abruptes Ende. Am 1. September 1939 erklärte Deutschland Polen den Krieg.

Hitler-Stalin-Pakt

Der strategischen und waffentechnischen Überlegenheit der Wehrmacht hatte die polnische Armee wenig entgegenzusetzen. Auch die Kriegserklärungen Englands und Frankreichs brachten keine Entlastung. Innerhalb von vier Wochen war Polen im Westen militärisch besiegt, im Osten rückte zwei Wochen nach Kriegsbeginn die Rote Armee ein. Um die Kontinuität polnischer Staatlichkeit über die Niederlage hinaus zu retten, übertrug Staatspräsident Ignacy Mościcki

Überfall auf Polen

seine Vollmachten an eine Exilregierung, die zunächst in Paris und später in London residierte. Aus Resten der Armee, die zunächst in Ungarn und Rumänien interniert wurden, bildete sich der Kern der polnischen Auslandsarmee.

In der Aufteilung Polens orientierten sich Deutschland und die Sowjetunion nur bedingt an der Demarkationslinie, die im Geheimen Zusatzprotokoll zum Hitler-Stalin-Pakt gezogen worden war. Die militärische Entwicklung bewog Stalin Ende September dazu, diese in Polen auf den Bug, einen Nebenfluss der Weichsel, zurückzuziehen, während Litauen im Gegenzug der sowjetischen Interessensphäre zugesprochen wurde. Wie die böhmischen Länder wurde auch das besetzte Polen administrativ zerstückelt. Ein Großteil der besetzten Gebiete im Westen wurde weit über die Grenzen von 1918 hinaus vom Reich annektiert. Die neu gebildeten Reichsgaue Danzig-Westpreußen und Wartheland erhielten eigene Verwaltungen nach nationalsozialistischen Grundsätzen, während das östliche Oberschlesien, große Teile Masowiens und das Gebiet Suwałki den jeweils benachbarten Gauen des Reichs zugeschlagen wurden. Aus dem übrigen Besatzungsgebiet wurde das Generalgouvernement gebildet, das gleichsam als außerhalb des Reiches gelegenes provisorisches „Reservat" für die dorthin abzuschiebende polnische und jüdische Bevölkerung dienen sollte. Die sowjetisch besetzten Gebiete Ostpolens wurden nach manipulierten Abstimmungen umgehend der ukrainischen und der belarussischen Sowjetrepublik einverleibt. Allein das Wilnaer Gebiet trat Stalin an Litauen ab. Das war jedoch eine nur scheinbar großmütige Geste, musste doch Litauen ebenso wie zuvor schon Estland und Lettland der Errichtung sowjetischer Militärbasen auf seinem Territorium zustimmen. Nur Finnland, das sich dem sowjetischen Ansinnen widersetzt hatte, konnte sich im Winter 1939/40 in einem Zermürbungskrieg überraschend militärisch behaupten.

Sowjetische Expansion Beschränkten sich die territorialen Veränderungen zunächst auf das besiegte Polen, so wurde das übrige östliche Mitteleuropa nach der militärischen Niederlage Frankreichs im Frühsommer 1940 neu geordnet. In den drei baltischen Republiken erzielten die jeweiligen Kommunisten in manipulierten Neuwahlen nach dem Einmarsch sowjetischer Truppen im Juli 1940 überwältigende Mehrheiten und erklärten umgehend den Beitritt zur Sowjetunion. Diese erzwang nahezu zeitgleich von Rumänien die Abtretung Bessarabiens. Damit hatte Stalin mit Ausnahme Finnlands das gesamte Gebiet, das er in den Verträgen mit Deutschland zur sowjetischen Interessensphäre erklärte, seinem Reich einverleibt. Um einer drohenden ungarischen Militäraktion gegen das geschwächte Rumänien zuvorzukommen, setzte Hitler seinerseits im Zweiten Wiener Schiedsspruch vom August 1940 durch, dass die mehrheitlich ungarisch besiedelten Gebiete Nordsiebenbürgens an Ungarn abgetreten wurden.

In den kaum zwei Jahren seit dem Münchner Abkommen hatten Hitler und Stalin Ostmitteleuropa somit grundlegend umgestaltet. Südlich der Karpaten bewahrten die mit Deutschland verbündeten Staaten politische Spielräume und wiesen bis 1944 ein vergleichsweise hohes Maß an gesellschaftlicher Stabilität auf. Auch das Protektorat blieb unter deutscher Besatzung bis in die Schlussphase des Krieges von unmittelbaren Kriegseinwirkungen weitgehend verschont. Dagegen wurden die polnischen Gebiete diesseits wie jenseits der deutsch-sowjetischen Demarkationslinie sowie das Baltikum den gewaltsamen Eingriffen zweier Besatzungsmächte ausgesetzt, die jeweils darauf abzielten, die gesellschaftliche Ordnung der Zwischenkriegszeit zu zerstören. Mit dem deutschen Überfall auf die Sowjetunion im Juni 1941 erlebten die eben erst sowjetisch gewordenen Gebiete einen erneuten tiefen Bruch, der insbesondere im ehemaligen Ostpolen die Auswirkungen der deutschen Besatzung noch weiter verschärfen sollte.

b) Umsiedlung, Ausbeutung, Vernichtung: deutsche und sowjetische Besatzungspolitik bis 1944

Wesentliche Züge nationalsozialistischer Besatzungspolitik im Osten wurden konzeptionell vom völkischen Denken der deutschen Ostforschung vorweggenommen. Diese entwarf das östliche Mitteleuropa als einen über Jahrhunderte von der kulturellen Überlegenheit deutscher Siedler geprägten Raum, den es im vermeintlich ewigen „Volkstumskampf" durch weitgreifende Umsiedlungsprogramme für eine deutsche Vorherrschaft zu sichern galt. Indem sie gängige Kategorien der Rechten aufgriffen und zu pseudowissenschaftlichen Leitgrößen erhoben, antizipierten die Ostforscher das nationalsozialistische Lebensraumprogramm und stellten sich diesem später auch direkt zur Verfügung. Allerdings zeigten sich schon in den dreißiger Jahren erhebliche Spannungen zwischen einer radikalisierten Volkstumspolitik, die auf die harte Ausgrenzung der slawischen Völker zielte, und Konzepten einer „Umvolkung", die Teile der polnischen und tschechischen Bevölkerung entlang rassischer Kriterien zu germanisieren strebte, während der mit Abstand größere Teil der Vernichtung preiszugeben sei. Hierauf gründeten schließlich die monströsen sozialtechnologischen Entwürfe des „Generalplans Ost" und des Generalsiedlungsplans. Im Auftrag Himmlers entwarfen die beteiligten Dienststellen seit 1941 den europäischen Osten bis weit nach Russland hinein als riesigen, rationell durchgeplanten Agrarraum einer nationalsozialistischen Volksgemeinschaft germanischer Neusiedler. Um diesen gigantischen Plan zu verwirklichen, sollte die slawische und baltische Bevölkerung nach rassischen Kriterien durchgemustert werden. Während ein kleiner Teil germanisiert werden sollten, waren die übrigen durch Hunger, Sterilisierung, vermeintliche Evakuierung und Mord systematisch zu dezimieren, sofern sie nicht durch die neue Herrenrasse versklavt würden.

Damit zielte die Planung für den Osten weniger auf maximale wirtschaftliche Ausbeutung als auf die gewaltsame Zerstörung der bestehenden Gesellschaften bis hin zum kalkulierten Völkermord. Als Planvorgabe für die Zeit nach dem Sieg über die Sowjetunion lieferte der „Generalplan Ost" keine unmittelbare Blaupause für die Besatzungspolitik der Kriegsjahre. Aber er bildete den Fluchtpunkt einer gewaltsamen Neuordnung und stützte den rassischen Antisemitismus der Besatzer, der den organisierten Massenmord im Zuge der Umsiedlungen als ver-

Generalplan Ost

meintlich plausible Antwort auf selbst geschaffene Probleme des Besatzungsalltags erscheinen ließ.

<small>Protektorat</small> Im Reichsgau Sudetenland und im Protektorat mussten sich die radikalen Planer der SS allerdings mit Politikern auseinandersetzen, die mehrheitlich einem traditionellen volkstumspolitischen Ausgrenzungskonzept folgten. Hier führte die Konkurrenz unterschiedlicher Konzepte in gegenseitige Blockaden. Eine umfassende Aussiedlung der tschechischen Bevölkerung und weitreichende Germanisierungsentwürfe wurden nur in Ansätzen verwirklicht. Auch die angestrebte wirtschaftliche Ausbeutung als Industriegebiet widersprach der Agrarutopie des Generalplans. Weitgehender Konsens bestand hingegen darüber, die tschechische Bevölkerung nahezu vollständig politisch, sozial und wirtschaftlich zu entrechten. Die früh angelegten Züge brutaler Repression traten noch deutlicher in den Vordergrund, nachdem der erste Reichsprotektor Konstantin von Neurath durch Reinhard Heydrich abgelöst wurde. Während die tschechische Verwaltung zunächst noch bescheidene Spielräume genossen hatte, wurde der tschechische Ministerpräsident Alois Eliáš im Herbst 1941 verhaftet und schließlich nach einem Schauprozess erschossen. Als Heydrich im Juni 1942 einem spektakulären Attentat tschechoslowakischer Fallschirmjäger zum Opfer fiel, steigerte das Besatzungsregime nochmals seine Brutalität.

<small>Besatzungspolitik in Polen</small> In Polen, wo sich die nationalsozialistischen Eroberer jeglicher rechtlicher und allgemeinmenschlicher Normen enthoben sahen, war die deutsche Besatzungspolitik von Beginn an wesentlich radikaler. In den ins Reich eingegliederten Gebieten konnten die Planer der SS ungehindert eine umfassende Politik der Germanisierung verfolgen. Aus dem Baltikum, Wolhynien, der Bukowina und Bessarabien, die im Hitler-Stalin-Pakt der sowjetischen Interessensphäre zugesprochen worden waren, wurden etwa 580.000 Volksdeutsche vor allem in den Warthegau umgesiedelt. Eine „Deutsche Volksliste" legte darüber hinaus zunächst zwei, später vier Kategorien fest, welche die Bedingungen einer „Eindeutschung" der heimischen Bevölkerung in den eingegliederten Gebieten definierten. Über 2,7 Millionen Menschen wurden bis 1944 auf diese Weise erfasst und von der Mehrheitsbevölkerung abgesondert. Diese Politik setzte eine Spirale der Ausgrenzung und Ghettoisierung in Gang. Die polnische und jüdische Bevölkerung wurde schrittweise zusammengepfercht, über 360.000 Personen wurden bis März 1941 zwangsweise aus den eingegliederten Gebieten in das Generalgouvernement umgesiedelt. Die raubwirtschaftliche Ausbeutung von Industrie und Handel ruinierte gezielt die ökonomischen Ressourcen des Generalgouvernements. Auch die landwirtschaftliche Produktion wurde in extremer Weise abgeschöpft und die heimische Bevölkerung dem Hunger überlassen. Schon in den ersten Kriegsmonaten kam es zudem zu umfassenden Mordaktionen von Wehrmacht, SS und volksdeutschem „Selbstschutz" an Kriegsgefangenen und Angehörigen der polnischen Führungseliten, an Juden ebenso wie an den Insassen psychiatrischer Anstalten.

In Ostpolen und im Baltikum verübten die sowjetischen neuen Herren ebenfalls bald erste Massenverbrechen. Zwischen September 1939 und Juni 1941 wurden mehr als 300.000 polnische Staatsbürger in das Innere der Sowjetunion deportiert. Im Baltikum erreichten die Deportationen im Juni 1941 ihren Höhepunkt, als innerhalb weniger Tage etwa 34.000 Litauer, 15.000 Letten und 10.000 Esten nach Sibirien verschleppt wurden. Etwa 25.000 polnische Offiziere und in der Reserve dienende hohe Beamte, Lehrer, Professoren und Polizisten wurden unter anderem in Katyń erschossen, darunter viele, die im Osten des Landes Zuflucht vor der deutschen Besatzung gesucht hatten. Der Mord an den gesellschaftlichen Eliten sollte den Boden für die anvisierte Sowjetisierung der bald annektierten Gebiete bereiten. Was ideologisch als Klassenkampf verbrämt war, erwies sich als brutale Unterwerfungsstrategie. Der rassisch begründete, sozialtechnologische Vernichtungswille, der die deutsche Besatzungspolitik zusehends prägte, fehlte ihr allerdings.

Katyń

Mit dem Überfall auf die Sowjetunion wurden die in Polen etablierten deutschen Besatzungsstrukturen nach Osten ausgedehnt. Das Generalgouvernement wurde nach Südosten um den Distrikt Galizien erweitert. Der neu gebildete Bezirk Białystok wurde formal dem Reich angegliedert, faktisch jedoch unmittelbar dem ostpreußischen Gauleiter unterstellt, der hier eine gleichsam private Herrschaft aufzubauen begann. Weiter östlich wurden die Reichskommissariate Ostland und Ukraine gebildet, welche die lokale Zivilverwaltung in eine mit weitreichenden Vollmachten ausgestattete Besatzungsstruktur einbanden. Ein weiteres Generalkommissariat Weißruthenien und das Reichskommissariat Ukraine ließen in national gesinnten gesellschaftlichen Schichten vorübergehend die Erwartung zukünftiger Eigenstaatlichkeit aufkommen. Die einheimische Zivilverwaltung, auf die sich die deutsche Besatzung auch hier stützte, war jedoch ebenso wie die polnische Lokalverwaltung im Generalgouvernement von jeglicher Autonomie weit entfernt.

Ein wesentliches Element nationalsozialistischer Besatzungspolitik im Osten war die destruktive Konkurrenz unterschiedlicher deutscher Instanzen, vom Reichsministerium für die besetzten Ostgebiete über die Wehrmacht bis hin zu den weitgehend selbstständig agierenden Einsatzgruppen der SS. Besatzungsfürsten wie Hans Frank im Generalgouvernement, Reinhard Heydrich und Karl Hermann Frank im Protektorat, Erich Koch in Białystok und in der Ukraine, Hinrich Lohse im Reichskommissariat Ostland oder Wilhelm Kube in Weißrussland nutzten diese Unbestimmtheit, um eine enorme persönliche Machtfülle aufzubauen. Die auf unklaren Kompetenzen, persönlichen Rivalitäten, mit rassenideologischem Eifer untersetztem Charisma und exzessiver Gewalt aufgebaute Herrschaftspraxis, wie sie für das Dritte Reich typisch war, kam in den besetzten Gebieten besonders ausgeprägt zur Geltung.

Die Deportationen und der tausendfache Mord an Häftlingen, den der NKVD angesichts des deutschen Überfalls auf die Sowjetunion im Juni 1941 verübt hatte, ließ dennoch in der Bevölkerung Ostpolens, der Ukraine, Weißrusslands und vor allem im Baltikum für kurze Zeit die Erwartung aufkeimen, die deutsche Besatzung könnte sich als stabilisierende Ordnungsmacht erweisen. Diese Hoffnung erwies sich jedoch schnell als trügerisch. Vielmehr sah sich die Bevölkerung in diesen Regionen neben der deutschen Besatzung einer rasch aufkommenden sowjetischen Partisanenbewegung ausgesetzt, die anders als die polnische Heimatarmee kaum Rücksicht auf die Zivilbevölkerung nahm. Ohnehin waren die deutschen Besatzer an Ordnung nicht interessiert. Sie sahen in den besetzten Gebieten Laboratorien nationalsozialistischer Umgestaltung, in denen es zunächst „tabula rasa" zu schaffen galt und die wirtschaftlich bis auf das Äußerste ausgebeutet werden sollten.

Zwangsarbeit Dieses Kalkül lag der massenhaften Rekrutierung von Zwangsarbeitern zugrunde, zum Einsatz in den besetzten Gebieten selbst, vor allem aber im Reich. Auf dem Höhepunkt des Einsatzes sogenannter Fremdarbeiter im August 1944 befanden sich knapp 1,7 Millionen Polen und über 2,7 Millionen Ostarbeiter aus dem Gebiet der Sowjetunion im Reich, die zur Zwangsarbeit verschleppt worden waren, darunter jeweils etwa 30.000 Litauer, Letten und Esten. Auch knapp 300.000 Tschechen wurden zur Zwangsarbeit im Reich herangezogen, obwohl ihre Arbeitskraft vorrangig für die Industrie im Protektorat benötigt wurde. Je nach Region wurden bis zu 15% der polnischen und der tschechischen Bevölkerung auf diese Weise für mehrere Jahre aus ihrer gewohnten Umgebung und ihren sozialen Beziehungen herausgerissen und meist menschenunwürdigen Bedingungen ausgesetzt.

Der Alltag der in den besetzten Gebieten verbliebenen einheimischen Bevölkerung unterlag einer rigiden Verwaltungspraxis entlang rassischer Kriterien, die sie vom öffentlichen Leben weitgehend ausschloss. Während die deutsche Universität in Prag zur nationalsozialistischen Kaderschmiede umgebaut werden sollte, wurden die tschechischen und polnischen Universitäten und weiterführenden Schulen geschlossen, das kulturelle Leben von Tschechen und Polen in den privaten Bereich abgedrängt, die Angehörigen der Intelligenz verhaftet, deportiert oder, vor allem in Polen, massenhaft erschossen. Mit der Ausbeutung der wirtschaftlichen Ressourcen verelendete ein großer Teil der Bevölkerung vor allem des Generalgouvernements und der besetzten Ostgebiete und war Hunger, Krankheit und Tod ausgesetzt. Einschließlich der ermordeten Juden kamen insgesamt etwa 20% der Bevölkerung Polens und fast 4% der tschechischen Bevölkerung während des Zweiten Weltkrieges ums Leben.

Großraumpolitik in Südosteuropa Südlich der Karpaten blieb die gesellschaftliche Ordnung bis 1944 trotz der wirtschaftlichen Belastungen des Krieges weitgehend stabil. Hier sollte nach den deutschen Planungen ein System politisch wie wirtschaftlich abhängiger Staaten den „deutschen Lebensraum" im Osten flankieren. Die Slowakei, Ungarn und Rumänien wurden auf einen möglichst großen wirtschaftlichen und militärischen Beitrag zur Kriegsanstrengung im Osten festgelegt. Sie traten im November 1940 dem Dreimächtepakt bei und beteiligten sich als Bündnispartner Deutschlands am Krieg gegen die Sowjetunion. Ansonsten aber wurde ihnen weitreichende staatliche Selbstständigkeit im Innern belassen. Zum Eindruck gesellschaftlicher Stabilität trug auch der Umstand bei, dass das nationalsozialistische Deutschland seine Bündnispolitik zunächst auf die konservativen Eliten um Tiso, Horthy und Ion Antonescu stützte, statt auf die radikalen Strömungen innerhalb Hlinkas Slowakischer Volkspartei oder auf die ungarischen Pfeilkreuzler zu setzen, die dem Nationalsozialismus ideologisch sehr viel näher standen. In Rumänien nahm Hitler es im Januar 1941 sogar hin, dass der Aufstand der Eisernen Garde blutig niedergeschlagen wurde. Eindeutige Unterstützung erfuhren nur die nationalsozialistischen Bewegungen in der jeweiligen deutschen Bevölkerung. Diese wurde in Volksgruppen gleichgeschaltet und bildete vor allem in Ungarn und Rumänien einen Staat im Staate, aus dem Wehrmacht und SS direkt zu rekrutieren begannen.

Die eben erst unabhängig gewordene Slowakei wurde enger als ihre südlichen Nachbarn in den deutschen Hegemonialbereich eingebunden. Sie hatte sich außen- und militärpolitisch bereits durch den Schutzvertrag vom März 1939 an das Deutsche Reich gebunden, lieferte Bodenschätze und billigte die Stationierung deutscher Truppen im Westen des Landes. Die neue Verfassung vom 21. Juli 1939 festigte das Einparteiensystem auf ständestaatlicher Grundlage und stabilisierte die prekäre Balance zwischen der autoritären Konzeption des bald darauf zum Staatspräsidenten gewählten Tiso und dem stärker an nationalsozialistischen Vorbildern orientierten Ministerpräsidenten Vojtech Tuka. Im Zuge der engeren Anbindung Südosteuropas an das Reich erzwang Hitler im Juli 1940 die Auswechslung des slowakischen Innen- und Außenministers. Zudem musste Tiso die Entsendung deutscher Berater akzeptieren. Abgesehen von der bemerkenswert einvernehmlichen Deportation der Juden bestand deren Tätigkeit vor allem darin, die Rohstofflieferungen als Beitrag der Slowakei zur deutschen Kriegswirtschaft gegen die eigensinnige Behauptung slowakischer Wirtschaftsinteressen zu sichern.

Der Slowakische Staat

Während sich im slowakischen Einparteienstaat politische Konflikte innerhalb der Regierungspartei abspielten, blieb in Ungarn der autoritäre, eng umrissene Pluralismus der Zwischenkriegszeit bis 1944 weitgehend erhalten. Der schwelende Konflikt zwischen Befürwortern und Gegnern einer engen Orientierung am nationalsozialistischen Deutschland spitzte sich infolge des Kriegsverlaufs allmählich zu und untergrub die politische Stabilität Ungarns. In der Auseinandersetzung mit der radikalen Rechten, die auch im Generalstab starken politischen Rückhalt fand, konnte sich Reichsverweser Horthy nach wie vor auf den konservativen, grundbesitzenden Adel stützen. Kleinwirte und Sozialdemokraten boten trotz ihrer weitgehenden Marginalisierung eine politische Alternative. Der Pfeilkreuzlerbewegung hingegen, die bei den Wahlen von 1939 immerhin 13% der Wählerstimmen erhalten und sich als Sammelbecken radikalen Protestes etabliert hatten, suchte das Regime durch eine Politik konsequenter Ausgrenzung Herr zu werden.

Eine Beteiligung am Krieg gegen Polen hatte die ungarische Regierung verweigert. Auch die territorialen Gewinne, die Ungarn in den beiden Wiener Schiedssprüchen erzielt hatte, waren noch mit der Illusion der Neutralität vereinbar gewesen. Erst der unerwartete deutsche Überfall auf Jugoslawien erzwang eine klare Stellungnahme. Die Aussicht, nunmehr auch im Süden historisches Territorium zurückzugewinnen, erwies sich als übermächtig. Als sich Ministerpräsident

Kriegseintritt Ungarns

Pál Teleki, der Ungarn aus dem Krieg hatte heraushalten wollen, in dieser Situation das Leben nahm, offenbarte er auf drastische Weise den Zwiespalt der konservativen Eliten.

Mit der Besetzung der Batschka hatte Ungarn all die mehrheitlich magyarischen Gebiete zurückgewonnen, auf die sich die Revisionsbemühungen seit den dreißiger Jahren konzentriert hatten. Allerdings war auch der Anteil der Nationalitäten an der Bevölkerung Ungarns damit wieder auf mehr als ein Viertel gestiegen. In diesen gleichsam wiedergewonnenen Gebieten zielte die ungarische Politik vorrangig auf eine nahtlose Eingliederung. Gewaltexzesse der einrückenden ungarischen Truppen blieben in der Südslowakei und in Nordsiebenbürgen die Ausnahme. Dagegen forderten die militärische Eroberung der Batschka und die ungebremste Politik der „harten Hand" gegenüber der serbischen Bevölkerung mehrere Tausend Tote. Der Zustrom einer äußerst selbstbewusst auftretenden ungarischen Verwaltungselite, die repressive Kulturpolitik, die sich vor allem gegen das höhere slowakische, rumänische und serbische Schulwesen richtete, und die so ausgelöste Fluchtbewegung von Slowaken, Rumänen und Serben destabilisierten die Gesellschaften dieser Gebiete, zumal damit eine Gegenbewegung magyarischer Flüchtlinge aus der Slowakei und aus Rumänien einherging.

In Zentralungarn sicherten die Kriegskonjunktur und die mit deutscher Hilfe erzielten Erfolge der Revisionspolitik dem Regime Horthys gesellschaftlichen Rückhalt, drängten es jedoch in wachsende Abhängigkeit vom Deutschen Reich. Derart an Deutschland gebunden, beteiligte sich Ungarn nach kurzem Zögern am Feldzug gegen die Sowjetunion, auch wenn die Kriegserklärung erst nach einem bis heute ungeklärten, wohl sowjetischen Luftangriff auf Kaschau erfolgte. Als jedoch die Aussicht auf einen deutschen Sieg zu schwinden begann, suchte Horthy vorsichtige Distanz zum deutschen Bündnispartner. Als die ungarische Armee im Januar 1943 im Schatten von Stalingrad zwischen Voronež und Don eine katastrophale Niederlage erlitt, bröckelte die Kriegspolitik weiter. Ministerpräsident Miklós Kállay sondierte einen Waffenstillstand mit den Westmächten und stellte Kontakte zur demokratischen Opposition her, die sich ihrerseits zu konsolidieren begann. Einem drohenden Putsch von rechts begegnete Horthy, indem er im Mai 1943 das Parlament auf unbestimmte Zeit vertagte. Die deutsche Besatzung Ungarns am 15. März 1944 setzte dieser Politik ein Ende. Führende Oppositionspolitiker wurden verhaftet, alle politischen Parteien wurden verboten. Die sofort einsetzende Deportation der ungarischen Juden und die Zuspitzung des Konfliktes zwischen Befürwortern und Gegnern des Bündnisses mit Deutschland leiteten das Ende gesellschaftlicher Stabilität nunmehr auch in Ungarn ein.

c) Die Ermordung der Juden

In der deutschen Vernichtungspolitik nimmt der Mord an den Juden eine besondere Stellung ein. Während die Versklavungsphantasien des Generalplans Ost als langfristige Projektion entwickelt wurden, kam der eliminatorische Judenhass der Nationalsozialisten im Besatzungsalltag unmittelbar zum Tragen und ließ den organisierten Massenmord seit 1941 als folgerichtige „Endlösung" der Judenfrage plausibel erscheinen. Dabei konnten die Besatzer durchweg an einen heimischen Antisemitismus anknüpfen. In der rechtlich fixierten Ausgrenzung von Juden entlang rassischer Kriterien waren Ungarn, die Slowakei und Rumänien zwischen 1938 und 1941 dem Beispiel der Nürnberger Gesetze gefolgt. Offen antisemitische Strömungen hatten am Ende der dreißiger Jahre auch die staatsbürgerliche Gleichberechtigung der Juden in Polen, in den baltischen Staaten und in der kurzlebigen Zweiten Tschechoslowakischen Republik bedroht. Erst der Krieg schuf jedoch die politischen und psychologischen Voraussetzungen zielstrebigen Mordens.

Bereits in den ersten Kriegsmonaten kam es im besetzten Polen neben dem gezielten Mord an den polnischen Eliten auch zu einzelnen Massenerschießungen von Juden durch Einheiten der Sicherheitspolizei wie der Wehrmacht. Zum Kernstück der Judenpolitik wurde hingegen die Deportation aus den eingegliederten Gebieten in das Generalgouvernement und die Einweisung in eigens eingerichtete Ghettos. Als radikales Element der Germanisierungspolitik sollte auf diese Weise Wohnraum für die Umsiedler aus dem Baltikum und aus Bessarabien bereitgestellt werden. Auch die von radikalen Antisemiten seit langem geforderte Aussiedlung der Juden nach Madagaskar wurde in diesem Zusammenhang kurzfristig erwogen. Die 1941 diskutierte Deportation zum Arbeitseinsatz in noch zu erobernde arktische Gebiete der Sowjetunion trug bereits unverhohlen Züge des Völkermords. Am Ende dieser fortschreitenden Radikalisierung stand die Entscheidung zum organisierten Massenmord.

Flächendeckende Massenerschießungen begannen im Sommer 1941 im Generalgouvernement sowie in den besetzten sowjetischen Gebieten. Auch unter dem Deckmantel des Partisanenkrieges wurden Juden in großer Zahl erschossen. Seit dem Sommer 1941 begannen erste Vorbereitungen für das industrielle Morden in Gaswagen und Gaskammern. Im Frühjahr 1942 wurden die Gaskammern in Auschwitz, Treblinka, Sobibór, Bełzec, Majdanek und Kulmhof in Betrieb genommen. Nicht nur die polnischen Juden wurden hier ermordet. In den folgenden Monaten wurden die Vernichtungslager zum Ziel von Deportationszügen aus nahezu dem gesamten besetzten Europa wie aus Deutschland selbst. Aus dem Konzentrationslager im böhmischen Theresienstadt wurden Juden ab 1942 ebenso deportiert wie aus der Slowakei und aus dem Baltikum. Als Ungarn im Frühjahr 1944 von deutschen Truppen besetzt wurde, begann binnen kurzem auch hier die Deportation in die Gaskammern.

Vernichtungslager

Neben den Einsatzgruppen der SS waren nahezu alle Organe der deutschen Besatzung, von der Wehrmacht über die Polizei bis hin zur Zivilverwaltung in unterschiedlicher Weise mit den Massenerschießungen, den Deportationen und der Vergasung befasst. Auch in der lokalen Bevölkerung fand die Vernichtungspolitik willige und wissentliche Unterstützer. Schon die Aneignung jüdischen Besitzes bezog weite Teile der Bevölkerung auf kor-

Lokale Beteiligungen rumpierende Weise in die Deportationen ein. Der deutsche Überfall auf die Sowjetunion löste in den zuvor sowjetisch besetzten Gebieten Ostpolens eine Welle pogromartiger Mordaktionen an Juden durch ihre polnischen „Nachbarn" aus [GROSS 10.e]. In Lettland war das Kommando von Victors Arājs direkt an der Ermordung der Juden beteiligt. Ungarische Truppen verübten in der Gegend von Neusatz im Januar 1942 ein Massaker an der jüdischen Bevölkerung. In Bessarabien und in der Bukowina erschossen rumänische Truppen etwa fünfzigtausend Juden, mindestens weitere 200.000 Juden kamen im rumänischen Besatzungsgebiet Transnistrien ums Leben. Auch der reibungslose Ablauf der Deportationen aus der Slowakei und Ungarn wäre ohne die Zuarbeit lokaler Behörden unmöglich gewesen. Dieser teils aktiven, teils billigenden Mitwirkung lag ein völkisch grundierter Antisemitismus zugrunde, der durch die Erfahrung von Krieg und Besatzung radikalisiert und in den Nachkriegsjahren weitgehend verschwiegen wurde.

Dabei besaßen die Bündnispartner Deutschlands durchaus Möglichkeiten, dem Morden Einhalt zu gebieten. Im Dezember 1942 verweigerte sich der rumänische Staatschef Antonescu einer weiteren Deportation rumänischer Juden, die drei Monate zuvor flächendeckend eingesetzt hatte. Bereits im Herbst 1942 waren die Deportationszüge aus der Slowakei mit dem Hinweis auf die jüdische Arbeitsleistung vorerst eingestellt worden. In Ungarn gebot Reichsverweser Horthy Anfang Juli den Deportationen Einhalt, nachdem sie in der Provinz bereits nahezu abgeschlossen waren. Etwa ein Sechstel der ungarischen Juden, die so in Budapest oder im Arbeitsdienst von den Deportationen verschont blieben, wurden während der Terrorherrschaft der Pfeilkreuzler noch in der Schlussphase des Krieges ermordet oder kamen bei Todesmärschen ums Leben. Neben der zwiespältigen Haltung der jeweiligen Regierungen zum Judenmord wurden vor allem in Polen mehrere Tausend Juden von der lokalen Bevölkerung versteckt, um ihnen so das Leben zu retten.

Warschauer Ghettoaufstand Organisierte Sabotage, gar bewaffneter Widerstand gegen den Judenmord waren hingegen die Ausnahme. Der Aufstand im Warschauer Ghetto vom April 1943 war überhaupt nur möglich geworden, weil die Unsicherheit über die Natur der Deportationen gewichen war und die im Ghetto zurückgebliebenen arbeitspflichtigen Männer nichts mehr zu verlieren hatten. Wehrmacht und SS mussten erhebliche militärische Mittel einsetzen, bevor sie den Aufstand nach vier Wochen niederschlagen und das Ghetto auflösen konnten.

Von den über drei Millionen Juden Polens in der Zwischenkriegszeit überlebten etwa 50.000 bis 70.000 auf polnischem Boden und weitere 20.000 bis 40.000 in deutschen Konzentrationslagern. Etwa 200.000 polnische Juden waren durch Flucht und Deportation in die Sowjetunion dem Morden entronnen. Insgesamt wurden also rund 90% der polnischen Juden ermordet oder in den Tod getrieben. Im Protektorat überlebten etwa 12.000 bis 14.000 von 118.000 Juden, weitere 26.000 Juden hatten bis 1941 emigrieren können. In der Slowakei überlebten etwa 20.000 der knapp 90.000 Juden. Die meisten Überlebenden zählten die ungarischen Juden. Von etwa 760.000 Personen überlebten etwa 255.000, knapp die Hälfte davon als Zwangsarbeiter in Deutschland. Auch viele der Überlebenden wanderten nach Kriegsende aus.

Eine derart knappe Gesamtbilanz bleibt notwendigerweise auf Schätzungen angewiesen. Sie zeigt jedoch eindrücklich, dass der Holocaust die Judenheit Ostmitteleuropas nahezu vollständig auslöschte und einem Charakteristikum der Region ein gewaltsames Ende bereitete.

d) POLITISCHE STRUKTURBRÜCHE 1943–1948

Je deutlicher sich seit Stalingrad die Niederlage Deutschlands abzeichnete, desto stärker verschob sich das politische Koordinatensystem im östlichen Mitteleuropa. Denn der Vormarsch der Roten Armee stellte die nationalen Kräfte von der demokratischen Linken bis zur extremen Rechten vor die Frage, wie sie sich zur siegreichen Sowjetunion und den mit ihr verbündeten jeweiligen kommunistischen Parteien verhalten und ob sie sich gar auf ein mehr oder weniger offenes Bündnis mit den nationalsozialistischen Besatzern einlassen sollten. Diese Frage wurde in den einzelnen Ländern ganz unterschiedlich beantwortet.

Weder im Protektorat noch in Polen war die deutsche Besatzung darauf angelegt, gesellschaftlichen Rückhalt zu gewinnen. Der Rückgriff auf lokale Behörden in der Zivilverwaltung diente ebenso wie die Schutzmannschaften und einheimischen Polizeiverbände allein dazu, den eigenen Mangel an Ortskenntnissen und Personal zu kompensieren und reibungslose administrative Abläufe zu ermöglichen . Politische Strukturen wurden nur im Protektorat geschaffen. Die schon im März 1939 aus den beiden Sammlungsparteien der Zweiten Republik gebildete Nationale Gemeinschaft (*Národní souručenství*) verlor jedoch bald an Rückhalt in der Bevölkerung und büßte mit der Ankunft Heydrichs ihre politische Bedeutung vollends ein.

Kollaboration

Im besetzten Polen lässt sich insofern eine gegenläufige Entwicklung beobachten, als sich erst im Verlauf des Krieges Formen deutsch-polnischer Zusammenarbeit herausbildeten. So versuchten lokale Dienststellen seit 1943 mit wechselndem Erfolg, sich mehr als nur punktuell mit rechtsnationalen Untergrundorganisationen wie den Nationalen Streitkräften (NSZ) im Kampf gegen die Sowjetunion abzustimmen. Eine entsprechende Revision der Besatzungspolitik wurde von Berlin jedoch strikt unterbunden. Auch als die wachsenden Spannungen im Untergrund ab 1943 in bürgerkriegsähnliche Auseinandersetzungen zwischen dem kommunistischen Widerstand und der radikalen Rechten mündeten, änderte sich an der deutschen Haltung wenig, sodass es bei kurzlebigen lokalen und informellen Bündnissen blieb. Angesichts der deutschen Besatzungsverbrechen waren derartige Formen der Kollaboration in Polen wie in der Tschechoslowakei bei Kriegsende völlig diskreditiert. Beide Regionen unterscheiden sich somit deutlich vom Baltikum, wo der tiefe Schock sowjetischer Besatzung im Gefolge des Hitler-Stalin-Paktes eine Grundlage

Kollaboration

für die Zusammenarbeit bürgerlich-nationaler Kräfte mit den nachfolgenden deutschen Besatzern bildete.

Widerstand
Erhebliche Unterschiede zwischen der Tschechoslowakei und Polen lassen sich auch in der Geschichte von Widerstand und Exil feststellen. Das noch zu Friedenszeiten errichtete Protektorat hatte die tschechische Gesellschaft derart unvorbereitet getroffen, dass sich ein aktiver Widerstand im Lande selbst zunächst nur langsam entwickeln konnte. Die zahlreichen Verhaftungen, die der Demonstration Prager Studenten im November 1939 folgten, hatten zudem die beschränkten Möglichkeiten politischen Protestes offenbart. Unter diesen Umständen war der militärische Widerstand im Protektorat zunächst mit dem reinen Überleben beschäftigt. Die Ermordung Heydrichs durch eingeflogene Fallschirmjäger im Juni 1942 war zwar von besonderer Symbolkraft, forderte aber einen hohen Preis. In einer großangelegten deutschen Vergeltungsaktion wurde die Bevölkerung der Dörfer Lidice und Ležáky ermordet. Erst 1944 konnte der tschechische Untergrund zu eigenen bewaffneten Aktionen übergehen. In der Slowakei begannen sich überhaupt erst ab Ende 1943 bewaffnete Partisanengruppen zu bilden.

Währenddessen wurden im Exil die Voraussetzungen geschaffen, um nach Kriegsende die Tschechoslowakei wiederzuerrichten. Dabei stützte sich Beneš auf ein enges Einvernehmen mit der Sowjetunion, das an das Bündnis von 1935 und die Enttäuschung über das Münchner Abkommen anknüpfen konnte, zumal der tschechischen Gesellschaft die Erfahrung sowjetischer Besatzung fehlte. Die Westmächte hielten sich als Vertragspartner von München dagegen vorerst zurück. Erst mit Kriegsbeginn erhielt Beneš die Möglichkeit, in London eine Exilregierung zu bilden und damit an die tschechoslowakische Staatlichkeit anzuknüpfen, wie sie bis 1938 bestanden hatte. Die volle Anerkennung erreichte die Exilregierung erst nach dem deutschen Überfall auf die Sowjetunion im Juni 1941, die formelle Rücknahme des Münchner Abkommens durch England und Frankreich sogar erst im Spätsommer 1942. Der Ende 1943 geschlossene Freundschaftsvertrag mit der Sowjetunion begründete auch die Zusammenarbeit des Exils mit den tschechoslowakischen Kommunisten. Dagegen blieben die slowakischen wie die sudetendeutschen sozialdemokratischen Exilpolitiker weiterhin marginalisiert.

Komplizierter und konfliktträchtiger gestaltete sich die Entwicklung des polnischen Widerstands, auch wenn dieser anfangs unter deutlich günstigeren Voraussetzungen agierte als sein tschechoslowakisches Pendant. Die polnische Exilregierung unter Władysław Sikorski konnte von Anfang an als legitime Nachfolgerin der in Rumänien internierten letzten Regierung Polens auftreten. Die vielfältigen Organisationen des Untergrundstaates, von Hilfsvereinen über die illegale Presse und die Untergrunduniversität bis hin zu einer eigenen Gerichtsbarkeit und zum Untergrundparlament, hielten vor allem im Generalgouvernement die Hoffnung auf einen unabhängigen polnischen Staat aufrecht. Den Kern des Widerstandes bildete der Verband des bewaffneten Kampfes (ZWZ), die Keimzelle der späteren Heimatarmee. In aussichtsloser militärischer

Lage beschränkten sich diese Organisationen zunächst darauf, Führungskader zu rekrutieren und kleinere Sabotageakte zu verüben.

Mit dem deutschen Überfall auf die Sowjetunion änderte sich die Lage auch für den polnischen Widerstand. Als der ZWZ seine Aktivität auf die nunmehr deutsch besetzten polnischen Ostgebiete ausdehnte, sah er sich dort mit sowjetischen Partisanen konfrontiert, die eine deutlich aggressivere Strategie verfolgten. Auf britischen Druck schloss auch die polnische Exilregierung zunächst eine brüchige Übereinkunft mit der Sowjetunion. Daraufhin wurde auf sowjetischem Territorium eine polnische Armee unter Władysław Anders aufgestellt, die nach Unstimmigkeiten über Umfang und Versorgung jedoch bald über Persien in den Nahen Osten verlegt wurde. Dahinter stand der Konflikt um die zukünftige Ostgrenze Polens. Auch wenn die Sowjetunion den deutsch-sowjetischen Vertrag vom 28. September 1939 für ungültig erklärt hatte, zeigte sich schnell, dass sie den Hitler-Stalin-Pakt mitnichten für erledigt hielt. Während die Westmächte zunächst stillschweigend von einer weitgehenden Restauration der Vorkriegsordnung ausgingen, strebte die Sowjetunion danach, ihre Grenzen von 1940 wiederherzustellen. In den Gesprächen mit dem eigens nach Moskau gereisten Exilpremier Sikorski vermied Stalin daher präzise Aussagen über die zukünftige polnisch-sowjetische Grenze. Polnische Ostgrenze

Anders als die Westmächte, die einen Konflikt mit Stalin in dieser Frage zu vermeiden suchten, setzte die polnische Exilregierung der Hartnäckigkeit Stalins eine ebenso unnachgiebige Politik entgegen, bei der sie letztlich nur verlieren konnte. Als die deutsche Propaganda im April 1943 die Massengräber von Katyń öffentlich machte und die polnische Exilregierung die Aufklärung der Verbrechen forderte, nutzte Stalin die Gelegenheit, das polnische Ansinnen als antisowjetisch zu diskreditieren und so, wenige Monate nach Stalingrad, einen offenen Bruch herbeizuführen. Fortan setzte er auf den zielstrebigen Aufbau kommunistischer Parallelstrukturen um den in Moskau ansässigen Bund Polnischer Patrioten (ZPP) und die wiedergegründete kommunistische Partei (PPR). Diese Instrumente Stalins in der Vorwegnahme der zukünftigen politischen Ordnung Polens zeigten sich auch hinsichtlich der Ostgrenze gefügig. Ende 1943 konnte Stalin auch die Westmächte in Teheran auf die Curzon-Linie als ethnische Grenze zwischen polnischer und ostslawischer Bevölkerung und damit als zukünftige Ostgrenze Polens festlegen. Als Kompensation schlug Winston Churchill vor, die Westgrenze Polens bis an die Oder zu verschieben.

Der polnische Widerstand verschloss die Augen davor, dass die Großmächte eine Entscheidung über die Grenzfrage bereits vorweggenommen hatten. Im Juli 1944 versuchte die Heimatarmee in Wilna und Lemberg erfolglos, sich im militärischen Vakuum zwischen der abrückenden Wehrmacht und der siegreichen Roten Armee zu behaupten und die sowjetischen Befreier als Hausherren begrüßen zu können. Kernstück dieser Strategie bildete der Warschauer Aufstand. Zwar gelang es der Heimatarmee zunächst, weite Teile der Warschauer Innenstadt unter ihre Kontrolle zu bringen. Die Rote Armee hielt nach ihrem monatelangen Vorstoß durch Weißrussland nunmehr in den Warschauer Voror- Warschauer Aufstand ten rechts der Weichsel inne. Damit gab sie der Wehrmacht die Gelegenheit, den Aufstand niederzuschlagen. Diese Konstellation war von hoher Symbolkraft, sah doch die Rote Armee beinahe tatenlos zu, wie der Widerstand der Heimatarmee über Wochen verblutete, und verweigerte sich selbst alliierter Luftunterstützung. Dennoch benötigte die Wehrmacht zwei Monate, um den Aufstand unter schweren Opfern niederzukämpfen. Bis die Rote Armee einrückte, verblieben weitere dreieinhalb Monate, in denen das schwer verwüstete Warschau in einer beispiellosen Racheaktion der deutschen Besatzer nahezu völlig zerstört wurde.

Der Warschauer Aufstand scheiterte auch daran, dass die Rote Armee ihre Hauptstoßrichtung im Sommer 1944 nach Süden wandte. Hier nutzte die rumänische Opposition um König Mihai die Kriegsmüdigkeit der rumänischen Armee und die Sorge vor den politischen Folgen einer Niederlage, um am 23. August Marschall Antonescu zu stürzen und mit einem Waffenstillstandsersuchen die Seiten zu wechseln. Auch wenn sich der Einmarsch der Roten Armee auf diesem Weg nicht vermeiden ließ, bildete der rumänische Seitenwechsel das Muster für ähnliche Versuche in der Slowakei und in Ungarn.

<small>Slowakischer Nationalaufstand</small>

In der Slowakei bemühte sich der Slowakische Nationalrat seit Weihnachten 1943, alle Widerstandsgruppen zu vereinigen. Der geplante Aufstand begann jedoch verfrüht, als Partisanen gegen eine durchreisende deutsche Militärmission vorgingen und damit den deutschen Truppeneinmarsch provozierten. Ein Zusammengehen von Partisanen und slowakischer Armee gelang nur in den zentralslowakischen Gebieten um Neusohl. Ähnlich wie in Warschau blieb auch in der Slowakei der Wehrmacht genügend Zeit, die Erhebung in blutigen Kämpfen niederzuschlagen. Immerhin versuchte die Rote Armee hier zumindest, den von Kommunisten mitgetragenen Aufstand zu unterstützen. Es dauerte jedoch noch bis Ende April 1945, bis die Slowakei vollständig von der Roten Armee eingenommen wurde.

<small>Pfeilkreuzler</small>

In Ungarn wurden die Bestrebungen, sich vom deutschen Bündnispartner zu lösen, bereits mit der deutschen Besatzung vom März 1944 erstickt. Als Horthy im Oktober 1944 in einer verzweifelten Aktion dennoch versuchte, an den Besatzern vorbei einen Waffenstillstand mit der Roten Armee auszuhandeln, wurde er unter dramatischen Umständen zur Abdankung gezwungen. In den folgenden Monaten bis zum Kriegsende übten die Pfeilkreuzler unter Ferenc Szálasi eine korrupte Gewaltherrschaft aus, die mit ihrer revolutionären Rhetorik die Parteibasis zu unkontrollierten, meist antisemitischen Ausschreitungen und Mordaktionen mobilisierte. Indem sie noch in der Endphase des Krieges auf die radikale Durchsetzung hungaristischer völkischer Vorstellungen zielten und die Führungsfiguren des demokratischen Widerstands hinrichten ließen, beschleunigten sie den Zusammenbruch der ungarischen Gesellschaft erheblich.

Der Versuch der nationalen Eliten Ostmitteleuropas, die Rote Armee unter eigenen Bedingungen zu empfangen und damit wesentlichen Einfluss auf die Nachkriegsordnung zu gewinnen, war damit nahezu durchweg gescheitert. Die einzige Ausnahme bildet der tschechische Aufstand in Prag am 4. Mai 1945, der das Ende des Protektorats und den Beginn der Vertreibung der Sudetendeutschen markierte. Im Baltikum hingegen, wo sich die auf deutscher Seite kämpfenden Truppenteile auf einen antisowjetischen Partisanenkrieg vorzubereiten begannen, wurde gar nicht erst versucht, sich aus eigener Kraft von den deutschen Besatzern zu befreien.

Die politische Neugestaltung Ostmitteleuropas wurde unter diesen Umständen weitgehend von Moskau diktiert. Als die Großmächte im Februar 1945 in Jalta ihre Absicht erklärten, die Völker Ostmitteleuropas sollten in freien Wahlen demokratische Einrichtungen schaffen, konnte dies die tiefen Meinungsverschiedenheiten der Sieger über die politische Zukunft Polens nur mühsam verdecken. Der Konkurrenz zwischen der Londoner Exilregierung und der von sowjetischer Seite installierten Lubliner Regierung aus Kommunisten und Sozialisten wurde zwar im Juni 1945 die politische Grundlage entzogen und eine Regierung der nationalen Einheit unter Beteiligung des früheren Exilpremiers Stanisław Mikołajczyk gebildet. Da die Rote Armee das Land besetzt hielt, war dies jedoch ein Kompromiss zu sowjetischen Konditionen. In der Tschechoslowakei konnte die Regierungsbildung dagegen an die Verständigung mit der Sowjetunion anknüpfen, die Präsident Beneš seit 1943 betrieben hatte, und erfolgte weitgehend einvernehmlich zwischen dem Exil und den Kommunisten. Im sowjetisch besetzten Debrecen schließlich bildeten die vereinigten ungarischen Oppositionsparteien im Dezember 1944 eine Koalitionsregierung; die Führung eines Horthy persönlich eng verbundenen Generals sollte dieser die politische Anerkennung sichern. Damit waren bei Kriegsende in ganz Ostmitteleuropa Koalitionsregierungen der Linken entstanden, die sich jeweils auf die sowjetische Besatzungsmacht stützten und über lokale Ausschüsse schnell eigene Strukturen aufbauten. Obwohl die kommunistischen Parteien und ihre linkssozialistischen Bündnispartner ihre Schlüsselstellungen auch gegen die Koalitionspartner einzusetzen verstanden, waren die Bruchstellen zunächst nur in Polen und in Rumänien deutlich erkennbar.

Eine vordringliche Aufgabe sahen die neuen Regierungen darin, die enormen Bevölkerungsverschiebungen zu kanalisieren, welche erklärtermaßen die angestrebte territoriale Neuordnung der Region vorbereiten sollten. Bereits 1944 hatte im Schatten der zurückweichenden Wehrmacht eine Massenflucht eingesetzt, gespeist aus der propagandistisch verstärkten Angst vor den Soldaten der Roten Armee, nicht selten aber auch aus Furcht vor den eigenen Nachbarn. Aus den westukrainischen Gebieten flohen etwa dreihunderttausend Polen. In Nordsiebenbürgen war die deutsche Bevölkerung nach dem rumänischen Seitenwechsel zwangsevakuiert worden, ein Teil der magyarischen Bevölkerung floh nach Ungarn. Ihren Höhepunkt erreichte die Flucht jedoch erst Anfang 1945, als etwa drei Millionen Deutsche aus Ostpreußen, Pommern und Schlesien gen Westen flohen.

Diese Fluchtbewegungen bildeten den Auftakt für die umfassenden Vertreibungen nach Kriegsende. Mit der Übergabe der Zivilverwaltung in den eroberten Gebieten an die polnischen und tschechoslowakischen Behörden gingen bereits in den ersten Wochen nach Kriegsende „wilde" Vertreibungen einher, die von einem hohen Maß an Willkür geprägt waren, wenig Rücksicht auf Gesundheit und Leben der Vertriebenen nahmen und wiederholt von gezielten Mordaktionen begleitet wurden. Hier brach sich nicht nur die aufgestaute Rache der Unterdrückten Bahn. Die örtlichen Akteure sahen sich vielmehr durch programmatische Aussagen der polnischen, der tschechoslowakischen und der ungarischen Regierung ebenso gedeckt wie durch die Planungen der Siegermächte. In seinem Londoner Exil hatte Edvard Beneš dafür geworben, die deutsche Bevölkerung aus der Tschechoslowakei zu vertreiben. Dabei konnte er an Überlegungen in der britischen Regierung anknüpfen, dass eine stabile Nachkriegsordnung im östlichen Mitteleuropa möglichst homogener Nationalstaaten bedürfe, um zukünftigen Minderheitenkonflikten die Grundlage zu entziehen. Entsprechende Erwägungen gingen in den Vorschlag Churchills ein, die von sowjetischer Seite geforderte Ostgrenze Polens um eine Verschiebung der Westgrenze zu ergänzen.

Der polnische Ministerpräsident Edward Osóbka-Morawski machte bereits im Mai 1945 deutlich, dass die unter polnische Verwaltung gestellten Gebiete fortan von Polen besiedelt würden. Mit der Kaschauer Erklärung vom 1. April 1945 legte auch die tschechoslowakische Regierung bereits in ihrer ersten Amtshandlung die rechtliche Grundlage für die Vertreibung der Sudetendeutschen, indem sie ihnen die Rückgabe der Staatsangehörigkeit verweigerte. Mehrere Präsidialdekrete setzten den Beschluss zur Vertreibung in den folgenden Monaten in geltendes Recht um. Auch die ungarische Regierung hatte Anfang Mai 1945 die Aussiedlung der Ungarndeutschen beschlossen. Die Siegermächte stimmten diesen Beschlüssen auf der Potsdamer Konferenz zu, versahen sie jedoch mit der Auflage, die Aussiedlung habe „in organisierter und humaner Weise" zu erfolgen. Wie weit dieser Beschluss auch die Vertreibung aus den deutschen Ostgebieten deckte, wurde wegen der Differenzen über den genauen Verlauf der zukünftigen Westgrenze Polens bewusst offengelassen. Parallel dazu legten die sowjetische und die polnische Regierung im Juli 1945 die Modalitäten fest, nach denen die polnische Bevölkerung östlich der Curzon-Linie ausgesiedelt werden sollte.

Die Bevölkerungsstruktur Polens wurde durch diese Beschlüsse nochmals tiefgreifend verändert. Nach Flucht und „wilder" Vertreibung wurden bis 1950 weitere 3,5 Millionen Menschen in einem vielschichtigen Prozess als Deutsche erfasst und aus Polen ausgesiedelt, gut eine Million Deutsche verblieben im Land. Demgegenüber wurden gut 1,5 Millionen Polen aus den ehemaligen polnischen Ostgebieten aufgenommen und zusammen mit etwa drei Millionen Umsiedlern aus Zentralpolen im neu gewonnenen Westen angesiedelt. In umgekehrter Richtung mussten knapp 500.000 Ukrainer, Weißrussen und Litauer das Land gen Osten verlassen. Weitere 140.000 Ukrainer wurden 1947 im Rahmen der Aktion *Wisła* (Weichsel) wiederum gen Westen in die ehemals deutschen Gebiete zwangsumgesiedelt. Auch die etwa zwei Millionen repatriierten polnischen Zwangsarbeiter gehören in diese Bilanz der Migrationsbewegungen nach Kriegsende, ebenso wie die Auswanderung von etwa 60.000 jüdischen Überlebenden der Shoah, die angesichts einer weitverbreiteten Pogromstimmung, wie sie sich im Juli 1946 in Kielce entlud, das Land verließen.

Ähnlich radikal erfolgte die Vertreibung der Deutschen aus der Tschechoslowakei. Knapp zwei Millionen Sudetendeutsche wurden 1946 zwangsweise ausgesiedelt. Auch die karpatendeutsche Bevölkerung der Slowakei musste das Land größtenteils verlassen. Darüber hinaus versuchte die tschechoslowakische Regierung, die etwa 650.000 Menschen zählende magyarische Minderheit auszusiedeln. Als die ungarische Regierung dagegen protestierte und auch die Siegermächte ihre Zustimmung verweigerten, verlegte sich die tschechoslowakische Regierung auf einen vertraglich vereinbarten Bevölkerungsaustausch. In der Folge wurden Anfang 1946 jeweils etwa 70.000 slowakische Magyaren nach Ungarn und ungarische Slowaken in die Tschechoslowakei ausgesiedelt.

Während die Vertreibung der Deutschen aus Polen und der Tschechoslowakei damit begründet wurde, die Besatzungs- und Vernichtungspolitik habe ein zukünftiges Zusammenleben unmöglich gemacht, lenkte die Vertreibung der Ungarndeutschen in willkommener Weise davon ab, dass sich Ungarn als Bündnispartner Deutschlands am Krieg beteiligt hatte. Zugleich konnte so die Aufnahme ethnischer Ungarn erleichtert werden, die aus der Slowakei und insbesondere aus Siebenbürgen geflohen waren. Nachdem mit etwa 225.000 Personen etwa die Hälfte der ungarndeutschen Bevölkerung nach Deutschland verbracht worden war, geriet die Aussiedlung ins Stocken und wurde schließlich eingestellt. Darüber hinaus wurden etwa 65.000 Ungarndeutsche sowie 80.000 Siebenbürger Sachsen und Banater Schwaben, also nahezu alle erwachsenen männlichen Deutschen Rumäniens, zur Zwangsarbeit in die Sowjetunion deportiert.

Auch wenn großräumige Bevölkerungsverschiebungen seit dem Ersten Weltkrieg und vor allem seit dem griechisch-türkischen Abkommen von Lausanne als Mittel nationaler Homogenisierung diskutiert wurden, gehören die Vertreibungen bei Kriegsende doch in den Kontext des Zweiten Weltkriegs. Denn erst der Vernichtungswille und die alltägliche Gewalt, mit der das nationalsozialistische Deutschland das östliche Mitteleuropa überzogen hatte, zerstörten die Grundlagen eines zwar spannungsreichen, aber bis 1938 immer noch zivilen Mit- und Nebeneinanders unterschiedlicher sprachlicher und nationaler Milieus, öffnete der sowjetischen Expansion nach Mitteleuropa den Weg und schufen die politischen wie die psychologischen Voraussetzungen massenhafter Vertreibung.

Mit den Vertreibungen wurden auch die territorialen Grenzen festgeschrieben. Grenzziehungen
Während die Curzon-Linie als neue Ostgrenze Polens in Jalta und Potsdam schon nicht mehr grundsätzlich diskutiert und im August 1945 auch völkerrechtlich als neue polnisch-sowjetische Grenze festgelegt wurde, erzielten die Alliierten über die Westgrenze Polens keine Übereinkunft. Somit wurden die deutschen Ostgebiete bis zur Oder-Neiße-Linie zunächst unter polnische Verwaltung gestellt. Dagegen wurde die Tschechoslowakei in ihren alten Grenzen wiederhergestellt, musste jedoch im Juni 1945 die Karpatoukraine an die Sowjetunion abtreten. Der so vollzogenen Revision des Ersten Wiener Schiedsspruchs hatte die ungarische Regierung nichts entgegenzusetzen. Auch die ungarischen Hoffnungen, zumindest im Osten einen Streifen der im Zweiten Wiener Schiedsspruch 1940

zugesprochenen rumänischen Gebiete behaupten zu können, erwiesen sich als illusionär. Im Friedensvertrag von Paris wurde Ungarn im Februar 1947 mit nur geringen Korrekturen wieder auf die Grenzen von Trianon zurückgeführt.

Damit war die unter deutschem Druck und deutscher Besatzung zerstörte nationalstaatliche Ordnung Ostmitteleuropas mit Kriegsende unter massiven Veränderungen im territorialen Bestand des polnischen Staates weitgehend wiederhergestellt worden. Diese Restauration war jedoch nur eine äußerliche. Die Jahre der Besatzung, Versklavung und Vernichtung, Kollaboration und Widerstand, der Umsiedlung, Flucht, Deportation und Vertreibung hatten die Gesellschaften Ostmitteleuropas und ihre Ordnungsvorstellungen tiefgreifend verändert und erforderten einen grundlegenden politischen Neuanfang. Am radikalsten verfochten Kommunisten die scharfe Abkehr von der alten Ordnung und einen Neuanfang im Zeichen von Frieden und Gerechtigkeit. Ihre Glaubwürdigkeit hatte das disziplinlose und gewalttätige Auftreten der Roten Armee jedoch schon massiv untergraben.

Obwohl sich die Ordnungsvorstellungen der Kommunistischen Parteien erheblich von denen ihrer Koalitionspartner unterschieden, gab es wichtige Berührungspunkte. Einigkeit herrschte in der strafrechtlichen Verfolgung von Volksgerichte Kriegsverbrechern. Die großen Prozesse gegen die ehemaligen Ministerpräsidenten László Bárdossy, Béla Imrédy und Döme Sztójay, gegen Ferenc Szálasi und den Volksgruppenführer Franz Basch in Ungarn, gegen Jozef Tiso und Vojtech Tuka sowie gegen die Protektoratsregierung in der Tschechoslowakei und schließlich die Kriegsverbrecherprozesse in Polen bildeten nur die Spitze flächendeckender Volksgerichtsbarkeit. Neben die juristische Abrechnung trat die zielstrebige Gestaltung einer neuen wirtschaftlichen Ordnung. Vor allem verhieß der Zusammenbruch der grundbesitzenden Eliten die Möglichkeit, das zentrale Problem ländlicher Überbevölkerung durch umfassende Bodenreformen schlagartig zu lösen. Was nach den Bodenreformen der Zwischenkriegszeit noch an Großgrundbesitz verblieben war, wurde nunmehr ebenso wie bäuerliche Großbetriebe vollständig und ohne Entschädigung enteignet und an Landarbeiter, Kriegsheimkehrer, Flüchtlinge und Vertriebene verteilt. Die Erschütterung der Eigentumsverhältnisse durch Arisierung, Krieg und Besatzung, Judenmord und Vertreibung erleichterte zudem die rasche Verstaatlichung von Industrie, Banken und schließlich auch der Handelsunternehmungen, die nicht nur die Entmachtung in- und ausländischen Kapitals, sondern auch eine planmäßige Konsolidierung des wirtschaftlichen Lebens und eine zielstrebige und von bisherigen ökonomischen Zwängen weitgehend befreite Industrialisierung verhieß.

Erst im Rückblick bildeten diese Maßnahmen, die jeglicher Restauration der Vorkriegsverhältnisse die wirtschaftliche Grundlage entzogen, bereits den Auftakt zielbewusster kommunistischer Machtergreifung. Trotz massiver Konflikte zwischen den Kommunisten und ihren jeweiligen Koalitionspartnern setzte der konsequente Übergang zur Einparteienherrschaft jedoch erst um die Mitte des Jahres 1947 ein. Inzwischen hatten vielfältige Reibungen die innenpolitischen

Fronten verhärtet und in Polen, in der Slowakei und in Ungarn die katholischen Bauernparteien zu starken antikommunistischen Sammelbecken werden lassen, sodass eine kommunistische Regierungsbeteiligung ohne massive Manipulationen nicht sicher gewährleistet schien. Auch waren die kommunistischen Parteien, die seit dem Kriegsende massenhaften Zulauf erlebt hatten, erst jetzt personell stark genug für eine Politik der Verdrängung auf allen Ebenen. Vor allem aber kamen erst mit der Gründung des Kominform im September 1947 eindeutige Vorgaben aus Moskau, den bislang propagierten eigenen, nationalen Weg zum Sozialismus stringent nach sowjetischem Vorbild umzugestalten und die sowjetische Hegemonialsphäre zu einem Block zu konsolidieren. In der Behauptung von Schlüsselstellungen insbesondere im Polizeiapparat, in der fortschreitenden Repression politischer Gegner wie der eigenen Koalitionspartner, in der angestrebten Absicherung innenpolitischer Machtverhältnisse durch Einheitslisten bis hin zu kaum verhüllten Wahlmanipulationen und schließlich in der Verschmelzung der jeweiligen Linksparteien zu kommunistisch geführten Einheitsparteien lässt sich in ganz Ostmitteleuropa ein ähnliches Muster der Eroberung und Sicherung der Macht beobachten. Angesichts der unterschiedlichen Erfahrungen von Besatzung und Widerstand während des Weltkrieges, ungleicher wirtschaftlicher Voraussetzungen und der unterschiedlichen Stellung agrarischer Linksparteien verlief diese Entwicklung in den einzelnen Ländern dennoch recht unterschiedlich.

Kominform

In Polen, wo Stalin die Frage der Ostgrenze seit 1943 für die Konfrontation mit der Exilregierung genutzt hatte, war die Situation auch nach dem Eintritt Mikołajczyks in die Regierung ausgesprochen konfliktträchtig. Die militärischen Konflikte zwischen dem NKVD und nationalpolnischen Partisanen, die aus den Resten der Heimatarmee und den Nationalen Streitkräften hervorgegangen waren, erreichten 1945 und 1946 in manchen Woewodschaften geradezu bürgerkriegsähnliche Ausmaße. Zum eigentlichen politischen Gegner der Kommunisten unter Bolesław Bierut und Władysław Gomułka avancierte hingegen rasch die Polnische Bauernpartei (PSL) Mikołajczyks. Selbst massive Wahlfälschungen konnten bei einem im Juni 1946 abgehaltenen Referendum über Grundzüge der Regierungspolitik die starke antikommunistische Grundstimmung in der polnischen Bevölkerung nicht vollständig verdecken. Als Folge dieser misslungenen Generalprobe wurden die Sozialisten (PPS) in eine Einheitsliste mit den Kommunisten gedrängt, während sich die PSL massiven Repressionen ausgesetzt sah. Die ebenfalls gefälschten Wahlen vom Januar 1947 erbrachten so den vorhersehbaren Wahlsieg von Kommunisten und Sozialisten. Der nunmehr in die Opposition wechselnde Mikołajczyk ging im Oktober 1947 ins Exil, seine Bauernpartei wurde gleichgeschaltet. Mit der Verschmelzung von Sozialisten und Kommunisten zur Vereinigten Polnischen Arbeiterpartei (PZPR) unter Vorsitz Bieruts im Dezember 1948 war die Etablierung einer kaum verbrämten Einparteienherrschaft faktisch vollzogen.

Polen

In Ungarn erlitt die Kommunistische Partei (MKP) schon im November 1945 eine unerwartet klare Wahlniederlage, als sie nur knapp 17% der Stimmen erhielt

Ungarn

und so ihre Zuversicht begraben musste, aus eigener Kraft eine breite Linkskoalition dominieren zu können. Allein der Rückhalt in der sowjetisch beherrschten Alliierten Kontrollkommission sicherte den ungarischen Kommunisten die Beteiligung an der neu gebildeten Regierung. Obwohl die Kleinwirtepartei mit 57% der Stimmen einen überwältigenden Wahlsieg erzielt hatte und mit Ferenc Nagy und Zoltán Tildy seit Februar 1946 sowohl den Ministerpräsidenten als auch den Staatspräsidenten stellte, war ihre politische Lage kaum besser als die der Polnischen Bauernpartei Mikołajczyks. Führende Parteimitglieder und Abgeordnete wurden unter konstruierten Vorwürfen der kommunistisch kontrollierten Polizeiorgane ebenso aus dem Amt gedrängt wie ihre Anhänger in der Beamtenschaft. Bündnispartner für ihre Zermürbungspolitik fanden die Kommunisten bei den Gewerkschaften, den Sozialdemokraten und der agrarsozialistischen Nationalen Bauernpartei ebenso wie im linken Flügel der Kleinwirtepartei selbst. Ministerpräsident Ferenc Nagy kehrte im Mai 1947 von einer Reise in die Schweiz nicht zurück. Die zerfallende Kleinwirtepartei wurde nach dem kommunistischen Wahlsieg vom August 1947 in die Auflösung gedrängt. Interne Richtungskämpfe zwangen bald auch die Sozialdemokraten in die Defensive. Im Juni 1948 war die kommunistische Machtübernahme mit der Vereinigung von Kommunisten und Sozialdemokraten zur Partei der Ungarischen Werktätigen (MDP) auch in Ungarn weitgehend abgeschlossen.

Tschechoslowakei In der Tschechoslowakei hingegen lässt sich der Übergang zur kommunistischen Einparteienherrschaft deutlich weniger als in den Nachbarländern als ein von außen gesteuerter Prozess fortschreitender Repression begreifen. Anders als in Polen und Ungarn waren die tschechoslowakischen Kommunisten in der Zwischenkriegszeit nicht verboten gewesen. So konnten sie sich nicht nur auf eine starke Industriearbeiterschaft, sondern auch auf ein dichtes Organisationsnetz stützen und schließlich die breite gesellschaftliche Akzeptanz nutzen, die das Leitbild industrieller Moderne in der tschechischen Gesellschaft genoss. Aber auch Sozialdemokraten, Nationale Sozialisten und die katholische Volkspartei konnten an frühere Organisationsstrukturen anknüpfen. Die Agrarier, die sich nach dem Münchner Abkommen diskreditiert hatten, wurden hingegen zusammen mit den konservativen Parteien und Hlinkas Slowakischer Volkspartei verboten. Damit war zwar das Zentrum der Zwischenkriegsordnung weggebrochen, die Restitution des linken Parteienspektrums und seines etablierten politischen Führungspersonals ließ dennoch eine ungefährdete parlamentarische Entwicklung erwarten. Als Zusammenschluss der Regierungsparteien setzte die Nationale Front akzeptierte Formen außerparlamentarischer Koalitionsvereinbarungen fort, wie sie bereits die *Pětka* der Zwischenkriegszeit geprägt hatten. Ein wesentlicher Unterschied lag allerdings darin, dass die *Pětka* als Mittel zur informellen Ausgrenzung der Kommunistischen Partei gebildet worden war, während die Nationale Front zum wirksamen Instrument kommunistisch dominierter Konsensbildung wurde. Auch von den Gewerkschaften wurden die tschechischen und slowakischen Kommunisten unterstützt. Bei den Wahlen vom Mai 1946 errangen sie landesweit knapp 38% der Stimmen und stellten fortan mit Klement Gottwald den Ministerpräsidenten. Die Vereinbarkeit einer pluralistischen, parlamentarischen Demokratie mit einer sowjetfreundlichen Politik unter maßgeblicher Beteiligung von Kommunisten schien somit in der Tschechoslowakei weitgehend gewährleistet.

Die Abkehr von einer konsensorientierten Koalitionspolitik zeichnete sich erstmals im Sommer 1947 ab, als die Kommunisten auf direkte Intervention Stalins die angebotene Marshallplan-Hilfe ablehnen mussten. Kurz darauf kam es in der Slowakei zum Konflikt über die immer noch weitverbreiteten nationalklerikalen Sympathien. Der Zusammenstoß mit der ursprünglich als agrarischer Linkspartei konzipierten Demokratischen Partei, die sich bald zu einem Sammelbecken antikommunistischer Stimmungen entwickelt hatte, endete im November 1947 mit einem Sieg der slowakischen Kommunisten. Derart in die Defensive gedrängt erklärten die bürgerlichen Minister im Februar 1948 ihren Rücktritt. Der Versuch, auf diese Weise den Kommunisten die Kontrolle über das Innenministerium und die Polizei zu entwinden, scheiterte jedoch an den Massendemonstrationen, welche die Kommunistische Partei in Prag mobilisieren konnte. Aus Furcht vor blutigen Zusammenstößen gab Präsident Beneš dem Ultimatum der Kommunisten nach und billigte eine Regierungsumbildung, die von Kommunisten und linken Sozialdemokraten dominiert wurde und nur noch formal an der Koalitionspolitik der Nationalen Front festhielt. Der tödliche Sturz des Außenministers Jan Masaryk aus einem Fenster seines Ministeriums setzte wenige Tage später einen dramatischen Schlusspunkt unter die Ereignisse.

Nicht so sehr offener und verdeckter Terror als der tief verwurzelte Rückhalt in einer starken Industriearbeiterschaft hatte es der KPČ ermöglicht, in einer scheinbar gefestigten parlamentarischen Ordnung auch ohne direkten Eingriff von außen ihre nichtkommunistischen Bündnispartner in die Defensive zu drängen und schließlich putschartig die Macht an sich zu reißen. Mit dem Rücktritt Beneš', einer neuen Verfassung, dem erdrutschartigen Wahlsieg der kommunistisch dominierten Einheitsliste und schließlich der Vereinigung von Kommunisten und Sozialdemokraten wurde die Übernahme faktischer Alleinherrschaft durch die Kommunisten im Mai und Juni 1948 auch formal zementiert.

Februar 1948

6. OSTMITTELEUROPA IM SOZIALISMUS

Die vier Jahrzehnte zwischen 1948 und 1989 waren im östlichen Europa Jahrzehnte der Diktatur. Entstanden aus der beginnenden Blockbildung des Kalten Krieges waren die ostmitteleuropäischen Volksrepubliken fest in die sowjetischen Herrschaftsstrukturen eingebunden, die außen- und innenpolitische Spielräume gleichermaßen bestimmten. Darüber konnte auch der Versuch nicht hinwegtäuschen, die kommunistische Alleinherrschaft als Ergebnis innerer Befreiung zu legitimieren, die nach dem Zusammenbruch des Faschismus und der alten Eliten vom werktätigen Volk vollbracht worden sei und den Weg zu einer lichten industriellen Zukunft im Zeichen des Sozialismus geebnet habe.

Gesellschaftlicher Wandel   Auch wenn die Strahlkraft der Utopie innerhalb kurzer Zeit erlosch, vollzog sich hinter der Fassade repressiver Diktaturen, die eine ideologische Durchherrschung nahezu aller Lebensbereiche beanspruchten, ein tiefgreifender gesellschaftlicher Wandel. Erst jetzt gelang auch außerhalb der böhmischen Länder der Durchbruch zu einer vorrangig industriell geprägten Wirtschaftsstruktur, die der Mehrheit der Bevölkerung Lebensperspektiven jenseits einer kleinbäuerlichen Existenz bot. Arbeiter und technische Intelligenz sahen sich erstmals in die Mitte des nationalen Selbstbildes gerückt. Technische Bildung bot durch den industriellen Aufschwung mit seinem enormen Bedarf an Fachpersonal bislang unerhörte Aufstiegschancen. Die neuen Stadtviertel, die aus den Ruinen des Krieges emporwuchsen und bald zu wuchernden Vorstädten wurden, versprachen eine Form industriellen Wohnens, das der werktätigen Kleinfamilie bei aller räumlichen Enge und öden Uniformität doch ein Stück Privatheit und Bequemlichkeit in Aussicht stellte und urbane Lebensformen ermöglichte. Kleidung und Konsum, Freizeitverhalten, Tourismus und individuelle Mobilität wurden zusehends von den Normen der industriellen Arbeitswelt bestimmt, während Dörfer und Kleinstädte immer weiter in die Trostlosigkeit abrutschten.

In diesem Wandel hatten die Volksrepubliken Anteil an allgemeineuropäischen Entwicklungen. Spezifisch für die sozialistischen Länder war der Versuch planwirtschaftlicher Steuerung. Dieser setzte in den fünfziger Jahren zunächst enorme Ressourcen frei und verlieh den propagandistischen Verheißungen allgemeinen Wohlstands durchaus eine gewisse Plausibilität. Festgelegt auf das Leitbild großindustrieller Produktionseinheiten und weitgehend blockiert in der Entfaltung unternehmerisch kreativer Problemlösungen und in der Aneignung technischen Fortschritts erschöpfte sich wirtschaftliches Wachstum seit den siebziger Jahren jedoch darin, zusehends ineffiziente Strukturen fortzuschreiben, die mit der Wohlstandsentwicklung und mit dem Wandel zur Dienstleistungsgesellschaft im Westen nicht mehr Schritt hielten. Die engstirnige und repressive Haltung gegenüber der Entfaltung individueller Lebensstile setzte auch der Entstehung jugendlicher Protestkulturen enge Grenzen.

Spezifisch für Ostmitteleuropa waren die Formen gesellschaftlichen Aufbegehrens gegen den Kommunismus. Sie hoben diese Region von den südosteuropäischen Volksrepubliken ebenso ab wie von der Sowjetunion und verschärften die Konfrontation der Blöcke im Kalten Krieg. Zu weltweit beachteten, heroischen Symbolen des Aufbegehrens wurden die ungarische Revolution von 1956, der Prager Frühling von 1968 und die Gründung der *Solidarność* 1980/81. Als tragisch gescheiterte Auflehnungen gegen eine imperiale Übermacht ordneten sie sich in Polen und Ungarn nahtlos in ein nationales Selbstbild ein, das bislang um die polnischen Aufstände von 1794, 1830 und 1863 bzw. um die ungarische Revolution von 1848/49 gekreist war. In beiden Ländern setzten sie den regierungsamtlichen Geschichtsbildern eine eigene Auslegung nationaler Freiheitstraditionen entgegen, die selbst noch dem stillen und unvermeidlichen, letztlich jedoch auf Zeit berechneten Arrangement mit der Macht einen Sinn verlieh. Historisch fundierte Deutungen des Prager Frühlings knüpften an ein tschechisches Selbstbild an, das die nationale Emanzipation aus einem Geist von Humanität und Demokratie ableitete. Die Diktatur wurde jedoch nicht so sehr durch den Rückgriff auf nationale Freiheitstraditionen gestürzt. Vielmehr hatte das westliche Gesellschaftsmodell dem Sozialismus längst den Rang abgelaufen. Als das sowjetische Korsett zerbrach, hatten die politisch wie wirtschaftlich erschöpften Volksrepubliken dem friedlichen Aufbegehren nichts mehr entgegenzusetzen.

Formen des Aufbegehrens

Der Wandel in den Ausdrucksformen öffentlichen Protests lässt erkennen, dass auch das östliche Mitteleuropa an der gesellschaftlichen Pazifizierung Anteil hatte, die nach dem Zweiten Weltkrieg allmählich ganz Europa erfasste. Zwar waren die kommunistischen Diktaturen aus massenhafter Gewalt entstanden und trieben diese in den Jahren des Stalinismus bewusst auf die Spitze. Auch hatte der Sozialismus als politische Ordnung in Ostmitteleuropa nur genau so lange Bestand, wie die Sowjetunion glaubhaft mit militärischer Gewaltanwendung drohte. Nach Stalins Tod wurde die physische Gewalt jedoch zurückgenommen, als sich von Moskau aus die Einsicht durchsetzte, dass der maßlose Terror kontraproduktiv sein könnte. Diese Mäßigung der Gewalt kann als Antwort auf die äußerst brüchige Legitimation und als Verfeinerung repressiver Herrschaftstechniken verstanden werden. Sie gab zugleich den Anstoß für eine gesellschaftliche Ächtung physischer Gewalt als Austragungsform sozialer Konflikte, die zur Grundlage der friedlichen „samtenen" und „singenden" Revolutionen von 1989 wurde. Die spontane Selbstbezeichnung der slowakischen Opposition als „Öffentlichkeit gegen Gewalt" (*Verejnosť proti násiliu*) brachte dieses neue, zivilgesellschaftliche Selbstverständnis der Bürgerbewegungen Ostmitteleuropas prägnant zum Ausdruck.

Der gesellschaftliche Wandel ebnete viele historisch gewachsene Unterschiede der einzelnen Länder fast bis zur Unkenntlichkeit ein. Dennoch kann das hohe Maß an Uniformität im Sozialismus nicht darüber hinwegtäuschen, dass die Voraussetzungen für eine Übernahme des sowjetischen Modells stark voneinander abwichen und somit neue Unterschiede hervorbrachten. Die kommunistische Machtübernahme hatte unterschiedliche Erfahrungen von Krieg,

Alte und neue Divergenzen

Besatzung und Widerstand nur verwischt, aber nicht beseitigt. Angesichts des starken gesellschaftlichen Rückhalts für die tschechischen Kommunisten waren zudem die Erwartungen an eine kommunistische Regierung in der Tschechoslowakei auch über den Februar 1948 hinaus höher als in Polen oder Ungarn. Dagegen erwuchs den polnischen Kommunisten in der katholischen Kirche ein stärkerer und hartnäckigerer Gegner als ihren tschechischen oder auch ungarischen Genossen. Auch kleinbäuerliche Agrarverhältnisse hielten sich in Polen mit seiner schon früh gescheiterten Kollektivierung sehr viel länger als in den hochindustrialisierten tschechischen Gebieten. So sehr der „polnische Oktober" und die ungarische Revolution von 1956 auf ähnliche Ursachen zurückgehen, so wenig lassen sie sich in Zielsetzung und Trägerschichten, Eigendynamik und Formen der Unterdrückung mit dem Prager Frühling von 1968 und den polnischen Streikbewegungen von 1970 und 1980/81 auf einen Nenner bringen. Und schließlich ermöglichte das Regime János Kádárs, das aus der traumatischen Erfahrung von 1956 entstanden war, der ungarischen Gesellschaft in den siebziger und achtziger Jahren Freiräume, die weit über das brüchige Arrangement von Regime und Gesellschaft in Polen hinausgingen und in der Tschechoslowakei in der Epoche der „Normalisierung" nach 1968 undenkbar waren. Entsprechend unterschiedlich entwickelte sich schließlich das Verhältnis von innerer Transformation und öffentlichem Massenprotest, das den Weg zum Sturz der kommunistischen Regime im Jahr 1989 markierte.

a) Spielarten des Stalinismus

Nachdem die kommunistischen Parteien Ostmitteleuropas bis Ende 1948 ihre Koalitionspartner entweder aufgerieben oder vereinnahmt hatten, waren die Voraussetzungen gegeben, Politik und Gesellschaft tiefgreifend umzugestalten. Der bislang betonte eigene Weg zum Sozialismus wich nunmehr einer Politik rascher gesellschaftlicher Neuordnung nach sowjetischem Vorbild, die in Machtkonzentration und Führerkult ebenso wie in der Entgrenzung politischer Gewalt alle Wesenszüge des Stalinismus annahm und sämtliche Lebensbereiche dem kommunistischen Leitbild zu unterwerfen suchte.

Verfassungen   Formal wurde das politische System durch die Verfassungen neu begründet, die in der Tschechoslowakei im Mai 1948 und in Ungarn im August 1949 verabschiedet wurden, während Polen, das zunächst auf der Grundlage eines Übergangsstatuts regiert wurde, erst im Juli 1952 eine neue Verfassung erhielt. Die tschechoslowakische Verfassung stellte sich am deutlichsten in eine nationale Kontinuität, indem sie als einzige das Amt eines Staatspräsidenten bewahrte, statt einen Staatsrat (*Rada Państwa*) oder Präsidialrat (*Elnöki Tanács*) an dessen Stelle zu setzen. Auch begründete sie die Staatsgewalt aus dem gesamten tschechoslowakischen Volk, während sich die stärker am sowjetischen Vorbild von 1936 ausgerichteten Verfassungen Ungarns und Polens ausdrücklich auf das werktätige

Volk der Arbeiter und Bauern beriefen. In solchen formalen Feinheiten spiegelte sich ein stärkeres Selbstvertrauen der tschechoslowakischen Kommunisten wider. Zudem trugen sie den Unterschieden in den jeweiligen nationalen Selbstbildern Rechnung, denenzufolge sich die Emanzipation der tschechischen und slowakischen Nation gegen jahrhundertealte Fremdherrschaft, die des polnischen und ungarischen Volkes indessen auch gegen die eigenen besitzenden Eliten gerichtet hatte.

Gemeinsam war allen drei Verfassungen das Bekenntnis zur Volksrepublik oder Volksdemokratie und zum Aufbau eines Sozialismus, mit der Verstaatlichung von Bergbau, Industrie, Handel, Banken und Grundbesitz und der planmäßigen Lenkung der Wirtschaft als wesentlichen Merkmalen. Die formal weiterhin zentrale Stellung der jeweiligen Parlamente wurde in der Praxis durch die Wahl nach Einheitslisten unterlaufen, die den kommunistischen Parteien eine unanfechtbare politische Machtstellung sicherten. Die Lokalverwaltung wurde ebenfalls nach dem Rätemodell umgestaltet, womit sämtliche Kompetenzen faktisch in die Exekutive verlagert wurden. Auch die Unabhängigkeit der Justiz bestand fortan nur noch auf dem Papier. In Abkehr vom ansonsten fortgeführten Zentralismus erhielt die Slowakei schließlich mit einem eigenen Landesrat formale Autonomie in kulturellen und sozialpolitischen Fragen, die jedoch, vergleichbar der 1952 eingerichteten Autonomen Ungarischen Region in Rumänien, politisch bedeutungslos blieb.

Die kommunistischen Parteien orientierten sich als die eigentlichen Träger politischer Macht in ihrem Aufbau erst recht am sowjetischen Modell. Die Parteikongresse waren als Vertretung der Basis zwar formal die höchsten Organe, erfüllten als unregelmäßige Massenveranstaltungen jedoch vor allem propagandistische Funktionen. Die Schaltzentralen des politischen Alltagsbetriebes waren hingegen die jeweiligen Abteilungen des Zentralkomitees (ZK) und ihre Sekretäre sowie das Politbüro bzw. in Ungarn die Politische Kommission (*Politikai Bizottság*). Die jeweiligen Parteisekretariate hatten vor allem in organisatorischen und personalpolitischen Fragen hohes Gewicht. Letztlich fand die politische Willensbildung jedoch in kleinen, wenig formalisierten Führungszirkeln statt, die sich aus der Spitze der während des Krieges entweder in Moskau geschulten oder im Untergrund aktiven Kader zusammensetzten. In Polen bestand diese Führungsgruppe nach der Entmachtung Władysław Gomułkas aus Bolesław Bierut, der seit 1948 den Parteivorsitz mit dem Amt des Staatspräsidenten bzw. seit 1952 dem des Ministerpräsidenten vereinigte, sowie den Politbüromitgliedern Jakub Berman, Hilary Minc und dem sowjetischen Marschall Konstantin Rokossovskij. In der Tschechoslowakei gehörten Ministerpräsident Antonín Zápotocký und, bis zu seinem Sturz, Generalsekretär Rudolf Slánský zum engsten Führungskreis um den Staatspräsidenten und Parteivorsitzenden Klement Gottwald. In Ungarn bildete Generalsekretär und Ministerpräsident Mátyás Rákosi mit den Politbüromitgliedern Ernő Gerő und Mihály Farkas die Führungs-„Trojka", die mit dem geheimen Landesverteidigungskomitee (*Honvédelmi Bizottság*) seit November 1950 auch eine formale Struktur erhielt. Über die personelle Verbindung

Kommunistische Staatsparteien

hoher Partei- und Staatsämter wurden die dort gefassten Beschlüsse in die jeweiligen Apparate transportiert.

Die Verlagerung politischer Macht in kleine, informelle Führungszirkel folgte nicht allein dem sowjetischen Vorbild, sondern trug auch der Tatsache Rechnung, dass nach der Vereinigung der Arbeiterparteien hohe Staats- und Parteiämter von ehemaligen Sozialdemokraten bekleidet wurden. Ohnehin sahen sich die kommunistischen Parteien durch den massiven Zulauf und die Verschmelzung mit den jeweiligen Sozialdemokraten vor enorme Integrationsaufgaben gestellt. So zählte die ungarische MDP im Herbst 1948 über eine Million Mitglieder, die polnische PZPR Ende 1948 bei einer deutlich größeren Bevölkerung etwa 1,5 Millionen und die traditionell mitgliederstarke tschechoslowakische Partei im Oktober 1948 sogar über 2,4 Millionen. Damit aber drohte der Anspruch der kommunistischen Parteien unglaubwürdig zu werden, als proletarische Arbeiterparteien eine elitäre Avantgarde zu sein. Folglich verhängten alle drei Parteien im Oktober 1948 einen vorläufigen Aufnahmestopp und begannen mit einer „Parteisäuberung". Etwa ein Drittel der ungarischen und der tschechoslowakischen Mitglieder mussten in den folgenden Monaten

„Parteisäuberungen"   ihre Parteibücher abgeben oder wurden zu Kandidaten zurückgestuft. Da die PPR ihre Mitglieder bereits 1947 einer ersten Überprüfung unterzogen und auch die PPS zur deutlichen Verminderung ihres Mitgliederstandes gezwungen hatte, fiel in der nunmehr vereinigten PZPR die „Säuberung" deutlich milder aus. Neben ehemaligen Sozialdemokraten und Sozialisten mussten vor allem Angestellte und andere Mitglieder bürgerlicher und kleinbürgerlicher Herkunft die Partei verlassen, sodass der Anteil an Arbeitern unter den Mitgliedern wie in den Führungsgremien deutlich stieg.

Auch in der Folgezeit achteten die Parteien auf ihr Profil. Hunderttausende Neukommunisten durchliefen in Polen, der Tschechoslowakei und Ungarn mehrwöchige ideologische Schulungen, die, selbst wenn sie nur rudimentäre Kenntnisse marxistischer Dogmatik vermittelten, doch das Selbstverständnis

Personenkulte   als theoriegeleitete Kaderelite stärkten. Auch der jeweilige Führerkult, der nach sowjetischem Vorbild um Bierut, Gottwald und insbesondere um Rákosi als „Stalins bestem Schüler" pompös inszeniert wurde, diente nicht nur dazu, das Regime nach außen zu legitimieren, sondern sollte die kommunistischen Parteien auch nach innen stabilisieren. Ideologische Einförmigkeit und straffe Hierarchien führten dazu, dass sich die kommunistischen Staatsparteien in der kurzen Phase des Stalinismus in Ostmitteleuropa zu gesellschaftlich fest verankerten Machtapparaten entwickeln konnten, an deren Spitze sich eine auch materiell privilegierte Nomenklatura als eigenständige Kaste zu etablieren begann.

Die Entstehung dieser neuen staatstragenden Elite wurde von heftigen innerparteilichen Erschütterungen begleitet. Mit der straffen Organisation der neuen Staatsparteien und ihrem Bekenntnis zu einer forcierten Sowjetisierung kam nunmehr die unterschiedliche politische Sozialisation von „Moskowitern" und den Heimatkommunisten, die den Krieg im Untergrund verbracht hatten, zum Tragen. In Polen war es Staatspräsident Bierut bereits im Frühjahr 1948 gelungen, Generalsekretär Gomułka wegen angeblicher Rechtsabweichungen zu entmachten und wenige Monate später auch aus seinen Ministerämtern zu verdrängen. Auch andere prominente Heimatkommunisten fielen dem Machtkampf zum Opfer. Vor einer offen inszenierten Abrechnung mit dem 1951 schließlich verhafteten Gomułka scheute Bierut jedoch zurück.

Wesentlich gewaltsamer verliefen die innerparteilichen Konflikte in Ungarn und in der Tschechoslowakei. Im Mai 1949 wurde der ehemalige ungarische Innenminister László Rajk als vermeintlicher Agent Titos verhaftet und im Oktober in einem spektakulären Schauprozess mit weiteren 14 Mitangeklagten zum Tode verurteilt. Ein halbes Jahr später folgten Schauprozesse gegen ehemals prominente Sozialdemokraten, darunter der ehemalige Staatspräsident und Parteivorsitzende Árpád Szakasits, sowie gegen weitere Gruppen von Heimatkommunisten. Ein groß angelegter Schauprozess gegen ehemalige Sozialdemokraten wurde auch in der Tschechoslowakei vorbereitet, kam aber 1954 nicht mehr zustande. Wichtiger war auch hier der von Moskau gesteuerte Impuls, den eigenen Herrschaftsbereich in der einsetzenden Blockkonfrontation ideologisch zu konsolidieren und mögliche Sympathien mit dem abtrünnigen Jugoslawien bereits im Keim zu ersticken. Zunächst gelang es der Parteiführung, die Suche nach einem geeigneten Angeklagten für einen weiteren Schauprozess auf regionale Funktionäre wie den Brünner Parteisekretär Ota Šling und den als slowakischen bürgerlichen Nationalisten verdächtigten Außenminister Vladimír Clementis abzulenken. Dennoch erreichte sie schließlich auch die innerste Parteiführung, als ihr der Generalsekretär Rudolf Slánský zum Opfer fiel. In dessen groß angelegtem Schauprozess war neben den üblichen abstrusen politischen Vorwürfen ein antisemitischer Grundton unüberhörbar.

Schauprozesse

Vorbereitet wurden die Schauprozesse durch die jeweiligen Staatssicherheitsapparate. Mit dem polnischen Ministerium für öffentliche Sicherheit (MBP), der tschechoslowakischen Staatssicherheit (ŠtB) und der ungarischen Staatssicherheitsbehörde (ÁVH) hatten sich die speziellen Polizeiorgane, die bei Kriegsende nominell zur Verfolgung von Kriegsverbrechern eingerichtet worden waren, unter Anleitung des sowjetischen NKVD rasch zu umfassenden und nahezu flächendeckenden Geheimpolizeien mit entschieden politischem Auftrag entwickelt. Bereits 1949 beschäftigten die polnischen Sicherheitsorgane etwa 26.000, die tschechoslowakischen und ungarischen Organe jeweils etwa zehn- bis zwölftausend Mitarbeiter.

Damit hatten die Regime ein Instrument an der Hand, neben den innerparteilichen „Säuberungen" auch den Angriff auf die Exponenten der alten Gesellschaft weiterzuführen. Dieser wurde in schroffem Gegensatz zu den tatsächlichen Machtverhältnissen ganz im stalinistischen Sinne als verschärfter Klassenkampf im Übergang zum Sozialismus inszeniert. Unter dem Vorwurf der Kollaboration mit den deutschen Besatzern, der Spionage für den Westen, der Sabotage oder sonstiger staatsfeindlicher Aktivitäten wurden Zehntausende Personen aus allen gesellschaftlichen Schichten verhaftet, vor Gericht gestellt und zu langjährigen Haftstrafen oder zu Zwangsarbeit verurteilt. Besonders aufsehenerregend war der Prozess vom Frühjahr 1950 gegen die ehemalige nationale Sozialistin Milada Horáková und weitere nichtkommunistische Parteiführer, der größte Schauprozess in der Tschechoslowakei überhaupt. Neben Angehörigen der alten Eliten und früheren Mitgliedern nichtkommunistischer Parteien waren vor allem Angestellte in der staatlichen Verwaltung oder im Management betroffen. 1951 wurden in Ungarn etwa fünftausend adelige Familien zwangsweise aus Budapest ausgesiedelt, in der Tschechoslowakei ereilte Tausende Personen als „reaktionäre Elemente" ein ähnliches Schicksal. In den neu aufgebauten Streitkräften wurden Schauprozesse gegen hohe Offiziere geführt, die ihre Ausbildung noch in den alten Armeen erhalten hatten.

    Damit ging die erzwungene Auflösung von Vereinen und Verbänden einher. Die ohnehin bereits kommunistisch dominierten Gewerkschaften wurden vollends gleichgeschaltet. Mit der Verstaatlichung von Buch- und Zeitungsverlagen und der rigiden Kontrolle über Presse, Rundfunk und Film wurde jegliche Form unabhängiger Öffentlichkeit im Inland weitestgehend unterbunden. Substanti-

Kirchen ellen Widerstand gegen ihre Unterwerfung leisteten die Kirchen. Insbesondere die katholische Kirche war den kommunistischen Regimes ein Dorn im Auge, da sie gesellschaftlich tief verankert war und politischen Rückhalt durch den Vatikan genoss. Besonders angespannt war das Verhältnis zur katholischen Kirche in Ungarn, wo Staat und Kirche traditionell besonders eng verflochten waren. Die Bodenreform von 1945, der nachgeholte Übergang zur Republik und die Verstaatlichung des weitreichenden katholischen Schulwesens führten bereits 1948 in den offenen Konflikt. In einem Schauprozess, der die katholische Kirche als Trägerin jahrhundertelanger feudaler Unterdrückung zu diskreditieren suchte, wurde Primas Kardinal József Mindszenty Anfang 1949 zu lebenslanger Haft verurteilt. Die 1950 geschlossenen Kirchenabkommen in Ungarn und Polen sowie das im Jahr zuvor verabschiedete tschechoslowakische Kirchengesetz, die einen jeweils eng umgrenzten Rahmen kirchlicher Aktivität festlegen sollten, konnten jedoch keinen stabilen *Modus vivendi* etablieren. Der Widerstand der tschechoslowakischen und der ungarischen Bischöfe gegen den von allen Priestern geforderten Loyalitätseid konnte erst durch mehrere Strafprozesse gebrochen werden, der Prager Erzbischof Kardinal Josef Beran wurde interniert. Auch die Bischöfe der beiden ungarischen protestantischen Kirchen wurden zu langjährigen Haftstrafen verurteilt. Der Versuch, die Kirchen nicht nur auf eine politisch neutrale Loyalität zu verpflichten, sondern darüber hinaus den niederen Klerus durch prokommunistische Gruppierungen für ein aktives Bekenntnis zur volksdemokratischen Ordnung zu gewinnen, führte schließlich auch in Polen in den offenen Konflikt. Nachdem mehr als hundert Priester verhaftet worden waren, wurde 1953 auch der Primas von Polen, Kardinal Stefan Wyszyński, interniert. Obwohl es allen drei Volksrepubliken schließlich gelang, die Kirchen zu unterwerfen, zahlten sie dafür einen hohen Preis, hatten sie doch durchweg Märtyrer geschaffen.

    Zu Beginn der fünfziger Jahre war politisch motivierte Gewalt im gesamten östlichen Mitteleuropa somit zu einem Massenphänomen geworden. Im Jahr 1953, auf dem Höhepunkt des Stalinismus, leisteten in Ungarn etwa 44.000 Personen Zwangsarbeit, größtenteils im Kohlebergbau. In Polen wurden zwischen 1949 und 1954 etwa 73.000 Menschen zur Zwangsarbeit verurteilt, in der Tschechoslowakei wurden allein 1952 etwa 22.000 Häftlinge im Uranbergbau eingesetzt. Auch dies war nur die Spitze des Eisberges. Insgesamt wird die Zahl der politisch Inhaftierten zwischen 1950 und 1953/54 für die Tschechoslowakei auf etwa 250.000 und für Ungarn auf 387.000 Personen geschätzt. Für Polen wurden am Ende des Jahres 1952 neben den Zwangsarbeitslagern knapp 50.000 politische Häftlinge gezählt, in der Tschechoslowakei zum selben Zeitpunkt insgesamt etwa 46.000 Häftlinge.

Massenhafte Gewalt

Eine politische Logik lassen diese Zahlen kaum noch erkennen, erreichten die Verhaftungen doch wie in der Sowjetunion der dreißiger Jahre ihren Höhepunkt zu einer Zeit, als der Widerstand gegen die kommunistische Einparteienherrschaft bereits gebrochen war. Ohnehin ging es in allen drei Ländern nicht vorrangig darum, potentielle Gegner unschädlich zu machen. Vielmehr zielte die massenhafte Gewalt darauf, eine neue Elite zu etablieren und historisch gewachsene Gesellschaftsstrukturen nunmehr auch in Ostmitteleuropa endgültig zu zertrümmern. Unterschiede im zeitlichen Verlauf wie in Ausmaß und Intensität der Verhaftungen spiegeln insofern vor allem die Unterschiede in der jeweiligen Konstellation wider. Im vom Krieg besonders zerrütteten Polen, wo die Errichtung kommunistischer Macht in der Auseinandersetzung mit den Resten des Widerstands schon seit 1944 am gewaltsamsten verlaufen war, blieb die Repression auch nach 1948 auf hohem Niveau konstant und folgte somit noch am stärksten einem fassbaren politischen Kalkül. In der gesellschaftlich stabileren Tschechoslowakei hingegen deutete die rasche Eskalation der Gewalt nach der vergleichsweise reibungslosen Machtübernahme vom Februar 1948 auf ein tiefes Misstrauen der Parteiführung gegenüber potentiellen Gegnern in der Verwaltung, in gesellschaftlichen Schlüsselpositionen und nicht zuletzt innerhalb der eigenen Partei. In Ungarn schließlich, wo in relativen wie in absoluten Zahlen mit Abstand die meisten Verhaftungen erfolgten, lässt sich die stalinistische Gewalt nur als willkürlicher, exzessiver Terror eines Regimes verstehen, dem nach der Herrschaft der Pfeilkreuzler und nach der Wahlniederlage vom Dezember 1945 in besonderer Weise bewusst blieb, dass der Kommunismus in der eigenen Bevölkerung auf tiefe Skepsis stieß.

Die gewaltsame Unterwerfung wurde von der propagandistischen Verheißung einer lichten, harmonischen Zukunft begleitet. Das stalinistische Projekt bezog einen Großteil seiner Kraft aus der Vision einer Gesellschaft, die in der Entfaltung ihrer Produktivkräfte jeglicher materieller Sorgen enthoben sein würde und die sozialen Krisen und Konflikte der Vergangenheit für immer hinter sich zu lassen versprach. Symbolisch verdichtet wurde diese Verheißung in der Propaganda unfehlbarer, geradezu gottgleicher Führer, auf die sich alle Hoffnungen gründeten. Für einige kurze Jahre gelang es den kommunistischen Parteien, neben großen Teilen der Arbeiterschaft eine erhebliche Anzahl von Intellektuellen

Propaganda

Ostmitteleuropas sowie die im Krieg sozialisierte Jugend für den inszenierten Ausbruch aus bisherigen Entwicklungsblockaden zu gewinnen. Die Kernstücke dieses Programms waren, wie bereits in der Sowjetunion der dreißiger Jahre, die forcierte Industrialisierung und die Kollektivierung der Landwirtschaft.

<small>Forcierte Industrialisierung</small>
Die Grundlagen planwirtschaftlich forcierter Industrialisierung waren in Polen, der Tschechoslowakei und Ungarn bereits durch die Wiederaufbaupläne der späten vierziger Jahre gelegt worden. Stellten diese noch auf eine ausbalancierte, an den Wirtschaftsstrukturen der Zwischenkriegsjahre ausgerichtete Rekonstruktion ab, so verfolgten die anschließenden Fünfjahrespläne bzw. in Polen der Sechsjahresplan von 1950 das erklärte Ziel, nunmehr die industriellen Grundlagen des Sozialismus zu schaffen. Geplant wurden exorbitante jährliche Wachstumsraten von 20% für Polen und 26% für Ungarn. Der jährliche Zuwachs um etwa 14%, den die deutlich weiter entwickelte tschechoslowakische Industrieproduktion verzeichnete, nahm sich dagegen geradezu bescheiden aus. Eindeutigen Vorrang hatte der Ausbau der Schwerindustrie, insbesondere im Montanwesen, im Maschinenbau, in der Chemie- und in der Rüstungsindustrie. Urbane industrielle Großprojekte wie Nowa Huta und Sztálinváros wurden ebenso wie prominente „Helden der Arbeit" zu Ikonen des sozialistischen Aufbruchs stilisiert.

Das Problem derart gewaltiger Kraftakte bestand weniger darin, dass die ehrgeizigen Planziffern oft nur auf dem Papier erreicht werden konnten, als in erheblichen wirtschaftlichen Verzerrungen, die sich auch in den folgenden Jahrzehnten fortsetzten. Dies betraf zum einen die strikte Ausrichtung des Außenhandels auf die Sowjetunion und die übrigen Länder des 1949 gegründeten Rates für Gegenseitige Wirtschaftshilfe (RGW), die durch die Abschottung der Blöcke noch vertieft wurde und in vielen Sektoren gewachsene Verflechtungen mit dem Westen kappte. Zum anderen wurden Kleingewerbe und privater Kleinhandel durch die nahezu flächendeckende Verstaatlichung marginalisiert. Ohnehin waren die extremen Investitionsraten nur zu Lasten des Konsums breiter Bevölkerungsschichten zu erreichen. Folglich sank der Lebensstandard rapide und fiel in Ungarn um die Mitte der fünfziger Jahre sogar spürbar hinter den Vorkriegsstand zurück.

<small>Kollektivierung</small>
Dieses selbst verursachte Ungleichgewicht wurde durch die einsetzende Kollektivierung noch verschärft. Hier zeigte sich wohl am deutlichsten, wie wenig die sowjetische Führung und ihre ostmitteleuropäischen Adepten zu einer nüchternen Bilanz der katastrophalen Folgen in der Lage waren, welche die Kollektivierung der dreißiger Jahre für die sowjetische Wirtschaft nach sich gezogen hatte. Dabei waren die einschlägigen Gesetze und Statute der Jahre 1948 und 1949 zunächst durchaus auf freiwillige Zusammenschlüsse der Bauern angelegt. Wenige Jahre nach den Bodenreformen, die viele Bauern überhaupt erst zu nennenswertem Grundbesitz verholfen hatten, war ein flächendeckender Übertritt in die Produktionsgenossenschaften jedoch schlicht illusorisch. Schon bald wurde die Kollektivierung durch die drastische steuerliche Diskriminierung privater Höfe, in Polen und Ungarn auch durch eine erneute gesetzliche Ablie-

ferungspflicht für landwirtschaftliche Produkte forciert. Administrativer Druck und die Strafverfolgung widerständiger Bauern als Kulaken zwangen die Mehrzahl der Bauern wider Willen in die Produktionsgenossenschaften. Viele Bauern entzogen sich der Kollektivierung, indem sie ihre Äcker brachliegen ließen, das Vieh notschlachteten und in den rasch wachsenden Industriebetrieben nach Arbeit suchten. In Ungarn erreichte die Landflucht zu Beginn der fünfziger Jahre fast dieselbe Größenordnung wie die Übertritte in die Genossenschaften. Da deren Ausstattung mit landwirtschaftlichen Maschinen zudem überall vorerst weit hinter den Erwartungen zurückblieb, konnten die massiven Produktionseinbußen auch nicht annähernd ausgeglichen werden. Selbst Ungarn als traditionelles Exportland von Agrarprodukten musste 1951 Lebensmittel rationieren, um eine Hungersnot abzuwenden. Die vordergründige Erwägung, durch eine intensivierte Landwirtschaft die Grundlage für die Industrialisierung zu legen, war damit hinfällig. Selbst das unausgesprochene sozialpolitische Ziel, gewachsene bäuerliche Lebenswelten zu zerstören, wurde nur teilweise erreicht. Dennoch markierten diese Jahre den Einstieg in eine Homogenisierung der Lebensverhältnisse, welche die sozialistischen Gesellschaften Ostmitteleuropas fortan auszeichnen sollte.

Der als heroische Kraftanstrengung inszenierte Durchbruch zum Sozialismus und die politische Massengewalt versetzten die ostmitteleuropäischen Gesellschaften in einen Zustand permanenter Anspannung. In der engen politischen und propagandistischen Ausrichtung auf die Sowjetunion war diese Anspannung über den Tod Stalins hinaus nicht ohne Weiteres aufrechtzuerhalten.

b) Entstalinisierung und Entstalinisierungskrisen

Als Stalin am 5. März 1953 starb, ging auch in Ostmitteleuropa eine Epoche zu Ende. Denn die Abkehr der sowjetischen Führung von massenhafter Gewalt, von Schauprozessen, Lagerhaft und Zwangsarbeit und bald auch vom überbordenden Führerkult stellte die ostmitteleuropäischen Volksrepubliken vor schwierige Herausforderungen. Zwar verordnete der „Neue Kurs" eine wirtschaftspolitische Wende, die den Erwartungen in der Bevölkerung an verbesserte Lebensverhältnisse gerecht zu werden versprach, verminderte damit aber auch die permanente Anspannung der vorangegangenen Jahre und verunsicherte die jeweiligen Staatsparteien.

In den innersowjetischen Machtkampf um einen Kurswechsel in der Innen- und Wirtschaftspolitik wurden auch die ostmitteleuropäischen Satelliten hineingezogen. Schon im Frühjahr 1953 wurden die Staats- und Parteiführungen Polens, der Tschechoslowakei und Ungarns dazu aufgefordert, verstärkt in die Landwirtschaft und in den Konsum zu investieren, den rapiden Ausbau der Schwerindustrie entsprechend zu drosseln und eine allzu starke Machtkonzentration an der Parteispitze zu vermeiden. Besonders Rákosi musste sich scharfe persönliche Kritik anhören. Durch den Arbeiteraufstand vom 17. Juni 1953 in

„Neuer Kurs"

der DDR sah sich die sowjetische Führung in der Dringlichkeit eines Kurswechsels noch bestätigt.

Dem Eingeständnis von Fehlern, das die sowjetische Führung ihren ostmitteleuropäischen Genossen abverlangte, folgten personelle Revirements, die den Kurswechsel beglaubigen sollten. Vergleichsweise reibungslos verlief dieser Prozess in der Tschechoslowakei. Da der Staatspräsident und Parteichef Gottwald nur wenige Tage nach Stalins Beerdigung ebenfalls verstorben war, bot sich der tschechoslowakischen Parteispitze eine unverhoffte Möglichkeit, unspektakulär zum Prinzip der kollektiven Führung überzugehen. Neben dem zum neuen Staatsoberhaupt aufgerückten Antonín Zápotocký übernahm der bislang vergleichsweise blasse Antonín Novotný die Parteiführung. Nur Staatssicherheitschef Karol Bacílek musste bald nach den Unruhen in Pilsen vom Juni 1953 sein Amt aufgeben. Auch in Polen gelang es zunächst ohne Weiteres, den Kurswechsel vorsichtig auf ein Mindestmaß zu beschränken. Noch im März 1953 zog sich Bierut auf die Führung der Partei zurück und überließ Józef Cyrankiewicz das Amt des Ministerpräsidenten, ohne dass sich damit eine innenpolitische Lockerung verbunden hätte. Erst nach den spektakulären Radiosendungen eines ins Londoner Exil übergelaufenen hochrangigen Geheimdienstmitarbeiters beschloss die Parteispitze im Dezember 1954, Staatssicherheitschef Stanisław Radkiewicz seines Postens zu entheben und seine Behörde erheblich zurückzustutzen.

In Ungarn folgte das personelle Revirement demselben Muster. Als Parteichef blieb Rákosi vorerst unangefochten. Das Amt des Ministerpräsidenten musste er hingegen auf sowjetischen Druck an den bislang nur in agrarpolitischen Fragen profilierten Imre Nagy abgeben. Geheimdienstchef Gábor Péter war in der Vorbereitung eines weiteren großen Schauprozesses bereits am Neujahrstag 1953 verhaftet worden. Anders als in der Tschechoslowakei und in Polen kam es in der neuen ungarischen Führung jedoch bald zum Konflikt. Vermeintlich gestärkt durch den raschen Sturz Lavrentij Berijas sah Rákosi die Konsequenz, mit der Imre Nagy den Rückzug aus der Kollektivierung einleitete, die Investitionen in die Schwerindustrie drosselte und mit der Amnestie von mehr als 700.000 Personen auch die bisherige Repressionspolitik in Frage stellte, als unmittelbare Herausforderung. Der von Imre Nagy öffentlich ausgetragene Machtkampf wurde Anfang 1955 zugunsten Rákosis in Moskau entschieden. Imre Nagy wurde gestürzt und aus der Partei ausgeschlossen. Zumindest oberflächlich schien die Krise in Ungarn damit beigelegt.

Die Verunsicherung, welche die stille Revision einzelner Schauprozesse in die kommunistischen Parteien trug, setzte die Exponenten des Stalinismus jedoch weiter unter Druck. Die Geheimrede Chruščevs auf dem XX. Parteitag der KPdSU gab dieser Entwicklung einen massiven Schub, denn mit der Kritik an der Person Stalins ließ sich die Debatte nicht mehr auf einzelne Fehler und Verzerrungen beschränken. Am schwächsten blieb ihre Wirkung in der Tschechoslowakei. Hier hatte die Parteiführung mit der Enthüllung des monumentalen Stalin-Denkmals in Prag am 1. Mai 1955 nochmals deutlich gezeigt, dass sie es bei sehr bescheidenen Kurskorrekturen zu belassen gedachte. Die Resonanz der Geheimrede Chruščevs konnte durch vorsichtige Bereitschaft zur Selbstkritik und durch die Entmachtung einiger zweitrangiger Führungsmitglieder aufgefangen werden. Vereinzelte Forderungen nach politischer Lockerung stellten das kommunistische Regime nicht grundsätzlich in Frage und blieben durchweg beherrschbar. In Polen und Ungarn hingegen stieß die Geheimrede auf breite Resonanz weit über die jeweiligen kommunistischen Parteien hinaus und setzte eine dynamische Destabilisierung in Gang, welche die kommunistische Herrschaft zutiefst erschütterte.

In Polen gelang es der Partei erst nach schweren inneren Konflikten, die überbordenden Liberalisierungserwartungen in einer schwierigen Gratwanderung zu bedienen und ihnen zugleich die Spitze zu nehmen. Der unerwartete Tod Bieruts im März 1956 ermöglichte eine politische Öffnung, die bald in eine breite Diskussion über den Stalinismus in Polen mit unüberhörbar antisowjetischen Tönen mündete. Als am 28. Juni die Arbeiterrevolte in Posen innerhalb eines Tages zum offenen Aufstand eskalierte, zeigte das Regime mit seiner harten Reaktion, dass es durchaus willens und fähig war, sich militärisch zu behaupten. Der innerparteiliche Machtkampf war damit jedoch nicht entschieden. Unter der Leitung von Edward Ochab entwarf das VII. ZK-Plenum im Juli nach heftigen Debatten und in trotziger Missachtung sowjetischer Vorgaben ein Programm, das unter dem Schlagwort der „Demokratisierung" eine zaghafte administrative Dezentralisierung und kulturelle Freiräume in Aussicht stellte. Drei Monate später trotzten die Reformer dem eigens nach Warschau gereisten Chruščev die Zustimmung zur Rückkehr des erst kurz zuvor rehabilitierten Gomułka an die Parteispitze ab. Diesem gelang es durch eine Politik geschickter Zugeständnisse, vor allem durch den sofortigen Rückzug aus der ohnehin gescheiterten Kollektivierung und durch die Legalisierung von Arbeiterräten, den euphorischen gesellschaftlichen Protest des „polnischen Oktobers" zu kanalisieren und seine systemsprengende Kraft zu entschärfen. Mit dem Rückzug Marschall Rokossovskijs vom Amt des Verteidigungsministers konnte die vorsichtige Lösung aus sowjetischer Bevormundung zudem in einem symbolischen Akt verdichtet werden, ohne die Bündniszugehörigkeit Polens unmittelbar in Frage zu stellen. Das verheißungsvolle Bekenntnis zu einem spezifisch polnischen Sozialismus ermöglichte es Gomułka, einen vorläufigen Kompromiss zwischen Regime und Bevölkerung zu begründen. *Polen 1956*

In Ungarn hingegen eskalierte der Protest zum revolutionären Aufstand. Was in Polen als gelungenes Krisenmanagement gelten konnte, wirkte in Ungarn wie ein spätes und lange Zeit halbherziges Nachgeben gegenüber einer zusehends selbstbewusst auftretenden intellektuellen Opposition. Diese hatte sich mit dem Petőfi-Kreis ein Forum geschaffen, das seit dem März 1956 die Diskussionen der studentischen, literarischen und ökonomischen Intelligenzia bündelte und bis in die Arbeiterschaft hineinwirkte. Die öffentliche Kritik am stalinistischen Terror ließ sich auf den sieben Jahre zurückliegenden Schauprozess gegen László Rajk konzentrieren, zumal Chruščev öffentlichkeitswirksam die Aussöhnung mit Jugoslawien zelebrierte und somit dem Vorwurf des Titoismus die Grundlage *Ungarn 1956* entzog. Nachdem sich Parteichef Rákosi durch ungeschicktes Taktieren vollends diskreditiert hatte, wurde er im Juni 1956 auf Initiative Chruščevs durch Ernő Gerő abgelöst. Als eine zentrale Figur der stalinistischen Epoche konnte dieser jedoch keine politische Alternative verkörpern.

Inspiriert von den Ereignissen in Polen kam es am 23. Oktober auch in Budapest zu Massendemonstrationen, die am Abend in bewaffnete Zusammenstöße mit der ungarischen Staatssicherheit mündeten. Noch in derselben Nacht versuchte das Politbüro, die Lage zu stabilisieren, indem es Imre Nagy erneut zum Ministerpräsidenten ernannte und zugleich sowjetische Truppen um militärische Hilfe bat. Angesichts anhaltender Kämpfe und des akuten Zerfalls der kommunistischen Herrschaftsstrukturen wählte Imre Nagy schließlich die Flucht nach *Imre Nagy* vorn. Mit einer weitreichenden Regierungsumbildung, die mit Zoltán Tildy und Béla Kovács auch prominente Vertreter der früheren Kleinwirtepartei einbezog, stellte er sich an die Spitze der Revolution. Die Perspektive eines demokratischen Mehrparteiensystems schien so mit dem eingeleiteten Abzug der sowjetischen Truppen für einen kurzen Moment konkrete Formen anzunehmen. Der sowjetischen Führung fehlte jedoch das Vertrauen, Imre Nagy könnte die Lage aus eigener Kraft kontrollieren. Als dieser am 1. November den Austritt Ungarns aus dem Warschauer Pakt verkündete, war in Moskau die Entscheidung für ein bewaffnetes Eingreifen bereits gefallen. Ab dem 4. November wurde die Revolution durch die zurückkehrenden sowjetischen Panzer blutig niedergeschlagen. Mehr als 2.600 Ungarn und 669 sowjetische Soldaten kamen dabei ums Leben. Über 30.000 Personen wurden in der Folge von ungarischen Gerichten zu langen Haftstrafen verurteilt oder ohne Urteil interniert, 229 Todesurteile wurden vollstreckt. Nur durch massive Repression und durch den Aderlass von annähernd 200.000 Ungarn, die im Gefolge der Revolution gen Westen geflohen waren, hatte sich das kommunistische Regime behaupten können.

Für den neu installierten Parteisekretär János Kádár, aber auch für die ungarische Gesellschaft, war der Herbst 1956 eine traumatische Erfahrung. Unübersehbar war zutage getreten, dass das Regime keinen Rückhalt in der Bevölkerung besaß, angesichts der sowjetischen Unterstützung aber auch nicht gestürzt werden konnte. Aus dieser Einsicht erwuchs schließlich ein stabiler Kompromiss, der auf der Selbstbeschränkung von Protest und Repression gleichermaßen beruhte. Nachdem ein Großteil der Inhaftierten zu Beginn der sechziger Jahre amnestiert *Ära Kádár* worden war, leitete Kádár eine Politik vorsichtiger gesellschaftlicher Öffnung ein. Ähnlich wie in Polen sah sich das Regime gezwungen, seine Stabilität auf den dosierten Rückzug aus der Gesellschaft zu begründen. Anders als in Polen wurde dieser Kompromiss jedoch nicht von einer anfänglichen Stimmung euphorischen Aufbruchs getragen, sondern aus dem Geist tiefer Resignation geschlossen.

Dieser Unterschied mag auch die Instabilität des gesellschaftlichen Kompromisses in Polen erklären, welche die wachsende Enttäuschung über das Regime *Gomułka* Gomułkas hervorbrachte. Denn bald zeigte sich, dass die Demonstration nationaler Eigenständigkeit, die das Ansehen Gomułkas und die gesellschaftliche Verankerung seines Regimes begründete, ein symbolischer Akt gewesen war und die daran geknüpften Liberalisierungshoffnungen nicht erfüllen konnte. Bereits 1957 verurteilte Gomułka jegliche Form des Revisionismus und ließ die vom kommunistischen Jugendverband herausgegebene Wochenzeitschrift *Po prostu* einstellen. Die Vielzahl von Parteiausschlüssen und die parteiliche Kontrolle über die im Herbst 1956 spontan entstandenen Arbeiterräte ließen den Anspruch deutlich werden, die unangefochtene Hegemonie der PZPR wiederherzustellen und die postulierte Eigenständigkeit gegenüber der Sowjetunion in der Praxis nicht allzu sehr zu strapazieren. Die zeitweilige Öffnung zur katholischen Kirche, die in der Freilassung Kardinal Wyszyńskis und der Duldung einer unabhängigen, katholischen Sejm-Fraktion *Znak* (Zeichen) zum Ausdruck kam, konnte das Verhältnis zwischen Staat und Kirche nicht auf Dauer entspannen. Während das Regime im intellektuellen und künstlerischen Bereich einen eng umgrenzten Pluralismus zuließ, wurde die Hoffnung auf einen spürbar wachsenden Lebensstandard enttäuscht. Wenn die „kleine Stabilisierung" (*mała stabilizacja*) dennoch über ein Jahrzehnt hinweg eine brüchige gesellschaftliche Konsolidierung hervorbrachte, so deshalb, weil nicht zuletzt die Beobachtung der Ereignisse in Ungarn einen Konsens begründete, das erreichte Maß an bescheidener Normalität nicht zu gefährden.

In der Tschechoslowakei hingegen nahm das Verhältnis zwischen Regime und Bevölkerung eine gänzlich andere Entwicklung. Durch die Ereignisse des Jahres 1956 in Polen und Ungarn sah sich die Parteiführung um den 1957 auch zum Staatspräsidenten gewählten Novotný darin bestärkt, die Abkehr von Schauprozessen und weitgreifenden Verhaftungen ebenso wie die Rehabilitierung einzelner prominenter Opfer im Stillen zu vollziehen und jegliche öffentliche Auseinandersetzung mit den Verbrechen des Stalinismus zu verweigern. Das Prager Stalin-Denkmal wurde erst 1962 abgebaut, nachdem die sowjetische Mutterpartei sich erneut klar vom Personenkult distanziert hatte. Auch rang sich das Regime erst im folgenden Jahr dazu durch, öffentlich von den Schauprozessen der fünfziger Jahre abzurücken.

Die erst jetzt einsetzende Entstalinisierung war von Staats- und Parteichef Novotný als defensive Reform nach sowjetischen Vorgaben angelegt und erfolgte anders als in Polen und Ungarn nicht als politisches Zugeständnis an eine unruhige Bevölkerung, sondern als Ausdruck gewachsener Selbstsicherheit. Gerade hieraus bezog sie ihre spezifische Dynamik. Denn erst der Eindruck, dass das Regime gesellschaftlich fest verankert sei, ermöglichte es einer jüngeren Generation von Reformern, den in der Verfassung von 1960 verkündeten Sieg des Sozialismus beim Wort zu nehmen und in Abkehr von der eingefahrenen Klassenkampfrhetorik das Gemeinwohl jenseits von Klassengegensätzen neu zu begründen. Die Rolle der kommunistischen Partei als führende gesellschaftliche Kraft wurde entsprechend neu definiert. Reformdebatten, wie sie Mitte der sechziger Jahre im gesamten Ostblock geführt wurden, nahmen so in der industriell neben der DDR am weitesten entwickelten Volksrepublik visionäre Züge von hoher intellektueller Strahlkraft an. Zum Kern der Reformentwürfe wurden zunächst die von Ota Šik verantworteten Vorstellungen einer „sozialistischen Marktwirtschaft", die menschlichen Konsumbedürfnissen Rechnung zu tragen suchten, sowie Zdeněk Mlynářs Konzepte politischer und rechtlicher Reformen. Ihre politische Brisanz bezogen diese Entwürfe aus der großen Resonanz, die sie weit über die innerparteilichen Reformkreise hinaus unter Literaten und Studenten fanden und welche die konservative Parteispitze um Novotný zusehends unter Druck setzte. Hinzu kamen slowakische Forderungen nach einer Föderalisierung, welche seit 1963 die Liberalisierungspolitik des slowakischen Parteisekretärs Alexander Dubček begleiteten.

Prager Frühling — Als Novotný im Januar 1968 als Parteichef gestürzt und durch Dubček abgelöst wurde, entstand innerhalb weniger Wochen die Reformeuphorie des Prager Frühlings. Im Vertrauen auf die Stabilität des Regimes wurde bereits im Februar die präventive Zensur abgeschafft, was einer weitgehenden Pressefreiheit gleichkam. Vor dem Hintergrund der öffentlichen Debatten verabschiedete die Partei im April ein Aktionsprogramm, das den im Sozialismus befreiten Menschen in den Mittelpunkt stellte und die Achtung der Bürgerrechte, strikte Gewaltenteilung, die Rückführung der KSČ von einer Staatspartei zu einer programmatischen Avantgarde sowie einen maßvollen Pluralismus in den Grenzen eines sozialistischen Gemeinwohls ankündigte. Der intellektuelle Entwurf eines „Sozialismus mit menschlichem Antlitz", der die Kampfzeit des Stalinismus hinter sich ließ, erregte weit über die Tschechoslowakei hinaus große Aufmerksamkeit und weckte die Hoffnung auf eine langfristige Systemkonvergenz, welche die Blockkonfrontation des Kalten Krieges zu überwinden versprach.

Diese programmatische Neuausrichtung verschärfte den schwelenden innerparteilichen Machtkampf. Die Dynamik der Reform und die einsetzende Erosion der Fundamente kommunistischer Herrschaft wurden in Moskau ebenso wie in Ost-Berlin, Sofia, Warschau und Budapest längst voller Skepsis verfolgt. Argwohn schürte auch der Anspruch auf größere Eigenständigkeit der Tschechoslowakei innerhalb des sozialistischen Lagers. Als der Schriftsteller Ludvík Vaculík Ende Juni 1968 unbehelligt das „Manifest der 2000 Worte" mit seiner scharfen Kritik an den beharrenden Kräften veröffentlichen konnte, war das Vertrauen der sowjetischen Führung in die Fähigkeit Dubčeks, den Reformprozess zu bremsen, endgültig dahin. Mehrere Konferenzen der Bruderparteien artikulierten in rascher Folge die ultimative Forderung, der vermeintlichen Konterrevolution entschieden entgegenzutreten. Am Ende dieser berechnet inszenierten Zuspitzung stand die militärische Intervention des Warschauer Paktes.

Getragen von der Euphorie der Sommermonate setzte die tschechische und slowakische Bevölkerung den sowjetischen Panzern nahezu geschlossenen, passiven Widerstand entgegen. Mit diesem Rückhalt gelang es der Führung der KSČ, die geplante Bildung einer sowjetfreundlichen Gegenregierung zu vereiteln, wofür sie jedoch ihre politischen Positionen weitgehend preisgeben musste. Aus dem 1968 verkündeten Reformprogramm konnte der gleichsam zur Marionette der Besatzer reduzierte Dubček nur noch die formale Föderalisierung des Staates verwirklichen. Dem passiven Widerstand folgte tiefe Resignation, die in der öffentlichen Selbstverbrennung des Studenten Jan Palach im Januar 1969 in Prag ihren symbolisch zugespitzten Ausdruck fand.

Der im April 1969 als Nachfolger Dubčeks eingesetzte Gustáv Husák ließ wenig Zweifel daran aufkommen, dass sich hinter dem Begriff der „Normalisierung" (*normalizace*) eine Politik massiver Repression und ungebremsten Herrschaftsanspruchs der kommunistischen Partei verbarg. Etwa eine halbe Million Parteimitglieder mussten ihr Parteibuch zurückgeben, über 100.000 Tschechen und Slowaken gingen in die Emigration. Anders als in Polen oder Ungarn mündete das fehlgeschlagene Aufbegehren auch in den folgenden zwei Jahrzehnten nicht in einen gesellschaftlichen Kompromiss. Vielmehr war die hohe Akzeptanz, welche die kommunistische Partei in der tschechoslowakischen Gesellschaft über Jahrzehnte genossen und die auch den Prager Frühling wesentlich geprägt hatte, einer Ordnung gewichen, die von unnachgiebiger Repression getragen wurde und kaum noch auf gesellschaftlichen Rückhalt zählen konnte.

„Normalisierung"

Auch in Ungarn war im Januar 1968 ein wirtschaftliches Reformprogramm verabschiedet worden, das als „Neuer ökonomischer Mechanismus" durchaus entlang der Linien der tschechoslowakischen Reformkonzepte den Betrieben größere Selbstständigkeit einräumte und über eine eng kontrollierte Preisfreigabe marktwirtschaftliche Steuerungselemente in die ungarische Planwirtschaft einführte. Nach den Erfahrungen von 1956 konnte diese Reform jedoch keine liberalen Erwartungen mehr speisen, sondern stärkte vielmehr die schleichende Desillusionierung. Reformsozialistische Debatten, wie sie in der „Budapester Schule" geführt wurden, entfalteten kaum gesellschaftliche Wirkung und wurden in der „kleinen Eiszeit" der frühen siebziger Jahre weitgehend erstickt.

Ungarische Wirtschaftsreformen

In ähnlicher Weise waren in Polen schon in den sechziger Jahren die Kritik Leszek Kołakowskis an einer dogmatischen Erstarrung des parteiamtlichen Marxismus oder der von Adam Schaff formulierte Entwurf eines sozialistischen Humanismus letztlich Teil einer akademisch geführten philosophischen Debatte geblieben. Aus der Enttäuschung über den polnischen Reformsozialismus begann sich hier eine intellektuelle Opposition zu formieren, derer das Regime auf Dauer nicht mehr Herr werden sollte. Die Warschauer Studentenproteste vom Frühjahr 1968 und die Sympathiebekundungen polnischer Intellektueller für den Prager Frühling unterdrückte das Regime, indem es die kritischen Stimmen mit antisemitischer Rhetorik diffamierte und in die Emigration drängte. Die Arbeiterunruhen an der polnischen Ostseeküste vom Dezember 1970, die binnen weniger Tage zum Sturz Gomułkas führten und im Februar 1971 nochmals in Lodz aufflammten, ließen bereits deutlich erkennen, dass Gefahren für die kommunistischen Regime Ostmitteleuropas fortan weniger von der intellektuellen Dynamik reformsozialistischer Entwürfe als von ihrer eigenen Unfähigkeit ausgingen, die Erwartungen der eigenen Bevölkerung an eine bescheidene Entwicklung des Lebensstandards zu erfüllen.

Polen 1968

In den anderthalb Jahrzehnten seit Stalins Tod waren wesentliche Anliegen der Entstalinisierung mit der Abkehr von exzessivem Terror, Personenkult und übersteigerten Investitionen in die Schwerindustrie durchaus verwirklicht worden. Die angestrebte Stabilisierung von Staat und Gesellschaft nach Jahren der stalinistischen Überforderung wurde jedoch nur bedingt erreicht. Nachdem die Ausformulierung „eigener" Wege zum Sozialismus 1968 zum wiederholten Mal gescheitert war, büßte der real existierende Sozialismus seine intellektuelle Anziehungskraft endgültig ein. Eine spürbare Verbesserung der Lebensverhältnisse war die einzig verbliebene Strategie, mit der die Volksrepubliken Ostmitteleuropas jenseits immer hohler klingender Propagandafloskeln und alltäglicher Repression ein Mindestmaß an Akzeptanz in der eigenen Bevölkerung aufrechterhalten konnten. Dazu aber sahen sich die planwirtschaftlich gesteuerten Volkswirtschaften zusehends außerstande. Der Entstalinisierung folgte eine lange Phase der Agonie.

c) Wirtschaftliche Strukturprobleme und gesellschaftlicher Wandel

Der Abkehr vom Stalinismus folgte die zögerliche Suche nach einer wirtschaftspolitischen Balance. Es galt, die Verzerrungen der überstürzten Industrialisierung zu mildern und das planwirtschaftlich gesteuerte Wachstum der Schwerindustrie mit den Konsumerwartungen der Bevölkerung in Einklang bringen. In diesem „Neuen Kurs" erzielten die drei ostmitteleuropäischen Volksrepubliken zunächst beachtliche Erfolge, die den Wandel zu urban geprägten Industriegesellschaften bis zum Beginn der siebziger Jahre weitgehend zum abschlossen und die Lebensqualität breiter Bevölkerungsschichten durchaus verbesserten. Erst im Verlauf der siebziger Jahre machten sinkende Produktivitätszuwächse und die auch im Ostblock spürbaren Folgen der Ölkrise deutlich, dass das grundlegende Problem ineffizienter Ressourcenallokation ungelöst geblieben war und dass sich der ökonomische Strukturkonservatismus im Rahmen zentral gelenkter Planwirtschaften nicht aufbrechen ließ.

Polen und Ungarn suchten daher seit Beginn der siebziger Jahre den Anschluss an die Wirtschaftsräume des Westens, um den prekären Herrschaftskompromiss durch ökonomische Erfolge abzusichern. Die Hoffnung, sich langfristig auf dem Weltmarkt behaupten zu können, erwies sich jedoch für beide Regimes als trügerisch. Demgegenüber setzte die tschechoslowakische Führung auf eine wirtschaftliche Abgrenzung gegenüber dem Westen, die gleichermaßen ideologisch wie machtpolitisch motiviert war. Als die Wachstumspotentiale erschöpft waren, ließ sich der Verfall im Lebensstandard breiter Bevölkerungsschichten zwar verzögern, aber nicht vermeiden. Sinkende Produktionsraten und eklatante Umweltschäden machten vielmehr selbst in der hochindustrialisierten Tschechoslowakei am Ende der achtziger Jahre deutlich, dass die staatssozialistische Planwirtschaft am Ende ihrer Möglichkeiten angelangt war.

Landwirtschaft   Durchweg ungelöst blieben von Anfang an die Probleme der Landwirtschaft. Weder in der Tschechoslowakei, wo die Kollektivierung in der zweiten Hälfte der fünfziger Jahre weitgehend zum Abschluss gebracht worden war, noch in Polen, wo kollektivierte Formen der Bewirtschaftung sich nur in den ehemaligen deutschen Ostgebieten einigermaßen flächendeckend durchsetzten, hielt die Produktivitätsentwicklung mit dem wirtschaftlichen Wandel Schritt. Obgleich die Versorgung mit Grundnahrungsmitteln verlässlich gewährleistet war und es nur in Polen um 1980 zu gravierenden Engpässen kam, blieb die Knappheit hochwertiger Lebensmittel doch ein geradezu typisches Phänomen. Nennenswerte Erfolge konnte allein die ungarische Landwirtschaft vorweisen, die seit Abschluss der Kollektivierung zu Beginn der sechziger Jahre zu einer tragfähigen Verschränkung genossenschaftlicher Großbetriebe mit privat bewirtschafteten Hofstellen und Familienkooperativen gefunden hatte.

Der stalinistische Ausbau der Schwerindustrie trug hingegen nun seine Früchte. Bis in die siebziger Jahre erzielten die ostmitteleuropäischen Volkswirtschaften jährlich Wachstumsraten von durchschnittlich 5 bis 6%, die sich durchaus mit westeuropäischen Entwicklungen messen konnten. Neben der weiterhin dominanten Schwerindustrie, vor allem dem Montanwesen, der Chemie, dem Maschinenbau und einer nahezu erdrückenden Rüstungsindustrie, wurde seit der Mitte der fünfziger Jahre größeres Gewicht auf die Produktion von Konsumgütern und den Ausbau der Infrastruktur gelegt. Zugleich schrumpfte der Anteil von Handel und Dienstleistungen am Bruttosozialprodukt. _{Industrie}

Diese Entwicklung verweist auf die problematische Eindimensionalität nachholenden industriellen Wachstums. Während sich der Westen als Folge der Ölkrise allmählich von der Idee umfassender Planbarkeit komplexer Volkswirtschaften und ganzer Gesellschaften verabschiedete, verharrten die sozialistischen Planwirtschaften in eingefahrenen Bahnen. Solange hier der Mangel an täglichen Bedarfsgütern als gradueller Rückstand gegenüber dem Westen verstanden wurde, blieben die Augen für die grundlegenden Steuerungsdefizite verschlossen, auch wenn diese immer offenkundiger wurden. Die Spezialisierungsvereinbarungen, mit denen der Rat für gegenseitige Wirtschaftshilfe seit den sechziger Jahren Elemente der westeuropäischen Integration auf den sozialistischen Block zu übertragen versuchte, brachten nur bescheidene Entlastung. Während sich Polen auf den Maschinenbau spezialisierte, wurden in der Tschechoslowakei Rüstungsgüter für den gesamten Warschauer Pakt hergestellt. Ungarn produzierte vorrangig Medikamente, Lebensmittel und die bekannten Ikarus-Busse und lieferte das Bauxit für die Aluminiumproduktion. Die produktiven Impulse aus dieser Art geplanter wirtschaftlicher Integration erschöpften sich jedoch bald. Auch der Versuch, die jeweiligen nationalen Fünfjahrespläne aufeinander abzustimmen, kam über Ansätze nicht hinaus.

Die schwierigste Herausforderung stellte der Übergang vom extensiven Aufbau neuer industrieller Kapazitäten zu Formen intensiven Wachstums durch technische Innovationen dar, ohne die eine substantielle Steigerung der Arbeitsproduktivität illusorisch blieb. Der Tschechoslowakei war ein kreditfinanzierter Technologieimport aus dem Westen nach 1968 schon aus politischen Erwägungen verschlossen. Von ihrem vergleichsweise hohen industriellen Niveau aus gelang es der Tschechoslowakei über die siebziger Jahre hinweg dennoch, durch steigende Exporte innerhalb des RGW wie in außereuropäische Entwicklungsländer beachtliche Wachstumsraten zu erzielen, zumal das Land mit seinen Kohlevorkommen als Energieexporteur ähnlich wie Polen von der Ölkrise weniger stark betroffen wurde als Ungarn. Somit blieb der ökonomische Druck auf das Regime nach 1968 deutlich niedriger als in den Nachbarstaaten.

<small>Verschuldung</small> Polen und Ungarn setzten hingegen seit den frühen siebziger Jahren verstärkt darauf, die politisch gewollte Abhängigkeit von sowjetischen Rohstofflieferungen und sowjetischer Energie um die handelspolitische Öffnung zum Westen zu ergänzen. Die Strategie, über kreditfinanzierte Importe westlicher Technologie die eigene Produktivität zu steigern, erwies sich jedoch mittelfristig als ruinös. Die Erwartung, die auflaufenden Auslandsschulden durch den Export von Konsumgütern in den Westen bedienen zu können, ließ sich angesichts niedriger Produktivitätszuwächse und der Belastungen aus der Ölkrise schließlich nur noch zu Lasten der eigenen Bevölkerung erfüllen. In Polen verwendete das Regime Gierek einen erheblichen Teil der Kredite aus politischen Gründen für den Konsum. Hier führte die Kreditaufnahme binnen weniger Jahre in eine galoppierende Auslandsverschuldung und zu Beginn der achtziger Jahre schließlich an den Rand des wirtschaftlichen Kollapses. Von dieser Krise konnte sich die Volksrepublik nicht mehr erholen.

In Ungarn ließ sich eine ähnliche Entwicklung durch landwirtschaftliche Exporterlöse und Deviseneinnahmen aus dem Tourismus zumindest bremsen. Hier brachten weitere Preisfreigaben und private unternehmerische Kooperativen zu Beginn der achtziger Jahre zudem eine marktorientierte Parallelwirtschaft hervor, welche die Defizite des nach wie vor dominierenden staatlichen Sektors nur umso deutlicher hervortreten ließ. Wenn die ungarische Volkswirtschaft die drohende Überschuldung länger hinauszögern konnte als die polnische, so lag dies auch an westlicher Unterstützung, die 1982 zur Aufnahme Ungarns in die Weltbank und den Internationalen Währungsfond führte. Diesen Schritt vollzog Polen erst gut vier Jahre später. Auch zeigte die resignierte ungarische Bevölkerung nach den Erfahrungen von 1956 eine deutlich geringere Neigung, sich gegen schmerzhafte Preiserhöhungen aufzulehnen. Anders als in Polen oder der Tschechoslowakei zeichnete sich somit bereits in der Mitte der achtziger Jahre eine schleichende Transformation hin zu einer marktwirtschaftlich geprägten Ordnung ab.

<small>Gesellschaftlicher Wandel</small> Das langfristige Scheitern staatssozialistischer Kommandowirtschaft sollte jedoch nicht den Blick auf den tiefgreifenden gesellschaftlichen Wandel zwischen 1949 und 1989 verdecken. In den stalinistischen Anfangsjahren trug gerade der extensive Charakter industriellen Wachstums paradoxerweise dazu bei, ein zentrales Strukturproblem der ostmitteleuropäischen Volkswirtschaften zumindest teilweise zu lösen. Denn der enorme Arbeitskräftebedarf führte zu einer derart massiven Abwanderung vom Dorf in die rasch wachsenden Städte, dass nunmehr vor allem die tschechoslowakische und die ungarische, in geringerem Maße auch die polnische Landwirtschaft spürbar entlastet wurden. Aber selbst in Polen sank die Zahl der in der Landwirtschaft Beschäftigten, die um 1950 noch mehr als die Hälfte aller Arbeitskräfte ausgemacht hatten, innerhalb von drei Jahrzehnten auf unter ein Drittel. Der Umzug in die Stadt verhieß gerade unter den Bedingun-

gen des Sozialismus Millionen von Menschen zugleich den Aufstieg in urbane Lebensverhältnisse. Dennoch blieb mit der ökonomischen Stagnation der Landwirtschaft auch die soziale Dichotomie zwischen Stadt und Land erhalten. Den rasch wachsenden Großstädten mit ihrem pulsierenden Alltagsleben stand eine verödende Provinz gegenüber. Insbesondere Budapest mit seinen mehr als zwei Millionen Einwohnern am Ende der achtziger Jahre drohte das Umland geradezu zu erdrücken.

Die rasche Urbanisierung setzte den Aufstieg einer äußerlich egalitären, beruflich wie kulturell jedoch zusehends differenzierten städtischen Gesellschaft fort. Hatten die sozialen Zerrüttungen der Kriegsjahre und die weitere, massenhafte Proletarisierung während des Stalinismus die Klassenstrukturen der alten Gesellschaft endgültig hinweggefegt, so bildete nunmehr die rasch wachsende Arbeiterschaft das Rückgrat einer industriell geprägten Sozialstruktur. Der enorme Arbeitskräftebedarf und materielle Engpässe ließen Frauenerwerbsarbeit in allen gesellschaftlichen Schichten zum Normalfall werden. Vielfältige fachliche Anforderungen und der Aufbau eines aufgefächerten Bildungswesens brachten eine neue technische Intelligenz hervor. Aus Facharbeitern und Angestellten entstand eine kleinbürgerliche Mittelschicht, die ihren sozialen Aufstieg weitgehend dem neuen Regime verdankte.

Aus diesem sozialen Wandel bezogen die ostmitteleuropäischen Volksrepubliken ein durchaus beträchtliches Maß an Stabilität. Nach den Entbehrungen des Stalinismus hatten sich die alltäglichen Lebensverhältnisse für nahezu alle Bevölkerungsschichten bis in die siebziger Jahre hinein deutlich verbessert. Ein flächendeckendes, egalitäres Gesundheitswesen und umfassende soziale Absicherung waren tief im politischen Selbstverständnis der Volksrepubliken verwurzelt. Materielle Verelendung und existenzbedrohende Armut verschwanden weitgehend aus dem Blickfeld der Öffentlichkeit. Dementsprechend stieg die durchschnittliche Lebenserwartung, auch wenn der rapide steigende Alkoholkonsum und ein im europäischen Vergleich gewaltiger Anteil an Rauchern neue Risiken hervorbrachten.

Besonders spürbar wurde der Wandel der Lebensverhältnisse im Wohnungsbau. Seit der Mitte der sechziger Jahre entstanden neue, industriell gefertigte Stadtviertel mit ihren sprichwörtlichen Plattenbauten. In der Tschechoslowakei und in Ungarn stieg die Zahl der Wohnungen bis zur Mitte der 1980er Jahre um etwa 30% auf etwa 360 Wohnungen pro 1000 Einwohner und erreichte damit annähernd westeuropäisches Niveau. In Polen verlief die Entwicklung deutlich schleppender. Hier war im gleichen Zeitraum ein Anstieg um knapp 20% auf 280 Wohnungen pro 1000 Einwohner zu verzeichnen. Obwohl die Wohnungen klein waren und die Neubausiedlungen im Alltag sehr viel trostloser wirkten als in der lichten Propaganda, nahmen sie doch den massiven Zuzug vom Land auf oder eröffneten die Möglichkeit, den beengten Nachkriegsverhältnissen der Innenstädte zu entkommen. Seit den siebziger Jahren gehörten Kühlschrank, Waschmaschine und Fernsehapparat trotz oft quälender Wartezeiten zum Standard einer wachsenden Zahl von Haushalten. Auch ein privater

Lebensverhältnisse

Pkw wurde für immer breitere Bevölkerungsschichten erschwinglich. Wachsende Mobilität und ausgebaute Verkehrswege waren wichtige Voraussetzungen eines aufblühenden, zum großen Teil gewerkschaftlich organisierten Tourismus. Erst jetzt konnten sich auch Arbeiter und Angestellte nicht nur einen Kleingarten oder ein Wochenendhäuschen auf dem Land, sondern auch einen Urlaub an der Ostsee, in der Tatra, am Plattensee oder gar an der Schwarzmeerküste leisten. Die Tschechoslowakei und Ungarn wurden auch für westliche Touristen attraktive Reiseziele. Gerade in Ungarn trugen der hohe Anteil ausländischer Touristen und die bescheidenen Reisemöglichkeiten ungarischer Staatsbürger in das westliche Ausland zu der liberalen Atmosphäre und zum Ansehen des Landes bei.

Mangelwirtschaft Trotz steigender Lebensstandards blieben die Strukturschwächen der Planwirtschaft ungelöst. Einerseits wurde in mitunter geradezu absurd anmutender Weise an den Alltagsbedürfnissen der Bevölkerung vorbeiproduziert, auch die Produktion von Ausschuss blieb enorm. Andererseits waren viele elementare Güter beständig Mangelware. Schlangestehen blieb ein wesentliches Kennzeichen ostmitteleuropäischen Alltags. Wo sich die Knappheit an Konsumgütern nicht mehr verschleiern ließ und Preiserhöhungen nötig wurden, machten sich die Regierungen zu direkten Adressaten des Unmuts. Parallel zum schleichenden politischen Kontrollverlust in den achtziger Jahren wurde auch der Schwarzmarkt wieder zu einem Alltagsphänomen. Für die Generation, die bereits im Sozialismus aufgewachsen war, waren nicht mehr die seit Kriegsende erzielten offenkundigen Verbesserungen der Maßstab ihres politischen Urteils, sondern der wachsende Abstand zum kapitalistischen Westen.

Die fragwürdige wirtschaftliche Bilanz untergrub die in ganz Ostmitteleuropa ohnehin brüchige politische Akzeptanz der kommunistischen Ordnung. Immerhin hatten soziale Aufstiegsperspektiven und materielle Sicherheit sowie die Abkehr von ungerichteter Gewalt dazu geführt, dass politische Repression zu einer hintergründig zwar weiterhin stets präsenten, aber für weite Bevölkerungsschichten doch leidlich berechenbaren Größe geworden war. Eine der DDR vergleichbare Dichte an informeller Bespitzelung erreichte in den siebziger und achtziger Jahren nur die Tschechoslowakei. Soziale Kontrolle wurde ansonsten über die gesellschaftlichen Massenorganisationen, vor allem die Gewerkschaften und die kommunistischen Jugendorganisationen ausgeübt.

Je mehr sich die kommunistischen Parteien zu staatstragenden Steuerungsinstrumenten politischen und sozialen Aufstiegs wandelten, desto mehr wurden
Nomenklatura auch die Eliten selbst von der Erosion ihrer ideologischen Grundlagen erfasst. Nach sowjetischem Vorbild betrieben auch die kommunistischen Parteien Ostmitteleuropas eine Kaderpolitik der Nomenklatura, nach der Führungspositionen in Politik, Verwaltung und Wirtschaft nur von den entsprechenden Parteigremien und ihren Personalabteilungen besetzt werden konnten. Hier entstand jene viel zitierte „neue Klasse" [DJILAS 11.g], deren Angehörige mit wachsendem zeitlichem Abstand zum Kriegsende immer seltener in der heroischen Kampfzeit sozialisiert worden waren, sondern sich als junge Kader eines siegreichen Systems durch parteipolitische Loyalität, administrative Kompe-

tenz und persönliche Kontakte hochgedient hatten. Die soziale Realität dieser politischen Machtelite geriet zusehends in Widerspruch zu ihrem propagandistisch vorgetragenen Selbstbild als proletarische Avantgarde, aber auch zu sachorientierten Technokraten im Management wie im Bildungswesen. In Polen und Ungarn, bis 1968 aber auch in der Tschechoslowakei wurden diese Widersprüche offen artikuliert und wurden zur Quelle intellektueller Dissidenz.

Derartige systembedingte Probleme begleiteten in Ostmitteleuropa den durchgreifenden Wandel zu modernen, funktional differenzierten Industriegesellschaften, der in den Jahrzehnten zwischen 1950 und 1989 zum Abschluss kam. Trotz der ökonomischen Mängel und der sozialen Enge, die bis heute die Erinnerung an die sozialistische Epoche prägen, wurde erst im Sozialismus das (klein)bürgerliche Leitbild einer materiell gesicherten Existenz in der Kleinfamilie für breite Bevölkerungsschichten lebbar. Dieser Wandel in den Lebensentwürfen, in Ausbildung, Erwerbsverhalten und Wohnverhältnissen schuf zugleich die Voraussetzungen für die Transformationen der neunziger Jahre.

d) Aussenpolitik unter sowjetischer Hegemonie

Mit dem schleichenden Verlust ideologischer Legitimation trat auch das nie versiegte Wissen wieder stärker in das Bewusstsein, dass die sozialistische Ordnung in Ostmitteleuropa letztlich auf der militärischen Hegemonie der Sowjetunion beruhte. Unter diesen Umständen wurde die Außenpolitik sehr viel stärker als vor dem Zweiten Weltkrieg zu einer Funktion der Innenpolitik. Schon die Blockbildung der späten vierziger Jahre folgte in ihren wesentlichen Strängen der von Moskau gesteuerten Etablierung kommunistischer Regime sowjetischen Typs. In den Jahren stalinistischer Gleichschaltung war an eine eigenständige Außenpolitik ohnehin kaum zu denken. Vor allem aber lehrten die Erfahrungen des Jahres 1956, dass die Gleichläufigkeit innerer und äußerer Emanzipationsversuche eine Eigendynamik von potentiell katastrophaler Dimension zu entwickeln drohte. Strikte außenpolitische Loyalität gegenüber dem sowjetischen Patron wurde vor diesem Hintergrund vor allem in Polen und Ungarn zur Voraussetzung des prekären Herrschaftskompromisses im Inneren. Die Grenzen eigenständiger Außenpolitik wurden erst seit den späten sechziger Jahren im Zuge der Entspannungspolitik weiter gesteckt. Dies ermöglichte es den ostmitteleuropäischen Ländern, ihre Kontakte nach Westen zu vertiefen. Allerdings behauptete die Sowjetunion auch weiterhin ihre Definitionshoheit über die Spielräume eigenständiger Außenpolitik ihrer Satelliten. Erst im Zuge der Perestrojka wuchs auf sowjetischer Seite die Einsicht, dass eigene Reformen im Innern und eine engere Kooperation mit dem Westen mit der gewaltsamen Aufrechterhaltung des Imperiums nicht zu vereinbaren waren.

Die formalen Grundlagen sowjetischer Hegemonialpolitik in Ostmitteleuropa wurden bereits in der Schlussphase des Krieges durch die Freundschafts- und

Freundschaftsverträge Bündnisverträge gelegt, welche die Sowjetunion im Dezember 1943 mit der tschechoslowakischen Exilregierung und im April 1945 mit der neu gebildeten Regierung der Nationalen Einheit in Polen sowie mit Jugoslawien geschlossen hatte. Ungarn wurde bis zum Friedensvertrag von Paris im Frühjahr 1947 als besetztes Gebiet behandelt. Dieser Unterschied verwischte sich jedoch schnell. Die Beistands- und Freundschaftsabkommen, welche die Sowjetunion im Februar 1948 mit Rumänien und Ungarn sowie im folgenden Monat mit Bulgarien schloss, folgten in der Übereinkunft zu enger militärischer, wirtschaftlicher und kultureller Zusammenarbeit bereits einem weitgehend einheitlichen Muster, ebenso wie die parallelen Verträge mit Rumänien und Bulgarien. Die abrupte sowjetische Entscheidung, für sich und ihre Bündnispartner jegliche Marshallplan-Hilfe abzulehnen, machte den ostmitteleuropäischen Bemühungen um eigenständige Beziehungen zum Westen ein jähes Ende und leitete die Bildung starrer Blöcke ein. Einer demokratischen Entwicklung des befreiten Europas, welche die „Großen Drei" noch im Februar 1945 in Jalta in brüchiger Eintracht als Grundlage zukünftiger außenpolitischer Ordnung Europas zugesagt hatten, war damit innerhalb weniger Jahre die weltpolitische Grundlage entzogen.

Die Blockbildung machte es notwendig, dass die Volksrepubliken auch untereinander ihre Beziehungen ausglichen. Im Rahmen des Systems bilateraler Verträge, welche die formale Grundlage des entstehenden Ostblocks abgaben, schlossen Polen und die Tschechoslowakei bereits im März 1947 einen Bündnis- und Freundschaftsvertrag. Entsprechende Abkommen zwischen Polen und Ungarn sowie zwischen der Tschechoslowakei und Ungarn folgten im Juni 1948 und im April 1949. Unter dem Druck aus Moskau wurden nunmehr auch der polnisch-tschechoslowakische Grenzstreit um Teschen sowie der Konflikt um die von tschechoslowakischer Seite angestrebte Aussiedlung der magyarischen Bevölkerung aus der Südslowakei beigelegt. Auch wenn das Verhältnis der sozialistischen Bruderstaaten untereinander prekär blieb und durch die Niederschlagung des Prager Frühlings und die militärischen Drohgebärden gegenüber der *Solidarność* erheblich belastet wurde, überdauerten die hier formulierten Ausgleichsbestimmungen die sowjetische Hegemonie und trugen, durch langjährige und vielfältige Alltagspraxis beglaubigt, dazu bei, dass die historischen Belastungen nach 1989 nicht mit Macht wieder aufbrachen.

Dieses System bilateraler Bündnisverträge bot allerdings nur den formellen Rahmen imperialer Vorfeldsicherung, die im Wesentlichen von anderen Elementen getragen wurden. In Polen wie in Ungarn sicherte die schiere Präsenz der Roten Armee die Machtstellung der jeweiligen Kommunisten. Allein in der Tschechoslowakei schien die Vorherrschaft der kommunistischen Partei bis 1968 auch ohne den Rückhalt sowjetischer Truppen ungefährdet. Vor diesem Hintergrund wurden die außenpolitischen Beziehungen innerhalb des sozialistischen Blocks weniger von den Beziehungen zwischen den beteiligten Staaten als von den jeweiligen kommunistischen Parteien geprägt. Die Gründung des Kominform im September 1947 bereitete der Blockbildung ideologisch wie politisch den Weg, indem sie die Alleinherrschaft der Kommunisten innerhalb des „sozialistischen Lagers" vorbereitete und den Konflikt mit Jugoslawien auslöste. Als Instrument gegenseitiger Abstimmung der ostmitteleuropäischen Parteien hatte das Kominform jedoch bald wieder ausgedient. Vielmehr wurde die informelle Steuerung der jeweiligen Staats- und Parteiführungen durch bilaterale Konsultationen in Moskau zum wichtigsten sowjetischen Herrschaftsinstrument in Ostmitteleuropa. Flankiert wurde die informelle Steuerung durch die sowjetischen Botschafter, die gleichsam als Aufsichtsinstanzen agierten, sowie durch den Einsatz sowjetischer Berater in den sensiblen Bereichen der militärischen und geheimpolizeilichen Repressionsapparate.

Blockbildung

Das innere Gerüst des Ostblocks bildete schließlich die enge wirtschaftliche Zusammenarbeit der ostmitteleuropäischen Staaten mit der Sowjetunion. Diese entstand unmittelbar aus den sowjetischen Reparationsforderungen gegenüber Deutschland. Die Beschlagnahme aller deutschen Aktiva wurde zum Kern asymmetrischer Handelsbeziehungen, die das sowjetische Interesse an dem ostmitteleuropäischen Industriepotential und strategischen Rohstoffen, insbesondere der oberschlesischen Kohle und des tschechoslowakischen und deutschen Urans bedienten. Sowjetische Kredite für den Wiederaufbau der zerrütteten Wirtschaft schufen weitere Abhängigkeiten. Mit der Gründung des RGW im Januar 1949 wurden die bereits bestehenden bilateralen Handelsverträge durch ein System wirtschaftlicher Zusammenarbeit überwölbt, das jedoch erst im Zuge der Entstalinisierung zu einem Instrument wirtschaftlicher Integration ausgestaltet wurde.

Wirtschaftliche Verflechtung

Der „neue Kurs", den die sowjetische Führung nach Stalins Tod vorgab, sollte das Verhältnis der Volksdemokratien Ostmitteleuropas zur sowjetischen Hegemonialmacht auf eine präziser umrissene, formale Grundlage stellen und den längst vollzogenen Übergang von befreiten und besetzten Ländern zu souveränen Staaten auch außenpolitisch abbilden. Die Besuche Chruščevs in Polen und der Tschechoslowakei signalisierten bereits 1954 einen neuen Stil im Verhältnis der Sowjetunion zu ihren ostmitteleuropäischen Satelliten. Mit der Gründung des Warschauer Paktes im April 1955 erhielt die militärische Zusammenarbeit spiegelbildlich zur NATO eine festere, hierarchische Struktur, die zugleich die sowjetische Truppenpräsenz in Ungarn und Rumänien auch nach dem Abzug der Roten Armee aus Österreich absicherte. Im Dezember desselben Jahres wurde Ungarn Mitglied der UNO, von der es als ehemaliger Feindstaat bislang ausgeschlossen gewesen war. Am deutlichsten wurde die Abkehr von der stalinistischen Außenpolitik, als die neue sowjetische Führung den Anspruch Jugoslawiens auf einen eigenständigen Weg zum Sozialismus anerkannte. Der Umbau sowjetischer Hegemonie von einem System personalisierter, auf den Machtanspruch Stalins zugeschnittener Unterwerfung hin zu einem durchgegliederten Bündnis stabilisierter kommunistischer Staaten, das sich aus der gemeinsamen ideologischen Abgrenzung gegenüber dem Westen definierte, schien damit abgeschlossen zu sein.

Warschauer Pakt

Die neue Ordnung wurde jedoch schon 1956 auf eine harte Probe gestellt. Als sowjetische Panzer die ungarische Revolution niederschlugen, wurde auf eindrückliche Weise sichtbar, dass die ostmitteleuropäischen Regierungen in-

Begrenzte Handlungsspielräume

nerhalb enger Grenzen agierten. Deutlich wurde auch, dass der Westen die sowjetische Hegemonie in Ostmitteleuropa letztlich hinzunehmen bereit war. An den Grundlinien sowjetischer Osteuropapolitik, die nach außen die Fassade einer Gemeinschaft souveräner, auf dem Fundament des Sozialismus freundschaftlich verbundener Staaten aufrechtzuerhalten suchte, änderte sich jedoch nichts. In den folgenden Monaten wurde die Präsenz sowjetischer Truppen in Polen, Ungarn und Rumänien durch bilaterale Stationierungsverträge auf eine formale Rechtsgrundlage gestellt. Der Ansatz einer eigenständigen Außenpolitik, wie ihn der polnische Außenminister Adam Rapacki 1957 mit dem Vorschlag eines atomwaffenfreien Mitteleuropas formulierte, blieb schon deshalb ein rein symbolischer Akt, weil er in der Sache vom Westen abgelehnt wurde. Eine aktive Außenpolitik der ostmitteleuropäischen Länder hingegen duldete, ja ermunterte die Sowjetunion nur im Nahen Osten sowie in Asien und Afrika, um dort für eine engere Zusammenarbeit mit den sozialistischen Ländern zu werben. In ideologisch und machtpolitisch sensiblen Fragen wie dem Verhältnis zu China, zu Jugoslawien und bald auch zu Albanien hingegen blieben die ostmitteleuropäischen Regierungen auf sowjetischem Kurs. Die jeweiligen Parteiführungen mussten einsehen, dass eine eigenständige Innenpolitik die verlässliche außenpolitische Loyalität gegenüber der Sowjetunion voraussetzte. Selbst in dieser Hinsicht setzte der Grundsatz eingeschränkter Souveränität der sozialistischen Staaten, wie er 1968 in der Brežnev-Doktrin schließlich offen formuliert wurde, enge Grenzen und offenbarte erneut die tatsächlichen Machtverhältnisse in Ostmitteleuropa.

Brežnev-Doktrin

Die Konsolidierung des Ostblocks gab auch die Bedingungen vor, unter denen das Verhältnis Ostmitteleuropas zu Deutschland neu geordnet wurde. Dabei ging es zunächst darum, nach den Erfahrungen von Besatzung, Völkermord und Vertreibung auch über die Systemkonfrontation hinweg gangbare Wege einer Aussöhnung zu sondieren. Da die Vertreibungen bei Kriegsende jahrhundertealte Verflechtungen gewaltsam gekappt hatten, bot sich in längerer Perspektive die Möglichkeit einer dauerhaft tragfähigen nationalstaatlichen Ordnung, wie sie vor 1945 nur in Teilen möglich gewesen war.

DDR

Dieser langwierige Prozess wurde maßgeblich von der deutschen Teilung beeinflusst. Die Verträge mit Polen und der Tschechoslowakei, welche die neu gegründete DDR 1950 unter Anerkennung der Oder-Neiße-Grenze in den entstehenden Ostblock einbezogen, zielten früh darauf, die Nachkriegsgrenzen völkerrechtlich abzusichern. Zugleich schürten die ostmitteleuropäischen Volksrepubliken neue Zweifel, indem sie die konfrontative Kritik an westdeutschem Revanchismus zum konstitutiven Element ihrer Außen- und Innenpolitik erhoben. Die Regierung Adenauer lieferte dem Revanchismusvorwurf ihrerseits reichlich Nahrung. Sie bekannte sich zwar zu einem Gewaltverzicht, wie ihn die Charta der Vertriebenen von 1950 formuliert hatte, unterstützte zugleich aber das bewusst unscharf postulierte Recht auf Heimat. Im Zeichen der Hallstein-Doktrin verweigerte die Bundesrepublik diplomatische Beziehungen zu allen Ländern, welche die DDR anerkannten. Zugleich suchte die polnische Diplomatie die eigenen Bündnispartner von jeglichen Verträgen mit der Bundesrepublik abzuhalten, welche die Oder-Neiße-Grenze nicht explizit als endgültig benannten. Das Verhältnis zwischen der Bundesrepublik und ihren ostmitteleuropäischen Partnern blieb somit ungelöst.

Erst die Einsicht, dass das Beharren auf prinzipiellen Positionen eigene außenpolitische Spielräume verengte, ermöglichte seit der zweiten Hälfte der sechziger Jahre eine zögerliche Annäherung. Hinzu kam, dass sich in der bundesdeutschen Öffentlichkeit langsam ein Gespür für die moralische Schuld gegenüber Polen herausbildete. Wegweisend wirkten das Memorandum der Evangelischen Kirchen Deutschlands und der aufsehenerregende Briefwechsel der polnischen und deutschen katholischen Bischöfe vom August 1965. Den Weg zur Aufnahme diplomatischer Beziehungen, wie Gomułka sie im Mai 1969 anregte, bahnte schließlich die sozialliberale Koalition im September desselben Jahres. Erst sie   Ostverträge
war politisch dazu in der Lage, in den Verträgen mit Moskau und Warschau die Oder-Neiße-Grenze 1970 bindend als Westgrenze Polens anzuerkennen. Die Ratifizierung gestaltete sich angesichts der Mehrheitsverhältnisse im Bundestag dennoch äußerst schwierig. Auch zeigte die Nachdrücklichkeit, mit der das Bundesverfassungsgericht im Juli 1973 den Fortbestand des Deutschen Reiches in den Grenzen von 1937 zum juristischen Ausgangspunkt des im Grundgesetz verankerten Wiedervereinigungsgebotes machte, welche Sprengkraft die Frage der Oder-Neiße-Grenze auch weiterhin barg. Dennoch war es mit den Ostverträgen gelungen, diese hochgradig emotional belastete Frage vorerst stillzustellen und Zeit für eine langfristige Beruhigung zu gewinnen.

Etwas anders gelagert, wenn auch von ähnlicher historischer Dimension, waren die Schwierigkeiten, welche bei der Aufnahme diplomatischer Beziehungen zwischen der Bundesrepublik und der Tschechoslowakei bewältigt werden mussten. Lange Zeit wurden die Verhandlungen von der komplizierten Rechtsfrage blockiert, ob das Münchner Abkommen wie von tschechoslowakischer Seite gefordert bereits „ex tunc", also von Anfang an, als nichtig betrachtet werden konnte. Auch hier ging es nicht allein um juristische, sondern auch um moralische Aspekte. Ein Kompromiss wurde erst im Dezember 1973 erzielt. Eine Versöhnungserklärung der katholischen Kirchen kam überhaupt erst 1985 auf Betreiben der Ackermann-Gemeinde zustande. Hier zeigten sich nicht nur die Unterschiede in der Kirchenpolitik beider Regime, sondern auch die Hindernisse einer Aussöhnung zwischen Tschechen und vertriebenen Sudetendeutschen, die sich anders als im Verhältnis zu Polen eben nicht ganz auf die zwischenstaatliche Ebene heben ließen.

Der Ausgleich mit Deutschland vergrößerte den diplomatischen Spielraum der ostmitteleuropäischen Volksrepubliken erheblich. Erst jetzt wurde es möglich, die Chancen zu nutzen, welche die globale Entspannungspolitik bot. Die   Entspannungspolitik
Staatsbesuche Edward Giereks und Kádárs im Westen, die Reisen der amerikanischen Präsidenten Richard Nixon, Gerald Ford und Jimmy Carter nach Polen und die zeremonielle Rückgabe der bei Kriegsende in die USA verbrachten ungarischen Stephanskrone, stützten in den siebziger Jahren die Erwartungen, die

Blockkonfrontation auf dem Weg allmählicher Normalisierung überwinden zu können. Unmittelbar greifbare Ergebnisse erbrachte die engere wirtschaftliche Zusammenarbeit mit dem Westen, die Polen und Ungarn auch den Zugang zu den internationalen Wirtschaftsorganisationen (WTO, IMF, GATT) ermöglichte. Ungarische Staatsbürger konnten bereits seit 1961 innerhalb eines eng gesteckten Rahmens in den Westen reisen, 1978 wurde gegenüber Österreich sogar die Visumpflicht abgeschafft. Auch innerhalb des Ostblocks wurde der Reiseverkehr liberalisiert. Zwischen Ungarn und der Tschechoslowakei sowie Ungarn und Polen war der Visumzwang bereits Anfang der 1960er Jahre gefallen. Erst recht ermöglichte die Grenzöffnung Polens gegenüber der DDR 1972 und der Tschechoslowakei 1977 für einige Jahre deutlich flexiblere und vielfältigere gegenseitige Kontakte jenseits des organisierten Tourismus und wissenschaftlichen wie kulturellen Austausches. Erst das Aufkommen der *Solidarność* in Polen führte zu einer wieder deutlich restriktiveren Kontrolle des Reiseverkehrs.

Helsinki Schlussakte   Den Höhepunkt der Entspannungspolitik bildete die Unterzeichnung der KSZE-Schlussakte in Helsinki im August 1975 . Das hier verankerte Bekenntnis zu Menschenrechten und Grundfreiheiten und die Verheißung freierer Ausreisemöglichkeiten und journalistischer Berichterstattung zeigten bald, wie zweischneidig die Entspannungspolitik für die Volksrepubliken war, drohten sie doch deren ohnehin brüchige Herrschaftslegitimation weiter zu untergraben. Die wachsenden Kontakte nach Westen machten auch die Kluft in den Lebensverhältnissen immer deutlicher sichtbar und ließen die Propaganda von der Fortschrittlichkeit des Sozialismus zusehends hohl erscheinen. Mit der weltpolitischen Rückkehr zu einer Politik der Konfrontation nach dem sowjetischen Einmarsch in Afghanistan und mit den sowjetischen Drohgebärden gegenüber Polen 1980/81 wurde am Beginn der achtziger Jahre deutlich, dass sich die außenpolitische Konstellation in Ostmitteleuropa noch nicht wesentlich geändert hatte. Zugleich vermittelten der NATO-Doppelbeschluss von 1979 und die Wahl Ronald Reagans zum US-Präsidenten, dass die westlichen Gesellschaften auch über die Entspannungspolitik hinweg dazu bereit waren, den Rüstungswettlauf aufrechtzuerhalten.

Die sowjetische Politik der Perestrojka stellte die ostmitteleuropäischen Volksrepubliken schließlich ab 1987 vor eine neue Situation. War bislang die außenpolitische Loyalität gegenüber Moskau in Polen und Ungarn die Voraussetzung des brüchigen Herrschaftskompromisses im Inneren gewesen, so stellte sich nunmehr in ganz Ostmitteleuropa die Frage, inwieweit die kommunistischen Parteien der sowjetischen Politik überhaupt folgen konnten, ohne im eigenen Land die Grundlagen ihrer Herrschaft zu untergraben.

e) Krise und Zerfall der Volksrepubliken

Erst im Rückblick wird deutlich, dass bereits die frühen siebziger Jahre eine stille Wende in der Geschichte der ostmitteleuropäischen Volksrepubliken einleiteten. Je mehr die sozialistische Aufbaupropaganda von der Inszenierung innerer wie äußerer Normalität abgelöst wurde, umso unglaubwürdiger wurde die Verheißung, im Lebensstandard Bevölkerungsschichten mit dem Westen gleichzuziehen, ihn gar überflügeln zu können. Die Erosion der volksdemokratischen Regime war damit vorgezeichnet. Auch der sowjetische Hegemon konnte keine tragfähige politische Orientierung mehr stiften, verfiel er doch unter dem alternden Leonid Brežnev in eine unübersehbare Stagnation, die auch von seinem Nachfolger Jurij Andropov nicht aufzuhalten war und unter Konstantin Černenko vollends groteske Züge annahm.

Diese innere Erschöpfung zeigte sich auch in den unterschiedlichen Formen von Dissens und Opposition. Während sich das eruptive Aufbegehren des Jahres 1956 in Polen und Ungarn und auch die euphorische Reformdynamik des Prager Frühlings noch als Spielarten der Entstalinisierung verstehen ließen, setzten die intellektuellen Visionen von Antipolitik und zivilgesellschaftlicher Selbstorganisation bereits auf eine Erosion der kommunistischen Regime und die stille Überwindung des Systemgegensatzes. Gemeinsam mit dem illusionslosen Ringen der *Solidarność* mit einem völlig diskreditierten Regime bereiteten sie den friedlichen Sturz der volksdemokratischen Ordnung für den Moment vor, in dem auch der sowjetische Behauptungswille gebrochen sein würde.

Grundlagen der Dissidenz

In der Entstehung ostmitteleuropäischer Gegeneliten spielten unterschiedliche Faktoren zusammen. Die zentrale Rolle hatte überall eine künstlerische, literarische und sozialphilosophische Intelligenzia, die sich nach den Erfahrungen des Jahres 1968 von der Suche nach reformsozialistischen Alternativen löste und in der kritischen Reflexion des sozialistischen Alltags in Film, Theater, Literatur, und Musik Räume moralischer Integrität bewahrte, die weit über den engeren Bereich der über den Samizdat verbreiteten Regimekritik hinaus reichten. Die Verflechtung mit den nach 1956 und 1968 entstandenen Exilantenmilieus und die hohe Aufmerksamkeit der westlichen literarischen Öffentlichkeit boten moralischen und intellektuellen Rückhalt. Diese Intelligenzia wurde in den späten achtziger Jahren zum Motor der Emanzipationsbewegungen im östlichen Mitteleuropa.

Zudem gelang es den Volksrepubliken zu keiner Zeit, sich vollständig der nationalen Vorstellungswelten zu bemächtigen. Pompöse Inszenierungen wie die polnischen Feiern zum Jubiläum der Schlacht bei Grunwald/Tannenberg, mit denen sich das kommunistische Regime als Erbe nationaler Freiheitskämpfe zu stilisieren suchte, oder die Aufnahme nationaler Heldenepen in Filmen wie in der Populärliteratur entfalteten zwar durchaus breitenwirksame Wirkung. Innerhalb der Fachwissenschaft mündete die Lösung aus dem Korsett eines kruden Materialismus in Ostmitteleuropa, anders als in Südosteuropa oder in der Sowjetunion, hingegen bald in eine kritische Auseinandersetzung mit zentralen Fragen der jeweiligen Nationalgeschichte. In Polen begann seit den sechziger Jahren eine differenzierte Beschäftigung mit der frühneuzeitlichen Adelsrepublik wie mit der polnischen Nationalbewegung des 19. Jahrhunderts. Die parallele Diskussion über Probleme des ungarischen Nationalismus prägte eine ganze Generation ungarischer Historiker. In der Tschechoslowakei setzte zumindest in Dissidentenkreisen eine selbstkritische Auseinandersetzung mit dem tschechisch-deutschen Verhältnis ein. Noch wichtiger als solche innerwissenschaftlichen Aufbrüche war die bleibende Tabuisierung neuralgischer Punkte der jeweiligen Nationalgeschichte, insbesondere des Hitler-Stalin-Paktes, der Morde von Katyń und der ungarischen Ereignisse von 1956. Indem sie diese „weißen Flecken" thematisierten, konnten sich die aufkommenden Bürgerbewegungen der achtziger Jahre als wahre Hüter der Nation präsentieren und eine breite Öffentlichkeit mobilisieren.

<small>Kirchen</small> Auch die ostmitteleuropäischen Kirchen bewahrten sich trotz vielfacher Kompromisse ein gewisses Maß an Eigenständigkeit. Am wenigsten gilt dies für Ungarn, wo sich der hohe Klerus nach 1956 dem Regime beugte und der politische Behauptungswille der katholischen Kirche auf kleine Gruppen innerhalb des niederen Klerus und kleine Basisgemeinden beschränkt blieb. Erst mit der „Landfahrt der Heiligen Rechten" König Stefans im Sommer 1988 trat die Kirche wieder als gesellschaftspolitische Kraft hervor. Dagegen steuerten Staat und Kirche in der Tschechoslowakei einen harten Konfliktkurs, der durch die Neugründung der regimetreuen Priestervereinigung „Pacem in terris" eher noch angeheizt wurde. Nur in Polen blieben auf der Grundlage des 1956 geschlossenen Kompromisses Freiräume unabhängigen religiösen Lebens erhalten. Der flächendeckende Religionsunterricht, die Duldung der Ordensgemeinschaften und die katholische Universität in Lublin boten eine vom Regime unabhängige gesellschaftliche Orientierung. Als der Krakauer Erzbischof Karol Wojtyła im November 1978 als Johannes Paul II. zum Papst gewählt wurde, trat in der katholischen Kirche nunmehr die gesamte polnische Gesellschaft mit gestärktem Selbstbewusstsein dem Regime gegenüber.

In Polen und Ungarn wuchsen schließlich auch innerhalb des Partei- und Staatsapparates Reformkräfte heran, welche die Blockaden erkannten, die aus den Dysfunktionalitäten der Planwirtschaft und der Bindung an die Sowjetunion herrührten. An den alten Kadern vorbei bereiteten sie die Hinwendung zum Westen und die Einbindung Ostmitteleuropas in dessen wirtschaftliche und politische Strukturen vor.

Die Volksrepubliken reagierten unterschiedlich auf die Formen intellektueller und politischer Opposition. In der Tschechoslowakei setzte das Regime Gustav Husáks nach der Erfahrung von 1968 auf strenge Zensur und harte, dogmatische <small>Charta 77</small> Repression. Die Begründer der „Charta 77" um Jan Patočka und Václav Havel, die unter Berufung auf das KSZE-Abkommen von Helsinki die Wahrung verbriefter Bürgerrechte einforderten, wurden wiederholt verhaftet, Patočka verstarb in Untersuchungshaft. Es entstand ein fortwährend bedrängtes Milieu der Dissidenz, das dem Regime ein beachtliches Maß an Gegenöffentlichkeit abtrotzte und im Verlauf der achtziger Jahre zum Kern der Bürgerrechtsbewegung wurde.

Dagegen setzte das Regime Kádár in Ungarn auf eine kulturpolitische Öffnung. An die Stelle formeller Zensur traten flexibel abgestufte Kategorien von Förderung, Duldung und Verbot. Perspektiven einer weiter gehenden Liberalisierung wurden bis in die Spitze des Regimes offen diskutiert. Auch eine folkloristisch gefärbte, populistische Sozialkritik konnte sich weitgehend ungehindert entwickeln, ebenso der ökologische Protest gegen das Staudammprojekt von Gabčíkovo-Nagymáros. Angesichts dieser undogmatischen Offenheit blieb das intellektuelle Milieu von Dissidenten auf eine kleine Gruppe juristisch bedrängter Sozialphilosophen und Literaten beschränkt, deren scharfe Analysen der gesellschaftlichen Entwicklung Ungarns eine unverhohlene Desillusionierung verrieten.

In Polen hingegen sah sich das kommunistische Regime unter Edward Gierek seit 1970 von einer außerordentlich selbstbewussten Industriearbeiterschaft herausgefordert und damit in seiner ideologischen Legitimation bedroht. Die erneuten Streiks in Radom und in den Warschauer „Ursus"-Werken ließen 1976 die Grenzen einer Politik deutlich hervortreten, die um den Preis hoher Auslandsverschuldung auf sichtbare wirtschaftliche Prosperität und die Sicherung des Lebensstandards breiter Bevölkerungsschichten gesetzt hatte. Mit dem Komitee zur Verteidigung der Arbeiter (KOR) etablierten oppositionelle Intellektuelle um Jacek Kuroń und Adam Michnik im Herbst 1976 ein Netzwerk, das streikenden Arbeitern organisatorischen Rückhalt bereitstellte. Programmatisch ging es mit dem Entwurf einer breiten gesellschaftlichen Oppositionsbewegung bereits weit über die Einforderung der in der Schlussakte von Helsinki verbrieften Bürgerrechte hinaus.

KOR

Ausgehend von den Streiks auf der Danziger Leninwerft ertrotzte eine landesweite Streikbewegung im August 1980 das Unerhörte: die Zulassung einer unabhängigen Gewerkschaft. Die Einsicht in die katastrophale wirtschaftliche Lage des Landes wie die Unsicherheit über das Ausmaß sowjetischer Duldsamkeit drängten den neuen Parteichef Stanisław Kania und den rasch zum selbstbewussten Führer der *Solidarność* aufgestiegenen Lech Wałęsa zunächst dazu, auf dem Verhandlungsweg die Möglichkeiten auszuloten, wie sich die oppositionelle Gewerkschaft in das Gefüge der Volksrepublik einpassen ließe. Die dramatische Instabilität der politischen Situation setzte einem Ausgleich jedoch enge Grenzen. Schon die rasche Erosion der PZPR, die bis zum Herbst 1981 über 600.000 Mitglieder an die *Solidarność* verlor, bedrohte das Regime in seiner schieren Existenz. Hinzu kam das wachsende Selbstbewusstsein der Radikalen in der Führung der *Solidarność*, deren Forderungen nach einer Arbeiterkontrolle über die Betriebe und eine weitgehende Demokratisierung des politischen Systems die Verhandlungsbereitschaft des Regimes weit überstrapazierte. Ohne in Moskau den Spielraum für einen Kompromiss bis ins Letzte auszuloten, verkündete der erst kurz zuvor auch zum Parteichef gekürte Ministerpräsident Wojciech Jaruzelski am 13. Dezember 1981 putschartig das Kriegsrecht und zwang die *Solidarność* in den Untergrund. Damit war auch in Polen der Versuch, eine Brücke zwischen Regime und Gesellschaft zu schlagen, endgültig gescheitert. Die Aufhebung des Kriegsrechts im Juli 1983 markierte nicht mehr als die Rückkehr zu einer prekären und perspektivlosen Balance zwischen einem ratlosen Regime und der im Wartestand verharrenden polnischen Gesellschaft.

Die Reformsignale, die seit dem Amtsantritt Michail Gorbačevs im Zeichen
Gorbačev der Perestrojka und des „Neuen Denkens" von Moskau ausgingen, wurden höchst unterschiedlich aufgenommen. Entsprechend vielfältig gestaltete sich das Zusammenspiel innerparteilicher Reformer und der schließlich siegreichen Bürgerbewegungen beim Sturz der kommunistischen Macht. Dabei kam Polen, wo die alte Ordnung die deutlichsten Zeichen wirtschaftlicher und politischer Erschöpfung zeigte und mit der *Solidarność* eine politisch gut vorbereitete und gesellschaftlich breit verankerte Oppositionsbewegung bereitstand, eine Vorreiterrolle zu. Mit der Ernennung von Mieczysław Rakowski zum Ministerpräsidenten begann im Herbst 1988 die Suche nach einem Kompromiss zwischen Regime und Gesellschaft. Im Verlauf des Frühjahrs 1989 handelte die Regierung mit dem neu gegründeten Bürgerkomitee (*Komitet Obywatelski*) unter Lech Wałęsa einen Kompromiss aus, mit dem sich das kommunistische Regime weitgehend selbst aufgab und der letztlich nur noch auf den Bestands-
Runder Tisch schutz für die PZPR beim Übergang in eine pluralistische Ordnung zielte. Die unerwartet katastrophale Niederlage der Staatspartei in den bereits halbfreien Parlamentswahlen vom Juni 1989 markierte das Ende ihrer politischen Gestaltungskraft und mündete neun Wochen später in die Ernennung von Tadeusz Mazowiecki, eines engen Beraters Wałęsas, zum Ministerpräsidenten. Zugleich mit einem radikalen wirtschaftlichen Sanierungsprogramm bereitete dieser das Ende der Volksrepublik vor, das am 29. Dezember 1989 auch formal verkündet wurde.

In Ungarn vollzog sich eine ähnliche Entwicklung, die jedoch viel offensiver als in Polen von einer Gruppe energischer und weitsichtiger Reformer diktiert und gestaltet wurde, die sich um den Kulturpolitiker Imre Pozsgay und den Ökonomen Rezső Nyers gebildet hatte. Diese eröffneten der Opposition seit 1987 immer größere Freiräume und steuerten nach dem Sturz János Kádárs im Mai 1988 zielstrebig auf ein Mehrparteiensystem zu. Zeitgleich mit dem symbolträchtigen Abbau der Grenzanlagen zu Österreich handelten auch sie im Sommer 1989 mit den neu konstituierten Oppositionsparteien grundlegende Verfassungsänderungen aus. Auf dieser Grundlage wurde am 23. Oktober der institutionelle Übergang in eine parlamentarische Demokratie verkündet. Allerdings gelang es auch den aus der aufgelösten kommunistischen MSZMP hervorgegangenen Sozialisten nicht, den Schwung der Reformen für den nahtlosen Übergang in eine gestaltende politische Rolle zu nutzen. Bei den Wahlen vom März 1990 setzte sich vielmehr das oppositionelle Ungarische Demokratische Forum (MDF) durch.

In schroffem Gegensatz zu den Entwicklungen in Polen und Ungarn demonstrierte das tschechoslowakische Regime schon mit der Ablösung von Gustav Husák als Parteichef durch Miloš Jakeš im Dezember 1987 seine Entschiedenheit, auch gegen sowjetische Vorgaben an einem harten Repressionskurs festzuhalten. Als sich, inspiriert durch das Vorbild der Nachbarländer, auch hier eine rasch wachsende Oppositionsbewegung formierte, suchte die Regierung zunächst die Konfrontation. Das brutale Vorgehen gegen eine Massendemonstration am 17. November 1989 rief jedoch flächendeckende Empörung hervor, der das Regime nichts mehr entgegenzusetzen hatte. Die Wahl Václav Havels zum Staatspräsidenten leitete schließlich am 29. Dezember 1989 auch in der Tschechoslowakei den Übergang in eine demokratische Ordnung ein. Innerhalb weniger Monate war somit die über vier Jahrzehnte so unerschütterlich wirkende kommunistische Herrschaft in Ostmitteleuropa auf überraschend gewaltfreie Art in sich zusammengefallen.

Samtene Revolution

7. ÜBERGÄNGE IN DIE DEMOKRATIE

In den anderthalb Jahrzehnten nach 1989 durchlief das östliche Mitteleuropa eine tiefgreifende wirtschaftliche und politische Transformation, die zunächst von der Überwindung staatssozialistischer Strukturen zugunsten marktwirtschaftlich orientierter Demokratien westeuropäischen Zuschnitts und bald auch von der Perspektive auf einen EU-Beitritt getrieben wurde. Mit dem Beitritt von zehn Staaten der Region, von Estland bis Slowenien, fand diese Entwicklung am 1. Mai 2004 institutionell einen geradezu logischen Abschluss. Sie verlief jedoch durchaus nicht geradlinig. Vielmehr wurde sie gerade in den Anfangsjahren durch die tiefe wirtschaftliche Strukturkrise, scharfe politische Konflikte und das Aufkommen nationalpopulistischer Strömungen sowie durch beharrliche Vorbehalte Russlands gegen die Aufnahme seiner ehemaligen Vasallen in NATO und EU belastet.

<small>Wirtschaftliche Transformation</small>

Die wirtschaftlichen Aufgaben, vor die sich die jungen Demokratien gestellt sahen, waren immens. Während die bisherigen Absatzmärkte innerhalb des RGW wegbrachen, drohten zeitgleich auch die Binnenmärkte zu kollabieren, ohne dass sich zunächst neue Absatzchancen im Westen oder außerhalb Europas eröffneten. Hohe Inflationsraten von in Ungarn zeitweiligen 35% offenbarten erst jetzt das tatsächliche Ausmaß wirtschaftlicher Zerrüttung. Unter diesen Umständen konnten der Rückbau überdimensionierter Behördenapparate, die Privatisierung der Staatsbetriebe und die zögerliche Sanierung der sozialen Sicherungssysteme überhaupt nur eingeleitet werden, weil sie trotz scharfer Konflikte über die Grundlinien staatlicher Wirtschaftspolitik im Kern nahezu alternativlos erschienen und die neuen, aus den Bürgerbewegungen erwachsenen politischen Eliten zunächst über ein hohes Maß an Glaubwürdigkeit verfügten. In Polen, wo die Krise am offensichtlichsten war, setzte die Regierung Mazowiecki zunächst auf harte, nahezu lehrbuchartige Reformen. Auch die Tschechoslowakei baute auf eine Schocktherapie, die über tiefe Schnitte eine rasche Überwindung der Krise verhieß und dafür hohe soziale Belastungen in Kauf nahm. Graduelle Reformen, wie sie in Ungarn auf der Grundlage des bereits unter Kádár etablierten Mischsystems zunächst verfolgt wurden, drohten dagegen zentrale Strukturprobleme zu verschleppen, sodass auch hier ab 1995 harte Einschnitte notwendig wurden. Ungeachtet der Unterschiede in den wirtschaftspolitischen Strategien mussten die ostmitteleuropäischen Volkswirtschaften zunächst massive Einbrüche im Bruttosozialprodukt und damit im Lebensstandard breiter Bevölkerungsschichten verkraften, bevor mit der Aussicht auf den EU-Beitritt ein lang anhaltendes Wachstum einsetzte.

<small>Parteiensysteme</small>

Das klare Bekenntnis breiter Mehrheiten zur parlamentarischen Demokratie westeuropäischen Zuschnitts bildete die Grundlage dafür, dass sich im östlichen Mitteleuropa durchweg ein stabiles politisches Institutionengefüge herausbildete, das auch erhebliche Verschiebungen in den jeweiligen Parteiensystemen bislang weitgehend unbeschadet überstanden hat. Diese Entwicklung ist umso bemerkenswerter, als die breiten Bürgerbewegungen, die den Umbruch von 1989 getragen hatten, bald zerfielen. Als Tschechen und Slowaken zum Jahresbeginn 1993 nach einem Dreivierteljahrhundert den gemeinsamen Staat aufkündigten, weckte dies zunächst Ängste, das östliche Mitteleuropa könnte erneut zu einer instabilen Region konkurrierender Nationalismen werden, zumal die slowakische Regierung unter Vladimír Mečiar deutlich auf Distanz zum Westen ging. Immerhin brachte dieser Schritt rasche Entlastung von einem schwelenden potentiellen Dauerkonflikt. Auch wurde die zunächst übermächtig erscheinende Partei Mečiars mit dem Wahlsieg einer bürgerlichen Reformkoalition unter Mikuláš Dzurinda im Oktober 1998 von der Regierung verdrängt. In der Tschechischen Republik hingegen etablierte sich die von Václav Klaus geführte nationalbürgerliche Demokratische Bürgerpartei (ODS) als integrative Kraft auf der politischen Rechten. Auch in Ungarn setzte sich mit dem Bund Junger Demokraten (FIDESZ) um Viktor Orbán eine starke Rechtspartei bürgerlich-konservativen Zuschnitts durch, die einen großen Teil nationalpopulistischer Strömungen zu absorbieren vermochte. Allein in Polen etablierte sich rechts der liberal-konservativen Bürgerplattform (PO) ein starkes Spektrum nationalpopulistischer Parteien, das mit dem Wahlsieg der Partei „Recht und Gerechtigkeit" (PiS) der Brüder Jarosław und Lech Kaczyński im Oktober 2005 einen politischen Durchbruch erzielen konnte.

Auf der Linken hingegen traten Reformkommunisten beinahe nahtlos in die Rolle der Sozialdemokratie ein. Nur in der Tschechischen Republik rückte die wiedergegründete Tschechische Sozialdemokratische Partei (ČSSD) von den Kommunisten ab, die bis heute als eigenständige Partei fortbestehen. In Zeiten des Umbruchs konnte die politische Linke bald wieder das drängende Bedürfnis nach Stabilität bedienen, stand aber zugleich im Verdacht, alte Seilschaften in die neue Ordnung hinübergerettet zu haben. Hinzu kam, dass die Tätigkeit für die ehemaligen Staatssicherheitsbehörden in Polen und Ungarn nur schleppend offengelegt wurde und beständige Vorwürfe früherer Spitzeltätigkeit bis in die Gegenwart das Vertrauen in die neuen politischen Eliten untergraben. Hieraus gewann auch die geschichtspolitisch motivierte Musealisierung der kommunistischen Epoche seit den späten neunziger Jahren an aktueller Brisanz.

Stabilisierend wirkte die frühzeitig angestrebte Aussicht auf einen Beitritt zur NATO und zur EU. Vor allem polnische Politiker realisierten früh, dass die Anerkennung der Grenzen Litauens, Weißrusslands und der Ukraine den Weg zu Beitrittsverhandlungen ebnen würde. Auch die Konflikte zwischen Ungarn und seinen Nachbarländern konnten im Vorfeld des Beitrittsprozesses durch gesonderte Nachbarschaftsverträge mühsam beigelegt werden. Der bevorstehende Beitritt zur Europäischen Union ermöglichte enorme Investitionen in die Infrastruktur und schuf das für ausländische Investitionen notwendige Vertrauen in die politische Stabilität wie in eine nachhaltige Bekämpfung der Korruption. Vor diesem Hintergrund wich auch die anfängliche Skepsis gegenüber einem vermeintlich drohenden Ausverkauf der Nation an den Westen und einem Untergang der Landwirtschaft bald der Einsicht, dass die wirtschafts- und ord-

EU-Beitritt

nungspolitische Erneuerung enorme Gestaltungsspielräume eröffnete. Vor allem die Slowakei, die zunächst zum Nachzügler im Beitrittsprozess zu werden drohte, nutzte die Chancen tiefgreifender und geradezu modellhafter Reformen. Der Versuch, in der Višegrad-Gruppe durch regionale Zusammenarbeit eine günstige Verhandlungsposition zu erreichen, wich dem Wettlauf um eine möglichst rasche Erfüllung der Beitrittskriterien, wie sie die EU diktierte.

Die außenpolitische Konstellation leistete dem Beitrittsprozess zusätzlichen Vorschub. Sowohl die NATO als auch die EU bekundeten nach einigem Zögern ihre Bereitschaft, die ostmitteleuropäischen Demokratien aufzunehmen und der territorialen Erweiterung gegebenenfalls Vorrang vor einer vertieften Integration zu geben. Die Kriege auf dem Balkan ließen eine rasche Stabilisierung Ostmitteleuropas umso dringlicher erscheinen. Auch Russland konnte durch weitreichende Kooperationsangebote schließlich dafür gewonnen werden, nach dem Abzug der eigenen Truppen aus Ostmitteleuropa auch das Heranrücken der NATO an seine Westgrenzen als Voraussetzung der Rückkehr in eine weltpolitisch bedeutsame Rolle zu akzeptieren. Ohnehin hatte der zunächst hinhaltende russische Protest den Drang der ostmitteleuropäischen Länder in NATO und EU sogar noch verstärkt. Der Beitritt in die euro-atlantischen Strukturen begründete schließlich ein stabiles Verhältnis auch zu Deutschland, das durch geschichtspolitische Debatten insbesondere über die Vertreibungen zwar irritiert, in seinem Kern aber nicht ernsthaft gefährdet wurde. Damit wurde nicht nur die Spaltung Europas überwunden, auch die historisch prekäre außenpolitische Konstellation der ostmitteleuropäischen Nationalstaaten zwischen Deutschland und Russland ist damit entschärft.

Es spricht also vieles dafür, dass mit dem EU-Beitritt am 1. Mai 2004 eine Epoche in der Geschichte Ostmitteleuropas zu Ende gegangen ist. Allerdings steht zu erwarten, dass von dem Projekt des freiheitlich verfassten Nationalstaates in Ostmitteleuropa auch weiterhin hohe gesellschaftspolitische Strahlkraft ausgeht. Zugleich gilt es nunmehr, die ganze Vielfalt dieser Region auch in ihren älteren Tiefenschichten wiederzuentdecken.

II. Grundprobleme und Tendenzen der Forschung

1. OSTMITTELEUROPA IM 19. UND 20. JAHRHUNDERT. HISTORISCHE REGION UND HISTORIOGRAPHISCHES KONZEPT

Es lohnt sich, die Geschichte Polens, der böhmischen Länder und Ungarns seit der Mitte des 18. Jahrhunderts gemeinsam in den Blick zu nehmen und Entwicklungslinien und Strukturmerkmale dieser Kernländer Ostmitteleuropas vergleichend zu analysieren. Eine solche Zusammenschau muss allerdings die scharfe Kritik im Auge behalten, die an Konzepten der Geschichtsregion oder des historischen Strukturraums geübt wird. Denn in der Tat ist es zweifelhaft, aus langfristig wandelbaren Strukturmerkmalen und Merkmalsclustern mehr oder weniger geschlossene und in sich konsistente, gleichsam unwandelbare Raumkonzepte zu entwickeln. Ein möglicher Ausweg besteht darin, aus der Dekonstruktion historischer Räume deren Formulierung selbst zum Thema zu machen. Es kann aber auch ebenso fruchtbar sein, sich von der Frage nach den Geschichtsregionen zu emanzipieren und die Strukturmerkmale und Strukturprobleme selbst in den Mittelpunkt zu rücken.

Die Idee, dass Ostmitteleuropa eine eigenständige, strukturell zusammengehörige Region darstelle, ist wesentlich jünger als die langen historischen Gemeinsamkeiten vermuten lassen. Sie lässt sich in ihren Anfängen recht genau auf die Konstellation vom Sommer 1915 datieren, als sich mit dem militärischen Zusammenbruch russischer Herrschaft in Polen östlich von Deutschland ein Raum auftat, der zur geopolitischen Neudefinition geradezu einlud. Innerhalb weniger Wochen entwarf der Berliner Geograph Albrecht PENCK ein „Zwischeneuropa" vom Weißmeer bis zum Bosporus als naturräumlich vorgegebenen Bereich eines engen staatlichen Zusammenschlusses unter deutscher Führung [4.a]. Damit vollzog er eine dynamische Erweiterung des älteren, Deutschland und die Habsburgermonarchie umfassenden Mitteleuropabegriffes, den Friedrich NAUMANN nahezu zeitgleich in den Mittelpunkt der publizistischen Kriegszieldebatte stellte [4.a; WEIMER 4.b]. Derartige Vorstellungen überdauerten die Niederlage der Mittelmächte. Sie bildeten das Fundament der erklärtermaßen antidemokratischen Idee einer deutschen Kulturmission in der vermeintlich widernatürlichen und instabilen politischen Ordnung des neuen Staatengürtels von Finnland bis zum Balkan, wie sie nunmehr die entstehende Ostforschung um Max Hildebert

<small>Begriffsgeschichte</small>

Böhm, Wilhelm Volz und Karl Haushofer entwarf. „Zwischeneuropa", der „ostmitteleuropäische Randgürtel" oder bereits auch „Ostmitteleuropa" wurde somit im deutschen Sprachraum zunächst als gleichsam natürlicher Einflussbereich und Expansionsraum Deutschlands jenseits nationalstaatlicher Ordnungsmodelle gedacht [HAAR 9.g; ELVERT 9.g].

Dieser Entwurf Ostmitteleuropas stach scharf von den Vorstellungen einer eigenständigen Kulturregion ab, die aufgrund ihrer freiheitlichen Verfasstheit ihre kleinräumige Vielfalt zwischen den Großmächten bewahrt habe. Den hegemonialen Ansprüchen Friedrich NAUMANNs stellte T. G. MASARYK noch im selben Jahr die Idee einer zwischen Deutschland und Russland gelegenen Zone kleiner Völker entgegen, die es aus deutscher Unterjochung zu befreien gelte und deren politische Selbstständigkeit den Kern einer zukünftigen Neuordnung Europas bilden müsste [4.a]. Damit knüpfte er an die austroslawischen Vorstellungen František Palackýs an, wie sie auch in den verschiedenen Föderationsentwürfen des 19. und 20. Jahrhunderts als Ausgangspunkt freiheitlich-demokratischer Ordnung im östlichen Mitteleuropa diskutiert wurden [KŁOCZOWSKI/ŁUKASIEWICZ 4.a; ORMOS 4.a]. Zu Beginn der fünfziger Jahre entwarf der polnische Exilhistoriker Oskar HALECKI auf dieser Grundlage erstmals ein ausformuliertes Konzept Ostmitteleuropas als eigenständiger, scharf abgegrenzter historischer Strukturregion, die seit dem späten Mittelalter und der Renaissance fest mit dem europäischen Westen verbunden gewesen sei und in der fruchtbaren Vielfalt von Kulturen und Konfessionen die Möglichkeiten übernationalen Zusammenlebens ausgelotet habe [4.a]. Dahinter stand nunmehr der erklärte Versuch, das östliche Mitteleuropa auch über den Eisernen Vorhang hinweg gleichsam als „Veto" gegen die Teilung Europas im westeuropäischen Bewusstsein zu bewahren [ŁUKASIEWICZ 3: 54].

Strukturmerkmale Die Spannung zwischen diesen beiden Sichtweisen durchzieht bis heute die unterschiedlichen Entwürfe Ostmitteleuropas als historischer Region. Im Vordergrund stehen diejenigen Prozesse vom Hochmittelalter bis zur Frühen Neuzeit, die konstitutiv für das östliche Mitteleuropa wurden: die Entstehung einer gesonderten, aus der Reichskirche gelösten Kirchenorganisation im Zuge der lateinischen Christianisierung, die ethnischen und rechtlichen Überschichtungen im Zuge der deutschen Ostsiedlung sowie die Ausbildung einer ständisch dominierten Verfassung [ZERNACK, Osteuropa 4.a; CONZE 2.a]. Das östliche Mitteleuropa lässt sich in diesem Sinn als Region begreifen, die von mehreren Schüben der Ausdehnung Kerneuropas gegenüber dem altrussischen Osten geprägt wurde [ZERNACK, Grenzen 4.a]. Hier, am Ostrand des europäischen Westens, entstand so eine spezifische und durch ständische Gruppenprivilegien bis in das 19. Jahrhundert auch rechtlich verfasste ethnische Gemengelage. Zugleich entfalteten sich an der Peripherie ältere Formen adelsständischer Freiheit und Partizipation, auch wenn sie sich letztlich nicht dauerhaft gegen die Übermacht absolutistischer Nachbarn behaupten konnten [ZERNACK Osteuropa 4.a; SCHRAMM 8.a]. In dieser Tradition steht schließlich der Ansatz, die Erfahrungen der vergleichsweise gelungenen Transformation des östlichen Mitteleuropas nach

1989 in Bezug zu der langen historischen Zugehörigkeit zum lateinischen Westen zu setzen und aus dem Vergleich mit Ost- und Südosteuropa eine regionale Typologie des europäischen Ostens zu entwickeln [GOEHRKE/GILLY 11.j].

Einen anderen Akzent setzt der weitgespannte Entwurf dreier historischer Regionen aus der Feder des ungarischen Mediävisten J. SZŰCS, der auf lange gewachsene Entwicklungsblockaden abstellt [4.a]. SZŰCS versteht Ostmitteleuropa als Überlappungsgebiet, in dem ein spezifischer, von Gefolgschaftsverhältnissen geprägter osteuropäischer Feudalismus von westlichen Formen freiheitlich-autonom verfasster politischer Gesellschaft nur unvollständig überformt worden sei. Damit seien die Gesellschaften Ostmitteleuropas in der Ausbildung demokratischer Nationalstaaten westeuropäischen Zuschnitts ebenso blockiert worden wie in der Entwicklung zu einem autoritären Imperium östlichen Typs. In dieser Spur hat zuletzt G. HODOS das östliche Mitteleuropa als Region verweigerter Freiheit und verwehrter Entwicklungschancen beschrieben, in der sich der freiheitliche Kapitalismus des Westens mit den feudalistisch-repressiven Strukturen des östlichen Europas überlappt hätten [2.a]. Szűcs

Unübersehbar ist die Orientierung all dieser Entwürfe am demokratischen Nationalstaat als angemessener politischer Verfasstheit emanzipierter und ihrer Eigenart bewusster Nationen, der sich im östlichen Mitteleuropa jedoch nicht ohne Weiteres verwirklichen ließ. In der tiefen Skepsis gegenüber der Staatenordnung der Zwischenkriegszeit und der Formel einer besonderen „Kulturträgerfunktion" der Deutschen im östlichen Mitteleuropa sind Spuren der Ostforschung noch bis in die jüngere Literatur hinein sichtbar [CONZE 2.a]. Aber auch jenseits dieser Traditionen ist das östliche Mitteleuropa des 19. und 20. Jahrhunderts als Region besonderer Krisenhaftigkeit entworfen worden. Dabei werden wahlweise eine selbstzerstörerische Konfliktträchtigkeit romantisch geprägter Nationalbewegungen in einer ethnisch zerklüfteten Region [PALMER 2.a], autoritäre Neigungen und politische Strukturbrüche [SEGERT 9.a] oder strukturelle Entwicklungshindernisse grundherrschaftlich geprägter Ökonomien an der europäischen Peripherie in den Mittelpunkt gerückt [LONGWORTH 2.a; JANOS 2.a]. R. BIDELEUX und I. JEFFRIES haben periodisch wiederkehrende, konvulsive Krisen geradezu zum Signum der Region in ihrer jüngeren Geschichte erhoben [2.a: 29]. Das östliche Mitteleuropa wird so zu einer Region besonders scharf ausgeprägter Kontraste, aber auch eines besonderen Gespürs für die Spannungen zwischen gewachsenen, traditionalen Verhältnissen und der einbrechenden Moderne, die sich gleichsam als Bruchzone der Demokratie in gesamteuropäische Zusammenhänge einordnen lässt [MAZOWER 9.a; MĄCZAK 2.a]. In diesem Sinne sind auch die doppelte Diktatur- und Vernichtungserfahrung von nationalsozialistischer und stalinistischer Unterwerfung und Massengewalt als spezifisch ostmitteleuropäische Erfahrung des 20. Jahrhunderts benannt worden. Ostmitteleuropa wurde so gleichsam zur „Kernzone" des Jahrhunderts der Extreme [BEYRAU 10.a]. Krisenhaftigkeit

Derartige Definitionen des europäischen Ostens als rückständig und krisenhaft haben scharfe Kritik hervorgerufen [MÜLLER 4.c]. Allerdings sind verschiedene Ansätze, eigenständige, strukturbildende Elemente der jüngeren Geschichte Ostmitteleuropas namhaft zu machen, bislang kaum über skizzenhafte Appelle hinausgekommen. Diese zielen überwiegend darauf, das östliche Mitteleuropa in bewusst positiver Umwertung ethnischer Vielfalt als Region mannigfacher und intensiver Kontakte und Transfers zu beschreiben. Der Aufriss von F. SEIBT, einem derart verstandenen Ostmitteleuropa ein Westmitteleuropa an die Seite zu stellen, ist allerdings nur ein anregendes Gedankenspiel geblieben [EBERHARD u. a. 2.a]. Größeres Potential kann der Ansatz beanspruchen, jenseits tradierter West-Ost-Dichotomien gerade die kulturelle

Pluralität Pluralität und Mehrdeutigkeit innerhalb eines dichten Kommunikationsraumes in den Blick zu nehmen, für den M. CSÁKY in bewusster Distanz zum älteren Mitteleuropabegriff mit seinen Konnotationen deutscher Hegemonie den Begriff „Zentraleuropa" eingeführt hat [4.c]. A. KAPPELER benennt für das 19. und 20. Jahrhundert die intensiv erfahrene Spannung zwischen Ost und West in einem bipolaren Europa, die jüdisch-slawisch-deutsche Kultur sowie die Nachwirkungen frühneuzeitlicher Toleranz und adelsrepublikanischen Denkens ebenso wie das Freiheitspathos der polnischen Emigranten als eigenständige Beiträge Ostmitteleuropas [4.c]. Zuletzt haben C. GOEHRKE und H. HAUMANN noch auf spezifisch ostmitteleuropäische Traditionen dörflicher Selbstverwaltung, der Stellung von Frauen oder der Lebenswelten osteuropäischer Juden verwiesen [3]. Damit stehen diese skizzenhaften Entwürfe in der Tradition eines Ostmitteleuropabegriffs, der unter Rückgriff auf Elemente verfasster Freiheitlichkeit und kultureller Pluralität einer Stigmatisierung der Region entgegentritt.

Die zusehends offener formulierten Strukturkonzepte werden schließlich von dem Versuch überlagert, das östliche Mitteleuropa in bewusster Absage an jegliche Form der Geschichtsregion aus den kognitiven Entwürfen und kulturellen Selbstverortungen seiner intellektuellen Eliten zu erfassen. Schon zu Beginn der neunziger Jahre hat P. KRÜGER darauf verwiesen, dass Mitteleuropa ohnehin nur noch als Entwurf und Vision bestehe, nachdem es in seiner locker geordneten Vielfalt seit dem späten 18. Jahrhundert durch das Aufkommen des absolutistischen Machtstaates und des Nationalismus überlagert und zerstört worden sei

Mitteleuropa-Debatte [4.a]. Damit bezog er sich auf die vorangegangene Mitteleuropa-Debatte ostmitteleuropäischer Dissidenten. Ähnlich wie siebzig Jahre zuvor der Ostmitteleuropabegriff aus dem Zusammenbruch der russischen Herrschaft entstanden war, erwuchs auch diese Debatte aus der Krise der nunmehr sowjetischen Hegemonie in der Region. Eröffnet wurde sie von M. KUNDERA, der eindringlich die Zugehörigkeit des östlichen Mitteleuropas zum europäischen Westen verteidigte [4.b]. In scharfer Abgrenzung gegenüber der Sowjetunion und Russland provozierte er eine Neubestimmung Ostmitteleuropas als Ostrand des Westens. Damit ging der Versuch einher, eine spezifische Geisteshaltung der Bevölkerung Ostmitteleuropas und seiner Intellektuellen zu bestimmen. Mit der Auflehnung gegen die Allgegenwart des sozialistischen Parteiregiments sowjetischer Prägung zielte György KONRÁD wie zuvor bereits Václav HAVEL auf die ethische Grundhaltung existentieller Freiheit des denkenden Individuums als Voraussetzung einer dem Staat gegenüber autonomen Zivilgesellschaft [KONRÁD 4.b; HAVEL 11.g]. Allen voran die ungarischen Beiträge entfalteten auf dieser Grundlage die Perspektive einer friedlichen Öffnung des sowjetischen Imperiums, bei der das östliche Mitteleuropa seine lange Kulturtradition als Experimentierfeld der Überbrückung extremer Gegensätze würde ausspielen können.

Nun lässt sich aus der Mitteleuropa-Debatte kein historiographisch nutzbares Konzept Ostmitteleuropas begründen. Die Idee Mitteleuropas, die in der konkreten Situation sozialistischer Diktatur als politische Vision und ethische Haltung entworfen worden war, verlor mit den Revolutionen von 1989 als politisches Ordnungskonzept schlagartig an Bedeutung [WEIMER 4.b]. In dem Appell an das „stolze Bewusstsein ihres Europäertums" [VAJDA 4.b: 121] unterscheiden sich diese Entwürfe Ostmitteleuropas allerdings markant von den Konstruktionen Ost- und Südosteuropas, die seit der Aufklärung vorrangig als Gegenpole zum europäischen Westen gedacht wurden [WOLFF 4.a; TODOROVA 4.a].

Aus den Aporien der Debatte um europäische Strukturregionen führt auch der kulturwissenschaftliche Zugang nicht hinaus. Unter Verweis auf die inzwischen vielfach dokumentierte Teilhabe Ostmitteleuropas an (west-)europäischen Europadiskursen und deren Sedimentierungen hat W. SCHMALE deshalb die Leistungsfähigkeit des Begriffes „Ostmitteleuropa" provokant in Frage gestellt [4.c]. Einer derart radikalen Position steht jedoch nicht nur nach wie vor ein artikuliertes regionales Sonderbewusstsein innerhalb Ostmitteleuropas entgegen [KUMAR 11.j; JAWORSKI 4.c], auch die vielfältigen historischen Parallelen und Verflechtungen innerhalb der Länder der Region lassen sich auf diese Weise nicht wegretuschieren. So berechtigt das Einfordern kritischer Sensibilität gegenüber geschichtsregionalen Konstrukten und die Warnung vor abgeschlossenen, starren Typologien auch sein mögen, entheben sie die historische Forschung doch nicht von der Notwendigkeit, nach spezifischen Entwicklungskonstellationen einzelner Gesellschaften und ihrem gemeinsamen politischen Ort innerhalb Europas zu fragen.

Ein Ausweg könnte also im innereuropäischen Vergleich bestehen. Vergleichende Studien gerade zur neueren Geschichte Ostmitteleuropas sind als Bausteine einer europäischen Geschichte entsprechend nachdrücklich eingefordert worden [KOCKA 4.c; ADANIR u. a. 4.c]. Entwürfe einer Gesamtdarstellung der jüngeren europäischen oder auch nur der ostmitteleuropäischen Geschichte beschränken sich jedoch allzu häufig auf additiv nebeneinandergestellte Länderstudien [CRAMPTON 2.a; ALTRICHTER/BERNECKER 9.a]. An einer vergleichenden Zusammenschau hat sich bislang nur J. KŘEN versucht, dessen Darstellung der Geschichte Mitteleuropas erklärtermaßen einem methodischen Eklektizismus verpflichtet ist [2.a]. Einen beziehungsgeschichtlich fundierten Vergleich der großen historischen Entwicklungslinien zweier Länder der Region hat K. ZERNACK in seiner großangelegten Studie zu Polen und Russland vorgelegt [Polen und Russland 2.b]. Gegenüber der Fülle an Sammelbänden, die sich im Nebeneinander von Länderbeispielen erschöpfen, sind ausformulierte Vergleiche

Europäischer Vergleich

ansonsten rar gesät. Erst recht steht die Einbettung des östlichen Mitteleuropas in gesamteuropäisch angelegte Vergleichsstudien noch ganz am Anfang. Auch lässt sich derzeit kaum ermessen, inwieweit der Ansatz, transnationale Verflechtungen jenseits nationaler Vergleichseinheiten sichtbar zu machen, neue Erkenntnismöglichkeiten birgt, die über eine herkömmliche, methodenbewusste Beziehungsgeschichte hinausweisen würden [WERNER/ZIMMERMANN 4.c]. Dennoch besteht angesichts der vorliegenden Arbeiten kein Grund, von vornherein vor der Komplexität einer vergleichenden Geschichte Ostmitteleuropas zu kapitulieren.

Da historische Strukturräume letztlich diskursive, von der Perspektive des jeweiligen Betrachters geprägte Konstrukte darstellen, muss sich jede Definition Ostmitteleuropas an pragmatischen Kriterien ausrichten, die dem jeweiligen Erkenntnisinteresse entsprechen. In diesem Sinne haben A. MILLER [4.c] und R. JAWORSKI [4.c] dafür plädiert, den Begriff aus seinen vielfältigen politischen Instrumentalisierungen zu lösen und ihn flexibel und undogmatisch zu handhaben. Je nach Zugang werden folglich auch die Grenzen Ostmitteleuropas unterschiedlich weit gezogen. Allgemeiner Konsens herrscht über die Zugehörigkeit Polens in seinen jeweiligen Grenzen, der böhmischen Länder und des historischen Ungarns als Kernländer Ostmitteleuropas. Ein solcher engerer Ostmitteleuropabegriff, wie er auch dem vorliegenden Band zugrunde liegt, kann sich auf die überwiegend lateinische Prägung und die strukturbildende Wirkung der frühneuzeitlichen Adelsrepubliken berufen [WANDYCZ 2.a; JANOWSKI 4.c]. In einem weiteren Sinne lassen sich trotz der langen Zugehörigkeit zum Zarenreich wie zur Sowjetunion auch das Baltikum und, mit Blick auf deutsch-slawische Überschichtungen, die slowenischen Gebiete zu Ostmitteleuropa zählen [ZERNACK, Osteuropa 4.a; BIDELEUX/JEFFRIES 2.a]. Jüngerer Natur sind Ansätze, mit Blick auf die Annäherung an die Europäische Union das gesamte Gebiet der heutigen Ukraine und in dieser Spur auch das heutige Weißrussland gleichsam als östlichen Rand Ostmitteleuropas zu begreifen [GOLCZEWSKI 2.d; BEYRAU/LINDNER 2.d]. Im weitesten Verständnis wird der Begriff Ostmitteleuropa gebraucht, um den gesamten Staatengürtel von Finnland bis Griechenland oder, für die Jahrzehnte des Kalten Krieges, die kommunistische Hegemonialsphäre der Sowjetunion einschließlich Jugoslawiens und Albaniens zu bezeichnen [CRAMPTON 2.a]. Ihren Sinn hatte diese weite Definition für die vier Jahrzehnte nach 1918. Denn die Stärken einer solchen Zusammenschau Ostmittel- und Südosteuropas liegen im Regimevergleich junger Nationalstaaten und im Verständnis außenpolitischer Problemlagen zwischen übermächtigen Nachbarn. Dagegen lässt sich die historische Vielfalt einer derart breit gefassten Region vor allem mit Blick auf den Balkan in längerer Perspektive nicht mehr sinnvoll auf einen Nenner bringen [SUNDHAUSSEN 4.a].

Besondere Probleme bereitet schließlich das ostelbische Deutschland. In einer vorrangig nationalgeschichtlichen Perspektive auf die neuere Geschichte ist zunächst allenfalls die DDR in ostmitteleuropäische Zusammenhänge gestellt worden. Erst jüngere Arbeiten von M. WEBER [Preußen 2.c] und A. KOSSERT [2.c] zu Ostpreußen oder auch von J. BAHLCKE [Schlesien 2.c] zu Schlesien begreifen mit ihrem Blick für strukturelle Entwicklungslinien und kulturelle Interferenzen diese Gebiete auch für das 19. und frühe 20. Jahrhundert in fruchtbarer Weise als ostmitteleuropäische Regionen. Sie zeigen, dass ein offenes, nicht dogmatisch verstandenes historiographisches Konzept von Ostmitteleuropa durchaus neue Perspektiven aufzeigen und in dem Blick auf übergreifende Gemeinsamkeiten ein längst überfälliges Korrektiv zu den etablierten Ländergeschichten mit ihrer Fixierung auf den Nationalstaat bieten kann.

2. UNGLEICHE CHANCEN DER INDUSTRIALISIERUNG

Die wirtschaftliche Entwicklung Ostmitteleuropas ist seit langem Gegenstand intensiver Debatten. Eingebettet in die Herausforderung, welche die Blockkonfrontation für die Formulierung ökonomischer Entwicklungskonzepte barg, erreichten sie ihren Höhepunkt in den 1970er und 1980er Jahren. Hier sind Positionen formuliert worden, welche die Forschungsdiskussion bis in die Gegenwart strukturieren, auch wenn diese inzwischen deutlich an Lebendigkeit verloren hat.

Peripheriekonzepte
Am Anfang steht der Befund eines durchgängigen Entwicklungsgefälles zwischen dem westlichen und dem östlichen Europa. Dessen Ursachen sehen dependenztheoretische Modelle in einer sich vom westlichen Europa her entwickelnden Weltwirtschaft, welche die osteuropäische Peripherie seit der Frühen Neuzeit durch Reagrarisierung und Ausbildung der Gutsherrschaft in dauerhafte Abhängigkeit gedrückt und damit ihre langfristigen Produktionsgrundlagen untergraben habe [Małowist 5.a; Wallerstein 5.a]. Neben der gutsherrschaftlichen Wirtschaftsverfassung mit ihren extrem ungleichen Besitzverhältnissen und beharrlich konservierter bäuerlicher Abhängigkeit hat D. Chirot die kontinentale Lage sowie das Fehlen eines nationalstaatlichen Rahmens als Blockaden industrieller Entwicklung in Ostmitteleuropa benannt [5.a]. Diese Blockaden waren jedoch nicht unüberwindbar, und vieles spricht inzwischen dafür, dass es sich weniger um Blockaden als um charakteristische Prägungen wirtschaftlicher Entwicklung in Ostmitteleuropa handelte. In wegweisenden Studien haben I. T. Berend und Gy. Ránki die bemerkenswerten Teilerfolge nachholender Industrialisierung Ostmitteleuropas seit dem späten 19. Jahrhundert herausgearbeitet [5.a; 5.b]. Damit haben sie eine Brücke zu Modellen spezifischer Industrialisierungsverläufe unter den Bedingungen der Rückständigkeit geschlagen, wie sie mit dem Namen von A. Gerschenkron verbunden sind [5.a]. Der Bankrott des staatssozialistischen Experiments und die tiefen Transformationskrisen der neunziger Jahre haben allerdings die Grundlagen dieser Neubewertung verändert. Denn die wirtschaftliche Entwicklung Ostmitteleuropas bis zum Zweiten Weltkrieg lässt sich nicht mehr ohne Weiteres als langer Vorlauf eines gelingenden Ausbruchs aus historisch gewachsener Rückständigkeit unter staatssozialistischem Vorzeichen beschreiben. Vielmehr erscheint die jüngere Wirtschaftsgeschichte Ostmitteleuropas nunmehr als ungleichmäßiger, von Strukturblockaden und inneren Ungleichgewichten belasteter und von politischen Umbrüchen und hegemonialer Fremdsteuerung immer wieder gestörter Versuch, über eine nachholende Industrialisierung ökonomische Konvergenz mit dem Westen zu erreichen [Janos 2.a; Turnock 5.a].

Die verhalten optimistische Neubewertung der wirtschaftlichen Entwicklung Ostmitteleuropas rückt auch die gutsherrschaftliche Prägung sowie das Fehlen nationaler Staatlichkeit und die Einbettung in imperiale Verbände als diejenigen

Faktoren in ein neues Licht, die lange als wesentliche Hemmnisse industrieller Entwicklung galten. Ganz im Widerspruch zu älteren Annahmen stehen die Impulse, welche Landwirtschaft und Gewerbe aus der gutsherrschaftlichen Struktur erfuhren. Gestützt auf eine lange Tradition des Getreideexportes konn- Gutsherrschaft ten die großen adeligen Güterkomplexe schneller als Kleinadel oder Bauern die Exportchancen nutzen, die sich aus dem wachsenden westeuropäischen Bedarf an landwirtschaftlichen Produkten ergaben, und verzeichneten bereits in der ersten Hälfte des 19. Jahrhunderts spürbare Produktivitätsfortschritte [GOOD 5.b]. Gerade unter weitblickenden Magnaten zirkulierte seit dem ausgehenden 18. Jahrhundert in ganz Ostmitteleuropa die Einsicht in die ökonomische Notwendigkeit einer Bauernbefreiung. Besonders in den böhmischen Ländern zeigten sich die effizienten Großgrundbetriebe bereits vor 1848 daran interessiert, ihre zusehends als Last empfundenen obrigkeitlichen Aufgaben an staatliche Behörden abzugeben [MELVILLE 6.b]. Erst die Revolutionen von 1848 konnten jedoch den durchgängigen Widerstand einer konservativen Mehrheit brechen.

Folgerichtig gehörte der grundbesitzende Adel sogar zu den Gewinnern der Bauernbefreiungen. Er investierte die Ablöse zu großen Teilen in Schuldentilgung, ländliche Infrastruktur und arrondierte seinen Besitz. In der Folge entwickelte sich die exportorientierte Landwirtschaft zu einem dynamischen wirtschaftlichen Sektor, der die Grundlagen für den industriellen Aufschwung in der zweiten Hälfte des 19. Jahrhunderts legte. Ausgehend von den großen Güterkomplexen setzten sich mechanisierte Bewirtschaftungsformen durch und boten die Grundlage für die Entwicklung hochspezialisierter Lebensmittelindustrien wie der Zuckerproduktion und der Mühlenindustrie [BEREND/RÁNKI 5.b]. Der hohe Anteil des grundbesitzenden Adels an der Ansiedlung von Gewerbebetrieben und Manufakturen kann geradezu als spezifisches Merkmal gewerblicher Entwicklung vor allem in den böhmischen Ländern und im Königreich Polen gelten [MELVILLE 6.b; FREUDENBERGER 5.b].

Ausgehend von den Gütern wurde auch die bäuerliche Landwirtschaft im Verlauf des 19. Jahrhunderts von der Agrarrevolution erfasst. Die Grundlage hierfür bildeten die Bauernbefreiungen, auch wenn vor allem die marxistische Geschichtsschreibung nachdrücklich darauf verwiesen hat, wie sehr die wirtschaftliche Emanzipation der Bauern hinter ihrer rechtlichen Befreiung Bauernbefreiungen hinterherlief und ökonomische Abhängigkeiten konserviert wurden [NIEDERHAUSER 6.f]. Besonders deutlich tritt dieser Zwiespalt im Königreich Polen zutage, wo das auf Fronarbeit gegründete System der Gutwirtschaft die rechtliche Emanzipation durch den *Code Napoléon* zunächst nahezu bruchlos überdauerte und der wachsende Abgabendruck zudem die Modernisierung bäuerlicher Landwirtschaft massiv behinderte [KOCHANOWICZ, gospodarstwo 5.b]. Erst die umfassende Agrarreform im Gefolge des Januaraufstands von 1863 begründete in der politisch motivierten Wendung gegen den Adel einen lebendigen Kleinbauernstand im Königreich Polen, indem etwa 4,9 Mio. Hektar landwirtschaftlichen Bodens aus Gutsbesitz in bäuerliche Hände übertragen wurden

[JEZIERSKI/LESZCZYŃSKA 5.a: 131]. Hier wie für die anderen Teilungsgebiete lassen sich die Etappen der Bauernbefreiung trotz aller Belastungen als lang angelegte Integration der Bauern in eine Nation freier Staatsbürger verstehen, die auf das engste mit den Aufstandsbewegungen verwoben war [KIENIEWICZ 6.f].

Ein ähnliches Bild ergibt sich für die Habsburgermonarchie. Aus dem zunächst unverwirklicht gebliebenen Leitbild eines von drückenden Lasten befreiten, wirtschaftlich selbstständigen Bauernstandes speist sich das gemischte Urteil über die Reformen Josephs II. Zwar scheiterte die radikale Steuer- und Urbarialreform des Jahres 1789, mit welcher der ungeduldig vorpreschende Kaiser seine Bauerngesetzgebung krönte, nahezu unweigerlich am Widerstand des Adels und nicht zuletzt der eigenen Bürokratie. Dennoch hat die vorangegangene persönlich-rechtliche Befreiung die Lage der Bauern auch hier durchgreifend und dauerhaft verbessert und die langfristige Entwicklung von Untertanen zu Staatsbürgern eingeleitet, die mit der Grundentlastung von 1848 ihren Abschluss fand [ROZDOLSKI 6.f]. In vergleichender Perspektive treten vor allem die wirtschaftlichen Erfolge in den Vordergrund. Denn die österreichische Grundentlastung machte die Bauern gegen eine relativ milde Ablösesumme zu vollen Eigentümern des bisherigen Rustikallandes und begründete eine leidlich stabile kleinbäuerliche Landwirtschaft. Anders als in Galizien, wo sich die große Mehrzahl der Bauern dennoch kaum aus der ökonomischen Abhängigkeit vom Großgrundbesitz zu lösen vermochte, konnte sich in den böhmischen Ländern und in Südungarn eine wirtschaftlich erfolgreiche Mittelbauernschaft neben den großen Gutsbetrieben behaupten. Wie sich am ungarischen Fall zeigen lässt, behinderte selbst die bleibende, extrem ungleiche Verteilung des Bodenbesitzes mitnichten die Modernisierung bäuerlicher Landwirtschaft [GOOD 5.b: 125–126], zumal die einsetzende Industrialisierung die Absatzchancen auch kleiner und mittlerer Betriebe erweiterte, die kaum Zugang zum Export fanden.

Dieser insgesamt positive Befund kann allerdings die krisenhaften Strukturprobleme der ostmitteleuropäischen Agrargesellschaften nicht verdecken. Deren sichtbarster Ausdruck war die drückende ländliche Überbevölkerung. Schon im Zuge einer fortschreitenden Agrarisierung des ländlichen Raumes, die das Gegenstück zur einsetzenden Industrialisierung bildete, wurden seit dem frühen 19. Jahrhundert die vielfältigen Formen ländlichen Handwerks und Gewerbes verdrängt, die einem Großteil der Landbevölkerung ein zusätzliches Auskommen ermöglicht hatten [BRUCKMÜLLER 6.a]. Sinkende Getreidepreise infolge der Konkurrenz aus Übersee und aus Russland sowie ein hoher Modernisierungsdruck zwangen gegen Ende des 19. Jahrhunderts in den polnischen und ungarischen Gebieten viele Bauern in die Überschuldung. Aber selbst wenn schließlich um 1900 kaum lebensfähige Kleinsthöfe durchweg mehr als die Hälfte, in vielen Regionen sogar mehr als zwei Drittel der bäuerlichen Betriebe ausmachten, hatte die ländliche Überbevölkerung ihre Ursachen nicht so sehr in extrem ungleichen Besitzverhältnissen. Sie lag vielmehr darin begründet, dass die Produktivitätsentwicklung in Landwirtschaft und Industrie trotz aller Erfolge nicht mit der raschen Bevölkerungsentwicklung Schritt hielt [BIDELEUX/JEFFRIES 2.a]. Hier wurde erstmals das Strukturproblem einer „dual economy" sichtbar, also der wachsenden und bis in die Gegenwart nachwirkenden Diskrepanz zwischen Stadt und Land im östlichen Mitteleuropa.

Dual Economy

Ein zweiter, zentraler Problemkreis ist die Frage nach der Rolle politischer und institutioneller Rahmenbedingungen. Wo der Staat als zentraler gestaltender Akteur nachholender Industrialisierungsprozesse gesehen wurde, musste das Fehlen nationaler Staatlichkeit geradezu zwangsläufig als erhebliches Defizit empfunden werden. Dem steht die Einsicht gegenüber, dass die Industrialisierung im östlichen Mitteleuropa nicht nur in hohem Maße von dem Zugang zu den großen Absatzmärkten der jeweiligen Reichsverbände geprägt wurde, sondern dass gerade die ostmitteleuropäischen Regionen daraus auch erhebliche Vorteile zogen.

Diese Einsicht ist nicht zuletzt aus der anhaltenden Debatte über die wirtschaftliche Entwicklung der Habsburgermonarchie erwachsen [TILLY 5.b]. In Variation der älteren These O. JÁSZIS vom wirtschaftlichen Versagen der Habsburgermonarchie [8.a] hat H. MATIS deren Industrialisierung zunächst als „Modellfall für einen diskontinuierlichen, immer wieder verzögerten Wachstumsprozess" bezeichnet, in dessen Verlauf die Monarchie durch eine Reihe verpasster Gelegenheiten und großmachtpolitischer Überdehnung den Anschluss an die westeuropäische Wirtschaftsentwicklung verloren habe [5.b: 22]. Demgegenüber haben Th. HUERTAS [5.b], J. KOMLOS und D. GOOD unter Verweis auf die Wachstumsphasen der ersten Hälfte des 19. Jahrhunderts die Konturen eines zwar schleppenden, aber doch kontinuierlichen und über konjunkturelle Zyklen hinweg selbsttragenden Aufschwungs herausgearbeitet, die KOMLOS als „gemütliche Industrialisierung" bezeichnet hat [5.b (dt.): 76]. Vor allem D. GOOD hat sich dabei entschieden gegen die These vom wirtschaftlichen Versagen der Habsburgermonarchie gewandt [5.b].

Habsburgermonarchie

Hinter dieser Debatte um Erfolge und Scheitern der österreichischen Industrialisierung steht zunächst das theoretische Problem, wie sich die Habsburgermonarchie in das von A. GERSCHENKRON entwickelte Verlaufsmuster nachholender Industrialisierung einordnen lässt [5.a]. Strittig ist hierbei nicht so sehr die postulierte zentrale Rolle der Banken und des Staates, sondern die Frage, inwieweit insbesondere die Gründerzeit der 1860er Jahre als „take-off" (W. ROSTOW) oder als nachholender industrieller „Spurt" begriffen werden kann, wie ihn klassische Industrialisierungstheorien eigentlich erfordern. Das abrupte Ende im Wiener Börsenkrach von 1873 legt es nahe, diese Frage zu verneinen [GROSS 5.b]. Die folgende Große Depression ist vielmehr sogar als wesentliche Ursache dafür benannt worden, dass der ökonomische Rückstand der Monarchie gegenüber Deutschland erheblich angewachsen sei [MATIS 5.b]. Gestützt auf die Analyse langfristiger Datenreihen hat D. GOOD hingegen darauf verwiesen, dass sich die Depression nicht substantiell auf den langfristigen Wachstumstrend ausgewirkt habe [5.b]. Ergänzend lässt sich argumentieren, dass die massiven Produktionseinbrüche im Gefolge des Börsenkrachs von 1873 den industriellen Aufschwung der Habsburgermonarchie nur für kurze

Börsenkrach 1873

Zeit spürbar bremsen konnten [SCHULZE 5.b] und dieser über die Diversifizierung industrieller Strukturen, über Konzentrationsprozesse und technische Innovationen mittelfristig sogar stabilisiert wurde [BROUSEK 5.b]. Somit hat sich inzwischen ein weitgehender Konsens darüber gebildet, die industrielle Entwicklung der Habsburgermonarchie geradezu als Musterbeispiel eines verzögerten Entwicklungsverlaufs zu verstehen, dessen Erfolge sich nur bedingt in das von GERSCHENKRON entwickelte Schema nachholender Industrialisierung fassen lassen. So können denn auch die wirtschaftspolitischen Initiativen der Jahrhundertwende allenfalls als gescheiterter oder zumindest versäumter „Spurt" bezeichnet werden [GERSCHENKRON 5.b].

Für die Perspektiven industrieller Entwicklung Ostmitteleuropas ist diese eher theoretische Debatte auch deshalb von Belang, weil sie die Bedeutung der Habsburgermonarchie als Reichsverband und als übergreifender Binnenmarkt umfassend diskutierte. So hat H. FREUDENBERGER nachdrücklich darauf verwiesen, wie sehr die vielversprechenden frühen Anfänge der österreichischen Industrialisierung von der aktiven staatlichen Wirtschaftsförderung unter Maria

Kameralismus Theresia angestoßen wurden, welche die Kerngebiete der Habsburgermonarchie bis zum Staatsbankrott von 1811 zu einem Vorreiter protoindustrieller Verdichtung auf dem Kontinent gemacht hatten [5.b; CERMAN/OGILVIE 5.b]. Auch verfügte die Habsburgermonarchie mit ihrem früh entwickelten Postwesen und ihrem im 18. Jahrhundert ausgebauten Straßennetz über eine durchaus moderne Verkehrsinfrastruktur [BEREND/RÁNKI 5.b; HELMEDACH 5.b]. Die Bedeutung dieses ausgeprägten Kameralismus ist allerdings nicht unumstritten geblieben. So schien eine hypertrophe Beamtenschaft mit ihrer Rücksicht auf fiskalische Belange die österreichische Wirtschaftsentwicklung zu bremsen [BRUSATTI 5.b]. Zudem hat J. KOMLOS angesichts der von Marktkräften bestimmten frühen Entwicklungsimpulse den wirtschaftlichen Stellenwert institutioneller Reformen, insbesondere der Zollunion von 1850 sowie der Grundentlastung, auf der Grundlage quantitativer Analysen pointiert in Frage gestellt [5.b]. Dennoch lässt sich kaum bestreiten, dass sich die Voraussetzungen wirtschaftlicher Entwicklung mit dem sukzessiven Abbau ständischer Schranken und gerade mit den wirtschaftspolitischen Reformen des Neoabsolutismus, seiner modernen Gewerbe- und Finanzgesetzgebung, der weitsichtigen Grundentlastung und seinen umfassenden Bildungsreformen auf lange Sicht durchgreifend verbesserten [MATIS 5.b; DROBESCH 5.b; zurückhaltender BRANDT 8.f].

Ungarn Einen Schlüssel zu dieser Diskussion liefert die wirtschaftliche Entwicklung Ungarns. So haben ungarische Wirtschaftshistoriker früh den Nachweis geführt, dass Ungarn von der Verbindung mit Österreich erheblich profitierte und in der zweiten Hälfte des 19. Jahrhunderts seinerseits in eine dynamische Industrialisierung eintrat [HANÁK 5.b; KATUS 5.b]. Strittig ist hingegen, wie weit sich dies auf den Umstand zurückführen lässt, dass Ungarn seit dem Ausgleich von 1867 eine konsequente Entwicklungspolitik zu Lasten der Gesamtmonarchie betrieb [EDDIE 5.b]. Vielmehr lassen sich der ungarische Zugang zum österreichischen Kapitalmarkt und die verbesserten Absatzchancen für ungarische Produkte als

Argument dafür ins Feld führen, dass gerade die enge Verbindung dieser beiden so komplementären Volkswirtschaften erhebliche Impulse für die industrielle Entwicklung der gesamten Monarchie lieferte [KOMLOS 5.b]. Auch aus der Währungsunion mit Österreich zog Ungarn durchaus Vorteile [FLANDREAU 5.b]. Der Aufbruch in die Industrialisierung war somit auch ohne das institutionelle Gerüst eines unabhängigen Nationalstaats möglich, ja, der gemeinsame Markt der Habsburgermonarchie bot hierfür sogar besonders gute Bedingungen.

In diesen Zusammenhang gehört die Frage, wie sich das Nationalitätenproblem auf die wirtschaftliche Entwicklung der Habsburgermonarchie auswirkte. Manches spricht dafür, dass nationalitätenpolitische Spannungen die Formulierung einer kohärenten und wachstumsorientierten Wirtschaftspolitik in Cisleithanien wie für den Gesamtverband der Monarchie erheblich behinderten [EDDIE 5.b]. In seiner Studie zur Wirtschaftspolitik Ernest von Koerbers hat A. GERSCHENKRON dagegen argumentiert, dass die Formulierung einer zukunftsweisenden Investitionspolitik in der Habsburgermonarchie zwischen 1900 und 1904 mitnichten an nationalpolitisch motivierten Blockaden, sondern am Ressortegoismus des Finanzministeriums und dem Fehlen einer visionären Industrialisierungsstrategie gescheitert sei [5.b]. Ähnlich lässt sich die Ausbeutung der bedeutenden ostgalizischen Erdölvorkommen als Geschichte versäumter Gelegenheiten erzählen: hochfliegende, national motivierte regionale Entwicklungsvorhaben scheiterten in einer für die Habsburgermonarchie fast schon paradigmatisch anmutenden Weise an der Beharrungskraft überkommener Sozialstrukturen und an den Selbstblockaden österreichischer Staatlichkeit und hinterließen schließlich eine von Armut und nationalem Bürgerkrieg zerrüttete Region [FRANK 5.b]. Dieses Scheitern sollte jedoch nicht darüber hinwegtäuschen, dass nationale Spannungen auch dazu beitrugen, regionale Entwicklungsdiskrepanzen ins politische Blickfeld zu rücken und im Sinne des Nationalitätenproporzes die Infrastruktur gerade auch in schwächer entwickelten Gebieten auszubauen [TILLY 5.b; MÜLLER 5.a]. Nationale Boykottkampagnen, die um die Jahrhundertwende in der Provinz Posen, in den böhmischen Ländern und in Ungarn zeitweilig erhebliche Massenwirkung entfalteten, konnten zusätzliche Kräfte für die Entwicklung strukturschwacher Regionen freisetzen. Hier wurden die Grundlinien eines Wirtschaftsnationalismus abgesteckt, der sich jenseits makroökonomischer Grundsatzdebatten als spezifische Wirtschaftskultur Ostmitteleuropas im 19. und 20. Jahrhundert beschreiben lässt [SCHULTZ/KUBŮ 5.a].

Boykottkampagnen

Das Problem fehlender nationaler Staatlichkeit hat auch die Debatte über die Grundlinien wirtschaftlicher Entwicklung im geteilten Polen wesentlich beeinflusst. So ermöglichte das vergleichsweise hohe Maß an Autonomie im Königreich Polen nach 1815 eine gezielte Gewerbepolitik, die zudem auf die Reformen des Herzogtums Warschau aufbauen konnte. Der Befund, dass von dem etatistischen, soziostrukturell isolierten Ausbau der Montanindustrie seit den 1820er Jahren dennoch keine Impulse für eine kontinuierliche industrielle Entwicklung ausgegangen seien, lässt sich auch als kritischer Kommentar zur

Königreich Polen

zeitgenössischen Wirtschaftspolitik Volkspolens lesen [JEDLICKI 5.b]. Denn er unterschätzt nicht nur die stürmischen Anfänge der Textilindustrie, sondern auch die langfristige infrastrukturelle Bedeutung dieses frühen Industrialisierungsschubs. Mit dem Aufschwung der russischen Wirtschaft seit den 1880er Jahren kamen dann auch die Vorteile zur Geltung, die der Textilindustrie und dem Maschinenbau im Königreich Polen aus dem privilegierten Zugang zum russischen Markt erwuchsen [JEZIERSKI 5.b]. Gegen diesen Befund einer gerade auch unter den Bedingungen der Teilung erfolgreichen Industrialisierung hat J. KOCHANOWICZ argumentiert, die starke Orientierung auf den russischen Markt bei bleibender Rückständigkeit gegenüber dem Westen habe das Königreich Polen gleichsam in doppelter Abhängigkeit gehalten und zudem die Ausbildung einer integrierten polnischen Nationalgesellschaft erheblich behindert [Economy 5.b]. Unumstritten nachteilig wirkten sich die Teilungen auf den zögerlichen und primär von militärstrategischen Überlegungen geleiteten Aufbau kaum aufeinander abgestimmter Eisenbahnnetze aus [KAHAN 5.b]. Zudem drohten die preußischen und österreichischen Teilungsgebiete durch die Einbindung in größere und industriell weiter entwickelte Wirtschaftsräume ihrerseits auf eine landwirtschaftlich geprägte Wirtschaftsstruktur festgelegt zu werden.

Regionale Disparitäten

Die Bilanz wirtschaftlicher Entwicklung Ostmitteleuropas im 19. Jahrhundert ist also zwiespältig. Trotz der unübersehbaren wirtschaftlichen Dynamik blieb die gesamtwirtschaftliche Entwicklung im 19. Jahrhundert von einem hohen und auch über das 20. Jahrhundert hinweg gleichbleibenden Maß an regionalen Disparitäten gekennzeichnet. Während die böhmischen Länder ebenso wie Oberschlesien zu den tragenden industriellen Kernregionen Europas gehörten und auch Zentralpolen und das westliche Ungarn erfolgreich aufschlossen, schienen am anderen Ende der Skala ganze Kronländer und Regionen wie Galizien oder die Marmarosch um 1900 von der wirtschaftlichen Entwicklung abgehängt worden zu sein. Solche Disparitäten lassen sich unterschiedlich interpretieren. Mit Blick auf die Habsburgermonarchie hat A. KOMLOSY in einem dependenztheoretisch inspirierten Zugang dafür plädiert, sie als krisenhafte Folge einer von Kapitalinteressen beherrschten Staatsbildung und Raumbeherrschung zu deuten [5.b]. Der Umstand, dass gerade auch periphere Regionen Ostmitteleuropas allmählich von der Industrialisierung erfasst wurden, spricht jedoch dafür, regionale Disparitäten im Rahmen typischer Verlaufsmuster nachholender Industrialisierung als letztlich vorübergehende Erscheinungen zu verstehen [GOOD 5.b].

Somit waren im Verlauf des 19. Jahrhunderts die Bedingungen entstanden, unter denen sich am Vorabend des Ersten Weltkrieges eine anhaltend dynamische Konjunktur entfalten konnte. Eine ausgebaute Infrastruktur, welche die Integration in den Weltmarkt ebenso wie eine nunmehr durch Schutzzölle geförderte Binnennachfrage unterstützte, ein nahezu unerschöpfliches Reservoir an billigen und vergleichsweise gebildeten Arbeitskräften und stabile Währungsverhältnisse legten die Grundlage für eine „dritte Gründerzeit" [MATIS 5.b: 440], die erstmals seit Beginn des 19. Jahrhunderts wieder die Perspektive eröffnete, mittelfristig zu den westeuropäischen Vorreitern der Industrialisierung aufzuschließen.

Je stärker die wirtschaftliche Dynamik Ostmitteleuropas in den Jahrzehnten vor 1914 hervortritt, umso deutlicher wird die tiefe Zäsur, die der Erste Weltkrieg in ökonomischer Hinsicht darstellte. Die von Kriegsverwüstungen besonders hart getroffenen polnischen Gebiete verzeichneten zwischen 1913 und 1921 einen Einbruch industrieller Produktion um 66% und damit einen Rückschlag, von dem sich die polnische Volkswirtschaft auch bis 1938 nicht gänzlich erholen konnte [ROSZKOWSKI, Performance 5.c]. Vor allem erzwang der Übergang in nationalstaatlich verfasste Volkswirtschaften enorme Anpassungsleistungen und schnitt das östliche Mitteleuropa von den Wachstumsimpulsen ab, welche von den großen Binnenmärkten des 19. Jahrhunderts ausgegangen waren [TEICHOVA 5.c]. Erster Weltkrieg

Die finanzpolitischen Strategien, mit denen die einzelnen Länder auf diese Herausforderungen reagierten, zeigen zunächst ein disparates Bild. So konnte es die Tschechoslowakei durch einen raschen währungspolitischen Schnitt und eine konsequente Stabilitätspolitik vermeiden, in die Hyperinflation hineingezogen zu werden [TEICHOVA 5.a]. In Ungarn wurden die finanzpolitischen Zerrüttungen des Krieges hingegen erst unter dem Druck der Hyperinflation mit Hilfe westlicher Kredite überwunden [LOJKÓ 9.f]. Allerdings drohte der Versuch, über die Koordination der Zentralbanken die Wechselkurse stabil zu halten, die Anpassung der ungarischen Volkswirtschaft an die Nachkriegsordnung und den Abbau struktureller Ungleichgewichte zu behindern [PÉTERI 5.c]. Auch in Polen werfen die Wachstumsraten, die zu Beginn der zwanziger Jahre noch unter den Bedingungen der Inflation erzielt worden waren, und die kontraktiven Wirkungen der Währungsstabilisierung einen Schatten auf die Bilanz der Stabilitätspolitik [BEREND 9.d; KALIŃSKI/LANDAU 5.a]. Auch wenn die finanzpolitische Konsolidierung jeweils unterschiedlich bewertet wird, wurden dennoch erst so die Grundlagen dafür gelegt, dass die ostmitteleuropäischen Volkswirtschaften an der europäischen Konjunkturentwicklung der zwanziger Jahre teilhaben konnten und eine prekäre Prosperität erreichten. Trotz der wirtschaftlichen Erholung blieben Kapitalmangel und schwache Binnennachfrage jedoch dauerhafte Strukturprobleme [SLÁDEK 5.c]. Finanzielle Stabilisierung

Zwiespältig bleibt auch die Bilanz der tiefgreifenden Bodenreformen. Das Kernproblem ländlicher Überbevölkerung konnten sie nicht lösen, zumal der angestrebte Ausgleich der Besitzverhältnisse rasch an ökonomische und politische Grenzen stieß und insbesondere in Ungarn die Besitzverteilung letztlich kaum angetastet wurde [ROSZKOWSKI, Land Reforms 5.c]. Wiederholt sind deshalb die nationalitätenpolitischen Aspekte der jeweiligen Reformen als deren zentrales Motiv in den Vordergrund gerückt worden [SCHLAU 5.c; CORNWALL 5.c]. C. GERLACH und G. ALY gehen am Beispiel Ungarns sogar so weit, ein zugrunde liegendes Leitbild ethnisch-nationaler Homogenisierung als Nährboden des ungarischen Antisemitismus anzuprangern [10.e]. Wie sich für die Tschechoslowakei zeigen lässt, spielten nationalitätenpolitische Aspekte in der konkreten Bodenreformen

Ausgestaltung der Bodenreform kaum eine Rolle, wohl aber in deren öffentlicher Propaganda [Balcar 5.c; Puttkamer 5.c]. Insofern sind die Bodenreformen nicht nur in ihrer ökonomischen Wirkung, sondern auch in ihrem Beitrag zur politischen Stabilisierung der neuen Nationalstaaten zu betrachten.

Wirtschaftsnationalismus

Im Zentrum der Diskussion über die ökonomische Bilanz der Zwischenkriegszeit steht die Frage nach dem Potential und den Risiken wirtschaftsnationaler Konzepte. Wurden nationale Integrationsvorstellungen in den zwanziger Jahren noch durch das Primat liberaler Wirtschaftspolitik austariert, so gewann im Gefolge der Weltwirtschaftskrise das ökonomische Leitbild eines starken und wirtschaftlich autarken Staates erheblich an Anziehungskraft. Auch hier zeigen die einzelnen Länder jedoch kein klares Bild. So fällt die wirtschaftliche Gesamtbilanz Zwischenkriegspolens ausgesprochen durchwachsen aus, lag das Pro-Kopf-Einkommen doch auch 1938 kaum über dem Niveau von 1913. Ökonometrische Studien lassen erkennen, dass zumindest die wirtschaftliche Integration der ehemaligen Teilungsgebiete ab 1924 zügig voranschritt [Trenkler/Wolf 5.c]. Erst das massive staatliche Investitionsprogramm des Vierjahresplans von 1936 verhieß jedoch eine Möglichkeit, den „Teufelskreis der Rückständigkeit" [Tomaszewski/Landau 9.d: 164] aus schwacher Binnennachfrage und unzureichendem Investitionskapital zu durchbrechen und verweist bereits auf die späteren Entwicklungsstrategien unter sozialistischem Vorzeichen. Hieraus speist sich auch das Argument, die polnische Wirtschaftspolitik der Zwischenkriegszeit sei letztlich inkonsistent geblieben und habe das Potential einer konsequent protektionistischen Industrialisierungsstrategie nicht annähernd ausgeschöpft [Kofman, Wirtschaftspolitik 5.c].

Tschechoslowakei

Geradezu spiegelverkehrt verlaufen die Diskussionen für die Tschechoslowakei. Die jüngere tschechische Wirtschaftsgeschichtsschreibung hat nachdrücklich davor gewarnt, die durchaus erfolgreiche ökonomische Selbstbehauptung der jungen tschechoslowakischen Republik gegenüber der nachfolgenden sozialistischen Epoche zu idealisieren [Kubů/Pátek 5.c; Průcha u. a. 5.c]. Zwar konnte sich die böhmische Industrie nach dem Zusammenbruch der Habsburgermonarchie auch weiterhin auf ihren traditionellen Absatzmärkten behaupten. Dass in zentralen Sektoren hingegen der notwendige Strukturwandel unterblieb, machte die Tschechoslowakei offenbar besonders anfällig für die Weltwirtschaftskrise [Teichova 5.a]. Eine kontraktive Finanzpolitik und die ohnehin ausgeprägte Tendenz zur Kartellbildung vertieften die Krise, die bis 1938 nicht mehr bewältigt werden konnte [Sekanina 5.c]. Auch das starke Entwicklungsgefälle zwischen den tschechischen Landesteilen und der Slowakei blieb erhalten und verursachte beständige nationalpolitische Irritationen [Holec 5.a].

Ungarn

In Ungarn schließlich, das mit den territorialen Einbußen von Trianon den Verlust wichtiger Industrie- und Absatzgebiete bewältigen musste, war eine ebenfalls auf wirtschaftsnationale Autarkie zielende Strategie importersetzender Industrialisierung zunächst durchaus erfolgreich. Dennoch machte sich der rapide Verfall der Agrarpreise während der Weltwirtschaftskrise im nach wie vor landwirtschaftlich geprägten Ungarn besonders gravierend bemerkbar [Boross 5.c]. Staatliche Steuerungsmechanismen mochten zwar kurzfristig Besserung verheißen, brachten Ungarn jedoch in eine rasch wachsende Abhängigkeit vom nationalsozialistischen Deutschland, die sich dann auch politisch niederschlug.

Der wirtschaftspolitische Rückgriff auf einen starken Staat zeitigte somit ein zwiespältiges Ergebnis. Er mochte Schutz vor der Unbill eines chaotischen Weltmarktes verheißen und erbrachte aus nationalpolitischer, dependenztheoretischer Warte durchaus gewisse Erfolge im Ausbruch aus wirtschaftlicher Rückständigkeit [Kofman, Nacjonalizm 5.c]. Die strukturkonservative Tendenz staatlicher Eingriffe drohte jedoch notwendige Anpassungsprozesse zu verschleppen, sodass die erzielten Ergebnisse letztlich die bleibenden industrietechnischen Rückstände der gesamten Region nur verdeckten [Berend 9.d]. Hatte der wirtschaftliche Aufschwung der Jahrhundertwende noch den Anschluss an gesamteuropäische Entwicklungen in Aussicht gestellt, so fiel das östliche Mitteleuropa während der Zwischenkriegszeit gerade in zukunftsträchtigen Branchen wie der Chemie oder der Elektrotechnik, in der Ausbreitung von Telegraphie und Telefon wie im automobilen Straßenverkehr hinter das westliche Europa zurück [Ehrlich 5.c].

Strukturkonservatismus

Dieser Befund prägt schließlich die Einordnung der sozialistischen Epoche in die wirtschaftliche Entwicklung Ostmitteleuropas. Den Ausbruch aus den Entwicklungsblockaden der Zwischenkriegszeit und die damit einhergehenden Wachstumserfolge planwirtschaftlich forcierter Industrialisierung hat auch die westliche Forschung lange Zeit durchaus anerkannt [Aldcroft/Morewood 5.a]. Seitdem der politische Zusammenbruch des Kommunismus auch sein ökonomisches Versagen hat offenkundig werden lassen, werden die Jahrzehnte der Planwirtschaft in Ostmitteleuropa hingegen zusehends als Sackgasse, als fehlgeleitete Antwort auf die Probleme der Marktwirtschaft und als letztlich gescheitertes Aufbegehren gegen die Zwänge und Frustrationen wirtschaftlicher Rückständigkeit gesehen [Berend, Europe 5.d; János 2.g]. Auch die langfristigen und weit in die Gegenwart hineinreichenden extremen Ungleichgewichte in der sektoralen wie der räumlichen Entwicklung Ostmitteleuropas treten nunmehr deutlicher hervor [Turnock 5.a]. Nicht so sehr das Fehlen eines nationalstaatlichen Rahmens wirtschaftlicher Entwicklungskonzepte bis zum Ersten Weltkrieg, als vielmehr dessen Übergewicht im 20. Jahrhundert scheint sich somit rückblickend als wesentliche wirtschaftliche Belastung zu erweisen.

Jede wirtschaftshistorische Beurteilung der Nachkriegsjahrzehnte muss zunächst die tiefen Eingriffe von Krieg und Besatzung in die jeweilige Wirtschaftsstruktur berücksichtigen. Weil sie den Zwängen der deutschen Kriegswirtschaft unterworfen waren, konnten das Protektorat Böhmen und Mähren, aber auch Ungarn und die Slowakei zeitweilig erhebliche industrielle Wachstumsimpulse verzeichnen, wenn auch unter enormen Verschleißerscheinungen [Hoffmann 5.c]. Die hohen Bevölkerungsverluste durch Krieg und Vertreibungen und die Schäden an der Infrastruktur im letzten Kriegsjahr machten den Wachstumseffekt jedoch weitgehend zunichte. Polen, dessen Wirtschaft

Zweiter Weltkrieg

von extremen Menschenverlusten und hoher Inflation im Generalgouvernement zerrüttet worden war, musste mit Kriegsende zudem enorme territoriale Veränderungen verkraften [KASER/RADICE 5.a, Bd. 2].

Die Kriegsverluste, die Umwälzung der Eigentumsverhältnisse unter deutscher Besatzung und die folgende Enteignung von Kriegsverbrechern bildeten erste Ansatzpunkte für eine rasche Verstaatlichung der Schlüsselsektoren. Die raschen Erfolge im Wiederaufbau haben das so entstandene, kurzlebige Mischsystem aus plan- und marktwirtschaftlichen Elementen mit seinen Formen betrieblicher Mitsprache insbesondere für die Tschechoslowakei als Einstieg in einen pluralistischen Sozialismus und als verschüttete Alternative zur späteren Kommandowirtschaft sowjetischer Spielart erscheinen lassen [TEICHOVA 5.a]. Dagegen steht die weitverbreitete Auffassung, es sei letztlich nur darum gegangen, die kommunistische Machtübernahme vorzubereiten [SLÁMA 5.d]. Tatsächlich spielte gerade das hohe Maß an Akzeptanz, auf das radikale ökonomische Strukturreformen in allen ostmitteleuropäischen Gesellschaften aufbauen konnten, den kommunistischen Parteien in die Hände [MYANT 11.b; GATI 11.a]. An der Neubesiedlung der ehemaligen Sudetengebiete lässt sich dieser Zusammenhang ebenso ablesen wie an den Bodenreformen der Jahre 1945 bis 1947. Obgleich diese die Ungleichheit bäuerlicher Besitzverhältnisse drastisch verminderten, konnten auch sie der ländlichen Überbevölkerung nicht Herr werden. Der tiefe Eingriff in gewachsene landwirtschaftliche Strukturen bahnte vielmehr der Kollektivierung den Weg [WIEDEMANN 10.f; KASER/RADICE 5.a, Bd. 2].

Erst unter kommandowirtschaftlichem Vorzeichen konnten die kommunistischen Regime ab 1949 schließlich darangehen, ohne Rücksicht auf Rentabilitätserwartungen den massiven Ausbau einer schwerindustriellen Basis voranzutreiben. Damit gingen die radikale Enteignung auch kleinerer Gewerbe- und Handelsbetriebe sowie eine strikte handels- und energiepolitische Orientierung an der Sowjetunion einher. Was auf den ersten Blick als tiefer Strukturbruch in der wirtschaftlichen Entwicklung Ostmitteleuropas erscheint, folgte lang angelegten Leitbildern autarker, nationaler Industriegesellschaften und konnte unmittelbar an die Planungsutopien anknüpfen, wie sie in der Zwischenkriegszeit nicht nur von Kommunisten gehegt wurden [BEREND, Europe 5.d; SZLAJFER 5.d].

Erzielt wurde der rasche Strukturwandel auf der Grundlage hoher Investitionsraten zu Lasten des Konsums, einer starken handelspolitischen Orientierung an der Sowjetunion und einer enormen Ausweitung der Beschäftigung durch die Mobilisierung bislang verdeckter Beschäftigungspotentiale in der Landwirtschaft sowie eines hohen Maßes an Frauenarbeit. Enorme Ressourcenverschwendung im Aufbau schwerindustrieller Kapazitäten und die gewollten rohstoff- und energiepolitischen Abhängigkeiten von der Sowjetunion lassen die volkswirtschaftliche Effizienz dieses erzwungenen Durchbruchs allerdings fragwürdig erscheinen [ALDCROFT/MOREWOOD 5.a]. Schon früh haben auch ostmitteleuropäische Ökonomen die Schwierigkeiten effizienter Ressourcenzuweisung erkannt und darauf verwiesen, dass planwirtschaftliche Strukturen innere Ungleichgewichte und damit die Abhängigkeit wirtschaftlichen Wachstums von konjunkturellen Zyklen zwar vermindern, aber nicht gänzlich vermeiden konnten [BRUS 5.d].

Einhellig negativ werden auch die unmittelbaren Folgen der Zwangskollektivierungen beurteilt. Massive Produktionseinbußen in der Frühphase und anhaltend niedrige Wachstumsraten der kollektivierten Landwirtschaft in den folgenden Jahrzehnten gelten längst als ein zentrales Strukturproblem der ostmitteleuropäischen Volkswirtschaften [ALDCROFT/MOREWOOD 5.a]. Als primär politisch motivierter und hochgradig repressiver Versuch wirtschaftlicher wie kultureller Unterwerfung des Dorfes scheiterte die Kollektivierung vor allem in Polen, aber nicht nur dort, am alltäglichen Widerstand der Bauern wie an der Schwäche des lokalen Staats- und Parteiapparats [JAROSZ 6.f]. Immerhin löste die nun einsetzende Landflucht das lange Zeit zentrale Problem ländlicher Überbevölkerung, auch wenn sich damit die Diskrepanz zwischen Stadt und Land noch verstärkte. Auch sonst ist das Bild landwirtschaftlicher Entwicklung zuletzt etwas aufgehellt worden. So trugen in Ungarn die bäuerlichen Genossenschaften in dem Maße, in dem sie sich aus dem Korsett der kollektivierten Landwirtschaft lösen konnten, zur Entwicklung des Konsums bei [VARGA 6.f]. Erst recht zeigte die Entwicklung in Polen, wo die Kollektivierung 1956 weitgehend zurückgenommen worden war, dass eine kleinbäuerlich geprägte Landwirtschaft trotz unübersehbarer Strukturprobleme durchaus dazu imstande war, die agrarische Produktion erheblich zu intensivieren. Innerhalb des ideologisch vorgegebenen Rahmens war die ostmitteleuropäische Landwirtschaft somit nach 1956 von einem vergleichsweise hohen Maß an Pragmatismus gekennzeichnet [TURNOCK 5.a].

Kollektivierung

Für die Strukturkrisen der folgenden Jahrzehnte lassen sich unterschiedliche Ursachen benennen. An zentraler Stelle stehen sicherlich die ideologisch begründete Festlegung auf extensives Wachstum, das hohe Investitionen erforderte, sowie die aufgeblähten Staatsapparate [TEICHOVA 5.d]. Hinzu kamen ein hohes, systembedingtes Maß an Ressourcenverschwendung sowie der äußerst eingeschränkte Zugang zu westlicher Technologie [ALDCROFT/MOREWOOD 5.a]. Damit waren auch den innenpolitisch motivierten Ansätzen enge Grenzen gesteckt, dem Konsum zu Lasten der Investitionen wieder größeres Gewicht einzuräumen und innere Ungleichgewichte abzubauen. Vielmehr pflanzte sich der Überhang an unbefriedigter Nachfrage zwangsläufig durch die gesamte Volkswirtschaft fort und brachte die sattsam bekannten Formen von Zwangssparen und Schlangestehen hervor, die J. KORNAI auf den prägnanten Begriff der „Mangelwirtschaft" gebracht hat [Economies 5.d]. Wie wenig die ostmitteleuropäischen Volkswirtschaften auf den Strukturwandel moderner Industriegesellschaften vorbereitet waren, zeigen schließlich die eklatante, ideologisch bedingte Vernachlässigung des Dienstleistungsbereichs und eine weitverzweigte Schattenwirtschaft.

Mangelwirtschaft

Angesichts der tiefen Skepsis, mit der die Leistungsfähigkeit sozialistischer Planwirtschaft inzwischen beurteilt wird, haben sich die zeitgenössischen Debatten über die unausgeloteten Möglichkeiten der Kombination plan- und marktwirtschaftlicher Elemente, wie sie unter dem Etikett des „Dritten Wegs" vor allem im Vorfeld des Prager Frühlings diskutiert wurden, inzwischen weitgehend erschöpft. An die Stelle optimistischer Konvergenzerwartungen als Chance auf friedliche Überwindung des Systemkonflikts ist zunächst der Ansatz getreten, sozialistische Wirtschaftsreformen als lang angelegte Erosion des „klassischen Systems" zu sehen, die zwangsläufig auf die Transformationskrisen postsozialistischer Wirtschaftsordnungen zulief [KORNAI, System 5.d]. Diese Tendenz zu eindimensionalen Verfallsgeschichten hat C. BOYER durch den Ansatz aufzulockern versucht, anhand einzelner Reformschritte die inneren Entwicklungslogiken sozialistischer Volkswirtschaften in ihrem jeweiligen politischen Kontext nachzuvollziehen [Physiognomie 5.d].

Die Befunde sind gleichwohl ernüchternd. Zwar wurde der starre planwirtschaftliche Zentralismus zugunsten dezentraler, marktorientierter Koordination abgemildert, angesichts eng gesteckter politischer Grenzen wurden die zugrunde liegenden Strukturprobleme jedoch allenfalls überdeckt. Die Wechselwirkung von wirtschaftlicher und politischer Reform zeigte sich am deutlichsten in der Tschechoslowakei. Eine substantielle Freigabe betrieblicher Entscheidungskompetenzen über Preise und Investitionen, wie sie 1966 zögerlich eingeleitet wurde, bedurfte angesichts unvermeidlicher Preissteigerungen entschiedener politischer Rückendeckung, die nur im Rahmen eines wesentlich umfassenderen Reformkurses möglich war. Zu strategischer politischer Führung mit Blick für die Grenzen des Möglichen, wie ihn der Übergang zu einem wirtschaftlichen Mischsystem innerhalb des Einparteiensystems erfordert hätte, waren jedoch weder Novotný noch Dubček in der Lage [BATT 5.d; MYANT 5.d]. Auch wenn die wirtschaftliche Dimension des Prager Frühlings damit deutlicher zutage tritt, zeigt sich zugleich auch eine enorme Diskrepanz zwischen hochfliegenden programmatischen Debatten und den vorerst kaum greifbaren Ergebnissen der Wirtschaftsreform [BOYER, Wirtschaftsreformen 5.d]. Demgegenüber eröffnete das bescheidener konzipierte ungarische Mischsystem aus staatlichem und privatem Sektor unter stabileren politischen Voraussetzungen zwar konkretere Perspektiven einer Überwindung der Mangelwirtschaft und gradueller Transformation, allerdings um den Preis dramatischer binnen- und außenwirtschaftlicher Ungleichgewichte und einer langfristigen Verschleppung radikaler Reformen [KORNAI, Bill 5.d; BEREND, Reforms 5.d]. In Polen schließlich blieben entsprechende, unter dem Druck der zyklisch wiederkehrenden politischen Krisen entwickelte Reformansätze von vornherein weitgehend auf dem Papier [KOCHANOWICZ 5.d]. Ohnehin spricht vieles für die auf Polen gemünzte bittere Einsicht, dass letztlich weder Plan noch Markt, sondern nur noch die chaotische Flickschusterei überforderter Bürokraten die wirtschaftliche Entwicklung gesteuert habe [WILCZYŃSKI u. a. 5.d: 14]. Mochten mit Oskar Lange und Włodzimierz Brus polnische Ökonomen die nachhaltigsten intellektuellen Konzepte zur Rolle des Marktes in sozialistischen Wirtschaften formuliert haben, so liefert gerade Polen rückblickend ein eindrückliches Beispiel für deren Scheitern.

Vor diesem Hintergrund ist die polnische und ungarische Strategie zu beurteilen, über den kreditfinanzierten Import westlicher Technologie auf dem Weltmarkt konkurrenzfähig zu werden. Zum einen blieb die Produktivitätsentwicklung deutlich hinter den Erwartungen zurück. Zum anderen ließen sich die Wirkungen der Ölkrise trotz der weitgehenden Abkoppelung aus weltwirtschaftlichen Zusammenhängen nur vorübergehend abmildern. Vielmehr verdeckten niedrige Rohstoffpreise und westliche Kredite die tiefgreifenden Strukturprobleme, die dann in der Verschuldungskrise der frühen 1980er Jahre mit voller Wucht zutage traten [ALDCROFT/MOREWOOD 5.a]. In Polen taten konzeptionelle Schwächen und wirtschaftspolitische Inkompetenz das Ihre, die Krise zu beschleunigen, mit fatalen Folgen für das Ansehen des Regimes [ZIEMER 11.h]. Die tschechoslowakischen Wirtschaftsplaner mochten eine Überschuldung im Westen durch die enge Orientierung an der Sowjetunion vermeiden, täuschten sich jedoch seit den siebziger Jahren mit zusehends bescheidenen und letztlich in ausgetretenen Pfaden erzielten Wachstumsraten ebenfalls über die tiefen Strukturprobleme hinweg [TEICHOVA 5.a]. Ansätze wirtschaftlicher Integration innerhalb des RGW wurden schließlich durch die politisch vorgezeichneten Verteilungskonflikte zwischen der Sowjetunion und ihren ostmitteleuropäischen Satelliten unterlaufen [STONE 5.d]. Überschuldung

Es liegt also nahe, die unerwartet massiven Produktionseinbußen nach 1989 auf den wirtschaftlichen Bankrott der kommunistischen Regime zurückzuführen. Aber auch die unvermeidlichen Verwerfungen im Gefolge der Privatisierungen sowie die Zurückhaltung ausländischer Investoren haben zunächst pessimistischen Einschätzungen der ökonomischen Transformation Vorschub geleistet, bis hin zu der These, das östliche Europa sei zu keinem Zeitpunkt seiner Geschichte derart rückständig gewesen wie im Jahr 1997 [JANOS 2.a: 402; BEREND, Europe 5.d]. Vor diesem Hintergrund verblassen auch die relativen Vorzüge schockartiger Transformation in Polen und Tschechien gegenüber dem sozial abgepufferten, gradualistischen Übergang in Ungarn und der Slowakei [SÜSSMUTH 11.j; KENNEY, Burdens 11.j]. Seit der Mitte der neunziger Jahre haben wegweisende Reformen in der Steuer- und Sozialpolitik im Vorfeld des EU-Beitritts das Investitionsklima im östlichen Mitteleuropa jedoch durchgreifend verbessert. Mit dem Umbruch in Telekommunikation und Informationstechnologie, Handel und Finanzwesen wurden wichtige infrastrukturelle Voraussetzungen für ein nachhaltiges Wirtschaftswachstum geschaffen. Die Notwendigkeit grundlegender Erneuerung des industriellen Sektors, die Überlastung der sozialen Systeme und der im europäischen Vergleich nach wie vor niedrige Lebensstandard lassen aber nach wie vor daran zweifeln, dass nach Jahrzehnten innerer Ungleichgewichts in überschaubarer Zeit eine ausbalancierte wirtschaftliche Entwicklung erreicht werden kann, welche die angestrebte Konvergenz mit dem europäischen Westen ermöglichen würde [TURNOCK 5.a]. Transformationen

Ohnehin liegen die Herausforderungen an eine vergleichende europäische Wirtschaftsgeschichte inzwischen nicht mehr nur darin, die Perspektiven wirtschaftlichen Aufschließens innerhalb der Europäischen Union auszuloten oder unverdrossen die Bilanz sozialistischer Planwirtschaften mit den marktgesteuerten Volkswirtschaften des Westens oder der Zwischenkriegszeit abzugleichen. Die übergreifenden Strukturprobleme im Sozial- und Gesundheitswesen, in Fragen der Energieversorgung und des Umweltschutzes und in der Ausgestaltung wirtschaftspolitischer Handlungsspielräume innerhalb des europäischen Binnenmarktes wie in der globalen Konkurrenz und nicht zuletzt die unabsehbaren Folgen der Finanzkrise legen vielmehr eine rückblickende Standortbestimmung nahe, die in historischer Perspektive nach gemeinsamen wirtschaftlichen Problemlagen des 20. Jahrhunderts fragt. Eine solche wirtschaftsgeschichtliche Standortbestimmung steht allerdings noch ganz am Anfang.

3. DIE AUFLÖSUNG DER ADELSGESELLSCHAFTEN

Mit der verhalten positiven Neubewertung ostmitteleuropäischer Wirtschaftsentwicklung hat sich auch die Gesellschaftsgeschichte aus starren Interpretationsmustern und Kategorien gelöst. Zwar steht nach wie vor die Frage im Raum, inwieweit die Herausbildung industriell geprägter Nationalgesellschaften durch die Beharrungskraft der überkommenen ständischen Sozialverfassung blockiert wurde. Die primär am ungarischen Fall durchdeklinierte Frage nach einer „Verbürgerlichung" der ständischen Sozialordnung weicht jedoch allmählich einer Sichtweise, welche die eher träge und ungleichmäßige Herausbildung vielfach differenzierter und nicht selten fragmentierter Gesellschaften beschreibt [GYÁNI/KÖVÉR/VALUCH 6.a; IHNATOWICZ u. a. 6.a; PRŮCHA u. a. 5.c]. Je weniger die Nation als Maßstab gesellschaftlicher Entwicklung herangezogen wird, desto weniger gelten Eigenheiten ostmitteleuropäischer Sozialgeschichte als Defizit. Im Mittelpunkt stehen nunmehr Aspekte des Elitenwandels, der Integration breiter ländlicher wie städtischer Bevölkerungsschichten in die entstehenden Nationalgesellschaften sowie deren tiefgreifender Wandel nach 1945.

Der Begriff des Elitenwandels beschreibt eine vergleichsweise junge Perspektive ostmitteleuropäischer Sozialgeschichte. Er verweist darauf, dass sich die tragenden Kategorien von Adel und Bürgertum als allzu statisch erwiesen haben, um das Verhältnis zwischen beharrlicher Selbstbehauptung des Hochadels und der dynamischen Entwicklung neuer Mittelschichten seit dem 19. Jahrhundert angemessen zu erfassen. Die Revision europäischer Adelsgeschichte wie die Ergebnisse einer auch kulturgeschichtlich interessierten Bürgertumsforschung haben das Gespür für die Spezifika gesellschaftlicher Entwicklung in Ostmitteleuropa geschärft und das Bild vielfältiger, kulturell vergleichsweise offener und anpassungsfähiger Eliten entstehen lassen [REDEN-DOHNA/MELVILLE 6.b; WEHLER 6.b; CONZE/WIENFORT 6.b].

Elitenwandel

In Polen setzte der Rückzug der Aristokratie auf den Status einer ländlichen, grundbesitzenden Elite bereits in der Reformära unter König Stanisław August ein. Auch der Status eines politisch vollberechtigten Staatsbürgers begann sich vom Adel abzulösen. Dieser Prozess wurde durch die Teilungen noch beschleunigt. Besonders abrupt war der Bruch in den preußischen Gebieten [BÖMELBURG 8.b]. Zwar lassen sich für Westpreußen auch nach 1772 vereinzelt ständische Begrifflichkeiten finden [NEUGEBAUER 8.a], ein Fortleben ständischer Korporationen ist damit allerdings nicht zu belegen. Dagegen setzten die russische wie die österreichische Regierung in ihren jeweiligen Teilungsgebieten zu Lasten des Kleinadels wie der Bauern auf den grundbesitzenden Adel als sozial stabilisierendes Element. Neue Tätigkeitsfelder in Verwaltung und Militär der Teilungsmächte waren nicht allein an ständische Herkunft gebunden und zwangen den Adel, herausgehobene Positionen fortan über Bildung und Verdienst zu legitimieren [JEDLICKI 6.b].

Polnischer Adel

Mit der gesellschaftlichen Restauration des grundbesitzenden Adels ging seine weitgehende politische Entmachtung einher. Nur in Galizien wurde dem polnischen Adel die Möglichkeit eröffnet, sich als staatstragende Schicht zu definieren und in der Landespolitik wie in Wien eine politische Schlüsselstellung zu behaupten, die auch das allgemeine Wahlrecht von 1907 überdauerte [BINDER 8.g]. Selbst im k. u. k. Offizierskorps waren Polen proportional angemessen vertreten, nur die höchsten und militärisch einflussreichsten Ränge blieben ihnen verwehrt [RYDEL 6.b]. Von den besonderen Verhältnissen in Galizien einmal abgesehen, wurde dem polnischen Adel somit früher als irgendwo sonst im östlichen Europa ein tiefgreifender Anpassungsprozess hin zu einer nationalen Elite abverlangt, die ihren sozial exklusiven Charakter allmählich abzustreifen begann und zugleich ihre Wertvorstellungen der gesamten Nation aufzuprägen vermochte [MÜLLER, Landbürger 6.b; TAZBIR 6.b].

<small>Ungarischer Adel</small> Ein ähnlicher Wandel des adeligen Elitenkonzeptes lässt sich mit zeitlicher Verzögerung auch in Ungarn beobachten. Hier öffnete der adelige Reformliberalismus der dreißiger und vierziger Jahre zunächst dem mittleren Komitatsadel und nach 1867 auch nichtadeligen Aufsteigern den Weg in die Schlüsselstellen von Politik, Militär und Gesellschaft [GERGELY 8.d]. Gestützt auf ihren Grundbesitz und auf den privilegierten Zugang zur klassischen Diplomatenlaufbahn bewahrte die ungarische Aristokratie dabei ein hohes Maß an Exklusivität, die nicht zuletzt ihren Status innerhalb des habsburgischen Adels sicherte [EDDIE/HUTTERER/SZÉKELY 6.b; GODSEY, Redoubt 6.b]. Der lange als beharrlich provinziell beschriebene Kleinadel sah sich dagegen auf den Erwerb höherer Bildung verwiesen. Ähnlich wie in Polen speiste sein sozialer wie intellektueller Aufbruch aus der ideellen Gemeinschaft des Adels auch in Ungarn die entstehenden intellektuellen Mittelschichten mit ihren nationalen Leitbildern, während sein überkommener Lebensstil zur nostalgisch verklärten Erinnerung absank [KÓSA 6.b]. Mit dem Zweiten Weltkrieg und der Etablierung der volksdemokratischen Regime wurde schließlich auch der vermögende ungarische Hochadel aus seiner dominierenden Stellung verdrängt [LÜTGENAU 6.b].

<small>Böhmischer Adel</small> Im Vergleich zum polnischen und ungarischen Adel spielte die hochexklusive Aristokratie der böhmischen Länder auf den ersten Blick eine eher zurückgezogene Rolle. Auf Reichsebene war der Versuch, dem österreichisch-böhmischen Adel in der sich abzeichnenden konstitutionellen Ordnung eine zentrale politische Rolle zu sichern, bereits mit dem Oktoberdiplom gescheitert [STEKL 6.b]. Über seinen privilegierten Zugang zu bürokratischen Spitzenämtern, das Kurienwahlrecht und als agrarische Interessenvertretung übte der habsburgische Adel aber auch weiterhin erheblichen politischen Einfluss aus [WANK 6.b]. Herkunft, ein dichtes Netz an familiären Beziehungen und umfangreicher Grundbesitz regulierten ein hohes Maß an Exklusivität, wie sie herausragende Familien wie die Windischgrätz in der kulturellen Anpassung an die neuen Verhältnisse auch über den Untergang der Monarchie hinaus zu behaupten vermochten [GODSEY, Quarterings 6.b; STEKL/WAKOUNIG 6.b].

Dieses hohe Maß an Exklusivität hat es einer jungtschechisch geprägten Nationalhistoriographie erleichtert, den böhmischen Adel gleichsam als Fremdkörper zu behandeln. Erst in jüngerer Zeit ließ sich zeigen, dass der böhmische Adel zwar in der Tat Elitenkompromisse nach ungarischem, polnischem oder preußischem Muster kaum für nötig hielt, in der Landespolitik aber durchaus zu wechselnden Koalitionen in der Lage war [TÖNSMEYER 6.b]. Seine Führungsrolle in der böhmischen Landespolitik hatte der Adel allerdings schon 1848 an die tschechische Nationalbewegung verloren [MELVILLE 6.b]. Vielmehr wurde er seit 1861 zusehends dazu gezwungen, in den nationalpolitischen Auseinandersetzungen Stellung zu beziehen, und dies in weit stärkerem Maße als sich mit dem gängigen Bild einer konservativen, national indifferenten Elite vereinbaren lässt. Wie sehr sich die tschechische Nationalbewegung zu Beginn des 20. Jahrhunderts ihrerseits von ihren adeligen Ziehvätern entfernt hatte, zeigte sich mit der tschechoslowakischen Staatsgründung von 1918, die den böhmischen Adel aus dem nationalen Selbstbild verdrängte, ihn mit der Bodenreform von 1919 auch ökonomisch entmachtete und schließlich in eindeutige nationale Bekenntnisse drängte [GLASSHEIM 6.b].

Diese Befunde werfen die Frage auf, inwieweit die Rolle des ostmitteleuropäischen Adels angemessen über seine Wahrnehmung solcher gesellschaftlicher Funktionen erschlossen werden kann, die im europäischen Vergleich eher dem Bürgertum zugeordnet werden, inwieweit also gleichsam von einer „funktionalen Äquivalenz zwischen Adel und Bürgertum" gesprochen werden kann, wie P. THER unlängst mit Blick auf die gestaltenden Trägerschichten ostmitteleuropäischer Opernthater nochmals betont hat [6.h: 343]. Eine solche Deutung kann daran anknüpfen, dass Vorstellungen von Freiheit, individueller Rechtsgleichheit und politischer Partizipation, die im westlichen Europa als spezifisch bürgerliche Werte galten, in Ostmitteleuropa vorrangig vom Adel und einer sozialgeschichtlich im Adel verwurzelten Intelligenzia verfochten wurden. Sie wird zudem durch vielfältige Prozesse einer kulturellen Orientierung des Adels an bürgerlichen Normen im Bereich von Bildungsstrategien und Professionalisierung, in Formen effizienten Wirtschaftens oder der Wohnkultur gestützt [VÁRI 6.b]. Angesichts der starken kulturellen Ausstrahlung des Adels hat K. HALMOS für Ungarn sogar die Frage aufgeworfen, ob hier statt von einer Verbürgerlichung des Adels nicht vielmehr von einer „Veradeligung" der Mittelschichten gesprochen werden müsse [6.b]. Der vielschichtige und keineswegs auf die Verschmelzung mit bürgerlichen Mittelschichten angelegte Wandel in den kulturellen Orientierungen des ostmitteleuropäischen Adels entzieht sich jedoch derart eindimensionalen Kategorien. Der Idee eines gleichsam funktionellen Bürgertumsäquivalentes hat M. G. MÜLLER deshalb entgegengehalten, dass sie festgefügte Vorstellungen von der spezifisch bürgerlichen Natur jeglichen Fortschritts in nur leicht bemäntelter Form fortschreibe und die spezifische Natur ostmitteleuropäischer Elitenkompromisse letztlich verfehle [Adel 6.b].

Adel und Bürgertum

Die Diskussion um den Adel rückt somit auch die Frage nach Existenz und Ausprägung eines ostmitteleuropäischen Bürgertums in ein neues Licht. Sie zielt in den Kern der Debatte um die sozialen Grundlagen nationalgesellschaftlicher Modernisierung und zivilgesellschaftlicher Stabilität. Schon vor einem halben

Bürgertum

Jahrhundert hat W. CONZE eine spezifische Schwäche des Bürgertums als zentrale Ursache für die Strukturprobleme der ostmitteleuropäischen Staatenordnung nach 1918 benannt [9.d]. Diese Schwäche ist auf ein Bündel von Ursachen zurückgeführt worden und lässt sich nicht allein mit einer verzögerten industriellen Entwicklung erklären. So konnte in den frühneuzeitlichen Adelgesellschaften Ostmitteleuropas von den politisch weitgehend bedeutungslosen Städten kaum der Impuls für die Entstehung eines modernen Bürgertums ausgehen, zumal die städtischen Kaufleute und Handwerker deutscher oder jüdischer Herkunft in einer gesellschaftlichen Sonderstellung verharrten. Damit blieben die entstehenden Mittelschichten unterschiedlichster sozialer, ethnischer und konfessioneller Herkunft ohne Kristallisationspunkt in einem städtischen Patriziat, um den herum sich ein national gewachsenes polnisches, ungarisches oder auch ein tschechisches Stadtbürgertum hätte bilden können [KOŁODZIEJCZYK, Warschauer Bourgeoisie 6.c; RÁNKI 6.c]. In Polen, so ein gängiges Argument, hätten zudem die Teilungen die Herausbildung eines potenten nationalen Bürgertums behindert [KACZYŃSKA 6.c].

Fragmentierung Gerade die ethnische und soziale Vielfalt der Mittelschichten mit ihrem hohen jüdischen Anteil ist lange als soziale Fragmentierung beschrieben worden, welche die Formierung eines gegenüber dem Adel eigenständigen Bürgertums in Ostmitteleuropa erschwert und damit auch sein politisches Potential begrenzt habe [KOCKA 6.c]. Dies gilt insbesondere für die polnische Unternehmerschaft, die sich gleichermaßen aus Adeligen und Großkaufleuten, aus Polen, Juden und Deutschen sowie Ausländern westeuropäischer Herkunft rekrutierte [KOŁODZIEJCZYK, Bourgeoisie im Königreich Polen 6.c]. Auch von einer österreichischen Unternehmerschaft lässt sich nur dann sprechen, wenn man von ihrer vielfältigen ethnischen Herkunft absieht und die staatsbejahende Grundhaltung zum Kriterium nimmt [STEKL 6.c]. Aber auch jenseits der Unternehmerschaft lässt sich jeweils ein hoher Anteil an Bildungsaufsteigern unterschiedlicher sozialer, ethnischer und konfessioneller Herkunft nachweisen, aus denen sich Freiberufler, Angestellte und Beamte rekrutierten, wobei immer wieder der hohe Anteil von Juden insbesondere unter Anwälten und Medizinern hervorgehoben wurde [KOŁODZIEJCZYK, Die Warschauer Bourgeoisie 6.c].

Dieser Befund einer spezifischen Fragmentierung der ostmitteleuropäischen Mittelschichten hat sich unverkennbar vom Paradigma der Rückständigkeit gegenüber dem europäischen Westen leiten lassen und homogene Nationalgesellschaften zum Maßstab eines Fortschritts erhoben, dem allenfalls das aufstrebende tschechische Bürgertum genügen mochte [KOŘALKA 8.a]. Auf erheblich breiterer empirischer Grundlage hat die jüngere Bürgertumsforschung demgegenüber eine weitreichende Neubewertung eingeleitet. Sozialgeschichtliche Studien haben gezeigt, dass die bürgerlichen Mittelschichten in der Handwerkerschaft, im Kleinbürgertum, unter Angestellten und Fachbeamten durchaus tiefe soziale Wurzeln aufwiesen [BÁCSKAI 6.c; URBANITSCH/STEKL 6.c]. Die Geschichte des ostmitteleuropäischen Bürgertums erschöpft sich mitnichten in der Geschichte einiger herausragender Industrieller. Vor allem aber werden ethnische und konfessionelle Vielfalt nicht mehr ausschließlich als Schwäche begriffen. Das Bürgertum in der Habsburgermonarchie wird vielmehr in mittlerweile neun Bänden der gleichnamigen Reihe als vielfältiges und distinktes soziales Geflecht beschrieben, das in seinen kulturellen Wertvorstellungen und Ausdrucksformen den europäischen Vergleich nicht zu scheuen braucht [BRUCKMÜLLER u. a. 6.c]. Auch im Königreich Polen begann eine multiethnische Unternehmerschaft, sich in der Mitte der städtischen Gesellschaft zu etablieren [GEBHARD/LINDNER/PIETROW-ENNKER 6.c]. Gerade für Lodz, für dessen Unternehmer der Schriftsteller Władysław Reymont den Topos des raffgierigen und skrupellosen „Lodzermenschen" geprägt hat, lässt sich die Formierung eines Stadtbürgertums nachweisen, das innerhalb stabiler ethnischer Milieugrenzen vielfältige soziale und kulturelle Aktivitäten entwickelte und darüber hinaus wirtschaftlich wie politisch eng miteinander verflochten war [PYTLAS 6.c; PIETROW-ENNKER 6.c]. Für Ungarn schließlich ist gezeigt worden, dass die These vielfältiger sozialer Fragmentierung in einem Spannungsverhältnis zu dem Vordringen eines durchaus spezifisch bürgerlichen Lebensstils in Familienstrukturen, Bildungswegen und insbesondere in den Wohnverhältnissen steht [HANÁK 6.c; GYÁNI 6.c]. Neben solchen Formen privater Bürgerlichkeit hat G. GYÁNI die Kaufhäuser, Parks und Kaffeehäuser ebenso wie die Theater und Kinos der jungen Metropole Budapest als Orte urbaner Identitätsbildung im öffentlichen Raum beschrieben [6.g]. Die Formierung städtischer, bürgerlicher Mittelschichten in Ostmitteleuropa lässt sich somit weniger als defizitäre Entwicklung denn als Prozess einer vielfältigen, regional hochdifferenzierten und spannungsreichen Amalgamierung unterschiedlicher sozialer Milieus beschreiben, die zum Teil über die jeweilige nationale Kultur erfolgte, zum Teil aber auch nationale Fragmentierungen überhaupt erst hervorbrachte [siehe unten Kap. II.4].

Besonders gut lassen sich solche Prozesse anhand der Frauenbewegungen beobachten, in denen sich emanzipatorische Forderungen und geschlechtsspezifische Rollenvorstellungen mit nationalen Anliegen und Strategien verbanden [KEMLEIN 6.i; GEHMACHER/HARVEY/KEMLEIN 6.i]. So wird argumentiert, dass das Leitbild der polnischen Frau als Hüterin nationaler Kultur zutiefst konservativ gewesen sei, da es Frauen auf eine spezifische Rolle festgelegt habe. Eingebettet in nationale Bestrebungen sei das Anliegen weiblicher Emanzipation in den Hintergrund gerückt [JAWORSKI/PIETROW-ENNKER 6.i]. Dem hat N. STEGMANN entgegengehalten, dass sich die polnische Frauenbewegung vielmehr nationaler Argumentationsmuster bedient habe, um emanzipatorische Ziele durchzusetzen [6.i]. Gerade die Rhetorik nationaler Gemeinschaft vermochte offenbar zwischen Emanzipationsverheißung und der Zuweisung neuer, spezifisch weiblicher Rollenbilder zu vermitteln [ZETTELBAUER 6.i]. Nur die ungarische Frauenbewegung trug diesen allgemeineuropäischen Konflikt zunächst weitgehend jenseits nationaler Kategorien aus [ZIMMERMANN 6.i]. Erst der Konservatismus der Zwischenkriegszeit führte auch hier zu einer Neudefinition weiblicher Rollenbilder und Partizipationsansprüche im nationalen Sinne,

Frauenbewegungen

ohne jedoch die emanzipatorischen Ziele aus den Augen zu verlieren [PAPP 6.i]. Wo nationale Rhetorik wie in der ersten tschechoslowakischen Republik hingegen eng an die Verheißung demokratischer Gleichberechtigung gebunden war, mochte die Spannung zwischen weiblicher Emanzipation und tradierten Rollenbildern umso unverhüllter hervortreten [FEINBERG 6.i].

Als Gegenbewegung zu einem über nationale Leitbilder verbundenen polnischen und ungarischen Bürgertum begannen sich bereits im 19. Jahrhundert entschieden litauische und ukrainische, slowakische und rumänische Nationaleliten zu formieren. Mit der nationalstaatlichen Neuordnung nach dem Ersten Weltkrieg erhielt dieser Prozess einen weiteren Schub. Insbesondere für die Slowakei lässt sich zeigen, dass im Grunde erst in der Zwischenkriegszeit eine slowakische Bildungsschicht und ein slowakisches Bürgertum entstanden, welche das enge Netzwerk einiger weniger nationalslowakischer Familien hinter sich ließen [JOHNSON 9.d; MANNOVÁ 6.c].

Intelligenzia

Die Amalgamierung adeliger und städtischer Schichten zu nationalen Eliten begründete auch die herausragende Stellung der Intelligenzia, wie sie erst H. SETON-WATSON als eigenständige gesellschaftliche Schicht im östlichen Europa für die Geschichtsschreibung entdeckt hat [6.d]. Sozialgeschichtlich verdankte sie ihre Entstehung in Polen und Ungarn der schwachen Stellung des Stadtbürgertums, sodass hier zunächst der aus seiner politischen Stellung verdrängte Gemeinadel die neuen Bildungsschichten speiste [KOESTLER 6.d; KÓSA 6.b]. Diese öffneten sich auch für Bildungsaufsteiger insbesondere jüdischer Herkunft [CAŁA 6.k; MAZSÚ 6.d]. Der spezifische und für die ostmitteleuropäische Intelligenzia konstitutive Unterschied zum Bildungsbürgertum deutscher Prägung lag allerdings weniger in der sozialen Herkunft aus einem deklassierten Gemeinadel als in den daraus erwachsenen politischen Dispositionen. Aus einer neu formulierten Tradition nationalen Freiheitsdenkens pflegte vor allem die polnische *Inteligencja* den antibürgerlichen Habitus des „heroischen Asketen" und Trägers einer nationalen Mission [SDVIŽKOV 6.d]. Hier lässt sich der Bogen auch zu den böhmischen Ländern schlagen, wo eine junge tschechische Bildungsschicht seit dem Anfang des 19. Jahrhunderts das Projekt nationaler Emanzipation verfolgte. Ihre europäische Bedeutung bezogen ostmitteleuropäische Intellektuelle aus der beständigen Auseinandersetzung mit der ethnischen Vielfalt der Region, mit nationalen Emanzipationsentwürfen und mit den spezifischen Entwicklungsblockaden ostmitteleuropäischer Adelsgesellschaften sowie als Verfechter der europäischen Moderne, für deren Brüchigkeit an der Grenze zwischen West und Ost sie ein besonderes Gespür aufwiesen. Eine in vielfacher Brechung tradierte Orientierung an nationalen Freiheitsentwürfen lässt sich dabei bis in die Bürgerrechtsbewegungen der siebziger und achtziger Jahre nachverfolgen [SCHMIDT 4.b].

Ein Überschuss an Bildungseliten gilt geradezu als Kennzeichen nachholender Entwicklung. Die institutionellen Grundlagen hierfür lagen in einem gut ausgebauten höheren und mittleren Bildungswesen. Es mag dem affirmativen Grundton europäischer Bildungsgeschichte zuzuschreiben sein, dass dessen

Erforschung bislang ein von der Sozialgeschichte merkwürdig abgekoppeltes Eigenleben führt. Mit den Universitäten in Prag, Krakau, Wien, Wilna und Dorpat, der Lemberger Akademie oder dem 1784 nach Pest umgezogenen Jesuitenkolleg Tyrnau verfügte das östliche Mitteleuropa über altehrwürdige Universitäten von europäischem Rang [WÖRSTER 6.d]. Darüber hinaus sind die Universitäten tief verankerten Traditionen akademischer Wanderung insbesondere an deutsche Universitäten herausgearbeitet worden, welche seit Beginn des 19. Jahrhunderts die intellektuelle Dynamik der entstehenden Nationalbewegungen speiste und zugleich einen europäischen Horizont weit über die jeweilige nationale Perspektive hinaus vermittelte [PLASCHKA/MACK 6.d; FATA/KURUCZ/SCHINDLING 6.d]. In den Teilungsgebieten Polens rückten die Universitäten bereits in den 1820er Jahren in den Mittelpunkt nationalen Aufbegehrens [SWIDERSKI 6.d]. Ein besonderes intellektuelles Reizklima herrschte gegen Ende des Jahrhunderts in Prag, wo die Teilung der Karls-Universität im Jahr 1882 eine junge Generation tschechischer Hochschullehrer hervorbrachte, die ihre Chancen zielstrebig nutzten und zum Anziehungspunkt slawischer Studenten aus der gesamten Habsburgermonarchie wurden. Auch nach der tschechoslowakischen Staatsgründung blieb hier eine Atmosphäre durchaus produktiver nationaler Konkurrenz erhalten [LEMBERG 6.d]. Mit dem Übergang in geschlossene nationale Bildungssysteme und erst recht mit der politischen Durchregulierung im Sozialismus verloren die ostmitteleuropäischen Hochschulen jedoch an Ausstrahlung. Auch wenn der überschießende Bildungsimpetus nunmehr zu großen Teilen von den vielfältigen Institutionen technischer Bildung aufgesogen wurde, bewahrten zumindest die polnischen Universitäten auch nach 1945 ein vergleichsweise hohes Maß an intellektueller Autonomie [CONNELLY 6.d].

Den institutionellen Unterbau höherer Bildung lieferte ein früh entwickeltes Gymnasialwesen. Dessen Grundlagen lassen sich für Polen auf die Reformpolitik König Stanisław Augusts zurückführen [MROZOWSKA 6.d]. In der Habsburgermonarchie standen die Mittelschulen dagegen erst nach den wegweisenden Reformen der neoabsolutistischen Jahre im Zentrum einer zusehends dynamischen und kaum zu kanalisierenden Bildungsexpansion, welche gerade auch der Formierung intellektueller Eliten unter den Nationalitäten einen mächtigen Schub verlieh [COHEN 6.c]. Hier lag der Schwerpunkt zunächst in der Entwicklung der öffentlichen Volksschulen, bei denen die Habsburgermon- Volksschulen archie seit den theresianischen Schulreformen gemeinsam mit Preußen eine Pionierfunktion in Europa einnahm. Die erstaunliche Konsequenz, mit der Ignaz Felbigers Modell die gesamte Monarchie prägte und bis in das russische Zarenreich ausstrahlte, war die Voraussetzung für seine flexible Ausgestaltung in konfessioneller und sprachlicher Hinsicht [LAMBRECHT 6.d]. Dennoch ließ sich die allgemeine Schulpflicht in der Praxis nur höchst ungleichmäßig durchsetzen. Nur in den böhmischen Ländern wurde bereits im 18. Jahrhundert ein flächendeckendes Netz öffentlicher Elementarschulen etabliert. In Galizien erreichte die Schulreform zunächst nur die größeren Städte, und auch in Ungarn und Siebenbürgen verfügten allenfalls die protestantischen Konfessionen zu Beginn des 19. Jahrhunderts über ein ausgebautes Schulwesen [SCHMALE/DODDE 6.d; RÖSKAU-RYDEL 6.d; KÖNIG 6.d]. Von der einsetzenden Bildungsrevolution wurden die einzelnen Regionen Ostmitteleuropas somit in unterschiedlicher Abstufung erfasst, sodass von einer flächendeckende Alphabetisierung in den ländlichen Gebieten im Osten Polens, der Slowakei oder der Karpatoukraine bis in die dreißiger Jahre des 20. Jahrhunderts noch nicht die Rede sein konnte. Zudem litt gerade die muttersprachliche Volksbildung in vielen Regionen Ostmitteleuropas unter nationalen Konflikten, die sich bevorzugt an den Schulen entzündeten, zugleich aber auch erhebliche Ressourcen für den Ausbau des jeweils eigenen nationalen Volksschulwesens mobilisierten [PUTTKAMER 6.d; BENECKE 9.d]. Ungeachtet dieser Entwicklungen blieb das Dorf mit seinen eigenen, tradierten Wertvorstellungen dennoch bis zum Vorabend des Zweiten Weltkrieges in weiten Teilen Ostmitteleuropas die primäre Sozialisationsinstanz breiter ländlicher Bevölkerungsschichten [MĘDRZECKI 6.f]. Stadt und Land blieben immer noch weitgehend getrennte Welten.

Eng verknüpft mit den prekären Bildungschancen breiter Bevölkerungsschichten ist die Frage nach den Perspektiven gesellschaftlicher Integration von Bauern und Arbeitern in die entstehenden Nationalgesellschaften Ostmitteleuropas. Nicht nur die marxistische Forschung hat die sozialen Zerklüftungen und Konflikte scharf herausgearbeitet, welche die einsetzende Industrialisierung hervorbrachte. Vor allem das rasch wachsende städtische Subproletariat sowie die Schicht wirtschaftlich marginalisierter Kleinbauern, Häusler, Tagelöhner und Landarbeiter, die bis über den Zweiten Weltkrieg hinaus die ländlichen Gesellschaften Ostmitteleuropas prägten, schienen lange von jeglichem gesellschaftlichem Fortschritt abgeschnitten zu sein [IHNATOWICZ u. a. 6.a; PRŮCHA u. a. 5.c; GYÁNI/KÖVÉR/VALUCH 6.a].

Sozialpolitik   Es ist wohl unstrittig, dass die sozialpolitischen Maßnahmen, mit denen die ostmitteleuropäische Politik die soziale Frage aufzufangen suchte, nur begrenzte Reichweite entfalteten. Dennoch lassen sich weitreichende Konvergenzen mit dem westlichen Europa bis hin zu punktuellen Pionierleistungen feststellen. Während weitgreifende sozialpolitische Maßnahmen nach deutschem Vorbild lange als spezifisches Gegenstück zur verweigerten Demokratisierung des politischen Systems verstanden wurden, lässt sich inzwischen für die Habsburgermonarchie und selbst für das Zarenreich samt seinen polnischen Gebieten der erhebliche Einfluss sozialreformerischer Eliten nachweisen, die sich an verschiedenen westeuropäischen Vorbildern orientierten und die öffentliche Debatte prägten [GRANDNER 6.e; PUTTKAMER 6.e]. Gerade aus den beharrlichen Blockaden klassischer Armenfürsorge entwickelte die ungarische Hauptstadt vor dem Ersten Weltkrieg eine ungestüme kommunale Wohnungsbau- und Arbeitslosenpolitik [ZIMMERMANN 6.e]. Diese Ansätze öffentlicher Sozialpolitik wurden als Antwort auf die revolutionäre Herausforderung bei Kriegsende zielstrebig weiter ausgebaut, blieben jedoch mit der bemerkenswerten Ausnahme Polens im Wesentlichen auf die städtische Arbeiterschaft beschränkt [HAUNER 6.e]. Ihre Möglichkeiten sozialen Ausgleichs wurden durch die Weltwirtschaftskrise ohnehin dramatisch überfordert. Wenn schließlich P. HEUMOS auf eine überkommene ländliche Bindung vieler Arbeiter, auf ein hohes Maß an betrieblichem Paternalismus und auf die geringe Konfliktfähigkeit der Gewerkschaften in einem vermachteten Proporzsystem als Spezifika der Sozialintegration in den böhmischen Ländern hingewiesen hat, so zielt dies nicht nur auf unverkennbare Schwächen der tschechoslowakischen Demokratie, sondern enthält in ihrem Verweis auf primär kulturelle Faktoren auch eine versteckte Kritik an einer rein institutionellen Betrachtungsweise von Sozialpolitik [6.e].

Erst die jüngere Forschung hat zudem die Bedeutung nationaler Momente für die gesellschaftliche Integration ländlicher wie städtischer Unterschichten in den Blick genommen. Die seit den 1890er Jahren aufkommenden Massenparteien boten nicht nur Perspektiven politischer Partizipation, sondern verhießen auch die Teilhabe an der Gemeinschaft der Nation. Dies gilt vor allem für die Bauernparteien, die für das östliche Mitteleuropa so typisch waren. Bauernparteien
Diese waren zunächst aus der Interessenpolitik groß- und mittelbäuerlicher Schichten hervorgegangen und verstanden sich erst in der Zwischenkriegszeit als Interessenvertretung der gesamten Bauernschaft [GOLLWITZER 9.e]. Mit ihrem weitgespannten Fundament in eigenen bäuerlichen Vereinen und Zeitungen festigten die Bauernparteien vor allem in Polen und in den böhmischen Ländern soziale Fragmentierungen. Zugleich rückten sie die Bauern aber auch in den Mittelpunkt des jeweiligen nationalen Selbstbildes und bahnten damit ihrer gesellschaftlichen Integration den Weg [STAUTER-HALSTED 7.b; HEUMOS 8.g]. Letzteres gilt selbst für die Entstehung eines radikalen Agrarpopulismus in den dreißiger Jahren, der Ungarn vom übrigen Ostmitteleuropa abhob und trotz seiner weitgehend intellektuellen Prägung durchaus als radikale politische Bewegung verstanden werden kann [REINERT-TÁRNOKY 9.e].

Eine solche Integration über nationale Leitbilder war bei der entstehenden Industriearbeiterschaft nur in Grenzen möglich. Studien zur Arbeiterbewegung im östlichen Europa haben vielmehr schon früh darauf verwiesen, wie sehr nationale Aspekte die Herausbildung übergreifender sozialdemokratischer Parteien belasteten. In den russischen Teilungsgebieten wurde die Stellung zur nationalen Sozialdemokratie
Frage schnell zum zentralen Konfliktpunkt zwischen polnischen Sozialisten, der an der russischen Sozialdemokratie orientierten Sozialdemokratie Polens und Litauens und dem Jüdischen Arbeiterbund [HAUSTEIN 8.h; ZIMMERMANN 8.h]. In den böhmischen Ländern brach die österreichische Sozialdemokratie über den Konflikt zwischen Tschechen und Deutschen erst organisatorisch und im Verlauf des Weltkrieges dann auch politisch auseinander [MOMMSEN 8.h; KÁRNÍK 8.h]. Nicht viel anders verlief der Konflikt zwischen polnischen und ukrainischen Sozialdemokraten in Galizien [JOBST 8.h]. Angesichts solcher nationaler Fragmentierungen verpufften in Polen wie in der Tschechoslowakei die Ansätze, den politischen Zusammenbruch bei Kriegsende unmittelbar für eine kommunistische Machtübernahme zu nutzen [BANAC 9.c]. Vielmehr wurden die tschechoslowakische wie die polnische und selbst die ungarische Sozialdemokratie in der Abwehr sozialistischer Revolution zu durchaus staatstragenden Parteien. Die po-

litische Bruchlinie zwischen nationaler und internationalistischer Orientierung verlief fortan mitten durch die Industriearbeiterschaft.

Jüngere Forschungen zu Arbeiterkultur und Arbeiteralltag bestätigen diese Befunde. Am Beispiel der Stadt Pilsen hat A. LIESKE jüngst gezeigt, welche Möglichkeiten ein ausdifferenziertes Vereinswesen zur selbstbewussten Teilhabe tschechischer Arbeiter am Projekt der Nation bot, während sich zugleich eine neue Kluft zwischen tschechischen und deutschen Arbeitern auftat [6.e]. Orientierungen an bürgerlichen Lebensformen und bürgerlichem Habitus lassen sich auch in den Wohn- und Lebensverhältnissen ungarischer Arbeiter der Zwischenkriegszeit beobachten [GYÁNI/KÖVÉR/VALUCH 6.a; GYÁNI 6.c]. Alles in allem ergibt sich somit ein differenziertes Bild von Gesellschaften im Umbruch, mit tiefen sozialen Spannungen und kulturellen Gegensätzen, deren Überwindung entlang nationaler Momente perspektivisch allenfalls zum Teil angelegt war.

Überbrückt wurde die soziale Kluft zwischen Stadt und Land, Eliten und Unterschichten erst durch die gesellschaftliche Umwälzung in der sozialistischen Epoche. Zwei unterschiedliche Perspektiven bestimmen hier die sozialgeschichtliche Forschung. Der Vergleich mit dem westlichen Europa zeigt einen verzögerten und vom Systemgegensatz der Blockkonfrontation geprägten Wandel. Die Unterwerfung unter das sowjetische Modell erscheint vor allem als gewaltsame Abschottung vom Westen [JUDT 11.a], sodass die Veränderungen der Sozialstruktur, der Lebensverhältnisse und der Alltagsorientierungen im östlichen Mitteleuropa fortan gleichsam unter der Glasglocke verliefen. Dennoch folgten sie trotz augenfälliger Unterschiede im Wesentlichen allgemeineuropäischen Linien, die schließlich auch die gleichermaßen dynamischen wie widersprüchlichen Konvergenzen der Transformationskrise nach 1989 prägten [KAELBLE 6.a]. Aus der Binnenperspektive der ostmitteleuropäischen Gesellschaften erscheint die stalinistische Epoche hingegen als tiefer, durch die Zerrüttungen des vorangegangenen Weltkrieges und der Vertreibungen wesentlich vorbereiteter gesellschaftlicher Strukturbruch, der die soziale Nivellierung wie die neuen Differenzierungen, die Öffnung zum Westen und die zögerliche Individualisierung von Lebensstilen seit den fünfziger Jahren als Teil eines diskontinuierlichen Prozesses begreifbar macht [FRISZKE 11.a; KAPLAN, Proměny 11.c; KLIMÓ 11.a].

Ein wesentliches Kennzeichen der sozialistischen Epoche war ein hohes Maß an sozialer wie räumlicher Mobilität. Der wirtschaftliche Umbruch und die als Klassenherrschaft titulierte Errichtung des kommunistischen Regimes boten insbesondere Arbeitern erhebliche Aufstiegsmöglichkeiten und trugen damit zugleich dazu bei, das traditionelle Profil der Arbeiterschaft erheblich zu verändern [KAPLAN, Proměny 11.c]. Anhand zeitgenössischer soziologischer Studien lässt sich der enorme Zuzug in die Städte nachzeichnen, die breiten Bevölkerungsschichten durchgreifend verbesserte Bildungschancen und den Aufstieg in die neuen „sozialistische Mittelklasse" eröffneten [JEZIERSKI/LESZCZYŃSKA 5.a: 483; GYÁNI/KÖVÉR/VALUCH 6.a]. Auf die bäuerliche Überbevölkerung der Zwischenkriegszeit folgte eine teilweise dramatische Verödung ländlicher Regionen.

Anders als auf dem Balkan oder in weiten Teilen der Sowjetunion wurde in diesem Prozess jedoch nicht so sehr eine bäuerliche Kultur in die Städte getragen. Vielmehr lösten sich im Gefolge der sozialen Nivellierung überkommene bäuerliche Lebensformen rasch zugunsten eines modernen, urbanen Lebensstils auf, Lebensstile was sich in den Wohnverhältnissen, der Kleidung und im Freizeitverhalten auch auf dem Land bemerkbar machte [REID/CROWLEY 11.e; GYÁNI/KÖVÉRVALUCH 6.a]. Hierzu trug seit den 1960er Jahren insbesondere die Verfügbarkeit neuer, langlebiger Konsumgüter bei. Waschmaschinen, Radios, Fernseher und Autos ermöglichten einen veränderten Lebensstil, der für den ungarischen Fall treffend als Übergang vom „Gulasch-" zum „Kühlschrankkommunismus" bezeichnet worden ist [NAGY 11.e: 47]. Für Polen ist gezeigt worden, wie die ideologisierte, auf politische Agitation der Massen ausgerichtete Freizeitgestaltung der stalinistischen Jahre nach 1953 dem organisierten Familienurlaub wich, auch wenn ein erheblicher Teil der städtischen Bevölkerung die knapp bemessene Freizeit weiterhin vorrangig für den Ausflug ins Heimatdorf nutzte [JAROSZ, Masy 11.c; SOWIŃSKI, Wakacje 11.e]. Das wiederaufgebaute Warschau der sechziger Jahre verhieß seinen Bewohnern gar die Teilhabe an der modernen Urbanität des Westens, mochte diese durch den wirtschaftlichen Mangel auch noch so eingeschränkt anmuten [BRZOSTEK 11.e]. Mit dem Wandel der Lebensstile ging die weitreichende Integration von Frauen in die industrielle Arbeitsgesellschaft einher, in deren Gefolge das Verhältnis von Öffentlichkeit und Privatheit, Staat und Familie unter dem Zugriff der Emanzipationsverheißung sozialistischer Propaganda neu formuliert wurde [KRAFT 6.i].

Trotz des erheblich ansteigenden Konsumniveaus blieben die ostmitteleuropäischen Gesellschaften auch weiterhin von der alltäglich gegenwärtigen Mangelwirtschaft geprägt. Das Attribut der „Fürsorgediktatur", das K. JARAUSCH mit Blick auf die inneren Widersprüche der DDR als radikalisierter Wohlfahrtsstaat geprägt hat [11.a], findet im Alltag der ostmitteleuropäischen Volksrepubliken schon deshalb kaum Anknüpfungspunkte, weil die Neigung breiterer Bevölkerungsschichten, sich bis zur Selbstunterwerfung in der „heilen Welt der Diktatur" [WOLLE 11.e] einzurichten, erheblich schwächer ausgeprägt war als im Osten Deutschlands. Vielmehr haben sozialgeschichtliche und ethnologische Kommunismusforschung neben einer begrenzten Verinnerlichung von Propagandaformeln gerade für das östliche Mitteleuropa auch die eigensinnige Widerständigkeit herausgearbeitet, mit der sich weite Bevölkerungsschichten alltägliche Freiräume bewahrten und sich dem Zugriff des Regimes auf die Arbeitswelt wie auf das Privatleben entzogen [ROTH 6.e].

Dies gilt besonders für die Lage der Arbeiterschaft in den selbsterklärten Arbeiter Arbeiter- und Bauernstaaten. Allein schon der enorme Bedarf an Arbeitskräften eröffnete vielfältige Möglichkeiten, sich den Zumutungen des Regimes immer wieder durch einen Wechsel des Arbeitsplatzes zu entziehen. In der Tschechoslowakei gelang es der Staatspartei in den fünfziger Jahren immerhin, sich in den Betrieben zunächst als Sprecher der Arbeiterschaft zu etablieren und Formen kollektiven Protests weitgehend auf isolierte Einzelaktionen zu beschränken

[KAPLAN, Proměny 11.c; BRENNER/HEUMOS 6.e]. Auch in Polen konnte das Regime während der stalinistischen Formationsphase zwar in den Betrieben die Unterwerfung der Arbeiterschaft unter die Produktion durchsetzen. Allerdings entstand unter diesem Druck im Privatleben eine neue Arbeiteridentität, die als kulturelle Entfremdung und innerer Vorbehalt die Grundlage einer bis 1989 immer wieder mobilisierbaren Fähigkeit zu Verweigerung und offenem Protest bildete [KENNEY 11.b; BRZOSTEK 6.e]. Hier zeigte sich ein Dilemma, dem letztlich keine der ostmitteleuropäischen Volksrepubliken entging. Denn die permanent erlebte Diskrepanz zwischen den Inszenierungen der Arbeiterklasse und den tatsächlichen Lebensverhältnissen der arbeitenden Bevölkerung musste die staatssozialistischen Regime zwangsläufig untergraben [HÜBNER/KLESSMANN/TENFELDE 6.e].

Transformation
Die systembedingten Schwächen der sozialistischen Gesellschaften im Kleinhandel, im Dienstleistungsbereich und im unternehmerischen Sektor boten den Nährboden für mehr oder weniger stark geduldete Parallelwirtschaften. Entsprechend rasch vollzog sich nach dem Zusammenbruch des Kommunismus gerade in diesen Bereichen ein rapider Wandel. Hier entstand jene unübersichtliche Gemengelage alter und neuer Eliten, wie sie für Wirtschaft und Politik Ostmitteleuropas seit 1989 gleichermaßen charakteristisch ist [VEEN 6.a]. Parallel dazu vollzog sich eine Neuorientierung auf das westliche Europa, die sich an der hohen Attraktivität von Auslandsstudien, an wirtschaftlichen Verflechtungen und an der enormen Verdichtung des Reiseverkehrs, kurzum, an der gegenseitigen Wiederaneignung Europas als „Lebens- und Erfahrungszusammenhang" ablesen lässt [SCHLÖGEL, Im Raume 6.g: 463]. Für breite Bevölkerungsschichten allerdings wurden die neu eröffneten Freiräume mit dem massiven Verlust an sozialer Sicherheit und Gleichheitsempfinden und letztlich mit anhaltender Armut erkauft.

Die vielfachen Fragmentierungen, welche den gesellschaftlichen Wandel in Ostmitteleuropa seit dem 19. Jahrhundert prägten, sind um die Mitte des 20. Jahrhunderts somit zunächst weitgehend eingeebnet worden und schließlich neuen gesellschaftlichen Konfliktlinien gewichen. Je weiter abgrenzbare soziale Großformationen erodiert sind und je stärker neue, postmoderne Lebensstile und Wertvorstellungen die gesellschaftliche Struktur prägen, desto mehr ist folglich auch die Sozialgeschichte nicht nur Ostmitteleuropas Teil einer Kulturgeschichte geworden, welche die emanzipatorischen Meistererzählungen des 19. und 20. Jahrhunderts weitgehend hinter sich gelassen hat.

4. ETHNISCHE VIELFALT ZWISCHEN ABSCHOTTUNG UND SYMBIOSE

Wie überall in Europa, so setzte auch im östlichen Mitteleuropa seit Beginn des 19. Jahrhunderts eine Nationalisierung des öffentlichen Lebens ein, welche die soziale Ordnung neu strukturierte. Charakteristisch für die Region ist indes, dass sich in diesem Prozess ältere Formen ständisch verfasster Multiethnizität auflösten und vielfach harte nationale Polarisierungen an ihre Stelle traten. Damit erscheint das östliche Mitteleuropa gleichsam als Laboratorium einer gesellschaftlichen Moderne unter den Bedingungen ethnischer Vielfalt, in dem sich Prozesse nationalkultureller Abschottung vielfach mit dynamischen Assimilationsprozessen überschnitten und ethnische Segmentierungen tradierte, alltägliche Formen multiethnischen Zusammenlebens überformten oder verdrängten. Erst in jüngerer Zeit hat die historische Forschung diese Prozesse als Probleme zu begreifen begonnen, die sich nicht auf vermeintlich selbstverständliche nationale Zugehörigkeiten zurückführen lassen und sich auch nicht in der Übernahme aktiv propagierter nationaler Vorstellungen erschöpfen. Vielmehr lässt sich die Entstehung nationaler Teilgesellschaften als kulturelle Ausformung sozialen Wandels begreifen. Kulturelle und soziale Prozesse griffen unmittelbar ineinander.

Zentraler Schauplatz derartiger nationalkultureller Segmentierungen waren seit der Mitte des 19. Jahrhunderts zunächst die jungen, aufstrebenden Großstädte Ostmitteleuropas . Mit dem Ausbau kommunaler Selbstverwaltung wurden die Städte früh zu denjenigen Räumen, in denen neue, verfasste Formen politischer Aktivität und gesellschaftlicher Organisation eingeübt wurden [Hofmann/Wendland 6.g; Fasora/Hanuš/Malíř 6.g]. Zugleich veränderte das rasante Städtewachstum die ethnischen Verhältnisse geradezu radikal. Während die Zuwanderer unter hohen sozialen und oft auch sprachlichen Assimilationsdruck gesetzt wurden, sahen sich die etablierten Stadtpatriziate der Konkurrenz neuer Eliten aus Wirtschaft, Bildung und Verwaltung gegenüber [Melinz/Zimmermann 6.g]. Die schwungvolle städtebauliche Entwicklung eröffnete enorme Möglichkeiten, nationale Modernisierungs- und Emanzipationsansprüche architektonisch zu untermauern [Haas/Stekl 6.c; Marek 6.g]. Zugleich stellten die hohen sozialen Belastungen nachholender Industrialisierung die städtische Kommunalpolitik vor kaum zu bewältigende Herausforderungen. Aus all dem speiste sich ein Krisenempfinden, das intellektuell enorm stimulierend wirkte und doch auch den Zündstoff für eine Verdichtung sozialer und ethnischer Konflikte bot, wie sie auf dem Dorf kaum zu beobachten waren.

Auch der Zusammenbruch ethnischer Vielfalt war in den Städten besonders augenfällig. Im Zweiten Weltkrieg wurden ostmitteleuropäische Städte zu zentralen Schauplätzen der Ausgrenzung, Deportation und Ermordung der jüdischen Bevölkerung durch die deutschen Besatzer und der weitreichenden

Urbane Schauplätze

Zerstörung jeglicher Urbanität weit über die unmittelbaren Kriegsverwüstungen hinaus. Der Wiederaufbau nach 1945 machte die Großstädte Ostmitteleuropas dann zu denjenigen Orten, an denen der neue, sozialistische Mensch geformt werden sollte: durch die städtebauliche Repräsentation industrieller Massengesellschaften unter Leitung der jeweiligen kommunistischen Partei, durch die konkrete Verheißung eines für alle erreichbaren modernen Lebensstils und nicht zuletzt als Orte der Formierung jugendlicher Gegenkulturen und dissidentischer Gegenöffentlichkeit. Das Scheitern an einem Modernitätsanspruch, der gegenüber dem Individuum alle Maßstäbe verloren hatte, und ihr beklemmender baulicher Verfall ließen den unaufhaltsamen Utopieverlust der sozialistischen Ordnung seit den 1970er Jahren in den Städten Ostmitteleuropas in besonderer Weise zutage treten. Hier formierten sich schließlich die Bürgerbewegungen, welche 1989 die kommunistischen Regime stürzten und den Raum für die dynamische Wiederaufnahme zivilgesellschaftlicher Entwicklungen und die Wiederentdeckung einer bereits verloren geglaubten Urbanität im östlichen Europa öffneten [SCHLÖGEL, Promenade, 6.g; SCHLÖGEL, Marjampole 6.g].

Dabei war keine Stadt wie die andere. Gerade die jüngere Stadtgeschichtsforschung hat die enorme Vielfalt der ostmitteleuropäischen Städtelandschaften im 19. und frühen 20. Jahrhundert jenseits der großen Metropolen deutlich zutage treten lassen. Beispielhaft zeigt sich die fortschreitende Konsolidierung scharf voneinander abgegrenzter ethnischer Milieus zu nationalen Teilgesellschaften in Lemberg, Riga oder Budweis [MICK 6.g; HIRSCHHAUSEN 6.g; KING 7.d]. Selbst Provinzstädte wie das großpolnische Birnbaum/Międzychód oder die Fabrikstadt Tomaszów-Mazowiecki wurden von solchen Segmentierungen erfasst, auch wenn die überschaubaren kleinstädtischen Verhältnisse vielfältige kommunalpolitische Beziehungsgeflechte entstehen ließen [LORENZ 6.g; KOSMALA 6.g]. Im ostpolnischen Lublin hingegen konnten multiethnische Eliten durchaus zu Trägern der Industrialisierung werden [GEBHARD 6.g]. Hier und mehr noch im weißrussischen Polock lässt sich aber auch beobachten, wie ein gewachsenes christlich-jüdisches Vereinswesen um die Jahrhundertwende unter dem Druck des regierungsamtlichen Antisemitismus im Zarenreich wie eines exklusiven Herrschaftsanspruchs nationalrussischer Gruppierungen zerrieben wurde [ROHDEWALD 6.g]. Wiederum anders verlief die Entwicklung in der brodelnden Baumwollmetropole Lodz, die gerade aus ihrer ethnischen Vielfalt heraus zum Inbegriff rasanter Industrialisierung wurde und eine fragile, ständig gefährdete Koexistenz zwischen Polen, Juden und Deutschen herausbildete [HENSEL 6.g]. Am Beispiel der südungarischen Kleinstadt Szekszárd hat Z. TÓTH schließlich aufgezeigt, wie sehr Assimilationsprozesse ebenso wie die Konsolidierung ethnischer Milieus konfessionell strukturiert wurden [6.g].

In der Sozialisation rasch wachsender Stadtbevölkerungen waren die Übergänge zwischen nationaler Milieubildung und sprachlicher Assimilation fließend [HOREL 6.g]. So bot die ehemalige ungarische Hauptstadt Pressburg bis 1914 ein Bild kultureller Vielfalt, die sich angesichts des steten Zustroms von Arbeitern meist slowakischer Herkunft dem Druck staatlich forcierter Magyarisierung ebenso entzog wie der Ausbildung scharf abgegrenzter ethnonationaler Milieus [BABEJOVÁ 6.g]. Noch deutlicher lässt sich diese Tendenz in den Metropolen Warschau und Budapest beobachten, deren dynamisches Wachstum und politische Symbolhaftigkeit ethnische Milieubildungen weitgehend einebneten oder, abgesehen von den traditionellen jüdischen Vierteln, gar nicht erst aufkommen ließen [KIENIEWICZ 6.g; GYÁNI 6.g]. Etwas anders lagen die Verhältnisse in Prag. Während die böhmische Hauptstadt in der zweiten Hälfte des 19. Jahrhunderts auch ohne die Eingemeindung ihrer Vorstädte zu einer dynamischen, ganz überwiegend tschechisch geprägten Metropole heranwuchs [PEŠEK 6.g], zog sich die deutsche Bevölkerung in das scharf abgegrenzte Milieu einer nationalen Minderheit zurück [COHEN 7.g]. Kaum berührt von derartigen Neukonfigurationen von Ethnizität und ethnischer Vielfalt blieb schließlich Krakau, dessen Stadtentwicklung von der Spannung zwischen der Stilisierung zum „Schlupfwinkel" und zur „geistigen Hauptstadt" Polens und seiner bleibenden urbanen Provinzialität an der habsburgischen wie der polnischen Peripherie geprägt wurde [PURCHLA 6.g; KOZIŃSKA-WITT 6.g].

Assimilationsprozesse

Diese jüngeren Stadtmonographien ergänzen die kulturgeschichtlichen Studien, welche die Metropolen Ostmitteleuropas als Schauplätze des Durchbruchs zur klassischen Moderne aus der Brüchigkeit liberaler Gewissheiten beschreiben. Die Krise des Individuums und die radikale Absage an die eigene Geschichtlichkeit hat C. SCHORSKE als verbindendes Element benannt, welches den Aufbruch in den Künsten und Wissenschaften im Wien um 1900 als vielfältig aufeinander bezogenes, gemeinsames Phänomen fassbar werden lässt [6.h]. SCHORSKES Bild des empfindsamen Gartens hat P. HANÁK dazu inspiriert, Budapest gegenüber Wien als Werkstatt eines ungeduldigen, beinahe aufrührerischen Ausbruchs aus dem Korsett der Rückständigkeit zu porträtieren [6.h]. Gerade die vielfachen sozialen und ethnischen Fragmentierungen urbaner Kultur im östlichen Mitteleuropa trieben ein Verständnis von Modernität voran, das sich aus Krisenempfinden und prekärer Selbstvergewisserung speiste und trotz vieler Unterschiede gemeinsame Konturen aufwies [JOHNSTON 6.h]. Zugespitzt erscheint die Wiener Moderne um 1900 schließlich als Ausdruck einer spezifisch jüdischen Identitätskrise und der Suche nach einem in jüdischen Bildungstraditionen verankerten universellen Ideal der Humanität [BELLER 6.k; LE RIDER 6.h]. Aus einem ähnlichen Impuls mag auch der literarische Futurismus im Warschau der zwanziger Jahre erwachsen sein [SHORE 6.a]. Allerdings lässt sich das Krisenbewusstsein der ostmitteleuropäischen Moderne mitnichten auf eine spezifisch jüdische Erfahrung reduzieren [GYÁNI 6.g]. Dies zeigt sich nicht zuletzt an den vielfältigen kulturellen und kommunikativen Wechselwirkungen zwischen Zentrum und Peripherie, die sich in den Grenzbereichen zwischen Geschichtswissenschaft und Kunstgeschichte, Literatur- und Musikwissenschaft beobachten lassen [CORBEA-HOIŞIE/LE RIDER 6.g; THER 6.h].

Die klassische Moderne

Ethnische Segmentierungen, wie sie die Stadtgeschichte beschreibt, erfassten im 19. und frühen 20. Jahrhundert nahezu alle gesellschaftlichen Bereiche, wenn auch nicht überall in gleichem Maße. Die Vorstellung einer geradlinigen, unweigerlich in Gewalt mündenden Abschottung führt vielmehr in die Irre. Eindrucksvoll hat T. SNYDER den scharfen Kontrast zwischen der gelingenden kulturellen Symbiose in den ehemals litauischen Gebieten und dem Gewaltpotential der westlichen Ukraine herausgearbeitet [7.b]. Für die Habsburgermonarchie hat P. JUDSON nachdrücklich darauf verwiesen, wie sehr das Bild elementaren Ringens zwischen Deutschen und Tschechen oder Deutschen und Slowenen gerade auf lokaler Ebene den Projektionen nationaler Scharfmacher entsprang, die mit dem Lebensalltag breiter Bevölkerungsschichten wenig zu tun hatten [7.h; ZAHRA 7.d]. Solche Befunde werfen die Frage nach den treibenden Kräften ethnischer Segmentierungen auf. Für die Habsburgermonarchie lässt sich diese Frage mit dem Verweis auf die Politisierung breiter Bevölkerungsschichten im Gefolge sukzessiver Ausweitungen des Wahlrechts beantworten [MALÍŘ 8.g; STAUTER-HALSTED 7.b; Die Habsburgermonarchie 8.a, Bd. VIII]. Dieser Prozess hing nicht allein an konstitutionellen Formen politischer Teilhabe. Auch am altpolnischen, ostmitteleuropäischen Westrand des Zarenreiches lässt sich ein dynamischer Wandel des Zusammenlebens von Polen, Juden, Weißrussen und Ukrainern erkennen, der aus dem Vordringen russischer Staatlichkeit und ihrer Neuordnung des lokalen öffentlichen Raums erwuchs [WEEKS 8.g; DOLBILOV/MILLER 8.a].

Grenzen Besonders deutlich haben sich solche Prozesse anhand von Grenzregionen herausarbeiten lassen. Der bevölkerungspolitische Zugriff des Staates führte seit dem 18. Jahrhundert dazu, dass sich Staatsgrenzen verfestigten, und wirkte über das Staatsangehörigkeitsrecht mittelbar auch auf die Formulierung nationaler Identitätsentwürfe zurück. Für die Habsburgermonarchie lässt sich zeigen, wie ältere Zugehörigkeiten überlagert, aber mitnichten vollständig verdrängt wurden [HEINDL/SAURER 8.a]. Dies gilt auch für die Vielfalt neuer Grenzziehungen im Verlauf des 20. Jahrhunderts, die regionale Gesellschaften oft ohne Rücksicht auf gewachsene Bezüge durchschnitten und doch von der pragmatischen Gelassenheit alltäglicher Nachbarschaft geprägt blieben [NIENDORF 9.d]. Die Bevölkerung der heutigen Karpatoukraine erlebte auf diese Weise innerhalb eines Menschenalters fünf verschiedene Staatsangehörigkeiten [WANDYCZ 2.a: 8].

Betroffen von nationalen Vereinnahmungen waren vor allem regionale Bevölkerungsgruppen mit vornationalen, pluralen Identitätsoptionen, die sich eindeutigen Zuordnungen entzogen, wie sie insbesondere für Schlesien und Masuren beschrieben wurden [ROGALL 10.f]. Derartige Nationalisierungen ließen sich durch ein übergreifendes, regional gebundenes Heimatbewusstsein auch in solchen Regionen kaum auffangen, die wie Siebenbürgen oder Posen auf eine lange Tradition ethnischer Nachbarschaft zurückblickten [LENGYEL 9.d; SERRIER 7.b]. Allerdings lassen sich ebenso Beispiele dafür finden, dass ethnisch gemischte Grenzregionen nicht per se für nationale Polarisierungen prädisponiert waren [MÜLLER/PETRI 2.a]. Zu geradezu nostalgischer Verklärung lädt die Bukowina ein, die gleichsam als Musterland multiethnischer Integration auf der Basis eines starken Regionalbewusstseins gelten kann [TURCZYNSKI 2.e]. Inwieweit nationale und regionale Identitäten einander stützten oder konterkarierten, lässt sich somit nur am jeweiligen Einzelfall genauer bestimmen [THER/SUNDHAUSSEN 2.a].

Die Konzentration auf konfliktträchtige Prozesse nationaler Emanzipation und auf die aktiv betriebene Konstruktion nationaler Identitätsentwürfe hat lange den Blick auf die Transformation multiethnischer Milieus verstellt, die jenseits nationaler Polarisierungen alltäglich gelebte Vielfalt bewahrten. Besonders ausgeprägt war ein eingeübter Pragmatismus in den jeweiligen Armeen. Während sich ethnische Blindheit vor 1918 in der preußischen wie in der k. u. k. Armee auf staatszentriertes Standesbewusstsein im Offizierskorps und ein gerüttelt Maß an autoritärer Gleichgültigkeit gegenüber den einfachen Rekruten zurückführen lässt [BOYSEN 6.a; DEÁK 6.a], wurde sie in der tschechoslowakischen Armee der Zwischenkriegszeit zum erklärten Instrument staatspolitischer Integration [ZÜCKERT 9.d]. Eine sachbezogene Distanz zu Nationalitätenfragen hat C. BOYER auch für die deutsch-tschechischen Beziehungen im Wirtschaftsleben der ersten tschechoslowakischen Republik belegt [5.c]. Derartige Formen pragmatischen Umgangs entsprangen der Vielfalt alltäglicher Kontakte, die von ethnischen Segmentierungen nicht unterbunden wurden, liefen diese doch in der Regel auf eindeutige und stabile nationale Zuordnungen des Einzelnen und nicht primär auf gegenseitige Abschottung und Ausgrenzung hinaus. Gerade das Beispiel der Tschechoslowakei zeigt jedoch auch, dass ein derart entspannter Alltag in einer durchnationalisierten Gesellschaft die tiefe Entfremdung nicht bremsen konnte, als der gemeinsame Staat unter erheblichen äußeren Druck geriet [ZÜCKERT 9.d].

Multiethnischer Alltag

Diese Befunde werfen die Frage auf, inwieweit die Konsolidierung ethnischer Milieus den überkommenen Formen etablierter Mehrsprachigkeit die Grundlage entzog. Auch sie lässt sich nicht eindeutig beantworten. Einerseits wurde die herkömmliche Selbstverständlichkeit von Mehrsprachigkeit und Diglossie gerade in der Habsburgermonarchie durch die Nationalbewegungen massiv unterlaufen und drohte mit den schweren Konflikten der Badeni-Krise und der Tendenz zum verfassten politischen Proporz verlorenzugehen [BURGER, Verlust 7.i]. Andererseits lassen ein hohes Maß an sozialer Mobilität, der weitverbreitete „Kinderwechsel" in jeweils anderssprachige Landesteile, der Ausbau von Bildungsinstitutionen und mehrgenerationelle Assimilationsprozesse weniger einen Rückgang von Mehrsprachigkeit als vielmehr einen Wandel ihrer Funktionen innerhalb dynamischer gesellschaftlicher Umbrüche erkennen [PUTTKAMER 6.d].

Mehrsprachigkeit

In dieses Muster ethnisch-kultureller Assimilation und Dissimilation lassen sich auch die Juden Ostmitteleuropas einordnen. Allerdings versteht die jüngere Forschung die ostjüdische Geschichte fast durchweg als ein gesondertes Forschungsfeld, in dem es vorrangig darauf ankomme, die komplexe Vielfalt jüdischer Antworten auf die Herausforderungen der Moderne herauszuarbeiten und die eindimensionale Gegenüberstellung von bürgerlicher Emanzipation im Westen und traditionsbewusster Selbstbehauptung im Osten aufzulösen. Die Rekonstruktion ostjüdischer Lebenswelten hat den Übergang der osteuropäischen Judenheit in die Nationalgesellschaften des 19. und 20. Jahrhunderts als

Ostjüdische Lebenswelten

krisenhaften Prozess verdeutlicht, der über die Formulierung vielfältiger Lebensentwürfe und Zukunftserwartungen ein neues ostjüdisches Selbstbewusstsein hervorbrachte [HAUMANN, Geschichte 6.j; HAUMANN, Luftmenschen 6.j]. Das östliche Mitteleuropa lässt sich geradezu als Laboratorium begreifen, in dem die Spannung zwischen Assimilationserwartungen und Antisemitismus, die Konfrontation von jüdischer Orthodoxie, Haskalah und Chassidismus sowie die Berührung mit nationalen und sozialistischen Bewegungen die unterschiedlichsten Antworten auf die Frage hervorbrachte, wie sich jüdische Identität in modernen Gesellschaften formulieren ließe.

Jüdische Aufklärung

Die liberale Option, wie sie die Haskalah aus dem Geist von Bildung und Aufklärung entwarf, stellte die jüdischen Eliten Ostmitteleuropas seit der Mitte des 19. Jahrhunderts vor die Frage, inwieweit sie sich an einer übergreifenden, deutschsprachigen Kulturgemeinschaft oder vielmehr an der aufkommenden polnischen, tschechischen oder ungarischen Mehrheitsgesellschaft orientieren sollten. Gerade die Kernländer der Habsburgermonarchie eröffneten seit 1867 weitreichende Möglichkeiten jüdischer Assimilation, die auch in ihren nationalen Fragmentierungen durchaus als Erfolgsgeschichte beschrieben worden ist [MCCAGG 6.k]. Die Debatte um die sozialen Grundlagen des Wiener Fin de siècle hat dabei gezeigt, dass sich urbane Sozialisierungen innerhalb eines eigenständigen jüdischen Milieus vollzogen und auch im Angesicht des Antisemitismus mitnichten in die Preisgabe jüdischer Identität mündeten [ROZENBLIT, Jews 6.k; WISTRICH 6.k; BELLER 6.k]. Der Begriff der Assimilation erweist sich in seiner teleologischen Eindimensionalität somit als ausgesprochen problematisch, nicht anders als in den Debatten zur jüdischen Erfahrung im deutschen Kaiserreich. Angemessener erscheint es vielmehr, von einem Prozess brüchiger jüdischer Integration in eine bürgerliche Gesellschaft zu sprechen, der beständig durch Antisemitismus unterlaufen wurde [OXAAL/POLLAK/BOTZ 6.j; RAHDEN 6.k].

Wie sehr eine derart verstandene jüdische Integration in konfliktreiche Prozesse nationaler Segmentierungen eingebettet war, lässt sich an den böhmischen Ländern ablesen. Hier war die jüdische Emanzipation zunächst an deutscher Kultur orientiert. Seit der Mitte des 19. Jahrhunderts gewann hingegen die tschechische Option in den kleineren Städten die Oberhand [KIEVAL, Making 6.k]. Oft waren es nur marginale Unterschiede in der jeweiligen Sozialisation, die schließlich den Ausschlag gaben und die Frage jüdischer Identität zwischen Deutschen und Tschechen so komplex erscheinen lassen [ČAPKOVÁ 6.k; NEKULA/KOSCHMAL 6.k]. Für Ungarn mit seinen neu entstehenden nationalen Mittelschichten lässt sich zunächst sogar von einer ungarisch-jüdischen Symbiose sprechen. Dieser lag gleichsam ein „assimilatorischer Sozialpakt" mit dem liberalen Reformadel zugrunde, der die jüdische Emanzipation mit dem Bekenntnis zur ungarischen Nationalkultur verknüpfte [KARÁDY 6.k: 93]. Die frühe Spaltung der ungarischen Judenheit und die Bildung einer radikalen jüdischen Orthodoxie lassen sich gerade aus dieser dynamischen Assimilation erklären, der anders als im deutschsprachigen Raum keine lange, intellektuelle

Traditionskritik innerhalb der Rabbinerschaft vorangegangen war. Zum offenen Bruch kam es jedoch erst über den Versuch einer landesweiten Organisation der ungarischen Juden, die weitreichende Kompetenzen in der Gemeindeorganisation und vor allem im Schulwesen in Aussicht stellte [J. KATZ 6.j; PIETSCH 6.j].

Noch erheblich prekärer als in der Habsburgermonarchie verlief die Emanzipation der polnischen Juden. Den komplexen Gesetzgebungsprozess in den einzelnen Teilungsgebieten hat A. EISENBACH als zögerlich ausgestaltetes Element umfassender, staatlich angestoßener gesellschaftlicher Modernisierung beschrieben [6.k]. Seitdem hat die Forschung vor allem für die russischen Teilungsgebiete die Orientierung an der Rechtsstellung der Juden weitgehend hinter sich gelassen und hier noch schärfer als für die Habsburgermonarchie die unterschiedlichen Linien der Neuformulierung jüdischer Identität in einer multiethnischen Gesellschaft thematisiert [CAŁA 6.k]. Das harte Ringen zwischen Chassidismus und rabbinischer Orthodoxie um die Grundlagen jüdischen Glaubenslebens setzte der Ausbreitung der Haskalah in Polen zunächst enge Grenzen, selbst wenn moderate Maskilim sich bewusst an den spezifischen Bedingungen des Ostjudentums orientierten [SINKOFF 6.k]. Auch auf polnischer Seite war es eine zwar wortmächtige, aber doch schmale intellektuelle Elite, welche die kulturelle Assimilation der Juden propagierte und 1862 im Königreich Polen deren rechtliche Gleichstellung durchsetzte. Unter dem Druck der aufkommenden Nationaldemokratie brach dieses assimilationsfreundliche Klima in den folgenden Jahrzehnten nahezu vollständig zusammen [WEEKS 6.l]. Das beharrliche Festhalten an den Organisationen jüdischer Gemeindeautonomie und die Bewahrung eines jüdischen Gemeinschaftsempfindens auch über tiefe religiöse Gräben hinweg bildeten das lebensweltliche Fundament einer kulturellen Sonderstellung, der sich selbst die Reformjuden des Königreichs Polen nicht gänzlich entzogen [GUESNET 6.j].

Hier knüpften schließlich auch diejenigen jüdischen Identitätsentwürfe an, die aus der Berührung mit Nationalismus und Sozialismus als den dominanten politischen Strömungen der Jahrhundertwende entstanden. So lässt sich der Zionismus mit seiner hohen Resonanz in Ostmitteleuropa als nationale Antwort auf spezifisch ostjüdische Krisenerfahrungen verstehen [HAUMANN, Traum 6.k]. Wie die zionistische Presse in Zwischenkriegspolen zeigt, bildeten jüdische und polnische Identität dabei keine unüberbrückbaren Gegensätze, sondern vielmehr die Eckpunkte eines breiten Spektrums jüdischer Polonität, das aus der Konfrontation mit dem Antisemitismus der Mehrheitsgesellschaft entstand [STEFFEN 6.j]. Eigenständige Formen einer säkularen, jüdischen Moderne formulierte auch der aus der sozialistischen Bewegung hervorgegangene Allgemeine Jüdische Arbeiterbund [PICKHAN 6.j]. Die radikalste Form jüdischer Hinwendung zum Sozialismus war jedoch das Bekenntnis zum Kommunismus in seiner internationalistischen Spielart. Auch wenn mit dem Beitritt zur Kommunistischen Partei die bewusste Absage an jegliche Formen gesonderter jüdischer Identität einherging, lässt sich die Geschichte jüdischer Kommunisten und Literaten in Polen von der Zwischenkriegszeit bis zur erzwungenen Emigration 1968 rückblickend doch als spezifisch jüdische Generationserfahrung beschreiben, die mit millenarischen Hoffnungen begann und nach intensiv erlebten Spannungen und Enttäuschungen schließlich in der existentiellen Katastrophe endete [SCHATZ 9.a; SHORE 6.a].

Antisemitismus   Aus dem Kontext nationaler Konflikte und der aufkommenden sozialistischen Bewegungen lassen sich auch die Ausprägungen des Antisemitismus in Ostmitteleuropa erklären, der seit den 1880er Jahren die Möglichkeiten jüdischer Assimilation zusehends unterlief. Für Polen und Ungarn, wo antijüdische Vorbehalte noch bis über die Mitte des 19. Jahrhunderts hinaus ganz im Schatten liberaler Assimilationserwartungen gestanden hatten, ist die Entstehung eines virulenten Antisemitismus als gesellschaftliche Reaktion auf soziale Verwerfungen und als Ausdruck von Modernisierungskrisen gedeutet worden. So hat die Untersuchung einzelner Pogrome seit 1881 gezeigt, dass die zugrunde liegenden antisemitischen Topoi hier viel stärker als im westlichen Europa gesellschaftlich tief verwurzelte Alltagsmuster städtischer Unter- und Mittelschichten darstellten [JAWORSKI 6.l].

Es würde jedoch zu kurz greifen, die ostmitteleuropäischen Antisemitismen vorrangig aus der Verarbeitung eines krisenhaften Alltags zu deuten. Auch hier erwuchs ein moderner Antisemitismus aus der Abkehr des jeweiligen Nationalgedankens von seinen liberalen Wurzeln. Für Polen ist die tiefe Verankerung antisemitischen Gedankenguts in den Nationsdiskursen seit der Jahrhundertwende schlichtweg nicht zu übersehen [PORTER 7.b; MICHLIC 6.l]. Die überspitzte These, dass die jüdischen Lebensverhältnisse in Zwischenkriegspolen primär von antisemitischer Bedrängnis im Vorfeld des Holocaust bestimmt gewesen seien [HELLER 6.l], hat sich allerdings nicht halten lassen. Zwar untergrub der polnische Nationalstaat beständig die formale Gleichberechtigung seiner jüdischen Staatsbürger, gab sie jedoch nicht grundsätzlich preis [MENDELSOHN 6.l; RUDNICKI 6.l]. Dass sich auch in Ungarn, wo der Antisemitismus bis zum Ersten Weltkrieg zunächst eine marginale Erscheinung geblieben war, nach 1918 eine aggressive, entschieden antisemitische Liberalismuskritik durchsetzen konnte [GYURGYÁK 6.l], lässt sich schlüssig aus den Erfahrungen des Zusammenbruchs und der Räterepublik erklären. Jenseits der Kritik an dem Numerus-Clausus-Gesetz von 1920 liegt inzwischen deutlich zutage, wie tief dieser „gouvernementale Antisemitismus" [FISCHER 6.l: 147] in die urbanen Mittelschichten hineinreichte und von einem breiten, auch von den Kirchen mitformulierten Konsens über eine moralische Erneuerung Ungarns als „christlicher Nation" getragen wurde [KOVÁCS 6.l; HANEBRINK 6.l]. Auch der tschechische Antisemitismus der Jahrhundertwende kann wie in anderen europäischen Ländern auch als zentrales Element in der Abwehr einer von sozialistischen Strömungen vermeintlich gefährdeten Einheit von Volk und Nation verstanden werden [FRANKL 6.l] und ließ sich erst in den zwanziger Jahren durch die entschiedene Absage Staatspräsident Masaryks an jegliche Form von Judenfeindschaft eindämmen [SCHULZE WESSEL 6.k]. Als offen artikulierter Kernbestandteil prekärer nationaler Selbstbehauptung wurde Antisemitismus somit zu einem zentralen Element breitenwirksamer politischer Öffentlichkeit.

4. Ethnische Vielfalt zwischen Abschottung und Symbiose 191

Die festgefügte Ausgrenzung von Juden aus den jeweiligen Nationsentwürfen wurde schließlich zur Grundlage stillschweigender Hinnahme, wenn nicht gar der aktiven Beteiligung an Mordaktionen durch die deutschen Besatzer [siehe unten Kapitel II.6]. Hier liegt auch ein Schlüssel für das Fortwirken antisemitischer Topoi über den Zweiten Weltkrieg hinaus, trugen diese doch dazu bei, den Kommunismus als Fremdherrschaft zu externalisieren und wurden zugleich von Kommunisten benutzt, um sich ihrerseits als genuin nationale Kraft zu präsentieren. Für Polen hat J. T. GROSS anhand des Pogroms von Kielce vom Juli 1946 gar mit der These provoziert, dass der repressiven Konsolidierung des kommunistischen Regimes ein stilles Einvernehmen mit weiten Teilen der polnischen Bevölkerung über einen „judenreinen" Nationalstaat zugrunde gelegen habe [6.l: 243]. Damit habe sich zugleich deren Rolle bei der vorangegangenen Ermordung der Juden und der Aneignung ihrer Besitztümer beschweigen lassen. Ähnlich ließe sich für die unmittelbaren Nachkriegsjahre wohl auch für Ungarn oder die Slowakei argumentieren.

Diese These mag überspitzt sein und die Verankerung des kommunistischen Regimes in der jeweiligen Bevölkerung grob verzeichnen. Die antisemitische Kampagne vom März 1968 in Polen zeigt jedoch, dass der Parteiapparat Polen 1968 erhebliche Segmente der Bevölkerung wie der katholischen Kirche durch tief verwurzelte antisemitische Topoi für eine geradezu klassische Parteisäuberung mobilisieren konnte [STOLA 6.l; KOSMALA 6.l]. Der Umstand, dass nunmehr ein Großteil der ohnehin nur noch wenigen verbliebenen Juden in die Emigration gedrängt wurde, lässt das Jahr 1968 rückblickend als Schlusspunkt einer gleichsam zwingenden Entwicklung hin zu einer ethnisch homogenen polnischen Gesellschaft erscheinen, die ihre jüdischen Traditionen weitgehend verdrängt hat. Obgleich sich der ostmitteleuropäische Antisemitismus längst von seinen Entstehungsbedingungen im späten 19. Jahrhundert abgelöst hat, bleibt er weiterhin als Strategie gesellschaftlicher Krisenbewältigung verfügbar, die auf ethnische Homogenität als Bollwerk gegen den befürchteten Verlust nationaler Identität setzt. In dieser Form sind antisemitische Haltungen auch nach dem Ende der sozialistischen Regime im gesamten östlichen Europa durchaus virulent [HAUSLEITNER/KATZ 6.l].

Die Konfliktträchtigkeit ethnonationaler Milieubildungen ist schließlich unmittelbar mit der Frage nach den zivilgesellschaftlichen Traditionen im östlichen Zivilgesellschaft Mitteleuropa verbunden. Diese Debatte, die vor allem für das 19. Jahrhundert geführt wird, greift ältere Argumentationslinien der Frage nach einem ostmitteleuropäischen Bürgertum auf [siehe oben Kap. II.3]. Sie stellt aber weniger auf soziale Formationen und Schichtungen als auf Prozesse gesellschaftlicher Selbstorganisation ab und erlaubt es somit, die Tradition ständisch verfasster Gruppenautonomien der frühneuzeitlichen Adelsgesellschaften in ihrer Wirkung auf die Ausbildung spezifischer Wege zu zivilgesellschaftlichen Formen in Ostmitteleuropa mit in den Blick zu nehmen [KOCKA 4.c]. Für das östliche Mitteleuropa erhält das Konzept der Zivilgesellschaft seinen besonderen Reiz zudem aus dem Geist moralischer Verantwortung, der als genuiner Beitrag ostmitteleuropäische Dissidenz zum politischen Denken benannt worden ist [FALK 11.g; SCHMIDT 4.b]. Vor diesem Hintergrund hat sich die Frage nach zivilgesellschaftlichen Organisationsformen und Praktiken gerade mit Blick auf Ostmitteleuropa als einflussreiches Konzept eines übergreifenden europäischen Vergleichs etabliert [BAUERKÄMPER 6.a]. Die normativen Elemente dieser Diskussion sind nicht zu übersehen, gelten zivilgesellschaftliche Elemente doch als Ausweis historisch verbürgter demokratischer Reife und der Zugehörigkeit zum europäischen Westen. Die dahinterstehende Erweiterung des Politikverständnisses, welches die zivilgesellschaftlichen Voraussetzungen politischer Teilhabe und sozialer Stabilität in den Blick nimmt, hat sich jedoch durchaus als gewinnbringend erwiesen.

Inwieweit kann in diesem Zusammenhang von einem Defizit zivilgesellschaftlicher Entwicklung im östlichen Mitteleuropa gesprochen werden? Die *Vereine* Entwicklung des Vereinswesens zeigt zunächst einen Prozess der Diffusion, der vor allem in der Habsburgermonarchie zeitlich kaum hinter den westlichen Nachbarn zurückstand, sondern allenfalls eine geringere Dichte aufwies [HOFFMANN 6.a]. Dies gilt neben dem österreichischen Vormärz insbesondere für die ungarische Reformära, in der sich Vereine rasch als autonome Foren überständischer gesellschaftlicher Selbstorganisation etablierten [NEMES 6.g; TÓTH 6.c]. In engem Zusammenspiel mit einer ausdifferenzierten Presselandschaft wurden Vereine und Parteien in Habsburgermonarchie zu zentralen Feldern einer fortschreitenden Fundamentalpolitisierung, gleichsam zur „Grundschule" hoher Politik, und zu einem wichtigen Rekrutierungsfeld parlamentarischer Eliten [Die Habsburgermonarchie 8.a, Bd. VIII]. Für die russischen Teilungsgebiete Polens hat M. JANOWSKI argumentiert, dass auch die „Organische Arbeit" in ihrer klassischen Ausprägung bis zur Jahrhundertwende in den Formen gesellschaftlicher Selbstorganisation einem durchaus zivilgesellschaftlichen Leitbild mündiger Individuen folgte [6.a].

Gerade das Vereinswesen zeigt, dass die Ausbildung zivilgesellschaftlicher Formen im östlichen Mitteleuropa ethnischen Segmentierungen konkrete Formen gab, wobei Vereine gleichermaßen als intermediäre, zwischen Politik und Bevölkerung vermittelnde Strukturen wie als nationalpolitische Sozialisationsinstanzen wirkten. Tragendes Gerüst zivilgesellschaftlicher Selbstorganisation war in weiten Teilen des östlichen Mitteleuropas ein integraler Nationalismus. Dieser Befund wirft die Frage auf, inwieweit Zivilgesellschaft im östlichen Mitteleuropa als Element einer Kanalisierung sozialer Konflikte gesehen werden kann, wuchs doch gerade die Konflikträchtigkeit entlang ethnisch-nationaler Linien so in erheblichem Maße an [STRUVE 6.f; HIRSCHHAUSEN 6.g; LIESKE 6.e]. Damit wurde auch die Autonomie gegenüber dem obrigkeitlichen Staat eingeschränkt. Einerseits behinderten nationale Fragmentierungen in Cisleithanien eine wirksame öffentliche Kontrolle staatlichen Handelns und mündeten stattdessen in erratische Blockaden parlamentarischer Arbeit. Wo sich Staat und Vereine wie im Ungarn der Ausgleichsepoche oder in den Nationalstaaten der Zwischenkriegszeit gleichermaßen über ein gemeinsames nationales Projektes definierten, tendierten gesellschaftliche Organisationen andererseits dazu, sich weniger als autonome Zwischeninstanzen denn vielmehr als dynamische Vorreiter dieses nationalen Projektes zu verstehen.

In der Entwicklung zivilgesellschaftlicher Selbstorganisation tritt der tiefe Strukturbruch in der Mitte des 20. Jahrhunderts besonders deutlich zutage. Nach der Auflösung politischer Öffentlichkeit und der Zerstörung der Städte während des Krieges, der Ermordung der Juden sowie den Vertreibungen bei Kriegsende wurden in den Jahren des Stalinismus noch bestehende soziale Zerklüftungen zugunsten des Leitbildes einförmiger städtisch-industrieller Lebensformen sozialistischer Spielart eingeebnet. Am Vergleich sozialistischer Städte mit parallelen Urbanisierungsprozessen in Westeuropa lässt sich neben einer Vielzahl an Ähnlichkeiten in Stadtplanung, Infrastrukturen und Wohnungsbau ablesen, wie sehr monumentale Inszenierungen die tradierten Formen urbaner Öffentlichkeit als Forum bürgerlicher Selbstorganisation verdrängten und ins Private verlagerten [CROWLEY/REID 11.e]. Damit blieb auch der Selbstorganisation ethnischer Milieus kein Raum mehr. Im Zuge der sozialistischen Verstädterung wurde somit auch die weitreichende ethnische Homogenisierung zu einem vorläufigen Abschluss gebracht.

<small>Sozialistische Stadt</small>

Wo nationale Positionen im Alltag an Bedeutung verloren, trat der tiefgreifende kulturelle Umbruch umso deutlicher hervor, der aus der Auflösung traditionaler Milieubindungen erwuchs. Die alltagsgeschichtlichen Zugänge zur sozialistischen Epoche lassen erkennen, welche Freiräume gerade in der „Mangelgesellschaft" für die Neuformulierung pluraler Lebensentwürfe hinter der propagandistischen Fassade entstanden, in Wohnverhältnissen und Geschlechterrollen ebenso wie im Konsumverhalten und insbesondere in der Jugendkultur [siehe oben Kapitel II.3]. Das Aufkommen neuer Eliten seit den sechziger Jahren und die Umbrüche des Systemwandels haben neue kulturelle Zerklüftungen hervorgebracht, die mit den nationalkulturellen Fragmentierungen, welche die allmähliche Auflösung der adelsständischen Gesellschaften Ostmitteleuropas im 19. und frühen 20. Jahrhundert prägen, kaum noch etwas zu tun haben. Geblieben ist hingegen eine durchgreifende Ethnisierung der Gesellschaften Ostmitteleuropas. Diese mag im Alltag zwar an Relevanz verloren haben, bildet aber nach wie vor die Grundstruktur nationaler Deutungsmuster, welche die gelebte Praxis mit einem ausformulierten Ideensystemen verbinden und als zentrale Kategorien politischer Selbstdeutung und tragendes Gerüst ostmitteleuropäischer Staatlichkeit bis in die Gegenwart wirksam sind.

5. NATIONALISMEN UND NATIONALITÄTENKONFLIKTE

Die Nationalismusforschung, seit jeher ein zentrales Feld historischer Beschäftigung mit Ostmitteleuropa, hat in den letzten zwei Jahrzehnten einen tiefgreifenden Wandel erlebt. Kaum jemand würde heute noch von einem „nationalen Erwachen" der Völker Mitteleuropas sprechen. Denn diese Formel setzt ein Verständnis von Völkern als organisch gewachsenen Gemeinschaften voraus, die es zu nationalem Bewusstsein zu erwecken galt, um in der entstehenden Konkurrenz der Nationalstaaten auf lange Sicht überleben zu können. Auf dieser Annahme beruht das eingängige, bis heute nachwirkende Phasenmodell von M. HROCH [Vorkämpfer 7.a]. Einer sozialgeschichtlich grundierten Nationalismusforschung hat es über ein Vierteljahrhundert hinweg als flexibler Rahmen gedient, die ostmitteleuropäischen Nationalbewegungen vergleichend zu erfassen und als Prozesse nationaler Emanzipation der Völker Ostmitteleuropas aus imperialer Überschichtung zu beschreiben. Mit B. ANDERSONs nicht minder einprägsamer Formel von den „vorgestellten Gemeinschaften" (*Imagined Communities*) hat sich inzwischen jedoch eine konstruktivistische Kritik an der Idee der Nation durchgesetzt, welche die Nationalisierung Ostmitteleuropas nicht mehr als Funktion sozialer Umbrüche, sondern als aktiv gestalteten Wandel politischer Deutungen und sozialer Ordnung versteht [7.a].

<small>„Imagined Communities"</small>

Die Suche nach einer Theorie des Nationalismus, die diesen mit dem Durchbruch zur Moderne verknüpft, ist seitdem der Untersuchung nationaler Identitäten und Narrative gewichen. Einschlägige Sammelbände bündeln die fast schon unüberschaubare Vielzahl kulturwissenschaftlicher Studien zu nationalen Mythen und Geschichtsbildern [BEHRING/RICHTER/SCHWARZ 7.a], Erinnerungsorten und Visualisierungen [JAWORSKI/KUSBER/STEINDORFF 12; BARTETZKY/DMITRIEVA/TROEBST 7.a], Festen und Inszenierungen [BRIX/STEKL 7.a; BUCUR/WINGFIELD 7.h] sowie zur Dynamik nationaler Identitätsentwürfe [JUDSON/ROZENBLIT 7.a], welche diesen Ansatz mit Leben gefüllt und die Rekonstruktion mannigfaltiger nationaler Vorstellungswelten und Deutungsmuster ermöglicht haben. Schnell hat sich gezeigt, dass nationale Identitäten mitnichten als kohärente Deutungssysteme verstanden werden können. So hat M. CSÁKY dafür plädiert, der postulierten Eindeutigkeit nationaler Gedächtnisorte gerade deren Vieldeutigkeit und Pluralität entgegenzusetzen [4.c]. Anhand der Siebenbürger Rumänen hat S. MITU herausgearbeitet, wie ambivalent publizistisch und literarisch vermittelte nationale Identitätsentwürfe sein konnten und wie sehr sie auch kulturelle Selbstzweifel und Minderwertigkeitsgefühle integrieren mussten [7.f]. Hier knüpft der Versuch an, die Prozesshaftigkeit ethnischer Identitätsbildungen unter den Bedingungen kultureller Hegemonie mit der Begrifflichkeit der *postcolonial studies* zu fassen und ihren hybriden Charakter herauszuarbeiten. Wie weit solche Versuche tragen, mit literaturwissenschaftlichem Instrumentarium kulturelle Machtverhältnisse und Interferenzen zu erfassen und damit sowohl der Tendenz nationaler Nar-

<small>Nationale Identitäten</small>

rative zur Eindeutigkeit als auch der rückblickenden Verklärung ethnischer Vielfalt zu entkommen, wird sich angesichts der höchst heterogenen und kaum aufeinander beziehbaren Einzelbefunde jedoch erst noch erweisen müssen [FEICHTINGER/PRUTSCH/CSÁKY 6.h; FEICHTINGER u. a. 6.h].

Zugespitzt wird die Debatte durch R. BRUBAKERS Postulat, nationale Identität nicht als gegebene Kategorie zu begreifen, die sich über ihre Ausdrucksformen in intellektuellen Entwürfen und Deutungsangeboten erschließen ließe, sondern als Sicht auf die Welt und als aktiv propagierte Kategorie sozialer Praxis, die durch den „nationalizing state" des 19. und 20. Jahrhunderts entscheidend geprägt, wenn nicht überhaupt erst hervorgebracht wurde [Nationalism 7.a; Ethnicity 7.a]. Nationalitätenkonflikte wie die der 1990er Jahre beschreibt BRUBAKER nicht als Ursache, sondern als Folge territorialer Neuordnung in einem „triadischen Nexus" aus den Ansprüchen des jeweiligen Staates, der Orientierung an einer externen Mutternation und nationaler Selbstabschottung. Damit geht er einen weiteren Schritt, die Selbstlegitimierung des Nationalstaats aus seinen eigenen Kategorien offenzulegen. An Beispielen aus der Zwischenkriegszeit ist folgerichtig dafür plädiert worden, die Suche nach nationalen Identitäten angesichts ihrer essentialistischen Konnotationen hinter sich zu lassen und politische Handlungsdispositionen vielmehr über die Kategorien staatsbürgerlicher Loyalität zu erschließen [SCHULZE WESSEL 9.d; HASLINGER/PUTTKAMER 9.d].

Besondere Aufmerksamkeit verdient die Frage nach dem Verhältnis von Nation und Religion im östlichen Mitteleuropa. Am Beispiel Böhmens hat Z. NEŠPOR unlängst gezeigt, wie seit der Toleranzpolitik Josephs II. konfessionelle durch nationale Identifikationsmuster verdrängt wurden [7.d]. Gerade die Kirchen spielten in der Durchsetzung nationaler Vorstellungswelten allerdings eine zentrale Rolle, da sich religiöse und nationale Narrative und Inszenierungen häufig aufs engste überlappten [MANER/SCHULZE WESSEL 6.m; SCHULZE WESSEL 6.m]. Die Deutung von Nationalismus als „Ersatzreligion" in einer zusehends säkularisierten Welt [WEHLER 7.a] lässt sich im Lichte dieser Befunde für das östliche Mitteleuropa kaum aufrechterhalten. Problematisch ist auch die zugrunde liegende Neigung, Nationalismus und Religiosität gleichermaßen in den Bereich des Irrationalen zu verweisen. Angemessener erscheint es, auch für das östliche Mitteleuropa von einer „religiösen Dimension" des Nationalen zu sprechen [WALKENHORST 7.a; GRAF 7.a]. Diese äußerte sich auch in der Figur des Sterbens für das Vaterland, wie sie den jeweiligen und oft miteinander rivalisierenden nationalen Totenkulten zugrunde lag [MICK War 9.c]. Hier verdichtete sich der Anspruch der Nation auf Gültigkeit als letzter, Orientierung stiftender Wert. Der erneute Rückgriff auf derartige religiöse Unterfütterungen nationaler Identitätsentwürfe und geschichtskultureller Praktiken nach 1989 lässt deren hohes Maß an Kontinuität und Bindekraft deutlich werden [SAMERSKI 12].

Nation und Religion

Die Debatte, die Modernisten und Primordialisten im Anschluss an die Arbeiten von B. ANDERSON, E. GELLNER und E. HOBSBAWM über die Modernität europäischer Nationalismen geführt haben [SMITH 7.a], hat das östliche Mitteleuropa allenfalls am Rande berührt. Es liegt auf der Hand, dass die nationalen Vorstellungen der Aufklärung und Romantik unmittelbar auf der frühneuzeitlichen, ständischen Idee der Nation als Grundkategorie politischen Handelns aufruhten. Die Nation musste somit nur dort neu „erfunden" werden, wo sie wie bei Ukrainern oder Slowaken nicht an Formen etablierter Staatlichkeit und ihre ständischen Geschichtsbilder anknüpfen konnte. Dennoch hat sich die Idee der ständischen Nation mit dem Aufkommen sprachnationaler Erneuerungsbewegungen unübersehbar verändert. Die Frage nach der Modernität der ostmitteleuropäischen Nationalismen des 19. und 20. Jahrhunderts wird somit von der Frage nach den vielschichtigen Übergängen von politischen zu ethnischen Nationskonzepten und ihren Folgen für die staatliche und politische Ordnung der Region verdrängt.

Staats- und Kulturnation

Friedrich MEINECKE hat diese tief im europäischen Denken verankerte Dualität von Staatsnation und Kulturnation noch als eng aufeinander bezogene Dimensionen nationalen Gemeinschaftsempfindens verstanden [7.a]. Erst in der Folge hat sich die Vorstellung etabliert, Staatsnation und Kultur- bzw. Sprachnation als entgegengesetzte Konzepte zu begreifen, die sich unterschiedlichen Himmelsrichtungen zuordnen lassen. Die Idee der Staatsnation, die sich primär auf die politische Ordnung des jeweiligen Gemeinwesens bezieht, wurde fortan für Nordamerika und den europäischen Westen reklamiert, während sich in Mittel- und Osteuropa seit Herder die Idee der auf das Volk gegründeten Sprachnation durchgesetzt habe [KOHN 7.a; SCHIEDER 7.a]. Diese Zuordnung ist durchaus normativ zu verstehen, liegt ihr doch die Unterscheidung zwischen einem integrativen, potentiell demokratischen Nationalismus als Garant politischer Stabilität im Westen und einem ethnisch ausgrenzenden, mit demokratischen Prinzipien kaum vereinbaren Nationalismus als Hort beständiger Instabilität im Osten Europas zugrunde. Für das Verständnis unterschiedlicher Konzepte von Staatsbürgerschaft mag diese Dichotomie bis heute ihre Berechtigung haben. Als Grundlage einer historischen Typologie europäischer Nationalismen lässt sie sich hingegen kaum halten. Da nationale Vorstellungen nahezu durchgängig sowohl auf kulturelle Homogenität wie auf einen eigenen Staat zielen, lassen sich allenfalls graduelle, kaum jedoch grundsätzliche Unterschiede ausmachen [BRUBAKER, Myth 7.a; BAYCROFT/HEWITSON 7.a]. Die Einsicht in die territoriale Dimension nationaler Weltdeutung, wie sie die Forschungen zu Raumentwürfen oder kognitiven Karten (*mental maps*) herausarbeiten, hat diesen Befund noch verstärkt [SCHENK 7.a]. Dennoch bildet die Frage nach den unterschiedlichen Nuancen und Entwicklungslinien im Verhältnis sprachlich-kultureller gegenüber staatsbürgerlich-politischen Elementen bis heute einen zentralen Strang in der Ideengeschichte europäischer Nationalismen vor allem des 19. Jahrhunderts, zumal in diesen Kategorien zugleich die Spannung zwischen sozialer Stabilität und emanzipatorischer Verheißung verhandelt wurde. Rückblickend werfen diese Debatten somit auch die Frage nach verschütteten Alternativen der jeweiligen Nationalgeschichte auf. Aber auch die klassischen geistesgeschichtlichen Fragen nach dem Ringen um eigenständige

Gesellschaftsentwürfe zwischen Ost und West sind in dieser Debatte nach wie vor präsent.

Besonders deutlich stellt sich dieses Problem für den polnischen Nationalismus, in dem sich die Auseinandersetzung um unterschiedliche Wege in die Moderne auf komplexe Weise mit der Bewältigung der Teilungserfahrungen verschränkte [JEDLICKI 7.b; WALICKI, Poland 7.b]. Die Wurzeln des modernen polnischen Nationsverständnisses reichen bis in die Reformdebatten des späten 18. Jahrhunderts zurück. Diese kreisen um das Verhältnis von Freiheit und monarchischer Gewalt. Eine Verengung der politischen Nation auf eine sprachlich definierte Gemeinschaft war dem Denken der Epoche weitgehend fremd. Stärker noch als die Reformpartei waren die polnischen Republikaner, von der Konföderation von Bar bis zu Tadeusz Kościuszko, von den radikalen Strängen der europäischen Aufklärung beeinflusst und begründeten das nationale Leitbild einer freiheitlich verfassten politischen Gemeinschaft [WALICKI, Enlightenment 7.b]. Diese Linie setzte sich auch in der Romantik zunächst fort. Die Erinnerung an die überethnische *Rzeczpospolita* wurde von der romantischen Geschichtsschreibung in eine Idee nationaler Erneuerung überführt, die Polen auch über die Teilungen hinweg als eine der Nationen Europas im politischen Bewusstsein zu halten suchte [KIZWALTER 7.b; LANDGREBE 7.b]. Als Idee der heroischen Tat im Dienste der Freiheit erfuhr die Nationalidee der Romantik nochmals eine Steigerung, die in der messianischen Formel Adam Mickiewiczs von Polen als „Christus der Völker" bis in die Gegenwart nachwirkt [WALICKI, Philosophy 7.b; EILE 7.b].

Als die polnische Nation im Warschauer Positivismus von einem revolutionären Anliegen zu einem liberalen Gesellschaftsentwurf umformuliert wurde, begann eine durchgreifende Ethnisierung der polnischen Nationsidee. Dass sich dieser bereits seit dem frühen 19. Jahrhundert angelegte alternative Strang politischen Denkens nach dem gescheiterten Januaraufstand von 1863 durchsetzen konnte, lässt sich nicht nur als nationale Rückzugsposition, sondern auch als kreative Aneignung westeuropäischen sozialphilosophischen Denkens und damit als aktive Strategie nationaler Behauptung gegen ein drohendes Aufgehen in der russischen und preußisch-deutschen Mehrheitsgesellschaft verstehen [BLEJWAS 7.b]. In seiner Orientierung auf Vernunft, Fortschritt und Bildung kann der Warschauer Positivismus dabei durchaus auch als polnische Spielart des mitteleuropäischen Liberalismus verstanden werden [JANOWSKI 7.b].

Vorweggenommen wurde der Wandel zu einem ethnisch integrativen Gesellschaftsentwurf in den preußischen Teilungsgebieten. Eine Ursache lag in der preußisch-deutschen Polenpolitik, die M. BROSZAT früh und eindrücklich als druckvolle Strategie politischer und zusehends auch ethnischer Ausgrenzung beschrieben hat [2.b]. Spätere Studien zur Provinz Posen haben den Akzent insofern verschoben als sie zeigen, wie eng deutsche und polnische Strategien nationaler Organisation ineinander verwoben waren und sich gegenseitig hochschaukelten [JAWORSKI 7.b; GRABOWSKI 7.b]. Diese Entwicklung wurde von der wechselseitigen Wahrnehmung der Provinz als jeweiliges nationales Grenzgebiet noch verstärkt [SERRIER 7.b]. Im österreichischen Galizien hingegen war es die Spannung zwischen Adel und Bauern, die den Wandel der polnischen Nationsidee vorantrieb. Nachdem der nationalpolnische Aufstand von 1846 in der bäuerlichen Jacquerie erstickt worden war, verhalf das Wissen um ein hohes soziales Unruhepotential in den 1860er Jahren zunächst dem nationalpolitischen Konservatismus der Stańczyken zur Vorherrschaft. Ihren ethnischen Gehalt gewann die Idee der polnischen Nation, als sie in der Folge von ländlichen Intellektuellen aufgegriffen und zu einer bäuerlichen Emanzipationsideologie umformuliert wurde [STAUTER-HALSTED 7.b; STRUVE 6.f].

Die auseinanderlaufende Entwicklung der polnischen Nationalbewegung in den einzelnen Teilungsgebieten wurde um die Jahrhundertwende mit der Abkehr vom Konzept der „Organischen Arbeit" [siehe Kap. I.2.b] allmählich wieder überbrückt. Nationalpolnische Feiern boten seit 1879 Gelegenheit zu grenzüberschreitenden Kontakten, förderten die Ausbildung einer gemeinsamen nationalen Sprache und Symbolik und inszenierten Ignacy Paderewski, Henryk Sienkiewicz, Roman Dmowski oder Józef Piłsudski als nationale Führungsfiguren. Damit schufen sie ein breitenwirksames Empfinden polnischer nationaler Zusammengehörigkeit und unterstrichen den programmatischen Anspruch auf nationale Erneuerung eines zukünftigen Polens [DABROWSKI 7.b]. Den radikalsten Entwurf der polnischen Nation als ethnisch homogene, exklusive Schicksalsgemeinschaft formulierte die Nationaldemokratie um Roman Dmowski. Deren autoritäre Züge lassen sich als Antwort auf die Herausforderung verstehen, die aufbrechenden sozialen Konflikte einer entstehenden Industriegesellschaft in das nationale Selbstbild zu integrieren, während die Sozialisten mit ihrem klassenkämpferischen, zukunftgerichteten Weltbild als authentische Erben nationalrevolutionären Freiheitsdenkens auftreten konnten [PORTER 7.b]. Hier lag auch die innere Spannung im polnischen Nationsverständnis der Zwischenkriegszeit begründet. Der Versuch, im Osten an die politische Nationsidee der frühneuzeitlichen Adelsrepublik anzuknüpfen und Litauer, Weißrussen und Ukrainer durch eine entschiedene Modernisierungspolitik für den polnischen Staat zu gewinnen [BENECKE 9.d], stand im Widerspruch zu einem exklusiven Nationsverständnis, das alle Minderheiten ausgrenzte und die polnische Gesellschaft massiv belastete [TOMASZEWSKI 9.d; MICH 7.b].

Die jagiellonische Idee scheiterte auch schon deshalb im Ansatz, weil sie die Dynamik der ukrainischen Nationalbewegung in Ostgalizien massiv unterschätzte [SCHENKE 7.c]. Diese war in den 1830er Jahren in engem Kontakt mit den slawischen Kulturbewegungen der Habsburgermonarchie aus der Behauptung kultureller Eigenart der bäuerlichen Ruthenen entstanden und wurde durch die Revolution von 1848 politisiert [KOZIK 7.c]. Innerhalb der ukrainischen Nationalbewegung, die von Anfang an ethnisch ausgerichtet war, wurde der Konflikt zwischen einer sozial konservativen, politisch kompromissbereiten Kulturbewegung und der konfliktbetonten Verheißung nationaler und sozialer Emanzipation fortan zwischen Russophilen und Populisten ausgetragen [WENDLAND 7.c]. Inwieweit den schlussendlich unterlegenen Russophilen zumindest das Verdienst der nationalpolitischen Organisation breiter Bevölkerungsschichten gebührt, ist letztlich eine Frage der Perspektive. Denn jenseits rivalisierender politischer Orientierungen lässt sich die Entstehung einer ukrainischen Nationalgesellschaft sozialgeschichtlich auch als Ergebnis einer umfassenden säkularen Bildungsbewegung beschreiben [PACHOLKIV 7.c]. Deren breite Resonanz lässt erkennen, dass auch die ruthenischen Bauern mitnichten passive Adressaten der Nationalbewegung waren, die vielmehr in geradezu beispielgebender Weise aus dem Wechselspiel der intellektuellen Propaganda nationaler Ideen und ihrer Aneignung durch eine allmählich ausdifferenzierte bäuerliche Gesellschaft gespeist wurde [HIMKA, Villagers 7.c; STRUVE 6.f].

Mehr noch als die ukrainische gilt die Entwicklung der tschechischen Nationsidee als klassisches Beispiel, ja, geradezu als Pionier einer Nationalbewegung aus dem Impuls sprachlich-kultureller Erneuerung. Als Ideologie nationaler Emanzipation lieferte der tschechische Nationalismus die politische Plattform, auf der sich innerhalb zweier Generationen eine ausdifferenzierte tschechische Nationalgesellschaft und ein breit gefächertes Parteiensystem herausbildeten [KOŘALKA 8.a; URBAN 6.a]. Die Debatte um den „Sinn der tschechischen Geschichte", um die auf Palacký und Masaryk zurückgehende Stilisierung der tschechischen Nation zum Herold von Humanität und Demokratie und das von Josef Pekař formulierte Gegenbild stetigen Wechselspiels westlicher Einflüsse und kultureller Selbstbehauptung, hat das politische Selbstverständnis bis in die jüngste Gegenwart geprägt [HAVELKA 7.d]. Erst J. KŘEN hat die Geschichte tschechischer nationaler Emanzipation im 19. Jahrhundert mit der Formel von der „Konfliktgemeinschaft" aus ihren teleologischen Implikationen gelöst und perspektivisch auf eine gemeinsame Geschichte von Tschechen und Deutschen in den böhmischen Ländern zurückverwiesen [8.a].

Tschechischer Nationalismus

Die Entwicklung des tschechischen Nationalismus lässt sich vor diesem Hintergrund als zähe Ablösung von landespatriotischem Gedankengut bei rasch fortschreitender ethnonationaler Polarisierung verstehen. Zwar hatte erst der Landespatriotismus des späten 18. Jahrhunderts das philologische Interesse an der tschechischen Sprache geweckt und eine Neubewertung böhmischer Geschichte zwischen Hussiten und Gegenreformation eingeleitet. Der Dynamik tschechischer nationaler Emanzipation und sprachlicher Separation hatte er seit dem frühen 19. Jahrhundert jedoch kaum noch etwas entgegenzusetzen [AGNEW 7.d]. Mit der Ausdifferenzierung tschechischer nationaler Politik und ihrer radikalen Zuspitzung zunächst durch die Jungtschechen und dann durch die Nationalen Sozialisten schien dieser Prozess in den 1890er Jahren seinen Höhepunkt zu erreichen [GARVER 8.g; KELLY 8.h]. Welche Spielräume für ein politisches Nationsverständnis jenseits überkommener landespatriotischer Vorstellungen verblieben, ist gleichwohl umstritten. P. BUGGE hat argumentiert, dass die Idee des historischen Staatsrechts als politische Plattform der tschechischen Nationalbewegung zwar den älteren Landespatriotismus hinter sich gelassen habe, aber durchaus vom Bekenntnis zur Habsburgermonarchie und zum gleichberechtigten Zusammenleben von Tschechen und Deutschen

Das Historische Staatsrecht

innerhalb Böhmens und der Monarchie getragen gewesen sei [7.d]. Dem hat P. HASLINGER entgegengehalten, dass dem historischen Staatsrecht die Idee tschechischer Hegemonie im beanspruchten nationalen Territorium bereits eingeschrieben gewesen sei [7.d]. Gerade die nicht konsequent durchdachte Vermengung ethnischer und politischer Kategorien im Staatsrechtsprogramm lässt sich trotz dessen langfristiger Strahlkraft als zentrale Schwäche deuten, zumal die tschechische Nationalbewegung weder über die Widerstandtradition noch über ein Übergewicht gegenüber den Nationalitäten verfügte, wie sie das ungarische Vorbild auszeichnete [KŘEN 8.a]. Zumindest aber, so M. WINKLER anhand der politischen Ideenwelt Karel Kramářs, habe das Konstrukt des böhmischen Staatsrechts es der tschechischen Politik ermöglicht, sich an dem komplexen Verhältnis zwischen Staat und Nation „vorbeizuschummeln" [9.a: 123f.]. Entsprechend zweideutig blieb das tschechisch-slowakische Nationsverständnis der Zwischenkriegszeit. Der Versuch, den in der Verfassung von 1920 verankerten Nationsbegriff als staatsbürgerliches Integrationskonzept zu deuten [BROKLOVÁ 7.d], vermag vor dem Hintergrund einer durchgängig ethnischen Deutung im Rechtsalltag kaum zu überzeugen [KUČERA 7.d].

Deutschnationale
Die Erfolge des tschechischen Nationalismus drängten die deutsche Politik in der Habsburgermonarchie im letzten Drittel des 19. Jahrhunderts zusehends in die Defensive. Vor diesem Hintergrund sind die aufkommenden deutschnationalen Strömungen als stimmiges Ergebnis, wenn nicht gar als Verfallsform des deutschen Liberalismus der Ausgleichsepoche diskutiert worden, dessen Programm einer starken konstitutionellen, supranationalen Monarchie bereits tief in der impliziten Gleichsetzung von Bildung und Fortschritt mit der deutschen Kultur verwurzelt war [JUDSON 7.g]. Demgegenüber präsentierten sich die deutschnationalen Parteien seit den 1880er Jahren als Brutstätte eines krawallartig übersteigerten ethnischen Nationalismus voller rassenantisemitischer Ressentiments. Die oft gezogene Linie von Schönerer zu seinem kaum verhohlenen Bewunderer Adolf Hitler drängt sich somit geradezu auf [WHITESIDE 7.g; WLADIKA 7.g]. Der Umstand, dass die Grenzen zwischen Liberalen und Nationalen dennoch ausgesprochen fließend blieben [HÖBELT 8.h], lässt das grundlegende Dilemma deutscher Politik in der Habsburgermonarchie erkennen, die Staat und Nation programmatisch nicht auf einen Nenner zu bringen vermochte.

Slowakischer Nationalismus
Parallel zum tschechischen Nationalismus entstand auch die slowakische Nationsidee aus dem Impuls, eine eigenständige sprachliche und literarische Kultur auszubilden, aus der sich die geforderte Gleichberechtigung begründen ließ und die als Gegengewicht zur befürchteten Assimilation in den ungarischen Bildungskreis dienen sollte. Der frühromantische Rekurs auf eine historisch gewachsene tschechisch-slowakische Gemeinsamkeit trat dabei schon im Vormärz hinter den Anspruch auf nationale Eigenart zurück [BROCK 7.d]. Indem sich der slowakische Nationalismus zunächst an der Selbstbehauptung innerhalb Ungarns orientierte, spiegelte er getreulich die Struktur der Monarchie wider. Zugespitzt lässt sich argumentieren, dass die slowakische Nationalidee überhaupt

erst aus dem Versuch entstand, das Bekenntnis zur slawischen Sprache mit der Loyalität zum ungarischen Staat in Einklang zu halten und mitnichten auf eine eigenstaatliche Entwicklung angelegt war [MAXWELL 7.d]. Die Rekonstruktion tschechischer und slowakischer Politik seit der Mitte des 19. Jahrhunderts hat in der Tat ein profundes gegenseitiges Desinteresse deutlich werden lassen, das erst um die Jahrhundertwende punktuell aufgebrochen wurde. Denn erst mit dem Aufkommen eines politischen Katholizismus in Ungarn konnte die slowakische Nationalbewegung die Beschränkungen eines eng geknüpften Netzes einiger weniger, politisch marginalisierter Aktivisten überwinden [HOLEC 7.d]. Die improvisierte Idee eines gemeinsamen Staates von Tschechen und Slowaken entsprach somit vor allem der Logik der Emigration und des Zusammenbruchs. Zur massenwirksamen politischen Idee hat sich der slowakische Nationalismus in seiner katholisch-klerikalen, autonomistischen Prägung denn auch erst in der Auseinandersetzung mit dem tschechoslowakischen Staat entwickelt [NURMI 7.d; BAKKE 7.d].

Wie im polnischen und tschechischen Fall, so liegen auch die Wurzeln des ungarischen Nationalismus in den Reformdebatten des späten 18. Jahrhunderts. Auch hier besteht weitgehender Konsens darüber, dass ein Hungarus-Bewusstsein landespatriotischer Couleur bei der engen Verbindung liberaler Reformen mit der Idee der Spracherneuerung kaum Bestand haben konnte [CSÁKY, Hungarus-Konzeption 7.e]. Vielmehr ist der ungarische Nationalismus immer wieder für die Hybris kritisiert worden, welche der aggressiven Assimilationspolitik gegenüber der nichtmagyarischen Bevölkerungsmehrheit zugrunde lag und die gerade in der Überlagerung von politischem und ethnischem Nationsverständnis wurzelte [BARANY 7.e; GOTTAS 7.e]. Diese Kritik verkennt jedoch, dass auch der ungarische Nationalismus im Wesentlichen allgemeineuropäischen Mustern folgte [PUTTKAMER 7.e]. Die so anstößig anmutende Assimilation ethnischer Minderheiten ist vielmehr in dem breiteren Kontext einer umfassenden Nationalisierung der gesamten ungarischen Gesellschaft zu sehen, wie sie sich in der nationalen Neuformierung des öffentlichen Raumes seit den Reformdebatten des ungarischen Vormärz abzeichnete [NEMES 6.g]. So erst wird die innere Dynamik begreiflich, welche der ungarische Nationalismus aus der Erfahrung der Revolution von 1848 bezog. Diese ließ sich durch die Inszenierung wirtschaftlicher und gesellschaftlicher Modernität nur vorübergehend einhegen und brach sich um 1900 erneut Bahn [FREIFELD 7.e]. Jetzt traten auch jene Bruchlinien zutage, die seither das Ringen um den Symbolhaushalt des ungarischen Nationsgedankens prägen und nicht zuletzt in der konfessionellen Spannung zwischen Katholiken und Reformierten wurzeln [GERŐ 7.e; KLIMÓ 7.e].

Vor dem Hintergrund dieser tiefen Kluft hat J. GYURGYÁK in seinem Panorama nationalen Ideenguts jüngst den Verfall eines tragfähigen Nationsgedankens beklagt, wie ihn die Reformgeneration des ungarischen Vormärz hervorgebracht habe [7.e]. Ganz abgesehen von der kaum verhohlenen Anleihe bei der wirkungsmächtigen Liberalismuskritik Gyula Szekfűs tritt hier die wehmütige Sehnsucht nach einer tragfähigen Nationsidee zutage. Damit wird deutlich, dass die fach-

Ungarischer Nationalismus

wissenschaftliche Debatte in Ungarn nicht nur den europäischen Konjunkturen der Nationalismusforschung folgt. Sie reflektiert vielmehr ein innerungarisches Bedürfnis nach Selbstvergewisserung, das kaum noch von dem Zerfall des historischen Ungarns als vielmehr von der quälenden Auseinandersetzung mit der Zwischenkriegszeit, mit der kommunistischen Epoche und nicht zuletzt mit den antisemitischen Zügen ungarischer Nationsdiskurse im 20. Jahrhundert geprägt wird.

Rumänischer Nationalismus Auch der rumänische Nationalismus in Siebenbürgen lebt aus der Spannung zwischen politischen und ethnischen Nationsvorstellungen. Seine Anfänge liegen in der Auseinandersetzung mit der habsburgischen Integrationspolitik [BERNATH 7.f]. Das besondere Verfassungsgefüge Siebenbürgens legte es nahe, den programmatischen Schwerpunkt anfangs auf eine historische Argumentation zu legen und die politische Emanzipation der Rumänen als gleichberechtigte ständische Nation neben Ungarn bzw. Széklern und Siebenbürger Sachsen anzustreben [PRODAN 7.f]. Neben die historische trat aber auch hier bald eine naturrechtliche Argumentation, die sich mit der einsetzenden Spracherneuerung verband [HITCHINS, Movement 7.f]. Die hochdifferenzierte Analyse der Formulierung einer spezifisch rumänischen Identität in der ersten Hälfte des 19. Jahrhunderts macht an einem Beispiel deutlich, dass sich Nationalismus nicht in der Gegenüberstellung sprachlicher und staatsbürgerlich-politischer Nationsentwürfe erschöpft, sondern früh mit einem appellativen Tugendkatalog verbunden war, der das emanzipatorische Leitbild in greifbare Handlungsanweisungen für jeden Einzelnen übersetzte [MITU 7.f]. Hier knüpft schließlich eine jüngere rumänische Nationalismusforschung an, die im Duktus intellektueller Selbstbefragung auf die Dekonstruktion festgefügter Mythen im rumänischen Selbstbild zielt [BOIA 7.f].

Minderheitenrecht Die Konjunktur kulturwissenschaftlicher Nationalismusforschung mit ihrer klaren Absage an vermeintlich selbstverständliche nationale Zugehörigkeiten hat die ältere Frage nach den Möglichkeiten institutioneller Regelung von Nationalitätenkonflikten in den Hintergrund gedrängt, zugleich aber auch neue Perspektiven eröffnet [ROTER 7.i]. Vor allem die Habsburgermonarchie seit 1867, aber auch die Nationalstaaten der Zwischenkriegszeit stellen in dieser Hinsicht reichhaltiges Anschauungsmaterial bereit, wurden hier doch die verschiedenen Ansätze gesetzlichen Minderheitenschutzes sämtlich bereits durchgespielt. Als geradezu klassischer Fall der widerstreitenden Interessen von Staatseinheit, individueller und kollektiver Gleichberechtigung kann das ungarische Nationalitätengesetz von 1868 gelten. In seinem Ansatz, nationale Gleichberechtigung im Sinne eines politischen Nationsverständnisses als Aspekt individueller, staatsbürgerlicher Gleichberechtigung zu begreifen und weitgehend in die kulturelle Sphäre zu verlagern, ist das ungarische Gesetz als durchaus zukunftsweisend gewürdigt worden [PÉTER 8.g]. Die weitgehende Verweigerung nationaler Gruppenrechte im Staatsaufbau und eine ausgesprochen illiberale Handhabung haben dagegen harsche Kritik hervorgerufen [SCHÖDL 2.g]. In dieser Spannung zwischen individueller Gleichberechtigung und dem proklamierten Selbstbestimmungsrecht der Völker stand auch die Minderheitengesetzgebung der Zwischenkriegszeit, zumal vielfach geforderte territoriale Autonomielösungen nahezu durchgängig mit Hinweis auf die prekäre Einheit des jeweiligen Staates verweigert wurden [Kessler 7.i]. Die Frage, inwieweit die jeweilige Gesetzgebung eine gerechte Lösung konkurrierender Ansprüche geboten habe, bleibt dabei geradezu zwangsläufig in zeitgenössischen Debatten verhaftet.

Besondere Aufmerksamkeit haben die österreichischen Reformansätze auf sich gezogen, wegen derer die Habsburgermonarchie geradezu zum Experimentierfeld supranationaler Staatlichkeit stilisiert worden ist [Kann 7.h]. G. Stourzh hat in bahnbrechender Weise gezeigt, wie minderheitenfreundlich die cisleithanische Rechtssprechung war und wie sie die 1868 verheißene nationale Gleichberechtigung der Volksstämme als einklagbares Recht ausgestaltete [Stourzh 7.h]. Zugleich ist deutlich geworden, dass sich die nationalen Konflikte auf diese Weise mitnichten befrieden ließen, erzwang doch gerade die Einklagbarkeit nationaler Gleichberechtigung eindeutige Zuordnungen und trieb ethnische Segmentierungen weiter voran. Dies gilt in hohem Maße auch für den Ansatz, Nationen als Personalverbände zu verfassen, wie er maßgeblich von den österreichischen Sozialdemokraten entwickelt wurde. Innerhalb der Habsburgermonarchie ist dieser Ansatz nur in wenigen Fällen ausgelotet worden. Gerade an dem viel zitierten Mährischen Ausgleich von 1905 lässt sich zeigen, dass dieser den deutsch-tschechischen Konflikt keineswegs lösen konnte, sondern außerhalb des Landtags die Fronten eher noch verhärtete [Kelly 6.i; Luft 6.b].

Dennoch ließen derart gemeinsam ausgehandelte Lösungen darauf hoffen, politische Blockaden langfristig überwinden zu können. So trug das bis heute als modellhaft anerkannte estnische Minderheitengesetz von 1925 mit seiner in Personalverbänden verfassten Kulturautonomie [Hasselblatt 6.i] erheblich zur Entspannung zwischen Esten und Deutschen bei. Die Analyse segmentierter politischer Systeme, die A. Lijphart am niederländischen Beispiel entwickelt hat, stellt das politikwissenschaftliche Instrumentarium bereit, um das Potential eines derart institutionalisierten politischen und administrativen Proporzes in Gesellschaften zu beurteilen, deren nationale Versäulungen sich auf absehbare Zeit als unauflöslich erwiesen haben [9.a]. Wenn überhaupt, dann mag hierin ein gewisser Modellcharakter für die institutionelle Einhegung gegenwärtiger europäischer Nationalitätenprobleme liegen.

Der internationale Minderheitenschutz, wie er nach dem Ersten Weltkrieg etabliert wurde, erwies sich hingegen zunächst als Misserfolg. Rasch zeigte sich, dass der Völkerbund institutionell viel zu schwach war, um widerstrebende Mitgliedsstaaten wirksam auf einen effektiven Minderheitenschutz zu verpflichten [Fink 7.i; Raitz von Frentz 7.g]. Inhaltlich waren die Schutzverträge ohnehin erkennbar nicht auf das viel beschworene Selbstbestimmungsrecht der Völker als vielmehr auf eine langfristige staatsbürgerliche Integration von Minderheiten in die jeweilige Staatsnation angelegt, aus der sich weitverbreitete Assimilationsängste speisten [Scheuermann 7.i]. Letztlich schürte der Völker-

Minderheitenschutzverträge

bund ungewollt hohe Erwartungen, die dem erklärten Leitbild der Befriedung von Nationalitätenkonflikten zuwiderliefen, und trug dazu bei, unter der deutschen Bevölkerung im östlichen Mitteleuropa einer völkischen Rechten den Weg zu bahnen [GLASSHEIM 6.b]. Nicht zuletzt eröffnete das internationale Minderheitenrecht mit den Regelungen für Optanten und mit dem in Lausanne vertraglich abgesegneten griechisch-türkischen Bevölkerungsaustausch die Perspektive völkerrechtlich sanktionierter Zwangsmigrationen als radikale Lösung von Nationalitätenkonflikten. Erst in der jüngsten Vergangenheit haben völkerrechtlich abgesicherte Standards im Minderheitenschutz und der Umstand, dass die Beitrittsperspektive zu NATO und EU mit der vertraglichen Beilegung von Nachbarschaftskonflikten verknüpft wurde, einem international abgestützten Minderheitenschutz im östlichen Mitteleuropa zum Durchbruch verholfen.

R. PETERSEN hat in seinem Versuch einer Theorie ethnischer Gewalt darauf hingewiesen, dass das gewaltsame Ausagieren ethnischer Ressentiments auf ungelöste Statuskonflikte zurückgehe und somit als Folge gesellschaftlicher Umbrüche mit ihrer raschen Verschiebung von Machtpositionen zu verstehen sei [7.a]. Es kommt somit nicht so sehr darauf an, ethnische Konflikte zu vermeiden, als auf die Fähigkeit des Nationalstaats, diese als soziale Konflikte auszuhalten und als Prozesse kulturellen Wandels einzuhegen. Nun hat das östliche Mitteleuropa in dem Maße, in dem es seine ethnische Vielfalt im Zuge des Zweiten Weltkrieges und der unmittelbaren Nachkriegsjahre eingebüßt hat, auch die Nationalitätenkonflikte des 19. und frühen 20. Jahrhunderts vorerst hinter sich gelassen. Mit Ausnahme der ungarischen Minderheiten in der Südslowakei und in Rumänien kann von einer Rückkehr der Nationalitätenprobleme der Zwischenkriegszeit insofern in Ostmitteleuropa anders als auf dem Gebiet der ehemaligen Sowjetunion oder des ehemaligen Jugoslawien kaum die Rede sein.

Die Erwartung, die übermächtigen Kategorien des Nationalismus möchten unter diesen Umständen allmählich nüchterner Interessenpolitik weichen, dürfte jedoch auf absehbare Zeit Wunschdenken bleiben. Vielmehr zeigt sich inzwischen, wie sehr sich gerade auch die sozialistischen Volksrepubliken der Idee ethnischer Gemeinschaft und nationaler Emanzipation als Grundlage ihrer Herrschaft bedienten und diese konservierten [siehe unten Kapitel II.6]. Auch wenn die Nationalitätenprobleme früherer Jahrzehnte bei der derzeitigen Konvergenz von Staat und Nation in weiten Teilen Ostmitteleuropas obsolet geworden oder zumindest in übergreifenden europäischen Strukturen aufgehoben sein mögen, sind nationale Vorstellungen als zentrale Kategorie, aus der Staatlichkeit begründet wird und in der politische Orientierungen verhandelt und gesellschaftliche Konflikte ausgetragen werden, nach wie vor ausgesprochen virulent.

6. IMPERIALE ORDNUNGEN UND NATIONALE STAATLICHKEIT

Der moderne Staat ist auch im östlichen Mitteleuropa ein Produkt des Nationalismus. Nationale Vorstellungen bildeten die Grundlage für die Integration konsensorientierter, auf das Leitbild ständischer Selbstverwaltung gegründeter und auf nationale Emanzipation gerichteter Partizipationsformen in einen Behördenapparat, der auf die maximale Mobilisierung finanzieller und militärischer Ressourcen angelegt war. In den konstitutionellen Ordnungen des 19. Jahrhunderts gingen landesfürstliche und ständische, imperiale und partikulare Kräfte eine Synthese ein, aus der schließlich die Nationalstaaten des 20. Jahrhunderts hervorgingen. Allerdings sind solche Befunde mit der Gefahr behaftet, der Teleologie nationaler Narrative aufzusitzen und den freiheitlich verfassten, in den Strukturen europäischer Integration und transatlantischer Sicherheit verankerten Nationalstaat als Ziel der jüngeren Geschichte Ostmitteleuropas zu betrachten. Auch für das östliche Mitteleuropa lässt sich dagegen mit W. REINHARD argumentieren, dass die moderne, souveräne Staatsgewalt ihren Höhepunkt angesichts schwindender Gestaltungsspielräume und der Überlagerung durch die europäischen Institutionen bereits überschritten habe [2.a]. Gegen modernisierungstheoretisch unterfütterte Teleologien wendet sich auch der Ansatz einer Kulturgeschichte des Politischen, der die Entwicklung staatlicher Strukturen als kulturellen Prozess, als beständige diskursive Neudefinition des Staates und seiner Institutionen und damit als stete Neukonfiguration politischer Handlungsräume begreift [STOLLBERG-RILINGER 2.a; MERGEL 2.a]. Damit aber tritt die hohe Bedeutung des Nationalen für die Geschichte ostmitteleuropäischer Staatlichkeit umso deutlicher hervor, wo prekäre staatliche Ordnungen über das 19. und 20. Jahrhundert hinweg immer wieder umkämpft waren und wo die öffentlich inszenierte Projektion nationaler Erwartungen an den Staat dessen strukturelle Schwächen kompensierte [PUTTKAMER 2.a].

a) STAATSBILDUNG IN REICHSVERBÄNDEN

Der landesfürstliche Behördenstaat ist nicht nur in Ostmitteleuropa lange Zeit als zentraler, ja einziger Agent gesellschaftlicher Modernisierung gegenüber der Beharrungskraft ständischer Privilegien gesehen worden. Weite Teile des östlichen Mitteleuropas galten in dieser Hinsicht als hoffnungslos unterlegen, da sich ein effizienter, nur dem jeweiligen Monarchen verpflichteter Behördenapparat um die Mitte des 18. Jahrhunderts allenfalls in den böhmischen Ländern entwickelt hatte, während er in Ungarn und erst recht in der polnischen Adelsrepublik in der Fläche nahezu inexistent war [WYCZAŃSKI 8.b; WECZERKA 8.a]. Der Aufbau eines landesfürstlichen Behördenapparats ist hier denn auch durchweg als Angriff auf die etablierten ständischen Institutionen und zugleich als

Projekt imperialer Staatsbildung verstanden worden, das auf die gewachsenen Verhältnisse der historischen Kronländer bewusst keine Rücksicht nahm. Dies gilt insbesondere für die Durchsetzung preußischer wie russischer Herrschaft in den polnischen Teilungsgebieten [BÖMELBURG 8.b; THADEN 8.a] sowie für das theresianische Reformwerk und seine josephinische Überspitzung [DICKSON 8.c; SZÁNTAY 8.c].

Monarch und Stände Die Gegenüberstellung eines modernisierenden Landesfürsten auf der einen und eines eifersüchtig auf die Wahrung seiner Privilegien bedachten ständischen Adels auf der anderen Seite hat sich jedoch überholt. Vielmehr spricht manches dafür, die seit der Mitte des 18. Jahrhunderts eingeleiteten Veränderungen als Facetten eines tiefgreifenden Wandels politischer Kategorien wie Monarch und Staat, *Res publica* und Nation, Freiheit und Verfassung in den Blick zu nehmen. Das Bemühen um einen effizient organisierten Staatsapparat und ein gut geordnetes Wirtschaftsleben entsprang ebenso dem Denken der Aufklärung wie die Besinnung auf die Muttersprache als Grundlage umfassender Bildung und die systematische Begründung eines freiheitlich geordneten und seiner Geschichte bewussten Gemeinwesens [EVANS, Austria 8.c]. Innere Staatsbildung vollzog sich im östlichen Mitteleuropa nicht aus dem Gegensatz von Monarch und Ständen, sondern aus ihrem Zusammenwirken.

Polnische Aufklärung Anhand der polnischen Reformära sind die Perspektiven einer Neuformulierung von Staatlichkeit aus der Überführung des ständischen Nationskonzeptes in konstitutionelle Partizipationsformen umfassend diskutiert worden. Gegen das klischeehafte Bild einer Adelsrepublik, die durch das *Liberum Veto* weitgehend gelähmt war, steht der Befund einer dynamischen politischen Öffentlichkeit, in der sich schon seit den 1730er Jahren weitreichende Reformkonzepte herauskristallisierten [MÜLLER, Polen 8.b; FRIEDRICH 8.b]. Bei der Wahl Stanisław Augusts 1764 lag das Reformprogramm, das 1791 schließlich verwirklicht werden konnte, im Grunde bereits nahezu vollständig vor [HOENSCH 8.b]. Der Ausbau im Bildungswesen, das nach der ersten Teilung zu einem zentralen Feld königlicher Reformpolitik aufrückte, verhalf den Ideen der Aufklärung zu bislang ungeahnter Resonanz [MROZOWSKA 6.d]. Zuletzt hat J. LUKOWSKI darauf verwiesen, wie prekär und widersprüchlich der Reformprozess blieb, wurde doch die Masse der Szlachta von der aufklärerischen Debatte zunächst kaum berührt und verharrte noch bis in die 1780er Jahre in streitbarem Provinzialismus [Partitions 8.b]. Angesichts der militärischen Schwäche der Adelsrepublik wurden die Grenzen innerer Reform allerdings ohnehin von Preußen und vor allem von Russland abgesteckt [MÜLLER, Teilungen 8.b].

Stanisław August Poniatowski Einen Schlüssel zum Verständnis der eng verflochtenen inneren und äußeren Bedingungen zielführender Reformpolitik liefert die viel diskutierte Person König Stanisław August Poniatowskis. Nach langen innerpolnischen Debatten [ZERNACK, Stanisław August 8.b; ZAHORSKI 8.b] hat sich das Bild eines zielstrebigen Reformers durchgesetzt, der seine Position im Innern klug auszubauen verstand [SCHRAMM 8.b; ROSTWOROWSKI 8.b]. Seine beharrliche Orientierung an der englischen Verfassungsordnung zeigt Stanisław August als Monarchen mit klaren, tief in der europäischen Aufklärung wurzelnden Leitbildern, der die politische Kultur Polens nachhaltig veränderte [BUTTERWICK 8.b]. Umstritten bleibt seine Außenpolitik. Das Bild eines wankelmütigen Königs, der im entscheidenden Moment die Chance auf russische Zustimmung zur Maiverfassung und damit auf den Erhalt polnischer Staatlichkeit verspielt habe [ŁOJEK 8.b], verkennt die Entschiedenheit Katharinas und wird der mächtepolitischen Konstellation kaum gerecht. Zudem steht es in krassem Widerspruch zu der Beharrlichkeit, mit der Stanisław August trotz wiederholter Enttäuschungen gegenüber dem übermächtigen Russland die Spielräume einer Stärkung polnischer Staatlichkeit auszuloten versuchte. Der Triumph seiner Reformpolitik gründete jedoch auf dem Zusammenbruch dieser außenpolitischen Konzeption, weshalb Stanisław August schließlich den demütigenden Übertritt zur Konföderation von Targowica vollziehen musste [ZAMOYSKI 8.b].

An der Person des letzten polnischen Königs lässt sich somit die Dynamik ablesen, die von aufgeklärten Reformern auf der einen und der wachsenden Russophobie der Szlachta auf der anderen Seite ausging. Sie führte in die fortschreitende Erosion des politischen Milieus, welches die alte Ordnung der Adelsrepublik auch um den Preis extrem eingeschränkter Souveränität zu bewahren gesucht und das sorgfältig austarierte Gleichgewicht der äußeren Kontrolle Polens durch Russland und Preußen überhaupt erst ermöglicht hatte. Die erste wie die zweite Teilung Polens sind somit nicht so sehr als konsequentes Ergebnis der inneren Schwäche der Adelsrepublik, sondern vielmehr als Folge der schwindenden Bereitschaft zu sehen, die territoriale Integrität Polens und den Erhalt seiner überkommenen Ordnung mit genau dieser Schwäche zu erkaufen.

Die polnische Maiverfassung von 1791 kann als glanzvoller Abschluss einer hochgradig kontroversen Debatte gelten, in der sich schließlich die Einsicht durchsetzte, dass gerade die Bewahrung der Freiheit einer Stärkung der monarchischen Staatsgewalt bedurfte [ROSTWOROWSKI 8.b; JAWORSKI 8.b]. Auch wenn Stanisław August als eigentlicher Architekt der Maiverfassung anzusehen ist, konnte sich diese Einsicht nur deshalb durchsetzen, weil sie wesentliche Impulse auch aus dem stürmischen, patriotisch grundierten Republikanismus der Szlachta erhalten hatte [WALICKI, Enlightenment 7.b; LUKOWSKI, Partitions 8.b]. Gemessen am Maßstab umfassender gesellschaftlicher Emanzipation lässt sich zwar einwenden, dass die Maiverfassung die politische Teilhabe an den Grundbesitz band und die Rechtsstellung der Masse unfreier Bauern vorerst weitgehend unberührt ließ, die ständischen Begrenzungen adeligen Reformdenkens also letztlich nicht überwunden habe. Ihre Leistung, den Adel innerhalb einer durchgebildeten konstitutionellen Ordnung nicht länger allein als privilegierten Stand zu begreifen, sondern den Weg für die Entwicklung einer überständischen Nation von Staatsbürgern zu öffnen, ist dennoch längst unumstritten [WITKOWSKI 8.b]. Bereits die Praxis der nur vierzehn Monate ihrer faktischen Gültigkeit zeigte, dass die Maiverfassung zum Kernstück eines tiefgreifenden Reformprogramms wurde, das binnen kurzem nahezu alle Bereiche des öffentlichen Lebens zu erfassen begann [FISZMAN 8.b].

Maiverfassung

Diese Befunde unterstreichen die Bedeutung der Maiverfassung als nicht ausgelotete Alternative einer Entwicklung Polens entlang westeuropäischer Linien und als verbindender historischer Bezugspunkt für den demokratischen Nationalstaat der Gegenwart [KUSBER 8.b]. Sie rücken auch den Aufstand Kościuszkos, der lange als zentraler, nationalrevolutionärer Ausgangspunkt für die Formierung einer freiheitlichen und zur Selbstbehauptung gegenüber den Teilungsmächten fähigen polnischen Nation verklärt wurde [KIENIEWICZ/ZAHORSKI/ZAJEWSKI 8.a], in eine andere Perspektive. Dieser erscheint nun als dramatischer Schlusspunkt einer von der Aufklärung inspirierten Reformbewegung, deren Scheitern letztlich aus der „Systemlogik" der europäischen Mächtekonstellation zu verstehen ist [MÜLLER, Kościuszko-Aufstand 8.b: 136]. Die traditionsstiftende Bedeutung des Kościuszko-Aufstands mit seiner Verheißung einer souveränen Nation von Staatsbürgern jenseits ständischer Schranken und seiner Begründung der nationalromantischen Aufstandstradition bleibt hiervon dennoch unberührt [SZYNDLER 8.b].

Mit dem Untergang des polnischen Staates hatte die Idee eines freiheitlichen, durchgebildeten Nationalstaats zwar ihren Bezugspunkt verloren, die Reformideen waren damit aber keineswegs hinfällig. Der Aufbau professioneller und bis auf die lokale Ebene gegliederter Verwaltungs- und Justizbehörden, ein leistungsfähiges öffentliches Bildungswesen und nicht zuletzt die Formierung einer neuen, staatsbürgerlichen Militärelite [KRAFT 6.b] blieben über das gesamte 19. Jahrhundert hinweg in allen Teilungsgebieten ebenso auf der Tagesordnung wie die Neubegründung staatsbürgerlicher Partizipationsformen. Kaum zu überschätzen für die Entwicklung polnischer Staatlichkeit sind die Rückkehr zu konstitutionellen Verhältnissen mit der Verfassung des Herzogtums Warschau von 1807 und insbesondere die langfristige Bedeutung der Einführung des *Code Napoléon*. Auch wenn die zentralpolnischen Gebiete des Herzogtums damit von den übrigen Teilungsgebieten abgekoppelt wurden, schuf der *Code Napoléon* doch ein wichtiges Gegengewicht gegen eine vollständige Angleichung des späteren Königreichs Polen an die russische Staatsordnung und wurde gleichsam zu einem Nationalgesetzbuch [LITYŃSKI 8.b]. Hier konnte nach 1815 eine russische Verfassungspolitik anknüpfen, die das Königreich Polen gerade in seiner Eigenstaatlichkeit als Experimentierfeld begriff [THADEN 8.a] und sich dabei von der Idee einer starken und vom lokalen Adel getragenen Staatsgewalt leiten ließ. Aus polnischer Sicht ist diese maßgeblich von dem Fürsten Czartoryski entworfene Ordnung daran gescheitert, dass Alexander II. sie nicht in voller Konsequenz, also bis hin zur Vereinigung mit den ehemaligen polnischen Ostgebieten, zu verwirklichen bereit war [ZAWADZKI 8.d]. Wenn man die Entwicklung des Königreichs Polen nicht so sehr aus der Warte eines russisch-polnischen Antagonismus, sondern als Folge eines innerpolnischen Ringens um unterschiedliche Staatsvorstellungen und Aufstiegsperspektiven versteht, dann ist allerdings fraglich, ob die russophilen Konservativen auch bei weiteren russischen Zugeständnissen imstande gewesen wären, die in studentischen und militärischen Geheimbünden organisierten Radikalen dauerhaft einzuhegen [KRAFT 6.b].

Die Kette von Aufständen im geteilten Polen gilt bis heute als heroisches Zeugnis nationalen Behauptungswillens und als Grundlage der Wiederbegründung eines unabhängigen Polens nach dem Ersten Weltkrieg [KIENIEWICZ/ZAHORSKI/ZAJEWSKI 8.a]. Diese Auffassung kann an zeitgenössische liberale Wahrnehmungsmuster in ganz Europa anknüpfen, welche das polnische Aufbegehren zum Inbegriff unterdrückten Freiheitswillens stilisierten und die Aufstände und ihre Erinnerung zu einem europäischen Kommunikationsereignis werden ließen [KOLB 8.d; RAUTENBERG 8.g]. Zugleich lässt sich nicht übersehen, dass dem Novemberaufstand von 1830 und erst recht dem Januaraufstand von 1863 ein intensives Ringen um unterschiedliche gesellschaftspolitische Konzeptionen vor allem mit Blick auf die Bauern voranging [LESLIE 8.g; KIENIEWICZ 8.g]. Die Auffassung, die Aufstände seien vor allem daran gescheitert, dass sie die Bauernschaft mangels weitreichender Emanzipationsverheißungen nicht für einen nationalrevolutionären Aufbruch zu mobilisieren vermochten, lässt sich angesichts der hohen bäuerlichen Beteiligung an den Aufstandsarmeen von 1830/31 und 1863/64 kaum halten, zumal die Bauern während des Januaraufstands nicht nur von russischer, sondern auch von polnischer Seite politisch umworben wurden [WANDYCZ 8.a]. Gescheitert sind beide Aufstände vielmehr an einer europäischen Mächtekonstellation, die ein militärisches Eingreifen der liberalen Westmächte und damit die Ausweitung zu einem europäischen Krieg nicht zuließ. Das stabile Einvernehmen Russlands und Preußens, das keinen Raum für ein unabhängiges Polen bot und beide Großmächte aneinander band, hat K. ZERNACK mit der ursprünglich für das 18. Jahrhundert entwickelten, wenngleich etwas sperrigen Formel von der „negativen Polenpolitik" auf den Punkt gebracht [8.b]. Insofern lässt sich bis heute darüber streiten, ob die Aufstände nicht letztlich ein sinnloses Opfer darstellten [CHWALBA, Historia Polski 8.a: 280].

Die Aufstände verdecken auch den Blick auf die Entwicklungen polnischer Staatlichkeit innerhalb des Zarenreiches und die Widersprüche russischer Politik in Polen [GORIZONTOV 8.a]. So sehr die formale Inkorporation in den russischen Staatsverband und die russische Kontrolle über Polizei und Armee, Post- und Bildungswesen als Zäsur erscheinen, blieb das Königreich Polen jenseits der hohen Regierungsbehörden doch im Kern eine „polnische Welt" [THADEN 8.a: 152]. Dies gilt selbst für die Justiz und für den Verwaltungsalltag mit seinem hohen Anteil an polnischen Beamten auf unterer und mittlerer Ebene sowie in den spezialisierten Fachbürokratien [CHWALBA, Polacy 8.a]. Nicht so sehr die Frage, wie weit die Behörden russisch dominiert wurden, als die notorische Unterverwaltung des Königreichs Polen und die Absonderung seiner Beamten zu einer eigenen Kaste prägten letztlich die Gestalt staatlicher Institutionen bis zum Vorabend des Ersten Weltkrieges [VLADIMIROV 8.g].

Verglichen mit Polen setzte die adelsständische Reformbewegung in Ungarn zunächst schwächer und später ein, folgte jedoch einem ähnlichen Muster. Ge-

Polnische Nationalaufstände

Russland und Polen

gen die These, der Widerstand gegen die Politik Josephs II. habe die einseitige Bewahrung einer auf adeligen Privilegien gegründeten Ordnung im Sinn gehabt [KIRÁLY 8.c], steht der Befund, dass die adelige Opposition ihre Abwehr gegen ein starkes Königtum ihrerseits in das Vokabular der Aufklärung zu kleiden begann und auf dieser Grundlage Ansätze einer systematischen Neubegründung ständischer Partizipationsformen entwickelte [BENDA, Rousseau 8.c; HASELSTEINER 8.c]. Hier berührte sie sich mit der Gruppe von Parteigängern Josephs II., die ein gestärktes Königtum zunächst als Chance begriffen hatten, weitblickende Reformen durchzusetzen, sich aber bald enttäuscht vom Kaiser abwandten [BALÁZS 8.c]. Diese Abkehr ist im Zusammenhang mit einer breitenwirksamen, konstitutionellen Publizistik zu sehen, die der Reformbewegung seit Mitte der 1780er Jahre zu enormer Dynamik verhalf [WANGERMANN 8.c]. Vor diesem Hintergrund kann der Landtag von 1790/91 als Etappensieg des Kaisers gelten, der für seine Strategie der Krisenbewältigung mit der Konvention von Reichenbach und dem österreichischen Prestigeverlust allerdings einen hohen Preis entrichtete [WANDRUSZKA 8.c; HOCHEDLINGER 8.c]. Auf längere Sicht ist das Bekenntnis zu einer eigenständigen Verfassung Ungarns vielmehr als programmatischer Bezugspunkt der entstehenden ungarischen Nationalbewegung gewürdigt worden. Eine vergleichende Einordnung in weitere ostmitteleuropäische Bezüge steht allerdings noch aus.

Ungarischer Landtag 1790

Überstrahlt werden die hier angelegten Perspektiven einer grundlegenden Reform des ungarischen Staatsaufbaus durch die radikalen Vorstellungen József Hajnóczys und der ungarischen Jakobiner. Deren demokratisches Potential ist als revolutionäres Erbe und gleichsam verschüttete Alternative ungarischer Geschichte diskutiert worden [BENDA, Jakobiner 8.c]. Der Versuch, den Jakobinismus in Ungarn auf die doppelbödigen Umtriebe des geltungssüchtigen Ignác Martinovics zu reduzieren und darin einen „missgeleitete[n] letzte[n] Ausläufer" der Planungen Leopolds II. zu sehen [SILAGI 8.c: 176], hat sich angesichts der Verwurzelung der ungarischen Jakobiner in den josephinischen Reformeliten, ihrer eigenständigen Programmatik und ihrer Bedeutung für die entstehende politische Öffentlichkeit in Ungarn allerdings kaum halten lassen.

Ungarische Jakobiner

Diese Auffassung kann sich längst auch auf Befunde stützen, welche die Breitendimension des kulturellen Aufbruchs in unterschiedlichen Bereichen und seine Langzeitwirkung bis weit in das 19. Jahrhundert hinein belegen [KOSÁRY 7.e; CSÁKY, Aufklärung 7.e]. Zwar fiel der ungarische Landtag vorerst in traditionelle politische Verhaltensmuster zurück [POÓR 8.c], und auch die Sondierungen Napoleons fanden kaum Resonanz [KOSÁRY 8.c]. Dennoch lassen sich klare personelle wie programmatische Kontinuitäten in die Reformära nachweisen [BALÁZS 8.c; KECSKEMÉTI 8.d]. Ausgehend von den vielfältigen Aktivitäten des Grafen István Széchenyi begann seit 1825 eine geradezu stürmische Diskussion der inneren Entwicklungsblockaden der ungarischen Gesellschaft. Széchenyis Gespür für die aufkommende Nationalitätenfrage und seine Warnungen vor einer hitzköpfigen Konfrontation mit dem Hof in Wien lassen ihn rückblickend als Mahner vor den Auswüchsen eines ungarischen Nationalismus erscheinen,

István Széchenyi

den er selbst begründet hatte [BARANY 8.d]. Mit seinem Hang zur Schwermut blieb er politisch jedoch zeitlebens ein Einzelgänger [OPLATKA 8.d]. Gegen eine heroisierende Sicht auf die ungarische Reformära lässt sich einwenden, dass die Opposition bis zum Vorabend der Revolution nicht über eine politische Mehrheit verfügte und zunächst auch kein kohärentes politisches Programm entwickelte [KECSKEMÉTI 8.d]. Ihre Dynamik ist denn auch weniger auf programmatischer Ebene als in der raschen Mobilisierung einer überständischen Öffentlichkeit zu sehen [GNEISSE 8.d; NEMES 6.g]. Sie lieferte die Grundlage für die antihabsburgische Mobilisierung des Komitatsadels durch Lajos Kossuth, die der Reformbewegung im Herbst 1847 schließlich zum Durchbruch verhalf. Diese politische Radikalisierung mündete unmittelbar in die Aprilgesetze von 1848 und legte damit die programmatische Grundlage einer konstitutionellen Ordnung, welche die Niederlage der Revolution überstand, mit dem Ausgleich von 1867 zum Kernstück der ungarischen Verfassung wurde und als solche selbst den Ersten Weltkrieg überdauerte.

In scharfem Kontrast zu Ungarn sind die böhmischen Länder geradezu als Kernland josephinischen Reformeifers bezeichnet worden, der das Projekt einer österreichisch-böhmischen Symbiose auf die Spitze getrieben habe [EVANS, Habsburg Monarchy 8.c]. Dabei lassen sich auch die Impulse nicht übersehen, welche aus der josephinischen Epoche für eine Erneuerung böhmischer Staatlichkeit und nicht zuletzt für die Anfänge der tschechischen Nationalbewegung erwuchsen [AGNEW 7.d]. Die Argumente, mit denen der Landtag von 1790 in Böhmen die Rückkehr zu vortheresianischen Verhältnissen forderte, lassen auch hier eine intensive Rezeption der französischen Aufklärung erkennen und waren durchaus darauf angelegt, die Grenzen ständischer Repräsentation hinter sich zu lassen [DRABEK 8.c; CERMAN 8.c]. Ob der böhmische Landtag jedoch eine reelle Chance besaß, über die formale Selbstbehauptung gegenüber den Zentralbehörden hinaus die Landesautonomie wiederherzustellen [KERNER 8.c], mag angesichts der raschen außenpolitischen Stabilisierung unter Leopold II. mit Fug und Recht bezweifelt werden.

<small>Aufklärung in Böhmen</small>

Auch wenn die ständischen Institutionen politisch marginalisiert blieben, suchte ein landespatriotisch gesinnter Adel auch in den böhmischen Ländern die josephinischen Reformimpulse mit dezentralen Partizipationsformen in Einklang zu bringen. Die spezifische Modernität staatlicher Institutionen vor 1848 erschließt sich allerdings erst mit Blick auf die Verschränkung landesherrlicher Behörden mit dem lokalen Adel, dessen Güter zugleich die Funktionen lokaler Obrigkeit wahrnahmen [MELVILLE 6.b]. Behördenstaat und ständisches Erbe wirkten hier in einer Weise zusammen, die sich mit überkommenen Dichotomien nicht recht fassen lässt. Welche Rolle die aus dem Verwaltungsalltag weitgehend verdrängten ständischen Institutionen jenseits ihrer Funktion als „Substrat des monarchischen Staates" spielten [BRAUNEDER 8.a: 77], ist ohnehin nur in Umrissen bekannt und entzieht sich vorerst einem Vergleich unterschiedlicher Kronländer. M. WIENFORT hat anhand der preußischen Patrimonialgerichtsbarkeit gezeigt, wie der Behördenstaat den ständischen

Institutionen im Alltag seine formalen Regeln aufzwang und sie damit eher überformte als sie zu verdrängen [8.d]. Es spricht manches dafür, dass Prozesse der Staatsbildung auch im östlichen Mitteleuropa nicht in der konstruierten Gegenüberstellung von bürokratischem Reformstaat und beharrendem Adel aufgehen.

Der Österreichische Kaiserstaat

Auch wenn der österreichische Kaiserstaat am Vorabend der Revolution von 1848 nach außen hin das Bild eines durch und durch bürokratischen Gebildes bot, muss die Bilanz staatlicher Integration des habsburgischen Reichsverbandes somit zwiespältig bleiben. Neben der Formierung einer professionellen Beamtenschaft mag insbesondere das Bürgerliche Gesetzbuch von 1811 als Glanzleistung österreichischer Staatskunst und späte Frucht des josephinischen Impulses gelten. Damit war zumindest in den Erblanden ein Durchbruch zu einem einheitlichen Rechtsraum erzielt worden, der zugleich den Wandel zum Rechtsstaat einleitete [RUMPLER 8.a: 110]. Die dualistische Grundstruktur der ständischen Ordnung in den Kronländern wurde dadurch jedoch nicht vollständig beseitigt [GODSEY 8.c]. Schon die ältere Verwaltungsgeschichte hat die innere Schwäche des österreichischen Staates in der Ära Metternich denn auch weniger in ihrem sozialen Konservatismus als in der Unfähigkeit der dynastisch zentrierten Ordnung gesehen, den Ausbau der schwerfälligen Zentralbehörden zu leistungsfähigen Fachministerien voranzutreiben und so den komplexen Herausforderungen der Epoche auf konstruktive Weise gerecht zu werden [BRANDT 8.f]. Hier war eine Grundspannung des österreichischen Vormärz angelegt. Denn in dem Maße, in dem eine überbordende Bürokratie in überkommenen Verhältnissen zu ersticken drohte, nahm gerade die josephinisch geprägte Beamtenschaft frühliberales Gedankengut auf und wurde ihrerseits im Verbund mit dem ständischen Adel der Kronländer im Vormärz zum Träger einer konstitutionellen Bewegung [HEINDL 8.d].

Revolutionen 1848

An dem revolutionären Übergang in eine konstitutionelle Ordnung wäre die Habsburgermonarchie im Jahr 1848 beinahe zerbrochen [SKED 8.a; NIEDERHAUSER 8.e]. Diese Krise auf die einfache Formel von der aufbrechenden Nationalitätenfrage zu bringen, wird der Vielschichtigkeit der revolutionären Ereignisse, in denen politische, nationale und soziale Revolutionen eng ineinander verwoben waren, nur bedingt gerecht. Treibende Kraft war auch hier zunächst eine liberale Bewegung, die auf die Überwindung ständischer Strukturen zielte und dabei – nicht anders als in Deutschland – unweigerlich nationale Züge trug [JUDSON 8.e]. In Böhmen spaltete sich die konstitutionelle Bewegung noch im März entlang nationaler Linien und offenbarte so ein Konfliktpotential von enormer Tragweite [PECH 8.e]. In der tschechischen Historiographie ist die Revolution von 1848 als bittere Niederlage der jungen tschechischen Nationalbewegung beschrieben worden, die sich jetzt als gesellschaftliche Elite etablierte [ŠTAIF 8.e]. Zumindest in Cisleithanien erwies sich die nationale Frage dennoch durchaus als beherrschbar. Ausgehend von den böhmischen Ländern wurde das Postulat nationaler Gleichberechtigung zum Fundament österreichischer Verfassungsentwürfe [STOURZH 7.h]. Es gehört zu den bleibenden Ergebnissen des revolutionären Reichstags, bereits alle späteren Lösungen für eine institutionelle Ausgestaltung dieses hehren Grundsatzes skizziert und im Kremsierer Verfassungsentwurf mit der Einrichtung von Kreisen eine Balance zwischen den Erfordernissen einer starken Regierungsgewalt und den Ansprüchen einer national grundierten Dezentralisierung formuliert zu haben [GOTTSMANN 8.e].

Die Perspektive einer frei vereinbarten und institutionell ausdifferenzierten Umsetzung des Gleichberechtigungsprinzips ist als die langfristig tragfähigere Antwort auf die viel beschworene, wenngleich unverwirklichte austroslawische Vision Österreichs als schützender Hort der Nationen Ostmitteleuropas zu verstehen, wie sie in Palackýs berühmtem Absagebrief an die Frankfurter Nationalversammlung und vom Prager Slawenkongress formuliert wurde [MORITSCH, Slawenkongreß 8.e; KOŘALKA 8.e]. Als Gegenentwurf zum entstehenden deutschen Nationalstaat war die austroslawische Idee selbst Teil des komplexen Prozesses nationaler Positionierungen. Bereits der Slawenkongress ließ jedoch ihre ganze Brüchigkeit zutage treten [ORTON 8.e]. Als letztes Argument, um die schiere Fortexistenz der Habsburgermonarchie zu verteidigen, mochten austroslawische Vorstellungen bis 1914 durchaus wirksam sein, als Gegenentwurf zum inneren Gefüge der Monarchie blieben sie politisch naiv. Den Austroslawismus im Zeichen der EU-Osterweiterung gar als verfrühte, realutopische Vorwegnahme einer freiheitlichen, nationalstaatlichen Ordnung im östlichen Mitteleuropa zu begreifen [MORITSCH, Austroslavismus 8.e], ist schlicht anachronistisch.

Eine Schlüsselrolle im Revolutionsgeschehen von 1848 kam der Entwicklung in Ungarn zu. Sie rührte unmittelbar an die zentrale Frage nach den Perspektiven einer konstitutionellen Ordnung des habsburgischen Länderverbundes, und wies damit weit über das Problem nationaler Gleichberechtigung hinaus. I. DEÁK hat gezeigt, dass sich die ungarische Revolution in ihrem Kernanliegen, der Umgestaltung Ungarns in eine konstitutionelle Monarchie, in rechtlichen Bahnen vollzog und somit ein hohes Maß an Legitimität beanspruchen konnte [8.e]. Die enorm schnelle Konsolidierung der Revolution in den Aprilgesetzen implizierte jedoch zugleich die klare Absage an eine gesamtstaatliche Verfassung und barg somit hohes Konfliktpotential.

In dieser Konstellation wurde die Nationalitätenfrage zum Katalysator des Konflikts. Sie bot dem Wiener Hof einen willkommenen Hebel, die militärische Konfrontation mit Ungarn zu suchen. Damit, so Gy. SPIRA, habe der Nationalitätenkonflikt den Durchbruch zu einem demokratischen, unabhängigen Ungarn blockiert, das allen seinen Völkern in föderalisierter Form eine Heimstatt freiheitlicher nationaler Entfaltung hätte bieten können [8.e]. Unumstritten bleibt dabei, dass die ungarische Regierung den nichtmagyarischen Nationalbewegungen keinerlei Zugeständnisse machte, sondern im Gefühl militärischer wie moralischer Überlegenheit den ethnischen Bürgerkrieg bewusst provozierte und sich erst im Angesicht der Niederlage zu einem weitreichenden Nationalitätengesetz durchrang. Auch schuf erst die Aufstellung einer ungarischen Revolutionsarmee im Konflikt mit den Nationalitäten jene politische Konstellation, in der sich die

Austroslawismus

Ungarn 1848

Ungarische Nationalitätenfrage

Radikalen um Kossuth durchsetzen konnten [DEÁK 8.e] und einen Konflikt mit der kaiserlichen Armee wagten, der unweigerlich zu einem Krieg um den Fortbestand des österreichischen Gesamtstaats wurde und der neoabsolutistischen Konsolidierung erheblichen Vorschub leistete.

<small>Europäische Revolution</small> Jüngere Deutungen haben vor allem die gesamteuropäische Dimension der Revolutionen von 1848 in ihren strukturellen und kommunikativen Verflechtungen betont [DOWE/HAUPT/LANGEWIESCHE 8.e; EVANS/POGGE VON STRANDMANN 8.e]. W. MOMMSEN hat in diesem Zusammenhang argumentiert, erst die überschießenden Nationalismen an der (ostmittel-)europäischen Peripherie hätten die liberale Hoffnung auf eine freiheitliche Neuordnung Europas vorerst zunichtegemacht [8.e]. Diese These lässt sich bei näherem Hinsehen kaum halten. Denn gerade in der Habsburgermonarchie konnte sich das alte Regime die nationalen Konflikte zwar geschickt zunutze machen, die Ursachen seiner militärischen Konsolidierung lagen jedoch woanders. Zum einen entzog die in Galizien vorgezeichnete rasche Lösung der Agrarfrage einer revolutionären Mobilisierung der Bauern früh jegliche Grundlage [BIWALD 8.e]. Zum anderen bot die gegenläufige soziale Radikalisierung in den Städten ihrerseits dem Militär den Anlass zum bewaffneten Eingreifen erst in Prag und dann in Wien [HÄUSLER 8.e]. Auch spielte den konservativen Kräften der Umstand in die Hände, dass die Perspektive eines deutschen Nationalstaates über Monate hinweg den schieren Fortbestand der Habsburgermonarchie in der Schwebe hielt und damit Raum für Schwarzenbergs zugkräftige Projektion eines wiedererstarkten österreichischen Gesamtstaats als mitteleuropäischer Führungsmacht ließ [LIPPERT 8.f]. Schließlich waren nationale Konflikte ohnehin kein Phänomen nur der europäischen Peripherie.

Unbeeinträchtigt hiervon ist das bleibende Ergebnis der ostmitteleuropäischen Revolutionen von 1848, dass hier in einer von den Städten her aufbrechenden Fundamentalpolitisierung alle diejenigen Konfliktlinien abrupt zutage traten, welche diesen Teil Europas für die nächsten Jahrzehnte dominieren sollten. Zugleich wurden bereits alle späteren Lösungen in Gedanken durchgespielt und wesentliche Weichen institutioneller Reform gestellt [JAWORSKI/LUFT 8.e]. Als Ausgangspunkt nationaler Mobilisierung wie in der Bündelung unerfüllt gebliebener Verheißungen wurden die Revolutionen von 1848 gerade im östlichen Mitteleuropa zum Fluchtpunkt divergierender nationaler Mythenbildung und entsprechend spannungsreicher, national verfasster Erinnerungskulturen [KÖRNER 8.e; TACKE 8.e; HAIDER/HYE 8.e].

<small>Neoabsolutismus</small> Mit der Niederlage der Revolution schien der Weg frei für Schwarzenbergs Programm eines bürokratisch zentrierten österreichischen Kaiserstaats, der die unvollständig gebliebene Staatsbildung nachzuholen versprach. Dieser Anspruch wurde durch die Spannung zwischen Bürokratie und Militär belastet und stieß zudem bald an ökonomische Grenzen. Nach einer kurzen Scheinblüte wurde so innerhalb weniger Jahre deutlich, dass der „neoabsolutistische Machtstaat […] über seine Verhältnisse" lebte [BRANDT 8.f: 1017], ja, dass die verantwortlichen Akteure sehenden Auges das Ansehen des Staates durch ungedeckte Verspre-

chungen untergruben [BERGER WALDENEGG 8.f]. Ungeachtet dieses Scheiterns ist die langfristige Bedeutung des neoabsolutistischen Gesamtstaatsexperiments für die zukunftsweisende Reform von Verwaltung, Justiz, Wirtschaftsordnung und Bildungswesen weitgehend unumstritten. Auch für Ungarn wird dieser Befund durchaus anerkannt [LENGYEL 8.f].

Mit dieser Einordnung in eine langfristige Modernisierungsperspektive ist die Frage aufgeworfen worden, ob sich der Neoabsolutismus überhaupt sinnvoll als abgegrenzte Epoche fassen lässt [RUMPLER 8.f]. Rückblickend lassen sich die Jahre zwischen 1849 und 1867 insofern als Einheit verstehen, als sie von dem Experimentieren mit unterschiedlichen Lösungen des österreichischen „Staats- und Reichsproblems" [REDLICH 8.g] geprägt waren. Nicht zuletzt im alltäglichen Umgang mit der Nationalitätenfrage tritt die Ambivalenz der Epoche deutlich zutage. Denn das offene Bekenntnis zum Deutschen als vorherrschender Sprache und Bildung stand nicht im Widerspruch zum tatkräftigen Ausbau eines muttersprachlichen polnischen, tschechischen, slowakischen, rumänischen oder serbischen Gymnasialwesens. Weder in Österreich noch in Ungarn blieb das proklamierte Leitbild nationaler Gleichberechtigung im Alltag der 1850er und frühen 1860er Jahre eine leere Formel. Vielmehr erfuhren gerade die slowakische und die rumänische Gesellschaft langfristige Impulse. Umso tiefer wurde die nationalpolitische Enttäuschung über den Ausgleich von 1867 empfunden [KOVÁČ/SUPPAN/HRABOVEC 8.f; HITCHINS, Orthodoxy 7.f]. Gleichwohl waren die nationalpolitischen Grenzen gesamtstaatlicher Integration unter bürokratischem Vorzeichen unübersehbar. Zudem speiste die wirtschaftliche Entwicklung, wie C. STÖLZL für Böhmen gezeigt hat, die Formierung gerade jener kleinbürgerlicher Schichten, in denen ein fordernder Nationalismus besondere Resonanz fand [8.f]. Ganz abgesehen von seinem militärischen Scheitern unterminierte sich das späte Experiment eines bürokratisch zentrierten Gesamtstaats auch in nationalitätenpolitischer Hinsicht letztlich selbst.

Die dualistische Verfassungsordnung, die mit dem österreichisch-ungarischen Ausgleich von 1867 nach langem Ringen zustande kam, wird seit jeher kontrovers beurteilt [BERGER 8.g]. Die älteste und gewichtigste Kritik zielt darauf, dass der Ausgleich einseitig zu Lasten der Slawen gegangen sei, da er eine konsequente Föderalisierung der gesamten Habsburgermonarchie blockiert, die österreichischen Slawen einer langsam zerfallenden deutschen Hegemonie überantwortet und innerhalb Ungarns einer aggressiven Magyarisierungspolitik freien Lauf gelassen habe [REDLICH 8.g; JÁSZI 8.a]. In die entgegengesetzte Richtung zielt der Vorwurf, mit dem Ausgleich sei die Chance auf einen freiheitlichen, progressiven ungarischen Nationalstaat, wie ihn die Aprilgesetze von 1848 verheißen hatten, erneut vertan worden [SZABAD 8.g; GERŐ 8.a]. So oder so habe der Dualismus in der gesamten Monarchie überkommene Machtverhältnisse konserviert und eine demokratische Entwicklung verhindert.

Der österreichisch-ungarische Ausgleich

Politisch war der österreichisch-ungarische Ausgleich schon deshalb alternativlos, weil alle vorangegangenen Versuche gescheitert waren, Ungarn auf eine gesamtstaatliche Konzeption zu verpflichten, sei es unter föderal-konservativem oder unter liberal-zentralistischem Vorzeichen. Das politische Kräfteverhältnis erzwang einen Kompromiss, der den ständischen Traditionen und der jahrhundertelangen Sonderentwicklung Ungarns Rechnung trug, ohne den inneren Zusammenhalt der Monarchie preiszugeben [BRUNNER 8.g]. Die konsequente Formulierung des Ausgleichswerks aus der ständischen Rechtstradition stellte insofern eine politische Meisterleistung Ferenc Deáks auch innerhalb des ungarischen Lagers dar [PÉTER 8.g]. Wie sehr der Ausgleich der inneren Logik der Habsburgermonarchie entsprach, lässt sich auch daran ablesen, dass die Grundzüge der Einigung bereits vor der Niederlage bei Königgrätz weitgehend ausformuliert waren und eben nicht primär einem außenpolitischen Kalkül folgten [HANÁK 8.a].

Erst der Ausgleich mit Ungarn machte den Weg frei für die konstitutionelle Ordnung der gesamten Monarchie. Für Cisleithanien wies er den Weg zur liberalen Dezemberverfassung. Den Ausschlag im zähen Ringen zwischen föderalen und zentralistischen Konzeptionen gab hier die Haltung der galizischen Polen, welche die weitreichenden Autonomieregelungen gleichsam als Anzahlung auf eine langfristige Wiedererrichtung polnischer Staatlichkeit im Bündnis mit einem konstitutionell erneuerten Österreich betrachteten, sich allerdings in der veränderten europäischen Mächtekonstellation nach 1871 auf Dauer in der erreichten Autonomie einrichten mussten [MARSCHALL VON BIEBERSTEIN 8.g; PIJAJ 8.g]. Innerhalb des doppelten deutsch-ungarischen Zentralismus wurde auch für Kroatien eine Autonomielösung ausgearbeitet, welche die nationalen Ansprüche allerdings nicht befriedigen konnte und trotz neu eröffneter politischer wie ökonomischer Spielräume bis heute eher als Hemmnis denn als Rahmen umfassender gesellschaftlicher Modernisierung und nationaler Integration gesehen wird [GROSS 8.g]. Die gemeinsamen Ministerien und das ausgefeilte System ihrer parlamentarischen Kontrolle durch die Delegationen erwiesen sich schließlich in der Praxis als genau die konstitutionelle Reichsregierung, die sie der Form nach nicht sein durften [SOMOGYI 8.g].

Es sollte das so entwickelte Verfassungsgefüge der Monarchie auf Dauer belasten, dass die tschechischen Ambitionen nicht befriedigt werden konnten. Allerdings scheiterten die böhmischen Fundamentalartikel von 1871 weniger am vorhersehbaren ungarischen Widerstand als an der außenpolitischen Hinwendung Österreichs zum neu gegründeten Deutschen Reich [KLETEČKA 8.g]. Die Enttäuschung in der tschechischen Öffentlichkeit war enorm [SCHARF 8.g]. Hier zeichnete sich bereits ab, welche langfristigen Probleme aus der wachsenden außenpolitischen Dimension der Nationalitätenfrage für die politische Stabilität der Habsburgermonarchie erwachsen sollten.

Wegen seiner Krisenanfälligkeit ist der Dualismus als „Schönwetterkonstruktion" bezeichnet worden [RUMPLER 8.a: 404]. Hierin einen Webfehler des Verfassungsgefüges von 1867 zu sehen, verkennt allerdings den Umstand, dass sich die Voraussetzungen österreichischer Politik in den folgenden Jahrzehnten tiefgreifend veränderten und die Spielräume eines zwischen Liberalen und Konservativen ausgehandelten Elitenkompromisses vor allem in Cisleithanien schwanden. Erst mit dem Zusammenbruch des Liberalismus und der Politisierung breiter Bevölkerungsschichten nahm die Nationalitätenfrage jene nur noch schwer beherrschbare Dimension an, die dem habsburgischen Staatswesen seit den 1890er Jahren so schwer zu schaffen machte [MACARTNEY 2.e]. Je mehr zentrale politische Fragen in einer hochpolitisierten Öffentlichkeit verhandelt wurden, umso mehr büßten die parlamentarischen Akteure den politischen Spielraum ein, der Kompromisse überhaupt erst ermöglichte. Die Selbstblockade des Reichsrats, ja, des Verfassungsgefüges der gesamten Monarchie in der Badeni-Krise von 1897 gilt als Inbegriff dieser Entwicklung und Vorzeichen des drohenden Zusammenbruchs. Bis heute prägen die Szenen würdeloser Tumulte ein bis ins Klischeehafte verzerrtes Bild. Da selbst das allgemeine Wahlrecht keine Lösung brachte, war der Weg einer zukunftsweisenden Parlamentarisierung offenbar versperrt. Auch die relative Ruhe der Vorkriegsjahre mit ihren kleinen Erfolgen könne nicht darüber hinwegtäuschen, so R. OKEY, dass die cisleithanische Politik vor 1914 unter „mildernden Umständen" gescheitert sei [2.e: 355].

 Dieses Krisenszenario ist nicht unwidersprochen geblieben. So verweist der Ausbau öffentlicher Dienstleistungen in Infrastruktur, Sozial- und Bildungswesen auf eine erstaunlich sachliche und konstruktive Politikfähigkeit hinter den Kulissen nationaler Agitation [HYE 8.g]. Ähnliches gilt für die Möglichkeiten nüchterner Interessenvertretung, wie sie von galizischen oder mährischen Politikern genutzt wurden [BINDER 8.g; LUFT 6.b]. Der Versuch, durch eine sachorientierte Politik die Handlungsfähigkeit der Regierung gegenüber einem unruhigen Parlament wiederherzustellen, stieß nach der Badeni-Krise allerdings an enge Grenzen [ABLEITINGER 8.h]. Den krisenhaften Blockaden des Reichsrates hat die jüngere Forschung deshalb die Bedeutung der Landtage in den Kronländern gegenübergestellt, waren diese doch deutlich geeigneter, nationale Konflikte zu überbrücken und differenzierte institutionelle Formen des Ausgleichs zu formulieren [Die Habsburgermonarchie 8.a, Bd. VII].

 Selbst in Böhmen, dessen verhärteter deutsch-tschechischer Konflikt immer wieder auf die gesamte Monarchie durchschlug, wirkte das Reichsgefüge mäßigend auf die nationalpolitische Polarisierung [KING 7.d]. Studien zur Parteienlandschaft haben gezeigt, dass die Erosion eines staatstragenden nationalen Liberalismus zunächst auf deutscher und dann auf tschechischer Seite die Krisenanfälligkeit des österreichischen Parlamentarismus zwar erheblich verschärfte, zugleich aber auch in eine hochgradig differenzierte Parteienlandschaft mündete, welche der politischen Mobilisierung breiter Bevölkerungsschichten entlang sozialer Interessenkonflikte Rechnung trug. Indem er auch den aufkommenden Massenparteien die Möglichkeit beständiger Neuverhandlung politischer Handlungsräume bot, erwies sich der staatliche Rahmen über alle Krisen hinweg als durchaus gefestigt [COHEN, Absolutism 8.g; COHEN, Politics 8.g]. Trotz unübersehbarer Schwächen bot das Ausgleichswerk von 1867 über Jahrzehnte den politischen Ordnungsrahmen einer wirtschaftlichen und gesellschaftlichen Entwicklung, die an Dynamik eher noch zunahm. So liegt die langfristige Bedeutung des cisleithanischen Parlamentarismus wohl darin, in kleinen und überschaubaren Schritten beharrlich die Spielräume unterschiedlicher Lösungsansätze für die Probleme der heraufziehenden Industriegesellschaft ausgelotet und liberal-konstitutionelle Formen im östlichen Mitteleuropa eingeübt zu haben, an welche die Nationalstaaten der Zwischenkriegszeit anknüpfen konnten [Die Habsburgermonarchie 8.a, Bd. VII].

Ungarn im Dualismus Anders als der Reichsrat konnte das ungarische Parlament ein hohes Maß an nationalstaatlicher Integrationskraft entwickeln. Gerade weil sich die magyarische Vorherrschaft nur durch ein gerüttelt Maß an institutionalisierter Willkür sichern ließ [GOTTAS 8.g], ist aber auch der ungarische Konstitutionalismus dafür kritisiert worden, dass er die Idee parlamentarischer Repräsentation entstellt, wenn nicht gar umfassend diskreditiert habe. Die Manipulationen einer von unbedingtem Machtwillen geprägten Regierungspartei hätten dem ungarischen Reichstag letztlich seine Legitimität entzogen [GERŐ 8.g]. In der Tat zeigen die vorliegenden Biographien ungarischer Ministerpräsidenten deren hohe politische Gestaltungsmacht [KOZÁRI 8.g; GEYR 8.h; VERMES 8.h]. Mit dem wiedererwachten Interesse an den parlamentarischen Traditionen Ungarns sind jedoch auch hier die Funktionsmechanismen und Strukturschwächen der konstitutionellen Ordnung von 1867 differenziert gewürdigt worden, die sich nach den schweren Verfassungskonflikten der Jahrhundertmitte als erstaunlich stabil erwies [PÉTER 8.g; BOROS/SZABÓ 2.g]. Allerdings ließen sich überschießende nationale Stimmungen um die Jahrhunderte kaum noch durch die Inszenierung des modernisierenden Nationalstaates einhegen [FREIFELD 7.e]. Der Versuch, das konstitutionelle Gleichgewicht innerhalb Ungarns mittels der symbolisch überladenen Armeefrage zu wahren, drohte zudem das politische Gefüge der Monarchie insgesamt zu blockieren [PÉTER 8.h]. N. STONE hat es als schweres Versäumnis bezeichnet, dass die Regierungskrise von 1905 nicht als Chance genutzt worden sei, auch in Ungarn mittels des allgemeinen Wahlrechts eine breite Demokratisierung durchzusetzen, die Nationalitäten angemessen am politischen Alltag zu beteiligen und so die institutionellen Blockaden der Monarchie aufzulösen [8.h]. Für eine derart radikale Umkehr fehlten jedoch alle Voraussetzungen. Vielmehr zeigte das Ergebnis der Krise, dass die im Ausgleich von 1867 geschaffene Verfassungsordnung nach wie vor als Grundlage weitreichender politischer Elitenkompromisse taugte. Der Umstand, dass mit der schleppenden Wahlrechtsreform die bürgerlichen Liberalen, die junge Sozialdemokratie und eine erst im Entstehen befindliche Bauernpartei als zukunftsweisende politische Strömungen im parlamentarischen Alltag Ungarns marginalisiert blieben, wurde mittelfristig hingegen in der Tat zu einer schweren Hypothek.

Krise 1905

Vor dem Hintergrund dieser Neubewertung des dualistischen Verfassungssystems erscheint auch die alte Frage, inwieweit sich die Habsburgermonarchie bereits vor dem Ersten Weltkrieg überlebt hatte, in einem neuen Licht. Die Grundlagen dieser Diskussion hat O. JÁSZI mit der klassischen Gegenüberstellung zentrifugaler und zentripetaler Kräfte und der Kritik an einer in feudalen Strukturen blockierten Sozial- und Wirtschaftsverfassung gelegt [8.a]. Sein

Befund, in den erstarrten politischen Verhältnissen sei die Kluft zwischen dynastischem Gesamtstaat und nationalen Emanzipationsbewegungen schließlich unüberbrückbar geworden, ist seitdem vielfach variiert worden [Taylor 2.e; Kann 2.e; Okey 2.e]. Unterfüttert wird er durch Forschungen zu den steckengebliebenen Ansätzen einer österreichischen Gesamtstaatsidee, die sich nur über die Dynastie und eine unvollständig gebliebene bürokratische Integration vermitteln ließ und der übermächtigen sprachnationalen Orientierung breiter Bevölkerungsschichten kaum etwas entgegenzusetzen hatte [Bruckmüller 7.h].

Eine wichtige Rolle spielt in diesem Zusammenhang die Person Kaiser Franz Josephs. Seine Biographen haben das Bild eines alternden Monarchen gezeichnet, der die seit 1867 mühsam gewonnene Stabilität geduldig zu bewahren suchte und bei aller Skepsis gegenüber konstitutionellen Formen schließlich auch die Einführung des allgemeinen Wahlrechts in Cisleithanien nicht scheute [Bled 8.a]. Weniger Sympathien zeigt das Argument, der starr am dynastischen Prinzip festhaltende Kaiser habe die strukturellen Blockaden seines Reiches persönlich zu verantworten [Beller 8.a]. Solche Einschätzungen leiten sich aus dahinterliegenden Urteilen über die Habsburgermonarchie als Ganzes ab. Tiefere Einsichten als der biographische Zugang vermittelt die Frage nach der Wahrnehmung des Kaisers in der Öffentlichkeit. So ist von ungarischer Seite argumentiert worden, dass das Verhältnis zwischen König und Nation im Grunde schizophren gewesen sei, da die Entfremdung des Revolutionsjahrs auch durch den Ausgleich von 1867 nicht habe geheilt werden können [Gerő 8.a]. Diese These steht im Widerspruch zu den imperialen Inszenierungen des Kaisers als unermüdlichem Moderator zwischen seinen Völkern. Gerade weil sich das Bild des Kaisers in unterschiedliche nationale Kontexte integrieren ließ, konnten nationale und gesamtstaatliche Orientierungen in der Balance gehalten werden [Unowsky 7.h]. Der dynastische Mythos mochte nur mühsam herzustellen sein und eine Zukunftsutopie vermissen lassen, zumindest zeitweilig war er dennoch durchaus erfolgreich [Urbanitsch 7.h]. Zudem verfügte das Reich in der Beamtenschaft und im Militär nach wie vor über loyale Eliten [Deák 6.a; Godsey, Redoubt 6.b]. So lässt sich dem pessimistischen, am Leitbild homogen verfasster Nationalstaaten orientierten Befund vom unausweichlichen Zerfall entgegenhalten, dass die wirtschaftlich prosperierende Habsburgermonarchie bis 1914 erhebliche Bindekräfte entfaltete und auch politisch durchaus dazu in der Lage war, widerstreitende zentrifugale Kräfte in der Balance zu halten [Sked 8.a; Bérenger 2.e]. In ihrer Fähigkeit, strukturelle Vielfalt auch im Zeitalter der Nationalstaaten über einen langen Zeitraum hinweg zu ertragen, nationalpolitische Konflikte zu moderieren und einen staatlichen Rahmen zu bieten, den die nationalen Bewegungen auf evolutionäre Weise ausfüllen konnten, erwies sich die Habsburgermonarchie mitnichten als Auslaufmodell.

Jenseits der klassischen Frage nach den Perspektiven des habsburgischen Verfassungsgefüges sind die Prozesse institutioneller Staatsbildung und die spezifischen Formen der Synthese mit adelsständischen Elementen für die

Franz Joseph

Ebenen der Staatsbildung

Habsburgermonarchie wie für das gesamte östliche Mitteleuropa bislang nur in Umrissen untersucht. Auf der einen Seite erschloss der Aufbau sozialpolitischer Institutionen neue Felder staatlicher Tätigkeit auf zentraler wie kommunaler Ebene und leitete die Abkehr vom obrigkeitlichen Verwaltungsstaat ein [siehe oben Kap. II.3]. Auf der anderen Seite stand eine mitunter dramatische Unterverwaltung ländlicher Gebiete. Jüngere Studien haben dabei das Bild konservativen Beharrens in tradierten Formen patrimonial grundierter lokaler Obrigkeit korrigiert und den Wandel adeliger Herrschaftspraktiken herausgearbeitet. Die Befunde für das ostelbische Preußen beschreiben eine schleichende Emanzipation staatlicher Verwaltung vom lokalen Adel, die durch den Rückgriff auf ein gutsherrschaftlich geprägtes Amtsverständnis verschleiert wurde [EIFERT 8.a; WAGNER 8.a]. Sie bieten Anlass, ähnliche Konstellationen auch in den polnischen Teilungsgebieten oder in Böhmen neu zu vermessen. Gerade für Böhmen hat M. HLAVAČKA die kommunale Selbstverwaltung als Ort der Emanzipation tschechischer Nationalgesellschaft aus adelsständischen Traditionen gezeigt [8.g]. In den ungarischen Komitaten ging die staatliche Bürokratie auf lokaler Ebene hingegen eine Synthese mit tradierten ständischen Autonomien ein [BARANY 8.g]. Ständische Kategorien bildeten bis zum Ersten Weltkrieg auch die Grundlage russischer Staatlichkeit in den Westgebieten des Zarenreiches, die tradierte Autonomien auf lokaler Ebene entweder aufsog oder durch Formen institutioneller Ausgrenzung ablöste [WEEKS 8.g].

Wie in der Habsburgermonarchie, so wurde die ethnonationale Fundamentalpolitisierung auch in den preußischen und russischen Teilungsgebieten Polens seit der Jahrhundertwende zu einer Herausforderung imperialer Herrschaft, die sich nicht mehr verdrängen ließ. Wie weit sie in der Provinz Posen das Alltagsleben prägte, lässt sich an der Gewerbepolitik ebenso ablesen wie an der enormen Resonanz des Schulstreiks vom Winter 1906/07 [JAWORSKI 7.b; KULCZYCKI 6.d]. In den russischen Teilungsgebieten führte dagegen erst die Revolution von *Polen 1905* 1905 zu einer vorübergehenden nationalpolitischen Mobilisierung, die auch die inneren Spannungen der polnischen Gesellschaft zutage treten ließ [BLOBAUM 8.h]. An den Wahlen zur Reichsduma in St. Petersburg lässt sich ablesen, dass die schnell errungene Hegemonialstellung der Nationaldemokraten bald wieder erheblich bröckelte [TREES 8.h]. Die Hoffnungen auf ein Mindestmaß an Autonomie hatten sich ohnehin rasch als Chimäre erwiesen. Auch die russische imperiale Herrschaft im östlichen Mitteleuropa mochte am Vorabend des Ersten Weltkrieges zwar erschüttert sein, stand aber mitnichten vor dem Kollaps.

b) OSTMITTELEUROPA IM ZEITALTER DER WELTKRIEGE

Der Ausbruch des Ersten Weltkrieges führte in den Zusammenbruch der drei Imperien, die bislang den Rahmen für die Herausbildung moderner Staatlichkeit aus der Synthese ständischer und behördenstaatlicher Elemente abgegeben hatten. An diese Entwicklung konnten die neu entstehenden Nationalstaaten anknüpfen und als Verkünder nationaler Emanzipation zugleich neue Stabilität gewinnen. Auch wenn die politische und soziale Demokratisierung zunächst in Ungarn und bald darauf auch in Polen stecken blieb, und auch wenn die nationalstaatliche Ordnung nach kaum zwanzig Jahren zum Einsturz gebracht wurde, wurde hier doch ein Fundament gelegt, auf das auch nach dem extremen Zusammenbruch des Zweiten Weltkrieges wieder aufgebaut werden konnte.

Über den Anteil der österreichischen Diplomatie und Militärführung am Ausbruch des Ersten Weltkrieges ist viel geschrieben worden. Jüngere Studien haben die österreichische Bündnispolitik mit ihrer bewahrenden Grundausrichtung als Teil eines prekären, aber letztlich doch lange erfolgreichen Systems der Friedenssicherung dargestellt [SCHMIDT 8.i; RAUSCHER 8.i; AFFLERBACH 8.i]. Deutlich ist dabei allerdings auch geworden, dass der Zweibund in einem sich wandelnden außen- wie innenpolitischen Umfeld seine ursprünglich defensive Ausrichtung seit den 1890er Jahren allmählich aufgab und in der Fixierung der Bündnispartner aufeinander eine verhängnisvolle Eigendynamik entwickelte [ANGELOW 8.i; PANTENBURG 8.i]. An dem Befund, dass die österreichische Staatsführung nach den Erfahrungen der Balkankriege nahezu geschlossen auf die im Militär schon lange geforderte Demütigung Serbiens hinarbeitete, ist jedenfalls kaum zu rütteln [WILLIAMSON 8.i; KRONENBITTER 8.i]. Damit nahm sie eine militärische wie politische Überlastung in Kauf, die schließlich in ihren Zusammenbruch mündete [RAUCHENSTEINER 9.b].

Ursachen des Weltkriegs

Der neu bewertete innere Zusammenhalt der Monarchie am Vorabend des Ersten Weltkrieges legt es nahe, auch die alte Frage nochmals aufzuwerfen, ob diese letztlich nicht doch von der siegreichen Entente unter dem Einfluss der Exilanten mutwillig zerschlagen wurde [FEJTŐ 8.a; BÉRENGER 2.e]. Gegen diese Forschungstradition ist seit langem auf die Dynamisierung nationaler Erwartungen während des Krieges verwiesen worden, die den zumindest prekären Zusammenhalt des Reiches endgültig unterminierten [ZEMAN 9.b; REES 9.b]. Dieser Befund wird durch M. HEALYs alltagsgeschichtliche Studie eindrucksvoll bestätigt, die den schleichenden Zerfall staatlicher Autorität und sozialer Beziehungen bis in die Familie hinein beschreibt [9.b]. Die Pressepolitik der Regierung hatte dem wenig entgegenzusetzen [CORNWALL 9.b]. Von Krieg und Hunger zusehends überfordert hatte die Habsburgermonarchie ihren inneren Zusammenhalt bereits verloren, bevor sie im Oktober 1918 auch äußerlich zusammenbrach.

Erosion der Habsburgermonarchie

Wie tiefgreifend der Erste Weltkrieg die politischen Erfahrungshorizonte im östlichen Mitteleuropa veränderte, lässt sich auch an der massenhaften, nach nationalen Kategorien organisierten Kriegsgefangenschaft [NACHTIGAL 9.b] und nicht zuletzt an den divergierenden Deutungen von ethnischem Bürgerkrieg und Revolutionskrieg ablesen [MICK, Kriege 9.c]. Letzteres gilt besonders für die Slowakei. Erst der Zusammenbruch der politischen Ordnung brachte eine massenwirksame nationalslowakische Orientierung hervor, welche die entstehende Tschechoslowakei zu tragen imstande war und zugleich auf Dauer belastete [NURMI 7.d]. Für die Deutschen in der Tschechoslowakei gipfelte dieser Prozess in den blutigen Zusammenstößen vom 4. März 1919. Hier verdichtete

Kriegserfahrung

sich auf traumatische Weise die Erfahrung verweigerter Selbstbestimmung, die bis in die Gegenwart den Kern sudetendeutscher Identität bildet [BRAUN 9.c]. Ähnliche Konstellationen sind für die Deutschen in Polen [BLANKE 7.g] oder für Ostgalizien beschrieben worden, wo sich nationale Spannungen zwischen Polen und Ukrainern in antisemitischen Pogromen entluden [PRUSIN 6.l]. In Ungarn kulminierte die Gewalterfahrung in der Räterepublik und dem nachfolgenden „weißen" Terror. Anhand des Landes OberOst hat V. G. LIULEVICIUS zudem gezeigt, wie sich der kulturimperiale Blick der deutschen Besatzer auf das östliche Europa zu einem Kolonisationsentwurf verdichtete, ohne damit allerdings schon direkte Kontinuitäten zur Besatzungspolitik im Zweiten Weltkrieg nachweisen zu können [9.b].

Die nationale Bewältigung der Weltkriegserfahrung steht auch im Mittelpunkt jüngerer Forschungen zur Zwischenkriegszeit in Ostmitteleuropa und rückt diese in eine gesamteuropäische Perspektive [MAZOWER 9.a; MAI 9.a]. Kriegerdenkmäler und Veteranenvereine spielten beispielsweise in der Tschechoslowakei eine zentrale Rolle bei der gesellschaftlichen Eingliederung zurückgekehrter Soldaten [ZÜCKERT 9.d]. Auch die tiefgreifenden Bodenreformen gehören in diesen Kontext, ebenso wie der rasche Ausbau sozialstaatlicher Institutionen, welche die Handlungsfähigkeit der neuen Nationalstaaten als Gestalter des sozialen Umbruchs unter Beweis stellten und revolutionären Bestrebungen die Spitze brachen [PUTTKAMER 5.c].

Nationale Staatlichkeit — Darüber sollte jedoch nicht übersehen werden, dass die diskursive Verankerung des Nationalstaats im Ostmitteleuropa der Zwischenkriegszeit unter starken inneren Spannungen stand [PUTTKAMER 2.a]. Insbesondere die erst bei Kriegsende konkret ausformulierte Verpflichtung von Tschechen und Slowaken auf einen gemeinsamen Staat war historisch nur schwach im öffentlichen Bewusstsein verwurzelt und blieb über die gesamte Zwischenkriegszeit hindurch prekär [BAKKE 7.d; HASLINGER 7.d]. In Polen konkurrierten unterschiedliche Vorstellungen eines nationalen Territoriums, das im Westen wie im Osten unter Rückgriff auf gewagte historische Konstruktionen weit über das polnische Siedlungsgebiet hinausgriff [GEHRKE 7.b; TROEBST 7.b]. Besonders instabil war die Vorstellung eines nationalen Territoriums in Ungarn. Dessen staatliches Selbstverständnis beruhte über die gesamte Zwischenkriegszeit hinweg auf der Verweigerung gegenüber dem Friedensvertrag von Trianon [KOVÁCS-BERTRAND 9.f; ZEIDLER 9.f], auch wenn territoriale Revisionsansprüche zusehends auf die mehrheitlich magyarischen Siedlungsgebiete zurückgenommen wurden.

Dieser Befund korreliert mit dem Topos einer spezifischen Instabilität Ostmitteleuropas in der Zwischenkriegszeit. Jenseits sozialgeschichtlicher Erklärungen, die auf eine besondere Schwäche des Bürgertums in Ostmitteleuropa zielen [CONZE 9.d; siehe oben Kap. II.3], sind mangelnde politische Reife und autoritäre Neigungen, die früh erkennbare Überlastung des Parlamentarismus und insbesondere die übermächtigen Nationalitätenkonflikte als charakteristische Schwächen der politischen Ordnung benannt worden [BEREND 9.d;

Mai 9.a]. Allerdings lässt sich die jeweilige innenpolitische Entwicklung der ostmitteleuropäischen Staaten kaum auf einen gemeinsamen Nenner bringen. Geradezu als Paradebeispiel gilt das Scheitern parlamentarischer Demokratie in Polen. Die Dominanz des Parlaments gegenüber der Regierung, die auf eine bewusste Ausgrenzung Piłsudskis hinauslief, erwies sich rasch als Schwachpunkt der Verfassung von 1921. In dieser als „Sejmokratie" diffamierten Konstellation kamen die Fragmentierung des Parteiensystems, die geringe Erfahrung der Parlamentarier mit staatspolitischer Verantwortung und die ungelöste Spannung zwischen Nationaldemokraten und Sozialisten voll zum Tragen [POLONSKY 9.e]. Die polnischen Bauernparteien mochten zwar die politische Integration ländlicher Bevölkerungsschichten vorantreiben, konnten die grundlegenden Probleme jedoch nicht beheben [DOLIESEN 9.e; LEBLANG 9.e]. Aber auch Piłsudskis halbherziger Staatsstreich vom Mai 1926 konnte das innenpolitische Gefüge der Zweiten Republik nur bedingt stabilisieren. Binnen weniger Jahre glitt der Versuch eines gelenkten Parlamentarismus in eine autoritäre Staatsform ab, deren programmatische Leere durch das Schlagwort der *Sanacja* (Sanierung) und den Kult um Piłsudski nur mühsam verdeckt wurde [HEIN 7.b].

Piłsudski

Ein Gegengewicht zur innenpolitischen Krisenhaftigkeit der Zweiten Republik bilden die unbestrittenen Leistungen im Aufbau einer einheitlichen Verwaltung, im Bildungswesen und in der Justiz, deren Fundamente bereits vor 1926 gelegt wurden [BENECKE 9.d; KRAFT 9.d]. Voraussetzung hierfür war eine fachlich kompetente Beamtenschaft, deren Bekenntnis zu einem starken Nationalstaat zugleich zum Einfallstor autoritärer Haltungen wurde. Diese infrastrukturelle Dimension nationaler Staatlichkeit bildete jenseits aller nationalitätenpolitischen Programmatik auch die Haltung gegenüber den Minderheiten und trug erheblich dazu bei, diese von der Republik zu entfremden. Diese Befunde stützen eine nüchterne Abwägung der inneren und äußeren Dilemmata, vor die sich die polnische Politik während der Zweiten Republik gestellt sah [TOMASZEWSKI/LANDAU 9.d]. Sie rechtfertigen es allerdings kaum, die Zweite Republik in geradezu apologetischer Absicht gleichsam als Erfolgsgeschichte zu präsentieren [STACHURA 9.d].

In Ungarn scheiterte das Experiment parlamentarischer Demokratie, noch bevor es richtig begonnen hatte. Im Chaos der militärischen Niederlage rächte sich, dass das politische System die Bildung breitenwirksamer Parteien blockiert hatte, welche die demokratische Asternrevolution des Grafen Károlyi hätten stützen können. Die späte, überstürzte Demokratisierung konnte den rasch fortschreitenden Zerfall des historischen Ungarns entlang nationaler Kategorien ohnehin nicht mehr aufhalten, zumal die siegreichen Ententemächte diesem Prozess keinen Einhalt geboten [SIKLÓS 9.c]. Auch die Räterepublik stand in dieser Spannung zwischen fortschreitender innerer Erosion und dem aussichtslosen Versuch, den staatlichen Zusammenhalt durch einen revolutionären Krieg zu sichern [TŐKÉS 9.c]. Rückblickend erscheint sie geradezu als fataler Irrweg, dem auch der Aufbruch in die Demokratie zum Opfer fiel [KOVRIG 11.a; ROMSICS

Ungarische Räterepublik

9.a]. Ihre Strahlkraft als kommunistischer Gründungsmythos hat sie ohnehin längst verloren [HAJDU 9.c].

Nach der traumatischen Erfahrung der Räterepublik und den enormen Gebietsverlusten, wie sie im Friedensvertrag von Trianon schließlich festgeschrieben wurden, mag die autoritäre Restauration durch Admiral Horthy ohne Alternative gewesen sein. Überschattet wird sie durch den „weißen Terror" und durch das antisemitische Numerus-Clausus-Gesetz von 1920 [KATZBURG 6.l]. Immerhin ermöglichte die unter István Bethlen erreichte konservative Stabilisierung der zwanziger Jahre ein eingeschränktes Maß an politischem Pluralismus und parlamentarischer Teilhabe, ganz abgesehen von der wirtschaftlichen Konsolidierung [ROMSICS 9.e]. In der schier unerschöpflichen Debatte um das Wesen des Horthy-Regimes hat sich inzwischen ein weitgehender Konsens gebildet, zumindest dem politischen System der Ära Bethlen trotz seiner autoritären Züge eingeschränkt parlamentarischen Charakter zuzubilligen, nicht zuletzt um es im europäischen Vergleich erkennbar von den autoritären Regimen der dreißiger Jahre abzugrenzen [PÜSKI 9.e; ORMOS 9.d]. Eine weiter gehende Demokratisierung wurde schon durch den übermächtigen Revisionismus blockiert [KOVÁCS-BERTRAND 9.f]. In dieser Konstellation konnte sich die linksagrarische Sozialkritik, die sich in den dreißiger Jahren formierte, nur innerhalb enger Grenzen als politische Kraft etablieren [REINERT-TÁRNOKY 9.e].

Ära Horthy

Die Schwierigkeiten, die Ära Horthy präzise zu charakterisieren, liegen in der spannungsreichen Verflechtung konservativer Restauration und rechtsradikaler Erneuerung begründet, die sich schon an der Person des Reichsverwesers Horthy unmittelbar ablesen lässt [MACARTNEY 9.d; SAKMYSTER 9.e]. Auch wenn sich die radikale Rechte politisch zunächst hatte einhegen lassen, durchdrang der übersteigerte Rassegedanke doch bereits seit den zwanziger Jahren und erst recht seit der Weltwirtschaftskrise weite Teile der städtischen Mittelschichten [KOVÁCS 6.l]. Auch die Hinwendung der ungarndeutschen Bevölkerung zu völkischen Ideen hatte hier ihre Wurzeln [TILKOVSZKY, Teufelskreis 7.g] und lässt sich nicht allein aus der Reaktion auf die ungarische Minderheitenpolitik und die Instrumentalisierung durch die deutsche Außenpolitik erklären [SPANNENBERGER 7.g].

Gömbös

Einen Schlüssel zum Verständnis des ungarischen Rechtsradikalismus bietet die Ministerpräsidentschaft von Gyula Gömbös. Sie beruhte auf Horthys Kalkül, dass sich die konservative Ordnung unter dem Druck der Weltwirtschaftskrise nur durch erhebliche Zugeständnisse an die Rhetorik der radikalen Rechten aufrechterhalten ließe. Gömbös selbst fehlte am Ende die politische Durchsetzungsfähigkeit, um das Regime von innen heraus zu verändern [GERGELY 9.e; ORMOS 9.d]. Aber auch den Pfeilkreuzlern, die nach dem Anschluss Österreichs einen steilen Aufstieg erlebten, gelang es nicht, den konservativen Eliten aus eigener Kraft die politische Macht zu entwinden [SZÖLLŐSI-JANZE 9.e]. Obgleich die Unterschiede zwischen Konservativen und Rechtsradikalen zusehends verschwammen, blieb die innere Spannung der Ära Horthy bis 1944 ungelöst.

Trotz derart unterschiedlicher Konstellationen zeigte das politische System Ungarns unter Horthy durchaus auffällige Parallelen zum Regime Piłsudskis in

Polen [KOCHANOWSKI 9.e]. Selbst wenn sich die Idee einer „autoritären Internationale" *sui generis* kaum halten lässt, macht ein solcher Vergleich die enormen Unterschiede zum nationalsozialistischen Deutschland wie zur stalinistischen Sowjetunion hinsichtlich der massenwirksamen Mobilisierung wie der Gewalthaftigkeit der benachbarten Diktaturen deutlich. Zwar mag der wiederholt bemühte Verweis auf die autoritäre Drift im östlichen Mitteleuropa dazu beitragen, auch den Zerfall der Weimarer Republik in einen gesamteuropäischen Kontext zu stellen [MAZOWER 9.a], erklären kann sie ihn jedoch kaum. Vielmehr macht der Vergleich mit dem östlichen Mitteleuropa die spezifischen Faktoren, die in Deutschland die nationalsozialistische Diktatur hervorbrachten, umso deutlicher sichtbar.

Demgegenüber ist die Erste Tschechoslowakische Republik immer wieder als Insel demokratischer Stabilität in Ostmitteleuropa bezeichnet worden [BROKLOVÁ, demokracie 9.e; MAMATEY/LUŽA 9.a]. Die geschichtspolitische Dimension dieses Befundes liegt auf der Hand, untermauert er doch das Selbstbild einer besonderen nationalen Affinität von Tschechen und Slowaken zu Demokratie und Humanität und lässt die Tschechoslowakei als Opfer nationalsozialistischer Aggression wie kommunistischer Unterwerfung erscheinen. Der regionale Vergleich verweist in der Tat zunächst auf eine hohe innere Stabilität. Eine tragende Säule tschechoslowakischer Demokratie der Zwischenkriegszeit bildeten die agrarischen Republikaner, die eine deutlich größere politische Integrationskraft als die Bauernparteien in Polen oder Ungarn entfalteten [MILLER 9.e]. Die starke Kommunistische Partei mochte zunächst zwar die Sozialdemokraten als zweite Säule des tschechoslowakischen Parteiensystems schwächen, trug aber insofern zur innenpolitischen Stabilisierung bei, als sie die staatstragenden Parteien zur Zusammenarbeit zwang. An diesem Punkt setzt die Kritik der tschechoslowakischen Demokratie an. Denn gerade die beständige Proportionalisierung politischer Macht unter Umgehung des Parlamentes habe die Verinnerlichung demokratischer Verfahren auf Dauer untergraben [HEUMOS 9.e]. Gleiches gilt für die starke Stellung Präsident Masaryks und seines Umfelds. P. BUGGE hat diese Debatte in dem paradoxen Befund zusammengefasst, dass die Stabilität tschechoslowakischer Demokratie um den Preis ihrer Schwächung erkauft worden sei [9.e]. Einen anderen Akzent setzt M. FEINBERG mit dem Argument, die desillusionierenden Debatten um die Gleichberechtigung der Frau hätten das naive Ideal nationaler Harmonie enttäuscht und so die Akzeptanz der Demokratie auf lange Sicht unterminiert [FEINBERG 6.i]. Beide Kritiken zielen letztlich auf die geringe Widerstandsfähigkeit der tschechoslowakischen Demokratie, die nach dem Münchner Abkommen so rasch in autoritäre Strukturen abrutschte und auch der kommunistischen Machtübernahme vom Februar 1948 keinen Widerstand entgegensetzte [RATAJ 10.c; SCHMIDT-HARTMANN 11.a].

Die tschechoslowakische Demokratie

Wie weit die Slowakei über das parlamentarische System in den neuen Staat integriert werden konnte, lässt sich nicht eindeutig beantworten. Aus nationalslowakischer Perspektive ist die Zwischenkriegszeit beharrlich als Geschichte verweigerter Gleichrangigkeit beschrieben worden, gleichsam als Fortsetzung

Slowakische Autonomiebestrebungen

des „nationale[n] Befreiungskampf[es] der Slowaken unter neuen, günstigeren Bedingungen" [LIPTÁK 9.a: 126]. Die gängige Verkürzung slowakischer Politik auf die Volkspartei Hlinkas [HOENSCH, Slowakei 10.c; EL MALLAKH 9.e] verkennt freilich den Umstand, dass die autonomistischen Parteien bis 1938 kaum die Hälfte der slowakischen Wählerschaft vertraten [FELAK 9.e]. Auch lässt sich kaum übersehen, wie sehr gerade die slowakische Gesellschaft vom tschechoslowakischen Staat profitierte. Einer nationalpolitischen Rhetorik, wie sie die Autonomisten pflegten, war mit solchen Erfolgen allerdings nicht beizukommen [BAKKE 7.d; RYCHLÍK 9.a].

Dieser Befund gilt in noch stärkerem Maße für die zentrale Frage, inwiefern die Tschechoslowakei ihrer deutschen Bevölkerung eine politische Heimstatt bot [HOENSCH/KOVÁČ 9.d]. Sicherlich war es eine schwere Belastung, dass die Deutschen bei der Staatsgründung ausdrücklich ausgegrenzt wurden und die erstrebte Autonomie auch in der Folge konsequent verweigert blieb [HOENSCH 9.a]. Das Aufschlüsseln sudetendeutscher Befindlichkeiten kann sich jedoch nicht darin erschöpfen, zeitgenössische Fixierungen sudetendeutscher Politik zu verstetigen. In einem formalen Sinne genügte das tschechoslowakische Minderheitenrecht allen international akzeptierten Ansprüchen, auch wenn es die Tschechoslowakische Republik versäumt haben mag, daraus ein überzeugendes Integrationsangebot zu formulieren [KUČERA 7.i]. Studien zu verschiedenen Bereichen pragmatischen Zusammenlebens im Alltag untermauern diesen Befund [siehe oben Kap. II.4]. Darüber hinaus hat J. BRÜGEL schon früh darauf verwiesen, welche ungenutzten Möglichkeiten die tschechoslowakische Demokratie den Deutschen bot, sofern diese bereit waren, ihre Verweigerungshaltung aufzugeben [9.d]. Anhand der aktivistischen Parteien und ihrer Regierungsbeteiligung seit 1928 lässt sich ablesen, dass eine politische Zusammenarbeit über nationale Grenzen hinweg auch ohne spektakuläre politische Erfolge durchaus vertrauensbildend wirkte und die Spielräume tschechoslowakischer Innenpolitik spürbar erweiterte [KRACIK 9.e]. Dies spricht gegen die These, das Bekenntnis der aktivistischen Parteien zur demokratischen Teilhabe habe den totalitären Konsens sudetendeutscher politischer Kultur nicht auflösen können [BROKLOVÁ, kultura 9.e]. Der Aufstieg der Sudetendeutschen Partei lässt sich vielmehr auf die Belastungen der Weltwirtschaftskrise und insbesondere auf die veränderte außenpolitische Konstellation seit 1933 zurückführen, die eine unaufhaltsame Drift hin zum nationalsozialistischen Deutschland auslöste [SCHRAMM 9.d]. Auch wenn sich Konrad Henlein nach jahrelangen volkstumspolitischen Kämpfen wohl erst Ende 1937 auf den Anschluss der sudetendeutschen Gebiete an das Deutsche Reich festlegte, bot seine Sudetendeutsche Partei Hitler doch ein willkommenes Instrument, die Konfrontation mit der Tschechoslowakei zu suchen [GEBEL 10.c; SMELSER 7.g].

Die nationalstaatliche Ordnung in Ostmitteleuropa stand und fiel also mit der außenpolitischen Konstellation. Deren innere Konfliktlinien liegen auf der Hand. Das System der Pariser Vorortverträge ließ zentrale Nationalitätenkonflikte zwangsläufig ungelöst, sodass gegenseitige territoriale Ansprüche einen umfassenden Ausgleich blockierten [BEREND 9.d]. Der Anspruch Polens auf eine Führungsrolle in der Region und die Möglichkeiten seiner Verwirklichung klafften weit auseinander [KARSKI 9.f]. Der Friede von Trianon legte die ungarische Außenpolitik nahezu zwangsläufig auf eine Revisionspolitik fest, die mangels Rückhalt im Westen keinerlei Aussichten auf Erfolg hatte und Ungarn mit allen seinen Nachbarn verfeindete [IRMANOVÁ 9.f]. Noch heute wird er in Teilen der ungarischen Fachöffentlichkeit als zutiefst ungerechtes Diktat verstanden [ROMSICS 9.f]. Die Kritik an der Ausgestaltung der Friedensverträge läuft jedoch insofern ins Leere, als eine stabile, auf den Ausgleich divergierender Interessen abzielende Ordnung nach den Erfahrungen von Krieg und Revolution und der Übersteigerung unerfüllbarer nationaler Erwartungen reichlich illusorisch war [KRÜGER 9.f].

Die prekäre Stabilität der Nachkriegsordnung beruhte vielmehr gerade auf der Berechenbarkeit der Gegensätze. Das Staatengefüge Ostmitteleuropas ist denn auch nicht von selbst kollabiert, sondern wurde erst nach zwanzig Jahren von außen zum Einsturz gebracht. Ein historisches Urteil, das die außenpolitische Konstellation im Ostmitteleuropa der Zwischenkriegszeit nicht als Vorgeschichte des Zweiten Weltkrieges betrachtet, wird insofern die über zwei Jahrzehnte erfolgreiche Stabilisierung der jungen Nationalstaaten mit in Betracht ziehen müssen [STEINER 9.f]. Dies gilt zunächst für eine Kritik, die auf diplomatische Versäumnisse innerhalb der Region selbst abhebt. So wird der Kleinen Entente vorgehalten, sie habe den Ausbau zu einem umfassenden regionalen Paktsystem versäumt und keinen Schutz vor deutschen Hegemonialansprüchen geboten [ÁDÁM 9.f; SLÁDEK 9.f]. Diese Einschätzung verkennt, dass die Kleine Entente über zwei Jahrzehnte hinweg als regionales Bündnissystem die unausweichlichen ungarischen Revisionsansprüche einhegte und somit ihrem Daseinszweck entsprechend durchaus einen berechenbaren Stabilitätsfaktor in der Region darstellte [WANDYCZ, Little Entente 9.f]. Stärker ins Gewicht fällt die Unfähigkeit, über ein enges und stabiles Bündnis zwischen Polen und der Tschechoslowakei die gesamte Region zu stabilisieren und deutschen Revisionsbestrebungen wirksam Paroli zu bieten [STEINER 9.f]. Dahinter standen unterschiedliche innenpolitische Konstellationen und Interessenlagen, die weit über den viel zitierten Konflikt um Teschen hinausreichten und die außenpolitischen Spielräume einengten. Diese Spannungen ließen sich auch durch das französische Konzept einer gemeinsamen *barrière de l'est* allenfalls mildern, aber nicht dauerhaft ausgleichen, zumal Frankreich nicht in der Lage war, seine Bündnispolitik wirtschaftlich und militärisch zu untermauern [WANDYCZ, France 9.f]. Hinzu kam das britische Desinteresse an der Region, nachdem erste Versuche politischen Ausgleichs und kreditpolitischer Einflussnahme steckengeblieben waren [BÁTONYI 9.f; LOJKÓ 9.f].

Hier setzt eine Kritik an, die sichtlich von der Erfahrung des Münchner Abkommens geprägt ist und ein unzureichendes Bekenntnis Großbritanniens und Frankreichs zu einer entschiedenen Stabilitätspolitik in Ostmitteleuropa als zentralen Schwachpunkt des Systems der Pariser Vorortverträge betrachtet

Kleine Entente

[CIENCIALA/KOMARNICKI 9.f]. Im Mittelpunkt dieser Diskussion steht das Abkommen von Locarno. Dieses barg zwar grundsätzlich die Chance auf einen langfristigen europäischen Interessenausgleich mit einem wiedererstarkenden Deutschland, beunruhigte jedoch die polnische und tschechoslowakische Öffentlichkeit, da es das östliche Mitteleuropa als Region minderer Sicherheit erscheinen ließ [SCHATTKOWSKY 9.f]. Auch die verschiedenen Nichtangriffspakte erwiesen sich als untaugliches Instrument, einen dauerhaften Ausgleich herbeizuführen und die machtpolitischen Verschiebungen in der Region zu kompensieren [AHMANN 9.f]. Zudem versäumte es Frankreich, das mit dem Vertrag von Locarno die geopolitische, auf die Kontrolle einer potentiellen Bedrohung durch Deutschland ausgerichtete Logik seines Bündnissystems in Frage gestellt hatte, gegenüber seinen Bündnispartnern eine klare außenpolitische Vision zu entwickeln [WANDYCZ, Twilight 9.f].

Entscheidend für den außenpolitischen Stabilitätsverlust im östlichen Mitteleuropa waren jedoch weniger diese offenkundigen Schwächen als die Aggressivität, mit der das nationalsozialistische Deutschland die europäische Staatenordnung unterminierte. Vor diesem Hintergrund ist auch der deutsch-polnische Nichtangriffspakt vom Januar 1934 zu bewerten. Gewissermaßen als polnisches Gegenstück zu Locarno mochte er Polen zwar einen kurzfristigen Sicherheitsgewinn in Aussicht stellen [CIENCIALA 9.f; KORNAT 9.f]. Dieser war jedoch von zweifelhaftem Wert, leistete der Vertrag doch der herausfordernden deutschen Revisionspolitik gegenüber Frankreich Vorschub und untergrub das ohnehin prekäre französische Engagement in Ostmitteleuropa [WOJCIECHOWSKI 9.f; SCHRAMM 9.f]. Frankreichs Hinwendung zur Sowjetunion war eine logische Folge dieser Politik. Ob die Integration eines friedlichen Deutschlands in das Staatensystem der Zwischenkriegszeit möglich gewesen wäre, bleibt insofern eine hypothetische Frage, hinter der auch die Frage nach außenpolitischen Fehleinschätzungen einzelner Akteure wie Józef Beck oder Beneš zurücktritt. Zu entschiedenem Widerstand gegen die nationalsozialistische Kriegspolitik war dieses System nicht in der Lage.

Die Preisgabe Ostmitteleuropas an die nationalsozialistische Hegemonialpolitik gipfelte im Münchner Abkommen, das als Inbegriff moralisch diskreditierten Appeasements bis heute hohe Symbolkraft hat [TAUBERT 9.f]. Vor allem die Optionen der Westmächte gegenüber Hitlers zielstrebigem Kriegskalkül sind früh und umfassend diskutiert worden [RÖNNEFARTH 9.f; CELOVSKY 9.f]. Dagegen bieten die Handlungsmöglichkeiten der Tschechoslowakei kaum Anlass zu ernsthafter Kontroverse. Durch weitgehende Zugeständnisse war der gleichermaßen von außen gesteuerten wie von einer überwältigenden Mehrheit der sudetendeutschen Bevölkerung getragenen Sudetendeutschen Partei spätestens seit Ende 1937 nicht mehr beizukommen [BRANDES 9.d]. Da der Konflikt somit unvermeidbar war, taugt auch der Hinweis auf die Kriegsbereitschaft der Tschechoslowakei nur noch zur Ehrenrettung für den von seinen Bündnispartnern im Stich gelassenen Präsidenten Beneš [LUKES 9.f]. Überlagert wird diese Debatte von Spekulationen über die sowjetische Haltung in der Sudetenkrise. Die These, Stalin habe eine durchaus mögliche militärische Hilfe unterlassen, weil sie die für den Kriegsfall angestrebte Sowjetisierung Ostmitteleuropas durchkreuzt hätte [PFAFF 9.f], ruht auf zweifelhaften Quellen und ist eine kaum seriöse Außenseiterposition geblieben [HAUNER 9.f; RAGSDALE 9.f].

Die ebenfalls viel diskutierte Rolle Ungarns schließlich kreist um die unausgesprochene Frage nach der Legitimität ungarischer Revisionspolitik. Der These, Ungarn habe sich im Fahrwasser nationalsozialistischer Expansionspolitik willfährig an der Aggression gegen die wehrlose Tschechoslowakei beteiligt [HOENSCH 9.f], steht die Auffassung gegenüber, Ungarn habe im Ersten Wiener Schiedsspruch mit deutscher Hilfe einen Gebietsanspruch verwirklicht, der bei den Westmächten über zwei Jahrzehnte auf taube Ohren gestoßen war [SAKMYSTER 9.f]. In ihrer Fixierung auf maximale Ziele hatte die ungarische Außenpolitik offenbar den Blick dafür verloren, dass gerade im Bündnis mit dem nationalsozialistischen Deutschland dauerhafte Revisionsgewinne nicht zu haben waren [ZEIDLER 9.f].

_{Revisionspolitik Ungarns}

In der deutschen Hegemonialordnung, die im Gefolge des Münchner Abkommens im Karpatenraum errichtet wurde, zeigten sich Ungarn wie die Slowakei mitnichten als gefügige Vasallen. Für die Slowakei hat T. TÖNSMEYER die Möglichkeiten der slowakischen Verwaltung aufgezeigt, die kriegswirtschaftliche Mobilisierung mit slowakischen Interessen in Einklang zu halten [10.c]. Erst recht lässt sich die halbherzige ungarische Kriegsbeteiligung Ungarns als Versuch verstehen, ein Mindestmaß an außenpolitischer Eigenständigkeit als Faustpfand für die Gestaltung der Nachkriegsordnung zu bewahren [FENYO 10.d]. Fixpunkt ungarischer Außenpolitik blieb jedoch über alle inneren Konflikte hinweg ein übermächtiger Revisionismus, der die ohnehin schwindenden Handlungsspielräume auf ein Minimum reduzierte. Noch im Angesicht der militärischen Niederlage setzte die ungarische Führung darauf, einen Teil der mit deutscher Hilfe errungenen Territorien über das Kriegsende hinaus behalten zu können [DURUCZ 10.d]. Die deutsche Besatzung Ungarns im März 1944 machte den Sondierungen gegenüber den Westmächten schließlich ein Ende und leitete zugleich den Zusammenbruch Ungarns ein [RÁNKI 10.d].

Der Slowakische Staat

Die Erforschung deutscher Besatzungspolitik im Osten hat ein hochdifferenziertes Bild von Unterwerfung und Ausbeutung, planerischer Hybris und Verwaltungschaos, entgrenzter Gewalt und gesellschaftlicher Atomisierung entworfen, das sich deutlich von der Besatzung im übrigen Europa abhebt [BENZ/HOUWINK TEN CATE/OTTO 10.a]. Studien zur Ostforschung haben gezeigt, dass die Besatzer auf ein reiches Arsenal an Raumplanungen und Expertenwissen zurückgreifen konnten [siehe unten Kap. II.7]. Erst jetzt sind so die Konturen der im Generalplan Ost und im Generalsiedlungsplan gebündelten Entwürfe und ihre Bedeutung für den Besatzungsalltag in ihrer Radikalität und Hybris deutlich zutage getreten [MADAJCZYK 10.a; RÖSSLER/SCHLEIERMACHER 10.a; WASSER 10.a]. Auch die Dimensionen wirtschaftlicher Ausbeutung, in deren Zentrum die Rekrutierung und Versklavung von mehr als sieben Millionen vor allem polnischer und sowjetischer Fremd- und Zwangsarbeiter stand,

Nationalsozialistische Besatzung

sind in ihrer rassistischen Dynamik umfassend untersucht worden [HERBERT 10.a]. Die finanztechnischen Mechanismen ausbeuterischen Inflationsexports in die besetzten Gebiete wie die massenhafte Beteiligung einfacher Soldaten am Alltag des Raubkrieges hat G. ALY eindrücklich hervorgehoben und streitbar in den Zusammenhang nationalsozialistischer Sozialpolitik gestellt [10.a].

Das so entstandene Bild einer zielstrebigen, in ihren konzeptionellen Grundlagen durchaus schlüssigen Politik der Unterwerfung und Ausbeutung [MADAJCZYK 10.b; GROSS, Society 10.b] steht keineswegs im Widerspruch zu dem vielfach variierten Befund einer improvisierten, reichlich polykratischen und im Alltag überforderten Besatzungsverwaltung [BORODZIEJ, Terror 10.b]. Dabei scheint gerade das alltägliche Chaos jene Engpässe und vermeintlichen Zwänge hervorgebracht zu haben, deren radikale Beseitigung eine Entgrenzung der Gewalt speiste, die vorgeprägten Linien eines rassischen Antisemitismus folgte und in den Kategorien unerbittlichen Überlebenskampfes keinerlei moralische Grenzen mehr anzuerkennen bereit war [ALY 10.e; SEIDEL 10.b]. In einzelnen Bereichen wie der Deportation ethnischer Polen aus dem Warthegau mochten wirtschaftliche Überlegungen schließlich die Oberhand behalten haben [RUTHERFORD 10.b]. Wie C. GERLACH für Weißrussland gezeigt hat, war es jedoch gerade charakteristisch für die Besatzungspolitik im Osten, dass ökonomisches Kalkül und rassistisch motivierter Massenmord eng ineinandergriffen, und dies je nach den spezifischen Bedingungen der jeweiligen Region [10.b].

Diese Einsichten, die vorrangig anhand der Studien zum Generalgouvernement und der besetzten Sowjetunion erarbeitet worden sind, können insofern auch für das Reichsprotektorat Böhmen und Mähren Geltung beanspruchen, als die Unterscheidung in eine vermeintlich liberale Anfangsphase unter Neurath und eine radikale Phase unter Heydrich in Frage gestellt worden ist [KÁRNÝ/MILOTOVÁ/KÁRNÁ 10.c; dagegen MARŠÁLEK 10.c; BRANDES 10.c]. Die Besatzungspolitik im Protektorat folgte nur insofern der Logik relativer Stabilität im Schatten der zentralen Kriegsschauplätze, als das rassistische Lebensraumprogramm stärker innerhalb bürokratischer Kategorien umgesetzt wurde. Der Unterschied zum besetzten Polen war jedoch gradueller Natur. Die zivilgesellschaftliche Grundlage eingespielter nationaler Konfliktmuster war auch hier unwiederbringlich dahin [BRYANT 10.c]. Dies gilt schließlich auch für den Reichsgau Sudetenland, auch wenn sich dessen innere Konflikte angesichts breiter Zustimmung der Bevölkerung zu den neuen Machthabern weniger in den Kategorien einer Besatzung denn aus der zwiespältigen Eingliederung als „Mustergau" in die Verwaltungsstrukturen des Dritten Reichs erschließen [ZIMMERMANN 10.c; GEBEL 10.c].

Die Rekonstruktion nationalsozialistischer Besatzungspolitik im Osten mit ihrer Logik wechselseitiger Radikalisierung von zentralen Vorgaben und lokalem Chaos hat maßgebliche Einsichten in Formen und Triebkräfte des Judenmordes ermöglicht. Sie stützt eine übergreifende Deutung, welche den Krieg im Osten als Erfahrungsraum begreift, in dem Hitler die Ermordung der europäischen Juden vorantrieb [BROWNING, Origins 10.e]. Die Massenmorde an polnischen und jüdischen Zivilisten auch durch Wehrmachtssoldaten zu Beginn des Polenfeldzugs lassen erkennen, dass bereits diese Phase des Krieges eigenen Regeln gehorchte und auf die physische Vernichtung der Unterworfenen zielte [MALLMANN/MUSIAL 10.e; BÖHLER 10.b]. Sie entziehen der geschichtspolitisch überfrachteten These den Boden, dass erst die direkte Konfrontation mit den sowjetischen Massenverbrechen im Juni 1941 den Schritt zur planmäßigen Ermordung der Juden ausgelöst habe [MUSIAL, Elemente 10.b]. Die Abläufe des Mordens in den einzelnen Besatzungsgebieten zeigen vielmehr unterschiedliche Konturen einer Eskalation, die von der Verflechtung zentraler Entscheidungen und lokaler Handlungsspielräume bestimmt wurde [POHL 10.e; SANDKÜHLER 10.e; MŁYNARCZYK 10.e]. Während im Warthegau eine radikale Germanisierungsstrategie und die Zwangsarbeit ghettoisierter Juden den Weg in den Holocaust prägten [ALBERTI 10.e; RUTHERFORD 10.b], rückt in Ostoberschlesien und Auschwitz das Einüben der Bürokratie und Logistik von Massenumsiedlungen und Massenmord ins Blickfeld [STEINBACHER 10.e]. Die Kenntnis der Massenerschießungen im besetzten Polen hat zudem eine umfangreiche Diskussion über die Motive und Einstellungen der Täter ermöglicht [BROWNING, Men 10.e; HERBERT 10.e]. Seit den Debatten um die Wehrmachtsausstellung ist schließlich wissenschaftlich unbestritten, dass die Wehrmacht vor allem in der Sowjetunion, aber eben nicht nur dort, an der Ermordung der osteuropäischen Juden wesentlich beteiligt war [JUREIT 10.a; MÜLLER/VOLKMANN 10.a].

Ein schwieriges Thema ist nach wie vor die Frage, welche Resonanz die Deportation und Ermordung der ostmitteleuropäischen Juden in den jeweiligen Gesellschaften fand. Antisemitisches Gedankengut war zwischen den Weltkriegen in Polen und Ungarn ausgesprochen virulent, erreichte aber zunächst nicht jene rassistische Dimension wie in Deutschland [siehe oben Kap. II.4]. Dennoch steht außer Zweifel, dass die gesetzliche Ausgrenzung ungarischer Juden entlang rassischer Kriterien seit 1938 tief in den antisemitischen Denkstrukturen der Zwischenkriegszeit wurzelte und ihrerseits die 1944 einsetzenden Deportationen mental vorbereitete [KATZBURG 6.l; PELLE 10.e]. In dieser Hinsicht stand auch die slowakische Gesetzgebung kaum hinter der ungarischen zurück. Ähnlich wie für Ungarn lässt sich auch hier die These nicht halten, die slowakische Regierung habe in ihrer Judenpolitik vor allem auf deutschen Druck gehandelt [KAMENEC 10.e]. Nachdem Ausgrenzung und Enteignung die verarmte jüdische Bevölkerung in den Augen der slowakischen Regierung zu einem sozialen Problem hatten werden lassen, stieß der deutsche Vorschlag, die slowakischen Juden zu deportieren, vielmehr auf offene Ohren [TÖNSMEYER 10.c]. In Ungarn setzten umfangreiche Deportationen in die Vernichtungslager erst mit der deutschen Besatzung im März 1944 ein. Auch hier ist diskutiert worden, ob die Deportationen einem vorgefertigten Mordplan [BRAHAM 10.e] oder der Logik totaler kriegswirtschaftlicher Mobilisierung Ungarns folgten, die im Übrigen von den ungarischen Behörden wie der lokalen Bevölkerung zunächst bereitwillig mitgetragen wurde [GERLACH/ALY 10.e], und auch hier liegt die Wahrheit wohl in der Mitte. Der Umstand, dass in Ungarn etwa ein Drittel der Juden und damit weit mehr als irgendwo sonst in Ostmitteleuropa überlebte, ist wohl ebenso sehr dem allerdings reichlich späten Einschreiten Horthys gegen die Deportationen zuzuschreiben wie der Tatsache, dass eine organisierte Deportation in den Wirren der letzten Kriegsmonate ohnehin kaum noch möglich war [GERLACH/ALY 10.e]. Umso größer war der Anteil der Juden, die den wilden Mordaktionen der Pfeilkreuzler und den Hungermärschen zum Opfer fielen.

Jedwabne   Mit seiner Rekonstruktion der Ermordung der Juden von Jedwabne im Juni 1941 hat J. T. GROSS eine scharfe Kontroverse über die Haltung der polnischen Bevölkerung zur Shoah ausgelöst [10.e]. Den vielen Einzelfällen, in denen Juden von Polen unter hohem Risiko versteckt und gerettet wurden [ŻBIKOWSKI 10.e], steht nunmehr die schmerzliche Einsicht gegenüber, dass die polnische Gesellschaft auch zu brutalen Mordaktionen fähig war. Seitdem ist deutlich geworden, dass Jedwabne nur den prominentesten Fall einer ganzen Kette von Mordaktionen in der Region um Białystok und Łomża im Sommer 1941 darstellte [MACHCEWICZ/PERSAK 10.e].

Der Massenmord von Jedwabne steht in offensichtlichem Zusammenhang zu der vorangegangenen sowjetischen Besatzung Ostpolens. Wiederholt ist darauf verwiesen worden, dass die Morde als Reaktion auf eine hohe jüdische Präsenz unter den Bolschewiki zu erklären seien [MUSIAL, Elemente 10.b]. Dieses Argument ist schon deshalb problematisch, weil es den Opfern eine unausgesprochene Mitschuld zuweist und antisemitische Topoi reproduziert. Ohnehin haben detaillierte Forschungen zum Verhalten von Juden gegenüber den sowjetischen Besatzern oder später auch der kommunistischen Partei gezeigt, dass der Versuch, antisemitische Wahrnehmungs- und Verhaltensmuster aus konkreten Erfahrungen der polnischen Bevölkerung zu begründen, sachlich nicht zu halten ist [JASIEWICZ 10.b]. Vielmehr verfestigten sich lang angelegte antisemitische Projektionen, die mitnichten auf das rechtsnationale und klerikale Spektrum beschränkt blieben, unter der Erfahrung des Krieges und der sowjetischen Besatzung im Topos der „Judäo-Kommune" [PUFELSKA 6.l].

In diesem Sinne gehört die Ermordung der Juden von Jedwabne durchaus in den Kontext der zielstrebigen Gewalt, mit der die sowjetischen Besatzer die neu eroberten Gebiete unterwarfen und ein ohnehin prekäres soziales Gefüge gewaltsam zerstörten [GROSS, Revolution 10.b]. Das Gegenstück zur Diskussion um Jedwabne bildet in diesem Zusammenhang die erinnerungskulturelle Stilisierung Katyń   der Morde von Katyń zum zentralen Bestandteil eines polnischen Opfermythos. Die seit 1992 zugänglichen Quellenbestände erlauben inzwischen eine minutiöse Rekonstruktion der Ereignisse [Katyń 10.b; PICHOJA/GEJŠTOR 10.b; KAISER 10.b]. Sie legt den Schluss nahe, dass die Entscheidung zum Massenmord nach Monaten vergeblicher Indoktrination der Gefangenen relativ kurzfristig getroffen wurde und dem sowjetischen Denken in Feindbildern folgte [SANFORD 10.b]. Damit wird eine Einordnung in den breiteren Kontext stalinistischer Massenverbrechen möglich, die allerdings dort, wo sie mit dem Begriff der „Klassensäuberung" ausdrückliche Parallelen zu Auschwitz zieht, ihrerseits unverhohlen geschichtspolitische Absichten verfolgt [ZASLAVSKY 10.b].

Vor diesem Hintergrund sind insbesondere für Polen, aber auch für die Tschechoslowakei und Ungarn starke Kontinuitätslinien von der Besatzungserfahrung während des Zweiten Weltkrieges zur anschließenden Etablierung kommunistischer Regime in Ostmitteleuropa gezogen worden [GROSS, War 10.b]. Ein solcher Bezug macht den inneren Zusammenhang in der gewaltsamen Zerrüttung gesellschaftlicher Strukturen, der Entwurzelung und Ermordung ganzer Bevölkerungsteile und der radikalen Zerstörung traditioneller Eliten während des Jahrzehnts zwischen 1938/39 und 1948 deutlich. Eine schlichte Parallelisierung von Repression und Diktatur hingegen ist nicht nur wissenschaftlich wenig ergiebig, sondern läuft Gefahr, eindimensionalen nationalen Opfernarrativen aufzusitzen.

Die perspektivische Verknüpfung von Weltkriegserfahrung und kommunistischer Machtübernahme nach 1945 hat den Blick auf Kollaboration und Widerstand unter deutscher Besatzung verändert. Diese wurden lange als entgegengesetzte Handlungsoptionen verstanden, die sich aus den Spielräumen und Zwängen einer improvisierten Besatzung ergaben [SZAROTA 10.b; BORODZIEJ, Terror 10.b]. Erst in jüngerer Zeit ist es möglich geworden, hinter dem wissenschaftlich problematischen Begriff der Kollaboration mit seiner moralischen Dimension die Vielfalt individueller Motive für eine Zusammenarbeit mit den deutschen oder auch den sowjetischen Besatzern sichtbar zu machen [DIECKMANN/QUINKERT/TÖNSMEYER 10.a; TAUBER 10.a]. Auch verschob sich unter dem Druck der vorrückenden Roten Armee seit 1944 das politische Kräftefeld. Von Litauen bis zur heutigen Westukraine wandelte sich der Partisanenkampf gegen die deutschen Besatzer zu einem Ringen um die Nachkriegsordnung, das in seinem nationalen Spektrum Züge eines ethnischen Bürgerkrieges annahm [CHIARI, Alltag 10.b; MUSIAL, Partisanen 10.b]. Punktuelle Ansätze einer Zusammenarbeit zwischen antikommunistischen Partisaneneinheiten und der Wehrmacht gegen die Rote Armee wurden von Hitler allerdings sofort abgeblockt.

Kollaboration und Widerstand

Die Forschung zum polnischen Widerstand erlaubt inzwischen eine detaillierte Rekonstruktion von Strukturen, Programmatik und Reichweite des polnischen Untergrundstaates und der Heimatarmee, die eine nüchterne Betrachtung jenseits nationalheroischer Verklärungen ermöglicht und die ganze Bandbreite konkurrierender Vorstellungen für ein erneuertes Nachkriegspolen erkennen lässt [CHIARI, Heimatarmee 10.b; DURACZYŃSKI 10.b]. Der Untergrundstaat kann geradezu als Substitut einer ausdifferenzierten polnischen Gesellschaft verstanden werden, deren Demokratisierung somit paradoxerweise als wesentliches Ergebnis der Besatzung gelten kann [GROSS, Society 10.b]. Allerdings ließen sich die tiefen inneren Verwerfungen im polnischen politischen Spektrum auch im Untergrund nur vorübergehend überbrücken und beschränkten dessen langfristige Handlungsfähigkeit erheblich [PRAŻMOWSKA 10.b]. Die Würdigung des polnischen Widerstands als Unterpfand verweigerter

Nachkriegsdemokratie [STRZEMBOSZ 10.b] beruht vor allem darauf, dass er früh von der Mitgestaltung einer sowjetisch geprägten Nachkriegsordnung ausgeschlossen wurde. Dies wird an der viel diskutierten Weigerung Stalins deutlich, den Warschauer Aufstand in irgendeiner Form zu unterstützen [BORODZIEJ, Aufstand 10.b]. Selbst gegen den stark geschwächten Widerstand führten die sowjetischen Besatzer noch einen aufreibenden Abnutzungskrieg [NOSKOVA 11.b; CARIEWSKAJA u. a.11.b]. Die Parallelen zum Slowakischen Nationalaufstand 1944 sowie dem Prager Aufstand im Mai 1945 und ihren jeweiligen Versuchen, die Nachkriegsordnung zu prägen, legen trotz der Unterschiede in den jeweiligen Konstellationen eine vergleichende Betrachtung nahe, sind aber bislang angesichts des geringen Forschungsstandes zum tschechischen und slowakischen Widerstand kaum thematisiert worden [PEŠEK 10.c; KURAL 10.c].

Warschauer Aufstand

Die nun einsetzende Flucht und Vertreibung der Deutschen aus dem östlichen Europa ist schon seit den fünfziger Jahren umfassend dokumentiert [SCHIEDER 10.f]. Erst mit dem Zusammenbruch der kommunistischen Regime wurde jedoch eine tiefer gehende Erforschung möglich, die eine anhaltende und weit über die engere Fachwissenschaft hinausreichende Debatte über die Ursachen und den historischen Kontext der Vertreibungen ausgelöst hat [siehe unten Kap. II.7]. Die programmatischen Wurzeln der Vertreibungen lassen sich in den radikalisierten Territorialentwürfen der Zwischenkriegszeit verorten. Planungen für eine umfassende Aussiedlung der Deutschen aus der Tschechoslowakei und aus Polen wurden jedoch erst im Gefolge des Münchner Abkommens und der nationalsozialistischen Besatzungs- und Umsiedlungspolitik formuliert, nun aber mit großer Zielstrebigkeit verfolgt [BRANDES 10.f]. Die von Stalin unbeugsam verfochtene Verschiebung der polnischen Ostgrenze verlieh solchen Plänen ein hohes Maß an Plausibilität. Die unbestrittene Mitverantwortung der Westalliierten, welche die in Potsdam vereinbarte Formel von einer organisierten und humanen Überführung mühsam verschleierte, ist demgegenüber etwas in den Hintergrund getreten, genießt aber gleichwohl bis heute hohe öffentliche Resonanz [DE ZAYAS 10.f]. Die vor allem in Ungarn diskutierte These, die siegreichen Alliierten als eigentliche Urheber der Vertreibungen zu sehen, hat sich allerdings als nicht haltbar erwiesen [TÓTH 10.f].

Vertreibungen

Umfassend dokumentiert sind inzwischen die Rechtsgrundlagen von Vertreibung und Aussiedlung [KITTEL u. a. 10.f] wie ihre höchst widersprüchliche Durchführung [BORODZIEJ/LEMBERG 10.f; STANĚK, Perzekuce 10.f; STANĚK, Tábory 10.f]. Umstritten ist nach wie vor, wie viele Menschen im Zuge von Flucht und Vertreibung ihr Leben verloren. Die Zahl bezeugter Todesfälle aus den Gebieten östlich von Oder und Neiße beläuft sich auf etwa 400.000, aus der Tschechoslowakei auf etwa 30.000 und aus Jugoslawien auf etwa 80.000 Menschen [OVERMANS, Diskussion 10.f; OVERMANS, Verluste 10.f]. Diese Zahlen enthalten auch die Todesopfer im Gefolge von Deportationen in die Sowjetunion und kommen der amtlichen Schätzung mit Ausnahme der Tschechoslowakei recht nahe [Vertreibung 10.f]. Der häufig zitierte Schätzwert von insgesamt zwei Millionen Todesopfern [KOSSERT 10.f] enthält darüber hinaus eine enorme Dunkelziffer, die als rein rechnerisch ermittelte Restgröße deutlich zu hoch gegriffen sein dürfte. Schon die zeitgenössischen Quellen zeigen erhebliche Schwierigkeiten in der Formulierung eindeutiger Kriterien, wer überhaupt als Deutscher einzustufen sei, sowie die Zwänge eines drastischen Arbeitskräftemangels [BORODZIEJ/LEMBERG 10.f]. Hier lassen sich frühe Kontinuitätslinien zu den späteren Versuchen ziehen, die nach 1950 in Polen verbliebene deutsche Bevölkerung unter stalinistischen Vorgaben zu polonisieren, wodurch schließlich ein großer Teil in die Auswanderung gedrängt wurde [ROGALL 10.f].

In ihrer Genese wie in der Durchführung war die Vertreibung der Deutschen aus den Gebieten östlich von Oder und Neiße eng mit den Bevölkerungsverschiebungen unter deutscher Besatzung, vor allem aber mit der Umsiedlung der polnischen Bevölkerung aus den ehemals polnischen Ostgebieten sowie mit dem polnisch-ukrainischen und dem ungarisch-slowakischen Bevölkerungsaustausch verschränkt [THER 10.f; BRANDES/IVANIČKOVÁ/PEŠEK 10.f]. Der Versuch, vor diesem Hintergrund die Vertreibungen von den Balkankriegen und dem Völkermord an den Armeniern bis zu den „ethnischen Säuberungen" der jugoslawischen Zerfallskriege als eines der kennzeichnenden Merkmale des 20. Jahrhunderts zu begreifen, hat die Frage nach den tieferen Ursachen ethnischer Gewalt in den Strukturen moderner nationaler Staatlichkeit aufgeworfen [NAIMARK 10.f]. Diese These muss schon deshalb provozieren, weil sie Vertreibungen und ethnische Homogenität als latente Disposition auch des demokratisch verfassten Nationalstaats begreift [MANN 10.f]. Sie stellt aber auch eine erinnerungskulturelle Herausforderung dar, neigt sie doch dazu, die Vertreibungen der Jahre 1939 bis 1945 aus dem Kontext des Zweiten Weltkrieges zu lösen und das Gedenken an die Opfer gegen die Erforschung komplexer kausaler Zusammenhänge auszuspielen [BINGEN/BORODZIEJ/TROEBST 10.f].

Die auffälligen Parallelen in der politischen Entwicklung der unmittelbaren Nachkriegsjahre und die gleichförmige Drift hin zur faktischen Einparteienherrschaft nach sowjetischem Vorbild legen es nahe, gleichsam von einer Blaupause zielstrebiger Unterwerfungspolitik auszugehen, die sich nur für eine Übergangsphase von Kompromissen gegenüber den westlichen Verbündeten und der Einsicht in die anfängliche Schwäche der jeweiligen Kommunistischen Parteien leiten ließ [GIBIANSKIJ, Bildung 11.b; HOENSCH 11.i]. Ein solches langfristiges Kalkül Stalins lässt sich jedoch weder aus den veröffentlichten Protokollen von Gesprächen der Kremlführung mit ostmitteleuropäischen Politikern noch aus einzelnen Planungspapieren des sowjetischen Außenministeriums eindeutig rekonstruieren [GIBIANSKIJ, Osteuropa 11.b]. Auch wenn der kommunistische Machtanspruch im Umgang mit den jeweiligen Koalitionspartnern unübersehbar ist, waren die politischen Konstellationen in Polen, der Tschechoslowakei und Ungarn doch zu unterschiedlich und das sowjetische Vorgehen zu flexibel, als dass sich eine letztlich unbeweisbare Blaupause rekonstruieren ließe [CREUZBERGER/GÖRTEMAKER 11.b].

Als offenkundige Eckpfeiler sowjetischer Osteuropapolitik hat D. GEYER früh die Garantien gegen ein Wiedererstarken deutscher Großmacht, die Sicherung

Sowjetische Osteuropapolitik

der sowjetischen Einflusssphäre und die machtpolitische Ebenbürtigkeit in Europa benannt [10.a]. Nicht verhandelbar war für Stalin deshalb, dass Schlüsselressorts in den eroberten Ländern mit Kommunisten besetzt und tatsächliche wie vermeintliche Kriegsverbrecher zur Rechenschaft gezogen wurden. Der enorme Druck, der so auf die noch ungefestigten pluralen Parteiensysteme entstand, lässt die Regierungen der Jahre 1944/45 sehr wohl als Einstieg in die zielstrebige Errichtung kommunistischer Einparteienherrschaft erscheinen [KERSTEN 11.b]. Dennoch spricht vieles dafür, die Mehrparteienkoalitionen als zunächst durchaus ernsthafte, mittelfristig angelegte Strategien wahrzunehmen, die sich auf breiten Rückhalt für weitgreifende Reformen stützen konnten, ohne den Eindruck einer blinden Kopie des sowjetischen Modells zu erwecken [KENNEY 11.b; KALINOVÁ 11.b; GATI 11.a]. Die Schwäche dieses Vorgehens lag in der unübersehbaren Drift hin zu einem Übergewicht der kommunistischen Parteien. Diese Drift gründete mitnichten allein im militärisch untermauerten sowjetischen Rückhalt. In allen drei Ländern kompensierten die kommunistischen Parteien politische und organisatorische Schwächen, indem sie sich einer nationalen und nicht selten antisemitischen Rhetorik bedienten [MEVIUS 11.b; ZAREMBA 11.a; PUFELSKA 6.l], oder, wie in der Tschechoslowakei, eine nationalkulturelle Affinität zum Sozialismus propagierten [ABRAMS 11.b]. Auch die Prozesse gegen tatsächliche und vermeintliche Kriegsverbrecher spielten den Kommunisten in die Hände. Zwar lässt sich argumentieren, dass sich die öffentlichen Debatten über Schuld und Vergeltung, Kollaboration und Widerstand in West- und Osteuropa nicht grundsätzlich voneinander unterschieden [DEÁK/JUDT/GROSS 11.b]. Das Beispiel der Tschechoslowakei zeigt aber auch, dass Schauprozesse und Schnellverfahren kaum dazu beitragen konnten, Rechtsstaatlichkeit und Rechtsempfinden wiederherzustellen [FROMMER 11.b]. Eng verflochten mit der einsetzenden Vertreibung der Deutschen wurden zudem diejenigen Kategorien nationaler „Säuberung" und „Selbstreinigung" verfestigt, derer sich gerade die kommunistische Rhetorik besonders wirkungsvoll zu bedienen wusste.

Der Versuch ostmitteleuropäischer Kommunisten, eine parteipolitisch breit abgestützte sowjetische Hegemonie zu sichern und den Übergang zum Sozialismus auf parlamentarischem Weg zu steuern, kollidierte unweigerlich mit dem Denken in Feindbildern und der Selbstverständlichkeit rücksichtsloser Manipulation demokratischer Verfahren. In Polen hat sich dieser Konflikt bis auf die lokale und betriebliche Ebene nachzeichnen lassen. Hier wurde der Weg in den Stalinismus wesentlich davon geprägt, dass die kommunistische PPR nach Kontrolle über das Management strebte und so die Basis für eine gemeinsame Politik mit der PPS untergrub, deren Vorstellungen von Sozialismus sich am Selbstbewusstsein der Arbeiter orientierte [KENNEY 11.b]. Die These, der Weg in den Einparteienstaat sei einem zögerlichen Stalin von übereifrigen lokalen Kommunisten gleichsam aufgenötigt worden [McCAGG 11.i], hat sich im Lichte der inzwischen publizierten sowjetischen Quellen hingegen als unhaltbar erwiesen. Vielmehr wurde die Entscheidung für eine durchgängige Ordnung

nach sowjetischem Vorbild mit der Absage an den Marshall-Plan und mit der
Gründung des Kominform eindeutig von Moskau aus getroffen. Unter dem   Kominform
Eindruck der Entwicklungen in Frankreich, wo die Kommunistische Partei aus
der Regierungskoalition verdrängt worden war, wurde mit der folgerichtigen
Konsolidierung des eigenen sowjetischen Machtbereichs nunmehr eine Strategie
bereinigt, die sich angesichts der innen- und außenpolitischen Konstellationen
als widersprüchlich und unpraktikabel erwiesen hatte [ADIBEKOV 11.i; PROCACCI
11.i].

Dieser Befund legt es nahe, dem östlichen Mitteleuropa in der viel diskutierten Frage nach den Ursachen des Kalten Krieges zwar keine treibende Rolle, aber doch eine katalytische Wirkung zuzumessen. Die wenigen verfügbaren Quellen zur außenpolitischen Konzeption der Sowjetunion lassen erkennen, dass sich Stalin seit den späten dreißiger Jahren in dem Streben nach einem „Cordon sanitaire" im ostmitteleuropäischen Vorfeld gleichermaßen von Sicherheitsinteressen wie von ideologischen Prämissen leiten ließ [O'SULLIVAN 11.i; PECHATNOV/EDMONDSON 11.i]. Der Umstand, dass die westlichen Alliierten in Jalta ihre Position zur polnischen Ostgrenze endgültig preisgaben und auch hin-   Jalta
sichtlich der Regierungsbildung in Polen weitgehende Zugeständnisse machten, dürfte Stalin darin bestärkt haben, die von der Roten Armee eroberten Gebiete als sowjetische Hegemonialsphäre zu betrachten. Zumindest soweit hat die geschichtspolitisch so wirkungsmächtige Formel, die Teilung Europas sei schon auf der Konferenz von Jalta vorgezeichnet worden, ihre Berechtigung. Den für die politische Ordnung Ostmitteleuropas so fatalen Schritt in die Blockbildung vollzog Stalin jedoch erst unter dem Eindruck der Entschiedenheit, mit der die USA und England auf das ohnehin unhaltbar gewordene sowjetische Vorgehen in Ostmitteleuropa reagierten [LOTH 11.i; GADDIS 11.i].

c) DIE OSTMITTELEUROPÄISCHEN VOLKSREPUBLIKEN

Seit dem Zusammenbruch der Volksrepubliken und der Öffnung der Archive steht die Erfahrung des Kommunismus im Mittelpunkt zeitgeschichtlicher Ostmitteleuropaforschung und genießt dabei hohe öffentliche Resonanz. In dem Versuch, den Staatssozialismus ostmitteleuropäischer Prägung und sein Scheitern zu erklären, lassen sich zwei Deutungslinien unterscheiden. Auf die repressi-   Perspektiven der
ven Elemente kommunistischer Herrschaft zielt der Ansatz, die Geschichte der   Forschung
Volksrepubliken als gewaltsame Unterwerfung der ostmitteleuropäischen Gesellschaften unter das sowjetische Herrschaftsmodell zu begreifen und sie in einem mehr oder weniger ausformulierten totalitarismustheoretischen Zugriff aus der Polarität von Regime und Gesellschaft zu entwickeln [PACZKOWSKI 11.a; IZSÁK 11.a; VYKOUKAL/LITERA/TEJCHMAN 11.a]. Stärker auf sozialgeschichtlichen und kulturwissenschaftlichen Zugängen fußt dagegen der Versuch, die Bindekräfte wie die Krisenhaftigkeit der kommunistischen Regime aus der Binnenperspektive alltäglicher Wahrnehmungen und Konflikte, aus dem Wechselspiel von An-

passung und Widerstand zu erschließen [FRISZKE 11.a]. Diese unterschiedlichen Perspektiven sind vor allem für das Verständnis der späten fünfziger und sechziger Jahre von zentraler Bedeutung. Lässt sich die Entstalinisierung mit Blick auf die repressiven Elemente als Abkehr von exzessiver Massengewalt und als Teilrückzug des Regimes aus der Gesellschaft verstehen, so erscheint sie aus sozial- und alltagsgeschichtlicher Warte als Absage an einen Zustand permanenter Anspannung und chaotischer Mobilisierung, die überhaupt erst eine brüchige Konsolidierung der Volksrepubliken ermöglichte [PITTAWAY 11.a].

Die inneren Steuerungsmechanismen von Partei und Staat sind in ihren Grundzügen inzwischen gut zu rekonstruieren. Biographische Zugänge zum Spitzenpersonal der stalinistischen Frühphase ermöglichen auch in ihrer Tendenz zu populärwissenschaftlicher Vereinfachung punktuelle Einblicke in die Binnensicht der stalinistischen Regime der frühen fünfziger Jahre und lassen deren intellektuelle Selbstabschottung, das Verharren in simplen Ideologemen und ein hohes Maß an Gewaltbereitschaft, kurzum eine enge Modellierung am Vorbild Stalins erkennen [TORAŃSKA 11.a; KAPLAN/KOSATÍK 11.c; PÜNKÖSTI, Rákosi 11.c]. In ihren Umrissen dokumentiert sind Aufbau und Vorgehensweise der jeweiligen Repressionsapparate, die sich ebenfalls eng am sowjetischen Vorbild orientierten [PERSAK/KAMIŃSKI 11.a]. Vor allem die großen Schauprozesse wurden von sowjetischen Beratern konzipiert und folgten bei aller Willkür im Detail einer aus Moskau vorgegebenen Logik [KAPLAN, Report 11.c; FOITZIK 11.c]. Dabei verweist gerade das unterschiedliche Ausmaß an Verhaftungen auf die spezifische Konstellation, in der die jeweilige kommunistische Partei die Macht erobert hatte und zu einer Massenpartei geworden war [PUTTKAMER 11.a]. Vergleichende Zugänge zur Untersuchung stalinistischer Massengewalt sind jedoch bislang die Ausnahme, galt es doch zunächst, in der vom „Schwarzbuch des Kommunismus" vorgezeichneten Spur das ganze Ausmaß massenhafter Repression zu ermitteln und in das öffentliche Bewusstsein zu rücken [COURTOIS u. a. 11.a]. Damit hat sich vorerst die Auffassung durchgesetzt, die stalinistische Gewalt auch in Ostmitteleuropa als Frontalangriff des Regimes auf die eigene Bevölkerung zu verstehen. Diese Formel bringt die radikale Verwirklichung des stalinistischen Gesellschaftsentwurfs durch Kollektivierung und forcierte Industrialisierung mit der Massengewalt in Zusammenhang und gewährleistet zugleich den Anschluss an die Debatten zum sowjetischen Stalinismus.

Die Übernahme stalinistischer Festkultur einschließlich des Personenkultes zeigt, dass sich die ostmitteleuropäischen Regime auch in ihrer Propaganda und ihren Kulten eng am Moskauer Vorbild orientierten [APOR u. a. 11.e; SATJUKOW/GRIES 11.e; OSĘKA 11.e]. Allerdings lassen die propagandistischen Narrative und ihre öffentliche Inszenierung nur bedingt Rückschlüsse auf ihre gesellschaftliche Bindekraft zu, zumal dort, wo propagandistische Formeln reichlich hohl klangen und die Kontrolle des Regimes über die Öffentlichkeit zu bröckeln begann [BEHRENDS 11.e; RITTERSPORN/ROLF/BEHRENDS 11.e]. Das Identifikationspotential des Sports ließ sich im Kalten Krieg zwar für die Inszenierung der Systemkonkurrenz nutzen, erwies sich jedoch im Konfliktfall als schwer beherrschbar und drohte sich gegen die sowjetische Hegemonialmacht zu richten [DAHLMANN/HILBRENNER/LENZ 6.a; MALZ/ROHDEWALD/WIEDERKEHR 6.a]. Bereits der 1953 verkündete „Neue Kurs" verweist auf die Einsicht, dass die Akzeptanz der sozialistischen Gesellschaftsordnung auf mittlere Sicht nicht durch propagandistische Mobilisierung gesichert werden konnte, sondern vielmehr mit der Fähigkeit stand und fiel, den Lebensstandard der Bevölkerung spürbar zu verbessern [HEGEDŰS/WILKE 11.d].

Die Volksrepublik Polen bildet einen Sonderfall in der Stalinismusforschung. Da sich die polnische Nachkriegsgesellschaft nur bedingt nach sowjetischem Vorbild formte, stellt sich die Frage, ob für Polen überhaupt sinnvoll von Stalinismus gesprochen werden kann [KEMP-WELCH 11.c]. Sie drängt sich auch deshalb auf, weil in Polen das Element der Schauprozesse als Verdichtung entgrenzter, erratischer Gewalt gegen die Partei selbst weitgehend fehlt. Umso deutlicher lässt sich in Polen die charakteristische Spannung zwischen inszeniertem Aufbruch und miserablen Lebensverhältnissen beobachten, die geradezu den Wesenskern stalinistischer Mobilisierung ausmachte [PACZKOWSKI 11.a]. Auch dieser Zugang verstellt jedoch den Blick für die Mehrdeutigkeiten eines Lebensalltags, der sich in seinen Konflikten und Widersprüchlichkeiten nicht eindeutig nach Herrschern und Beherrschten trennen lässt und mit dem Instrumentarium des Totalitarismuskonzepts nur bedingt erfasst werden kann [JAROSZ, Polacy 11.c].

Sonderfall Polen

Mit der Entstalinisierung traten die inneren Bruchlinien des nur nach außen scheinbar homogenen Blocks offen zutage [BRZEZINSKI 11.a]. Aus politischer Sicht ist die Geschichte der ostmitteleuropäischen Volksrepubliken seit 1953 vor allem als Krisengeschichte geschrieben worden, die zum Vergleich geradezu einlädt [BISPINCK u. a. 11.d; ENGELMANN/GROSSBÖLTING/WENTKER 11.d]. Allerdings lassen sich der Aufstand von 1953 in der DDR, der „polnische Oktober" 1956 und die Revolution in Ungarn, der Prager Frühling von 1968 und schließlich die *Solidarność* in Polen 1980/81 kaum auf einen Nenner bringen. Nicht nur bündelten sich hier jeweils ganz unterschiedliche Krisenmomente, auch die weitere Entwicklung des sozialistischen Einparteienstaates wurde durch Verlauf und Ausgang der jeweiligen Krise auf unterschiedliche Weise geprägt [EKIERT 11.a].

Entstalinisierung

Wie prekär die Abkehr vom Stalinismus war, zeigte sich im Jahr 1956 in Polen und in Ungarn. Wie sehr sich die Ereignisse in beiden Ländern ähnelten und wie eng sie miteinander verflochten waren, liegt ebenso auf der Hand wie die tiefe Erschütterung des gesamten sowjetischen Hegemonialgefüges [HAHN/OLSCHOWSKY 11.d; HEINEMANN/WIGGERSHAUS 11.d]. Zentrale Abläufe innerhalb der beiden Parteiführungen lassen jeweils klare Konturen eines innerparteilichen Machtkampfes um die Frage erkennen, wie weit die Politik extremer und gewaltsamer Mobilisierung angesichts der ökonomischen Krise gemildert werden sollte, um der rasch fortschreitenden Erosion des politischen Systems entgegenzuwirken. Die Herkunft zentraler Akteure aus der Führungsriege der jeweiligen Staatspartei und die dynamische Wirkung, welche die Geheimrede Chruščevs auf dem XX. Parteitag entfaltete, charakterisieren

XX. Parteitag

die jeweiligen Ereignisse als Entstalinisierungskrise. Die enorme Dynamik und ihre Gefahr für den gesamten Ostblock werden jedoch erst verständlich, wenn darüber hinaus die nationale Dimension breitenwirksamen Aufbegehrens gegen die sowjetische Hegemonialordnung in Rechnung gestellt wird [FOITZIK 11.d].

Gegen die Interpretation der Ereignisse in Polen als innerparteiliche Führungskrise hat P. MACHCEWICZ auf das gleichermaßen ökonomisch wie politisch motivierte Aufbegehren breiter Bevölkerungsschichten als „Explosion autonomer gesellschaftlicher Aktivität" verwiesen [11.d, 237]. Deren systemsprengendes Potential trat bereits im Posener Arbeiteraufstand vom 28. Juni offen zutage.

Der „Polnische Oktober"
Erst im Oktober 1956 gelang es der PZPR, durch einen rechtzeitigen Führungswechsel und die Verheißung eines polnischen Selbstverwaltungssozialismus dem nationalen Protest gegen die sowjetische Dominanz vorerst die Spitze zu nehmen und die Entstalinisierung in gemäßigte Bahnen zu lenken. Welche Rolle die parallele Eskalation in Ungarn dabei spielte, lässt sich nicht eindeutig beantworten. Während sie zunächst den gesellschaftlichen Protest auch in Polen weiter zu steigern drohte und Władysław Gomułka eine innen- wie außenpolitisch schwierige Gratwanderung abverlangte, überwog offenbar doch bald die Erleichterung, in Polen einem ähnlichen Schicksal knapp entronnen zu sein. Obgleich der politische Kurs, den die neue Parteiführung unter Gomułka einschlug, binnen weniger Monate in eine defensive Konsolidierung mündete, markierte der „polnische Oktober" in der kontrollierten Abkehr vom Stalinismus und im prekären Ausgleich zwischen Regime und Bevölkerung, in seinen Impulsen für die Formierung nachhaltiger intellektueller Opposition und nicht zuletzt in seiner außenpolitischen Dimension eine deutliche Zäsur [ROWIŃSKI 11.d].

Ungarn 1956
In Ungarn hingegen stand mit dem Ausbruch des gewaltsamen Konflikts am 23. Oktober die schiere Existenz des kommunistischen Regimes unmittelbar in Frage [LITVÁN/BAK 11.d; HEGEDŰS 11.d; ALFÖLDY 11.d]. Der als Krisenmanager eingesetzte Imre Nagy erkannte in einem quälenden Prozess schließlich die Legitimität der Revolution an, zu deren Projektionsfläche er längst geworden war, und versuchte vergeblich, seine lang gehegten Vorstellungen von einem gewaltfreien, an spezifisch ungarischen gesellschaftlichen Bedürfnissen orientierten Sozialismus mit den radikalen Forderungen nach nationaler Unabhängigkeit in Einklang zu bringen [RAINER 11.d]. Die sowjetischen Akten lassen erkennen, dass Chruščev in der Tat kurzzeitig zögerte, wie weit er die Entwicklung in Ungarn hinnehmen sollte [BÉKÉS/BYRNE/RAINER 11.d; ORECHOVA/SEREDA/STYKALIN 11.d]. Ausschlaggebend für seine einsame Entscheidung, die ungarische Revolution gewaltsam niederzuschlagen, waren letztlich das mangelnde Vertrauen in die Fähigkeit Nagys, das Regime zu konsolidieren, und die Sorge vor einem drohenden Prestigeverlust der Sowjetunion [TAUBMAN 11.d]. Der Austritt Ungarns aus dem Warschauer Pakt und die Suez-Krise erleichterten es der Sowjetunion, eine Entscheidung öffentlich zu vertreten, die bereits zuvor gefallen war. Der Westen mochte mit seiner bisherigen Propaganda falsche Erwartungen geweckt haben, ein militärisches Eingreifen wurde jedoch zu keinem Zeitpunkt erwogen. Ob größeres Augen-

maß auf amerikanischer Seite die kurzzeitig aufscheinende Chance für einen Kompromiss nach polnischem Vorbild hätte verbessern können [GATI 11.d], bleibt notwendigerweise spekulativ.

Anders als in Polen gründete der *Modus vivendi* zwischen Regime und Bevölkerung, der in Ungarn nach der traumatischen Erfahrung von 1956 schließlich gefunden wurde, auf einer tiefen, beiderseitigen Desillusionierung. Die politische Leistung János Kádárs bestand darin, hieraus den Spielraum für eine durchaus weitreichende Reformpolitik zu gewinnen, die nicht mehr Gefahr lief, in der ungarischen Gesellschaft überschießende Erwartungen zu wecken oder das Vertrauen der sowjetischen Führung zu verspielen [GOUGH 11.a]. Vielmehr wurde in den 1960er Jahren eine behutsame, aber dafür umso nachhaltigere Öffnung gegenüber dem Westen eingeleitet, die auch die Gerichtsverfahren gegen prominente Intellektuelle und Reformer während der „kleinen Eiszeit" zu Beginn der 1970er Jahre nicht mehr dauerhaft rückgängig machen konnten [RAINER/PÉTERI 11.e]. János Kádár

In Polen hingegen gründete Gomułkas Regime auf der Erleichterung über die 1956 errungenen Freiräume. Einer rückblickenden Idealisierung als gleichsam goldenes Jahrzehnt Volkspolens ist die rasche politische Konsolidierung gegenübergestellt worden, mit der Gomułka die zugestandenen Lockerungen auffing [PACZKOWSKI 11.a]. Die Krise vom März 1968 und erst recht das harte Vorgehen gegen die Arbeiterunruhen an der Ostseeküste im Dezember 1970 lassen ihn gar als erschöpften Doktrinär erscheinen, der jeglichen Kontakt zur gesellschaftlichen Entwicklung verloren hatte [MACHCEWICZ 11.a]. Die neue Parteiführung um Edward Gierek konnte die unübersehbar gewordene Kluft zwischen Regime und Bevölkerung durch das Versprechen einer gemeinsamen Modernisierungsanstrengung nur noch vorübergehend überbrücken. Da sie die systemisch bedingten Krisenphänomene zwar zu benennen, aber auf mittlere Sicht keineswegs zu lindern vermochte, brach die Legitimität des Regimes schließlich vollends zusammen [ZIEMER 11.h]. Gomułka

In der Tschechoslowakei schließlich wurden die allenfalls zaghaften Ansätze einer Entstalinisierung bereits im Keim erstickt. Hieraus hat M. BLAIVE provokative Rückschlüsse auf die innere Akzeptanz des stalinistischen Regimes in der tschechischen Bevölkerung gezogen, die sich auf vergleichsweise hohem materiellem Niveau eingerichtet und mitnichten ein besonderes demokratisches Selbstverständnis gezeigt habe [11.d]. In der Tat vertraute das kommunistische Regime anders als in Polen und Ungarn auf seine eigene Stabilität und diskutierte auf dieser Grundlage seit Beginn der sechziger Jahre die Perspektiven einer politischen Neubegründung des Sozialismus [WILLIAMS 11.f]. Dem Prager Frühling ging somit eine vergleichsweise lange intellektuelle Inkubationsphase voraus. Diese Deutung steht im Gegensatz zu Forschungen, nach denen sich das Regime seit den frühen sechziger Jahren in der Defensive gegenüber den Folgen wirtschaftlicher Krise und gesellschaftlichen Wandels befand [KAPLAN 11.f]. Dahinter verbirgt sich die immer noch aktuelle Frage, ob der Prager Frühling als Versuch der Selbstreform des Regimes in der Verheißung eines Sozialismus mit menschlichem Antlitz oder als gesellschaftliches, demokratisches Aufbegehren gegen das kommunistische Regime zu verstehen ist.

Prager Frühling   Im Sommer 1968 gingen beide Elemente Hand in Hand. Denn der Wechsel in der Parteiführung von Novotný zu Dubček weckte Erwartungen an eine tiefgreifende Liberalisierung, die mit der faktischen Pressefreiheit eine unerwartete, kaum zu bremsende Dynamik gewann und Konturen einer pluralistischen, demokratischen Gesellschaft erkennen ließ [SKILLING 11.f; PEČKA/BELDA/HOPPE 11.f]. Auch wenn diese Entwicklung vorerst noch kaum die Dimension nationaler Auflehnung gegen die sowjetische Hegemonialmacht annahm, untergrub er doch bei den Bruderparteien das Vertrauen in die Person Dubčeks und dessen Fähigkeit, die Reformen zu kontrollieren [WILLIAMS 11.f]. Die umfassende Rekonstruktion des sowjetischen Entscheidungsprozesses bestätigt inzwischen, dass vor allem Todor Živkov und Walter Ulbricht sich früh damit durchsetzten, den tschechoslowakischen Reformkurs als „revisionistisch" und als „Konterrevolution" zu deuten, und gemeinsam mit Gomułka auf eine militärische Lösung drängten. Den Ausschlag gab schließlich das als offene Kampfansage verstandene „Manifest der 2000 Worte" [KARNER u. a. 11.f; PAUER 11.f].

Die Spielräume für einen Kompromiss waren unter diesen Umständen denkbar gering. Indem die sowjetische Führung nach dem Einmarsch zunächst den

„Normalisierung"   gebrochenen Dubček selbst zum Exekutor der erzwungenen „Normalisierung" machte, weckte sie in der Bevölkerung zwar verzweifelte Hoffnungen, dass die eingeleiteten Reformen bei entsprechendem Wohlverhalten zumindest teilweise zu retten seien [WILLIAMS 11.f]. Die Grundlagen des Regimes waren jedoch, anders als in Polen oder Ungarn, nicht mehr verhandelbar. Der sowjetische Einmarsch in Prag markierte vielmehr das Ende einer zukunftsoffenen Entstalinisierung in Ostmitteleuropa. Für die kommenden zwei Jahrzehnte waren jetzt überall die Grenzen abgesteckt, innerhalb derer sich die kommunistischen Regimes konsolidierten und jeweils unterschiedlich eng gefasste gesellschaftliche Freiräume eröffneten. Das Wissen, dass die sozialistische Ordnung letztlich auf der sowjetischen Militärpräsenz beruhte, und die alltäglich spürbaren Einschränkungen durch Zensur und Überwachung mussten die Legitimität der Volksrepubliken jedoch beständig untergraben.

Dissidenten   Die Geschichte ostmitteleuropäischer Dissidenz rührt bis in die Gegenwart an zentrale Konfliktlinien politischer Selbstvergewisserung in Ostmitteleuropa. Die von den Dissidenten aufgeworfene Frage, welches Maß an moralischer Verantwortung sich der individuelle Staatsbürger jenseits der großen Ideologien in der modernen Industriegesellschaft bewahren kann, übt bis heute hohe intellektuelle Strahlkraft aus [FALK 11.g]. Diese Orientierung ermöglichte nach dem Ende der Systemkonfrontation ein klares Bekenntnis zur parlamentarischen Demokratie, auch wenn die intellektuelle Opposition unübersehbar in sozialistischen Vorstellungen wurzelte. Neben den gedanklichen Inhalten stehen die unterschiedlichen politischen Kontexte der oppositionellen Bewegungen und ihre jeweilige soziale Reichweite im Mittelpunkt der Forschung [POLLACK/WIELGOHS 11.g]. Wie im Zusammenhang mit dem Prager Frühling bereits angedeutet, verbirgt sich dahinter die geschichtspolitisch brisante Frage, ob die Geschichte politischer Opposition im Sozialismus primär aus der Warte intellektueller Meinungsführerschaft oder vielmehr als elementares nationales Aufbegehren zu lesen ist. Weitere Perspektiven ergeben sich aus der Einordnung in einen europäischen Kontext. So waren die ostmitteleuropäischen Bürgerrechtler jeweils in ein breiteres Spektrum oppositioneller kirchlicher oder ökologischer Gruppierungen eingebettet, was sie in die Nähe der neuen sozialen Bewegungen rückt [POLLACK/WIELGOHS 11.g]. Ihr Rückhalt in der KSZE-Schlussakte von Helsinki hat zudem eine grundsätzliche Diskussion über den Stellenwert von Menschenrechten in der internationalen Politik und ihren Beitrag für die Überwindung des Ost-West-Konflikts ausgelöst [SCHLOTTER 11.i; THOMAS 11.g].

Geradezu als Inbegriff des ostmitteleuropäischen Dissidenten gilt der tschechische Dramatiker und Publizist Václav Havel. Sein Biograph hat ihn als Held der Demokratie in einem totalitären Zeitalter porträtiert, der noch als Staatspräsident von innerer Distanz zur politischen Macht geprägt blieb [KEANE 11.g]. Havels Stellung innerhalb der Charta 77 und deren Bedeutung als Kern der tschechoslowakischen Opposition ist umfassend dokumentiert [PREČAN 11.g]. Eine umfassende Zeitzeugenbefragung ermöglicht zudem tiefe Einblicke in die vielfältigen und komplexen Strukturen der Dissidenz und ihren Lebensalltag [VANĚK/URBÁŠEK 11.g; VANĚK 11.g]. Von hier aus lassen sich Vergleiche zur Opposition in der DDR ziehen, die neben einer Vielzahl von Parallelen auch die generationsspezifischen Unterschiede von Protesterfahrungen herausarbeiten [LUTZ 11.g].

Charta 77

Deutlich anders waren die politischen Rahmenbedingungen von Dissidenz und Opposition angesichts weitreichender intellektueller Freiräume in Polen und Ungarn. É. STANDEISKY hat das literarische Leben Ungarns als langsamen Zerfall einer Symbiose von Politik und Geist beschrieben, die nach 1945 zunächst auf gemeinsamen Utopien von Fortschritt und Demokratie gründete und das Korsett der Diktatur mit den Annehmlichkeiten materieller Sicherheit verband [6.d]. Von hier aus ließen sich nur schmale Brücken zu einer oppositionellen Subkultur schlagen, die sich aus den generationsprägenden Erfahrungen des Jahres 1968 speiste und die Revolution von 1956 zum zentralen Bezugspunkt ihres politischen Horizonts machte [CSIZMADIA 11.g].

Auch in Polen bewegte sich die intellektuelle Opposition nach dem geistigen Aufbruch von 1956 zunächst zwischen der Akzeptanz der Volksrepublik als geistiger Heimat und der Hoffnung auf friedliche Überwindung der bestehenden Ordnung [FRISZKE, Opozycja 11.g]. Die bald wieder spürbaren Einschränkungen ließen die Ära Gomułka dennoch zu einer Inkubationsphase intellektueller Dissidenz werden. Auch innerhalb der katholischen Kirche begannen sich seit Mitte der sechziger Jahre einzelne Strömungen aus der Vereinnahmung durch das Regime zu lösen [FRISZKE, Koło 11.g; LUKS 6.m].

Die antisemitische Kampagne, mit der das Regime auf den studentischen Protest vom Frühjahr 1968 reagierte, und die Entlassungswelle an den Universitäten erlebten die polnischen Bildungsschichten als schwere Krise [EISLER, Polski rok

Polen 1968

11.g]. Aus der Konfrontation mit dem moralisch diskreditierten Regime erwuchs eine „Märzgeneration" von Intellektuellen, die ihr Gleichheitsideal stärker am Individuum orientierten und neue Kontakte in die Arbeiterschaft wie in die Kirche zu knüpfen begannen [KRZEMIŃSKI 11.g]. Damit setzte jene Entwicklung ein, die schließlich in die Formierung der *Solidarność* als machtvollster Oppositionsbewegung im sowjetischen Machtbereich mündete [FRISZKE, Opozycja 11.g]. Anders als in der Tschechoslowakei oder in Ungarn sahen sich intellektuelle Dissidenten hier nicht einer weitgehend passiven Bevölkerungsmehrheit gegenüber, die sich im Alltag weitgehend mit dem jeweiligen Regime zu arrangieren gelernt hatte, sondern auch einer protestbereiten Arbeiterschaft, die bereits 1970 den Machtwechsel von Gomułka zu Gierek erzwang [EISLER, Grudzień 11.g]. Indem das 1976 gegründete KOR (*Komitet Obrony Robotników*) den Arbeitern Leitbild und Organisationsmodell einer landesweiten, gesellschaftlichen Oppositionsbewegung bereitstellte, lässt es sich durchaus als Beginn zivilgesellschaftlicher Selbstbefreiung in Polen verstehen [BERNHARD 11.g].

Die zeitgenössische Debatte, ob somit den Intellektuellen oder nicht vielmehr dem selbstbewussten Arbeiterprotest die zentrale Rolle für die Gründung der *Solidarność* zukommt [LABA 11.h; GOODWYN 11.h], hat sich insofern aufgelöst, als die *Solidarność* ganz allgemein für die pluralistische Selbstorganisation der polnischen Gesellschaft und ihre Lösung aus dem kommunistischen Einparteienstaat in Anspruch genommen wird [HOLZER 11.h; PACZKOWSKI 11.a]. In diese Richtung zielt auch der Ansatz, die *Solidarność* als entstehende Gegenelite zu begreifen, die durch das Aufbrechen einer breiten Gegenöffentlichkeit seit dem Papstbesuch vom Juni 1979 vorbereitet worden war [KUBIK 11.h]. Aus soziologischer Perspektive hat M. TATUR die *Solidarność* schließlich als systemische Steuerungskrise einer sozialistischen Zentralverwaltungswirtschaft untersucht, die mit den Werten und Aspirationen einer „neuen Mittelschicht" aus professioneller Intelligenz und qualifizierter Arbeiterschaft in Konflikt geriet [11.h].

Vielfach diskutiert werden vor diesem Hintergrund die Möglichkeiten, einen tragfähigen Kompromiss zwischen dem Regime und der neu gegründeten Gewerkschaft auszuhandeln. Rückblickend waren diese wohl äußerst gering. J. STANISZKIS hat im Rückgriff auf die griffige Formel von der „sich selbst beschränkenden Revolution" auf die Unfähigkeit der *Solidarność* verwiesen, als unabhängige Gewerkschaft in der unübersehbaren Konfrontation von Staat und Gesellschaft tiefer liegende politische Probleme zu thematisieren und widerstreitende Interessen zu artikulieren [11.h]. Die diffuse Radikalisierung innerhalb der *Solidarność* war das folgerichtige Ergebnis dieser strukturellen Blockade. Auch konnte und mochte sich die PZPR ihrerseits kaum auf einen Ausgleich mit der *Solidarność* einlassen, die allein schon durch ihre Existenz das Regime in seinem Kern herausforderte. Die sowjetische Führung drängte erst recht auf eine gewaltsame Konfrontation, gab aber spätestens seit dem März 1981 einer innerpolnischen Lösung den Vorzug gegenüber einer militärischen Intervention von außen [PACZKOWSKI/BYRNE 11.h]. Zur treibenden Kraft hinter dem schließlich verhängten Kriegsrecht wurde General Jaruzelski, der eine militärische Konsolidierung des Regimes und die gewaltsame Unterwerfung der *Solidarność* von langer Hand vorbereitete [PACZKOWSKI 11.h]. Auf diesem Weg ließ sich jedoch allenfalls noch eine politisch perspektivlose Konsolidierung erreichen, die schließlich zur Grundlage des ausgehandelten Rückzugs aus dem Einparteienstaat wurde.

Die kommunistischen Regime in Ostmitteleuropa brachen innerhalb weniger Monate zusammen, nachdem die sowjetische Führung den Verzicht bekundet hatte, sie mit Waffengewalt zu stützen. Innenpolitisch und wirtschaftlich erschöpft waren sie schon lange. Unter dem Eindruck der Ereignisse hat T. G. ASH bereits im Frühsommer 1989 mit dem einprägsamen Begriff der „Refolution" auf die revolutionäre Dynamik des Reformprozesses in Polen und Ungarn verwiesen [11.j]. Im Rückblick hat diese Formel insofern analytischen Wert, als sie auf die Besonderheiten der ausgehandelten Revolutionen in diesen beiden Ländern im Vergleich zur Tschechoslowakei oder der DDR verweist, allerdings ohne die Rolle der jeweiligen Oppositionsbewegungen scharf zu konturieren. Gerade diese aber steht im Mittelpunkt der Debatten um den Charakter des Jahres 1989. So ist der ostmitteleuropäische Bürgerprotest in der besonderen Stärke, die er aus seinem friedlichen Charakter und aus dem phantasievollen, wenn auch flüchtigen Durchbruch zu massenwirksamer Öffentlichkeit bezog, als Herold einer neuen Ära von Freiheit und Demokratie von europäischer, ja weltgeschichtlicher Dimension gefeiert worden [KENNEY, Carnival 11.j; OKEY 11.j]. Damit werden allerdings die höchst unterschiedlichen Verläufe in den einzelnen Ländern Ostmitteleuropas verwischt. Dies gilt auch für den eher nüchternen Verweis auf eine katalytische Wirkung der Oppositionsbewegungen, der den Anspruch auf einen maßgeblichen Anteil beim Sturz der kommunistischen Regime mit deren langfristiger Erosion in Einklang zu bringen versucht [POLLACK/WIELGOHS 11.g; FEHR 11.j].

Gerade in Polen und Ungarn ist das politische Kräfteverhältnis im Umbruch von 1989 hoch umstritten, wenn auch auf unterschiedliche Weise. Für Polen hat A. GARLICKI den Weg zu den Verhandlungen am Runden Tisch als vertrauensbildenden Lernprozess von Regime und Opposition beschrieben, der einen Ausweg aus der gegenseitigen Lähmung eröffnete und schließlich den friedlichen Triumph zivilgesellschaftlicher Emanzipation ermöglichte [11.j]. Gerade der unerwartete, überwältigende Wahlsieg der *Solidarność* vom Juni 1989 hat die These inspiriert, dass das Potential einer radikalen Revolution durch den ausgehandelten Übergang bewusst eingehegt und damit das Ansehen des kollabierenden Regimes über Gebühr konserviert worden sei [DUDEK 11.j]. In Ungarn hingegen lag das Heft des Handelns auch im Frühjahr 1989 noch eindeutig beim Regime. Der „ausgehandelten Revolution" [TŐKÉS 11.j] lag das Bündnis zwischen den Reformern innerhalb der MSZMP und der Opposition zugrunde, das tief in der politischen Kultur verankert war und die sozioökonomischen Verwerfungen der Ära Kádár zu konservieren drohte. Der Übergang zum Mehrparteiensystem lässt sich aber auch als Selbstaufgabe der Einparteiendiktatur und als Transformation „von innen" verstehen, die wesentlich von den innerparteilichen Reformern um Miklós Németh und Imre Pozsgay gestaltet wurde und den Weg zu einer krisenhaften, letztlich jedoch erfolgreichen Demokratisierung bahnte [SCHMIDT-SCHWEIZER 11.j; ROMSICS 11.j]. Die politischen Implikationen dieser Deutungen liegen jeweils auf der Hand, werden von hier aus doch polemische Angriffe auf eine vermeintlich übermächtige Stellung postkommunistischer Eliten in den Gesellschaften der Gegenwart geführt.

Transformationen Nach dem Zerfall des sowjetischen Imperiums hat sich auch im östlichen Mitteleuropa der Nationalstaat als gesellschaftlicher Bezugspunkt und institutioneller Rahmen tiefgreifender Transformationsprozesse durchgesetzt. In seiner Fähigkeit, national verfasste historische Erfahrungen und Erinnerungen mit einer europäischen Perspektive in Einklang zu bringen, ist er nahezu unangefochten [GOEHRKE/GILLY 11.j]. Diese nationalstaatliche Orientierung wird dadurch noch bekräftigt, dass die institutionelle Ausgestaltung parlamentarischer Demokratie und die Struktur der jeweiligen Parteienlandschaft in erheblichem Maße durch den Charakter der vorangegangenen Diktatur und die Formen ihrer Überwindung geprägt wurden [KITSCHELT u. a. 11.j]. Der Umstand, dass die postkommunistische Linke weder in Polen noch in Ungarn die Interessen der Transformationsverlierer politisch dauerhaft zu artikulieren vermochte, hat zudem einer starken Polarisierung des öffentlichen Lebens Vorschub geleistet und vor allem in Polen einer populistischen Rechten den Weg gebahnt [OST 11.j; KLIMÓ 11.a]. Dennoch hat die historisch gewachsene und selbstbewusst aus nationalen Traditionen begründete Behauptung der Zugehörigkeit zum lateinisch geprägten Europa wesentlich dazu beigetragen, selbst über massive gesellschaftliche Spannungen hinweg politische Stabilität zu gewährleisten [GOEHRKE/GILLY 11.j]. Wenn auch unter Geburtswehen ist aus dem postkommunistischen, östlichen Europa, so P. KENNEY, nunmehr das „neue Europa" hervorgegangen [Burdens, 11.j]. Wie weit die Überleitung der Volksrepubliken in stabile demokratische Verhältnisse mit dem 2004 erfolgten Beitritt zur Europäischen als abgeschlossen, gar als gelungen gelten kann, lässt sich angesichts der alten und neuen Herausforderungen an alle nationalstaatlich verfassten Demokratie Europas allerdings kaum verlässlich einschätzen. Für eine historische Beurteilung politischer Entwicklungen seit 1989 ist es auch aus dem Abstand von zwei Jahrzehnten im Grunde noch zu früh.

7. GESCHICHTSPOLITIK UND ERINNERUNGSKULTUREN

Mit dem Fall des Eisernen Vorhangs hat sich die öffentliche Wahrnehmung Ostmitteleuropas grundlegend gewandelt. Aus der grauen Eintönigkeit des Sozialismus trat eine Region hervor, deren historisch gewachsene Vielfalt sich machtvoll Bahn zu brechen schien [ROTHSCHILD 11.a]. In Deutschland hat sich vor allem K. SCHLÖGEL der Aufgabe kultureller Wiederentdeckung des europäischen Ostens und seines inneren Spannungsreichtums zugewandt [11.j]. Die endgültige Anerkennung der Oder-Neiße-Grenze im Zuge der deutschen Wiedervereinigung hat den Anstoß dafür gegeben, die wissenschaftlich längst vollzogene Abkehr von apologetischen Vorannahmen in eine breitenwirksame Erinnerung an den deutschen Anteil der Geschichte Ostmitteleuropas zu überführen [CONZE/BOOCKMANN 2.a]. Sie ist eng verzahnt mit der allmählich einsetzenden, unvoreingenommen neugierigen Wiederaneignung der eigenen Geschichte in den jeweiligen Regionen selbst [LOEW 6.g; LOEW/PLETZING/SERRIER 12].

Diese Wiederentdeckung des europäischen Ostens fällt zeitlich mit der fachwissenschaftlichen Debatte um Traditionen der Ostforschung zusammen [MÜHLE, Ostforschung 9.g]. Ausgelöst von der Frage nach der Rolle von Historikern im Nationalsozialismus ist deutlich geworden, welche Vorentwürfe die Ostforschung für eine völkisch fundierte Expansionsideologie lieferte und welches Expertenwissen sie für deren Verwirklichung bereitstellte [HAAR 9.g; ALY/HEIM 9.g]. Trotz mancher Überspitzungen sind die hier formulierten Einsichten auch von harscher und geradezu apologetisch anmutender Kritik [BURKERT 9.g] nicht erschüttert worden. Ein kausaler Zusammenhang zwischen wissenschaftlicher Wegbereitung und unmittelbarer Teilnahme an Mordaktionen hat sich allerdings auch am viel diskutierten Beispiel Theodor Oberländers nicht nachweisen lassen, zumal dessen volkstumspolitische Überzeugungen in Widerspruch zur Vernichtungspolitik der SS gerieten [WACHS 9.g]. Deutlich liegt inzwischen auch zutage, wie stark die historische Ostmitteleuropaforschung der frühen Bundesrepublik personell und intellektuell von Kontinuitäten der Ostforschung geprägt war, ja, von diesen unmittelbar zehrte [MÜHLE, Aubin 9.g]. Auch in ihrer wissenschaftlichen Begrifflichkeit und den zugrunde liegenden Kategorien blieb sie in der Ostforschung verhaftet, von der sie sich erst seit den sechziger Jahren unter dem Druck wissenschaftlicher Selbstreflexion allmählich zu lösen begann [ECKEL 9.g; UNGER 9.g]. _{Deutsche Ostforschung}

Als Gegenstück zur Ostforschung ist in diesem Zusammenhang die polnische „Westidee" (*myśl zachodnia*) der Zwischenkriegszeit in den Blick gerückt [PISKORSKI/HACKMANN/JAWORSKI 9.g; GEHRKE 7.b; KRZOSKA 7.b]. Deren Ansatz, unter Rückgriff auf die mittelalterliche Geschichte Pommerns und Schlesiens als regionale „Mutterländer der Polen" geopolitische Überlegungen zu unterfüttern, unterscheidet sich allerdings markant von der Radikalität und Gewaltbereitschaft der völkischen Erneuerungsidee, wie sie der deutschen Ostforschung zugrunde _{Polnische Westforschung}

lag. Selbst die gemeinsamen konzeptionellen Wurzeln deutscher und polnischer Bevölkerungspolitik nach 1939 wiesen in der Praxis erhebliche Unterschiede auf, fehlte der polnischen Vertreibungspolitik doch der rassistische Grundzug und der imperialistische Gestus der vorangegangenen deutschen Besatzung [ESCH 10.b].

In Deutschland ist die Wiederentdeckung des europäischen Ostens in eine anhaltende Diskussion übergegangen, wie der Vertreibung der Deutschen aus Ostmitteleuropa angemessen gedacht werden kann [HASLINGER/FRANZEN/SCHULZE WESSEL 10.f; BINGEN/BORODZIEJ/TROEBST 10.f]. Dabei hat sich die Erwartung, mit dem EU-Beitritt die öffentliche Abkehr der Tschechischen Republik von den Beneš-Dekreten erzwingen zu können, als wenig zielführend erwiesen. Mit dem Projekt eines „Zentrums gegen Vertreibungen" ist die Vertreibungserinnerung vielmehr in den Kontext einer monumentalisierenden Erinnerungskultur unter staatlicher Regie und der damit einhergehenden, unausgesprochenen geschichtspolitischen Neujustierung des Gedenkens an den Nationalsozialismus verbunden. Vor allem in der polnischen Öffentlichkeit hat das „Zentrum gegen Vertreibungen" heftige Reaktionen hervorgerufen, die sich auf die hochgespielte Erwartung materieller Restitutionsansprüche richten und dem Verdacht Ausdruck verleihen, hier werde stillschweigend eine Verschiebung der erinnerungskulturellen Tektonik Europas betrieben [PISKORSKI 12].

<small>Zentrum gegen Vertreibungen</small>

Im Hintergrund dieser Debatten steht die wirkungsmächtige Neuformulierung nationaler Narrative im östlichen Mitteleuropa [CORBEA-HOIȘIE/JAWORSKI/ SOMMER 12]. Diese haben das aufklärerische Temperament des frühen erinnerungskulturellen Aufbegehrens gegen die kommunistische Herrschaft inzwischen weitgehend verdrängt [IVANIŠEVIĆ u. a. 12; ALTRICHTER 12]. Hatte sich schon die marxistische Geschichtsschreibung die nationalen Deutungsmuster vorangegangener Epochen angeeignet [GÓRNY 3], so erwuchs aus dem Rückgriff auf lange ausgeblendete Elemente nationaler Meistererzählungen nunmehr eine hochgradig politisierte Erinnerung an eigene nationale Opfererfahrungen während des Kommunismus. Diese bezieht ihre Brisanz auch aus der Frage, wie mit den Akten der jeweiligen Staatssicherheitsbehörde umzugehen sei, dokumentieren diese doch nicht nur Ausmaß und Reichweite der Bespitzelung, sondern lassen sich auch allzu leicht für politische Zwecke missbrauchen [UNVERHAU 12].

<small>Nationale Erinnerungskulturen</small>

Gemeinsam ist den nationalen Narrativen im östlichen Mitteleuropa der Bezug auf eine doppelte Diktaturerfahrung, die nicht selten nahtlos in einen totalitarismustheoretisch unterfütterten Topos doppelter Unterwerfung durch die nationalsozialistische und die stalinistische Diktatur übergeht. Während dieser Topos in Polen wie in den baltischen Republiken an den Hitler-Stalin-Pakt anknüpft, werden in Ungarn die Monate der Pfeilkreuzlerherrschaft auf diese Weise aus der nationalen Geschichte ausgegliedert. Ohnehin lässt sich nahezu durchgängig die Neigung beobachten, rechtsradikale und antisemitische Traditionen auszublenden. Zugleich soll die öffentliche Anerkennung erkämpft werden, dass die eigene Opfererfahrung im GULag als gleichrangig mit der Shoah anzusehen sei. Die geschichtspolitisch instrumentalisierte Vergangenheit droht auf diese Weise ein differenzierendes, auf kritische Selbstbefragung und kulturelle Aneignung zielendes Geschichtsbewusstsein zu überdröhnen. In Polen hat die Debatte um die Ermordung der Juden von Jedwabne, die zunächst als Beginn einer Vergangenheitsbewältigung nach deutschem Vorbild verstanden wurde, deutlich gemacht, dass letztlich nur eine schmale Schicht von Intellektuellen bereit ist, sich von affirmativen Mustern nationaler Selbstvergewisserung zu lösen [SAUERLAND 10.e].

Die geschichtspolitischen Debatten im östlichen Mitteleuropa nehmen somit in vielerlei Hinsicht die Diskussionslinien auf, die in Deutschland die öffentliche Erinnerung an die DDR bestimmen. In ihrem Grundton zielen sie auf eine „Rückkehr nach Europa", welche die Anerkennung der jeweiligen nationalen Opfererfahrung als Teil einer übergreifenden europäischen Erinnerung einfordert [SAPPER/WEICHSEL 12]. Diese Debatte ist von der Vorstellung eines östlichen Europas durchzogen, das vom Westen in seiner Eigenheit wahrgenommen werden will. Da die Erinnerungskulturen durchweg national verfasst sind, hat sich eine gemeinsame ostmitteleuropäische Erinnerungskultur auf dieser Grundlage bislang nicht herausbilden können. Der wiederholt eingeforderte europäische Erinnerungsraum böte jedoch nicht nur die Möglichkeit, der Geschichte doppelter nationaler Diktaturerfahrungen Gehör zu verschaffen [SCHLÖGEL 12]. Er könnte auch einen Resonanzraum der Erinnerung an eine vielstimmige, multiethnische Region bieten, die sich nicht in national verfassten, kollektiven Opfererzählungen erschöpft und die ähnlichen wie die gemeinsamen historischen Erfahrungen Ostmitteleuropas im 19. und 20. Jahrhundert ins Gedächtnis ruft.

III. Quellen und Literatur

In eckigen Klammern wurden die englisch-, französisch- oder deutschsprachigen Ausgaben bzw. die Übersetzung fremdsprachiger Titel vermerkt.

1. HILFSMITTEL

a) Bibliographien und Nachschlagewerke

H. Batowski, Słownik nazw miejscowych Europy środkowej i wschodniej XIX i XX wieku [Wörterbuch der Ortsnamen Ostmittel- und Osteuropas im 19. und 20. Jahrhundert], Warszawa 1964.
Bibliographien zur Geschichte und Landeskunde Ostmitteleuropas. Hg. vom Johann-Gottfried-Herder-Institut Marburg, bislang 46 Bde., 1986–2009.
R. Frucht (Hg.), Encyclopedia of Eastern Europe. From the Congress of Vienna to the Fall of Communism, New York/London 2000.
J. Geršlová/M. Sekanina, Lexikon našich hospodářských dějin [Lexikon unserer Wirtschaftsgeschichte], Praha 2003.
J. Hochman, Historical Dictionary of the Czech State, Lanham/London 1998.
C. W. Ingrao (Hg.), A Guide to East-Central European Archives, Minneapolis 1998.
A. Jarosz/J. Kaliński/A. Zawistowski, Bibliografia historii gospodarczej Polski w latach 1944–1989 [Bibliographie der Wirtschaftsgeschichte Polens in den Jahren 1944–1989], Warszawa 2003.
A. Kenyeres (Hg.), Magyar életrajzi lexikon [Ungarisches Biographisches Lexikon], 4 Bde., Budapest 1967–1994.
S. Kirschbaum, Historical Dictionary of Slovakia, Lanham/London 1999.
A. Kochański, Polska 1944–1991. Informator historyczny [Polen 1944–1991. Historisches Nachschlagewerk], 3 Bde., Warszawa 1996–2005.
G. Lerski, Historical Dictionary of Poland, 966–1945, Westport 1996.
A. Mączak (Hg.), Encyklopedia historii gospodarczej Polski do 1945 r. [Enzyklopädie der Wirtschaftsgeschichte Polens bis 1945], 2 Bde., Warszawa 1981.
K. Pilarczyk, Przewodnik po bibliografiach polskich judaików [Führer durch die Bibliographien zu polnischen Judaica], Kraków 1992.
Polski Słownik Biograficzny [Polnisches Biographisches Wörterbuch], 45 Bde., Kraków/Warszawa 1935–2007.

J. M. Rainer/J. M. Topits/U. Mählert (Hg.), Vademecum. Jelenkortörténet Magyarország. vezérfonal az archívumokhoz, kutatási intézményekhez, könyvtárakhoz, egyesületekhez, múzeumokhoz és emlékhelyekhez = Vademecum. Contemporary History Hungary. A Guide to Archives, Research Institutions, Libraries, Associations, Museums and Places of Memorial, Berlin/Budapest 2005.

F. Seibt (Hg.), Biographisches Lexikon zur Geschichte der böhmischen Länder, 4 Bde., München 1979–2003.

D. Škvarna (Hg.), Lexikon slovenských dejin [Lexikon der slowakischen Geschichte], Bratislava 1997.

Slovenský Biografický Slovník [Slowakisches Biographisches Wörterbuch], 6 Bde., Martin 1986–1994.

J. Tomaszewski/A. Żbikowski (Hg.), Żydzi w Polsce. Dzieje i kultura. Leksykon [Juden in Polen. Geschichte und Kultur. Ein Lexikon], Warszawa 2001.

O. Tůma u. a. (Hg.), Vademecum soudobých dějin Česká Republika. Průvodce po archivech, badatelských institucích, knihovnách, sdruženích, muzeich a památnících = Vademecum contemporary history Czech Republic. A guide to archives, research institutions, libraries, associations, museums and places of memorial, Praha 2005.

P. Ujvári (Hg.), Magyar Zsidó Lexikon [Ungarisches Jüdisches Lexikon], Budapest 1929 [Nachdruck Budapest 2000].

S. B. Várdy, Historical Dictionary of Hungary, Lanham/London 1997.

D. Wildner, Ortslexikon der ehemaligen Gebiete des historischen Ungarns. A történelmi Magyarország egykori területeinek helynévtára, 2 Bde., München 1996–1998.

P. Wróbel, Historical Dictionary of Poland, 1945–1996, Westport 1998.

C. v. Wurzbach (Hg.), Biographisches Lexikon des Kaiserthums Österreich, 60 Bde., Wien 1856–1891.

b) Atlanten

G. Binder, Historisch-Geographischer Atlas von Siebenbürgen (1733–1918), Heidelberg 2006.

R. Crampton/B. Crampton, Atlas of Eastern Europe in the Twentieth Century, London 2001.

W. Czapliński/T. Ładogórski/B. Gediga, Atlas Historyczny Polski [Historischer Atlas Polens], 14. Aufl. Wrocław 1998.

D. P. Hupchik/H. E. Cox, The Palgrave Concise Historical Atlas of Eastern Europe, Basingstoke/New York 2001.

P. R. Magocsi, The Historical Atlas of Central Europe, 2. Aufl. Seattle/London 2002.

J. Purš (Hg.), Atlas československých dějín [Atlas der tschechoslowakischen Geschichte], Praha 1965.

L. Szántai, Atlas Hungaricus, 2 Bde., Budapest 1996.

c) Datenbanken/Internetportale

CEEOL – Central and East European Online Library: www.ceeol.com
Kakanien Revisited: www.kakanien.ac.at
Länderportale des Herder-Instituts (Ostmitteleuropa, Polen, Tschechoslowakei, Tschechien): www.historicum.net/laender
ViFaOst: Virtuelle Fachbibliothek Osteuropa: www.vifaost.de

2. ÜBERBLICKSDARSTELLUNGEN UND HANDBÜCHER

a) Allgemeines

R. Bideleux/I. Jeffries, A History of Eastern Europe. Crisis and Change, 2. Aufl. London/New York 2006.
W. Conze, Ostmitteleuropa. Von der Spätantike bis zum 18. Jahrhundert. Hg. und mit einem Nachwort von K. Zernack, München 1992.
W. Conze/H. Boockmann (Hg.), Deutsche Geschichte im Osten Europas, 11 Bde., Berlin 1992–1998.
R. J. Crampton, Eastern Europe in the Twentieth Century – and after, 2. Aufl. London/New York 1997.
N. Davies, Europe. A History, Oxford/New York 1996.
W. Eberhard u. a. (Hg.), Westmitteleuropa – Ostmitteleuropa. Vergleiche und Beziehungen. Festschrift für Ferdinand Seibt zum 65. Geburtstag, München 1992.
D. Gosewinkel/J. Masing (Hg.), Die Verfassungen in Europa 1789–1949. Wissenschaftliche Textedition unter Einschluss sämtlicher Änderungen und Ergänzungen sowie mit Dokumenten aus der englischen und amerikanischen Verfassungsgeschichte, München 2006.
G. H. Hodos, Mitteleuropas Osten. Ein historisch-politischer Grundriss, Bonn 2003.
A. C. Janos, East Central Europe in the Modern World. The Politics of Borderland from Pre- to Post-Communism, Stanford 2000.
J. Kłoczowski (Hg.), Historia Europy Środkowo-Wschodniej [Geschichte Ostmitteleuropas], 2 Bde., Lublin 2000.
J. Křen, Dvě století střední Evropy [Zwei Jahrhunderte Mitteleuropas], Praha 2005.
P. Longworth, The Making of Eastern Europe, 2. Aufl. Basingstoke/London 1994.

A. MĄCZAK (Hg.), Historia Europy [Geschichte Europas], Wrocław/Warszawa/Kraków 1997.
T. MERGEL, Überlegungen zu einer Kulturgeschichte der Politik, in: Geschichte und Gesellschaft 28 (2002), S. 574–606.
M. G. MÜLLER/R. PETRI (Hg.), Die Nationalisierung von Grenzen. Zur Konstruktion nationaler Identität in sprachlich gemischten Grenzregionen, Marburg 2002.
A. PALMER, The Lands Between. A History of East-Central Europe since the Congress of Vienna, London 1970.
J. VON PUTTKAMER, Strukturelle und kulturelle Grundlagen des Politischen in Ostmitteleuropa im 20. Jahrhundert, in: Comparativ 18 (2008), 2, S. 87–98.
W. REINHARD, Geschichte der Staatsgewalt. Eine vergleichende Verfassungsgeschichte Europas von den Anfängen bis zur Gegenwart, München 1999.
H. ROTH (Hg.), Studienhandbuch östliches Europa, Bd. 1: Geschichte Ostmittel- und Südosteuropas, 2. Aufl. Köln/Weimar/Wien 2009.
B. STOLLBERG-RILINGER (Hg.), Was heißt Kulturgeschichte des Politischen? Berlin 2005.
P. THER/H. SUNDHAUSSEN (Hg.), Regionale Bewegungen und Regionalismen in europäischen Zwischenräumen seit der Mitte des 19. Jahrhunderts, Marburg 2003.
P. WANDYCZ, The Price of Freedom. A History of East Central Europe from the Middle Ages to the Present, London/New York 1992.

b) POLEN

M. ALEXANDER, Kleine Geschichte Polens, Stuttgart 2003.
J. BARDACH/B. LEŚNODORSKI/M. PIETRZAK, Historia ustroju i prawa polskiego [Polnische Verfassungs- und Rechtsgeschichte], 3. Aufl. Warszawa 1996.
M. BROSZAT, Zweihundert Jahre deutsche Polenpolitik, München 1963; 3. Aufl. Frankfurt a. M. 1986.
N. DAVIES, God's Playground. A History of Poland, 2 Bde., Rev. ed. Oxford 2005.
J. K. HOENSCH, Geschichte Polens, 3. Aufl. Stuttgart 1998.
R. JAWORSKI/C. LÜBKE/M. G. MÜLLER, Eine kleine Geschichte Polens, Frankfurt a. M. 2000.
J. LUKOWSKI/H. ZAWADZKI, A Concise History of Poland, Cambridge 2001.
H. SAMSONOWICZ u. a., Polska. Losy państwa i narodu do 1939 roku [Polen. Das Schicksal des Staates und der Nation bis 1939], Warszawa 2003.
K. ZERNACK, Polen in der Geschichte Preußens, in: O. BÜSCH (Hg.), Handbuch der preußischen Geschichte, Berlin 1992, Bd. 2, S. 377–448.
K. ZERNACK, Polen und Rußland. Zwei Wege in der europäischen Geschichte, Berlin 1994.

c) Preussen, Pommern, Schlesien

J. Bahlcke (Hg.), Schlesien und die Schlesier, München 1996.
J. Bahlcke (Hg.), Historische Schlesienforschung. Methoden, Themen und Perspektiven zwischen traditioneller Landesgeschichtsschreibung und moderner Kulturwissenschaft, Köln/Weimar/Wien 2005.
A. Kossert, Ostpreußen. Geschichte und Mythos, München 2005.
M. Weber (Hg.), Deutschlands Osten – Polens Westen. Vergleichende Studien zur geschichtlichen Landeskunde, Frankfurt a. M. 2001.
M. Weber (Hg.), Preußen in Ostmitteleuropa. Geschehensgeschichte und Verstehensgeschichte, München 2003.

d) Baltikum, Weissrussland, Ukraine

D. Beyrau/R. Lindner (Hg.), Handbuch der Geschichte Weißrußlands, Göttingen 2001.
M. Garleff, Die baltischen Länder. Estland, Lettland, Litauen vom Mittelalter bis zur Gegenwart, Regensburg 2001.
F. Golczewski (Hg.), Geschichte der Ukraine, Göttingen 1993.
A. Kappeler, Der schwierige Weg zur Nation. Beiträge zur neueren Geschichte der Ukraine, Wien/Köln/Weimar 2003.
R. Tuchtenhagen, Geschichte der baltischen Länder, München 2005.
O. Subtelny, Ukraine. A History, Toronto 1988.
J. Zaprudnik, Belarus. At a Crossroads in History, Boulder 1993.

e) Habsburgermonarchie

J. Bérenger, Histoire de l'empire des Habsbourgs, 1273–1918, Paris 1990 [Die Geschichte des Habsburgerreiches 1273–1918, Wien/Köln/Weimar 1995].
R. A. Kann, A History of the Habsburg Empire, 1526–1918, Berkeley/Los Angeles 1974 [Geschichte des Habsburgerreiches 1526 bis 1918, Wien/Köln/Weimar 1977].
C. A. Macartney, The Habsburg Empire, 1790–1918, London 1969.
R. Okey, The Habsburg Monarchy c. 1765–1918. From Enlightenment to Eclipse, New York 2001.
A. J. P. Taylor, The Habsburg Monarchy 1809–1918. A History of the Austrian Empire and Austria-Hungary, London 1948 [Nachdruck 1976].
E. Turczynski, Geschichte der Bukowina in der Neuzeit. Zur Sozial- und Kulturgeschichte einer mitteleuropäisch geprägten Landschaft, Wiesbaden 1993.

f) BÖHMISCHE LÄNDER/SLOWAKEI

H. AGNEW, The Czechs and the Lands of the Bohemian Crown, Stanford 2004.
K. BOSL (Hg.), Handbuch der Geschichte der böhmischen Länder, 4 Bde., München 1968–1974.
S. CAMBEL (Hg.), Dejiny Slovenska [Geschichte der Slowakei], 6 Bde., Bratislava 1985–1992.
J. K. HOENSCH, Geschichte Böhmens. Von der slavischen Landnahme bis zur Gegenwart, 3. aktual. u. erg. Aufl. München 1997.
J. K. HOENSCH, Studia Slovaca. Studien zur Geschichte der Slowaken und der Slowakei, München 2000.
Konfliktgemeinschaft, Katastrophe, Entspannung. Skizze einer Darstellung der deutsch-tschechischen Geschichte seit dem 19. Jahrhundert. Konfliktní společenství, katastrofa, uvolnění. Náčrt výkladu německo-českých dějin od 19. století, München 1996.
E. MANNOVÁ (Hg.), A Concise History of Slovakia, Bratislava 2000.
J. MALÍŘ/P. MAREK a. kol. (Hg.), Politické strany. Vývoj politických stran a hnutí v českých zemích a Československu 1861–2004 [Die politischen Parteien. Die Entwicklung der politischen Parteien und Bewegungen in den böhmischen Ländern und der Tschechoslowakei 1861–2004], 2 Bde., Brno 2005.
D. SAYER, The Coasts of Bohemia. A Czech History, Princeton 1998.

g) UNGARN, KROATIEN, SIEBENBÜRGEN

Z. BOROS/D. SZABÓ, Parlamentarizmus Magyarországon (1867–1944) [Parlamentarismus in Ungarn (1867–1944)], Budapest 1999.
N. ENGELSFELD, Povijest hrvatska države i prava. Razdoblje od 18. do 20. stoljeća [Geschichte des kroatischen Staates und Rechtes. Der Zeitraum vom 18. bis zum 20. Jahrhundert], 2. Aufl. Zagreb 2002.
H. FISCHER/K. GÜNDISCH, Eine kleine Geschichte Ungarns, Frankfurt a. M. 1999.
J. K. HOENSCH, Geschichte Ungarns 1867–1983, Stuttgart u. a. 1984.
A. C. JANOS, The Politics of Backwardness in Hungary, 1825–1945, Princeton 1982.
L. KONTLER, Millennium in Central Europe. A History of Hungary, Budapest 1999.
B. KÖPECZI (Hg.), Erdély története, 3 Bde., Budapest 1986 [History of Transylvania, 3 Bde., Boulder 2001–2002].
B. KÖPECZI (Hg.), Kurze Geschichte Siebenbürgens, Budapest 1990.
K. MACK (Hg.), Revolutionen in Ostmitteleuropa 1789–1989. Schwerpunkt Ungarn, Wien/München 1995.
Z. P. PACH (Hg.), Magyarország története tiz kötétben [Geschichte Ungarns in zehn Bänden], 7 Bde., Budapest 1976–1989.

H. Roth, Kleine Geschichte Siebenbürgens, 3. Aufl. Köln/Weimar/Wien 2007.
G. Schödl (Hg.), Land an der Donau, Berlin 1995.
L. Steindorff, Kroatien. Vom Mittelalter bis zur Gegenwart, 2. Aufl. Regensburg 2007.
I. Gy. Tóth (Hg.), Geschichte Ungarns, Budapest 2005.

3. HISTORIOGRAPHIE

S. Albrecht/J. Malíř/R. Melville (Hg.), Die „sudetendeutsche Geschichtsschreibung" 1918–1960. Zur Vorgeschichte und Gründung der Historischen Kommission der Sudetenländer, München 2008.
C. Brenner u. a. (Hg.), Geschichtsschreibung zu den böhmischen Ländern im 20. Jahrhundert. Wissenschaftstraditionen – Institutionen – Diskurse, München 2006.
P. Brock/J. D. Stanley/P. Wróbel (Hg.), Nation and History. Polish Historians from the Enlightenment to the Second World War, Toronto/Buffalo 2006.
M. Fata (Hg.), Das Ungarnbild der deutschen Historiographie, Stuttgart 2004.
C. Goehrke/H. Haumann, Osteuropa und Osteuropäische Geschichte. Konstruktionen-Geschichtsbilder-Aufgaben. Ein Beitrag aus Schweizer Sicht, in: Jahrbücher für Geschichte Osteuropas 52 (2004), S. 585–596.
M. Górny, Przede wszystkym ma być naród. Marksistowskie historiografie w Europie Środkowo-Wschodniej [Vor allem anderen muss die Nation sein. Die marxistische Historiographie in Ostmitteleuropa], Warszawa 2007.
S. Łukasiewicz, L'apport fédéraliste de l'historiographie d'Oskar Halecki, in: J. Kłoczowski (Hg.), East Central Europe's Position within Europe. Between East and West, Lublin 2004, S. 36–59.
M. Hettling (Hg.), Volksgeschichten im Europa der Zwischenkriegszeit, Göttingen 2003.
Á. von Klimó, Zeitgeschichte als moderne Revolutionsgeschichte. Von der Geschichte der eigenen Zeit zur Zeitgeschichte in der ungarischen Historiographie des 20. Jahrhunderts, in: A. Nützenadel/W. Schieder (Hg.), Zeitgeschichte als Problem. Nationale Traditionen und Perspektiven der Forschung in Europa, Göttingen 2004, S. 283–306.
J. Kłoczowski, East Central Europe in the Historiography of the Countries of the Region, Lublin 1995.
R. Maier (Hg.), Zwischen Zählebigkeit und Zerrinnen. Nationalgeschichte im Schulunterricht in Ostmitteleuropa, Hannover 2004.
J. Pešek, Zeitgeschichtsschreibung in Tschechien als Problem. Notizen zu: Martin Schulze Wessel, Zeitgeschichtsschreibung in Tschechien. Institutionen, Methoden, Debatten, in: Bohemia 45 (2004), S. 166–183.

M. SCHULZE WESSEL, Zeitgeschichtsschreibung in Tschechien. Institutionen, Methoden, Debatten, in: A. NÜTZENADEL/W. SCHIEDER (Hg.), Zeitgeschichte als Problem. Nationale Traditionen und Perspektiven der Forschung in Europa, Göttingen 2004, S. 307–328.

4. OSTMITTELEUROPA ALS HISTORISCHE REGION

a) HISTORISCHER RAUM UND GEOPOLITISCHER ENTWURF

I. BIBÓ, A kelet-europai kisállamok nyomorúsága, Budapest 1946 [Nachdruck Bukarest 1997; dt. Ausg.: Die Misere der osteuropäischen Kleinstaaterei. Aus dem Ungarischen von Béla Rásky, Frankfurt a. M. 1992].
M. H. BOEHM, Europa Irredenta. Eine Einführung in das Nationalitätenproblem der Gegenwart, Berlin 1923.
W. BORODZIEJ u. a. (Hg.), Option Europa. Deutsche, polnische und ungarische Europapläne des 19. und 20. Jahrhunderts, 3 Bde., Göttingen 2005.
O. HALECKI, Borderlands of Western Civilization, New York 1952 [Grenzraum des Abendlandes. Eine Geschichte Ostmitteleuropas, Salzburg 1956].
J. KŁOCZOWSKI/S. ŁUKASIEWICZ (Hg.), O nowy kształt Europy. XX-wieczne koncepcje federalistyczne w Europie Środkowo-Wschodniej i ich implikacje dla dyskusji o przyszłości Europy [Über die neue Gestalt Europas. Föderalistische Konzepte des 20. Jahrhunderts in Ostmitteleuropa und ihre Implikationen für die Diskussion über die Gegenwart Europas], Lublin 2003.
C. KRAFT/K. STEFFEN (Hg.), Europas Platz in Polen. Polnische Europa-Konzeptionen vom Mittelalter bis zum EU-Beitritt, Osnabrück 2007.
P. KRÜGER, Mitteleuropa – ein europäisches Strukturproblem, in: EBERHARD u. a. 2.a, S. 23–36.
T. G. MASARYK, The Problem of Small Nations in the European Crisis. Inaugural Lecture at the University of London, King's College, London 1915 [Das Problem der kleinen Völker in der europäischen Krisis, Prag 1922].
F. NAUMANN, Mitteleuropa, Berlin 1915.
M. ORMOS, Közép-Europa. Volt? Van? Lesz? A fogalom változásai a 19–20. században [Mitteleuropa. War es? Ist es? Wird es sein? Der Wandel des Begriffs im 19. und 20. Jahrhundert], Budapest 2007.
A. PENCK, Politisch-geographische Lehren des Krieges, in: Meereskunde. Sammlung volkstümlicher Vorträge zum Verständnis der nationalen Bedeutung von Meer und Seewesen 9 (1915), Heft 10.
R. G. PLASCHKA/A. M. DRABEK (Hg.), Mitteleuropa-Konzeptionen in der ersten Hälfte des 20. Jahrhunderts, Wien 1995.
H. RITTER VON SRBIK, Mitteleuropa. Das Problem und die Versuche seiner Lösung in der deutschen Geschichte, Weimar 1937.

H. SUNDHAUSSEN, Europa balcanica. Der Balkan als historischer Raum Europas, in: Geschichte und Gesellschaft 25 (1999), S. 626–653.

J. SZŰCS, Vázlat Európa három történeti régiójáról, Budapest 1983 [Die drei historischen Regionen Europas. Mit einem Vorwort von F. BRAUDEL, 2. Aufl. Frankfurt a. M. 1994].

M. TODOROVA, Imagining the Balkans, Oxford 1997 [Die Erfindung des Balkans. Europas bequemes Vorurteil, Darmstadt 1999].

G. WIRSING, Zwischeneuropa und die deutsche Zukunft, Jena 1932.

L. WOLFF, Inventing Eastern Europe. The Map of Civilization on the Mind of the Enlightenment, Stanford 1994.

K. ZERNACK, An den östlichen Grenzen Ostmitteleuropas, in: R. CRUMMEY/ H. SUNDHAUSSEN/R. VULPIUS (Hg.), Russische und Ukrainische Geschichte vom 16.–18. Jahrhundert, Wiesbaden 2001, S. 323–331.

K. ZERNACK, Osteuropa. Eine Einführung in seine Geschichte, München 1977.

b) DIE MITTELEUROPA-DEBATTE

T. G. ASH, Does Central Europe Exist? in: The New York Review of Books, 9. Oktober 1986, S. 45–54 [Mitteleuropa – aber wo liegt es? in: DERS., Ein Jahrhundert wird abgewählt. Aus den Zentren Mitteleuropas 1980–1990, München/Wien 1990, S. 188–226].

H. BERG/P. BURMEISTER (Hg.), Mitteleuropa und die deutsche Frage, Bremen 1990.

P. BURMEISTER/F. BOLDT/G. MÉSZÁROS (Hg.), Mitteleuropa. Traum oder Trauma? Überlegungen zum Selbstbild einer Region, Bremen 1988.

E. BUSEK/E. BRIX, Projekt Mitteleuropa, Wien 1986.

E. BUSEK/G. WILFLINGER (Hg.), Aufbruch nach Mitteleuropa. Rekonstruktion eines versunkenen Kontinents, Wien 1986.

R. JAWORSKI, Die aktuelle Mitteleuropadiskussion in historischer Perspektive, in: Historische Zeitschrift 247 (1988), S. 529–550.

G. KONRÁD, Antipolitik. Mitteleuropäische Meditationen, Frankfurt a. M. 1985.

M. KUNDERA, Un occident kidnappé, in: Le Débat, 27. 11. 1983 [Un occident kidnappé oder Die Tragödie Zentraleuropas, in: Kommune 7 (1984), S. 43–52].

R. SCHMIDT, Die Wiedergeburt der Mitte Europas. Politisches Denken jenseits von Ost und West, Berlin 2001.

G. SCHOEPFLIN/N. WOOD (Hg.), In Search of Central Europe, London 1989.

M. SCHULZE WESSEL, Die Mitte liegt westwärts. Mitteleuropa in tschechischer Diskussion, in: Bohemia 29 (1988), S. 325–344.

M. VAJDA, Ostmitteleuropas „Enteuropäisierung", in: F. HERTERICH/C. SEMLER (Hg.), Dazwischen. Ostmitteleuropäische Reflexionen, Frankfurt a. M. 1989, S. 116–149.

C. WEIMER, „Mitteleuropa" als politisches Ordnungskonzept? Darstellung und Analyse der historischen Ideen und Pläne sowie der aktuellen Diskussionsmodelle, Würzburg 1992.

c) HISTORIOGRAPHISCHE KONZEPTE

F. ADANIR u. a., Traditionen und Perspektiven vergleichender Forschung über die historischen Regionen Osteuropas, in: Berliner Jahrbuch für Osteuropäische Geschichte 1996/1, S. 11–43.

M. CSÁKY, Gedächtnis, Erinnerung und die Konstruktion von Identität. Das Beispiel Zentraleuropas, in: C. BOSSHART-PFLUGER/J. JUNG/F. METZGER (Hg.), Nation und Nationalismus in Europa. Kulturelle Konstruktion von Identitäten, Frauenfeld/Stuttgart/Wien 2002, S. 25–49.

M. JANOWSKI, Pitfalls and Opportunities. The Concept of East-Central Europe as a Tool of Historical Analysis, in: European Review of History – Revue européenne d'Histoire 6 (1999), S. 91–100.

R. JAWORSKI, Ostmitteleuropa. Zur Tauglichkeit und Akzeptanz eines historischen Hilfsbegriffs, in: EBERHARD u. a. 2.a, S. 37–45.

A. KAPPELER, Die Bedeutung der Geschichte Osteuropas für ein gesamteuropäisches Geschichtsverständnis, in: G. STOURZH (Hg.), Annäherungen an eine europäische Geschichtsschreibung, Wien 2002, S. 43–56.

J. KOCKA, Das östliche Mitteleuropa als Herausforderung für eine vergleichende Geschichte Europas, in: Zeitschrift für Ostmitteleuropa-Forschung 49 (2000), S. 159–174.

A. MILLER, Russia, Eastern Europe, Central Europe in the Framework of European History, in: G. STOURZH (Hg.), Annäherungen an eine europäische Geschichtsschreibung, Wien 2002, S. 35–42.

M. G. MÜLLER, Die Historisierung des bürgerlichen Projekts. Anmerkungen zur Diskussion über Europa, Osteuropa und die Kategorie der Rückständigkeit, in: Tel Aviver Jahrbuch für deutsche Geschichte 29 (2000), S. 163–170.

W. SCHMALE, Die Europäizität Ostmitteleuropas, in: Jahrbuch für Europäische Geschichte 4 (2003), S. 189–214.

P. THER, Deutsche Geschichte als transnationale Geschichte. Überlegungen zu einer Histoire Croisée Deutschlands und Ostmitteleuropas, in: Comparativ 13 (2003), 4, S. 155–180.

S. TROEBST, Ostmitteleuropa - Region und Epoche, in: SAMERSKI 12, S. 10–26.

M. WERNER/B. ZIMMERMANN, Vergleich, Transfer, Verflechtung. Der Ansatz der Histoire croisée und die Herausforderung des Transnationalen, in: Geschichte und Gesellschaft 28 (2002), S. 607–636.

5. WIRTSCHAFTSGESCHICHTE OSTMITTELEUROPAS

a) ALLGEMEINES

D. H. ALDCROFT/S. MOREWOOD, The European Economy 1914–2000, 4. Aufl. London/New York 2001.
I. T. BEREND/T. CSATÓ, Evolution of the Hungarian Economy 1848–1998, 3 Bde., New York 2000–2001.
I. T. BEREND/G. RÁNKI, Közép-Kelet-Europa gazdasági fejlődése a XIX–XX. században, Budapest 1969 [Economic Development in East-Central Europe in the 19th and 20th Centuries, New York/London 1974].
D. CHIROT (Hg.), The Origins of Backwardness in Eastern Europe. Economics and Politics from the Middle Ages Until the Early Twentieth Century, Berkeley/Los Angeles/London 1989.
T. DAVID, Nationalisme économique et développement. L'industrialisation des pays d'Europe de l'Est durant l'Entre-deux-guerres, 2 Bde., Lausanne 2001.
A. GERSCHENKRON, Economic Backwardness in Historical Perspective, Harvard 1962.
R. HOLEC, Economic Aspects of Slovak National Development in the Twentieth Century, in: A. TEICHOVA/H. MATIS/J. PÁTEK (Hg.), Economic Change and the National Question in Twentieth-Century Europe, Cambridge 2000, S. 277–294.
A. JEZIERSKI/C. LESZCZYŃSKA, Historia Gospodarcza Polski [Wirtschaftsgeschichte Polens], Warszawa 2003.
J. KALIŃSKI/Z. LANDAU, Gospodarka Polski w XX wieku [Polens Wirtschaft im 20. Jahrhundert], Warszawa 1998.
M. C. KASER/E. A. RADICE (Hg.), The Economic History of Eastern Europe 1919–1975, 3 Bde., Oxford 1985–1986.
M. MAŁOWIST, Croissance et régression en Europe. XIVe–XVIIe siècles, Paris 1972.
U. MÜLLER (Hg.), Ausgebeutet oder alimentiert? Regionale Wirtschaftspolitik und nationale Minderheiten in Ostmitteleuropa (1867–1939), Berlin 2006.
H. SCHULTZ/E. KUBŮ (Hg.), History and Culture of Economic Nationalism in East Central Europe, Berlin 2006.
A. TEICHOVA, Wirtschaftsgeschichte der Tschechoslowakei 1918–1980, Wien/Köln/Graz 1988.
D. TURNOCK, The Economy of East Central Europe, 1815–1989. Stages of Transformation in a Peripheral Region. London, New York 2006.
I. WALLERSTEIN, The Modern World System, 3 Bde., New York 1974–1989 [Das moderne Weltsystem, 3 Bde., Wien 1986–2004].

b) 19. Jahrhundert

I. T. BEREND/G. RÁNKI, The European Periphery and Industrialization 1780–1914, Cambridge 1982.

K. M. BROUSEK, Die Großindustrie Böhmens 1848–1918, München 1987.

A. BRUSATTI, Österreichische Wirtschaftspolitik vom Josephinismus zum Ständestaat, Wien 1965.

M. CERMAN/S. OGILVIE (Hg.), Protoindustrialisierung in Europa. Industrielle Produktion vor dem Fabrikzeitalter, Wien 1994.

W. DROBESCH, Die ökonomischen Aspekte der Bruck-Schwarzenbergschen Mitteleuropa-Idee, in: R. G. PLASCHKA/H. HASELSTEINER/A. M. DRABEK (Hg.), Mitteleuropa – Idee, Wissenschaft und Kultur im 19. und 20. Jahrhundert. Beiträge aus österreichischer und ungarischer Sicht, Wien 1997, S. 19–42.

S. M. EDDIE, The Terms and Patterns of Hungarian Foreign Trade, 1882–1913, in: Journal of Economic History 37 (1977), S. 329–358.

M. FLANDREAU, The Logic of Compromise. Monetary Bargaining in Austria-Hungary 1867–1913, in: European Review of Economic History 10 (2006), S. 3–33.

A. F. FRANK, Oil Empire. Visions of Prosperity in Austrian Galicia, Cambridge 2005.

H. FREUDENBERGER, Lost Momentum. Austrian Economic Development 1750s–1830s, Wien/Köln/Weimar 2003.

A. GERSCHENKRON, An Economic Spurt that Failed. Four Lectures in Austrian History, Princeton 1977.

D. GOOD, The Economic Rise of the Habsburg Empire 1750–1914, Berkeley/Los Angeles 1984 [Der wirtschaftliche Aufstieg des Habsburgerreiches 1750–1914, Wien/Köln/Graz 1986].

N. GROSS, Industrialization in Austria in the Nineteenth Century, Diss. Phil. Univ. of California 1966.

P. HANÁK, Hungary in the Austro-Hungarian Monarchy: Preponderancy or Dependency? Historiographical Survey, in: Austrian History Yearbook 3 (1967), S. 260–302.

A. HELMEDACH, Das Verkehrssystem als Modernisierungsfaktor. Straßen, Post, Fuhrwesen und Reisen nach Triest und Fiume vom Beginn des 18. Jahrhunderts bis zum Eisenbahnzeitalter, München 2002.

T. F. HUERTAS, Economic Growth and Economic Policy in a Multinational Setting. The Habsburg Monarchy, 1841–1865, New York 1977.

J. JEDLICKI, Nieudana próba kapitalistycznej industrializacji. Analiza państwowego gospodarstwa przemysłowego w Krolewstwie Polskim XIX w. [Der missglückte Versuch kapitalistischer Industrialisierung. Eine Analyse staatlicher industrieller Wirtschaft im Königreich Polen des 19. Jahrhunderts], Warszawa 1964.

A. JEZIERSKI, Handel zagraniczny Królewstwa Polskiego 1815–1914 [Der Außenhandel des Königreichs Polen 1815–1914], Warszawa 1967.

A. KAHAN, Rußland und Kongreßpolen, in: W. FISCHER (Hg.), Handbuch der europäischen Wirtschafts- und Sozialgeschichte, Bd. 5: Europäische Wirtschafts- und Sozialgeschichte von der Mitte des 19. Jahrhunderts bis zum Ersten Weltkrieg, Stuttgart 1985, S. 512–600.

L. KATUS, Economic Growth in Hungary during the Age of Dualism (1867–1913). A Quantitative Analysis, in: E. PAMLÉNYI (Hg.), Social-Economic Researches on the History of East Central Europe, Budapest 1970, S. 35–127.

J. KOCHANOWICZ, Pańszczyźniane gospodarstwo chłopskie w Królewstwie Polskim w I połowie XIX w. [Bäuerliche Fronwirtschaft im Königreich Polen in der ersten Hälfte des 19. Jahrhunderts], Warszawa 1981.

J. KOCHANOWICZ, The Economy of the Polish Kingdom. A Question of Dependence, in: M. BRANCH/J. HARTLEY/A. MĄCZAK (Hg.), Finland and Poland in the Russian Empire. A Comparative Study, London 1995, S. 123–139.

J. KOMLOS, The Habsburg Monarchy as a Customs Union. Economic Development in Austria-Hungary in the Nineteenth Century, Princeton 1983 [Die Habsburgermonarchie als Zollunion. Die Wirtschaftsentwicklung Österreich-Ungarns im 19. Jahrhundert, Wien 1986].

A. KOMLOSY, Grenze und ungleiche regionale Entwicklung. Binnenmarkt und Migration in der Habsburgermonarchie, Wien 2003.

H. MATIS, Österreichs Wirtschaft 1848–1913. Konjunkturelle Dynamik und gesellschaftlicher Wandel im Zeitalter Franz Josephs I., Berlin 1972.

M.-S. SCHULZE, The Machine-Building Industry and Austria's Great Depression after 1873, in: Economic History Review 50 (1997), S. 282–304.

R. TILLY, Entwicklung an der Donau. Neuere Beiträge zur Wirtschaftsgeschichte der Habsburgermonarchie, in: Geschichte und Gesellschaft 15 (1989), S. 407–422.

c) ZWISCHENKRIEGSZEIT

J. BALCAR, Instrument im Volkstumskampf? Die Anfänge der Bodenreform in der Tschechoslowakei 1919/20, in: Vierteljahrshefte für Zeitgeschichte 46 (1998), S. 391–428.

E. A. BOROSS, Inflation and Industry in Hungary 1918–1929, Berlin 1994.

C. BOYER, Nationale Kontrahenten oder Partner? Studien zu den Beziehungen zwischen Tschechen und Deutschen in der Wirtschaft der ČSR (1918–1938), München 1999.

M. CORNWALL, "National Reparation"? The Czech Land Reform and the Sudeten Germans, 1918–1938, in: Slavonic and East European Review 75 (1997), S. 259–280.

Z. DEYL, Von der Sozialversicherung zur Volksversicherung in der Tschechoslowakei 1918–1948, in: Historica 21 (1982), S. 63–104.

É. EHRLICH, Infrastructure, in: KASER/RADICE 5.a, S. 323–378.

J. HOFFMANN, Wirtschaft und Lebensstandard im Reichsgau Sudetenland, in: GLETTLER u. a. 10.c, S. 121–136.
J. KOFMAN, Nacjonalizm gospodarczy – szansa czy bariera rozwoju. Przypadek Europy Środkowo-Wschodniej w okresie miedzywojennym, Warszawa 1992 [Economic Nationalism and Development. Central and Eastern Europe Between the Two World Wars, Boulder 1997].
J. KOFMAN, Die nationale Wirtschaftspolitik der Zweiten Republik Polen (1918 bis 1939), in: A. POGÁNY/E. KUBŮ/J. KOFMAN (Hg.), Für eine nationale Wirtschaft. Ungarn, die Tschechoslowakei und Polen vom Ausgang des 19. Jahrhunderts bis zum Zweiten Weltkrieg, Berlin 2006, S. 135–167.
E. KUBŮ/J. PÁTEK (Hg.), Mýtus a realita hospodářské vyspělosti Československa mezi světovymi válkami [Mythos und Realität der wirtschaftlichen Reife der Tschechoslowakei zwischen den beiden Weltkriegen], Praha 2000.
Z. LANDAU/J. TOMASZEWSKI, Gospodarka Polski międzywojennej [Die Wirtschaft Zwischenkriegspolens], 4 Bde., Warszawa 1967–1989.
G. PÉTERI, Global Monetary Regime and National Central Banking. The Case of Hungary, 1921–1929, Boulder 2002.
V. PRŮCHA u. a.., Hospodářské a sociální dějiny Československa 1918–1992, I. Dil: Období 1918–1945 [Wirtschafts- und Sozialgeschichte der Tschechoslowakei 1918–1992, I. Teil: Der Zeitraum 1918–1945], Brno 2004.
J. VON PUTTKAMER, Die tschechoslowakische Bodenreform von 1919. Soziale Umgestaltung als Fundament der Republik, in: Bohemia 46 (2005), S. 315–342.
W. ROSZKOWSKI, Land Reforms in East Central Europe after World War One, Warsaw 1995.
W. ROSZKOWSKI, Poland's Economic Performance between the Two World Wars, in: East European Quarterly 20 (1986), S. 285–297.
W. SCHLAU, Die Agrarreformen und ihre Auswirkungen, in: LEMBERG 9.d, S. 145–159.
M. SEKANINA, Kdy nam bylo nejhůře? Hospodářská krize 30. let 20. století v Československu a některá její východiska [Wann ging es uns am schlechtesten? Die Wirtschaftskrise der 30er Jahre des 20. Jahrhunderts in der Tschechoslowakei und einige ihrer Auswege], Praha 2004.
Z. SLÁDEK, Wirtschaftliche Stärke und Schwäche Ostmitteleuropas in der Zwischenkriegszeit, in: LEMBERG 9.d, S. 129–144.
A. TEICHOVA, Kleinstaaten im Spannungsfeld der Großmächte. Wirtschaft und Politik in Mittel- und Südosteuropa in der Zwischenkriegszeit, Wien 1988.
C. TRENKLER/N. WOLF, Economic Integration across Borders. The Polish Interwar Economy 1921–1937, in: European Review of Economic History 9 (2005), S. 199–231.

d) Volksrepubliken, Transformation

J. Batt, Economic Reform and Political Change in Eastern Europe. A Comparison of the Czechoslovak and Hungarian Experiences, Basingstoke/London 1988.
I. T. Berend, Central and Eastern Europe 1944–1993. Detour from the Periphery to the Periphery, Cambridge 1996.
I. T. Berend, The Hungarian Economic Reforms 1953–1988, Cambridge 1990.
C. Boyer (Hg.), Sozialistische Wirtschaftsreformen. DDR und Tschechoslowakei im Vergleich, Frankfurt a. M. 2006.
C. Boyer (Hg.), Zur Physiognomie sozialistischer Wirtschaftsreformen. Die Sowjetunion, Polen, die Tschechoslowakei, Ungarn, die DDR und Jugoslawien im Vergleich, Frankfurt a. M. 2007.
W. Brus, Ogólne problemy funkcjonowania gospodarki socjalistycznej, Warszawa 1964 [The Market in a Socialist Economy, London 1972].
J. Kochanowicz, Economic Reforms under State Socialism in Poland, in: Boyer, Zur Physiognomie 5.d, S. 47–75.
J. Kornai, Economics of Shortage, 2 Bde., Amsterdam 1980.
J. Kornai, Paying the Bill for Goulash-Communism, Boulder 2000.
J. Kornai, The Socialist System. The Political Economy of Communism, Princeton 1992 [Das sozialistische System. Die politische Ökonomie des Kommunismus, Baden-Baden 1995].
M. Myant, The Czechoslovak Economy, 1948–1988. The Battle for Economic Reform, Cambridge 1989.
Á. Róna-Tas, The Great Surprise of the Small Transformation. The Demise of Communism and the Rise of the Private Sector in Hungary, Ann Arbor 1997.
J. Sláma, Die sozio-ökonomische Umgestaltung der Nachkriegs-Tschechoslowakei. Zur Politik des kommunistischen Machtmonopols, Wiesbaden 1977.
R. W. Stone, Satellites and Commissars. Strategy and Conflict in the Politics of Soviet-Bloc Trade, Princeton 1996.
H. Szlajfer, Promise, Failure and Prospects of Economic Nationalism in Poland. The Communist Experiment in Retrospect, in: A. Teichova (Hg.), Central Europe in the Twentieth Century. An Economic History Perspective, Aldershot 1997, S. 43–59.
A. Teichova, Eastern Europe in Transition: Economic Development during the Interwar and Postwar Period, in: Dies. (Hg.), Central Europe in the Twentieth Century. An Economic History Perspective, Aldershot 1997, S. 6–21.
P. Tokarski, Die Wahl wirtschaftspolitischer Strategien in Polen nach dem Zweiten Weltkrieg bis 1959, Marburg 1999.
W. Wilczyński u. a., Drogi wyjścia z polskiego kryzysu gospodarczego [Auswege aus der polnischen Wirtschaftskrise], Warszawa/Poznań 1992.

W. WILCZYŃSKI, Polski przełom ustrojowy 1989–2005. Ekonomia epoki transformacji [Der polnische politische Umbruch 1989–2005. Die Ökonomie der Transformationsepoche], Poznań 2005.

6. GESELLSCHAFT, KULTUR, ETHNIZITÄT

a) ALLGEMEINES

A. BAUERKÄMPER (Hg.), Die Praxis der Zivilgesellschaft. Akteure, Handeln und Strukturen im internationalen Vergleich, Frankfurt a. M./New York 2003.
J. BOYSEN, Preußische Armee und polnische Minderheit. Royalistische Streitkräfte im Kontext der Nationalitätenfrage des 19. Jahrhunderts (1815–1914), Marburg 2007.
E. BRUCKMÜLLER, Sozialgeschichte Österreichs, 2. Aufl. Wien/München 2001.
D. DAHLMANN/A. HILBRENNER/B. LENZ (Hg.), Überall ist der Ball rund. Zur Geschichte und Gegenwart des Fußballs in Ost- und Südosteuropa, Essen 2006.
I. DEÁK, Beyond Nationalism. A Social and Political History of the Habsburg Officer Corps 1848–1918, Oxford 1990 [Der K. (u.) K. Offizier 1848–1918, 2. verb. Aufl. Wien/Köln/Weimar 1995].
A. GERŐ, Modern Hungarian Society in the Making. The Unfinished Experience, Budapest/London/New York 1995.
A. GORSUCH/D. KOENKER (Hg.), Turizm. The Russian and East European Tourist under Capitalism and Socialism, Ithaca/London 2006.
G. GYÁNI/G. KÖVÉR/T. VALUCH, Social History of Hungary from the Reform Era to the End of the Twentieth Century, Boulder 2004.
S.-L. HOFFMANN, Geselligkeit und Demokratie. Vereine und zivile Gesellschaft im transnationalen Vergleich 1750–1914, Göttingen 2003.
I. IHNATOWICZ u. a. (Hg.), Społeczeństwo polskie od X do XX wieku [Die polnische Gesellschaft vom X. zum XX. Jahrhundert], 3. Aufl. Warszawa 1996.
M. JANOWSKI, Gab es im 19. Jahrhundert in Polen eine Zivilgesellschaft? Erste Überlegungen, in: BAUERKÄMPER 6.a, S. 293–316.
H. KAELBLE, Sozialgeschichte Europas. 1945 bis zur Gegenwart, München 2007.
L. KALINOVÁ, Sociálny vývoj Československa 1969–1989 [Die soziale Entwicklung der Tschechoslowakei 1969–1998], Praha 1998.
L. KÓSA (Hg.), Magyar művelődéstörténet, Bd. 2, Budapest 1998 [A Cultural History of Hungary in the Nineteenth and Twentieth Centuries, Budapest 2000].
A. MALZ/S. ROHDEWALD/S. WIEDERKEHR (Hg.), Sport zwischen Ost und West. Beiträge zur Sportgeschichte Osteuropas im 19. und 20. Jahrhundert, Osnabrück 2007.

J. REQUATE/M. SCHULZE WESSEL (Hg.), Europäische Öffentlichkeit. Transnationale Kommunikation seit dem 18. Jahrhundert, Frankfurt a. M./New York 2002.
M. SHORE, Caviar and Ashes. A Warsaw Generation's Life and Death in Marxism, 1918–1968, New Haven 2006.
O. URBAN, Česká společnost, 1848–1918, Praha 1982 [Die tschechische Gesellschaft 1848 bis 1918, 2 Bde., Wien/Köln/Weimar 1994].
H.-J. VEEN (Hg.), Alte Eliten in jungen Demokratien? Wechsel, Wandel und Kontinuität in Mittel- und Osteuropa, Köln/Weimar/ Wien 2004.

b) ADEL

E. CONZE/M. WIENFORT (Hg.), Adel und Moderne. Deutschland im europäischen Vergleich im 19. und 20. Jahrhundert, Köln/Weimar/Wien 2004.
S. M. EDDIE/I. HUTTERER/I. SZÉKELY, Changes in the Social Distribution of Ownership of Large Landed Properties on the Trianon Territory of Hungary, 1893–1935, in: Journal of European Economic History 22 (1993), S. 39–78.
E. GLASSHEIM, Noble Nationalists. The Transformation of the Bohemian Aristocracy, Cambridge/London 2005.
W. GODSEY, Aristocratic Redoubt. The Austro-Hungarian Foreign Office on the Eve of the First World War, West Lafayette 1999.
W. GODSEY, Quarterings and Kinship. The Social Composition of the Habsburg Aristocracy in the Dualist Era, in: Journal of Modern History 71 (1999), S. 56–104.
K. HALMOS, Verbürgerlichung als Veradeligung. Zivilisation in Ungarn – Grenzland und Peripherie, in: H. STEKL u. a. (Hg.), „Durch Arbeit, Besitz, Wissen und Gerechtigkeit". Zur Geschichte des Bürgertums der Habsburgermonarchie, Wien/Köln/Weimar 1992, S. 180–192.
J. JEDLICKI, Der Adel im Königreich Polen bis zum Jahre 1863, in: VON REDEN-DOHNA/MELVILLE 6.b, S. 89–116.
L. KÓSA, „Hét szilvafa árnyékában". A nemesség alsó rétegének élete és mentalitása a rendi társadalom utolsó évtizedeiben Magyarországon [„Im Schatten von sieben Pflaumenbäumen". Leben und Mentalität der unteren Adelsschichten in den letzten Jahrzehnten der ständischen Gesellschaft in Ungarn], Budapest 2001.
C. KRAFT, Polnische militärische Eliten in gesellschaftlichen und politischen Umbruchsprozessen 1772–1831, in: H. SCHNABEL-SCHÜLE/A. GESTRICH (Hg.), Fremde Herrscher – fremdes Volk. Inklusions- und Exklusionsfiguren bei Herrschaftswechseln in Europa, Frankfurt a. M./Berlin/Bern 2006, S. 279–295.
R. LUFT, Die Mittelpartei des mährischen Großgrundbesitzes 1879 bis 1918. Zur Problematik des Ausgleichs in Mähren und Böhmen, in: F. SEIBT (Hg.), Die Chance der Verständigung. Absichten und Ansätze zu übernationaler

Zusammenarbeit in den böhmischen Ländern 1848-1918, München 1987, S. 125-160.

S. A. LÜTGENAU (Hg.), Paul Esterházy 1901-1989. Ein Leben im Zeitalter der Extreme, Innsbruck/Wien/Bozen 2005.

R. MELVILLE, Adel und Revolution in Böhmen. Strukturwandel von Herrschaft und Gesellschaft in Österreich um die Mitte des 19. Jahrhunderts, Mainz 1998.

M. G. MÜLLER, Adel und Elitenwandel in Ostmitteleuropa. Fragen an die polnische Adelsgeschichte im ausgehenden 18. und 19. Jahrhundert, in: Zeitschrift für Ostmitteleuropa-Forschung 50 (2001), S. 497-513.

M. G. MÜLLER, „Landbürger". Elitenkonzepte des polnischen Adels im 19. Jahrhundert, in: CONZE/WIENFORT 6.b, S. 87-105.

A. VON REDEN-DOHNA/R. MELVILLE (Hg.), Der Adel an der Schwelle des bürgerlichen Zeitalters 1780-1860, Stuttgart 1988.

J. RYDEL, W służbie cesarza i króla. Generałowie i admirałowie narodowości polskiej w siłach zbrojnych Austro-Węgier w latach 1868-1918 [Im Dienst von Kaiser und König. Die Generäle und Admiräle polnischer Nationalität in den Streitkräften Österreich-Ungarns in den Jahren 1868-1918], Kraków 2001.

H. STEKL, Zwischen Machtverlust und Selbstbehauptung. Österreichs Hocharistokratie vom 18. bis ins 20. Jahrhundert, in: WEHLER 6.b, S. 144-165.

H. STEKL/M. WAKOUNIG, Windisch-Graetz. Ein Fürstenhaus im 19. und 20. Jahrhundert, Wien/Köln/Weimar 1992.

J. TAZBIR, Kultura szlachecka w Polsce. Rozkwit-upadek-relikty [Die Adelskultur in Polen. Blüte, Verfall, Überbleibsel], Poznań 2002.

T. TÖNSMEYER, Der böhmische Adel zwischen Revolution und Reform, 1848-1918/21. Ein Forschungsbericht, in: Geschichte und Gesellschaft 32 (2006), S. 364-384.

A. VÁRI, Alte und neue ländliche Eliten im Prozess der Bürokratisierung und Verbürgerlichung (1790-1848). Einige hypothetische Überlegungen, in: H. STEKL u. a. (Hg.), „Durch Arbeit, Besitz, Wissen und Gerechtigkeit". Zur Geschichte des Bürgertums der Habsburgermonarchie, Wien/Köln/Weimar 1992, S. 163-179.

S. WANK, Aristocrats and Politics in Austria, 1867-1914. A Case of Historiographical Neglect, in: East European Quarterly 26 (1992), S. 133-148.

H.-U. WEHLER (Hg.), Europäischer Adel 1750-1950, Göttingen 1990.

c) BÜRGERTUM, BÜRGERLICHKEIT

V. BÁCSKAI (Hg.), Bürgertum und bürgerliche Entwicklung in Mittel- und Osteuropa. 2 Bde., Budapest 1986.

E. BRUCKMÜLLER u. a. (Hg.), Bürgertum in der Habsburgermonarchie, Wien/Köln 1990.

G. COHEN, Education and Middle-Class Society in Imperial Austria, 1848–1918, West Lafayette 1996.

J. GEBHARD/R. LINDNER/B. PIETROW-ENNKER (Hg.), Unternehmer im Russischen Reich. Sozialprofil, Symbolwelten, Integrationsstrategien im 19. und frühen 20. Jahrhundert, Osnabrück 2006.

G. GYÁNI, Az utca és a szalon, Budapest 1998 [Parlor and Kitchen. Housing and Domestic Culture in Budapest, 1870–1940, Budapest/New York 2002].

H. HAAS/H. STEKL (Hg.), Bürgerliche Selbstdarstellung. Städtebau, Architektur, Denkmäler, Wien/Köln/Weimar 1995.

P. HANÁK (Hg.), Polgári lakáskultúra a századfordulón, Budapest 1992 [Bürgerliche Wohnkultur des Fin de siècle in Ungarn, Wien/Köln/Weimar 1994].

E. KACZYŃSKA, Burghers, Bourgeoisie, or the Middle Class? in: Prace Instytutu Stosowanych Nauk Społecznych [Arbeiten des Instituts für angewandte Gesellschaftswissenschaften] 4 (2001), S. 111–357.

J. KOCKA (Hg.), Bürgertum im 19. Jahrhundert. Deutschland im europäischen Vergleich, 3 Bde., München 1988.

R. KOŁODZIEJCZYK, Die Bourgeoisie im Königreich Polen. Entwurf eines Porträts, in: Scripta Mercaturae 20 (1986), S. 58–77.

R. KOŁODZIEJCZYK, Die Warschauer Bourgeoisie im 19. Jahrhundert, in: BÁCSKAI 6.c, Bd. 1, S. 229–283.

R. KOŁODZIEJCZYK (Hg.), Dzieje burżuazji w Polsce. Studia i materiały [Die Geschichte der Bourgeoisie in Polen. Studien und Materialien], 3 Bde., Wrocław u. a. 1974–1983.

E. MANNOVÁ (Hg.), Bürgertum und bürgerliche Gesellschaft in der Slowakei 1900–1989, Bratislava 1997.

G. PAJKOSSY, Polgári átalakulás és nyilvánosság a magyar reformkorban [Bürgerliche Umgestaltung und Öffentlichkeit im ungarischen Reformzeitalter], Budapest 1991.

B. PIETROW-ENNKER, Wirtschaftsbürger und Bürgerlichkeit im Königreich Polen. Das Beispiel von Lodz, dem „Manchester des Ostens", in: Geschichte und Gesellschaft 31 (2005), S. 169–202.

S. PYTLAS, Łódźka burżuazja przemysłowa w latach 1864–1914 [Das Lodzer Industriebürgertum in den Jahren 1864–1918], Łódź 1994.

G. RÁNKI, Die Entwicklung des ungarischen Bürgertums vom späten 18. zum frühen 20. Jahrhundert, in: KOCKA 6.c, Bd. 1, München 1988, S. 247–265.

H. STEKL (Hg.), Bürgerliche Familien. Lebenswege im 19. und 20. Jahrhundert, Wien/Köln/Weimar 2000.

Á. TÓTH, Önszervező polgárok. A pesti egyesületek társadalomtörténete a reformkorban [Selbstorganisierte Bürger. Die Gesellschaftsgeschichte der Pester Vereine in der Reformära], Budapest 2005.

P. URBANITSCH/H. STEKL (Hg.), Kleinstadtbürgertum in der Habsburgermonarchie 1862–1914, Wien/Köln/Weimar 2000.

d) BILDUNGSWESEN UND INTELLIGENZIA

J. CONNELLY, Captive University. The Sovietization of East German, Czech, and Polish Higher Education, 1945–1956, Chapel Hill/London 2000.
J. CONNELLY/ M. GRÜTTNER (Hg.), Zwischen Autonomie und Anpassung. Universitäten in den Diktaturen des 20. Jahrhunderts, Paderborn u. a. 2003.
R. CZEPULIS-RASTENIS (Hg.), Inteligencja polska 19 i 20 wieku. Studia [Die polnische Intelligenzia des 19. und 20. Jahrhunderts. Studien], 6 Bde., Warszawa 1978–1991.
H. ENGELBRECHT, Geschichte des österreichischen Bildungswesens. Erziehung und Unterricht auf dem Boden Österreichs, 5 Bde., Wien 1982–1988.
M. FATA/G. KURUCZ/A. SCHINDLING (Hg.), Peregrinatio Hungarica. Studenten aus Ungarn an deutschen und österreichischen Hochschulen vom 16. bis zum 20. Jahrhundert, Stuttgart 2006.
W. KÖNIG (Hg.), Beiträge zur Siebenbürgischen Schulgeschichte, Köln/Weimar/Wien 1996.
N. KOESTLER, Intelligenzschicht und höhere Bildung im geteilten Polen, in: W. CONZE/J. KOCKA (Hg.), Bildungsbürgertum im 19. Jahrhundert, Bd. 1, Stuttgart 1985, S. 186–206.
P. KOLÁŘ, Geschichtswissenschaft in Zentraleuropa. Die Universitäten Prag, Wien und Berlin um 1900, Leipzig 2008.
J. J. KULCZYCKI, School Strikes in Prussian Poland 1901–1907. The Struggle over Bilingual Education, New York 1981.
K. LAMBRECHT, Tabelle und Toleranz. Johann Ignaz von Felbigers Reform der Volksschulbildung, in: M. SCHEUTZ/W. SCHMALE/D. ŠTEFANOVÁ (Hg.), Orte des Wissens, Bochum 2004, S. 153–167.
H. LEMBERG (Hg.), Universitäten in nationaler Konkurrenz. Zur Geschichte der Prager Universitäten im 19. und 20. Jahrhundert, München 2003.
J. MAZSÚ, The Social History of the Hungarian Intelligentsia, 1825–1914, Boulder 1997.
K. MROZOWSKA, Educational Reform in Poland during the Enlightenment, in: FISZMAN 8.b, S. 113–154.
R. G. PLASCHKA/K. MACK (Hg.), Wegenetz europäischen Geistes. Wissenschaftszentren und geistige Wechselbeziehungen zwischen Mittel- und Südosteuropa vom Ende des 18. Jahrhunderts bis zum Ersten Weltkrieg, 2 Bde., München 1983 und 1987.
J. VON PUTTKAMER, Schulalltag und nationale Integration in Ungarn. Slowaken, Rumänen und Siebenbürger Sachsen in der Auseinandersetzung mit der ungarischen Staatsidee 1867–1914, München 2003.
I. RÖSKAU-RYDEL, Kultur an der Peripherie des Habsburgerreiches. Die Geschichte des Bildungswesens und der kulturellen Einrichtungen in Lemberg von 1772 bis 1848, Wiesbaden 1993.
W. SCHMALE/N. L. DODDE (Hg.), Revolution des Wissens? Europa und seine

Schulen im Zeitalter der Aufklärung (1750–1825). Ein Handbuch zur europäischen Schulgeschichte, Bochum 1991.
D. Sdvižkov, Das Zeitalter der Intelligenz. Zur vergleichenden Geschichte der Gebildeten in Europa bis zum Ersten Weltkrieg, Göttingen 2006.
H. Seton-Watson, „Intelligentsia" und Nationalismus in Osteuropa 1848–1918, in: Historische Zeitschrift 195 (1962), S. 331–345.
É. Standeisky, Gúzsba kötve. A kulturális elit és a hatalom [Geknebelt. Die kulturelle Elite und die Macht], Budapest 2005.
B. Swiderski, Myth and Scholarship. University Students and Political Development in XIX Century Poland, Kopenhagen 1988.
P. Wörster (Hg.), Universitäten im östlichen Mitteleuropa. Zwischen Kirche, Staat und Nation – Sozialgeschichtliche und politische Entwicklungen, München 2008.

e) Arbeiterschaft und Sozialpolitik

C. Brenner/P. Heumos (Hg.), Sozialgeschichtliche Kommunismusforschung. Tschechoslowakei, Polen, Ungarn, DDR 1945–1968, München 2005.
B. Brzostek, Robotnicy Warszawy. Konflikty codzienne (1950–1954) [Warschaus Arbeiter. Alltägliche Konflikte (1950–1954)], Warszawa 2002.
M. Grandner, Conservative Social Politics in Austria, 1880–1890, in: Austrian History Yearbook 27 (1996), S. 77–108.
M. Hauner, Human Resources, in: Kaser/Radice 5.a, Bd. 1, S. 66–147.
P. Heumos, Die Arbeiterschaft in der Ersten Tschechoslowakischen Republik. Elemente der Sozialstruktur, organisatorischen Verfassung und politischen Kultur, in: Bohemia 29 (1988), S. 50–72.
P. Hübner/C. Klessmann/K. Tenfelde (Hg.), Arbeiter im Staatssozialismus. Ideologischer Anspruch und soziale Wirklichkeit, Köln/Weimar/Wien 2005.
A. Lieske, Arbeiterkultur und bürgerliche Kultur in Pilsen und Leipzig, Bonn 2007.
J. von Puttkamer, Fabrikgesetzgebung in Rußland vor 1905. Regierung und Unternehmerschaft beim Ausgleich ihrer Interessen in einer vorkonstitutionellen Ordnung, Köln/Weimar/Wien 1996.
K. Roth (Hg.), Arbeitswelt – Lebenswelt. Facetten einer spannungsreichen Beziehung im östlichen Europa, Berlin 2006.
B. Tomka, Welfare in East and West. Hungarian Social Security in an International Comparison 1918–1990, Berlin 2004.
S. Zimmermann, Prächtige Armut. Fürsorge, Kinderschutz und Sozialreform in Budapest. Das „sozialpolitische Laboratorium" der Doppelmonarchie im Vergleich zu Wien 1873–1914, Sigmaringen 1997.

f) Bauern

P. Gunst, Die bäuerliche Gesellschaft Ungarns in der Zeit zwischen den beiden Weltkriegen, Budapest 1991.
D. Jarosz, Polityka władz komunistycznych w Polsce w latach 1948–1956 a chłopy [Die Politik der kommunistischen Macht in Polen in den Jahren 1948–1956 und die Bauern], Warszawa 1998.
S. Kieniewicz, The Emancipation of the Polish Peasantry, Chicago 1969.
W. Mędrzecki, Młodzież wiejska na ziemiach Polski centralnej 1864–1939. Procesy socjalizacji [Die dörfliche Jugend in den zentralpolnischen Gebieten 1864–1939. Prozesse der Sozialisierung], Warszawa 2002.
E. Niederhauser, A jobbágyfelszabaditás Kelet-Európában, Budapest 1962 [The Emancipation of the Serfs in Eastern Europe, Boulder 2004].
R. Rozdolski, Stosunki poddańcze w dawnej Galicji, 2 Bde., Warszawa 1962 [Untertan und Staat in Galizien. Die Reformen unter Maria Theresia und Joseph II., hrsg. und eingeleitet von R. Melville, Mainz 1992].
K. Struve, Bauern und Nation in Galizien. Über Zugehörigkeit und soziale Emanzipation im 19. Jahrhundert, Göttingen 2005.
Z. Varga, Politika, paraszti érdekérvényesítés és szövetkezetek Magyarországon, 1956–1967 [Politik, bäuerliche Interessenvertretung und Genossenschaften in Ungarn, 1956–1967], Budapest 2001.

g) Stadt und Urbanität

A. Alofsin, When Buildings Speak. Architecture as Language in the Habsburg Empire and its Aftermath, 1867–1933, Chicago/London 2006.
E. Babejová, Fin-de-Siècle Pressburg. Conflict and Cultural Coexistence in Bratislava 1897–1914, Boulder/New York 2003.
A. Corbea-Hoisie/J. Le Rider (Hg.), Metropole und Provinzen in Altösterreich (1880–1918), Wien/Köln/Weimar 1996.
L. Fasora/J. Hanuš/J. Malíř (Hg.), Občanské elity a obecní samosprava 1848–1948 [Bürgerliche Eliten und Gemeindeselbstverwaltung 1848–1948], Brno 2006.
J. Gebhard, Lublin. Eine polnische Stadt im Hinterhof der Moderne (1815–1914), Köln/Weimar/Wien 2006.
C. Giustino, Tearing down Prague's Jewish Town. Ghetto Clearance and the Legacy of Middle-Class Ethnic Politics around 1900, Boulder 2003.
G. Gyáni, Identity and the Urban Experience. Fin de Siècle Budapest, Boulder 2004.
J. Hensel (Hg.), Polen, Deutsche und Juden in Lodz (1820–1914). Eine schwierige Nachbarschaft, Osnabrück 1999.
H. Heppner (Hg.), Czernowitz. Die Geschichte einer ungewöhnlichen Stadt, Köln/Weimar/Wien 2000.

U. von Hirschhausen, Die Grenzen der Gemeinsamkeit. Deutsche, Letten, Russen und Juden in Riga 1860–1914, Göttingen 2006.

A. R. Hofmann/A. V. Wendland (Hg.), Stadt und Öffentlichkeit in Ostmitteleuropa. Beiträge zur Entstehung moderner Urbanität zwischen Berlin, Charkiv, Tallinn und Triest, Stuttgart 2002.

C. Horel, Multi- und Plurikulturalismus in urbaner Umwelt. Nationale und soziale Vielfalt in den Städten der Habsburger-Monarchie 1967–1914, in: Mitteilungen des Instituts für österreichische Geschichtsforschung 113 (2005), S. 349–361.

S. Kieniewicz (Hg.), Dzieje Warszawy [Geschichte Warschaus], 5 Bde., Warszawa 1976–1990.

B. Kosmala, Juden und Deutsche im polnischen Haus. Tomaszów Mazowiecki 1914–1939, Berlin 2001.

H. Kozińska-Witt, Krakau in Warschaus langem Schatten. Konkurrenzkämpfe in der polnischen Städtelandschaft 1900–1939, Stuttgart 2008.

P. O. Loew, Danzig und seine Vergangenheit 1793–1997. Die Geschichtskultur einer Stadt zwischen Deutschland und Polen, Osnabrück 2003.

T. Lorenz, Von Birnbaum nach Międzychód. Bürgergesellschaft und Nationalitätenkampf in Großpolen bis zum Zweiten Weltkrieg, Berlin 2005.

J. Lukacs, Budapest 1900. A Historical Portrait of a City and its Culture, New York 1988 [Ungarn in Europa. Budapest um die Jahrhundertwende, Berlin 1990].

M. Marek, Kunst und Identitätspolitik. Architektur und Bildkünste im Prozeß der tschechischen Nationsbildung, Köln/Weimar/Wien 2004.

G. Melinz/S. Zimmermann (Hg.), Wien – Prag – Budapest. Blütezeit der Habsburgermetropolen. Urbanisierung, Kommunalpolitik, gesellschaftliche Konflikte (1867–1918), Wien 1996.

C. Mick, Nationalismus und Modernisierung in Lemberg, 1867–1914, in: C. Goehrke/B. Pietrow-Ennker (Hg.), Städte im östlichen Europa. Zur Problematik von Modernisierung und Raum vom Spätmittelalter bis zum 20. Jahrhundert, Zürich 2006, S. 171–213.

R. Nemes, The Once and Future Budapest, DeKalb 2005.

J. Pešek, Od aglomerace k velkoměstu. Praha a středoevropské metropole 1850–1920 [Von der Agglomeration zur Großstadt. Prag und die mitteleuropäischen Metropolen 1850–1920], Praha 1999.

J. Purchla, Krakau unter österreichischer Herrschaft 1846–1918. Faktoren seiner Entwicklung, Wien/Köln/Weimar 1993.

S. Rohdewald, „Vom Polocker Venedig". Kollektives Handeln sozialer Gruppen einer Stadt zwischen Ost- und Mitteleuropa (Mittelalter, frühe Neuzeit, 19. Jh. bis 1914), Stuttgart 2005.

K. Schlögel, Marjampole oder Europas Wiederkehr aus dem Geist der Städte, München/Wien 2005.

K. Schlögel, Promenade in Jalta und andere Städtebilder, München/Wien 2001.

K. Schlögel, Im Raume lesen wir die Zeit. Über Zivilisationsgeschichte und Geopolitik, München/Wien 2003.

Z. Tóth, Szekszárd társadalma a századfordulón. Történelmi rétegződés és társadalmi átrétegződés a polgári átalakulásban [Die Gesellschaft von Szekszárd an der Jahrhundertwende. Historische Schichtung und gesellschaftliche Umschichtung in der bürgerlichen Umgestaltung], Budapest 1989.

h) Die ostmitteleuropäische Moderne

J. Feichtinger u. a. (Hg.), Schauplatz Kultur – Zentraleuropa. Transdisziplinäre Annäherungen, Innsbruck/Wien/Bozen 2006.

J. Feichtinger/U. Prutsch/M. Csáky (Hg.), Habsburg Postcolonial. Machtstrukturen und kollektives Gedächtnis, Innsbruck u. a. 2003.

P. Hanák, A kert és a műhely, Budapest 1988 [Der Garten und die Werkstatt. Ein kulturgeschichtlicher Vergleich. Wien und Budapest um 1900, Wien/Köln/Weimar 1992].

A. Janik/S. Toulmin, Wittgenstein's Vienna, New York 1973 [Wittgensteins Wien, Wien 1998].

W. M. Johnston, The Austrian Mind. An Intellectual and Social History, 1848–1938, Berkeley/Los Angeles 1972 [Österreichische Kultur- und Geistesgeschichte. Gesellschaft und Ideen im Donauraum 1848–1938, Wien/Köln/Weimar 1974; 4. Aufl. 2006].

J. Le Rider, Das Ende der Illusion. Die Wiener Moderne und die Krisen der Identität, Paris 1990.

C. Magris, Der habsburgische Mythos in der österreichischen Literatur, Salzburg 1966.

R. Ritter, Wem gehört Musik? Warschau und Wilna im Widerstreit nationaler und städtischer Musikkulturen vor 1939, Stuttgart 2004.

C. E. Schorske, Fin-de-siècle Vienna. Politics and Culture, New York 1980 [Wien. Geist und Gesellschaft im Fin de Siècle, Frankfurt a. M. 1982].

P. Ther, In der Mitte der Gesellschaft. Operntheater in Zentraleuropa 1815–1914, Wien/München 2006.

i) Frauen- und Geschlechtergeschichte

M. Bucur/N. Wingfield (Hg.), Gender and War in Twentieth-Century Eastern Europe, Bloomington 2006.

M. Feinberg, Elusive Equality. Gender, Citizenship, and the Limits of Democracy in Czechoslovakia, 1918–1950, Pittsburgh 2006.

S. Gal/G. Kligman, The Politics of Gender after Socialism. A Comparative-Historical Essay, Princeton 2000.

J. Gehmacher/E. Harvey/S. Kemlein (Hg.), Zwischen Kriegen. Nationen, Nationalismen und Geschlechterverhältnisse in Mittel- und Osteuropa 1918–1939, Osnabrück 2004.
R. Jaworski/B. Pietrow-Ennker (Hg.), Women in Polish Society, New York 1992.
S. Kemlein (Hg.), Geschlecht und Nationalismus in Mittel- und Osteuropa 1848–1918, Osnabrück 2000.
C. Kraft (Hg.), Geschlechterbeziehungen in Ostmitteleuropa nach dem Zweiten Weltkrieg. Soziale Praxis und Konstruktionen von Geschlechterbildern, München 2008.
C. Papp, „Die Kraft der weiblichen Seele". Feminismus in Ungarn, 1918–1941, Münster 2004.
A. Pető, Stimmen des Schweigens. Erinnerungen an Vergewaltigungen in den Hauptstädten des „ersten Opfers" (Wien) und des „letzten Verbündeten" Hitlers (Budapest) 1945, in: Zeitschrift für Geschichtswissenschaft 47 (1999), S. 892–913.
M. Rüthers, Tewjes Töchter. Lebensentwürfe ostjüdischer Frauen im 19. Jahrhundert, Köln/Weimar/Wien 1996.
N. Stegmann, Die Töchter der geschlagenen Helden. „Frauenfrage", Feminismus und Frauenbewegung in Polen 1863–1919, Wiesbaden 2002.
H. Zettelbauer, „Die Liebe sei euer Heldentum". Geschlecht und Nation in völkischen Vereinen der Habsburgermonarchie, Frankfurt a. M. 2005.
S. Zimmermann, Die bessere Hälfte? Frauenbewegungen und Frauenbestrebungen im Ungarn der Habsburgermonarchie 1848 bis 1918, Wien/Budapest 1999.

j) Ostjüdische Lebenswelten

D. Dahlmann/A. Hilbrenner (Hg.), Zwischen großen Erwartungen und bösem Erwachen. Juden, Politik und Antisemitismus in Ost- und Südosteuropa 1918–1945, Paderborn u. a. 2007.
D. Diner (Hg.), Synchrone Welten. Zeiträume jüdischer Geschichte, Göttingen 2005.
F. Guesnet, Polnische Juden im 19. Jahrhundert. Lebensbedingungen, Rechtsnormen und Organisation im Wandel, Köln/Weimar/Wien 1998.
H. Haumann, Geschichte der Ostjuden, 4. Aufl. München 1998.
H. Haumann (Hg.), Luftmenschen und rebellische Töchter. Zum Wandel ostjüdischer Lebenswelten im 19. Jahrhundert, Köln/Weimar/Wien 2003.
S. Jersch-Wenzel (Hg.), Juden und Armut in Mittel- und Osteuropa, Köln/Weimar/Wien 2000.
J. Katz, A House Divided. Orthodoxy and Schism in Nineteenth Century Central European Jewry, Hannover/New Hampshire 1998.
S. T. Katz (Hg.), The Shtetl. New Evaluations, New York/London 2007.

S. KEMLEIN, Die Posener Juden 1815–1848. Entwicklungsprozesse einer polnischen Judenheit unter preußischer Herrschaft, Hamburg 1997.

E. MENDELSOHN, The Jews of East Central Europe between the World Wars, Bloomington 1983.

M. OPALSKI/I. BARTAL, Poles and Jews. A Failed Brotherhood, Hanover/London 1992.

R. PATAI, The Jews of Hungary. History, Culture, Psychology, Detroit 1996.

G. PICKHAN, „Gegen den Strom". Der Allgemeine Jüdische Arbeiterbund „Bund" in Polen 1918–1939, Leipzig 2001.

W. PIETSCH, Zwischen Reform und Orthodoxie. Der Eintritt des ungarischen Judentums in die moderne Welt, Berlin 1999.

A. POLONSKY/E. MENDELSOHN/J. TOMASZEWSKI (Hg.), Jews in Independent Poland 1918–1939, Oxford/Portland 1994.

G. SCHRAMM, Wilna und die Entstehung eines ostjüdischen Sozialismus, in: S. VOLKOV (Hg.), Deutsche Juden und die Moderne, München 1994, S. 129–140.

F. M. SCHUSTER, Zwischen allen Fronten. Osteuropäische Juden während des Ersten Weltkrieges (1914–1919), Köln/Weimar/Wien 2004.

D. SCHWARA, „Ojfn weg schtejt a bojm". Jüdische Kindheit und Jugend in Galizien, Kongreßpolen, Litauen und Rußland 1881–1939, Köln/Weimar/Wien 1999.

M. STANISLAWSKI, A Murder in Lemberg. Politics, Religion, and Violence in Modern Jewish History, Princeton/Oxford 2007.

K. STEFFEN, Jüdische Polonität. Ethnizität und Nation im Spiegel der polnischsprachigen jüdischen Presse 1918–1939, Göttingen 2004.

k) JÜDISCHE EMANZIPATION UND ASSIMILATION

S. BELLER, Vienna and the Jews 1867–1938. A Cultural History, Cambridge 1989 [Wien und die Juden 1867–1938, Wien/Köln/Weimar 1993].

A. CAŁA, Asymilacja Żydów w Królewstwie Polskim (1864–1897). Postawy, konflikty, stereotypy [Die Assimilation der Juden im Königreich Polen (1864–1897). Einstellungen, Konflikte, Stereotype], Warszawa 1989.

K. ČAPKOVÁ, Češi, Němcy, Žide? Národni identitá Židů v Čechách 1918–1938 [Tschechen, Deutschen, Juden? Die nationale Identität der Juden in den böhmischen Ländern 1918–1938], Praha 2005.

A. EISENBACH, Emancipacja żydów na ziemiach polskich 1785–1870, Warszawa 1988 [The Emancipation of the Jews in Poland, 1770–1870, Oxford 1991].

P. HABER, Die Anfänge des Zionismus in Ungarn (1897–1904), Köln/Weimar/Wien 2001.

H. HAUMANN (Hg.), Der Traum von Israel. Die Ursprünge des modernen Zionismus, Weinheim 1998.

J. K. Hoensch/S. Biman/Ľ. Lipták (Hg.), Judenemanzipation-Antisemitismus-Verfolgung in Deutschland, Österreich-Ungarn, den Böhmischen Ländern und in der Slowakei, Essen 1999.

V. Karády, Gewalterfahrung und Utopie. Juden in der europäischen Moderne, Frankfurt a. M. 1999.

H. Kieval, Languages of Community. The Jewish Experience in the Czech Lands, Berkeley/Los Angeles/London 2000.

H. Kieval, The Making of Czech Jewry. National Conflict and Jewish Society in Bohemia, 1870–1918, New York/Oxford 1989.

A. Landau-Czajka, Syn będzie Lech … Asymilacja Żydów w Polsce międzywojennej [Der Sohn wird Lech heißen … Die Assimilation von Juden in Zwischenkriegspolen], Warszawa 2006.

W. McCagg, A History of Habsburg Jews, 1670–1918, Bloomington/Indianapolis 1989.

M. Meyer, Response to Modernity. A History of the Reform Movement in Judaism, New York 1988 [Antwort auf die Moderne. Geschichte der Reformbewegung im Judentum, Wien/Köln/Weimar 2000].

M. Nekula/W. Koschmal (Hg.), Juden zwischen Deutschen und Tschechen. Sprachliche und kulturelle Identitäten in Böhmen 1800–1945, München 2006.

I. Oxaal/M. Pollak/G. Botz (Hg.), Jews, Antisemitism, and Culture in Vienna, London/New York 1987 [erw. dt. Ausg.: Eine zerstörte Kultur. Jüdisches Leben und Antisemitismus in Wien seit dem 19. Jahrhundert, Buchloe 1990].

T. van Rahden, Juden und andere Breslauer. Die Beziehungen zwischen Juden, Protestanten und Katholiken in einer deutschen Großstadt von 1860 bis 1925, Göttingen 2000.

M. Rozenblit, The Jews of Vienna, 1867–1914. Assimilation and Identity, Albany 1983 [Die Juden Wiens 1867–1914. Assimilation und Identität, Wien/Köln/Graz 1989].

M. Rozenblit, Reconstructing a National Identity. The Jews of Habsburg Austria during World War I, New York 2001.

M. Schulze Wessel, Entwürfe und Wirklichkeiten. Die Politik gegenüber den Juden in der Ersten Tschechoslowakischen Republik 1918 bis 1938, in: Dahlmann/Hilbrenner 6.j, S. 121–135.

N. Sinkoff, Out of the Shtetl. Making Jews Modern in the Polish Borderlands, Providence 2004.

Y. Slezkine, Paradoxe Moderne. Jüdische Alternativen zum Fin de Siècle, Göttingen 2005.

R. Wistrich, The Jews of Vienna in the Age of Franz Joseph, Oxford/New York 1989 [Die Juden Wiens im Zeitalter Kaiser Franz Josephs, Wien/Köln/Weimar 1999].

1) ANTISEMITISMUS

R. FISCHER, Entwicklungsstufen des Antisemitismus in Ungarn 1867–1939. Die Zerstörung der magyarisch-jüdischen Symbiose, München 1988.

M. FRANKL, „Emancipace od židů". Český antisemitismus na konci 19. století [„Emanzipation von den Juden". Der tschechische Antisemitismus am Ende des 19. Jahrhunderts], Praha/Litomyšl 2007.

K.-P. FRIEDRICH, Juden und jüdisch-polnische Beziehungen in der Zweiten Republik (1918–1939). Neuere Literatur, in: Zeitschrift für Ostmitteleuropa-Forschung 46 (1997), S. 535–560.

J. T. GROSS, Fear. Anti-Semitism in Poland after Auschwitz. An Essay in Historical Interpretation, New York 2006.

J. GYURGYÁK, A zsidókérdés Magyarországon. Politikai eszmetörténet [Die Judenfrage in Ungarn. Politische Ideengeschichte], Budapest 2001.

P. HANEBRINK, In Defense of Christian Hungary. Religion, Nationalism, and Antisemitism, 1890–1944, Ithaca/London 2006.

M. HAUSLEITNER/M. KATZ (Hg.), Juden und Antisemitismus im östlichen Europa, Wiesbaden 1995.

C. HELLER, On the Edge of Destruction. Jews of Poland between the Two World Wars, New York 1977.

R. JAWORSKI, Voraussetzungen und Funktionsweisen des modernen Antisemitismus in Ostmitteleuropa, in: A. ENGEL-BRAUNSCHMIDT/E. HÜBNER (Hg.), Jüdische Welten in Osteuropa, Kiel 2005, S. 29–43.

N. KATZBURG, Hungary and the Jews 1920–1943, Ramat-Gan 1981.

B. KOSMALA (Hg.), Die Vertreibung der Juden aus Polen 1968. Antisemitismus und politisches Kalkül, Berlin 2000.

M. KOVÁCS, Liberal Professions and Illiberal Politics. Hungary from the Habsburgs to the Holocaust, Washington/New York/Oxford 1994.

E. MENDELSOHN, Interwar Poland: Good for the Jews or Bad for the Jews? in: C. ABRAMSKY/M. JACHIMCZYK/A. POLONSKY (Hg.), The Jews in Poland, Oxford/New York 1986, S. 130–139.

J. B. MICHLIC, Poland's Threatening Other, 1880–2000s. The Image of the Jew from 1800 to the Present, Lincoln/London 2006.

A. V. PRUSIN, Nationalizing a Borderland. War, Ethnicity, and Anti-Jewish Violence in East Galicia, 1914–1920, Tuscaloosa 2005.

A. PUFELSKA, Die „Judäo-Kommune". Ein Feindbild in Polen. Das polnische Selbstverständnis im Schatten des Antisemitismus 1939–1948, Paderborn 2007.

P. PULZER, The Rise of Political Anti-Semitism in Germany and Austria, New York 1964 [Die Entstehung des politischen Antisemitismus in Deutschland und Österreich 1867 bis 1914, Gütersloh 1966; Neuausgabe Göttingen 2004].

S. RUDNICKI, Anti-Jewish Legislation in Interwar Poland, in: R. BLOBAUM (Hg.),

Antisemitism and its Opponents in Modern Poland, Ithaca/London 2005, S. 148–170.
D. STOLA, Kampagna antysyonistyczna w Polsce 1967–1968 [Die antisemitische Kampagne in Polen 1967–1968], Warszawa 2000.
T. R. WEEKS, From Assimilation to Antisemitism. The „Jewish Question" in Poland, 1850–1914, DeKalb 2006.

m) KIRCHE UND RELIGION

G. ADRIÁNYI, Geschichte der katholischen Kirche in Ungarn, Köln/Weimar/Wien 2004.
G. ADRIÁNYI, Geschichte der Kirche Osteuropas im 20. Jahrhundert, Paderborn u. a. 1992.
R. BENDEL (Hg.), Aufbrüche und Umbrüche. Kirche und Gesellschaft Ostmittel- und Südosteuropas zwischen den Weltkriegen (1918–1939), Köln/Weimar/Wien 2007.
J. KŁOCZOWSKI, Dzieje Chrześcijaństwa Polskiego, 2 Bde., Paris 1987 und 1991 [A History of Polish Christianity, Cambridge 2000].
L. LUKS, Katholizismus und politische Macht im kommunistischen Polen 1945–1989. Die Anatomie einer Befreiung, Köln/Weimar/Wien 1993.
H.-C. MANER, Unierte Kirchen und Nationsbildungsprozesse im ostmitteleuropäischen Vergleich, in: Comparativ 8 (1998), 5, S. 92–105.
H.-C. MANER/M. SCHULZE WESSEL (Hg.), Religion im Nationalstaat zwischen den Weltkriegen 1918–1939. Polen-Tschechoslowakei-Ungarn-Rumänien, Stuttgart 2002.
M. SCHULZE WESSEL (Hg.), Nationalisierung der Religion und Sakralisierung der Nation im östlichen Europa, Stuttgart 2006.
M. SCHULZE WESSEL/M. ZÜCKERT (Hg.), Handbuch der Religions- und Kirchengeschichte der böhmischen Länder und Tschechiens im 20. Jahrhundert, München 2009.
C. SZABÓ, Die katholische Kirche Ungarns und der Staat in den Jahren 1945–1956, München 2003.

7. NATIONALISMUS UND POLITISCHE IDEEN

a) ALLGEMEINES

B. ANDERSON, Imagined Communities. Reflections on the Origin and Spread of Nationalism, London 1983 [Die Erfindung der Nation. Zur Karriere eines folgenreichen Konzepts, Frankfurt a. M. 1988].

A. Bartetzky/M. Dmitrieva/S. Troebst (Hg.), Neue Staaten – neue Bilder? Visuelle Kultur im Dienst staatlicher Selbstdarstellung in Zentral- und Osteuropa seit 1918, Köln/Weimar/Wien 2005.

T. Baycroft/M. Hewitson (Hg.), What is a Nation? Europe 1789–1918, Oxford 2006.

E. Behring/L. Richter/W. F. Schwarz (Hg.), Geschichtliche Mythen in den Literaturen und Kulturen Ostmittel- und Südosteuropas, Stuttgart 1999.

E. Brix/H. Stekl (Hg.), Der Kampf um das Gedächtnis. Öffentliche Gedenktage in Mitteleuropa, Wien/Köln/Weimar 1997.

R. Brubaker (Hg.), Ethnicity without Groups, Cambridge/London 2004 [Ethnizität ohne Gruppen, Hamburg 2007].

R. Brubaker, The Manichean Myth. Rethinking the Distinction between ‚Civic' and ‚Ethnic' Nationalism, in: H. Kriesi u. a. (Hg.), Nation and National Identity. The European Experience in Perspective, Chur/Zürich 1999, S. 55–71 [auch in: Ders., Ethnicity without Groups, Cambridge/London 2004, S. 132–146].

R. Brubaker, Nationalism Reframed. Nationhood and the National Question in the New Europe, Cambridge 1996.

M. Flacke (Hg.), Mythen der Nationen. Ein europäisches Panorama, München/Berlin 1998.

E. Gellner, Nations and Nationalism, Oxford 1983 [Nationalismus und Moderne, Berlin 1991].

F. W. Graf, Die Nation – von Gott „erfunden"? Kritische Randnotizen zum Theologiebedarf der historischen Nationalismusforschung, in: G. Krumeich/H. Lehmann (Hg.), „Gott mit uns". Nation, Religion und Gewalt im 19. und frühen 20. Jahrhundert, Göttingen 2000, S. 285–317.

H. H. Hahn (Hg.), Historische Stereotypenforschung. Methodische Überlegungen und empirische Befunde, Oldenburg 1995.

H. H. Hahn/E. Mannová (Hg.), Nationale Wahrnehmungen und ihre Stereotypisierung. Beiträge zur Historischen Stereotypenforschung, Frankfurt a. M. 2007.

U. von Hirschhausen/J. Leonhard (Hg.), Nationalismen in Europa. West- und Osteuropa im Vergleich, Göttingen 2001.

E. J. Hobsbawm, Nations and Nationalism since 1780. Programme, Myth, Reality, Cambridge 1990 [Nationen und Nationalismus. Mythos und Realität seit 1780, Frankfurt a. M. 1991].

M. Hroch, Das Europa der Nationen. Die moderne Nationsbildung im europäischen Vergleich, Göttingen 2005.

M. Hroch, Die Vorkämpfer der nationalen Bewegung bei den kleinen Völkern Europas. Eine vergleichende Analyse zur gesellschaftlichen Entwicklung der patriotischen Gruppen, Prag 1968.

P. M. Judson/M. L. Rozenblit (Hg.), Constructing Nationalities in East Central Europe, New York/Oxford 2005.

H. Kohn, The Idea of Nationalism. A Study in its Origins and Background,

New York 1944 [Die Idee des Nationalismus. Ursprung und Geschichte bis zur Französischen Revolution, Heidelberg 1950].

F. MEINECKE, Weltbürgertum und Nationalstaat. Studien zur Genesis des deutschen Nationalstaats, München/Berlin 1908.

R. D. PETERSEN, Understanding Ethnic Violence. Fear, Hatred, and Resentment in Twentieth-Century Eastern Europe, Cambridge 2002.

F. B. SCHENK, Mental Maps. Die Konstruktion von geographischen Räumen in Europa seit der Aufklärung, in: Geschichte und Gesellschaft 28 (2002), S. 493–514.

T. SCHIEDER, Nationalismus und Nationalstaat. Studien zum nationalen Problem im modernen Europa, Göttingen 1991.

A. D. SMITH, Nationalism and Modernism. A Critical Survey of Recent Theories of Nations and Nationalism, London/New York 1998.

P. WALKENHORST, Nationalismus als „politische Religion"? Zur religiösen Dimension nationalistischer Ideologie im Kaiserreich, in: O. BLASCHKE/F.-M. KUHLEMANN (Hg.), Religion im Kaiserreich. Milieus -Mentalitäten -Krisen, Gütersloh 1996, S. 503–529.

H.-U. WEHLER, Nationalismus. Geschichte, Formen, Folgen, München 2001.

b) POLEN

S. A. BLEJWAS, Realism in Polish Politics. Warsaw Positivism and National Survival in Nineteenth Century Poland, New Haven 1984.

A. F. CHWALBA (Hg.), Polen und der Osten. Texte zu einem spannungsreichen Verhältnis, Frankfurt a. M. 2005.

P. M. DABROWSKI, Commemorations and the Shaping of Modern Poland, Bloomington/Indianapolis 2004.

S. DYROFF, Erinnerungskultur im deutsch-polnischen Kontaktbereich. Bromberg und der Nordosten der Provinz Posen (Wojewodschaft Poznań) 1871–1939, Osnabrück 2007.

S. EILE, Literature and Nationalism in Partitioned Poland, 1795–1918, Basingstoke 2000.

R. GEHRKE, Der polnische Westgedanke bis zur Wiedererrichtung des polnischen Staates nach Ende des Ersten Weltkrieges. Genese und Begründung polnischer Gebietsansprüche gegenüber Deutschland im Zeitalter des europäischen Nationalismus, Marburg 2001.

S. GRABOWSKI, Deutscher und polnischer Nationalismus. Der deutsche Ostmarken-Verein und die polnische Straż 1894–1914, Marburg 1998.

H. HEIN, Der Piłsudski-Kult und seine Bedeutung für den polnischen Staat 1926–1939, Marburg 2002.

M. JANOWSKI, Polska myśl liberalna do 1918 roku, Warszawa 1998 [Polish Liberal Thought before 1918, Budapest/New York 2004].

R. Jaworski, Handel und Gewerbe im Nationalitätenkampf. Studien zur Wirtschaftsgesinnung der Polen in der Provinz Posen (1871–1914), Göttingen 1986.

J. Jedlicki, Jakiej cywilizacji Polacy potrzebują. Studie z dziejów idei i wyobraźni XIX wieku, Warszawa 1988 [A Suburb of Europe. Nineteenth Century Polish Approaches to the Western Civilization, Budapest 1999].

T. Kizwalter, O nowoczesności narodu. Przypadek polski [Von der Modernität der Nation. Der polnische Fall], Warszawa 1999.

M. Krzoska, Für ein Polen an Oder und Ostsee. Zygmunt Wojciechowski (1900–1955) als Historiker und Publizist, Osnabrück 2003.

A. Landgrebe, „Wenn es Polen nicht gäbe, dann müßte es erfunden werden". Die Entwicklung des polnischen Nationalbewußtseins im europäischen Kontext von 1830 bis in die 1880er Jahre, Wiesbaden 2003.

P. O. Loew (Hg.), Polen denkt Europa. Politische Texte aus zwei Jahrhunderten, Frankfurt a. M. 2004.

W. Mich, Obcy w polskim domu. Nacjonalistyczne koncepcje rozwiązania problemu mniejszości narodowych 1918–1939 [Fremde im polnischen Haus. Nationalistische Entwürfe zur Lösung des Problems der nationalen Minderheiten 1918–1939], Lublin 1994.

C. Pletzing, Vom Völkerfrühling zum nationalen Konflikt. Deutscher und polnischer Nationalismus in Ost- und Westpreußen 1830–1871, Wiesbaden 2003.

B. Porter, When Nationalism Began to Hate. Imagining Modern Politics in Nineteenth-Century Poland, Oxford 2000.

D. L. Ransel/B. Shallcross (Hg.), Polish Encounters, Russian Identity, Bloomington 2005.

T. Serrier, Provinz Posen, Ostmark, Wielkopolska. Eine Grenzregion zwischen Deutschen und Polen 1848–1918, Marburg 2005.

T. Snyder, The Reconstruction of Nations. Poland, Ukraine, Lithuania, Belarus, 1569–1999, New Haven/London 2003.

K. Stauter-Halsted, The Nation in the Village. The Genesis of Peasant National Identity in Austrian Poland, 1848–1914, Ithaca/London 2001.

S. Troebst, „Intermarium" und „Vermählung mit dem Meer": Kognitive Karten und Geschichtspolitik in Ostmitteleuropa, in: Geschichte und Gesellschaft 28 (2002), S. 435–469.

A. Walicki, Philosophy and Romantic Nationalism. The Case of Poland, Oxford 1982.

A. Walicki, Poland between East and West. The Controversies over Self-Definition and Modernization in Partitioned Poland, Cambridge 1994.

A. Walicki, The Enlightenment and the Birth of Modern Nationhood. Polish Political Thought from the „Noble Republicanism" to Tadeusz Kościuszko, Notre Dame 1989.

R. Wapiński, Polska i małe ojczyzny Polaków. Z dziejów kształtowania się świadomości narodowej w XIX i XX wieku po wybuch II wojny światowej [Polen und die kleinen Vaterländer der Polen. Aus der Geschichte der Entstehung des nationalen Bewusstseins im 19. und 20. Jahrhundert bis zum Ausbruch des Zweiten Weltkriegs], Wrocław/Warszawa/Kraków 1994.

c) Ukrainer, Weissrussen

J.-P. Himka, Galician Villagers and the Ukrainian National Movement in the Nineteenth Century, Basingstoke/London 1988.
J.-P. Himka, Religion and Nationality in Western Ukraine. The Greek Catholic Church and the Ruthenian National Movement in Galicia, 1867–1900, Montreal/London/Ithaca 1999.
J. Kozik, The Ukrainian National Movement in Galicia, 1815–1849, Edmonton 1986.
R. Lindner, Historiker und Herrschaft. Nationsbildung und Geschichtspolitik in Weißrußland im 19. und 20. Jahrhundert, München 1999.
P. R. Magocsi, The Shaping of a National Identity. Subcarpathian Rus', 1848–1948, Cambridge/London 1978.
R. A. Mark, Die nationale Bewegung der Weißrussen im 19. und zu Beginn des 20. Jahrhunderts, in: Jahrbücher für Geschichte Osteuropas 42 (1994), S. 493–510.
S. Pacholkiv, Emanzipation durch Bildung. Entwicklung und gesellschaftliche Rolle der ukrainischen Intelligenz im habsburgischen Galizien (1890–1914), Wien/München 2002.
L. Sabaliunas, Lithuanian Social Democracy in Perspective, 1893–1914, Durham 1990.
C. Schenke, Nationalstaat und nationale Frage. Polen und die Ukrainer in Wolhynien 1921–1939, Hamburg/München 2004.
R. Vulpius, Nationalisierung der Religion. Russifizierungspolitik und ukrainische Nationsbildung 1860–1920, Wiesbaden 2005.
A. V. Wendland, Die Russophilen in Galizien. Ukrainische Konservative zwischen Österreich und Rußland 1848–1915, Wien 2001.

d) Tschechen, Slowaken

H. Agnew, Origins of the Czech National Renascence, Pittsburgh 1994.
E. Bakke, Doomed to Failure? The Czechoslovak Nation Project and the Slovak Autonomist Reaction 1918–38, Oslo 1999.
P. Brock, The Slovak National Awakening. An Essay in the Intellectual History of East Central Europe, Toronto/Buffalo 1976.
E. Broklová, Politický nebo etnický národ? [Politische oder ethnische Nation?], in: Český Časopis Historický 100 (2002), S. 379–394.

P. Bugge, Czech Nation Building, National Self-Perception and Politics 1780–1914, Diss. Phil. Aarhus 1994.
P. Haslinger, Nation und Territorium im tschechischen politischen Diskurs 1889–1938, München 2009.
M. Havelka (Hg.), Spor o smysl českých dějin 1895–1938 [Der Streit um den Sinn der tschechischen Geschichte 1895–1938], 2 Bde., Praha 1995–2006.
R. Holec, Tragédia v Černovej a slovenská spoločnosť [Die Tragödie in Černová und die slowakische Gesellschaft], Martin 1997.
J. King, Budweisers into Czechs and Germans. A Local History of Bohemian Politics, 1848–1948, Princeton/Oxford 2002.
J. Kučera, Politický či přirozený národ? K pojetí národa v československém právním řádu mezivalečného období [Politische oder angeborene Nation? Zum Nationsverständnis in der tschechoslowakischen Rechtsordnung der Zwischenkriegszeit], in: Český Časopis Historický 99 (2001), S. 548–568.
A. M. Maxwell, Choosing Slovakia (1795–1914). Slavic Hungary, the Czech Language and Slovak Nationalism, Diss. Madison 2003.
Z. Nešpor, Nation statt Konfession. Der Niedergang konfessioneller Wahrnehmungsmuster und das Anwachsen des Nationalbewußtseins in Böhmen an der Wende vom 18. zum 19. Jahrhundert, in: Historisches Jahrbuch 126 (2006), S. 191–219.
C. Nolte, The Sokol in the Czech Lands to 1914. Training for the Nation, Basingstoke/New York 2002.
I. Nurmi, Slovakia – A Playground for Nationalism and National Identity. Manifestations of the National Identity of Slovaks, 1918–1920, Helsinki 1999.
J. Pekař, Smysl českých dějin, in: Ders., O smyslu českých dějin, 3. Aufl. Praha 1990, 383–405 [Der Sinn der tschechischen Geschichte, in: Ders., Tschechoslowakische Geschichte, München 1988, S. 34–53].
N. M. Wingfield, Flag Wars and Stone Saints. How the Bohemian Lands became Czech. Cambridge/London 2007.
T. Zahra, Kidnapped Souls. National Indifference and the Battle for Children in the Bohemian Lands, 1900–1948, Ithaca 2008.

e) Ungarn

G. Barany, Hungary. From Aristocratic to Proletarian Nationalism, in: P. Sugar/I. Lederer (Hg.), Nationalism in Eastern Europe, Seattle/London 1969, S. 259–309.
M. Csáky, Die Hungarus-Konzeption. Eine „realpolitische" Alternative zur magyarischen Nationalstaatsidee? in: A. M. Drabek/R. G. Plaschka/A. Wandruszka (Hg.), Ungarn und Österreich unter Maria Theresia und Joseph II. Neue Aspekte im Verhältnis beider Länder, Wien 1980, S. 71–89.
M. Csáky, Von der Aufklärung zum Liberalismus. Studien zum Frühliberalismus in Ungarn, Wien 1981.

A. Freifeld, Nationalism and the Crowd in Liberal Hungary, 1848–1914, Washington/Baltimore 2000.
A. Gerő, Képzelt történelem. Fejezetek a magyar szimbolikus politika XIX–XX századi történetéből, Budapest 2004 [Imagined History. Chapters from Nineteenth and Twentieth Century Hungarian Symbolic Politics, Boulder 2006].
F. Gottas, Zur Nationalitätenpolitik in Ungarn unter der Ministerpräsidentschaft Kálmán Tiszas, in: Südostdeutsches Archiv 17/18 (1974/75), S. 85–107.
J. Gyurgyák, Ezzé lett magyar hazátok. A magyar nemzeteszme és nacionalizmus története, [Das ist aus eurem ungarischen Vaterland geworden. Die Geschichte des ungarischen Nationalgedankens und Nationalismus], Budapest 2007.
Á. von Klimó, Nation, Konfession, Geschichte. Zur nationalen Geschichtskultur Ungarns im europäischen Kontext (1860–1948), München 2003.
D. Kosáry, Művelődés a XVIII századi Magyarországon [Kultur im Ungarn des 18. Jahrhunderts], 3. Aufl. Budapest 1996.
J. von Puttkamer, Kein europäischer Sonderfall. Ungarns Nationalitätenproblem im 19. Jahrhundert und die jüngere Nationalismusforschung, in: Fata, 3, S. 84–98.

f) Kroaten, Serben, Rumänen

W. D. Behschnitt, Nationalismus bei Serben und Kroaten 1830–1914. Analyse und Typologie der nationalen Ideologie, München 1980.
M. Bernath, Habsburg und die Anfänge der rumänischen Nationsbildung, Leiden 1972.
L. Boia, Istorie şi mit în conştiinţa românească, Bucureşti 1997 [Geschichte und Mythos. Über die Gegenwart des Vergangenen in der rumänischen Gesellschaft, Köln/Weimar/Wien 2003].
K. Clewing, Staatlichkeit und nationale Identitätsbildung. Dalmatien in Vormärz und Revolution, München 2001.
K. Hitchins, The Rumanian National Movement in Transylvania, 1780–1849, Cambridge 1969.
K. Hitchins, Orthodoxy and Nationality. Andreiu Şaguna and the Rumanians of Transylvania, 1846–1873, Cambridge/London 1977.
S. Mitu, Geneza identităţii naţionale la românii ardeleni, Bucureşti 1997 [Die ethnische Identität der Siebenbürger Rumänen. Eine Entstehungsgeschichte, Köln/Weimar/Wien 2003].
D. Prodan, Supplex Libellus Valachorum, 2. Aufl. Bucureşti 1967 [Supplex Libellus Valachorum. Aus der Geschichte der rumänischen Nationsbildung 1700–1848, Köln/Wien 1982].
E. Turczynski, Von der Aufklärung zum Frühliberalismus. Politische Trägergruppen und deren Forderungskatalog in Rumänien, München 1985.

g) Deutsche

R. BLANKE, Orphans of Versailles. The Germans in Western Poland 1918–1939, Lexington 1994.
G. COHEN, The Politics of Ethnic Survival. Germans in Prague, 1861–1914, Princeton 1981 (2. Aufl. West Lafayette 2006).
P. M. JUDSON, Exclusive Revolutionaries, Liberal Politics, Social Experience, and National Identity in the Austrian Empire, 1848–1914, Ann Arbor 1996.
T. LUTHER, Volkstumspolitik des Deutschen Reiches 1933–1938. Die Auslanddeutschen im Spannungsfeld zwischen Traditionalisten und Nationalsozialisten, Stuttgart 2004.
C. RAITZ VON FRENTZ, A Lesson Forgotten. Minority Protection under the League of Nations. The Case of the German Minority in Poland, 1920–1934, Hamburg/New York 1999.
R. SMELSER, Das Sudetenproblem und das Dritte Reich 1933–1938. Von der Volkstumspolitik zur nationalsozialistischen Außenpolitik, München 1980.
N. SPANNENBERGER, Der Volksbund der Deutschen in Ungarn 1938–1944 unter Horthy und Hitler, München 2002.
L. TILKOVSZKY, Teufelskreis. Die Minderheitenfrage in den deutsch-ungarischen Beziehungen 1933–1938, Budapest 1989.
L. TILKOVSZKY, Ungarn und die deutsche Volksgruppenpolitik 1938–1945, Köln/Wien 1981.
A. WHITESIDE, The Socialism of Fools. Georg Ritter von Schönerer and Austrian Pan-Germanism, Berkeley/Los Angeles/London 1975 [Georg Ritter von Schönerer. Alldeutschland und sein Prophet, Graz 1981].
M. WLADIKA, Hitlers Vätergeneration. Die Ursprünge des Nationalsozialismus in der k.u.k. Monarchie, München/Wien 2005.

h) NATIONALISMUS UND POLITISCHE SYMBOLIK IN DER HABSBURGERMONARCHIE

E. BRUCKMÜLLER, Nation Österreich. Kulturelles Bewußtsein und gesellschaftlich-politische Prozesse, Wien/Köln/Graz 1984 [2., erg. u. erw. Aufl. 1996].
M. BUCUR/N. WINGFIELD (Hg.), Staging the Past. The Politics of Commemoration in Habsburg Central Europe, 1848 to the Present, West Lafayette 2001.
L. COLE/D. UNOWSKY (Hg.), The Limits of Loyalty. Imperial Symbolism, Popular Allegiances, and State Patriotism in the Late Habsburg Monarchy, New York/Oxford 2007.
P. M. JUDSON, Guardians of the Nation. Activists on the Language Frontier of Imperial Austria, Cambridge 2006.
R. KANN, The Multinational Empire. Nationalism and National Reform in the Habsburg Monarchy, 2 Bde., New York 1950 [Das Nationalitätenproblem

der Habsburgermonarchie. Geschichte und Ideengehalt der nationalen Bestrebungen vom Vormärz bis zur Auflösung des Reiches im Jahre 1918, 2 Bde., Graz/Köln 1964].

J. LE RIDER/M. CSÁKY/M. SOMMER (Hg.), Transnationale Gedächtnisorte in Zentraleuropa, Innsbruck u. a. 2002.

G. STOURZH, Die Gleichberechtigung der Nationalitäten in der Verfassung und Verwaltung Österreichs 1848–1918, Wien 1985.

W. TELESKO, Geschichtsraum Österreich. Die Habsburger und ihre Geschichte in der bildenden Kunst des 19. Jahrhunderts, Wien 2006.

D. UNOWSKY, The Pomp and Politics of Patriotism. Imperial Celebrations in Habsburg Austria (1848–1916), West Lafayette 2005.

P. URBANITSCH, Pluralist Myth and Nationalist Realities. The Dynastic Myth of the Habsburg Monarchy. A Futile Exercise in the Creation of Identity, in: Austrian History Yearbook 35 (2004), S. 101–141.

N. WINGFIELD (Hg.), Creating the Other. Ethnic Conflict and Nationalism in Habsburg Central Europe, New York 2003.

i) MINDERHEITENPOLITIK UND MINDERHEITENRECHT

S. BAMBERGER-STEMMANN, Der Europäische Nationalitätenkongreß 1925 bis 1938. Nationale Minderheiten zwischen Lobbyistentum und Großmachtinteressen, Marburg 2000.

E. BRIX, Die Umgangssprachen in Altösterreich zwischen Agitation und Assimilation. Die Sprachenstatistik in den zisleithanischen Volkszählungen 1880–1910, Wien/Köln/Graz 1982.

H. BURGER, Der Verlust der Mehrsprachigkeit. Aspekte des mährischen Ausgleichs, in: Bohemia 34 (1993), S. 77–89.

H. BURGER, Sprachenrecht und Sprachgerechtigkeit im österreichischen Unterrichtswesen 1867–1918, Wien 1995.

C. FINK, Defending the Rights of Others. The Great Powers, the Jews, and International Minority Protection, 1878–1938, Cambridge 2004.

C. HASSELBLATT, Minderheitenpolitik in Estland. Rechtsentwicklung und Rechtswirklichkeit 1918–1995, [Tallinn] 1995.

T. M. KELLY, Last Best Chance or Last Gasp? The Compromise of 1905 and Czech Politics in Moravia, in: Austrian History Yearbook 34 (2003), S. 279–301.

W. KESSLER, Die gescheiterte Integration. Die Minderheitenfrage in Ostmitteleuropa 1919–1939, in: LEMBERG 9.d, S. 161–188.

J. KUČERA, Minderheit im Nationalstaat. Die Sprachenfrage in den tschechisch-deutschen Beziehungen 1918–1938, München 1999.

P. ROTER, Locating the „Minority Problem" in Europe. A Historical Perspective, in: Journal of International Relations and Development 4 (2001), S. 221–249.

M. Scheuermann, Minderheitenschutz contra Konfliktverhütung? Die Minderheitenpolitik des Völkerbundes in den zwanziger Jahren, Marburg 2000.

8. STAAT UND POLITIK IM SPÄTEN 18. UND IM 19. JAHRHUNDERT

a) Allgemeines

C. Augustynowicz/A. Kappeler (Hg.), Die galizische Grenze 1772–1867. Kommunikation oder Isolation? Wien/Berlin 2007.

S. Beller, Francis Joseph, London 1996 [Franz Joseph. Eine Biographie, Wien 1997].

I. T. Berend, History Derailed. Central and Eastern Europe in the „Long" 19th Century, Berkeley 2002.

J. P. Bled, François-Joseph, Paris 1987 [Franz Joseph. „Der letzte Monarch der alten Schule", Wien/Köln/Graz 1988].

W. Brauneder, Die Verfassungsentwicklung in Österreich 1848 bis 1918, in: Die Habsburgermonarchie 8.a, Bd. VII, S. 69–237.

O. Brunner, Das Haus Österreich und die Donaumonarchie, in: Südost-Forschungen 14 (1955), S. 122–144.

A. Chwalba, Historia Polski 1795–1918 [Geschichte Polens 1795–1918], Kraków 2005.

A. Chwalba, Polacy w służbie Moskali [Polen in Diensten der Moskowiter], Warszawa 1999.

M. Dolbilov/A. Miller, Zapadnye okrainy Rossijskoj Imperii [Die westlichen Randgebiete des Russischen Reiches], Moskau 2006.

C. Eifert, Paternalismus und Politik. Preußische Landräte im 19. Jahrhundert, Münster 2003.

F. Fejtő, Requiem pour un empire défunt, Paris 1988 [Requiem für eine Monarchie. Die Zerschlagung Österreich-Ungarns, Wien 1991].

A. Gerő, Ferenc József, a magyarok királya [Franz Joseph, König der Ungarn], Budapest 1988 [Emperor Francis Joseph, King of the Hungarians, New York 2001].

L. Gorizontov, Paradoksy imperskoj politiki. Poljaki v Rossii i Russkie v Pol'še [Paradoxien imperialer Politik. Polen in Russland und Russen in Polen], Moskva 1999.

Die Habsburgermonarchie 1848–1918. Hrsg. von A. Wandruszka und P. Urbanitsch, ab Bd. VII von H. Rumpler und P. Urbanitsch, bislang VIII Bde., Wien 1973–2006.

P. Hanák, Ungarn in der Donaumonarchie. Probleme der bürgerlichen Umgestaltung eines Vielvölkerstaates, Wien/München/Budapest 1984.

W. HEINDL/E. SAURER (Hg.), Grenze und Staat. Paßwesen, Staatsbürgerschaft, Heimatrecht und Fremdengesetzgebung in der österreichischen Monarchie 1750–1867, Wien 2000.

O. JÁSZI, The Dissolution of the Habsburg Monarchy, Chicago 1929 [Nachdruck Chicago 1966].

S. KIENIEWICZ/A. ZAHORSKI/W. ZAJEWSKI, Trzy powstania narodowe. Kościuszkowskie. Listopadowe. Styczniowe [Drei Nationalaufstände. Der Kościuszko-, der November-, der Januaraufstand], Warszawa 1992.

J. KOŘALKA, Die Tschechen im Habsburgerreich und in Europa 1815–1914. Sozialgeschichtliche Zusammenhänge der neuzeitlichen Nationsbildung und der Nationalitätenfrage in den böhmischen Ländern, Wien/München 1991.

J. KOZŁOWSKI, Wielkopolska pod zaborem pruskim w latach 1815–1918 [Großpolen unter der preußischen Teilung 1815–1918], Poznań 2005.

J. KŘEN, Konfliktní společenství. Češi a Němci 1780–1918, Praha 1986 [Die Konfliktgemeinschaft. Tschechen und Deutsche 1780–1918, München 1996].

H.-C. MANER, Galizien. Eine Grenzregion im Kalkül der Donaumonarchie im 18. und 19. Jahrhundert, München 2007.

Die Ministerratsprotokolle Österreichs und der österreichisch-ungarischen Monarchie 1848–1918. Serie 1: Die Protokolle des österreichischen Ministerrates 1848–1867, 6 Abt. (23 Bde.), Wien 1970–2007; Serie 2: Die Protokolle des gemeinsamen Ministerrates der österreichisch-ungarischen Monarchie 1867–1918, 3 Bde., Wien 1991–1999.

H. MOMMSEN/J. KOŘALKA (Hg.), Ungleiche Nachbarn. Demokratische und nationale Emanzipation bei Deutschen, Tschechen und Slowaken (1815–1914), Essen 1993.

W. NEUGEBAUER, Politischer Wandel im Osten. Ost- und Westpreußen von den alten Ständen zum Konstitutionalismus, Stuttgart 1992.

H. RUMPLER, Eine Chance für Mitteleuropa. Bürgerliche Emanzipation und Staatsverfall in der Habsburgermonarchie, Wien 1997.

G. SCHRAMM, Polen – Böhmen – Ungarn: Übernationale Gemeinsamkeiten in der politischen Kultur des späten Mittelalters und der frühen Neuzeit, in: J. BAHLCKE, H.-J. BÖMELBURG/N. KERSKEN (Hg.), Ständefreiheit und Staatsgestaltung in Ostmitteleuropa. Übernationale Gemeinsamkeiten in der politischen Kultur vom 16.–18. Jahrhundert, Leipzig 1996, S. 13–38.

A. SKED, The Decline and Fall of the Habsburg Empire, London/New York 1989 [Der Fall des Hauses Habsburg. Der unzeitige Tod eines Kaiserreichs, Köln 1993].

E. THADEN, Russia's Western Borderlands, 1710–1870, Princeton 1984.

P. WAGNER, Bauern, Junker und Beamte. Lokale Herrschaft und Partizipation im Ostelbien des 19. Jahrhunderts, Göttingen 2005.

P. S. WANDYCZ, The Lands of Partitioned Poland, 1795–1918, 3. Aufl. Seattle/London 1993.

H. WECZERKA (Hg.), Stände und Landesherrschaft in Ostmitteleuropa in der frühen Neuzeit, Marburg 1995.

b) DIE POLNISCHE REFORMÄRA UND DIE TEILUNGEN POLENS

H.-J. BÖMELBURG Zwischen polnischer Ständegesellschaft und preussischem Obrigkeitsstaat. Vom königlichen Preussen zu Westpreussen (1756–1806), München 1995.

R. BUTTERWICK, Poland's Last King and English Culture. Stanisław August Poniatowski 1732–1798, Oxford 1998.

S. FISZMAN (Hg.), Constitution and Reform in Eighteenth-Century Poland. The Constitution of 3 May 1791, Bloomington/Indianapolis 1997.

K. FRIEDRICH, The Other Prussia. Royal Prussia, Poland and Liberty, 1569–1772, Cambridge 2000.

J. K. HOENSCH, Sozialverfassung und politische Reform. Polen im vorrevolutionären Zeitalter, Köln/Wien 1973.

R. JAWORSKI (Hg.), Nationale und internationale Aspekte der polnischen Verfassung vom 3. Mai 1791, Frankfurt a. M./Berlin/Bern 1993.

J. KUSBER, Vom Projekt zum Mythos. Die polnische Maiverfassung 1791, in: Zeitschrift für Geschichtswissenschaft 52 (2004), S. 685–699.

A. LITYŃSKI, Die Geschichte des Code Napoléon in Polen, in: R. SCHULZE (Hg.), Französisches Zivilrecht in Europa während des 19. Jahrhunderts, Berlin 1994, S. 253–269.

J. ŁOJEK, Geneza i obalenie Konstytucji 3 Maja – politika zagraniczna Rzeczypospolitej 1787–1792 [Die Genese und der Sturz der Verfassung vom 3. Mai – Die Außenpolitik der Republik 1787–1792], Lublin 1986.

J. LUKOWSKI, Liberty's Folly. The Polish-Lithuanian Commonwealth in the Eighteenth Century, 1697–1795, London/New York 1991.

J. LUKOWSKI, The Partitions of Poland 1772, 1793, 1795, London/New York 1999.

M. G. MÜLLER, Der Kościuszko-Aufstand und die Teilungen Polens, in: H. HAUMANN/J. SKOWRONEK (Hg.), „Der letzte Ritter und erste Bürger im Osten Europas". Kościuszko, das aufständische Reformpolen und die Verbundenheit zwischen Polen und der Schweiz, Basel/Frankfurt a. M. 1996, S. 133–144.

M. G. MÜLLER, Polen zwischen Preußen und Rußland. Souveränitätskrise und Reformpolitik 1736–1752, Berlin 1983.

M. G. MÜLLER, Die Teilungen Polens 1772, 1793, 1795, München 1984.

E. ROSTWOROWSKI, Ostatni król Rzeczypospolitej. Geneza i upadek Konstytucji 3 maja [Der letzte König der Republik. Genese und Fall der Verfassung vom 3. Mai], Warszawa 1966.

G. SCHRAMM, Reformen unter Polens letztem König. Die Wandlungsfähigkeit eines Ständestaates im europäischen Vergleich (1764–1795), in: Berliner Jahrbuch für osteuropäische Geschichte 1996/1, S. 203–215.

B. Szyndler, Powstanie kościuszkowskie 1794 [Der Kościuszko-Aufstand 1794], 2. Aufl. Warszawa 2001.
W. Witkowski, Ursprung einer modernen Nation und der Idee des „politischen Mannes", in: H. Reinalter/P. Leisching (Hg.), Die polnische Verfassung vom 3. Mai 1791 vor dem Hintergrund der europäischen Aufklärung, Frankfurt a. M. 1997, S. 15–26.
A. Wyczański, Polska Rzeczą Pospolitą szlachecką, Warszawa 1991 [Polen als Adelsrepublik, Osnabrück 2001].
A. Zahorski, Spór o Stanisława Augusta [Der Streit um Stanisław August], Warszawa 1988.
A. Zamoyski, The Last King of Poland, London 1992.
K. Zernack, Negative Polenpolitik als Grundlage deutsch-russischer Diplomatie in der Mächtepolitik des 18. Jahrhunderts, in: U. Liszkowski (Hg.), Rußland und Deutschland. Festschrift für G. v. Rauch, Stuttgart 1974, S. 144–159.
K. Zernack, Stanisław August Poniatowski. Probleme einer politischen Biographie, in: Jahrbücher für Geschichte Osteuropas 15 (1967), S. 371–393.

c) Staatsbildung und ständische Reformen in der Habsburgermonarchie

É. Balázs, Hungary and the Habsburgs, 1765–1800. An Experiment in Enlightened Absolutism, Budapest 1997.
D. Beales, Enlightenment and Reform in Eighteenth-Century Europe, London/New York 2005.
K. Benda, Die ungarischen Jakobiner, in: H. Reinalter (Hg.), Jakobiner in Mitteleuropa, Innsbruck 1977, S. 381–405.
K. Benda, Jean-Jacques Rousseau et la Hongrie (à la fin du XVIIIe siècle), in: Jean-Jacques Rousseau. Pour le 250ᵉ anniversaire des sa naissance, Gap 1963, S. 169–182.
I. Cerman, Aufgeklärtes Ständetum? Die Verfassungsdiskussion in Böhmen 1790/91, in: R. Gehrke (Hg.), Aufbrüche in die Moderne. Frühparlamentarismus zwischen altständischer Ordnung und monarchischem Konstitutionalismus 1750–1850. Schlesien – Deutschland – Mitteleuropa, Köln/Weimar/Wien 2005, S. 179–204.
P. G. M. Dickson, Finance and Government under Maria Theresia 1740–1780, 2 Bde., Oxford 1987.
A. M. Drabek, Die Desiderien der böhmischen Stände von 1791. Überlegungen zu ihrem ideellen Gehalt, in: F. Seibt (Hg.), Die böhmischen Länder zwischen Ost und West. Festschrift für Karl Bosl zum 75. Geburtstag, München/Wien 1983, S. 132–142.
R. J. W. Evans, Austria, Hungary, and the Habsburgs. Central Europe c. 1683–1867, Oxford 2006.

R. J. W. Evans, The Habsburg Monarchy and Bohemia, 1526–1848, in: M. Greengrass (Hg.), Conquest and Coalescence. The Shaping of the State in Early Modern Europe, London 1991, S. 134–154.
W. Godsey, Adelsautonomie, Konfession und Nation im österreichischen Absolutismus ca. 1620–1848, in: Zeitschrift für Historische Forschung 33 (2006), S. 197–239.
S. Grodziski/A. S. Gerhardt (Hg.), Projekt konstytucji dla Galicji z 1790 r. („Charta Leopoldiana"). Tekst i przekład [Das Verfassungsprojekt für Galizien von 1790 („Charta Leopoldiana"). Text und Übersetzung], Kraków 1984.
H. Haselsteiner, Joseph II. und die Komitate Ungarns. Herrscherrecht und ständischer Konstitutionalismus, Wien/Köln/Graz 1983.
M. Hochedlinger, Krise und Wiederherstellung. Österreichische Großmachtpolitik zwischen Türkenkrieg und „Zweiter Diplomatischer Revolution" 1787–1791, Berlin 2000.
C. Ingrao, The Habsburg Monarchy 1618–1815, Cambridge 1994.
R. J. Kerner, Bohemia in the Eighteenth Century. A Study in Political, Economic, and Social History. With Special Reference to the Reign of Leopold II., 1790–1792, New York 1932.
B. Király, Hungary in the Late Eighteenth Century. The Decline of Enlightened Absolutism, New York/London 1969.
H. Klueting (Hg.), Der Josephinismus. Ausgewählte Quellen zur Geschichte der theresianisch-josephinischen Reformen, Darmstadt 1995.
D. Kosáry, Napoléon et la Hongrie, Budapest 1979.
J. Poór, Adók, katonák, országgyűlések, 1796–1811/12 [Abgaben, Rekruten, Landtage 1796–1811/12], Budapest 2003.
A. Schaser, Josephinische Reformen und sozialer Wandel in Siebenbürgen. Die Bedeutung der Konzivilitätsreskriptes für Hermannstadt, Stuttgart 1989.
D. Silagi, Jakobiner in der Habsburger-Monarchie. Ein Beitrag zur Geschichte des aufgeklärten Absolutismus in Österreich, Wien/München 1962.
A. Szántay, Regionalpolitik im Alten Europa. Die Verwaltungsreformen Josephs II. in Ungarn, in der Lombardei und in den österreichischen Niederlanden 1785–1790, Budapest 2005.
A. Wandruszka, Leopold II., 2 Bde., Wien und München 1963–1965.
E. Wangermann, Die Waffen der Publizität. Zum Funktionswandel der politischen Literatur unter Joseph II., Wien/München 2004.

d) Frühliberalismus und Vormärz

G. Barany, Stephen Széchenyi and the Awakening of Hungarian Nationalism, 1791–1841, Princeton 1968.
A. Gergely, Der ungarische Adel und der Liberalismus im Vormärz, in: D. Langewiesche (Hg.), Liberalismus im 19. Jahrhundert. Deutschland im europäischen Vergleich, Göttingen 1988, S. 458–483.

B. GNEISSE, István Széchenyis Kasinobewegung im ungarischen Reformzeitalter (1825–1848). Ein Beitrag zur Erforschung der Anfänge der nationalliberalen Organisation im vormärzlichen Ungarn, Frankfurt a. M. u. a. 1990.

W. HEINDL, Gehorsame Rebellen. Bürokratie und Beamte in Österreich 1780 bis 1848, Wien/Köln/Graz 1991.

K. KECSKEMÉTI, La Hongrie et le réformisme libéral. Problèmes politiques et sociaux (1790–1848), Rom 1989.

E. KOLB, Polenbild und Polenfreundschaft der deutschen Frühliberalen, in: Saeculum 26 (1975), S. 111–127.

A. OPLATKA, Graf Stephan Széchenyi. Der Mann, der Ungarn schuf, Wien 2004.

M. WIENFORT, Patrimonialgerichte in Preußen. Ländliche Gesellschaft und bürgerliches Recht 1770–1848/49, Göttingen 2001.

W. H. ZAWADZKI, A Man of Honour. Adam Czartoryski as a Statesman of Russia and Poland 1795–1831, Oxford 1993.

e) DIE REVOLUTIONEN VON 1848

B. BIWALD, Von Gottes Gnaden oder von Volkes Gnaden? Die Revolution von 1848 in der Habsburgermonarchie. Der Bauer als Ziel politischer Agitation, Frankfurt a. M./Berlin/Bern 1996.

H. BOOMS/M. WOJCIECHOWSKI (Hg.), Deutsche und Polen in der Revolution 1848–49. Dokumente aus deutschen und polnischen Archiven, Boppard 1991.

I. DEÁK, The Lawful Revolution. Louis Kossuth and the Hungarians, 1848–1849, New York 1979 [Die rechtmäßige Revolution. Lajos Kossuth und die Ungarn 1848–1849, Wien/Köln/Graz 1979].

D. DOWE/H.-G. HAUPT/D. LANGEWIESCHE (Hg.), Europa 1848. Revolution und Reform, Bonn 1998.

R. J. W. EVANS/H. POGGE VON STRANDMANN (Hg.), The Revolutions in Europe, 1848–9. From Reform to Reaction, Oxford 2000.

H. FISCHER (Hg.), Die ungarische Revolution von 1848/49. Vergleichende Aspekte der Revolutionen in Ungarn und Deutschland, Hamburg 1999.

H. FISCHER (Hg.), Lajos Kossuth (1802–1894). Wirken – Rezeption – Kult, Hamburg 2007.

A. GOTTSMANN, Der Reichstag von Kremsier und die Regierung Schwarzenberg. Die Verfassungsdiskussion des Jahres 1848 im Spannungsfeld zwischen Reaktion und nationaler Frage, Wien/München 1995.

B. HAIDER/H. P. HYE (Hg.), 1848. Ereignis und Erinnerung in den politischen Kulturen Mitteleuropas, Wien 2003.

W. HÄUSLER, Von der Massenarmut zur Arbeiterbewegung. Demokratie und soziale Frage in der Wiener Revolution von 1848, Wien 1979.

R. Hermann, Kossuth Lajos élete és kora, Budapest 2002 [Reform – Revolution – Emigration. Leben und Werk des ungarischen Staatsmanns Lajos Kossuth, Herne 2006].

R. Jaworski/R. Luft (Hg.), 1848/49 Revolutionen in Ostmitteleuropa, München 1996.

P. M. Judson, Wien brennt! Die Revolution von 1848 und ihr liberales Erbe, Wien/Köln/Weimar 1998.

J. Kořalka, Palacký und Österreich als Vielvölkerstaat, in: Österreichische Osthefte 28 (1986), S. 22–37.

A. Körner (Hg.), 1848. A European Revolution? International Ideas and National Memories of 1848, Basingstoke 2000.

W. Mommsen, 1848. Die ungewollte Revolution. Die revolutionären Bewegungen in Europa 1830–1849, Frankfurt a. M. 1998.

A. Moritsch (Hg.), Der Austroslavismus. Ein verfrühtes Konzept zur politischen Neugestaltung Mitteleuropas, Wien/Köln/Weimar 1996.

A. Moritsch (Hg.), Der Prager Slavenkongreß 1848, Wien/Köln/Weimar 2000.

E. Niederhauser, 1848. Sturm im Habsburgerreich, Wien 1990.

L. D. Orton, The Prague Slav Congress of 1848, Boulder 1978.

S. Pech, The Czech Revolution of 1848, Chapel Hill 1969.

S. P. Scheichl/E. Brix (Hg.), „Dürfen's denn das?" Die fortdauernde Frage zum Jahr 1848, Wien 1999.

G. Spira, A nemzeti kérdés a negyvennyolcas forradalom Magyarországán, Budapest 1980 [The Nationality Issue in the Hungary of 1848–49, Budapest 1992].

J. Štaif, Obezřetná elita. Česká společnost mezi tradicí a revolucí 1830–1851 [Die vorsichtige Elite. Die tschechische Gesellschaft zwischen Tradition und Revolution 1830–1851], Praha 2005.

N. Stančić, Das Jahr 1848 in Kroatien. Unvollendete Revolution und nationale Integration, in: Südost-Forschungen 57 (1998), S. 103–128.

C. Tacke (Hg.), 1848. Memory and Oblivion in Europe, Bruxelles/Bern/Berlin 2000.

f) Der österreichische Neoabsolutismus

G. C. Berger Waldenegg, Mit vereinten Kräften! Zum Verhältnis von Herrschaftspraxis und Systemkonsolidierung im Neoabsolutismus am Beispiel der Nationalanleihe von 1854, Wien/Köln/Weimar 2002.

H. H. Brandt, Der österreichische Neoabsolutismus. Staatsfinanzen und Politik 1848–1860, 2 Bde., Göttingen 1978.

A. Deák, „Nemzeti egyenjogúsítás". Kormányzati nemzetiségpolitika Magyarországon 1849–1860 [„Nationale Gleichberechtigung". Regierungsamtliche Nationalitätenpolitik in Ungarn 1849–1860], Budapest 2000.

D. Kováč/A. Suppan/E. Hrabovec (Hg.), Die Habsburgermonarchie und die Slowaken 1849–1867, Bratislava 2001.

Z. Lengyel, Österreichischer Neoabsolutismus in Ungarn 1849–1860. Grundlinien, Probleme und Perspektiven der historischen Forschung über die Bach-Ära, in: Südost-Forschungen 56 (1997), S. 213–278.

S. Lippert, Felix Fürst zu Schwarzenberg. Eine politische Biographie, Wiesbaden 1998.

L. Lukács, Magyar politikai emigráció. 1849–1867, Budapest 1984 [in Auszügen: Chapters on the Hungarian Political Emigration 1849–1867, Budapest 1995].

H. Rumpler, Der österreichische Neoabsolutismus als Herrschafts- und Modernisierungssystem, in: D. Kováč/A. Suppan/E. Hrabovec (Hg.), Die Habsburgermonarchie und die Slowaken 1849–1867, Bratislava 2001, S. 9–21.

C. Stölzl, Die Ära Bach in Böhmen. Sozialgeschichtliche Studien zum Neoabsolutismus 1849–1859, München/Wien 1971.

g) Staat, Politik und Parteienwesen 1860–1895

G. Barany, Ungarns Verwaltung 1848–1918, in: Die Habsburgermonarchie 8.a, Bd. II: Rechtswesen und Verwaltung, S. 306–498.

P. Berger (Hg.), Der österreichisch-ungarische Ausgleich von 1867. Vorgeschichte und Wirkungen, Wien/München 1967.

H. Binder, Galizien in Wien. Parteien, Wahlen, Fraktionen und Abgeordnete im Übergang zur Massenpolitik, Wien 2005.

O. Brunner, Der österreichisch-ungarische Ausgleich von 1867 und seine geschichtlichen Grundlagen, in: Südostdeutsches Archiv 11 (1968), S. 15–24.

G. Cohen, Neither Absolutism nor Anarchy. New Narratives on Society and Government in Late Imperial Austria, in: Austrian History Yearbook 29 (1998), S. 37–61.

G. Cohen, Nationalist Politics and the Dynamics of State and Civil Society in the Habsburg Monarchy, 1867–1914, in: Central European History 40 (2007), S. 241–278.

B. M. Garver, The Young Czech Party 1874–1901 and the Emergence of a Multi-Party System, New Haven 1978.

A. Gerő, Az elsöprő kisebbség. Népképviselet a Monarchia Magyarországán, Budapest 1988 [The Hungarian Parliament (1867–1918). A Mirage of Power, New York 1997].

F. Gottas, Ungarn im Zeitalter des Hochliberalismus. Studien zur Tisza-Ära (1875–1890), Wien 1976.

M. Gross, Die Anfänge des modernen Kroatien. Gesellschaft, Politik und Kultur in Zivil-Kroatien und -Slawonien in den ersten dreißig Jahren nach 1848, Wien/Köln/Weimar 1993.

P. HEUMOS, Agrarische Interessen und nationale Politik in Böhmen 1848–1889. Sozialökonomische und organisatorische Entstehungsbedingungen der tschechischen Bauernbewegung, Wiesbaden 1979.

M. HLAVAČKA, Zlatý věk české samosprávy. Samospráva a její vliv na hospodářský, sociální a intelektuální rozvoj Čech 1862–1913 [Das goldene Jahrhundert der tschechischen Selbstverwaltung. Die Selbstverwaltung und ihr Einfluss auf die wirtschaftliche, soziale und intellektuelle Entwicklung Böhmens 1862–1913], Praha 2006.

H. P. HYE, Das politische System in der Habsburgermonarchie. Konstitutionalismus, Parlamentarismus und politische Partizipation, Prag 1998.

S. KIENIEWICZ, Powstanie styczniowe [Der Januaraufstand], Warszawa 1972.

T. KLETEČKA, Der Ausgleichsversuch des Ministeriums Hohenwart-Schäffle mit Böhmen im Jahre 1871. Mit besonderer Berücksichtigung des reichsdeutschen Einflusses, Diss. Wien 1984.

J. KOŘALKA, František Palacký (1798–1876). Životopis, Praha 1998 [František Palacký (1798–1876). Der Historiker der Tschechen im österreichischen Vielvölkerstaat, Wien 2007].

M. KOZÁRI, Tisza Kálmán és kormányzati rendszere [Kálmán Tisza und seine Regierungsordnung], Budapest 2003.

R. F. LESLIE, Reform and Insurrection in Russian Poland 1856–1865, London 1963.

J. MALÍŘ, Od spolků k moderním politickým stranám. Vývoj politických stran na Moravě v letech 1848–1914 [Von den Vereinen zu den modernen politischen Parteien. Die Entwicklung der politischen Parteien in Mähren in den Jahren 1848–1914], Brno 1996.

C. FRHR. MARSCHALL VON BIEBERSTEIN, Freiheit in der Unfreiheit. Die nationale Autonomie der Polen in Galizien nach dem österreichisch-ungarischen Ausgleich von 1867. Ein konservativer Aufbruch im mitteleuropäischen Vergleich, Wiesbaden 1993.

L. PÉTER, Die Verfassungsentwicklung in Ungarn, in: Die Habsburgermonarchie 8.a, Bd. VII: Verfassung und Parlamentarismus, S. 239–540.

S. PIJAJ, Między polskim patriotyzmem a habsburskim lojalizmem. Polacy wobec przemian ustrojowych monarchii habsburskiej (1866–1871) [Zwischen polnischem Patriotismus und habsburgischem Loyalismus. Die Polen und der Staatsumbau der Habsburgermonarchie (1866–1871)], Kraków 2003.

H. W. RAUTENBERG, Der polnische Aufstand von 1863 und die europäische Politik im Spiegel der deutschen Diplomatie und der öffentlichen Meinung, Wiesbaden 1979.

J. REDLICH, Das österreichische Staats- und Reichsproblem, 2 Bde., Leipzig 1920–1926.

C. SCHARF, Ausgleichspolitik und Pressekampf in der Ära Hohenwart. Die Fundamentalartikel von 1871 und der deutsch-tschechische Konflikt in Böhmen, München 1996.

É. Somogyi, Der gemeinsame Ministerrat der österreichisch-ungarischen Monarchie 1867–1906, Wien/Köln/Weimar 1996.
Gy Szabad, Hungarian Political Trends between the Revolution and the Compromise (1849–1867), Budapest 1977.
K. Vladimirov, The World of Provincial Bureaucracy in Late 19th and 20th Century Russian Poland, Lewiston/Queenston/Lampeter 2004.
T. R. Weeks, Nation and State in Late Imperial Russia. Nationalism and Russification on the Western Frontier, 1863–1914, DeKalb 1996.

h) Krisenphänomene um 1900

A. Ableitinger, Ernest von Koerber und das Verfassungsproblem im Jahre 1900. Österreichs Nationalitäten- und Innenpolitik zwischen Konstitutionalismus, Parlamentarismus und oktroyiertem allgemeinem Wahlrecht, Wien/Köln/Graz 1973.
R. Blobaum, Rewolucja. Russian Poland, 1904–1907, Ithaca/London 1995.
J. W. Boyer, Culture and Political Crisis in Vienna. Christian Socialism in Power, 1897–1918, Chicago 1995.
G. A. von Geyr, Sándor Wekerle, 1848–1921. Die politische Biographie eines ungarischen Staatsmannes der Donaumonarchie, München 1993.
U. Haustein, Sozialismus und nationale Frage in Polen, Köln 1969.
L. Höbelt, Kornblume und Kaiseradler. Die deutschfreiheitlichen Parteien Altösterreichs 1882–1918, Wien/München 1993.
K. Jobst, Zwischen Nationalismus und Internationalismus. Die polnische und ukrainische Sozialdemokratie in Galizien von 1890 bis 1914. Ein Beitrag zur Nationalitätenfrage im Habsburgerreich, Hamburg 1996.
Z. Kárník, Socialisté na rozcestí. Habsburk, Masaryk či Šmeral [Die Sozialisten am Scheideweg. Habsburg, Masaryk oder Šmeral], Praha 1968 (2. Aufl. Praha 1996).
T. M. Kelly, Without Remorse. Czech National Socialists in the Late Habsburg Empire, Boulder 2006.
H. Mommsen, Die Sozialdemokratie und die Nationalitätenfrage im habsburgischen Vielvölkerstaat, Bd. I: Das Ringen um die supranationale Integration der zisleithanischen Arbeiterbewegung (1867–1907), Wien 1963.
L. Péter, The Army Question in Hungarian Politics, 1867–1918, in: Central Europe 4 (2006), S. 83–110.
H. C. Petersen, Aufstand oder Revolution? Die Revolution von 1905 im Spiegel der polnischen Historiographie, in: J. Kusber/A. Frings (Hg.), Das Zarenreich, das Jahr 1905 und seine Wirkungen. Bestandsaufnahmen, Berlin 2007, S. 213–246.
G. Schödl, Kroatische Nationalpolitik und „Jugoslavenstvo". Studien zu nationaler Integration und regionaler Politik in Kroatien-Dalmatien am Beginn des 20. Jahrhunderts, München 1990.

H. G. SKILLING, T. G. Masaryk. Against the Current, 1882–1914, Basingstoke 1994.
N. STONE, Constitutional Crises in Hungary 1903–1906, in: Slavonic and East European Review 45 (1967), S. 163–182.
P. TREES, Wahlen im Weichselland. Die Nationaldemokraten in Russisch-Polen und die Dumawahlen 1905–1992, Stuttgart 2007.
G. VERMES, István Tisza. The Liberal Vision and Conservative Statecraft of a Magyar Nationalist, New York 1985.
J. ZIMMERMANN, Poles, Jews, and the Politics of Nationality. The Bund and the Polish Socialist Party in Late Tsarist Russia, 1892–1914, Madison 2004.

i) OSTMITTELEUROPA IN DER EUROPÄISCHEN MÄCHTEPOLITIK

H. AFFLERBACH, Der Dreibund. Europäische Großmacht- und Allianzpolitik vor dem Ersten Weltkrieg, Wien/Köln/Weimar 2002.
J. ANGELOW, Kalkül und Prestige. Der Zweibund am Vorabend des Ersten Weltkriegs, Köln/Weimar/Wien 2000.
F. R. BRIDGE, The Habsburg Monarchy among the Great Powers, 1815–1918, New York/Oxford/München 1990.
I. DIÓSZEGI, Bismarck és Andrássy, Budapest 1999 [Bismarck und Andrássy. Ungarn in der deutschen Machtpolitik in der zweiten Hälfte des 19. Jahrhunderts, Wien/München 1999].
I. DIÓSZEGI, Hungarians in the Ballhausplatz. Studies on the Austro-Hungarian Common Foreign Policy, Budapest 1983.
G. KRONENBITTER, „Krieg im Frieden". Die Führung der k.u.k. Armee und die Großmachtpolitik Österreich-Ungarns 1906–1914, München 2003.
E. PALOTÁS, Machtpolitik und Wirtschaftsinteressen. Der Balkan und Rußland in der österreichisch-ungarischen Außenpolitik 1878–1895, Budapest 1995.
I. PANTENBURG, Im Schatten des Zweibundes. Probleme österreichisch-ungarischer Bündnispolitik 1897–1908, Wien 1996.
W. RAUSCHER, Zwischen Berlin und St. Petersburg. Die österreichisch-ungarische Außenpolitik unter Gustav Graf Kálnoky 1881–1895, Wien/Köln/Weimar 1993.
R. F. SCHMIDT, Die gescheiterte Allianz. Österreich-Ungarn, England und das Deutsche Reich in der Ära Andrássy (1867 bis 1878/79), Frankfurt a. M. u. a. 1992.
G. VOLKMER, Die Siebenbürgische Frage (1878–1900). Der Einfluß der rumänischen Nationalbewegung auf die diplomatischen Beziehungen zwischen Österreich-Ungarn und Rumänien, Köln/Weimar/Wien 2004.
S. R. WILLIAMSON Jr., Austria-Hungary and the Origins of the First World War, London 1991.

9. STAAT UND POLITIK IM FRÜHEN 20. JAHRHUNDERT

a) ALLGEMEINES

H. ALTRICHTER/W. L. BERNECKER, Geschichte Europas im 20. Jahrhundert, Stuttgart 2004.
K. BARKEY/M. VON HAGEN (Hg.), After Empire. Multiethnic Societies and Nation-Building. The Soviet Union and the Russian, Ottoman, and Habsburg Empires, Boulder 1997.
M. CORNWALL/R. J. W. EVANS (Hg.), Czechoslovakia in a Nationalist and Fascist Europe 1918–1948, Oxford 2007.
J. K. HOENSCH, Geschichte der Tschechoslowakei, 3. Aufl. Stuttgart/Berlin/Köln 1992.
Z. KÁRNÍK/M. KOPEČEK (Hg.), Bolševismus, komunismus a radikální socialismus v Československu [Bolschewismus, Kommunismus und Sozialismus in der Tschechoslowakei], 5 Bde., Praha 2003–2005.
A. LIJPHART, Democracy in Plural Societies. A Comparative Exploration, New Haven/London 1977.
Ľ. LIPTÁK, Slovensko v 20. storočí [Die Slowakei im 20. Jahrhundert], Bratislava 1968 (2. Aufl. 1998).
Gy. LITVÁN, Jászi Oszkár, Budapest 2003 [A Twentieth Century Prophet. Oscar Jaszi 1875–1957, Budapest 2006].
G. MAI, Europa 1918–1939. Mentalitäten, Lebensweisen, Politik zwischen den Weltkriegen, Stuttgart/Berlin/Köln 2001.
V. MAMATEY/R. LUŽA, A History of the Czechoslovak Republic 1918–1948, Princeton 1973 [Geschichte der Tschechoslowakischen Republik 1918–1948, Wien/Köln/Graz 1980].
M. MAZOWER, The Dark Continent. Europe's 20th Century, London 1998 [Der dunkle Kontinent. Europa im 20. Jahrhundert, Berlin 2000].
G. VON RAUCH, Geschichte der baltischen Staaten, 3. Aufl. München 1990.
I. ROMSICS, Magyarország a huszadik században, Budapest 1999 [Hungary in the Twentieth Century, Budapest 1999].
J. RYCHLÍK, Češi a Slováci ve 20. století. Česko-slovenské vztahy [Tschechen und Slowaken im 20. Jahrhundert. Die Tschechisch-slowakischen Beziehungen], 2 Bde., Bratislava 1997–1998.
E. A. SAJTI, Hungarians in the Vojvodina 1918–1947, New York 2003.
J. SCHATZ, The Generation. The Rise and Fall of the Jewish Communists of Poland, Berkeley/Los Angeles/Oxford 1991.
D. SEGERT, Die Grenzen Osteuropas. 1918, 1945, 1989 – Drei Versuche im Westen anzukommen, Frankfurt a. M./New York 2002.
M. WINKLER, Karel Kramář (1860–1937). Selbstbild, Fremdwahrnehmungen und Modernisierungsverständnis eines tschechischen Politikers, München 2002.

S. B. Winters/R. Pynsent/H. Hanak (Hg.), T. G. Masaryk (1850–1937), 3 Bde., London 1989–1990.
Z. Zeman/A. Klimek, The Life of Edvard Beneš 1884–1948. Czechoslovakia in Peace and War, Oxford 1997.

b) Der Erste Weltkrieg

M. Cornwall, The Undermining of Austria-Hungary. The Battle for Hearts and Minds, Basingstoke/London/New York 2000.
P. Ehrenpreis, Kriegs- und Friedensziele im Diskurs. Regierung und deutschsprachige Öffentlichkeit Österreich-Ungarns während des Ersten Weltkriegs, Innsbruck/Wien/Bozen 2005.
J. Galántai, Magyarország az első világháboruban 1914–1918, Budapest 1964 [Hungary in the First World War, Budapest 1989].
F. Hadler (Hg.), Weg von Österreich! Das Weltkriegsexil von Masaryk und Beneš im Spiegel ihrer Briefe und Aufzeichnungen aus den Jahren 1914 bis 1918. Eine Quellensammlung, Berlin 1995.
M. Healy, Vienna and the Fall of the Habsburg Empire. Total War and Everyday Life in World War I, Cambridge 2004.
A. Holzer, Das Lächeln der Henker. Der unbekannte Krieg gegen die Zivilbevölkerung 1914–1918, Darmstadt 2008.
E. Kovács, Untergang oder Rettung der Donaumonarchie? Die österreichische Frage. Kaiser und König Karl I. (IV.) und die Neuordnung Mitteleuropas (1916–1922), 2 Bde., Wien/Köln/Weimar 2004.
V. G. Liulevicius, War Land on the Eastern Front. Culture, National Identity and German Occupation in World War I, Cambridge 2000 [Kriegsland im Osten. Eroberung, Kolonisierung und Militärherrschaft im Ersten Weltkrieg, Hamburg 2000].
H. Mommsen/D. Kováč/J. Malíř (Hg.), Der Erste Weltkrieg und die Beziehungen zwischen Tschechen, Slowaken und Deutschen, Essen 2001.
R. Nachtigal, Rußland und seine österreichisch-ungarischen Kriegsgefangenen (1914–1918), Remshalden 2003.
A. Rachamimov, POWs and the Great War. Captivity on the Eastern Front. Oxford, New York 2002.
M. Rauchensteiner, Der Tod des Doppeladlers. Österreich-Ungarn und der Erste Weltkrieg, Graz 1993.
H. L. Rees, The Czechs during World War I. The Path to Independence, Boulder/New York 1992.
Z. A. Zeman, The Break-Up of the Habsburg Empire, Oxford 1961 [Der Zusammenbruch des Habsburgerreiches, Wien 1963].

c) Revolutionen und Staatsgründungen

I. Banac (Hg.), The Effects of World War I. The Class War after the Great War. The Rise of Communist Parties in East Central Europe, 1918–1921, New York 1983.
G. Borsányi, Kun Béla. Politikai életrajz, Budapest 1979 [The Life of a Communist Revolutionary: Béla Kun, Boulder/Highland Lakes 1993].
K. Braun, Der 4. März 1919. Zur Herausbildung sudetendeutscher Identität, in: Bohemia 37 (1996), S. 353–380.
J. Galandauer, Vznik československé republiky. Programy, projekty, perspektivy, [Die Entstehung der Tschechoslowakischen Republik, Programme, Projekte, Perspektiven], Praha 1988.
T. Hajdu, The Hungarian Soviet Republic, Budapest 1979.
H. Lemberg/P. Heumos (Hg.), Das Jahr 1919 in der Tschechoslowakei und in Ostmitteleuropa. Vorträge der Tagung des Collegium Carolinum in Bad Wiessee vom 24. bis 26. November 1989, München 1993.
C. Mick, Vielerlei Kriege: Osteuropa 1918–1921, in: D. Beyrau/M. Hochgeschwender/D. Langewiesche (Hg.), Formen des Krieges. Von der Antike bis zur Gegenwart, Paderborn u. a. 2007, S. 311–326.
C. Mick, War and Conflicting Memories. Poles, Ukrainians, and Jews in Lvov 1914–1939, in: Jahrbuch des Simon-Dubnow-Instituts 4 (2005), S. 257–278.
K. Nehring (Hg.), Flugblätter und Flugschriften zur ungarischen Räterepublik. Deutschsprachige Drucke aus Budapester Sammlungen, München 1981.
A. Siklós, Revolution in Hungary and the Dissolution of the Multinational State 1918, Budapest 1988.
R. L. Tőkés, Béla Kun and the Hungarian Soviet Republic. The Origins and Role of the Communist Party of Hungary in the Revolutions of 1918–1919, New York/Washington/London 1967.
Vznik Československá 1918. Dokumenty československé zahraniční politiky [Die Entstehung der Tschechoslowakei 1918. Dokumente zur tschechoslowakischen Außenpolitik], Hrsg. vom Ústav mezinárodních vztahů [Institut für internationale Beziehungen], Praha 1994.
T. Wehrhahn, Die Westukrainische Volksrepublik. Zu den polnisch-ukrainischen Beziehungen und dem Problem der ukrainischen Staatlichkeit in den Jahren 1918 bis 1923, Berlin 2004.

d) Ostmitteleuropa zwischen den Kriegen

W. Benecke, Die Ostgebiete der Zweiten Polnischen Republik. Staatsmacht und öffentliche Ordnung in einer Minderheitenregion 1918–1939, Köln/Weimar/Wien 1999.
I. T. Berend, Decades of Crisis. Central and Eastern Europe before World War II, Berkeley/Los Angeles/London 1998.

D. Brandes, Die Sudetendeutschen im Krisenjahr 1938, München 2008.
J. W. Brügel, Tschechen und Deutsche 1918–1938, München 1967.
Československo 1918–1938. Osudy demokracie v střední Evropě [Die Tschechoslowakei 1918–1938. Schicksale der Demokratie in Mitteleuropa]. Hrsg. vom Historický ústav Akademie věd České republiky [Historisches Institut der Akademie der Wissenschaften der Tschechischen Republik], 2 Bde., Praha 1999.
W. Conze, Die Strukturkrise des östlichen Mitteleuropas vor und nach 1919, in: Vierteljahrshefte für Zeitgeschichte 1 (1953), S. 319–338.
Deutsche Gesandtschaftsberichte aus Prag, 4 Bde., München 1983–2004.
P. Haslinger/J. von Puttkamer (Hg.), Staat, Loyalität und Minderheiten in Ostmittel- und Südosteuropa 1918–1941, München 2007.
J. K. Hoensch/D. Kováč (Hg.), Das Scheitern der Verständigung. Tschechen, Deutsche und Slowaken in der Ersten Republik (1918–1938), Essen 1994.
O. Johnson, Slovakia 1918–1938. Education and the Making of a Nation, Boulder/New York 1985.
Z. Kárník, České země v éře první Republiky (1918–1938) [Die böhmischen Länder in der Ära der Ersten Republik (1918–1938)], 3 Bde., Praha 2000–2003.
C. Kraft, Europa im Blick der polnischen Juristen. Rechtsordnung und juristische Profession in Polen im Spannungsfeld zwischen Nation und Europa 1918–1939, Frankfurt a. M. 2002.
V. Kural, Konflikt místo společenství. Češi a Němci v československém státě (1918–1938), Praha 1993 [Konflikt anstatt Gemeinschaft? Tschechen und Deutsche im tschechoslowakischen Staat (1918–1938), Prag 2001].
P. Latawski (Hg.), The Reconstruction of Poland, 1914–1923, London 1992.
H. Lemberg (Hg.), Ostmitteleuropa zwischen den beiden Weltkriegen (1918–1939). Stärke und Schwäche der neuen Staaten, nationale Minderheiten, Marburg 1997.
Z. Lengyel, Auf der Suche nach dem Kompromiß. Ursprünge und Gestalten des frühen Transsilvanismus 1918–1928, München 1993.
C. A. Macartney, October Fifteenth. A History of Modern Hungary 1929–1945, 2 Bde., Edinburgh 1956–1957.
M. Niendorf, Minderheiten an der Grenze. Deutsche und Polen in den Kreisen Flatow (Złotów) und Zempelburg (Sępólno Krajeńskie) 1900–1939, Wiesbaden 1997.
E. Oberländer (Hg.), Autoritäre Regime in Ostmittel- und Südosteuropa 1919–1944, Paderborn u. a. 2001.
V. Olivová, Dějiny první republiky [Geschichte der Ersten Republik], Praha 2000.
M. Ormos, Magyarország a két világháború korában 1914–1945, Debrecen 1998 [Hungary in the Age of the Two World Wars 1914–1945, Boulder 2007].

G. Schramm, Tschechen und Deutsche in der Ersten Tschechoslowakischen Republik, in: Bohemia 29 (1988), S. 383–390.

M. Schulze Wessel (Hg.), Loyalitäten in der Tschechoslowakischen Republik 1918–1938. Politische, nationale und kulturelle Zugehörigkeiten, München 2004.

P. D. Stachura, Poland 1918–1945. An Interpretive and Documentary History of the Second Republic, London/New York 2004.

J. Tomaszewski, Rzeczpospolita wielu narodów [Die Vielvölkerrepublik], Warszawa 1985.

J. Tomaszewski/Z. Landau, Polska w Europie i świecie 1918–1939 [Polen in Europa und in der Welt 1918–1939], Warszawa 2005.

M. Zückert, Zwischen Nationsidee und staatlicher Realität. Die tschechoslowakische Idee und ihre Nationalitätenpolitik 1918–1938, München 2006.

e) Parlamentarische Demokratie und autoritäre Regime

K. Bosl (Hg.), Die Erste Tschechoslowakische Republik als multinationaler Parteienstaat. Vorträge der Tagungen des Collegium Carolinum in Bad Wiessee vom 24. bis 27. November 1977 und vom 20. bis 23. April 1978, München/Wien 1979.

E. Broklová, Československá demokracie. Politický systém ČSR 1918–1938 [Die tschechoslowakische Demokratie. Das politische System der ČSR 1918–1938], Praha 1992.

E. Broklová, Politická kultura německých aktivistických stran v Československu 1918–1939 [Die politische Kultur der deutschen aktivistischen Parteien in der Tschechoslowakei 1918–1939], Praha 1999.

P. Bugge, Czech Democracy 1918–1938. Paragon or Parody?, in: Bohemia 47 (2006/07) S. 3–28.

G. Doliesen, Die Polnische Bauernpartei „Wyzwolenie" in den Jahren 1918–1926, Marburg 1995.

A. M. Drabek/R. G. Plaschka/H. Rumpler (Hg.), Das Parteienwesen Österreichs und Ungarns in der Zwischenkriegszeit, Wien 1990.

D. H. El Mallakh, The Slovak Autonomy Movement 1935–1939. A Study in Unrelenting Nationalism, Boulder 1979.

J. R. Felak, „At the Price of the Republic". Hlinka's Slovak People's Party, 1929–1938, Pittsburgh/London 1994.

A. Garlicki, Józef Piłsudski, 1867–1935, Warszawa 1988 [engl. Ausg. (gekürzt): Józef Piłsudski 1867–1935, Aldershot 1995)].

J. Gergely, Gömbös Gyula. Politikai pályakép [Gyula Gömbös. Ein politisches Lebensbild], Budapest 2001.

H. Gollwitzer (Hg.), Europäische Bauernparteien im 20. Jahrhundert, Stuttgart/New York 1977.

P. Heumos, Konfliktregelung und soziale Integration. Zur Struktur der Ersten Tschechoslowakischen Republik, in: Bohemia 30 (1989), S. 52–70.

J. Kochanowski, Horthy und Pilsudski. Vergleich der autoritären Regime in Ungarn und Polen, in: E. Oberländer (Hg.), Autoritäre Regime in Ostmittel- und Südosteuropa 1919–1944, Paderborn u. a. 2001, S. 19–94.

J. Kracik, Die Politik des deutschen Aktivismus in der Tschechoslowakei 1920–1938, Frankfurt a. M. 1999.

S. Leblang, Polnische Bauernparteien, in: Gollwitzer 9.e, S. 271–322.

T. Lorman, Counter-Revolutionary Hungary, 1920–1925. István Bethlen and the Politics of Consolidation, Boulder 2006.

D. Miller, Forging Political Compromise. Antonín Švehla and the Czechoslovak Republican Party, 1918–1933, Pittsburgh 1999.

A. Polonsky, Politics in Independent Poland 1921–1939. The Crisis of Constitutional Government, Oxford 1972.

L. Püski, A Horthy-rendszer (1919–1945) [Das Horthy-System (1919–1945)], Budapest 2006.

I. Reinert-Tárnoky, Radikale Bauernpolitik in Ungarn. Eine gesellschaftspolitische Alternative in der Zwischenkriegszeit, München 1985.

I. Romsics, Bethlen István. Politikai Életrajz, Budapest 1991 [István Bethlen. A Great Conservative Statesman of Hungary 1874–1964, Boulder 1995].

T. Sakmyster, Hungary's Admiral on Horseback. Miklós Horthy, 1918–1944, Boulder 1994 [Miklos Horthy. Ungarn 1918–1944, Wien 2006].

M. Szöllösi-Janze, Die Pfeilkreuzlerbewegung in Ungarn. Historischer Kontext, Entwicklung und Herrschaft, München 1989.

N. Wingfield, Minority Politics in a Multiethnic State. The German Social Democrats in Czechoslovakia, 1918–1938, New York 1989.

f) Staatensystem und Aussenpolitik 1918/20–1939

M. Ádám, Richtung Selbstvernichtung. Die Kleine Entente 1920–1938, Wien/Budapest 1989.

R. Ahmann, Nichtangriffspakte. Entwicklung und operative Nutzung in Europa 1922–1939. Mit einem Ausblick auf die Renaissance des Nichtangriffsvertrags nach dem Zweiten Weltkrieg, Baden-Baden 1988.

G. Bátonyi, Britain and Central Europe, 1918–1933, Oxford 1999.

B. Celovsky, Das Münchener Abkommen 1938, Stuttgart 1958.

A. Cienciala, Poland and the Western Powers 1938–1939. A Study in the Interdependence of Eastern and Western Europe, London/Toronto 1968.

A. Cienciala/T. Komarnicki, From Versailles to Locarno. Keys to Polish Foreign Policy, 1919–1925, Lawrence 1984.

M. Hauner, The Quest for the Romanian Corridor. The Soviet Union, Romania and Czechoslovakia during the Sudeten Crisis of 1938, in: Taubert 9.f, S. 39–77.

J. K. Hoensch, Der ungarische Revisionismus und die Zerschlagung der Tschechoslowakei, Tübingen 1977.
E. Irmanová, Maďarsko a versailleský mírový systém [Ungarn und das Friedenssystem von Versailles], Ústí nad Labem 2002.
J. Karski, The Great Powers and Poland, 1919–1945. From Versailles to Yalta, Lanham 1985.
M. Kornat, Polityka równowagi 1934–1939. Polska między Wschodem a Zachodem [Die Politik des Gleichgewichts 1934–1939. Polen zwischen Ost und West], Kraków 2007.
A. Kovács-Bertrand, Der ungarische Revisionismus nach dem Ersten Weltkrieg. Der publizistische Kampf gegen den Friedensvertrag von Trianon (1918–1931), München 1997.
P. Krüger, Die Friedensordnung von 1919 und die Entstehung neuer Staaten in Ostmitteleuropa, in: Lemberg/Heumos 9.c, S. 93–115.
M. Lojkó, Meddling in Middle Europe. Britain and the „Lands Between", 1919–1925, Budapest/New York 2006.
I. Lukes, Czechoslovakia between Hitler and Stalin. The Diplomacy of Edvard Beneš in the 1930s, New York/Oxford 1996.
I. Pfaff, Die Sowjetunion und die Verteidigung der Tschechoslowakei 1934–1939. Versuch der Revision einer Legende, Köln 1996.
H. Ragsdale, The Soviets, the Munich Crisis, and the Coming of World War II, Cambridge 2004.
I. Romsics, A trianoni békeszerződés, Budapest 2001 [Der Friedensvertrag von Trianon, Herne 2005].
H. Rönnefarth, Die Sudetenkrise in der internationalen Politik. Entstehung, Verlauf, Auswirkung, 2 Bde., Wiesbaden 1961.
T. L. Sakmyster, Hungary, the Great Powers, and the Danubian Crisis 1936–1939, Athens 1980.
R. Schattkowsky (Hg.), Locarno und Osteuropa. Fragen eines europäischen Sicherheitssystems in den 20er Jahren, Marburg 1994.
G. Schramm, Der Kurswechsel der deutschen Polenpolitik nach Hitlers Machtergreifung, in: R. G. Foerster (Hg.), „Unternehmen Barbarossa". Zum historischen Ort der deutsch-sowjetischen Beziehungen von 1933 bis Herbst 1941, München 1993, S. 23–34.
Z. Sládek, Malá dohoda. Její hospodářské, politické a vojenské komponenty [Die Kleine Entente. Ihre wirtschaftlichen, politischen und militärischen Komponenten], Praha 2000.
Z. Steiner, The Lights that Failed. European International History 1919–1933, Oxford 2005.
F. Taubert (Hg.), Mythos München. Le Mythe de Munich. The Myth of Munich, München 2002.
P. Wandycz, France and her Eastern Allies 1919–1925. French-Czechoslovak-Polish Relations from the Paris Conference to Locarno, Minneapolis 1962.

P. Wandycz, The Little Entente. Sixty Years Later, in: Slavonic and East European Review 59 (1981), S. 548–564.

P. Wandycz, The Twilight of French Eastern Alliances, 1926–1936. French-Czechoslovak-Polish Relations from Locarno to the Remilitarization of the Rhineland, Princeton 1988.

M. Wojciechowski, Stosunki polsko-niemieckie 1933–1938, Poznań 1965 [Die deutsch-polnischen Beziehungen 1933–1938, Leiden 1971].

M. Zeidler, A magyar irredenta kultusz a két világháború között, Budapest 2002 [Ideas on Territorial Revision in Hungary, 1920–1945, Boulder 2007].

g) Die deutsche Ostforschung

G. Aly/S. Heim, Vordenker der Vernichtung. Auschwitz und die deutschen Pläne für eine neue europäische Ordnung, Hamburg 1991.

M. Burkert, Die Ostwissenschaften im Dritten Reich. Teil I: Zwischen Verbot und Duldung. Die schwierige Gratwanderung der Ostwissenschaften zwischen 1933 und 1939, Wiesbaden 2000.

M. Burleigh, Germany Turns Eastwards. A Study of Ostforschung in the Third Reich, Cambridge 1988.

J. Eckel, Hans Rothfels. Eine intellektuelle Biographie im 20. Jahrhundert, Göttingen 2005.

J. Elvert, Mitteleuropa! Deutsche Pläne zur europäischen Neuordnung, Stuttgart 1999.

I. Haar, Historiker im Nationalsozialismus. Deutsche Geschichtswissenschaft und der „Volkstumskampf" im Osten, 2. Aufl. Göttingen 2002.

J. Hackmann, Ostpreußen und Westpreußen in deutscher und polnischer Sicht. Landeshistorie als beziehungsgeschichtliches Problem, Wiesbaden 1996.

E. Mühle, Für Volk und deutschen Osten. Der Historiker Hermann Aubin und die deutsche Ostforschung, Düsseldorf 2005.

E. Mühle, „Ostforschung". Beobachtungen zu Aufstieg und Niedergang eines wissenschaftlichen Paradigmas, in: Zeitschrift für Ostmitteleuropaforschung 46 (1997), S. 317–350.

J. Piskorski/J. Hackmann/R. Jaworski (Hg.), Deutsche Ostforschung und polnische Westforschung im Spannungsfeld von Wissenschaft und Politik. Disziplinen im Vergleich, Osnabrück/Poznań 2002.

C. Unger, Ostforschung in Westdeutschland. Die Erforschung des europäischen Ostens und die Deutsche Forschungsgemeinschaft, 1945–1975, Stuttgart 2007.

P. C. Wachs, Der Fall Theodor Oberländer (1905–1998). Ein Lehrstück deutscher Geschichte, Frankfurt a. M./New York 2000.

10. DER ZWEITE WELTKRIEG

a) Allgemeines

G. Aly, Hitlers Volksstaat. Raub, Rassenkrieg und nationaler Sozialismus, Frankfurt a. M. 2005.

W. Benz/J. Houwink ten Cate/G. Otto (Hg.), Die Bürokratie der Okkupation. Strukturen der Herrschaft und Verwaltung im besetzten Europa, Berlin 1998.

D. Beyrau, Schlachtfeld der Diktatoren. Osteuropa im Schatten von Hitler und Stalin, Göttingen 2000.

C. Dieckmann/B. Quinkert/T. Tönsmeyer (Hg.), Kooperation und Verbrechen. Formen der „Kollaboration" im östlichen Europa 1939–1945, Göttingen 2003.

D. Geyer, Deutschland als Problem der sowjetischen Europapolitik am Ende des Zweiten Weltkriegs, in: J. Foschepoth (Hg.), Kalter Krieg und Deutsche Frage. Deutschland im Widerstreit der Mächte 1945–1952, Göttingen/Zürich 1985, S. 50–65.

U. Herbert, Fremdarbeiter. Politik und Praxis des „Ausländer-Einsatzes" in der Kriegswirtschaft des Dritten Reiches, Berlin/Bonn 1985.

U. Jureit (Hg.), Verbrechen der Wehrmacht. Dimensionen des Vernichtungskrieges 1941–1944. Ausstellungskatalog, Hamburg 2002.

J. Lipinsky, Das geheime Zusatzprotokoll zum deutsch-sowjetischen Nichtangriffsvertrag vom 23. August 1939 und seine Entstehungs- und Rezeptionsgeschichte von 1939 bis 1999, Frankfurt a. M./Berlin/Bern 2004.

C. Madajczyk (Hg.), Vom Generalplan Ost zum Generalsiedlungsplan, München/New Providence/London/Paris 1994.

R.-D. Müller/H.-E. Volkmann (Hg.), Die Wehrmacht. Mythos und Realität, München 1999.

M. Rössler/S. Schleiermacher (Hg.), Der „Generalplan Ost". Hauptlinien der nationalsozialistischen Planungs- und Vernichtungspolitik, Berlin 1993.

W. Schumann/L. Nestler (Hg.), Europa unterm Hakenkreuz. Die Okkupationspolitik des deutschen Faschismus (1938–1945). Achtbändige Dokumentenedition, 8 Bde., Berlin/Heidelberg 1988–1996.

J. Tauber (Hg.), „Kollaboration" in Nordosteuropa. Erscheinungsformen und Deutungen im 20. Jahrhundert, Wiesbaden 2006.

B. Wasser, Himmlers Raumplanung im Osten. Der Generalplan Ost in Polen 1940–1944, Basel/Berlin/Boston 1993.

b) Deutsche und sowjetische Besatzungspolitik in Polen und
Weissrussland

J. Böhler, Auftakt zum Vernichtungskrieg. Die Wehrmacht in Polen 1939, Frankfurt a. M. 2006.
W. Borodziej, Terror und Politik. Die deutsche Polizei und die polnische Widerstandsbewegung im Generalgouvernement 1939–1944, Mainz 1999.
W. Borodziej, Der Warschauer Aufstand 1944, Frankfurt a. M. 2001.
W. Borodziej/K. Ziemer (Hg.), Deutsch-polnische Beziehungen 1939–1945–1949. Eine Einführung, Osnabrück 2000.
B. Chiari, Alltag hinter der Front. Besetzung, Kollaboration und Widerstand in Weissrussland 1941–1944, Düsseldorf 1998.
B. Chiari (Hg.), Die polnische Heimatarmee. Geschichte und Mythos der Armia Krajowa seit dem Zweiten Weltkrieg, München 2003.
N. Davies, Aufstand der Verlorenen. Der Kampf um Warschau 1944, München 2004.
E. Duraczyński, Polska 1939–1945. Dzieje polityczne [Polen 1939–1945. Eine politische Geschichte], Warszawa 1999.
M. G. Esch, „Gesunde Verhältnisse". Deutsche und polnische Bevölkerungspolitik in Ostmitteleuropa 1939–1950, Marburg 1998.
C. Gerlach, Kalkulierte Morde. Die deutsche Wirtschafts- und Vernichtungspolitik in Weißrußland 1941–1944, Hamburg 1999.
J. Grabowski, „Ja tego Żyda znam!". Szantażowanie Żydów w Warszawie, 1939–1943 [„Ich kenne diesen Juden!" Die Erpressung von Juden in Warschau, 1939–1943], Warszawa 2004.
J. T. Gross, Revolution from Abroad. The Soviet Conquest of Poland's Western Ukraine and Western Belorussia, Princeton 1986 [„Und wehe, du hoffst ...". Die Sowjetisierung Ostpolens nach dem Hitler-Stalin-Pakt 1939–1941, Freiburg i. Br. 1988].
J. T. Gross, Polish Society under German Occupation. The Generalgouvernement, 1939–1944, Princeton 1979.
J. T. Gross, War as Revolution, in: Naimark/Gibianskij 11.b, S. 17–40.
K. Jasiewicz, Pierwsi po diable. Elity sowieckie w okupowanej Polsce 1939–1941 (Białostocczyzna, Nowogródczyzna, Polesie, Wileńszczyzna) [Stellvertreter des Teufels. Die sowjetischen Eliten im besetzten Polen 1939–1941 (Die Gebiete Białystok, Nowogródek, Polesie, Wilna)], Warszawa 2001.
G. Kaiser, Katyn. Das Staatsverbrechen – das Staatsgeheimnis, Berlin 2002.
Katyń. Dokumenty zbrodni [Katyń. Dokumente des Verbrechens], 2 Bde., Warszawa 1995 und 1998.
C. Madajczyk, Polityka III Rzeszy w okupowanej Polsce, Warszawa 1970 [Die Okkupationspolitik Nazideutschlands in Polen 1939–1945, Berlin (Ost) 1987].
B. Martin/S. Lewandowska (Hg.), Der Warschauer Aufstand 1944, Warszawa 1999.

B. Musial, „Konterrevolutionäre Elemente sind zu erschießen". Die Brutalisierung des deutsch-sowjetischen Krieges im Sommer 1941, Berlin/München 2000.
B. Musial (Hg.), Sowjetische Partisanen in Weißrußland. Innenansichten aus dem Gebiet Baranoviči 1941–1944. Eine Dokumentation, München 2004.
R. G. Pichoja/A. Gejštor, Katyn. Plenniki neob-javlennoj vojny. Dokumenty i materialy [Katyn. Gefangene eines unerklärten Krieges. Dokumente und Materialien], Moskau 1997.
A. J. Prażmowska, Civil War in Poland, 1942–1948, Basingstoke 2004.
P. T. Rutherford, Prelude to the Final Solution. The Nazi Program for Deporting Ethnic Poles, 1939–1941, Lawrence 2007.
G. Sanford, Katyn and the Soviet Massacre of 1940. Truth, Justice and Memory, London/New York 2005.
R. Seidel, Deutsche Besatzungspolitik in Polen. Der Distrikt Radom 1939–1945, Paderborn u. a. 2006.
K. Sword, Deportation and Exile. Poles in the Soviet Union, 1939–48, Basingstoke/London/New York 1994.
T. Strzembosz, Rzeczpospolita podziemna. Społeczeństwo polskie a państwo podziemne 1939–1945 [Die Untergrundrepublik. Die polnische Gesellschaft und der Untergrundstaat 1939–1945], Warszawa 2000.
T. Szarota, Okupowanej Warszawy dzień powszedni, Warszawa 1973 [Warschau unter dem Hakenkreuz. Leben und Alltag im besetzten Warschau 1.10.1939 bis 31.7.1944, Paderborn 1985].
V. Zaslavsky, Pulizia di classe, Bologna 2006 [Klassensäuberung. Das Massaker von Katyn, Berlin 2007].

c) Protektorat, Reichsgau Sudetenland, Slowakei

F. Anders, Strafjustiz im Sudetengau 1938–1945, München 2008.
D. Brandes, Die Tschechen unter deutschem Protektorat. 2 Bde., München/Wien 1969–1975.
D. Brandes/V. Kural (Hg.), Der Weg in die Katastrophe. Deutsch-tschechoslowakische Beziehungen 1938–1947, Essen 1994.
C. Bryant, Prague in Black. Nazi Rule and Czech Nationalism, Cambridge/London 2007.
R. Gebel, Heim ins Reich! Konrad Henlein und der Reichsgau Sudetenland (1938–1945), München 1999.
M. Glettler/Ľ. Lipták/A. Míšková (Hg.), Geteilt, besetzt, beherrscht. Die Tschechoslowakei 1938–1945: Reichsgau Sudetenland, Protektorat Böhmen und Mähren, Slowakei, Essen 2004.
J. K. Hoensch, Dokumente zur Autonomiepolitik der Slowakischen Volkspartei Hlinkas, München 1984.

J. K. HOENSCH, Die Slowakei und Hitlers Ostpolitik. Hlinkas Slowakische Volkspartei zwischen Autonomie und Separation 1938/39, Köln 1965.

M. KÁRNÝ/J. MILOTOVÁ/M. KÁRNÁ (Hg.), Protektorátní politika Reinharda Heydricha, Praha 1991 [Deutsche Politik im „Protektorat Böhmen und Mähren" unter Reinhard Heydrich 1941–1942. Eine Dokumentation, Berlin 1997].

V. KURAL, Vlastenci proti okupaci. Ústřední vedení odboje domácího 1940–1943 [Patrioten gegen die Besatzung. Der zentral geführte heimische Widerstand 1940–1943], Praha 1997.

R. MAIER (Hg.), Tschechen, Deutsche und der Zweite Weltkrieg. Von der Schwere geschichtlicher Erfahrung und der Schwierigkeit ihrer Aufarbeitung, Hannover 1997.

P. MARŠÁLEK, Protektorát Čechy a Morava. Státopravní a politické aspekty nacistického okupačního režimu v českých zemích 1939–1945 [Des Protektorat Böhmen und Mähren. Staatsrechtliche und politische Aspekte des nazistischen Besatzungsregimes in den böhmischen Ländern 1939–1945], Praha 2002.

J. PEŠEK, Kriegsende auf dem Gebiet der Tschechoslowakei, in: B.-A. RUSINEK (Hg.), Kriegsende 1945. Verbrechen, Katastrophen, Befreiungen in nationaler und internationaler Perspektive, Göttingen 2004, S. 171–184.

J. RATAJ, O autoritativní národní stát. Ideologické proměny české politiky v druhé republice 1938–1939 [Um den autoritären Nationalstaat. Ideologische Wandlungen in der tschechischen Politik der Zweiten Republik 1938–1939], Praha 1998.

T. TÖNSMEYER, Das Dritte Reich und die Slowakei 1939–1945. Politischer Alltag zwischen Kooperation und Eigensinn, Paderborn u. a. 2003.

V. ZIMMERMANN, Die Sudetendeutschen im NS-Staat.s Politik und Stimmung der Bevölkerung im Reichsgau Sudetenland (1938–1945), Essen 1999.

d) UNGARN IM ZWEITEN WELTKRIEG

P. DURUCZ, Ungarn in der auswärtigen Politik des Dritten Reiches 1942–1945, Göttingen 2006.

M. D. FENYO, Hitler, Horthy, and Hungary. German-Hungarian Relations, 1941–1944, New Haven 1972.

I.-P. MATIĆ, Edmund Veesenmayer. Agent und Diplomat der nationalsozialistischen Expansionspolitik, München 2002.

G. RÁNKI, 1944. március 19. Magyarország német megszállása, Budapest 1978 [Unternehmen Margarethe. Die deutsche Besetzung Ungarns, Wien/Köln/Graz 1984].

E. VÖLKL, Der Westbanat 1941–1944. Die deutsche, die ungarische und andere Volksgruppen, München 1991.

e) DIE ERMORDUNG DER OSTMITTELEUROPÄISCHEN JUDEN

M. ALBERTI, Die Verfolgung und Vernichtung der Juden im Reichsgau Wartheland 1939–1945, Wiesbaden 2006.

G. ALY, „Endlösung". Völkerverschiebung und der Mord an den europäischen Juden, Frankfurt a. M. 1995.

R. L. BRAHAM, The Politics of Genocide. The Holocaust in Hungary, 2 Bde., New York 1981 [gekürzte Ausg. Detroit 2000].

R. L. BRAHAM/A. PÓK (Hg.), The Holocaust in Hungary. Fifty Years Later, Boulder 1997.

C. BROWNING, Ordinary Men. Reserve Police Bataillon 101 and the Final Solution in Poland, New York 1992 [Ganz normale Männer. Das Reserve-Polizeibataillon 101 und die „Endlösung" in Polen, Reinbek 1993].

C. BROWNING, The Origins of the Final Solution, Jerusalem 2003 [Die Entfesselung der „Endlösung". Nationalsozialistische Judenpolitik 1939–1942, München 2003].

A. EZERGAILIS, The Holocaust in Latvia 1941–1944. The Missing Center, Riga/Washington 1996.

C. GERLACH/G. ALY, Das letzte Kapitel. Realpolitik, Ideologie und der Mord an den ungarischen Juden 1944/1945, Stuttgart/München 2002.

C. GOSCHLER/P. THER (Hg.), Raub und Restitution. „Arisierung" und Rückerstattung des jüdischen Eigentums in Europa, Frankfurt a. M. 2003.

J. T. GROSS, Neighbors. The Destruction of the Jewish Community in Jedwabne, Poland, Princeton 2001 [Nachbarn. Der Mord an den Juden von Jedwabne, München 2001].

U. HERBERT (Hg.), Nationalsozialistische Vernichtungspolitik 1939–1945. Neue Forschungen und Kontroversen, Frankfurt a. M. 1998.

I. KAMENEC, Po stopách tragédie [Auf den Spuren der Tragödie], Bratislava 1991.

P. MACHCEWICZ/K. PERSAK (Hg.), Wokół Jedwabnego, 2 Bde., Warszawa 2002 [deutsch in Auszügen: E. DMITRÓW/P. MACHCEWICZ/T. SZAROTA (Hg.), Der Beginn der Vernichtung. Zum Mord an den Juden in Jedwabne und Umgebung im Sommer 1941. Neue Forschungsergebnisse polnischer Historiker, Osnabrück 2004].

K.-M. MALLMANN/B. MUSIAL (Hg.), Genesis des Genozids. Polen 1939–1941, Darmstadt 2004.

J. A. MŁYNARCZYK, Judenmord in Zentralpolen. Der Distrikt Radom im Generalgouvernement 1939–1945, Darmstadt 2007.

B. MUSIAL (Hg.), „Aktion Reinhardt". Der Völkermord an den Juden im Generalgouvernement 1941–1944, Osnabrück 2004.

B. MUSIAL, Deutsche Zivilverwaltung und Judenverfolgung im Generalgouvernement. Eine Fallstudie zum Distrikt Lublin 1939–1944, Wiesbaden 1999.

J. OSTERLOH, Nationalsozialistische Judenverfolgung im Reichsgau Sudetenland 1938–1945, München 2006.

J. Pelle, A gyűlölet vetése. A zsidótörvények és a magyar közvélemény, 1938–1944, Budapest 2001 [Sowing the Seeds of Hatred. Anti-Jewish Laws and Hungarian Public Opinion, 1938–1944, Boulder 2004].
D. Pohl, Von der „Judenpolitik" zum Judenmord. Der Distrikt Lublin des Generalgouvernements 1939–1944, Frankfurt a. M./Berlin/Bern 1993.
A. Polonsky/J. B. Michlic (Hg.), The Neighbors Respond. The Controversy over the Jedwabne Massacre in Poland, Princeton/Oxford 2004.
K. Sauerland, Polen und Juden zwischen 1939 und 1968. Jedwabne und die Folgen, Berlin 2004.
T. Sandkühler, „Endlösung" in Galizien. Der Judenmord in Ostpolen und die Rettungsinitiativen von Berthold Beitz 1941–1944, Berlin 1996.
S. Steinbacher, „Musterstadt" Auschwitz. Germanisierungspolitik und Judenmord in Ostoberschlesien, München 2000.
A. Żbikowski (Hg.), Polacy i Żydzi pod okupacją niemiecką 1939–1945. Studie i materialy [Polen und Juden unter deutscher Besatzung 1939–1945. Studien und Materialien], Warszawa 2006.

f) Vertreibungen und Zwangsumsiedlungen

D. Bingen/W. Borodziej/S. Troebst (Hg.), Vertreibungen europäisch erinnern? Historische Erfahrungen – Vergangenheitspolitik – Zukunftskonzeptionen, Wiesbaden 2003.
W. Borodziej/H. Lemberg (Hg.), „Unsere Heimat ist uns ein fremdes Land geworden …". Die Deutschen östlich von Oder und Neiße 1945–1950. Dokumente aus polnischen Archiven, 4 Bde., Marburg 2000–2004.
D. Brandes, Der Weg zur Vertreibung 1938–1945. Pläne und Entscheidungen zum „Transfer" der Deutschen aus der Tschechoslowakei und aus Polen, 2. Aufl. München 2005.
D. Brandes/E. Ivaničková/J. Pešek (Hg.), Erzwungene Trennung. Vertreibungen und Aussiedlungen in und aus der Tschechoslowakei 1938–1947 im Vergleich mit Polen, Ungarn und Jugoslawien, Essen 1999.
S. Ciesielski (Hg.), Umsiedlung der Polen aus den ehemaligen polnischen Ostgebieten nach Polen in den Jahren 1944–1947, Marburg 2006.
P. Haslinger/K. E. Franzen/M. Schulze Wessel (Hg.), Diskurse über Zwangsmigrationen in Zentraleuropa. Geschichtspolitik, Frachdebatten, literarisches und lokales Erinnern seit 1989, München 2008.
A. R. Hofmann, Zwangsmigrationen im östlichen Mitteleuropa. Neue Forschungen zum „Jahrhundert der Vertreibungen", in: Zeitschrift für Ostmitteleuropa-Forschung 55 (2006), S. 232–252.
M. Kittel u. a. (Hg.), Deutschsprachige Minderheiten 1945. Ein europäischer Vergleich, München 2007.
A. Kossert, Kalte Heimat. Die Geschichte der deutschen Vertriebenen nach 1945, München 2008.

M. MANN, The Dark Side of Democracy. Explaining Ethnic Cleansing, Cambridge 2005 [Die dunkle Seite der Demokratie. Eine Theorie der ethnischen Säuberung, Hamburg 2007].

R. MELVILLE/J. PEŠEK/C. SCHARF (Hg.), Zwangsmigrationen im mittleren und östlichen Europa. Völkerrecht – Konzeption – Praxis (1938–1950), Mainz 2007.

N. NAIMARK, Fires of Hatred. Ethnic Cleansing in Twentieth-Century Europe, Cambridge/London 2001 [Flammender Haß. Ethnische Säuberungen im 20. Jahrhundert, München 2004].

B. NITSCHKE, Wysiedlenie czy wypędzenie? Ludność niemiecka w Polsce w latach 1945–1949, Toruń 2001 [Vertreibung und Aussiedlung der deutschen Bevölkerung aus Polen 1945–1949, München 2003].

R. OVERMANS, „Amtlich und wissenschaftlich erarbeitet". Zur Diskussion über die Verluste während Flucht und Vertreibung aus der ČSR, in: BRANDES/IVANIČKOVÁ/PEŠEK 10.f, S. 153–181.

R. OVERMANS, Personelle Verluste der deutschen Bevölkerung durch Flucht und Vertreibung, in: Dzieje Najnowsze 26 (1994), 2, S. 51–63.

J. PEŠEK/O. TŮMA, Die Rechtsnormen in Bezug auf die Deutschen in der Tschechoslowakei und anderen ausgewählten europäischen Staaten 1938–1945, in: Bohemia 47 (2006/07), S. 119–150.

R. D. PETERSEN, Understanding Ethnic Violence. Fear, Hatred, and Resentment in Twentieth-Century Eastern Europe, Cambridge 2002.

J. PISULIŃSKI (Hg.), Akcja „Wisła" [Die Aktion „Weichsel"], Warszawa 2003.

J. ROGALL, Leben nach dem Weltuntergang. Die Deutschen im polnischen Staat nach 1945, Münster 2006.

T. SCHIEDER (Hg.), Dokumentation der Vertreibung der Deutschen aus Ost-Mitteleuropa, 5 Bde., (Bonn) 1953–1961 [Nachdruck 8 Bde., München 1984; Augsburg 1994].

T. STANĚK, Perzekuce 1945. Perzekuce tzv. státně nespolehlivého obyvatelstva v českých zemích (mimo tábory a věznice) v květnu-srpnu 1945, Praha 1996 [Verfolgung 1945. Die Stellung der Deutschen in Böhmen, Mähren und Schlesien (außerhalb der Lager und Gefängnisse), Wien/Köln/Weimar 2002].

T. STANĚK, Tábory v českých zemích 1945–1948, Šenov u Ostravy 1996 [Internierung und Zwangsarbeit. Das Lagersystem in den böhmischen Ländern 1945–1948, München 2007].

P. THER, Deutsche und polnische Vertriebene. Gesellschaft und Vertriebenenpolitik in der SBZ/DDR und in Polen 1945–1956, Göttingen 1998.

A. TÓTH, Telepítések Magyarországon 1945–1948 között. A németek kitelepítése, a belső népmozgások és a szlovák-magyar lakosságcsere összefüggései, Kecskemét 1993 [Migrationen in Ungarn 1945–1948. Vertreibung der Ungarndeutschen, Binnenwanderungen und der ungarisch-slowakische Bevölkerungsaustausch, München 2001].

S. TROEBST (Hg.), Vertreibungsdiskurs und europäische Erinnerungskultur.

Deutsch-polnische Initiativen zur Institutionalisierung. Eine Dokumentation, Osnabrück 2006.
Vertreibung und Vertreibungsverbrechen 1945–1948. Bericht des Bundesarchivs vom 28. Mai 1974. Archivalien und ausgewählte Erlebnisberichte, Bonn 1989.
G. WEBER/R. WEBER-SCHLENTHER, Die Deportation von Siebenbürger Sachsen in die Sowjetunion 1945–1949, 3 Bde., Köln/Wien 1995.
A. WIEDEMANN, „Komm mit uns das Grenzland aufbauen!" Ansiedlung und neue Strukturen in den ehemaligen Sudetengebieten 1945–1952, Essen 2007.
A. M. DE ZAYAS, Nemesis at Potsdam. The Anglo-Americans and the Expulsion of the Germans. Background, Execution, Consequences, London/Boston 1977 [deutsch zuletzt: Die Nemesis von Potsdam. Die Angloamerikaner und die Vertreibung der Deutschen, München 2005].

11. DIE OSTMITTELEUROPÄISCHEN VOLKSREPUBLIKEN

a) ALLGEMEINES

Z. K. BRZEZINSKI, The Soviet Bloc – Unity and Conflict, Cambridge 1960 [Der Sowjetblock. Einheit und Konflikt, Köln/Berlin 1962].
S. COURTOIS u. a., Le livre noir du communisme, Paris 1997 [Das Schwarzbuch des Kommunismus. Unterdrückung, Verbrechen und Terror, München/Zürich 1998].
G. EKIERT, The State against Society. Political Crises and their Aftermath in East Central Europe, Princeton 1996.
A. FRISZKE, Polska. Losy Państwa i Narodu 1939–1989 [Polen. Das Schicksal des Staates und der Nation 1939–1989], Warszawa 2003.
C. GATI, Hungary and the Soviet Bloc, Durham 1986.
R. GOUGH, A Good Comrade? János Kádár, Communism and Hungary, London/New York 2006.
L. IZSÁK, Rendszerváltástól rendszerváltásig. Magyarország története 1944–1990, Budapest 1998 [A Political History of Hungary, 1944–1990, Budapest 2002].
K. H. JARAUSCH, Realer Sozialismus als Fürsorgediktatur. Zur begrifflichen Einordnung der DDR, in: Aus Politik und Zeitgeschichte, B 20 (1998), S. 33–46.
T. JUDT, Postwar. A History of Europe since 1945, New York 2005 [Die Geschichte Europas seit dem Zweiten Weltkrieg, Bonn 2006].
A. KEMP-WELCH, Poland under Communism. A Cold War History, Cambridge 2008.
Á. VON KLIMÓ, Ungarn seit 1945, Göttingen 2006.
B. KOVRIG, Communism in Hungary. From Kun to Kádár, Stanford 1979.

H. LEMBERG/J. KŘEN/D. KOVÁČ (Hg.), Im geteilten Europa. Tschechen, Slowaken und Deutsche und ihre Staaten 1948–1989, Essen 1998.
P. MACHCEWICZ, Władysław Gomułka, Warszawa 1995.
C. MIŁOSZ, Zniewolony umysł, Paris 1953 [Verführtes Denken, Köln/Berlin 1953].
A. PACZKOWSKI, Pół wieku dziejów Polski 1939–1989, Warszawa 1995 [The Spring will be ours. Poland and the Poles from Occupation to Freedom, University Park 2003].
K. PERSAK/Ł. KAMIŃSKI (Hg.), A Handbook of the Communist Security Apparatus in East Central Europe, 1944–1989, Warschau 2005 [Handbuch der kommunistischen Geheimdienste in Osteuropa 1994–1991, Göttingen 2009].
M. PITTAWAY, Eastern Europe 1939–2000, London 2004.
J. VON PUTTKAMER, Zur Logik repressiver Gewalt in kommunistischen Regimen. Die Tschechoslowakei und Ungarn im Vergleich, in: Osteuropa 50 (2000), S. 672–682.
J. ROTHSCHILD, Return to Diversity. A Political History of East Central Europe since World War II, 2. Aufl. New York/Oxford 1993.
E. SCHMIDT-HARTMANN (Hg.), Kommunismus in Osteuropa. Konzepte, Perspektiven und Interpretationen im Wandel, München 1994.
G. TABAJDI/K. UNGVÁRY, Elhallgatott múlt. A pártállam és a belügy. A politikai rendőrség működése Magyarországon 1956–1989 [Verschwiegene Vergangenheit. Der Parteistaat und die inneren Angelegenheiten. Die Tätigkeit der politischen Polizei in Ungarn 1956–1989], Budapest 2008.
Tajne dokumenty Biura Politycznego. PRL-ZSRR 1956–1970 [Geheime Dokumente des Politbüros. Volksrepublik Polen-UdSSR 1956–1970], London 1998.
T. TORAŃSKA, Oni, London 1985 [Die da oben. Polnische Stalinisten zum Sprechen gebracht, Köln 1987].
K. TYSZKA, Nacjonalizm w komunizmie. Ideologia narodowa w Związku Radzieckim i Polsce Ludowej [Nationalismus im Kommunismus. Nationale Ideologie in der Sowjetunion und in Volkspolen], Warszawa 2004.
J. VYKOUKAL/B. LITERA/M. TEJCHMAN, Východ. Vznik, vývoj a rozpad sovětského bloku 1944–1989 [Der Osten. Entstehung, Entwicklung und Zerfall des sowjetischen Blocks 1944–1989], Praha 2000.
P. ŽÁČEK (Hg.), Nástroj triedneho štátu. Organizácia Ministerstiev Vnútra a Bezpečnostných Zborov 1953–1990 (Edicia Dokumenty) [Das Werkzeug des Klassenstaates. Die Organisation der Ministerien für Inneres und für Sicherheitstruppen 1953–1990 (Edition Dokumente)], Bratislava 2005.
M. ZAREMBA, Komunizm, legitymizacja, nacjonalizm. Nacjonalistyczna legitymizacja władzy komunistycznej w Polsce [Kommunismus, Legitimierung, Nationalismus. Die nationalistische Legitimierung kommunistischer Herrschaft in Polen], Warszawa 2001.

b) Koalitionsregierungen 1944–1948

B. Abrams, The Struggle for the Soul of the Nation. Czech Culture and the Rise of Communism, Lanham/Boulder/New York 2004.

T. Cariewskaja u. a. (Hg.), Teczka specjalna J. W. Stalina. Raporty NKWD z Polski 1944–1946 [J. W. Stalins Sondermappe. Berichte des NKVD aus Polen 1944–1946], Warszawa 1998.

S. Creuzberger/M. Görtemaker (Hg.), Gleichschaltung unter Stalin? Die Entwicklung der Parteien im östlichen Europa 1944–1949, Paderborn u. a. 2002.

I. Deák/T. Judt/J. T. Gross (Hg.), The Politics of Retribution in Europe. World War II and its Aftermath, Princeton 2000.

B. Frommer, National Cleansing. Retribution against Nazi Collaborators in Post-War Czechoslovakia, Cambridge 2005.

L. Gibianskij, Die Bildung des Sowjetblocks in Osteuropa. Ziele, Strukturen, Mechanismen (1944–1949), in: Forum für Osteuropäische Ideen- und Zeitgeschichte 1 (1997), Heft 2, S. 205–225.

L. Gibianskij, Osteuropa: Sicherheitszone der UdSSR, sowjetisiertes Protektorat des Kreml oder Sozialismus „ohne Diktatur des Proletariats"? Zu den Diskussionen über Stalins Osteuropa-Politik am Ende des Zweiten Weltkrieges und am Anfang des Kalten Krieges, in: Forum für Osteuropäische Ideen- und Zeitgeschichte 8 (2004), S. 113–137.

P. Heumos (Hg.), Europäischer Sozialismus im Kalten Krieg. Briefe und Berichte 1944–1948, Frankfurt a. M./New York 2004.

L. Kalinová, Východiska, očekávání a realita poválečné doby. K dějinám české společnosti v letech 1945–1948 [Ausgangspunkte, Erwartungen und Wirklichkeit der Nachkriegsepoche. Zur Geschichte der tschechischen Gesellschaft in den Jahren 1945–1948], Praha 2004.

K. Kaplan, Der kurze Marsch. Kommunistische Machtübernahme in der Tschechoslowakei 1945–1948, München 1981.

P. Kenez, Hungary from the Nazis to the Soviets. The Establishment of the Communist Regime in Hungary, 1944–1948, Cambridge/New York 2006.

P. Kenney, Rebuilding Poland. Workers and Communists, 1945–1950, Ithaca 1997.

K. Kersten, Narodziny systemu władzy. Polska 1943–1948, Warszawa 1985 [The Establishment of Communist Rule in Poland, 1943–1948, Berkeley/Los Angeles/Oxford 1991].

M. Mevius, Agents of Moscow. The Hungarian Communist Party and the Origins of Socialist Patriotism 1941–1953, Oxford 2005.

M. Myant, Socialism and Democracy in Czechoslovakia, 1945–1948, Cambridge 1981.

N. Naimark/L. Gibianskii (Hg.), The Establishment of Communist Regimes in Eastern Europe, 1944–1949, Boulder 1997.

A. F. Noskova (Hg.), NKVD i pol'skoe podpol'e 1944–1945 (Po „Osobym papkam" I.V. Stalina) [Das NKVD und der polnische Untergrund 1944–1945 (Nach den „Sondermappen" I.V. Stalins], Moskau 1994.
M. Tejchman u. a., Sovětizace východní Evropy. Země střední a jihovýchodní Evropy v letech 1944–1948 [Die Sowjetisierung Osteuropas. Die Länder Mittel- und Südosteuropas in den Jahren 1944–1948], Praha 1995.
T. V. Volokitina/G. P. Muraško (Hg.), Vostočnaja Evropa v dokumentach rossijskich archivov 1944–1953 gg. [Osteuropa in Dokumenten russländischer Archive 1944–1953], 2 Bde., Moskva/Novosibirsk 1997–1998.
T. V. Volokitina u. a. (Hg.), Sovetskij faktor v Vostočnoj Evrope 1944–1953. Dokumenty [Der sowjetische Faktor in Osteuropa 1944–1953. Dokumente], 2 Bde., Moskva 1999–2002.

c) Stalinismus

J. Foitzik, Die stalinistischen ‚Säuberungen' in den ostmitteleuropäischen kommunistischen Parteien. Ein vergleichender Überblick, in: H. Weber/D. Staritz (Hg.), Kommunisten verfolgen Kommunisten. Stalinistischer Terror und ‚Säuberungen' in den kommunistischen Parteien Europas seit den dreißiger Jahren, Berlin 1993, S. 401–423.
D. Jarosz, „Masy pracujące przede wszystkim". Organizacja wypoczynku w Polsce 1945–1956 [„Die arbeitenden Massen vor allem". Die Organisation der Erholung in Polen 1945–1956], Warszawa/Kielce 2003.
D. Jarosz, Polacy a stalinizm 1948–1956 [Die Polen und der Stalinismus], Warszawa 2000.
K. Kaplan, Proměny české společnosti (1948–1960). Část první [Der Wandel der tschechischen Gesellschaft (1948–1960). Erster Teil], Praha 2007.
K. Kaplan, Nebezpečná bezpečnost. Státní bezpečnost 1948–1956 [Die unsichere Sicherheit. Die Staatssicherheit 1948–1956], Brno 1999.
K. Kaplan, Report on the Murder of the General Secretary, London 1990.
K. Kaplan/P. Kosatík, Gottwaldovi muži [Gottwalds Männer], Praha/Litomyšl 2004.
A. Kemp-Welch (Hg.), Stalinism in Poland, 1944–1956, Basingstoke 1999.
A. Paczkowski (Hg.), Aparat bezpieczeństwa w latach 1944–1956. Taktyka, strategia, metody [Der Sicherheitsapparat in den Jahren 1944–1956. Taktik, Strategie, Methoden], 4 Bde., Warszawa 1994–2004.
J. Pešek, Odvrátená tvár totality. Politické perzekúcie na Slovensku v rokoch 1948–1953 [Das abgewandte Antlitz der Totalität. Politische Verfolgung in der Slowakei in den Jahren 1948–1953], Bratislava 1998.
Á. Pünkösti, Rákosi, 3 Bde.: Rákosi a hatalomért, 1945–1948 [Rákosi. Der Weg zur Macht, 1945–1948]; Rákosi a csúcson, 1948–1953 [Rákosi auf dem Gipfel, 1948–1953]; Rákosi bukása, számüzetése, és halála, 1953–1971 [Rákosis Sturz, Exil und Tod, 1953–1971], Budapest 1992–2001.

d) 1956 UND ENTSTALINISIERUNG

G. ALFÖLDY, Ungarn 1956. Aufstand, Revolution, Freiheitskampf, Heidelberg 1997.
C. BÉKÉS/M. BYRNE/J. M. RAINER (Hg.), The 1956 Hungarian Revolution. A History in Documents, Budapest/New York 2002.
H. BISPINCK u. a. (Hg.), Aufstände im Ostblock. Zur Krisengeschichte des realen Sozialismus, Berlin 2004.
M. BLAIVE, Promarněná příležitost. Československo a rok 1956, Praha 2001 [Une déstalinisation manquée. Tchécoslovaquie 1956, Bruxelles 2005].
R. ENGELMANN/T. GROSSBÖLTING/H. WENTKER (Hg.), Kommunismus in der Krise. Die Entstalinisierung 1956 und die Folgen, Göttingen 2008.
J. FOITZIK (Hg.), Entstalinisierungskrise in Ostmitteleuropa 1953–1956. Vom 17. Juni bis zum ungarischen Volksaufstand. Politische, militärische, soziale und nationale Dimensionen, Paderborn u. a. 2001.
C. GATI, Failed Illusions. Moscow, Washington, Budapest, and the 1956 Hungarian Revolt, Washington/Stanford 2006.
H. H. HAHN/H. OLSCHOWSKY (Hg.), Das Jahr 1956 in Ostmitteleuropa, Berlin 1996.
A. B. HEGEDŰS (Hg.), 1956 Kézikönyve, 3 Bde.: I. Kronológia, II. Bibliográfia, III. Megtorlás és emlekezés [Handbuch zu 1956, 3 Bde., I. Chronologie, II. Bibliographie, III. Repression und Erinnerung], Budapest 1996.
A. B. HEGEDŰS/M. WILKE (Hg.), Satelliten nach Stalins Tod. Der „Neue Kurs". 17. Juni 1953 in der DDR. Ungarische Revolution 1956, Berlin 2000.
W. HEINEMANN/N. WIGGERSHAUS (Hg.), Das internationale Krisenjahr 1956. Polen, Ungarn, Suez, München 1999.
Gy. LITVÁN/J. BAK (Hg.), Die Ungarische Revolution 1956. Reform – Aufstand – Vergeltung, Wien 1994.
P. MACHCEWICZ, Polski rok 1956 [Das polnische Jahr 1956], Warszawa 1993.
A. M. ORECHOV, Sovetskij Sojuz i Pol'ša v gody „ottepeli". Iz istorii sovetsko-pol'skich otnošenij [Die Sowjetunion und Polen in den Jahren des „Tauwetters". Aus der Geschichte der sowjetisch-polnischen Beziehungen], Moskva 2005.
E. D. ORECHOVA/V. T. SEREDA/A. S. STYKALIN (Hg.), Sovetskij Sojuz i vengerskij krizis 1956 goda. Dokumenty [Die Sowjetunion und die ungarische Krise des Jahres 1956. Dokumente], Moskva 1998.
J. M. RAINER, Imre Nagy. Vom Stalinisten zum Märtyrer des ungarischen Volksaufstands. Eine politische Biographie 1896–1958, Paderborn 2006.
J. ROWIŃSKI (Hg.), Polski Październik 1956 w polityce światowej, Warszawa 2007 [The Polish October 1956 in World Politics, Warszawa 2007].
W. TAUBMAN, Khrushchev. The Man. His Era, London 2003.

e) Propaganda und Alltagskultur im Sozialismus

B. Apor u. a. (Hg.), The Leader Cult in Communist Dictatorships. Stalin and the Eastern Bloc, Basingstoke 2004.
J. Behrends, Die erfundene Freundschaft. Propaganda für die Sowjetunion in Polen und der DDR 1944–1957, Köln/Weimar 2005.
B. Brzostek, Za progiem. Codzienność w przestrzeni publicznej Warszawy lat 1955–1970 [Vor der Haustür. Alltag im öffentlichen Raum Warschaus in den Jahren 1955–1970], Warszawa 2007.
D. Crowley/S. E. Reid (Hg.), Socialist Spaces. Sites of Everyday Life in the Eastern Bloc, Oxford/New York 2002.
R. Krakovský, Rituel du 1er mai en Tchécoslovaquie 1948–1989, Paris 2004.
K. S. Nagy, Fogyasztás és lakáskultúra Magyarországon a hetvenes években [Konsum und Wohnkultur in Ungarn in den siebziger Jahren], in: Replika 26 (1997), S. 47–53.
P. Osęka, Rituały stalinizmu. Oficjalne święta i uroczystości rocznicowe w Polsce 1944–1956 [Rituale des Stalinismus. Offizielle Feste und Jubiläumsfeiern in Polen 1944–1956], Warszawa 2007.
J. Rainer/G. Péteri (Hg.), Muddling through in the Long 1960s. Ideas and Everyday Life in High Politics and the Lower Classes of Communist Hungary, Trondheim 2005.
S. E. Reid/D. Crowley (Hg.), Style and Socialism. Modernity and Material Culture in Post-War Eastern Europe, Oxford/New York 2002.
G. Rittersporn/M. Rolf/J. Behrends (Hg.), Sphären von Öffentlichkeit in Gesellschaften sowjetischen Typs, Frankfurt a. M. 2003.
S. Satjukow/R. Gries (Hg.), Sozialistische Helden. Eine Kulturgeschichte von Propagandafiguren in Osteuropa und der DDR, Berlin 2002.
P. Sowiński, Der 1. Mai als totalitäres Theater in der Volksrepublik Polen (1949–1954), in: Zeitschrift für Ostmitteleuropa-Forschung 48 (1999), S. 350–382.
P. Sowiński, Wakacje w Polsce Ludowej. Polityka władz i ruch turystyczny (1945–1989) [Ferien in Volkspolen. Regierungspolitik und touristische Bewegung (1945–1989)], Warszawa 2005.
S. Wolle, Die heile Welt der Diktatur. Alltag und Herrschaft in der DDR 1971–1989, Berlin 1998.

f) Der „Prager Frühling"

K. Kaplan, Kořeny československé reformy 1968 [Die Wurzeln der tschechoslowakischen Reform 1968], 2 Bde., Brno 2000–2002.
S. Karner u. a. (Hg.), Prager Frühling. Das internationale Krisenjahr 1968, 2 Bde., Köln/Weimar/Wien 2008.

V. KURAL/V. MENCL, Československo roku 1968 [Die Tschechoslowakei im Jahr 1968], 2 Bde., Praha 1993.
J. NAVRÁTIL (Hg.), The Prague Spring 1968. A National Security Archive Documents Reader, Budapest 1998.
J. PAUER, Prag 1968. Der Einmarsch des Warschauer Paktes. Hintergründe – Planung – Durchführung, Bremen 1995.
J. PEČKA/J. BELDA/J. HOPPE (Hg.), Občanská společnost 1967–1970 [Die Zivilgesellschaft 1967–1970], 2 Bde., Praha/Brno 1995–1998, [= Prameny k dějinám československé krize 1967–1970, Bd. 2].
Prameny k dějinám československé krize 1967–1970 [Quellen zur Geschichte der tschechoslowakischen Krise 1967–1970]. Hrsg. vom Ústav pro soudobé dějiny AV ČR [Institut für Zeitgeschichte der Akademie der Wissenschaften der Tschechischen Republik], 18 Bde., Praha/Brno 1993–2004.
L. PRIESS/V. KURAL/M. WILKE, Die SED und der Prager Frühling. Politik gegen einen „Sozialismus mit menschlichem Antlitz", Berlin 1996.
H. G. SKILLING, Czechoslovakia's Interrupted Revolution, Princeton 1976.
R. WENZKE, Die NVA und der Prager Frühling. Die Rolle Ulbrichts und der DDR-Streitkräfte bei der Niederschlagung der tschechoslowakischen Reformbewegung, Berlin 1995.
K. WILLIAMS, The Prague Spring and its Aftermath. Czechoslovak Politics 1968–1970, Cambridge 1997.

g) DISSIDENZ UND OPPOSITION

A. ARNDT, Intellektuelle in der Opposition. Diskurse zur Zivilgesellschaft in der Volksrepublik Polen, Frankfurt a. M./New York 2007.
M. H. BERNHARD, The Origins of Democratization in Poland. Workers, Intellectuals, and Oppositional Politics, 1976–1980, New York 1993.
P. BLAŽEK, Opozice a odpor proti komunistickému režimu v Československu 1968–1989 [Opposition und Widerstand gegen das kommunistische Regime in der Tschechoslowakei 1968–1989], Praha 2005.
E. CSIZMADIA, A magyar demokratikus ellenzék (1968–1988) [Die ungarische demokratische Opposition (1968–1988)], 3 Bde., Budapest 1995.
G. DALOS, Archipel Gulasch. Die Entstehung der demokratischen Opposition in Ungarn, Bremen 1986.
A. DANIEL/Z. GLUZA (Hg.), Słownik dysydentów. Czołowe postacie ruchów opozycyjnych w krajach komunistycznych w latach 1956–1989 [Wörterbuch der Dissidenten. Führende Gestalten der oppositionellen Bewegungen in den kommunistischen Ländern in den Jahren 1956–1989], 2 Bde., Warszawa 2007.
M. DEVÁTÁ (Hg.), Charta 77. Od obhajoby lidských práv k demokratické revoluci, 1971–1989 [Charta 77. Von der Verteidigung der Menschenrechte zur demokratischen Revolution, 1971–1989], Praha 2007.

M. Djilas, The New Class. An Analysis of the Communist System, New York 1957 [Die neue Klasse. Eine Analyse des kommunistischen Systems, München 1957].
W. Eichwede (Hg.), Samizdat. Alternative Kultur in Zentral- und Osteuropa. Die 60er bis 80er Jahre, Bremen 2000.
J. Eisler, Grudzień 1970. Geneza, przebieg, konsekwencje [Dezember 1970. Genese, Verlauf, Konsequenzen], Warszawa 2000.
J. Eisler, Polski rok 1968 [Das polnische Jahr 1968], Warszawa 2006.
B. J. Falk, The Dilemmas of Dissidence in East-Central Europe. Citizen Intellectuals and Philosopher Kings, Budapest 2003.
A. Friszke, Koło posłów „Znak" w Sejmie PRL 1957–1976 [Die Abgeordnetengruppe Znak im Sejm der Volksrepublik Polen 1957–1976], Warszawa 2002.
A. Friszke, Opozycja polityczna w PRL 1945–1980 [Die politische Opposition in der Volksrepublik Polen 1945–1980], London 1994.
V. Havel, Moc bezmocných [Die Macht der Machtlosen], London 1979 [Versuch, in der Wahrheit zu leben, Reinbek 1980].
J. Keane, Václav Havel. A Political Tragedy in Six Acts, London 1999 [Václav Havel. Biographie eines tragischen Helden, München 2000].
G. Konrád/I. Szelényi, Az értelmiség útja az osztályhatalomhoz, Wien 1978 [Die Intelligenz auf dem Weg zur Klassenmacht, Frankfurt a. M. 1978].
I. Krzemiński, Antisemitismus, Sozialismus und „neues Bewusstsein". Die weitreichenden Konsequenzen des März 1968, in: Kosmala 6.l, S. 103–125.
J. J. Lipski, KOR. Komitet Obrony Robotników. Komitet Samoobrony Społecznej [KOR. Das Komitee der Verteidigung der Arbeiter: Das Komitee gesellschaftlicher Selbstverteidigung], London 1983, Nachdruck Warschau 2006.
A. Lutz, Dissidenten und Bürgerbewegung. Ein Vergleich zwischen DDR und Tschechoslowakei, Frankfurt a. M. 1999.
W. Mackenbach (Hg.), Das KOR und der „polnische Sommer". Analysen, Dokumente, Artikel und Interviews 1976–1981, Hamburg 1982.
P. Osęka, Marzec '68 [März '68], Kraków 2008.
H.-H. Paetzke, Andersdenkende in Ungarn, Frankfurt a. M. 1986.
J. Pelikán/M. Wilke (Hg.), Menschenrechte. Ein Jahrbuch zu Osteuropa, Reinbek 1977.
D. Pollack/J. Wielgohs (Hg.), Dissent and Opposition in Communist Eastern Europe. Origins of Civil Society and Democratic Transition, Aldershot 2004.
V. Prečan (Hg.), Charta 77. Dokumenty 1977–1989 [Charta 77. Dokumente 1977–1989], 3 Bde., Praha 2007.
D. C. Thomas, The Helsinki Effect. International Norms, Human Rights, and the Demise of Communism, Princeton/Oxford 2002.
A. Tucker, The Philosophy and Politics of Czech Dissidence from Patočka to Havel, Pittsburgh 2000.
M. Vaněk (Hg.), Mocní? A bezmocní? Politické elity a disent v období tzv. nor-

malizace. Interpretační studie životopisných interview [Die Mächtigen? Und die Machtlosen? Die politischen Eliten und die Dissidenz im Zeitalter der sog. Normalisierung], Praha 2006.

M. Vaněk/P. Urbášek (Hg.), Vitězové? Poražení? Životopisná interview [Sieger? Besiegte? Lebensgeschichtliche Interviews], 2 Bde., Praha 2005.

h) Die Solidarność

T. G. Ash, The Polish Revolution. Solidarity, New York 1984.

B. Büscher u. a. (Hg.), Solidarność. Die polnische Gewerkschaft Solidarität in Dokumenten, Diskussionen und Beiträgen, Köln 1983.

A. Friszke (Hg.), Solidarność podziemna 1981–1989 [Die Solidarność im Untergrund 1981–1989], Warszawa 2006.

L. Goodwyn, Breaking the Barrier. The Rise of Solidarity in Poland, Oxford/New York 1991.

J. Holzer, „Solidarność" 1980–1981. Geneza i historia, Paris 1984 [„Solidarität". Die Geschichte einer freien Gewerkschaft in Polen, München 1985].

J. Kubik, The Power of Symbols against the Symbols of Power. The Rise of Solidarity and the Fall of State Socialism in Poland, Pennsylvania 1994.

M. Kubina/M. Wilke (Hg.), „Hart und kompromißlos durchgreifen". Die SED contra Polen 1980/81. Geheimakten der SED-Führung über die Unterdrückung der polnischen Demokratiebewegung, Berlin 1995.

R. Laba, The Roots of Solidarity. A Political Sociology of Poland's Working Class Democratization, Princeton 1991.

A. Paczkowski, Droga do „mniejszego zła". Strategia i taktyka obozu władzy lipiec 1980 – styczeń 1982 [Der Weg zum „geringeren Übel". Die Taktik des Regierungslagers Juli 1980 bis Januar 1982], Kraków 2002.

A. Paczkowski/M. Byrne (Hg.), From Solidarity to Martial Law. The Polish Crisis of 1980–1981. A Documentary History, Budapest 2006.

J. Staniszkis, Poland's Self-Limiting Revolution, New York 1984.

M. Tatur, Solidarność als Modernisierungsbewegung. Sozialstruktur und Konflikt in Polen, Frankfurt a. M./New York 1989.

Z. Włodek (Hg.), Tajne dokumenty Biura Politycznego. PZPR a „Solidarność" 1980–1981 [Geheime Dokumente des Politbüros. Die PVAP und die „Solidarność"], London 1992.

K. Ziemer, Polens Weg in die Krise. Eine politische Soziologie der Ära Gierek, Frankfurt a. M. 1987.

i) Aussenpolitik im Kalten Krieg

G. Adibekov, Kominform i poslevoennaja Evropa 1947–1956, Moskva 1994 [Das Kominform und Stalins Neuordnung Europas, Frankfurt a. M./Berlin/Bern 2002].
S. Anderson, A Cold War in the Soviet Bloc. Polish-East German Relations, 1945–1962, Boulder/Oxford 2001.
P. Bender, Die „Neue Ostpolitik" und ihre Folgen. Vom Mauerbau bis zur Vereinigung, 4. Aufl. München 1996.
D. Bingen, Die Polenpolitik der Bonner Republik von Adenauer bis Kohl 1949–1991, Baden-Baden 1998.
W. Borodziej (Hg.), Polskie Dokumenty Dyplomatyczne [Polnische diplomatische Dokumente, 8 Bde., 2005ff.] bislang 9 Bde., Warszawa 2005–2008.
J. L. Gaddis, The Cold War. A New History, New York 2007 [Der Kalte Krieg. Eine neue Geschichte, Berlin 2007].
J. K. Hoensch, Sowjetische Osteuropa-Politik 1945–1975, Kronberg 1977.
B. Kerski/A. Kotula/K. Wóycicki (Hg.), Zwangsverordnete Freundschaft? Die Beziehungen zwischen der DDR und Polen 1949–1990, Osnabrück 2003.
J. Kochanowski/K. Ziemer (Hg.), Polska-Niemcy Wschodnie 1945–1990. Wybór dokumentów [Polen-Ostdeutschland 1945–1990. Eine Dokumentenauswahl], 3 Bde., Warszawa 2006ff.
J. Kučera, „Der Hai wird nie wieder so stark sein". Tschechoslowakische Deutschlandpolitik 1945–1948, Dresden 2001.
W. Loth, Die Teilung der Welt. Geschichte des Kalten Krieges 1941 bis 1955, München 1980 (erw. Neuausg. München 2000).
V. Mastny/M. Byrne (Hg.), A Cardboard Castle? An Inside History of the Warsaw Pact, 1955–1991, Budapest/New York 2005.
W. O. McCagg, Stalin Embattled 1943–1948, Detroit 1978.
D. O'Sullivan, Stalins „Cordon sanitaire". Die sowjetische Osteuropapolitik und die Reaktionen des Westens 1939–1949, Paderborn u. a. 2003.
M. J. Ouimet, The Rise and Fall of the Brezhnev Doctrine in Soviet Foreign Policy, Chapel Hill/London 2003.
V. O. Pechatnov/C. Edmondson, The Russian Perspective, in: R. Levering u. a., Debating the Origins of the Cold War. American and Russian Perspectives, Lanham/Boulder/New York/Oxford 2002, S. 85–151.
G. Procacci (Hg.), The Cominform. Minutes of the Three Conferences 1947/1948/1949, Milano 1994.
K. Ruchniewicz, Warszawa-Berlin-Bonn. Stosunki polityczne w latach 1949–1958 [Warschau-Berlin-Bonn. Politische Beziehungen in den Jahren 1949–1958], Wrocław 2003.
P. Schlotter, Die KSZE im Ost-West-Konflikt. Wirkung einer internationalen Organisation, Frankfurt a. M. 1999.

B. Stöver, Der Kalte Krieg. Geschichte eines radikalen Zeitalters 1947–1991, München 2007.

M. Tomala, Zjednoczenie Niemiec-Reakcja Polaków. Dokumenty i materiały, Warszawa 2000 [Polen und die deutsche Wiedervereinigung, Warszawa 2004].

j) Aufbrüche in die Demokratie

T. G. Ash, Refolution, in: Ders.: The Uses of Adversity. Essays on the Fate of Central Europa, Cambridge 1989, S. 276–288.

K. von Beyme, Systemwechsel in Osteuropa, Frankfurt a. M. 1994.

B. Blehová, Der Fall des Kommunismus in der Tschechoslowakei, Wien 2006.

W. Borodziej/A. Garlicki (Hg.), Okrągły Stół. Dokumenty i materiały. Konferencja Okrągłego Stołu (Warszawa 1989), 5 Bde., Szczecin 2004.

A. Bozóki, Politikai pluralizmus Magyarországon 1987–2002 [Politischer Pluralismus in Ungarn 1987–2002], Budapest 2003.

M. Castle, Triggering Communism's Collapse. Perceptions and Power in Poland's Transition, Lanham 2002.

A. Dudek, Reglamentowana Rewolucja. Rozkład dyktatury komunistycznej w Polsce 1988–1990 [Die reglementierte Revolution. Der Zerfall der kommunistischen Diktatur in Polen 1988–1990], Kraków 2004.

H. Fehr, Unabhängige Öffentlichkeit und soziale Bewegungen. Fallstudien über Bürgerbewegungen in Polen und der DDR, Opladen 1996.

A. Garlicki, Karuzela. Rzecz o Okrągłym Stole [Das Karussel. Die Sache mit dem Runden Tisch], Warszawa 2003.

C. Goehrke/S. Gilly (Hg.), Transformation und historisches Erbe in den Staaten des europäischen Ostens, Bern/Berlin/Bruxelles 2000.

P. Kenney, The Burdens of Freedom. Eastern Europe since 1989, London/New York 2006.

P. Kenney, A Carnival of Revolution. Central Europe 1989, Princeton 2002.

H. Kitschelt u. a., Post-Communist Party Systems. Competition, Representation, and Inter-Party Cooperation, Cambridge 1999.

K. Kumar, The 1989 Revolutions and the Idea of Europe, in: Political Studies 40 (1992), S. 439–461.

R. Okey, The Demise of Communist East Europe. 1989 in Context, London 2004.

D. Ost, The Defeat of Solidarity. Anger and Politics in Postcommunist Europe, Ithaca/London 2005.

I. Romsics, Volt egyszer egy rendszerváltás, Budapest 2003 [Es war einmal ... ein Systemwechsel. Ungarns Aufbruch zur Demokratie, Herne 2006].

K. Schlögel, Die Mitte liegt ostwärts. Europa im Übergang, München/Wien 2002.

A. Schmidt-Schweizer, Politische Geschichte Ungarns von 1985 bis 2002. Von der liberalisierten Einparteienherrschaft zur Demokratie in der Konsolidierungsphase, München 2007.
H. Süssmuth (Hg.), Transformationsprozesse in den Staaten Ostmitteleuropas, Baden-Baden 1998.
R. L. Tőkés, Hungary's Negotiated Revolution. Economic Reform, Social Change and Political Succession, 1957–1990, Cambridge 1996.
B. Wheaton/Z. Kavan, The Velvet Revolution. Czechoslovakia 1988–1991, Boulder 1992.

12. GESCHICHTSPOLITIK UND ERINNERUNGSKULTUREN

H. Altrichter (Hg.), GegenErinnerung. Geschichte als politisches Argument im Transformationsprozeß Ost-, Ostmittel- und Südosteuropas, München 2006.
A. Corbea-Hoişie/R. Jaworski/M. Sommer (Hg.), Umbruch im östlichen Europa. Die nationale Wende und das kollektive Gedächtnis, Innsbruck 2004.
C. Cornelissen/R. Holec/J. Pešek (Hg.), Diktatur – Krieg – Vertreibung. Erinnerungskulturen in Tschechien, der Slowakei und Deutschland seit 1945, Essen 2005.
A. Ivanišević u. a. (Hg.), Klio ohne Fesseln? Historiographie im östlichen Europa nach dem Zusammenbruch des Kommunismus, Wien/Frankfurt a. M./Berlin 2003.
R. Jaworski/J. Kusber/L. Steindorff (Hg.), Gedächtnisorte in Osteuropa. Vergangenheiten auf dem Prüfstand, Frankfurt a. M. 2003.
V. Knigge/U. Mählert (Hg.), Der Kommunismus im Museum. Formen der Auseinandersetzung in Deutschland und Ostmitteleuropa, Köln/Weimar/Wien 2005.
M. Kopeček (Hg.), Past in the Making. Historical Revisionism in Central Europe after 1989, Budapest/New York 2008.
P. O. Loew/C. Pletzing/T. Serrier, (Hg.), Wiedergewonnene Geschichte. Zur Aneignung von Geschichte in den Zwischenräumen Mitteleuropas, Wiesbaden 2006.
J. M. Piskorski, Vertreibung und deutsch-polnische Geschichte. Eine Streitschrift, Osnabrück 2005.
S. Samerski (Hg.), Die Renaissance der Nationalpatrone. Erinnerungskulturen in Ostmitteleuropa im 20./21. Jahrhundert, Köln/Weimar/Wien 2007.
M. Sapper/V. Weichsel (Hg.), Geschichtspolitik und Gegenerinnerung. Krieg, Gewalt und Trauma im Osten Europas, Berlin 2008 [= Osteuropa 58(2008), Heft 6].

K. Schlögel, Orte und Schichten der Erinnerung. Annäherungen an das östliche Europa, in: Sapper/Weichsel 12, S. 13–26.

D. Unverhau (Hg.), Lustration, Aktenöffnung, demokratischer Umbruch in Polen, Tschechien, der Slowakei und Ungarn, Münster 1999.

Anhang

ZEITTAFEL

1764–1795	Stanisław II. August Poniatowski König von Polen
1767	Konföderation von Radom
1768–1772	Konföderation von Bar
1772	Erste Teilung Polens
1773	Gründung der Kommission für die nationale Bildung in Polen
1774	Allgemeine Schulordnung für die österreichischen Erblande. Angliederung der Bukowina an die Habsburgermonarchie
1775	Robotpatente für Böhmen und Mähren
1777	Ratio Educationis (Schulordnung für Ungarn)
1780–1890	Alleinherrschaft Josephs II.
1781	Toleranzpatent Josephs II.
1781	Untertanenpatente für Böhmen und Galizien
1784	Sprachedikt Josephs II.
1785	Untertanenpatent für Ungarn
1787–1792	Russisch-österreichischer Krieg gegen das Osmanische Reich
1788–1791	Vierjähriger Sejm in Polen
1789	Urbarialpatent Josephs II.
1790, 26.1.	Revokationsedikt Josephs II. in Ungarn
1790–1791	Landtag in Ungarn
1790–1791	Landtag in Böhmen
1790	Konvention von Reichenbach
1791	Supplex Libellus Valachorum
1791, 3.5.	Maiverfassung in Polen
1791, 4.8.	Frieden von Sistovo
1791, 23.12.	Einrichtung des jüdischen Ansiedlungsrayons in den westlichen und südwestlichen Gebieten des Zarenreiches
1791–1797	Erster Koalitionskrieg
1792–1835	Kaiser Franz II. (in Ungarn Franz I.)
1794–1795	Jakobinerprozesse in Ungarn

1804	Proklamation des Kaisertums Österreich
1807–1813	Herzogtum Warschau
1809	Fünfter Koalitionskrieg
1814–1815	Wiener Kongress
1815	Verfassung im Königreich Polen
1825–1848	Reformära in Ungarn
1835–1848	Kaiser Ferdinand I. (in Ungarn Ferdinand V.)
1844	Ungarisch wird offizielle Landessprache
1846	Aufstand in Galizien
1848, 11.3.	Erste Wenzelsbadversammlung in Prag
1848, 13.3.	Rücktritt Metternichs
1848, 15.3.	Revolution in Pest
1848, 17.3.	Lajos Batthyány Ministerpräsident von Ungarn
1848, 25.3.	Kroatische Nationalversammlung in Zagreb
1848, 8. 4.	Kaiserliches Handschreiben („Böhmische Charte")
1848, 11.4.	Aprilgesetze in Ungarn
1848, 25.4.	Österreichische (Pillersdorf'sche) Verfassung
1848, April/Mai	Aufstand in Posen
1848, 10.5.	Slowakische Nationalversammlung in Liptovský Sv. Mikulás
1848, 13.–15.5.	Serbische Nationalversammlung in Karlowitz
1848, 15.5.	Rumänische Nationalversammlung in Blasendorf
1848, Juni	Slawenkongress in Prag. Pfingstaufstand
1848, Juli	„Polendebatte" in der Frankfurter Paulskirche
1848, 31.8./1.9.	Beschluss des Wiener Reichstags über die Bauernbefreiung
1848, 28.9.	Ermordung Graf Lambergs in Pest
1848, 29.9.	kroatische Niederlage bei Pákozd
1848, 2.10.	Rücktritt Batthyánys
1848, Oktober	Aufstand in Wien. Ungarische Niederlage bei Schwechat
1848, 2.12.	Thronbesteigung Kaiser Franz Josephs
1849, 4.3.	Abschluss der Arbeiten am Kremsierer Verfassungsentwurf. Verfassungsoktroi in Olmütz
1849, 14.4.	Ungarische Unabhängigkeitserklärung
1849, 13.8.	Ungarische Kapitulation bei Világos
1853–56	Krimkrieg
1859	Schlacht bei Solferino
1860, 20.10.	Oktoberdiplom
1861, 26.2.	Februarpatent
1861–1863	Autonomiepolitik Aleksander Wielopolskis im Königreich Polen
1863	Siebenbürgischer Landtag von Hermannstadt

1865, 16.4.	Osterartikel F. Deáks
1865	Siebenbürgischer Landtag von Klausenburg
1866	Schlacht bei Königgrätz
1867	Österreichisch-ungarischer Ausgleich
1868	Autonomiegesetze für Galizien und Kroatien
1868	Ungarisches Nationalitätengesetz
1871	Gründung des Deutschen Reichs
1871	Fundamentalartikel für Böhmen
1873, 9.5.	Börsenkrach in Wien
1873	Vereinigung von Pest, Ofen (Pest) und Altofen (Óbuda) zu Budapest
1875–1890	Kálmán Tisza ungarischer Ministerpräsident
1879–1893	Eduard Taaffe österreichischer Ministerpräsident („Eiserner Ring")
1879	Gründung des Zweibundes
1892	Memorandum rumänischer Nationalpolitiker
1896	Millenniumsfeiern in Ungarn
1897	Badeni-Krise
1905–1906	Revolution in Russland (und Polen)
1905–1906	Regierungskrise in Ungarn. Beamtenregierung Fejérváry
1905	Mährischer Ausgleich
1907	Allgemeines Männerwahlrecht in Österreich
1914–1918	Erster Weltkrieg:
1915	Londoner Vertrag. Kriegseintritt Italiens auf Seiten der Entente
1916, 27.8.	Kriegseintritt Rumäniens auf Seiten der Entente
1916, 5.11.	Gründung eines provisorischen polnischen Staates durch die Mittelmächte
1916, 21.12.	Tod Kaiser Franz Josephs
1916–1918	Kaiser Karl I. (in Ungarn Karl IV.)
1918, 8.1.	Verkündung der 14 Punkte durch US-Präsident Wilson
1918, 3.3.	Friede von Brest-Litovsk
1918, 16.10.	Völkermanifest Kaiser Karls
1918, 28.10.	Gründung der Tschechoslowakei
1918, 3./31.10.	„Asternrevolution" in Ungarn
1918, 11.11.	Wiederherstellung der Unabhängigkeit Polens
1918, 11./13.11.	Verzicht Kaiser Karls auf die Regierungsgeschäfte in Österreich und in Ungarn
1918, 1.12.	Gründung des Königreichs der Serben, Kroaten und Slowenen
1918, 27.12.–16.2.1919	Posener Aufstand
1919, 28.6.	Frieden von Versailles

1919, 10.9.	Frieden von St. Germain
1919, März–August	Ungarische Räterepublik
1920, 29.2.	Verfassung der Tschechoslowakei
1920, 4.6.	Frieden von Trianon
1920–1938	Kleine Entente
1920–1944	Reichsverweser István Horthy
1920	Numerus-clausus-Gesetz in Ungarn
1921	Französisch-polnischer Bündnisvertrag
1921	Märzverfassung in Polen
1921, März/Oktober	Rückkehrversuche Karls nach Ungarn
1921–1931	István Bethlen ungarischer Ministerpräsident
1922–1929	Antonín Švehla tschechoslowakischer Ministerpräsident
1922, 16.12.	Ermordung des polnischen Staatspräsidenten Narutowicz
1924	Französisch-tschechischer Bündnisvertrag
1925	Vertrag von Locarno
1926, 12.5.	Staatsstreich Piłsudskis
1928–1938	Deutsche Regierungsbeteiligung in der Tschechoslowakei
1929	Beginn der Weltwirtschaftskrise
1932–1936	Gyula Gömbös ungarischer Ministerpräsident
1934	Deutsch-polnischer Nichtangriffspakt
1935, 10.5.	Wahlsieg der Sudetendeutschen Partei
1935, 12.5.	Tod Josef Piłsudskis
1937, 14.9.	Tod des tschechoslowakischen Staatspräsidenten T. G. Masaryk
1938, 30.9.	Münchner Abkommen
1938, 6.10.	Silleiner Abkommen über die Autonomie der Slowakei
1938, 2.11.	Erster „Wiener Schiedsspruch"
1939, 14.3.	Unabhängigkeitserklärung der Slowakei
1939 15./16.3.	Deutscher Einmarsch in Prag. Bildung des Reichsprotektorats Böhmen und Mähren. Angliederung der Karpatoukraine an Ungarn
1939, 23.8.	Hitler-Stalin-Pakt
1939, 1.9.	Deutscher Angriff auf Polen
1939, 17.9.	Sowjetischer Einmarsch in Ostpolen
1940, April–Mai	Ermordung polnischer Offiziere in Katyń
1940, Juli	Eingliederung der baltischen Staaten und Bessarabiens in die Sowjetunion
1940, 30.8.	Zweiter „Wiener Schiedsspruch"
1941, 2.4.	Deutscher Angriff auf Jugoslawien
1941, 22.6.	Deutscher Überfall auf die Sowjetunion

1941, 10.7.	Ermordung polnischer Juden in Jedwabne
1942, 20.1.	Wannsee-Konferenz
1942–1943	„Aktion Reinhardt": Ermordung der Juden im Generalgouvernement
1943, 27.5.	Attentat auf Reinhard Heydrich in Prag
1943, April–Mai	Aufstand im Warschauer Ghetto
1944, 19.3.	Deutscher Einmarsch in Ungarn
1944, 1.8.–2.10.	Warschauer Aufstand
1944, 29.8.–27.10.	Slowakischer Nationalaufstand
1944, 15./16.10.	Rücktritt Horthys. Machtübernahme der Pfeilkreuzler in Ungarn
1945, Februar	Konferenz von Jalta
1945, 5.5.	Aufstand in Prag
1945, 2.8.	Potsdamer Abkommen
1945, 4.11.	Wahlsieg der Kleinwirtepartei in Ungarn
1946, 26.5.	Parlamentswahlen in der Tschechoslowakei
1946, 30.6.	Referendum in Polen
1946, 4.7.	Pogrom von Kielce
1947, 10.2.	Friedensvertrag von Paris
1947, 19.1.	Parlamentswahlen in Polen
1947, 30.9.	Gründung der Kominform
1948, 25.2.	Kommunistische Machtübernahme in der Tschechoslowakei
1949, Februar	Schauprozess gegen Kardinal Mindszenty
1949, September	Schauprozess gegen László Rajk
1952, November	Schauprozess gegen Rudolf Slánský
1953, 4.3.	Tod Stalins
1953, 14.3.	Tod Klement Gottwalds
1953, 1.6.	Aufstand in Pilsen
1953–1955	Erste Ministerpräsidentschaft Imre Nagys
1955	Gründung des Warschauer Paktes
1956, Februar	XX. Parteitag der KPdSU. Geheimrede Chruščevs
1956, 12.3.	Tod Bolesław Bieruts
1956, 28.6.	Arbeiteraufstand in Posen
1956	„Polnischer Oktober". Rückkehr Gomułkas an die polnische Parteispitze (21.10.)
1956, 23.10.–4.11.	Revolution in Ungarn
1956–1989	János Kádár Parteichef in Ungarn
1968	Neuer Ökonomischer Mechanismus in Ungarn
1968, 5.1.	Alexander Dubček wird tschechoslowakischer Parteichef
1968, 8.–23.3.	Märzunruhen in Polen
1968, 5.4.	Aktionsprogramm der KPČ
1968, 27.6.	Manifest der 2000 Worte

1968, 21.8.	Sowjetischer Einmarsch in die Tschechoslowakei
1969–1989	Gustáv Husák Generalsekretär der KPČ
1970, 7.12.	Warschauer Vertrag
1970, 14.–22.,12.	Arbeiteraufstand an der polnischen Ostseeküste. Sturz Gomułkas
1970–1980	Edward Gierek Erster Sekretär der PZPR
1973–1974	„Kleine Eiszeit" in Ungarn
1975	Verabschiedung der KSZE-Schlussakte in Helsinki
1976, September	Gründung des Komitees zur Verteidigung der Arbeiterschaft (KOR)
1977	Veröffentlichung der Charta 77
1980, 31. August	Danziger Abkommen. Gründung der *Solidarność*
1981, 13. 12.	Kriegsrecht in Polen
1989, Februar–April	Runder Tisch in Warschau
1989, 4.6.	Wahlsieg der *Solidarność*
1989, 2.5.	Beginn der Grenzöffnung in Ungarn
1989, Juni–September	Nationaler Runder Tisch in Ungarn
1989, 9.11.	Fall der Berliner Mauer
1989, November/Dezember	„Samtene Revolution" in der Tschechoslowakei
1989–2003	Václav Havel Präsident der Tschechoslowakei (bis 1993) bzw. der Tschechischen Republik
1990–2000	Árpád Göncz ungarischer Staatspräsident
1990–1995	Lech Wałęsa polnischer Staatspräsident
1991	tschechoslowakisches Lustrationsgesetz
1995–2005	Aleksander Kwaśniewski polnischer Staatspräsident
2002	Eröffnung des „Terror háza" (Haus des Terrors) in Budapest
2004, 29.3.	NATO-Beitritt der Slowakei
2004, 1.5.	Beitritt u. a. Polens, der Tschechischen Republik, der Slowakei und Ungarns zur Europäischen Union.

KARTEN

Abbildung 1: Karte der Teilungen Polens im 18. Jahrhundert, © *Cornelsen Verlag, Berlin.*

Abbildung 2: Karte der Staaten Osteuropas im Jahr 1914, © *Cornelsen Verlag, Berlin.*

Karten 335

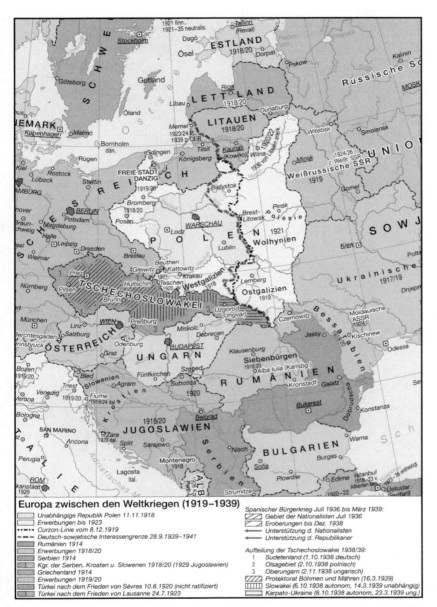

Abbildung 3: Karte Ostmitteleuropas zwischen den Weltkriegen 1919–1939, © *Cornelsen Verlag, Berlin.*

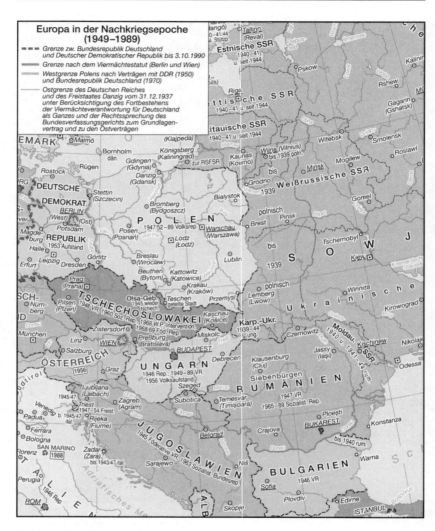

Abbildung 4: Karte Ostmitteleuropas 1945–1989, © *Cornelsen Verlag, Berlin.*

Register

1. PERSONENREGISTER

Áchim, András 58
Adenauer, Konrad 138
Alexander I. (russischer Zar) 24
Alexander II. (russischer Zar) 40, 208
Anders, Władysław 105
Andropov, Jurij 141
Antonescu, Ion 98, 102, 106
Arājs, Victors 102

Babits, Mihály 88
Bacílek, Karol 124
Bárdossy, László 110
Bartók, Béla 88
Basch, Franz 110
Batthyány, Lajos Graf 34
Bauer, Otto 59
Beck, Józef 228
Bel, Matthias (Matej) 17
Beneš, Edvard 92, 104, 107f., 113, 228
Beran, Josef 120
Beran, Rudolf 92
Berija, Lavrentij 124
Berman, Jakub 117
Bernolák, Anton 20
Bessenyei, György 17
Bethlen, István Graf 80, 224
Beust, Friedrich von 43f.
Bierut, Bolesław 111, 117–119, 124f.
Böhm, Max Hildebert 150
Brežnev, Leonid I. 141
Brus, Włodzimierz 168

Čapek, Karel 88
Carter, Jimmy 139
Černenko, Konstantin 141
Chłopicki, Józef 25
Chruščev, Nikita 124–126, 137, 239f.
Churchill, Winston 105
Clementis, Vladimír 119
Curzon, George 67

Cyrankiewicz, Józef 124
Czartoryski (Familie) 14
Czartoryski, Adam Jerzy 22, 24f., 208

Deák, Ferenc 43, 216
Dmowski, Roman 78, 198
Dobner, Gelasius 17
Dobrovský, Josef 17
Drucki-Lubecki, Franciszek Ksawery 25
Dubček, Alexander 128f., 168, 242
Dzierżyński, Feliks 59
Dzurinda, Mikuláš 147

Eliáš, Alois 96

Farkas, Mihály 117
Felbiger, Ignaz 177
Ferdinand I. (Kaiser von Österreich) 33, 36f.
Ford, Gerald 139
Frank, Hans 97
Franz Ferdinand (Erzherzog, österręichischer Thronfolger) 61
Franz Joseph I. (Kaiser von Österreich) 37, 42–44, 219
Franz II. (Kaiser des hl. röm. Reiches dt. Nation, als Franz I. Kaiser von Österreich) 13, 20
Freud, Siegmund 56

Gaj, Ljudevit 28
Gerő, Ernő 117, 126
Gierek, Edward 139, 143, 241, 244
Gömbös, Gyula 71, 80, 224
Gomułka, Władysław 111, 117, 119, 125–127, 129, 139, 240–244
Gorbačev, Michail 144
Gottwald, Klement 117f., 124

Hácha, Emil 92f.

Hajnóczy, József 20, 210
Hašek, Jaroslav 88
Haugwitz, Friedrich Wilhelm von 16
Haushofer, Karl 150
Havel, Václav 142, 145, 152, 243
Henlein, Konrad 80, 84f., 226
Herder, Johann Gottfried 196
Heydrich, Reinhard 96f., 103f., 230
Hitler, Adolf 80, 84, 90, 92–103, 200, 226, 228
Hlinka, Andrej 58, 68, 71, 78, 112, 226
Hodža, Milan 58, 88
Horthy, Miklós 69, 81, 89, 98–100, 102, 106f., 224f.
Husák, Gustáv 129, 142, 144

Illyés, Gyula 80
Imrédy, Béla 110
Iwaszkiewicz, Jarosław 88

Jakeš, Miloš 144
Jaruzelski, Wojciech 143, 244
Jászi, Oszkár 60, 88
Jelačić, Josip 34
Johann (österreichischer Erzherzog) 36
Johannes Paul II. *siehe* Wojtyła, Karol
Joseph II. (Kaiser des hl. röm. Reiches dt. Nation) 12, 17–20, 54, 158, 195, 210
József, Attila 88
Jungmann, Josef 27

Kádár, János 116, 126, 139, 142, 146, 241, 245
Kafka, Franz 88
Kállay, Miklós 100
Kania, Stanisław 143
Karl I. (Kaiser von Österreich) 82
Károlyi, Mihály Graf 69, 223
Katharina II. (russische Zarin) 13f., 16, 207
Kinský, Franz Graf 17
Klaus, Václav 147
Klimt, Gustav 56
Koch, Erich 97
Kodály, Zoltán 88
Koerber, Ernest von 161
Kokoschka, Oskar 56
Kołakowski, Leszek 129
Kollár, Adam František 17
Kołłątaj, Hugo 15
Konarski, Stanisław 13
Konrád, György 152
Konstantin Nikolaevič (russ. Großfürst) 41

Konstantin Pavlovič (russ. Großfürst) 25
Kościuszko, Tadeusz 15, 22, 197, 208
Kossuth, Lajos 28, 34–36, 60, 211
Kovács, Béla 126
Kramář, Karel 67, 86, 200
Kube, Wilhelm 97
Kun, Béla 69
Kuroń, Jacek 143

Lange, Oskar 168
Lengnich, Gottfried 14
Leopold II. (Kaiser des hl. röm. Reiches dt. Nation) 19f., 210f.
Leszczyński, Stanisław 13
Lohse, Hinrich 97
Loos, Adolf 56
Luxemburg, Rosa 50, 59

Maria Theresia (Österreich-Ungarn) 12, 18, 160
Martinovics, Ignác 20, 210
Masaryk, Jan 113
Masaryk, Tomáš G. 67, 71, 79, 150, 190, 199, 225
Mazowiecki, Tadeusz 144, 146
Mažuranić, Ivan 47
Mečiar, Vladimír 147
Metternich, Clemens Fürst 27, 32
Michnik, Adam 143
Mickiewicz, Adam 26, 197
Mierosławski, Ludwik 35
Mihai I. (König von Rumänien) 106
Mikołajczyk, Stanisław 107, 111f.
Minc, Hilary 117
Mindszenty, József 120
Mlynář, Zdeněk 128
Mościcki, Ignacy 93

Nagy, Ferenc 112
Nagy, Imre 124, 126, 240
Nagyatádi Szabó, István 58, 70
Napoleon Bonaparte 21, 23, 210
Narutowicz, Gabriel 79
Naumann, Friedrich 149f.
Németh, Miklós 246
Neurath, Konstantin von 96, 230
Nikolaus I. (russischer Zar) 25
Nikolaus I. (russischer Zar) 40
Nixon, Richard 139
Nostitz (Familie) 17
Novotný, Antonín 124, 127f., 168, 242
Nyers, Rezső 144

Oberländer, Theodor   247
Ochab, Edward   125
Orbán, Viktor   147
Osóbka-Morawski, Edward   108

Paderewski, Ignacy   198
Palach, Jan   129
Palacký, František   27, 35, 150, 199, 213
Papánek, Juraj   20
Patočka, Jan   142
Pekař, Josef   199
Penck, Albrecht   149
Petljura, Symon   67
Pillersdorf, Franz von   33f.
Piłsudski, Józef   59, 61, 63, 65f., 78f., 198, 223f.
Poniatowski, Stanisław (der ältere)   13
Poniatowski, Stanisław August (polnischer König)   12, 14, 18, 171, 177, 206f.
Pozsgay, Imre   144, 246
Prus, Bolesław   47

Radić, Antun   58
Radić, Stjepan   58
Radkiewicz, Stanisław   124
Rádl, Emanuel   88
Rajk, László   119, 125
Rákosi, Mátyás   117f., 124, 126
Rakowski, Mieczysław   144
Rapacki, Adam   138
Renner, Karl   59
Reymont, Władysław   175
Riegger, Joseph Anton von   17
Rokossovskij, Konstantin   117, 125
Roth, Stephan Ludwig   28

Šafařík, Pavel Josef   27
Šalda, F. X.   88
Schmerling, Anton von   42f.
Schnitzler, Arthur   56
Schönerer, Georg Ritter von   57, 200
Schwarzenberg, Felix Fürst   37, 214
Sienkiewicz, Henryk   198
Šik, Ota   127
Sikorski, Władysław   104

Slánský, Rudolf   117, 119
Šling, Ota   119
Słowacki, Juliusz   26
Sonnenfels, Josef von   16
Spann, Othmar   87
Stadion, Rudolf Graf   34
Stalin, Josef   93–95, 105, 111, 115, 118, 123, 229, 234–237
Staszic, Stanisław   15
Sternberg (Familie)   17
Štúr, Ľudovít   28
Świętochowski, Aleksander   47
Szakasits, Árpád   119
Szálasi, Ferenc   81, 106, 110
Széchenyi, István Graf   27f., 210
Szekfű, Gyula   201
Sztójay, Döme   110

Taaffe, Eduard   47
Teleki, Pál   100
Thun, Leo Graf   33
Tildy, Zoltán   112, 126
Tiso, Jozef   92f., 98f., 110
Tisza, Kálmán   47
Tito, Josip B.   119
Tuka, Vojtech   99, 110
Tuwim, Julian   88

Ulbricht, Walter   242

Vaculík, Ludvík   128
Volz, Wilhelm   150

Wagner, Otto   56
Wałęsa, Lech   143f.
Wielopolski, Alexander Graf   41, 54
Wilson, Woodrow   64
Windischgrätz (Familie)   172
Windischgrätz, Alfred Fürst   36
Wojtyła, Karol (Johannes Paul II.)   142
Wyszyński, Stefan   120, 127

Zápotocký, Antonín   117, 124
Živkov, Todor   242

2. AUTORENREGISTER

ABLEITINGER, A. 217
ABRAMS, A. 236
ÁDÁM, M. 227
ADANIR, F. 153
ADIBEKOV, G. 237
AFFLERBACH, H. 221
AGNEW, H. 199, 211
AHMANN, R. 228
ALBERTI, M. 231
ALDCROFT, D. H. 165–167, 169
ALFÖLDY, G. 240
ALTRICHTER, H. 153, 248
ALY, G. 163, 230–232, 247
ANDERSON, B. 194f.
ANGELOW, J. 221
APOR, B. 238
ASH, T. G. 245

BÁCSKAI, V. 174
BAHLCKE, J. 155
BAK, J. 240
BAKKE, E. 201, 222, 226
BALÁZS, É. 210
BALCAR, J. 164
BANAC, I. 179
BARANY, G. 201, 211, 220
BARTETZKY, A. 194
BÁTONYI, G. 227
BATT, J. 168
BAUERKÄMPER, A. 192
BAYCROFT, T. 196
BEHRENDS, J. 238
BEHRING, E. 194
BÉKÉS, C. 240
BELDA, J. 242
BELLER, S. 185, 188, 219
BENDA, K. 210
BENECKE, W. 178, 198, 223
BENZ, W. 229
BEREND, I. T. 157, 160, 163, 165f., 168f., 222
BEREND, I. T. 156, 227
BÉRENGER, J. 219, 221
BERGER WALDENEGG, G. C. 215
BERGER, P. 215
BERNATH, M. 202
BERNECKER, W. L. 153
BERNHARD, M. H. 244
BEYRAU, D. 151, 154

BIDELEUX, R. 151, 154, 159
BINDER, H. 172, 217
BINGEN, D. 235, 248
BISPINCK, H. 239
BIWALD, B. 214
BLAIVE, M. 241
BLANKE, R. 222
BLED, J. P. 219
BLEJWAS, S. A. 197
BLOBAUM, R. 220
BÖHLER, J. 231
BÖMELBURG, H.-J. 171, 206
BOIA, L. 202
BOOCKMANN, H. 247
BORODZIEJ, W. 230, 233–235, 248
BOROS, Z. 218
BOROSS, E. A. 165
BOTZ, G. 188
BOYER, C. 168, 187
BOYSEN, J. 187
BRAHAM, R. L. 231
BRANDES, D. 228, 230, 234f.
BRANDT, H. H. 160, 212, 214
BRAUN, K. 222
BRAUNEDER, W. 211
BRENNER, C. 182
BRIX, E. 194
BROCK, P. 200
BROKLOVÁ, E. 200, 225f.
BROSZAT, M. 197
BROUSEK, K. M. 160
BROWNING, C. 231
BRUBAKER, R. 195f.
BRUCKMÜLLER, E. 158, 175, 219
BRÜGEL, J. 226
BRUNNER, O. 44, 216
BRUS, W. 167
BRYANT, C. 230
BRZEZINSKI, Z. K. 239
BRZOSTEK, B. 181f.
BUCUR, M. 194
BUGGE, P. 199, 225
BURGER, H. 187
BUTTERWICK, R. 207
BYRNE, M. 240, 244

CAŁA, A. 176, 189
ČAPKOVÁ, K. 188
CARIEWSKAJA, T. 234

Celovsky, B. 228
Cerman, I. 160, 211
Chiari, B. 233
Chirot, D. 156
Chwalba, A. F. 209
Cienciala, A. 228
Cohen, G. 177, 185, 217
Connelly, J. 177
Conze, E. 171, 222, 247
Conze, W. 150f., 174
Corbea-Hoişie, A. 185, 248
Cornwall, M. 163, 221
Courtois, S. 238
Crampton, R. J. 153f.
Creuzberger, S. 235
Crowley, D. 181, 193
Csáky, M. 152, 194f., 201, 210
Csizmadia, E. 243

Dabrowski, P. M. 198
Dahlmann, D. 239
de Zayas, A. M. 234
Deák, I. 187, 213f., 219, 236
Dickson, P. G. M. 206
Dieckmann, C. 233
Djilas, M. 134
Dmitrieva, M. 194
Dodde, N. L. 178
Dolbilov, M. 186
Doliesen, G. 223
Dowe, D. 214
Drabek, A. M. 211
Drobesch, W. 160
Dudek, A. 245
Duraczyński, E. 233

Eberhard, W. 152
Eckel, J. 247
Eddie, S. M. 160f., 172
Edmondson, C. 237
Eifert, C. 220
Eile, S. 197
Eisler, J. 243f.
Ekiert, G. 239
El Mallakh, D. H. 226
Elvert, J. 150
Engelmann, R. 239
Esch, M. G. 248
Evans, R. J. W. 206, 211, 214

Falk, B. J. 192, 242
Fasora, L. 183
Fata, M. 177

Fehr, H. 245
Feichtinger, J. 195
Feinberg, M. 176, 225
Fejtő, F. 221
Felak, J. R. 226
Fink, C. 203
Fischer, R. 190
Fiszman, S. 207
Flandreau, M. 161
Foitzik, J. 238, 240
Frank, A. F. 161
Frankl, M. 190
Franzen, K. E. 248
Freifeld, A. 201, 218
Freudenberger, H. 157, 160
Friedrich, K. 206
Friszke, A. 180, 238, 243f.
Frommer, B. 236

Gaddis, J. L. 237
Garlicki, A. 245
Garver, B. M. 199
Gebel, R. 226, 230
Gebhard, J. 175, 184
Gehrke, R. 222, 247
Gejštor (Gieysztor), A. 232
Gellner, E. 195
Gergely, A. 172
Gergely, J. 224
Gerlach, C. 163, 230–232
Gerő, A. 201, 215, 218f.
Gerschenkron, A. 156, 159–161
Geyer, D. 235
Geyr, G. A. von 218
Gibianskij, L. 235
Gilly, S. 151, 246
Glassheim, E. 173, 204
Gneisse, B. 211
Godsey, W. 172, 212, 219
Goehrke, C. 151f., 246
Görtemaker, M. 235
Golczewski, F. 154
Gollwitzer, H. 179
Good, D. 157–159, 162
Goodwyn, L. 244
Górny, M. 248
Gottas, F. 201, 218
Gottsmann, A. 213
Gough, R. 241
Grabowski, S. 197
Graf, F. W. 195
Grandner, M. 178
Gries, R. 238

Gross, J. T.   191, 230, 232f., 236
Gross, M.   216
Gross, N.   159
Grossbölting, T.   239
Guesnet, F.   189
Gyáni, G.   171, 175, 178, 180f., 185
Gyurgyák, J.   190, 201

Haar, I.   150, 247
Haas, H.   183
Hackmann, J.   247
Häusler, W.   214
Hahn, H. H.   239
Haider, B.   214
Hajdu, T.   224
Halmos, K.   173
Hanák, P.   160, 175, 185, 216
Hanebrink, P.   190
Hanuš, J.   183
Haselsteiner, H.   210
Haslinger, P.   195, 200, 222, 248
Hasselblatt, C.   203
Haumann, H.   152, 188f.
Hauner, M.   178, 229
Haupt, H.-G.   214
Hausleitner, M.   191
Haustein, U.   179
Havel, V.   152f.
Havelka, M.   199
Healy, M.   221
Hegedűs, A. B.   239f.
Heim, S.   247
Hein, H.   223
Heindl, W.   186, 212
Heinemann, W.   239
Heller, C.   190
Helmedach, A.   160
Hensel, J.   184
Herbert, U.   230f.
Heumos, P.   80, 179, 182, 225
Hewitson, M.   196
Hilbrenner, A.   239
Himka, J. P.   199
Hirschhausen, U. von   184, 192
Hitchins, K.   202, 215
Hlavačka, M.   220
Hobsbawm, E.   195
Hochedlinger, M.   210
Hodos, G.   151
Höbelt, L.   200
Hoensch, J. K.   206, 226, 229, 235
Hoffmann, J.   165
Hoffmann, S. L.   192

Hofmann, A. R.   183
Holec, R.   164, 201
Holzer, J.   244
Hoppe, J.   242
Houwink ten Cate, J.   229
Hrabovec, E.   215
Hroch, M.   48
Hübner, P.   182
Huertas, Th.   159
Hutterer, I.   172
Hye, H. P.   214, 217

Ihnatowicz, I.   171, 178
Irmanová, E.   227
Ivaničková, E.   235
Ivanišević, A.   248
Izsák, L.   237

János (Janos), A. C.   151, 156, 165, 169
Janowski, M.   154, 192, 197
Jarausch, K.   181
Jarosz, D.   167, 181, 239
Jasiewicz, K.   232
Jászi, O.   159, 215, 218
Jaworski, R.   153f., 175, 190, 194, 197, 207, 214, 220, 247f.
Jedlicki, J.   162, 171, 197
Jeffries, I.   151, 154, 159
Jezierski, A.   158, 162, 180
Jobst, K.   179
Johnson, O.   176
Johnston, W. M.   185
Judson, P. M.   186, 194, 200, 212
Judt, T.   180, 236
Jureit, U.   231

Kaczyńska, E.   174
Kaelble, H.   180
Kahan, A.   162
Kaiser, G.   232
Kalinová, L.   236
Kaliński, J.   163
Kamenec, I.   231
Kamiński, Ł.   238
Kann, R. A.   203, 219
Kaplan, K.   180, 182, 238, 241
Kappeler, A.   152
Karády, V.   188
Kárná, M.   230
Karner, S.   242
Kárník, Z.   179
Kárný, M.   230
Karski, J.   227

2. Autorenregister   343

KASER, M. C.   166
KATUS, L.   160
KATZ, J.   189
KATZ, M.   191
KATZBURG, N.   224, 231
KEANE, J.   243
KECSKEMÉTI, K.   210f.
KELLY, T. M.   199, 203
KEMP-WELCH, A.   239
KENNEY, P.   169, 182, 236, 245f.
KERNER, R. J.   211
KERSTEN, K.   236
KESSLER, W.   203
KIENIEWICZ, S.   158, 185, 208f.
KIEVAL, H.   188
KING, J.   184, 217
KIRÁLY, B.   210
KITSCHELT, H.   246
KITTEL, M.   234
KIZWALTER, T.   197
KLESSMANN, C.   182
KLETEČKA, T.   216
KLIMÓ, Á. VON   180, 201, 246
KŁOCZOWSKI, J.   150
KOCHANOWICZ, J.   157, 162, 168
KOCHANOWSKI, J.   225
KOCKA, J.   153, 174, 191
KÖNIG, W.   178
KÖRNER, A.   214
KOESTLER, N.   176
KÖVÉR, G.   171, 178, 180f.
KOFMAN, J.   164f.
KOHN, H.   196
KOLB, E.   209
KOŁODZIEJCZYK, R.   174
KOMARNICKI, T.   228
KOMLOS, J.   159–161
KOMLOSY, A.   162
KONRÁD, GY.   152f.
KOŘALKA, J.   174, 199, 213
KORNAI, J.   167f.
KORNAT, M.   228
KÓSA, L.   172, 176
KOSÁRY, D.   210
KOSATÍK, P.   238
KOSCHMAL, W.   188
KOSMALA, B.   184, 191
KOSSERT, A.   154, 234
KOVÁČ, D   215, 226
KOVÁCS, M.   190, 224
KOVÁCS-BERTRAND, A.   222, 224
KOVRIG, B.   223
KOZÁRI, M.   218

KOZIK, J.   198
KOZIŃSKA-WITT, H.   185
KRACIK, J.   226
KRAFT, C.   181, 208f., 223
KŘEN, J.   153, 199f.
KRONENBITTER, G.   221
KRÜGER, P.   152, 227
KRZEMIŃSKI, I.   244
KRZOSKA, M.   247
KUBIK, J.   244
KUBŮ, E.   161, 164
KUČERA, J.   200, 226
KULCZYCKI, J. J.   220
KUMAR, K.   153
KUNDERA, M.   152
KURAL, V.   234
KURUCZ, G.   177
KUSBER, J.   194, 208

LABA, R.   244
LAMBRECHT, K.   177
LANDAU, Z.   163f., 223
LANDGREBE, A.   197
LANGEWIESCHE, D.   214
LE RIDER, J.   185
LEBLANG, S.   223
LEMBERG, H.   177, 234f.
LENGYEL, Z.   186, 215
LENZ, B.   239
LESLIE, R. F.   209
LESZCZYŃSKA, C.   158, 180
LIESKE, A.   180, 192
LIJPHART, A.   203
LINDNER, R.   154, 175
LIPPERT, S.   214
LIPTÁK, Ľ.   226
LITERA, B.   237
LITVÁN, GY.   240
LITYŃSKI, A.   208
LIULEVICIUS, V. G.   222
LOEW, P. O.   247
ŁOJEK, J.   207
LOJKÓ, M.   163, 227
LONGWORTH, P.   151
LOTH, W.   237
LÜTGENAU, S. A.   172
LUFT, R.   203, 214, 217
ŁUKASIEWICZ, S.   150
LUKES, I.   228
LUKOWSKI, J.   206f.
LUKS, L.   243
LUTZ, A.   243
LUŽA, R.   225

MACARTNEY, C. A. 217, 224
MACHCEWICZ, P. 232, 240f.
MACK, G. 177
MADAJCZYK, C. 229f.
MAI, G. 222f.
MALÍŘ, J. 183, 186
MALLMANN, K.-M. 231
MAŁOWIST, M. 156
MALZ, A. 239
MAMATEY, V. 225
MANER, H.-C. 195
MANNOVÁ, E. 176
MAREK, M. 183
MARŠÁLEK, P. 230
MARSCHALL VON BIEBERSTEIN, C. FRHR. 216
MASARYK, T. G. 150
MATIS, H. 159f., 162
MAXWELL, A. M. 201
MAZOWER, M. 151, 222, 225
MAZSÚ, J. 176
McCAGG, W. 188, 236
MEINECKE, F. 196
MELINZ, G. 183
MELVILLE, R. 157, 171, 173, 211
MENDELSOHN, E. 190
MERGEL, T. 205
MEVIUS, M. 236
MICH, W. 198
MICHLIC, J. B. 190
MICK, C. 184, 195, 221
MILLER, A. 154, 186
MILLER, D. 225
MILOTOVÁ, J. 230
MITU, S. 194, 202
MŁYNARCZYK, J. A. 231
MOMMSEN, H. 179
MOMMSEN, W. 214
MOREWOOD, S. 165–167, 169
MORITSCH, A. 213
MĄCZAK, A. 151
MĘDRZECKI, W. 178
MROZOWSKA, K. 177, 206
MÜHLE, E. 247
MÜLLER, M. G. 151, 172f., 186, 206, 208
MÜLLER, R.-D. 231
MÜLLER, U. 161
MUSIAL, B. 231–233
MYANT, M. 166, 168

NACHTIGAL, R. 221
NAGY, K. S. 181
NAUMANN, F. 149f.

NEKULA, M. 188
NEMES, R. 192, 201, 211
NEŠPOR, Z. 195
NEUGEBAUER, W. 171
NIEDERHAUSER, E. 157, 212
NIENDORF, M. 186
NOSKOVA, A. F. 234
NURMI, I. 201, 221

OGILVIE, S. 160
OKEY, R. 217, 219, 245
OLSCHOWSKY, H. 239
ORECHOVA, E. D. 240
ORMOS, M. 150, 224
ORTON, L. D. 213
OSĘKA, P. 238
OST, D. 246
OTTO, G. 229
O'SULLIVAN, D. 237
OVERMANS, R. 234
OXAAL, I. 188

PACHOLKIV, S. 199
PACZKOWSKI, A. 237, 239, 241, 244f.
PALMER, A. 151
PANTENBURG, I. 221
PAPP, C. 176
PÁTEK, J. 164
PAUER, J. 242
PECH, S. 212
PECHATNOV, V. O. 237
PEČKA, J. 242
PELLE, J. 231
PENCK, A. 149
PERSAK, K. 232, 238
PEŠEK, J. 185, 234f.
PÉTER, L. 202, 216, 218
PÉTERI, G. 163, 241
PETERSEN, R. D. 204
PETRI, R. 186
PFAFF, I. 229
PICHOJA, R. G. 232
PICKHAN, G. 189
PIETROW-ENNKER, B. 175
PIETSCH, W. 189
PIJAJ, S. 216
PISKORSKI, J. 247f.
PITTAWAY, M. 238
PLASCHKA, R. G. 177
PLETZING, C. 247
POGGE VON STRANDMANN, H. 214
POHL, D. 231
POLLACK, D. 242f., 245

Pollak, M. 188
Polonsky, A. 223
Poór, J. 210
Porter, B. 190, 198
Prażmowska, A. J. 233
Prečan, V. 243
Procacci, G. 237
Prodan, D. 202
Průcha, V. 164, 171, 178
Prusin, A. V. 222
Prutsch, U. 195
Pünkösti, Á. 238
Püski, L. 224
Pufelska, A. 232, 236
Purchla, J. 185
Puttkamer, J. von 164, 178, 187, 195, 201, 205, 222, 238
Pytlas, S. 175

Quinkert, B. 233

Radice, E. A. 166
Ragsdale, H. 229
Rahden, T. van 188
Rainer, J. M. 240f.
Raitz von Frentz, C. 203
Ránki, Gy. 156f., 160, 174, 229
Rataj, J. 225
Rauchensteiner, M. 221
Rauscher, W. 221
Rautenberg, H. W. 209
Reden-Dohna, A. von 171
Redlich, J. 215
Rees, H. L. 221
Reid, S. E. 181, 193
Reinert-Tárnoky, I. 179, 224
Reinhard, W. 205
Richter, L. 194
Rittersporn, G. 238
Rönnefarth, H. 228
Röskau-Rydel, I. 178
Rössler, M. 229
Rogall, J. 186, 235
Rohdewald, S. 184, 239
Rolf, M. 238
Romsics, I. 224, 227, 246
Rostow, W. 159
Rostworowski, A. 206f.
Roszkowski, W. 163
Roter, P. 202
Roth, K. 181
Rothschild, J. 247
Rowiński, J. 240

Rozdolski, R. 158
Rozenblit, M. 188, 194
Rudnicki, S. 190
Rumpler, H. 212, 215f.
Rutherford, P. T. 230f.
Rychlík, J. 226
Rydel, J. 172

Sakmyster, T. L. 224, 229
Samerski, S. 195
Sandkühler, T. 231
Sanford, G. 232
Sapper, M. 249
Satjukow, S. 238
Sauerland, K. 249
Saurer, E. 186
Scharf, C. 216
Schattkowsky, R. 228
Schatz, J. 190
Schenk, F. B. 196
Schenke, C. 198
Scheuermann, M. 203
Schieder, T. 196, 234
Schindling, A. 177
Schlau, W. 163
Schleiermacher, S. 229
Schlögel, K. 182, 184, 247, 249
Schlotter, P. 243
Schmale, W. 153, 178
Schmidt, R. 176, 192
Schmidt, R. F. 221
Schmidt-Hartmann, E. 225
Schmidt-Schweizer, A. 246
Schödl, G. 202
Schorske, C. 185
Schramm, G. 6, 150, 206, 226, 228
Schultz, H. 161
Schulze Wessel, M. 190, 195, 248
Schulze, M.-S. 160
Schwarz, W. F. 194
Sdvižkov, D. 176
Segert, D. 151
Seibt, F. 152
Seidel, R. 230
Sekanina, M. 164
Sereda, V. T. 240
Serrier, T. 186, 198, 247
Seton-Watson, H. 176
Shore, M. 185, 190
Siklós, A. 223
Silagi, D. 210
Sinkoff, N. 189
Sked, A. 212, 219

SKILLING, H. G.   242
SLÁDEK, Z.   163, 227
SLÁMA, J.   166
SMELSER, R.   226
SMITH, A. D.   195
SNYDER, T.   186
SOMMER, M.   248
SOMOGYI, É   216
SOWIŃSKI, P.   181
SPANNENBERGER, N.   224
SPIRA, G.   213
STACHURA, P. D.   223
ŠTAIF, J.   212
STANDEISKY, É.   243
STANISZKIS, J.   244
STANĚK, T.   234
STAUTER-HALSTED, K.   179, 186, 198
STEFFEN, K.   189
STEGMANN, N.   175
STEINBACHER, S.   231
STEINDORFF, L.   194
STEINER, Z.   227
STEKL, H.   172, 174, 183, 194
STÖLZL, C.   215
STOLA, D.   191
STOLLBERG-RILINGER, B.   205
STONE, N.   218
STONE, R. W.   169
STOURZH, G.   203, 212
STRUVE, K.   192, 198f.
STRZEMBOSZ, T.   234
STYKALIN, A. S.   240
SÜSSMUTH, H.   169
SUNDHAUSSEN, H.   154, 187
SUPPAN, A.   215
SWIDERSKI, B.   177
SZABAD, GY.   215
SZABÓ, D.   218
SZÁNTAY, A.   206
SZAROTA, T.   233
SZÉKELY, I.   172
SZLAJFER, H.   166
SZÖLLŐSI-JANZE, M.   224
SZŰCS, J.   151
SZYNDLER, B.   208

TACKE, C.   214
TATUR, M.   244
TAUBER, J.   233
TAUBERT, F.   228
TAUBMAN, W.   240
TAYLOR, A. J. P.   219
TAZBIR, J.   172

TEICHOVA, A.   163f., 166f., 169
TEJCHMAN, M.   237
TENFELDE, K.   182
THADEN, E.   206, 208f.
THER, P.   173, 185, 187, 235
THOMAS, D. C.   243
TILKOVSZKY, L.   224
TILLY, R.   159, 161
TODOROVA, M.   153
TÖNSMEYER, T.   173, 229, 231, 233
TOMASZEWSKI, J.   164, 198, 223
TORAŃSKA, T.   238
TÓTH, Á.   192
TÓTH, I. GY.   47
TÓTH, Z.   184
TŐKÉS, R. L.   223, 245
TREES, P.   220
TRENKLER, C.   164
TROEBST, S.   194, 222, 235, 248
TURCZYNSKI, E.   186
TURNOCK, D.   156, 165, 167, 169

UNGER, C.   247
UNOWSKY, D.   219
UNVERHAU, D.   248
URBAN, O.   199
URBANITSCH, P.   174, 219
URBÁŠEK, P.   243

VAJDA, M.   153
VALUCH, T.   171, 178, 180f.
VANĚK, M.   243
VARGA, Z.   167
VÁRI, A.   173
VEEN, H.-J.   182
VERMES, G.   218
VLADIMIROV, K.   209
VOLKMANN, H.-E.   231
VYKOUKAL, J.   237

WAGNER, P.   220
WAKOUNIG, M.   172
WALICKI, A.   197, 207
WALKENHORST, P.   195
WALLERSTEIN, I.   156
WANDRUSZKA, A.   210
WANDYCZ, P.   154, 186, 209, 227f.
WANGERMANN, E.   210
WANK, S.   172
WASSER, B.   229
WEBER, M.   154
WECZERKA, H.   205
WEEKS, T. R.   186, 189, 220

WEHLER, H.-U.   171, 195
WEICHSEL, V.   249
WEIMER, C.   149, 153
WENDLAND, A. V.   183, 198
WENTKER, H.   239
WERNER, M.   154
WHITESIDE, A.   200
WIEDEMANN, A.   166
WIEDERKEHR, S.   239
WIELGOHS, J.   242f., 245
WIENFORT, M.   171, 211
WIGGERSHAUS, N.   239
WILCZYŃSKI, W.   168
WILKE, M.   239
WILLIAMS, K.   241f.
WILLIAMSON JR., S. R.   221
WINGFIELD, N.   194
WISTRICH, R.   188
WITKOWSKI, W.   207
WLADIKA, M.   200
WÖRSTER, P.   177
WOJCIECHOWSKI, M.   228

WOLF, N.   164
WOLFF, L.   153
WOLLE, S.   181
WYCZAŃSKI, A.   205

ZAHORSKI, A.   206, 208f.
ZAHRA, T.   186
ZAJEWSKI, W.   208f.
ZAMOYSKI, A.   207
ZAREMBA, M.   236
ZASLAVSKY, V.   233
ZAWADZKI, W. H.   208
ŻBIKOWSKI, A.   232
ZEIDLER, M.   222, 229
ZEMAN, Z. A.   221
ZERNACK, K.   6, 150, 153f., 206, 209
ZIEMER, K.   169, 241
ZIMMERMANN, B.   154
ZIMMERMANN, J.   179
ZIMMERMANN, S.   175, 178, 183
ZIMMERMANN, V.   230
ZÜCKERT, M.   187, 222

3. ORTS- UND SACHREGISTER

ABGB 1811   21, 212
Adel   6, 26f., 29, 45, 49, 52, 86, 89–107, 157f., 171–173, 206f., 211f.
Adelsnation   2f., 6, 12, 30, 45, 152
Albanien   138, 154
Alvensleben'sche Konvention 1863   42
Antikomintern-Pakt   93
Antisemitismus   3, 30, 55, 57, 69, 73, 78, 81, 102, 106, 108, 129, 163, 188, 190f., 202, 222, 224, 230–232, 243, 248
Arbeiter   25, 51, 68f., 75, 90, 112, 114, 129, 134, 143, 178–181, 244
‚Arisierung'   78, 102, 110
Aufklärung   6, 11–18, 54, 197, 206f., 210
Auschwitz   101, 231
Ausgleich, Mährischer 1905   60, 203
Ausgleich, Österreichisch-ungarischer 1867   160, 211, 215–218
Ausgleich, österreichisch-ungarischer 1867   29, 43, 45, 48, 60
Austroslawismus   150, 213

Badeni-Krise   46, 60, 187, 217

Balkan   siehe Südosteuropa
Baltikum   5, 64, 76, 89f., 94–97, 101, 103, 107, 154, 248
Banat   70, 91
Barrière de l'Est   83, 227
Batschka   100
Bauern   12f., 16, 24, 28, 41, 50f., 75, 85, 122f., 131f., 157, 178–180, 198f., 207, 209, siehe auch Bauernbefreiung, Landwirtschaft
– Rechtliche Stellung   7, 12f., 15f., 19, 158
Bauernbefreiung   21, 24, 26, 33, 38, 157f., 160, 214
Belgien   25
Belgrad (Beograd)   63
Bełżec   101
Beneš-Dekrete   108, 248
Berlin   32, 65, 128
Besatzungspolitik   89, 151
– Nationalsozialistische   94–98, 100, 138, 222, 229f., 234f., 248
– Sowjetische   94, 96, 107, 232

348 Register

Bessarabien 94, 96, 101f.
Białystok 97, 232
Bildungswesen 12, 21, 28, 41, 49, 53, 73, 77, 87, 120, 160, 187, 199, 209, 217
– Mittelschulen 39, 53, 74, 98, 177, 215
– Nationale Erziehungskommission (Polen) 14
– Theresianische Schulreformen 18, 177
– Universitäten 25f., 41, 47, 53, 73f., 81, 98, 104, 142, 177
– Volksschulen 18, 61, 67, 74, 77f., 177
Birnbaum (Międzychód) 184
Blasendorf (Blaj) 35
Bodenreformen 58, 67f., 70f., 75–77, 85, 90, 110, 120, 122, 163, 166, 173, 222
Brester Kirchenunion 8
Brest-Litovsk *siehe* Friedensverträge
Brežnev-Doktrin 138
Brünn (Brno) 49, 51, 74
Brüssel 26
Budapest 32, 34, 36, 48, 50f., 55, 102, 126, 128, 133, 175, 177, 185
Budweis (České Budějovice) 60, 184
Bürgertum 3f., 23, 25, 27, 29, 51–53, 90, 133, 171, 173–176, 191
Bug (Fluss) 89–107
Bukowina 36, 54f., 60, 96, 102, 186
Bulgarien 63, 82, 136
Burgenland 70

Charta 77 142, 243
Code Napoléon (Code Civil) 21, 24, 54, 73
Code Napoléon 157, 208
Curzon-Linie 67, 105, 108f.
Czernowitz (Černivci) 53

Dalmatien 34, 36
Danzig (Gdańsk) 7, 15, 26, 49, 52, 66, 93, 129, 143, 241
Danzig-Westpreußen, Reichsgau 94
DDR 134, 138, 140, 154, 239, 243, 245
Debrecen 37, 107
Deutsche 52f., 77f., 90, 96, 108, 184, 204, 222, 235
– Banater Schwaben 91, 109
– Siebenbürger Sachsen 7f., 28, 35, 43, 58, 91, 107, 109
– Sudetendeutsche 68, 78, 80f., 104, 107, 109, 139, 222, 226, 228
– Ungarndeutsche 53, 109, 224

Deutschland 3f., 31, 35, 37, 40, 42, 62, 78, 82f., 92f., 138, 154, 165, 212, 225, 228
Dissidenten (18. Jh.) 8, 14
Dissidenz (nach 1945) 129, 135, 141–145, 152, 176, 184, 192, 242–245
Dorpat (Tartu) 177
Dreimächtepakt 98

Elbing (Elbląg) 7
Emigration, Polnische 26
England 24, 83, 93, 104, 227, 237
Entspannungspolitik 135, 139f.
Entstalinisierung 123–130, 137, 238–240
Ermland (Warmia) 14
Estland 77, 83f., 94, 146
Europäische Union 1f., 146–148, 204, 213, 248

Februarpatent *siehe* Verfassungen
Finnland 94, 149, 154
Frankfurter Fürstentag 43
Frankfurter Nationalversammlung (Paulskirche) 33, 35–37, 213
Frankreich 15, 24f., 63, 83f., 93f., 104, 227
Frauen 133, 152, 166, 175, 181, 225
Freimaurer 17
Friedensverträge
– Brest-Litovsk (1918) 64, 69
– Paris (1947) 110, 136
– Riga (1921) 67, 72
– St. Germain (1920) 68
– Tilsit (1807) 23
– Trianon (1920) 68f., 83, 110, 164, 222, 224, 227
– Versailles (1919) 66
Fünfkirchen (Pécs) 74
Fundamentalartikel 44, 47, 216

Gabčíkovo-Nagymáros 143
Galizien 14, 16, 19, 31–33, 36, 44f., 48–50, 52, 54f., 60, 63f., 66, 158, 162, 172, 177, 179, 198, 214, 216f.
– Ostgalizien 33, 67, 77, 161, 198, 222
– Westgalizien 23
Generalgouvernement 94, 96f., 101, 104, 166, 230
Generalplan Ost 95f., 100, 229
Genua 83
Geschlecht 193, *siehe auch* Frauen
Gewerkschaften 59, 75, 92, 112, 120, 134, 143, 179

3. Orts- und Sachregister

Großpolen 15, 66
Gutswirtschaft 6, 49f., 75f., 156, 158

Hallstein-Doktrin 138
Heimatarmee (Armia Krajowa) 90, 98, 104f., 111, 233
Helsinki 140, 142f.
Hermannstadt (Sibiu) 52
Hitler-Stalin-Pakt *siehe* Nichtangriffspakt(e)
Holocaust 89f., 98, 100–103, 110, 191, 230

Industrialisierung 3f., 25, 49f., 110, 114, 122f., 130–132, 156–167, 183, 238
Intelligenzia 3, 16, 20, 22, 25, 52, 79f., 98, 114, 122, 129, 133, 141, 173, 176
Italien 36, 39, 42, 83

Jakobiner 13, 20, 210
Jalta 107, 109, 136, 237
Januaraufstand 1863/64 29, 41, 47, 157, 197, 209
Jedwabne 102, 232, 249
Jena und Auerstedt (Schlacht 1806) 23
Jesuiten 12, 14
Juden 3, 5, 8, 22, 51f., 77f., 94, 96, 102, 108, 152, 174, 176, 184–190, *siehe auch* Antisemitismus, Zionismus, Holocaust
– Ansiedlungsrayon 54f.
– Chassidismus 55, 188f.
– Emanzipation 12f., 18, 30, 54, 189
– Haskalah 54, 188f.
– Orthodoxie 55, 188f.
Jugoslawien 70, 82, 99, 119, 125, 136–138, 154, 204, 234f.

Kärnten 70
Kalisch (Kalisz) 15
Kalter Krieg 114f., 128, 136f., 140, 150, 154, 237f., 243
Kaschau (Košice) 100, 108
Katyń 97, 105, 142, 232
Kielce 108, 191
Kirchen, Religion 53, 150, 190, 195, 243
– Katholiken 8, 39, 41, 53, 116, 120, 127, 139, 142, 191, 201, 243
– Orthodoxe 8, 10, 14, 18, 20, 46, 54
– Protestanten 8, 10, 14, 18, 20, 46, 54, 120, 139, 201
– Unierte (Griechisch-katholische Kirche) 7f., 10, 54
Klausenburg 74

Klausenburg (Cluj-Napoca) 53
Kleine Entente 82f., 227
Königgrätz (Hradec Králové) 43, 216
Kollaboration 90, 103f., 119, 233, 236
Kollektivierung 116, 122–124, 130, 166f., 238
Kominform 111, 136, 237
Kommunistische Parteien 59, 107, 110, 117f., 134, 136, 189, 235f., 238
– Polen 66, 71, 105, 107, 111, 118, 124f., 127, 143f., 232, 236, 240, 244
– Sowjetunion 124, 127, 239
– Tschechoslowakei 68, 71, 91f., 106f., 112f., 116, 124f., 127–129, 136, 147, 181, 225, 241
– Ungarn 68, 70f., 111f., 118, 124, 144, 245
Konföderationen
– Bar 1768–1772 14, 197
– Radom 1767 14
– Targowica 1792–1793 15, 207
Konsum 86, 130, 132–134, 141, 166, 181, 193, 239
KOR (Komitee zur Verteidigung der Arbeiter) 143, 244
Krakau (Kraków) 24f., 28, 32f., 36, 49, 51, 55, 177, 185
Kremenez (Kremenec, Krzemieniec) 25f.
Kremsier (Kroměříž) 37
Kriege 210, *siehe auch* Weltkriege
– Balkankrieg 1877/78 62
– Balkankriege 1912/13 221, 235
– Erster Koalitionskrieg 1792–1797 15
– Italienische Einigungskriege 39, 42
– Krimkrieg 39
– Napoleonische Kriege 21, 23, 210
– Polnisch-sowjetischer Krieg 67
– Preußisch-österreichischer Krieg 1866 43, 216
– Russ.-österr. Türkenkrieg 1787–1792 15
– Winterkrieg 1939/40 94
Kroatien 2, 5, 10f., 31, 34, 36, 44, 47, 50, 54, 58, 70, 216
KSZE 140, 142
Kulmhof (Chełmno) 101

Landespatriotismus 12
Landtage 6, 9, 12, 21, 29, 43, 46, 217
– Böhmen 1790/91 13, 19, 211
– Galizien 16
– Kroatien 10, 19f.
– Kroatien 1865 43

- Polen (Sejmiki)   10, 15
- Polen, Vierjähriger Sejm   15
- Preußen   38
- Siebenbürgen   10
- Siebenbürgen 1863   43
- Siebenbürgen 1865   43
- Ungarn 1764   17
- Ungarn 1790/91   13, 19, 210
- Ungarn 1847/48   34, 37
- Ungarn 1861   42f.
- Ungarn 1865   43
- Westpreußen   16

Landwirtschaft   1, 50, 75, 96, 123, 130, 132f., 147, 157–159, 166, *siehe auch* Gutswirtschaft, Bodenreformen, Kollektivierung

Lausanne   109, 204
Lemberg (L'viv, Lwów)   32f., 49, 67, 105, 177, 184
Lettland   77, 83f., 94, 102
Ležáky   104
Lidice   104
Litauen   9, 14f., 64, 82–84, 89–107, 147, 186, 222, 233
Litauer   51, 108, 198
Locarno, Vertrag (1925)   83f., 228
Lodz (Łódź)   49, 55, 129, 175, 184
Łomża   232
London   94, 104
Lublin   9, 74, 107, 142, 184

Madagaskar-Plan   101
Mähren   9, 44, 92, 217
Majdanek   101
Marmarosch (Maramureş)   50, 70, 162
Marshall-Plan   113, 136, 237
Masowien   15, 94
Masuren   66, 186
Mental Maps   152, 196
Migration   50
Militärgrenze, Österreichische   7, 34
Minderheitenrecht   45, 202–204
- Cisleithanien   46, 203
- Estland 1925   77
- Minderheitenschutzverträge (1919)   70, 77f., 203
- Preußen/Deutschland   45
- Tschechoslowakei   73, 226
- Ungarn 1849   37, 213
- Ungarn 1868   46, 202, 204
Mitteleuropa   149, 152
Moskau   117, 128, 137

Münchner Abkommen   85, 92–94, 104, 112, 139, 225, 227f., 234

Nationalismus, Nationalbewegungen   2, 21, 33, 46, 51, 55, 87, 91, 115, 117, 141, 151, 186, 190, 192, 194–202, 215
- Deutsche   22, 47, 57f., 200
- Kroaten   22, 28, 34
- Litauer   22, 48, 176
- Polen   14–16, 22, 30, 34f., 38, 40, 47, 61, 141, 190, 197f.
- Rumänen   20, 23, 28, 30, 48, 57, 63, 176, 202
- Serben   23, 28, 30, 35, 48, 57, 63
- Slowaken   20, 22, 28, 30, 35, 48, 57, 176, 196, 200, 221
- Slowenen   33
- Tschechen   22, 27–31, 42, 44, 47, 115, 173, 190, 199, 211, 216
- Ukrainer   22, 30f., 33, 48, 176, 196, 198
- Ungarn   18, 22, 27–30, 52, 57, 142, 190, 201, 210
- Weißrussen   48
Nationalitätengesetz
- Ungarn 1849   46
NATO   137, 140, 146–148, 204
Neoabsolutismus   38f., 42, 49, 160, 177, 214
Netze-Distrikt   14
Neusatz (Novi Sad)   102
Neusohl (Banská Bystrica)   106
Nichtangriffspakt(e)   83f., 228
- Deutsch-polnischer 1934   78, 84, 93, 228
- Hitler-Stalin-Pakt   93f., 96, 103, 105, 142, 248
NKVD   97, 111, 119
Novemberaufstand 1830   21, 25f., 209
Nowa Huta   122

Oder-Neiße-Grenze   105, 108f., 138f., 247
Öffentlichkeit   12, 15, 28, 120, 142, 181, 190, 193, 201, 206, 210f., 238, 244
Ölkrise   130–132, 169
Österreich (Republik)   70, 83, 224
- Anschluss (1938)   84
Oktoberdiplom   *siehe* Verfassungen
Olmütz (Olomouc)   36
Organische Arbeit   *siehe* Positivismus
Osmanisches Reich   10, 13–15
Ostforschung, Deutsche   95, 149, 151, 229, 247

Ostrau (Ostrava) 50
Ostverträge 139

Paris 26, 94
Parteien 56, 78, 146, 192, 217, *siehe auch* Kommunistische Parteien
- Bauernparteien 3, 30, 56, 58, 68, 70f., 78–80, 86, 91, 111–113, 179, 218, 223, 225
- Christsoziale 55f., 58, 72, 78, 86, 112, 201
- Hlinkas Slowakische Volkspartei 58, 68, 71, 99, 112, 226
- Jüdischer Arbeiterbund 59, 179, 189
- Jungtschechen 47, 57f., 199
- Kleinwirte 70, 80, 99, 112, 126
- Nationaldemokratie (Polen) 55–57, 66, 71f., 78, 88, 189, 198, 220, 223
- Nationale Sozialisten 57, 112, 199
- Nationalliberale 57, 61, 72, 147, 217, *siehe auch* Parteien/Jungtschechen
- Rechtsradikale 71, 79–81, 88, 204, 224
- Sozialdemokratie, Sozialisten 30, 56, 58–61, 68, 70f., 78f., 92, 99, 107, 111f., 118, 147, 179, 198, 218, 223, 225, 236, 246, *siehe auch* Parteien/Jüdischer Arbeiterbund
Paulskirche *siehe* Frankfurter Nationalversammlung
Perestrojka 135, 140, 144
Personenkulte 116, 118, 121, 238
Pest *siehe* Budapest
Pfeilkreuzler 81, 89, 99, 102, 106, 224, 232, 248
Pilsen (Plzeň) 50, 124
Planwirtschaft 79, 114, 117, 122, 130–132, 134, 142, 156, 164–169
Podolien 15
Polnischer Oktober (1956) 116, 125–127, 167, 239f.
Polock 184
Pommern 247
Posen (Poznań) 15, 32, 49, 66, 74
- Arbeiteraufstand 1956 125, 240
Posen, Großherzogtum/Provinz 24, 26, 28, 31, 35, 38, 41, 50f., 54, 66, 161, 186, 197, 220
Positivismus 47, 52, 57, 192, 197f.
Potsdamer Abkommen 108f., 234
Prag (Praha) 7, 32f., 48, 51, 74, 98, 106, 113, 124, 177, 185, 214, 234, 242
Prager Frühling 4, 115, 128f., 136, 141, 168, 239, 241

Pressburg (Bratislava) 32, 34, 51, 55, 74, 184
Preußen 3, 5, 8, 13–16, 21, 24, 26, 29, 31, 35, 40f., 43, 45, 61, 177, 206f., 209, 211, 220
- Königliches Preußen, Westpreußen 14, 16, 26, 50f., 66, 171–173
- Ostpreußen 26, 63, 70, 155
Protektorat (Reichsprotektorat Böhmen und Mähren) 93f., 96–98, 102–104, 106, 165, 230

Radom 143
Räterepublik, Ungarische 68f., 71, 73, 75, 86, 190, 222f.
Rapallo, Vertrag (1922) 83
Rat für Gegenseitige Wirtschaftshilfe (RGW) 122, 131, 137, 146
Reichenbach, Konvention 19, 210
Revolution(en)
- 1789 (Frankreich) 13, 15
- 1848 2, 31–37, 54, 157, 198, 201, 211–214
- 1905 (Russland) 29, 56, 61
- 1917 (Russland) 64f., 86
- 1918 65, 68, 73, 179, 222f.
- 1956 (Ungarn) 115f., 125–127, 132, 137, 142, 239f., 243
- 1989 1, 3, 115, 144f., 153, 184, 245
Riga 55, 184
Rotreußen 14
Rückversicherungsvertrag 63
Rumänen 7, 20, 35, 43, 51, 53, 100, 215
Rumänien 69f., 76, 82, 84, 94, 98, 100f., 104, 106f., 109, 117, 136–138, 204
Russland 4, 8, 13–16, 24–26, 29, 31, 39, 45, 63, 146, 148, 162, 206f., 209
Ruthenen *siehe* Ukrainer

Sanacja 79, 223
Schauprozesse 119f., 124f., 127, 236, 238f.
Schlesien 5, 44, 155, 186, 247
- Oberschlesien 66, 77, 94, 162, 231
Selbstverwaltung, Lokale 38, 41, 92, 152, 183, 220
- Komitate 11, 19f., 38, 42, 60, 220
Serben 7, 53, 100
Serbien 64, 221
Siebenbürgen 2, 7, 10f., 18, 20, 35, 37, 50, 70, 87, 91, 94, 100, 107, 109, 177, 186, 202
Slawenkongress, Moskauer 1867 44

Slawenkongress, Prager 1848   35f., 213
Slawonien   34
Slowakei   66, 68f., 88–93, 98–102, 104,
   106, 109, 111, 113, 117, 128, 147f.,
   164f., 169, 176, 178, 191, 204, 221, 225,
   229, 231
Slowaken   34, 51–53, 78, 91, 100, 109,
   215
Slowakischer Nationalaufstand   106, 234
Slowenen   186
Slowenien   5, 146, 154
Sobibór   101
Sofia   128
Solidarność   115f., 140f., 143f., 239, 244f.
Sowjetunion   4, 82–84, 93, 103, 105–107,
   109, 115, 135–138, 140f., 166, 204, 225,
   228, 235, 237, 240, 242, 244
Sozialpolitik   56, 62, 67, 73, 75, 133, 178,
   217, 220, 230
St. Petersburg   42, 220
Staatsausbau   10, 12–18, 21, 23, 27, 38,
   73, 186, 205, 208f., 211f., 214, 219, 223,
   235
Staatssicherheitsdienste   119, 124, 126,
   134, 137, 238, 248
Städte   7f., 12, 48, 51, 56, 87, 114, 132f.,
   174, 180, 183–185, 193
Stalingrad   100, 103, 105
Sudetendeutsche Heimatfront/Partei   80f.,
   84, 93, 226, 228
Sudetenland, Reichsgau   85, 92, 96, 230
Südosteuropa   63, 98, 141, 148f., 151,
   153f.
Suwałki   94
Szeged   49, 69, 74, 86
Székler   7f.
Szekszárd   184
Szlachta   6, 11, 13, 15f., 22, 25f., 41, 52,
   206f.
Sztálinváros (Dunaújváros)   122

Teheran   105
Teilungen Polens   2, 13–16, 207
Teschen (Cieszyn; Těšín)   68, 82, 85, 227
Theresienstadt (Terezín)   101
Thorn (Toruń)   7, 15, 26
Tomaszów-Mazowiecki   184
Tourismus   132, 134, 140, 181f.
Transnistrien   102
Treblinka   101
Trianon   siehe Friedensverträge
Triest   49
Tyrnau (Trnovo)   177

Ukraine   5, 64, 69, 89, 94, 97, 107, 147,
   154, 186, 233, siehe Galizien
– Karpatoukraine   68, 77, 90, 92f., 109,
   178, 186
Ukrainer   7, 53, 67, 108, 186, 198, 222
Ungarnaufstand   siehe Revolution(en) 1956
   (Ungarn)
USA   83, 139f., 237, 241

Vereine   53, 78, 87, 92, 120, 179f., 192
Verfassungen
– Österreich 1848 (Pillersdorf'sche V.)
   33f.
– Österreich 1849 (Kremsierer Entwurf)
   32, 37, 213
– Österreich 1849 (Märzverfassung)   37f.
– Österreich 1860 (Oktoberdiplom)   42,
   172
– Österreich 1861 (Februarpatent)   43
– Österreich 1867 (Dezemberverfassung)
   43, 46, 216
– Polen 1791 (Maiverfassung)   13, 15, 20,
   23, 57, 207f.
– Polen 1815   24
– Polen 1919   66
– Polen 1921 (Märzverfassung)   67, 73,
   78, 223
– Polen 1935   73
– Polen 1952   116
– Slowakei 1939   99
– Tschechoslowakei 1920   68, 72, 200
– Tschechoslowakei 1948   116
– Tschechoslowakei 1960   127
– Ungarn 1848 (Aprilgesetze)   34, 36, 42,
   44, 211, 213, 215
– Ungarn 1949   116
Vertreibungen   89–91, 95, 106–110, 138,
   165, 204, 234–236, 248
Világos   37
Višegrad   148
Völkerbund   70, 77, 83f., 204
Vojvodina   35, 39, 70
Volksgerichte   110, 236
Voronež   100

Wahlrecht   33f., 46, 56–58, 60, 70, 72f.,
   86, 172, 186, 217–219
Warschau (Warszawa)   7, 25f., 48, 51, 61,
   74, 102, 105, 125, 128f., 143, 181, 185
Warschau, Herzogtum   21, 23f., 26, 49,
   54, 161, 208
Warschauer Aufstand (1944)   90, 105f.,
   234

Warschauer Ghettoaufstand (1943) 102
Warschauer Pakt 125f., 128, 137, 240
Wartheland, Reichsgau 94, 96, 230f.
Weißrussen 51, 78, 108, 186, 198
Weißrussland 5, 14, 89, 94, 97, 105, 147, 154, 186, 230
Weltkrieg, Erster 63–65, 70, 89, 149, 163, 220f.
Weltkrieg, Zweiter 89–107, 135, 165, 172, 183, 204, 229–234
Weltwirtschaftskrise 75, 78f., 81, 85, 164, 179, 224, 226
Widerstand 102, 104–107, 121, 233, 236
Wien 7, 32–34, 36, 48, 50, 55f., 65, 177, 185, 188, 214
Wiener Kongress 21, 24

Wiener Schiedsspruch
– Erster (1938) 85, 99, 229
– Zweiter (1940) 94, 99
Wilna (Vilnius, Wilno) 25f., 49, 55, 67, 74, 82, 94, 105, 177
Wirtschaftsnationalismus 161, 164f.
Wolhynien 15, 41, 96

Zagreb (Agram) 32, 34, 49
Zionismus 30, 55, 189
Zips 53
Zivilgesellschaft 115, 141, 173, 184, 191–193, 244, *siehe* Vereine
Zwangsarbeit 89, 98, 103, 108, 121, 229
Zweibund 62f., 221

OLDENBOURG GRUNDRISS DER GESCHICHTE

Herausgegeben von Lothar Gall, Karl-Joachim Hölkeskamp und Hermann Jakobs

Band 1a: *Wolfgang Schuller*
Griechische Geschichte
6., akt. Aufl. 2008. 275 S.,
4 Karten
ISBN 978-3-486-58715-9

Band 1b: *Hans-Joachim Gehrke*
Geschichte des Hellenismus
4. durchges. Aufl. 2008. 328 S.
ISBN 978-3-486-58785-2

Band 2: *Jochen Bleicken*
Geschichte der Römischen Republik
6. Aufl. 2004. 342 S.
ISBN 978-3-486-49666-6

Band 3: *Werner Dahlheim*
Geschichte der Römischen Kaiserzeit
3., überarb. und erw. Aufl. 2003. 452 S.,
3 Karten
ISBN 978-3-486-49673-4

Band 4: *Jochen Martin*
Spätantike und Völkerwanderung
4. Aufl. 2001. 336 S.
ISBN 978-3-486-49684-0

Band 5: *Reinhard Schneider*
Das Frankenreich
4., überarb. und erw. Aufl. 2001. 224 S.,
2 Karten
ISBN 978-3-486-49694-9

Band 6: *Johannes Fried*
Die Formierung Europas 840–1046
3., überarb. Aufl. 2008. 359 S.
ISBN 978-3-486-49703-8

Band 7: *Hermann Jakobs*
Kirchenreform und Hochmittelalter
1046–1215
4. Aufl. 1999. 380 S.
ISBN 978-3-486-49714-4

Band 8: *Ulf Dirlmeier/Gerhard Fouquet/Bernd Fuhrmann*
Europa im Spätmittelalter 1215–1378
2. Aufl. 2009. 390 S.
ISBN 978-3-486-58796-8

Band 9: *Erich Meuthen*
Das 15. Jahrhundert
4. Aufl., überarb. v. Claudia Märtl 2006. 343 S.
ISBN 978-3-486-49734-2

Band 10: *Heinrich Lutz*
Reformation und Gegenreformation
5. Aufl., durchges. und erg. v. Alfred Kohler.
2002. 288 S.
ISBN 978-3-486-49585-0

Band 11: *Heinz Duchhardt*
Barock und Aufklärung
4., überarb. u. erw. Aufl. des Bandes „Das Zeitalter des Absolutismus" 2007. 302 S.
ISBN 978-3-486-49744-1

Band 12: *Elisabeth Fehrenbach*
Vom Ancien Régime zum Wiener Kongreß
5. Aufl. 2008. 323 S., 1 Karte
ISBN 978-3-486-58587-2

Band 13: *Dieter Langewiesche*
Europa zwischen Restauration und Revolution
1815–1849
5. Aufl. 2007. 260 S., 3 Karten
ISBN 978-3-486-49765-6

Band 14: *Lothar Gall*
Europa auf dem Weg in die Moderne
1850–1890
5. Aufl. 2009. 332 S., 4 Karten
ISBN 978-3-486-58718-0

Band 15: *Gregor Schöllgen/Friedrich Kießling*
Das Zeitalter des Imperialismus
5., überarb. u. erw. Aufl. 2009. 326 S.
ISBN 978-3-486-58868-2

Band 16: *Eberhard Kolb*
Die Weimarer Republik
7., durchges. u. erw. Aufl. 2009. 343 S.,
1 Karte
ISBN 978-3-486-58870-5

Band 17: *Klaus Hildebrand*
Das Dritte Reich
7., durchges. Aufl. 2009. 474 S., 1 Karte
ISBN 978-3-486-59200-9

Band 18: *Jost Dülffer*
Europa im Ost-West-Konflikt 1945–1991
2004. 304 S., 2 Karten
ISBN 978-3-486-49105-0

Band 19: *Rudolf Morsey*
Die Bundesrepublik Deutschland
Entstehung und Entwicklung bis 1969
5., durchges. Aufl. 2007. 343 S.
ISBN 978-3-486-58319-9

Band 19a: *Andreas Rödder*
Die Bundesrepublik Deutschland 1969–1990
2003. 330 S., 2 Karten
ISBN 978-3-486-56697-0

Band 20: *Hermann Weber*
Die DDR 1945–1990
4., durchges. Aufl. 2006. 355 S.
ISBN 978-3-486-57928-4

Band 21: *Horst Möller*
Europa zwischen den Weltkriegen
1998. 278 S.
ISBN 978-3-486-52321-8

Band 22: *Peter Schreiner*
Byzanz
3., völlig überarb. Aufl. 2008. 340 S., 2 Karten
ISBN 978-3-486-57750-1

Band 23: *Hanns J. Prem*
Geschichte Altamerikas
2., völlig überarb. Aufl. 2008. 386 S., 5 Karten
ISBN 978-3-486-53032-2

Band 24: *Tilman Nagel*
Die islamische Welt bis 1500
1998. 312 S.
ISBN 978-3-486-53011-7

Band 25: *Hans J. Nissen*
Geschichte Alt-Vorderasiens
1999. 276 S., 4 Karten
ISBN 978-3-486-56374-0

Band 26: *Helwig Schmidt-Glintzer*
Geschichte Chinas bis zur mongolischen Eroberung 250 v. Chr.–1279 n. Chr.
1999. 235 S., 7 Karten
ISBN 978-3-486-56402-0

Band 27: *Leonhard Harding*
Geschichte Afrikas im 19. und 20. Jahrhundert
2., durchges. Aufl. 2006. 272 S., 4 Karten
ISBN 978-3-486-57746-4

Band 28: *Willi Paul Adams*
Die USA vor 1900
2. Aufl. 2009. 294 S.
ISBN 978-3-486-58940-5

Band 29: *Willi Paul Adams*
Die USA im 20. Jahrhundert
2. Aufl., aktual. u. erg. v. Manfred Berg 2008.
302 S.
ISBN 978-3-486-56466-0

Band 30: *Klaus Kreiser*
Der Osmanische Staat 1300–1922
2., aktual. Aufl. 2008. 262 S., 4 Karten
ISBN 978-3-486-58588-9

Band 31: *Manfred Hildermeier*
Die Sowjetunion 1917–1991
2. Aufl. 2007. 238 S., 2 Karten
ISBN 978-3-486-58327-4

Band 32: *Peter Wende*
Großbritannien 1500–2000
2001. 234 S., 1 Karte
ISBN 978-3-486-56180-7

Band 33: *Christoph Schmidt*
Russische Geschichte 1547–1917
2. Aufl. 2009. 261 S., 1 Karte
ISBN 978-3-486-58721-0

Band 34: *Hermann Kulke*
Indische Geschichte bis 1750
2005. 275 S., 12 Karten
ISBN 978-3-486-55741-1

Band 35: *Sabine Dabringhaus*
Geschichte Chinas 1279–1949
2. Aufl. 2009. 282 S., 1 Karte
ISBN 978-3-486-59078-4

Band 36: *Gerhard Krebs*
Das moderne Japan 1868–1952
2009. 249 S.
ISBN 978-3-486-55894-4

Band 37: *Manfred Clauss*
Geschichte des alten Israel
2009. 259 S., 6 Karten
ISBN 978-3-486-55927-9

Band 38: *Joachim von Puttkamer*
Ostmitteleuropa im 19. und 20. Jahrhundert
2010. 353 S., 4 Karten
ISBN 978-3-486-58169-0